일제강점기
일본어 단행본 목록집

정병호 편

보고사

서문

　본서『일제강점기 일본어 단행본 목록집』의 간행 목적은 개화기 및 일제강점기에 한반도에서 일본어로 쓰여진 단행본 텍스트는 어떤 것이 있는지, 그 소장처는 어디인지를 조사하여 20세기 전반기 한반도 내 일본어 단행본의 전모를 분명히 밝히는 데 있다. 이러한 연구는 본 편자가 공동연구원으로 참가하여 조사연구를 수행하였던 일제강점기 한국에서 간행된 일본어 잡지의 기초조사연구(『일제강점기 일본어 잡지 자료집-목록과 목차-』, 보고사, 2004)의 연장선상에서 출발하였다.

　개화기에서 일제강점기에 이르기까지 일본인들이 한국에 이주하고 일본의 식민지주의가 본격화함에 따라 한반도에서는 많은 양의 일본어 텍스트들이 만들어지고 잡지나 신문, 교과서, 문서, 혹은 단행본의 형태로 간행되었다. 이들 일본어 텍스트는 이 시기 한반도와 동아시아 지역의 근대적 전개양상과 일본의 식민지 정책을 체계적으로 파악하기 위해서는 반드시 연구되어야 하는 자료들이다. 그러나 지금까지 개화기와 일제강점기 한반도에서 간행된 일본어 자료들에 대한 체계적인 정리 작업은 거의 이루어지지 않았다. 따라서 이 당시 한반도 내에서 어떤 종류의 일본어 텍스트가 간행되었는지, 이들 텍스트가 학문분야별로 어떠한 체계를 이루고 있었는지, 나아가 일본어 텍스트가 어디에 소장되어 있는지, 소실되어 한국에 존재하지 않는 이 당시 일본어 자료를 찾기 위해서는 어디를 가야 하는지에 대한 체계적인 정보를 얻을 수 없는 상황이었다.

　물론 지금까지 개화기나 일제강점기 한반도에서 간행된 일본어 문헌에 대한 조사와 목록화 작업이 전혀 없었던 것은 아니다. 대표적인 예가 바로 일본의 조선사 연구자인 스에마쓰 야스카즈(末松保和)가 도쿄(東京)대학 동양문화연구소에서 간행한 『조선연구문헌목록 1868-1945』(朝鮮研究文獻目錄 1868-1945, 汲古書院, 1980)이다. 이 자료집은 스에마쓰가 조선관

런 문헌을 단행본편과 논문·기사편으로 나누어 집대성한 것으로서 일본의 메이지(明治)유신에서 태평양전쟁 패전에 이르기까지 조선연구문헌을 총망라한 성과물이라 할 수 있다. 그러나 이 목록집이 오랜 기간의 연구성과를 담은 역작이었음에도 불구하고 많은 한계를 가지고 있는 것 또한 사실이다. 예를 들면 한국과 일본에서 간행된 문헌을 특별한 기준에 토대하여 분류하지 않고, 이를 동시에 수록하고 있으며 조선이 주제가 아닌 자료는 등한시되고 있는 등 당시 한반도에서 간행된 일본어 텍스트의 전체상을 파악하기에는 아주 미흡하다. 또한 독자들이나 해당 연구자들에게 가장 필요한 해당 자료의 소장처가 어디인지 기술되어 있지 않으며, 1970, 80년대 이후 새롭게 발굴된 자료에 대한 추가 조사도 이루어지지 않았다.

이외에도 이와 유사한 자료집이나 각 도서관별 목록집(예를 들면 『藏書分類目錄 : 解放以前 日書部』〈국립중앙도서관, 1962〉, 『定期刊行物記事索引－解放前刊行物－(1910-1945)』〈국회도서관, 1982〉)이 있기는 하지만, 이들 자료집도 그 문헌이 어떤 언어로 간행되었는지, 어디에서 간행되었는지를 분명히 알 수 없는 경우가 많다. 또한 이들 자료집은 해당 도서관의 자료를 대상으로 하였기 때문에 그 도서관에서 소장하는 자료 이외에는 한반도에서 간행된 일본어 자료가 얼마만큼 존재하는지도 전혀 알 수가 없다.

본서는 일본어문헌의 제명, 저자, 발행처, 발행지, 발행 연도, 소장지에 대한 정보를 체계적으로 정리하여 기존 자료집의 한계점을 극복하고, 한반도에서 간행된 일본어문헌을 종합적으로 수집하여 그 전체상을 파악하려고 하였다. 그래서 이 당시 개화기·일제강점기 자료 빈곤의 한계를 극복함과 더불어 한국의 인문·사회과학 제 학문분야 연구자들에게 당시 일본의 식민정책학은 물론, 한반도 및 동아시아 지역 근대의 전개양상을 분명히 할 수 있는 토대자료를 제공하고자 하였다.

본서에서 조사 대상으로 삼은 자료의 소장처는 한국의 국립중앙도서관, 한국국회도서관, 부산(광역시립) 시민도서관, 서울대학교 도서관, 연세대학교 도서관, 고려대학교 도서관과 일본의 국회도서관, 교토(京都)대학 도서관, 규슈(九州)대학 도서관, 나고야(名古屋)대학 도서관, 도쿄(東京)대학 도서관, 도호쿠(東北)대학 도서관, 오사카(大阪)대학 도서관, 홋카이도(北海道)대학 도서관이다. 이 중 국립중앙도서관은 일제강점기 조선총독부 도서관의 자료를 소장하고 있어서 한국에서 가장 많은 일본어 자료를 소장하고 있다. 그리고 부산(광역시립) 시민도서관은 20세기 초부터 부산부립도서관이었기 때문에 이 당시에 소장하였던 일본어 관련자료가 비교적 많이 남아 있다. 위에서 조사 대상으로 삼았던 일본의 대학들은 한국의 경성제국대학, 대만의 타이페이(臺北)제국대학과 더불어 이른바 구제국대학으로서 일제강점기부터 본 조사연구와 관련하여 많은 자료를 소장하고 있는 대학들이다. 물론 이들 도서관들이 개화기 및 일제강점기 한국에서 간행된 일본어 단행본을 모두 소장하고 있는 것은 아니지만 위와 같은 역사와 배경에서 본다면 당시의 상당수 일본어 자료는 망라하고 있다고 할 수 있다.

그렇다고는 하더라도 본서는 당시의 일본어 텍스트 전체를 조사하여 목록화하고 있는 것은 아니기 때문에 일정한 한계도 가지고 있다. 특히 본 조사연구에서는 당시의 대표적인 일본어 단행본의 목차, 서문, 후기 등도 문서화하여 자료화할 예정이었지만 당시 자료가 방대하여 본서의 분량이 너무 많아진 것과 자료의 선별기준 등의 문제로 이들 자료를 싣지는 못하였다. 이들 자료 중 특히 한국에서 소장하고 있지 않는 자료는 본서의 증보판을 통해 해당 단행본의 목차, 서문, 후기 등의 기본 내용을 입력하여 해당 도서의 실체를 분명히 알 수 있도록 보충해 가도록 하겠다. 나아가 한국에 없는 책들은 기본적으로 영인본의 형태로 간행하여 한국의 많은 연구자와 독자들이 볼 수 있도록 후속 조사연구도 진행시켜 나갈 예정이다.

끝으로 본서가 나오기까지 교정과 자료 배열 등 수고를 마다하지 않은 김한성 군, 김주현 양, 이현희 양, 이윤정 양, 민소진 양을 비롯한 연구보조원들에게 감사의 말을 전한다. 나아가 본 자료조사의 성과를 기꺼이 맡아 출판해 주신 도서출판 보고사 김흥국 사장님과 편집부 이경민 씨께도 감사의 마음을 전하고 싶다.

2007년 6월 편자

범례

1. 단행본 자료를 다음과 같은 순서로 목록화하였다.

   단행본의 서명　　① 저자 ② 출판사·간행단체 ③ 발행지 ④ 간행 연도 ⑤ 소장처

2. 전체 자료는 ㄱ, ㄴ, ㄷ, ㄹ, ㅁ …… 등의 순서로 배열하였다.

3. 조사 대상으로 삼은 자료의 소장처는 한국의 국립중앙도서관, 한국국회도서관, 부산(광역시립) 시민도서관, 서울대학교 도서관, 연세대학교 도서관, 고려대학교 도서관과 일본의 국회도서관, 교토(京都)대학 도서관, 규슈(九州)대학 도서관, 나고야(名古屋)대학 도서관, 도쿄(東京)대학 도서관, 도호쿠(東北)대학 도서관, 오사카(大阪)대학 도서관, 홋카이도(北海道)대학 도서관이다.

4. 각 대학 도서관의 구체적인 소장 장소는 생략하고 크게 대학도서관으로 표시하였다.

5. 단행본의 서명이나 저자, 출판사 등 한자는 모두 일본식 약자체로 표시하였다.

차 례

価格等統制令関係法規集	①朝鮮総督府農商局商務課編 ②朝鮮統制経済研究会 ③京城 ④1944 ⑤韓国国会図書館
家内工業ニ関スル調査	①京城府編 ②京城府 ③京城 ④1938 ⑤国立中央図書館
街頭経済学	①韓倉昇 ②朝鮮金融組合協会 ③京城 ④1933 ⑤国立中央図書館, 韓国国会図書館
家蚕児ニ寄生スル一新原生動物ニ就テノ研究	①朝鮮総督府勧業模範場蚕業試験所編 ②朝鮮総督府勧業模範場蚕業試験所 ③水原 ④1918 ⑤홋카이도대도서관
稼斎燕行録	①朝鮮古書刊行会編 ②朝鮮古書刊行会 ③京城 ④1914 ⑤도쿄대도서관, 규슈대도서관
家庭工業調査	①京城商業会議所編 ②京城商業会議所 ③京城 ④1927 ⑤国立中央図書館, 韓国国会図書館, 고려대도서관, 서울대도서관, 도쿄대도서관
家庭蔬菜栽培の実際	①高橋光造 ②生活科学社 ③京城 ④1933 ⑤부산시민도서관
家庭園芸蔬菜の作り方	①高橋光造 ②朝鮮殖産銀行共済会 ③京城 ④1944 ⑤国立中央図書館
家庭菜園の手引	②国民総力朝鮮聯盟 ③京城 ④1945 ⑤연세대도서관
稼斉燕行録	①朝鮮古書刊行会 ②朝鮮古書刊行会 ③京城 ④1914 ⑤서울대도서관
加除自在 朝鮮土木法規	①朝鮮総督府土木課編 ②帝国地方行政学会朝鮮本部 ③京城 ④1926 ⑤韓国国会図書館
加除自在朝鮮法規類纂 1-5	①帝国地方行政学会編 ②帝国地方行政学会 ③京城 ④1929 ⑤国立中央図書館
歌洲諸国銀行制度概要	①朝鮮銀行調査室編 ②朝鮮銀行 ③京城 ④1912 ⑤서울대도서관
歌集朝鮮, 第1輯	①道久良編 ②真人社 ③京城 ④1937 ⑤国立中央図書館, 韓国国会図書館, 고려대도서관
家畜保険制度に関する調査	①朝鮮金融組合聯合会 ②朝鮮金融組合聯合会 ③京城 ④1940 ⑤서울대도서관, 일본국회도서관
角干先生実記	①金元培 ②朝鮮研究会 ③京城 ④1911 ⑤国立中央図書館, 서울대도서관, 규슈대도서관, 도쿄대도서관
各科教授要綱	①京城第一公立高等普通学校編 ②京城第一公立高等普通学校 ③京城 ④1935 ⑤国立中央図書館
各道金融組合の指導施設 3	①朝鮮金融組合聯合会編 ②朝鮮金融組合聯合会 ③京城 ④1934 ⑤国立中央図書館, 서울대도서관, 홋카이도대도서관
各道農務課長会同諮問事項答申書	①朝鮮総督府編 ②朝鮮総督府 ③京城 ④1924 ⑤国立中央図書館
各道農事技術官会同諮問事項答申書	①朝鮮総督府編 ②朝鮮総督府 ③京城 ④1925 ⑤国立中央図書館

各道農事試験場 試験事項一覧表, 1934　　①朝鮮総督府農事試験場編　②朝鮮総督府農事試験場　③京城　④1934 ⑤한국국회도서관

各組合別整理計劃表　　①朝鮮総督府農林局編 ②朝鮮総督府農林局 ③京城 ④1934 ⑤국립중앙도서관

各地勢及時局　　②各部逓局 ⑤부산시민도서관

各特別会計予算提要　　①朝鮮総督府財務局司計課編 ②朝鮮総督府財務局司計課 ③京城 ④1941 ⑤국립중앙도서관

間島ニ於ケル農業機構 概要　　①朝鮮総督府編 ②朝鮮総督府 ③京城 ④1935 ⑤고려대도서관

間島の実情　　①石森久弥 ②朝鮮公論社 ③京城 ④1931 ⑤국립중앙도서관, 연세대도서관, 고려대도서관

間島及琿春地方経済状況　　①津村甚之助 ②朝鮮銀行 ③京城 ④1912 ⑤국립중앙도서관

間島及琿春地方字源調査書　　①朝鮮総督府間島派遣員編 ②朝鮮総督府 ③京城 ④1934 ⑤국립중앙도서관

間島及琿春地方在住鮮人ト耶蘇教トノ関係　　①朝鮮総督府警務局編 ②朝鮮総督府警務局 ③京城 ④1920 ⑤서울대도서관

間島問題の経過と移住鮮人　　②朝鮮総督府警務局 ③京城 ④1931 ⑤연세대도서관, 도쿄대도서관

間島問題の回顧　　①篠田治策述 ②篠田治策 ③京城 ④1930 ⑤규슈대도서관, 도쿄대도서관

間島事情　　①東洋拓殖株式会社京城支店編 ②東洋拓殖京城支店 ③京城 ④1918 ⑤부산시민도서관, 고려대도서관, 일본국회도서관, 교토대도서관, 나고야대도서관

間島産業調査書　　①統監府臨時間島派出所残務整理所 ②統監府 ③京城 ④1910 ⑤부산시민도서관

間島統計図 昭和2年度　　①朝鮮軍司令部 ②朝鮮軍司令部 ③京城 ④1928 ⑤일본국회도서관

間税例規　　①忠清南道編 ③京城 ④1931 ⑤규슈대도서관

簡易国勢調査ノ趣旨ニ就テ　　①京城府編 ②京城府 ③京城 ④1925 ⑤교토대도서관

簡易国勢調査結果表　　②慶尚南道 ⑤부산시민도서관

簡易国勢調査結果表 大正十四年十月一日現在　　①朝鮮総督府編 ②朝鮮総督府 ③京城 ④1927 ⑤한국국회도서관

簡易国勢調査法規及通牒　　①朝鮮総督府編 ②朝鮮総督府 ③京城 ⑤교토대도서관

簡易国勢調査速報 世帯及人口 大正14年10月1日現在　　①朝鮮総督府 ②朝鮮総督府 ③京城 ④1925 ⑤일본국회도서관

簡易国勢調査員必携　　①京畿道編 ②京畿道 ③京畿道 ④1925 ⑤교토대도서관

簡易気象観測法　　①朝鮮総督府観測所編 ②気象講話会 ③仁川 ④1919 ⑤국립중앙도서관

簡易気象観測法　　①朝鮮総督府観測所編 ②朝鮮総督府観測所 ③仁川 ④1926 ⑤국립중앙도서관, 한국국회도서관

簡易気象観測法	① 朝鮮総督府観測所編 ② 朝鮮総督府観測所 ③ 仁川 ④ 1930 ⑤ 홋카이도대도서관
簡易気象観測心得	① 朝鮮総督府農林局編 ② 朝鮮総督府農林局 ③ 京城 ④ 1939 ⑤ 국립중앙도서관
簡易註解朝鮮現行法規便覧	① 平井斌夫編, 方台栄訳 ② 朝鮮出版協会 ③ 京城 ④ 1912 ⑤ 교토대도서관
簡易国勢調査結果表	① 朝鮮総督府編 ② 朝鮮総督府 ③ 京城 ④ 1926 ⑤ 국립중앙도서관, 서울대도서관
簡易国勢調査速報 世帯及人口	① 朝鮮総督府 ② 朝鮮総督府 ③ 京城 ④ 1925 ⑤ 서울대도서관
簡易国勢調査速報 世帯及人口	① 朝鮮総督府 ② 朝鮮総督府 ③ 京城 ④ 1935 ⑤ 서울대도서관
簡易学校経営指針 第1学年教授要頂	① 朝鮮総督府 ② 朝鮮総督府学務局 ③ 京城 ④ 1934 ⑤ 연세대도서관
簡易学校経営指針 第2学年教授要頂	① 朝鮮総督府 ② 朝鮮総督府学務局 ③ 京城 ④ 1934 ⑤ 연세대도서관
簡易学校国語読本 1-4	① 朝鮮総督府編 ② 朝鮮書籍印刷株式会社 ③ 京城 ④ 1935-36 ⑤ 국립중앙도서관
簡易学校算術書 1-2	① 朝鮮総督府編 ② 朝鮮書籍印刷株式会社 ③ 京城 ④ 1935-36 ⑤ 국립중앙도서관
簡易学校初等算術 1-2	① 朝鮮総督府編 ② 朝鮮書籍印刷株式会社 ③ 京城 ④ 1939-40 ⑤ 국립중앙도서관
間接国税犯則者 処分罰科 全相当全量定標準	
	① 大邱税務監督局 ② 大邱税務監督局 ③ 大邱 ④ 1940 ⑤ 한국국회도서관
間接国税犯則者罰科金相当額量定手続	① 京城税務監督局編 ② 京城税務監督局 ③ 京城 ④ 1941 ⑤ 국립중앙도서관
干拓地除塩試験報告	① 西次雄 ② 朝鮮総督府勧業模範場 ③ 水原 ④ 1928 ⑤ 국립중앙도서관
刊行物行政処分索引簿	① 祖先総督府警務局編 ② 朝鮮総督府警務局 ③ 京城 ④ 1933 ⑤ 국립중앙도서관
刊行物行政処分索引簿	① 朝鮮総督府警務局編 ② 朝鮮総督府警務局 ③ 京城 ④ 1937 ⑤ 국립중앙도서관, 서울대도서관
看護教科書	① 洪錫厚 ② 朝鮮耶鮮教書会 ③ 京城 ④ 1918 ⑤ 국립중앙도서관
間琿地方ニ於ケル農産物市場ニ関スル調査	
	① 朝鮮総督府編 ② 朝鮮総督府 ③ 京城 ④ 1933 ⑤ 서울대도서관
葛城山の瓦礫	① 葛城末治 ② 朝鮮印刷株式会社印刷 ③ 京城 ④ 1936 ⑤ 연세대도서관
堪論抄 訳文 全	① 杉山孝敏 ③ 京城 ④ 1916 ⑤ 도쿄대도서관
甘草ノ栽培及其製品ニ就テ	① 馬場治郎, 朝鮮総督府中央試験所編 ③ 京城 ④ 1924 ⑤ 국립중앙도서관
感興府勢一斑	② 感興府 ③ 感興 ④ 1939 ⑤ 부산시민도서관
甲材木種子ノ発芽力保存法. 乙 材木種目ノ発芽促進法. 丙 林地実播法	
	① 朝鮮総督府林業試験場 ② 朝鮮総督府林業試験場 ③ 京城 ④ 1930 ⑤ 규슈대도서관

甲種朝鮮史料調査要録	① 朝鮮総督府朝鮮史編修会編 ② 朝鮮総督府 ③ 京城 ④ 1926 ⑤ 서울대도서관
岡本桂次郎伝	① 阿部薫編 ② 岡本桂次郎伝記刊行会 ③ 京城 ④ 1941 ⑤ 일본국회도서관
講演集	① 南満洲鉄道株式会社京城鉄道局社友会文芸部編 ② 南満洲鉄道京城鉄道局社友会文芸部 ③ 京城 ④ 1925 ⑤ 일본국회도서관
講演筆記	① 朝鮮総督府官房土木局編 ② 朝鮮総督府官房土木局 ③ 京城 ④ 1913-1914 ⑤ 국립중앙도서관
講演会講演集 第一輯	② 京城府 ③ 京城 ④ 1926 ⑤ 부산시민도서관
江原道 春川郡・楊口郡・麟蹄郡地方(照陽江流城)鉱床調査報文	① 朝鮮総督府地質調査所編 ② 朝鮮総督府地質調査所 ③ 京城 ④ 1942 ⑤ 고려대도서관
江原道道勢要覧, 1926	① 江原道編 ② 朝鮮印刷社 ③ 京城 ④ 1926 ⑤ 한국국회도서관
江原道三陟無煉炭炭田調査報告	① 平松順次, 金得洪 共 ③ 京城 ④ 1940 ⑤ 국립중앙도서관
江原道衛生要覧	② 江原道衛生課 ③ 春川 ④ 1937 ⑤ 홋카이도대도서관
江原道特産品の批判研究	① 朝鮮総督府商工奨励官編 ② 朝鮮総督府 ③ 京城 ④ 1938 ⑤ 서울대도서관
江戸時代 制度篇	① 大槻義次 ② 安東時事新報社 ③ 京城 ④ 1930 ⑤ 일본국회도서관
江戸時代に於ける内鮮文物交流参考図書展覧会目録	① 朝鮮総督府図書館 ③ 京城 ④ 1940 ⑤ 서울대도서관, 교토대도서관
概観仏教史	① 森田芳夫 ② 緑旗聯盟 ③ 京城 ④ 1935 ⑤ 일본국회도서관
開国五百四年八月事変報告書	⑤ 부산시민도서관
開国二百七十二年癸卯式年部帳籍抜萃	① 朝鮮総督府 ② 朝鮮総督府 ③ 京城 ④ 1916 ⑤ 고려대도서관
皆夢軒詩鈔 上,中,下巻	① 松田甲 ② 松田甲 ③ 京城 ④ 1933 ⑤ 일본국회도서관
概説満洲史	① 大原利武 ② 近沢書店 ③ 京城 ④ 1933 ⑤ 일본국회도서관, 규슈대도서관
開城	① 宮内益男編 ② 開城商工会議所 ③ 開城 ④ 1936 ⑤ 한국국회도서관
開城ノ時邊二就テ	① 朝鮮殖産銀行調査課編 ② 朝鮮殖産銀行調査課 ③ 京城 ④ 1929 ⑤ 국립중앙도서관, 연세대도서관, 일본국회도서관, 규슈대도서관, 도쿄대도서관
開城郡高麗王陵誌	① 川口卯橘編 ② 開城図書館 ③ 開城 ④ 1927 ⑤ 홋카이도대도서관
開城郡面誌	② 開城図書館 ③ 京城 ④ 1926-1927 ⑤ 홋카이도대도서관
開城府勢一斑	② 開城府 ③ 開城 ④ 1937 ⑤ 부산시민도서관
開城府立博物館案内	① 開城府立博物館編 ② 開城府立博物館 ③ 京城 ④ 1943 ⑤ 한국국회도서관
個人所得税会計解説	① 金日善 ② 朝鮮税務会計研究会 ③ 平壌 ④ 1935 ⑤ 고려대도서관
開戦以後二於ケル哈爾賓貿易概況	① 朝鮮銀行調査局編 ② 朝鮮銀行調査局 ③ 京城 ④ 1918 ⑤ 일본국회도서관, 교토대도서관, 도쿄대도서관
改訂 朝鮮の移出牛	① 吉田雄次郎 ② 吉田雄次郎 ③ 京城 ④ 1931 ⑤ 고려대도서관
改訂 朝鮮国有財産法詳解	① 矢野誓治 ② 朝鮮財務協会 ③ 京城 ④ 1940 ⑤ 한국국회도서관, 서울대도

	서관
改訂 朝鮮司法例規	① 朝鮮総督府司法部法務課編 ② 朝鮮総督府 ③ 京城 ④ 1928 ⑤ 한국국회도서관
改正 朝鮮地方制度輯覧	① 朝鮮総督府内務局編纂 ② 帝国地方行政学会朝鮮本部 ③ 京城 ④ 1931 ⑤ 연세대도서관
改正教育令に準拠せる 各科指導指針	① 朝鮮初等教育研究会編 ② 朝鮮図書出版 ③ 京城 ④ 1938 ⑤ 연세대도서관
改訂小学校教員試験要諦並問題集	① 朝鮮公民教育会編 ② 朝鮮公民教育会 ③ 京城 ④ 1940 ⑤ 국립중앙도서관
改訂新学及経営	① 中野己之吉 ② 朝鮮図書出版株式会社 ③ 京城 ④ 1938-9 ⑤ 국립중앙도서관
改訂実際的民事訴訟執行手続詳解	① 二宮丘一 ② 大阪屋号書店 ③ 京城 ④ 1929 ⑤ 부산시민도서관
改正邑面制釈義	① 吉田寛二郎 ② 亜法政新聞社 ③ 京城 ④ 1931 ⑤ 국립중앙도서관, 부산시민도서관
改正朝鮮鉱業令	① 李鍾政編 ② 李浩然斉 ③ 京城 ④ 1933 ⑤ 국립중앙도서관, 고려대도서관
改正朝鮮道府郡島面町洞里名称一覧	① 金田松圭 ② 広韓書林 ③ 京城 ④ 1944 ⑤ 국립중앙도서관
改訂朝鮮登記事例	① 南雲幸吉, 早川保次 共編 ② 大阪屋号書店 ③ 京城 ④ 1931 ⑤ 국립중앙도서관, 고려대도서관, 도쿄대도서관
改訂朝鮮民刑事令	① 野村調太郎, 聯松山房 ③ 京城 ④ 1937 ⑤ 국립중앙도서관
改訂朝鮮司法例規	① 朝鮮総督府法務局編 ③ 京城 ④ 1928 ⑤ 서울대도서관
改訂朝鮮所得税令精義	① 寺山時二 ② 朝鮮財務懇会 ③ 京城 ④ 1941 ⑤ 국립중앙도서관
改正朝鮮移住手引草	① 東洋拓殖株式会社編 ② 東洋拓殖株式会社 ③ 京城 ④ 1915 ⑤ 서울대도서관, 일본국회도서관
改訂朝鮮制裁法規	① 山口吸一編 ② 朝鮮図書出版株式会社 ③ 京城 ④ 1939 ⑤ 국립중앙도서관
改正朝鮮地方制度実施概要	① 朝鮮総督府内務局編纂 ② 朝鮮総督府内務局 ③ 京城 ④ 1930 ⑤ 고려대도서관, 일본국회도서관
改正朝鮮地方制度輯覧 1-2	① 朝鮮総督府内務局編 ② 帝国地方行政学会朝鮮本部 ③ 京城 ④ 1928-1931 ⑤ 국립중앙도서관
改正朝鮮地方制度輯覧	① 朝鮮総督府内務局編纂 ② 帝国地方行政学会朝鮮本部 ③ 京城 ④ 1933 ⑤ 홋카이도대도서관
改正朝鮮刑事法令	① 野村調太郎編 ③ 京城 ④ 1926 ⑤ 서울대도서관
改正朝鮮戸籍事務必携	① 中原茂編 ② 中原茂 ③ 釜山 ④ 1927 ⑤ 국립중앙도서관
改訂朝鮮戸籍例規	① 朝鮮総督府法務局編纂 ② 司法協会 ③ 京城 ④ 1929 ⑤ 서울대도서관
改訂朝鮮戸籍例規	① 朝鮮総督府法務局編纂 ② 戸籍協会 ③ 京城 ④ 1933 ⑤ 서울대도서관
改訂増補水の竿	① 水理土木研究会編 ② 朝鮮木工友会 ③ 京城 ④ 1935 ⑤ 국립중앙도서관
改訂増補統計要網	① 姜壱秀 ② 朝鮮印刷株式会社 ③ 京城 ④ 1935 ⑤ 국립중앙도서관
改正地方制度実施概要	① 朝鮮総督府内務局編 ② 朝鮮総督府内務局 ③ 京城 ④ 1922 ⑤ 국립중앙

	도서관, 서울대도서관
改訂初等地理解説	①大石運平 ②朝鮮公民教育会 ③京城 ④1937 ⑤국립중앙도서관
改正河川令釈義	①坂本嘉一 ②帝国地方行政学会朝鮮本部 ③京城 ④1939 ⑤한국국회도서관, 고려대도서관
改正現行朝鮮戸籍전出申請書式及其戸籍記載例全集	
	①成達鏞 ②京城戸籍研究会 ③京城 ④1942 ⑤고려대도서관, 일본국회도서관
開学十周年記念 朝鮮経済関係資料展観目録	
	①京城帝国大学 法文学部 経済研究室 ③京城 ④1936 ⑤고려대도서관
開学七周年記念古図書展観目録	①京城帝国大学附属図書館編 ②京城帝国大学附属図書館 ③京城 ④1931 ⑤홋카이도대도서관
客を惹く法	①佐藤伝衛 ②京城商工会議所 ③京城 ④1936 ⑤고려대도서관, 서울대도서관
客車(動車)貨車現在表	①朝鮮総督府鉄道局運転課編 ②朝鮮総督府鉄道局 ③京城 ④1938 ⑤국립중앙도서관
客車空気調和装置説明書	①朝鮮総督府鉄道局運転課編 ②朝鮮総督府鉄道局運転課 ③京城 ④1939 ⑤국립중앙도서관
客貨車名称鑑	①朝鮮総督府鉄道局運転課編 ②朝鮮総督府鉄道局運転課 ③京城 ④1939 ⑤국립중앙도서관
更生部落を訪ねて	①森幸次郎編 ②平壌毎日新聞社 ③平壌 ④1935 ⑤국립중앙도서관
更編朝鮮電気工作物規程	①朝鮮電気協会編 ②朝鮮電気協会 ③京城 ④1933 ⑤국립중앙도서관
居留民団	①朝鮮総督府編 ②朝鮮総督府 ③京城 ④1900-1945 ⑤국립중앙도서관
居留民団法要義	①吉野勝, 吉田英三郎 ②日韓図書印刷 ③京城 ④1906 ⑤일본국회도서관, 부산시민도서관
居留民団事情要覧	①統監府地方部 ②統監府地方部 ③京城 ④1909 ⑤일본국회도서관
居留民之昔物語. 第1編	①藤村徳一編 ②朝鮮二昔会事務所 ③京城 ④1927 ⑤국립중앙도서관, 한국국회도서관, 연세대도서관, 고려대도서관, 규슈대도서관
建国三千年史	①朝鮮日日新聞社編 ②朝鮮日日新聞社 ③京城 ④1933 ⑤국립중앙도서관
建設に甦る 北支五省	①馬場春吉 ②京城日報社 ③京城 ④1939 ⑤한국국회도서관
建株式会社一覧表	①朝鮮取引所編 ②朝鮮取引所 ④1934 ⑤도쿄대도서관
建築関連法規(朝鮮市街地計畫令)解説	①今津重蔵 ②朝鮮出版社 ③京城 ④1941 ⑤나고야대도서관
建築法規朝鮮市街地計画令解説	①今津重蔵 ②朝鮮出版社 ③京城 ④1941 ⑤국립중앙도서관, 한국국회도서관, 연세대도서관
検査の概況 1925-1926	②慶尚南道穀物検査 ③釜山 ④1927 ⑤부산시민도서관
検査事務関係例規 調査事務関係例規	②朝鮮総督府水産製品検査所 ③京城 ④1944 ⑤연세대도서관

検査統計	① 朝鮮総督府穀物検査所 ② 朝鮮総督府穀物検査所 ③ 京城 ④ 1936 ⑤ 고려대도서관
堅実に大儲の出来る朝鮮の林業投資	① 斎藤音作述 ② 斎藤音作 ③ 京城 ④ 1929 ⑤ 도쿄대도서관
結数 及 税額表	① 朝鮮総督府 度支部 司税局 ③ 京城 ④ 1910 ⑤ 고려대도서관
決戦談義	① 倉茂周蔵 ② 朝鮮教育出版株式会社 ③ 京城 ④ 1944 ⑤ 국립중앙도서관
兼二浦沙里院及載寧図幅	① 朝鮮総督府地質調査所編 ② 朝鮮総督府地質調査所 ③ 京城 ④ 1929 ⑤ 국립중앙도서관
経国大典	① 崔恒等撰, 内藤吉之助校 ② 朝鮮総督府中枢院 ③ 京城 ④ 1934 ⑤ 부산시민도서관, 서울대도서관, 일본국회도서관, 홋카이도대도서관
京畿教育 体位向上・銃後赤誠号	① 京畿道教育会 ② 京畿道道教会 ③ 京城 ④ 1938 ⑤ 한국국회도서관
京畿道 金融組合関係例規	① 朝鮮金融組合聯合会 京畿道支部 ② 朝鮮金融組合聯合会京畿道支部 ③ 京城 ④ 1935 ⑤ 고려대도서관
京畿道の教育と宗教	① 朝鮮総督府 ② 朝鮮総督府 ③ 京城 ④ 1937 ⑤ 일본국회도서관
京畿道ノ教育ト宗教	① 京畿道 ② 京畿道 ③ 京畿 ④ 1932 ⑤ 한국국회도서관
京畿道警務統計	① 朝鮮京城憲兵隊本部, 朝鮮総督府京畿道警務部編 ② 京城憲兵隊朝鮮総督府京畿道警務部 ③ 京城 ④ 1918 ⑤ 국립중앙도서관
京畿道鉱業状況	① 朝鮮鉱業会編 ② 朝鮮鉱業会 ③ 京城 ④ 1930 ⑤ 국립중앙도서관
京畿道教育と宗教要覧	① 京畿道 ② 京畿道 ③ 京畿 ④ 1938 ⑤ 한국국회도서관
京畿道金融組合関係例規	① 朝鮮金融組合聯合会京畿道支部編 ② 朝鮮金融組合聯合会京畿道支部 ③ 京城 ④ 1935 ⑤ 한국국회도서관, 연세대도서관
京畿道気象表 大正14, 昭和2-6, 10-11年	① 京城測候所編 ② 京城測候所 ③ 京城 ④ 1926-36 ⑤ 국립중앙도서관
京畿道気象表 昭和2-3, 6-11年	① 京畿道京城測候所編 ② 京畿道京城測候所 ③ 京城 ④ 1928-1937 ⑤ 서울대도서관
京畿道金浦郡月串面高陽里石炭調査報文	① 朝鮮総督府地質調査所編 ② 朝鮮総督府地質調査所 ③ 京城 ④ 1939 ⑤ 고려대도서관
京畿道道勢概要図	① 京畿道編 ② 朝鮮統計協会 ③ 京城 ④ 1926 ⑤ 한국국회도서관
京畿道富川郡郡勢一班, 1930	① 富川郡編 ③ 京畿道 富川郡 ④ 1930 ⑤ 한국국회도서관
京畿道事情要覧	① 朝鮮総督府京畿道編 ② 朝鮮総督府京畿道 ③ 京城 ④ 1922 ⑤ 국립중앙도서관, 부산시민도서관, 연세대도서관
京畿道商工要鑑	① 高木吉江編 ② 朝鮮副業協会 ③ 京城 ④ 1927 ⑤ 고려대도서관
京畿道商工要鑑	① 高木吉江編 ② 朝鮮副業協会 ③ 京城 ④ 1931 ⑤ 고려대도서관
京畿道勢一斑 1938年	⑤ 부산시민도서관
京畿道水産試験場報告	① 京畿道水産試験場 ② 京畿道水産試験場 ③ 仁川 ④ 1942 ⑤ 규슈대도서관, 연세대도서관
京畿道案内	① 朝鮮総督府京畿道編 ② 朝鮮総督府京畿道 ③ 京城 ④ 1915 ⑤ 국립중앙

	도서관, 부산시민도서관
京畿道要覧	① 京畿道 ② 京畿道 ③ 京城 ④ 1912 ⑤ 일본국회도서관
京畿道要覧	① 朝鮮総督府京畿道編 ② 朝鮮総督府京畿道 ③ 京城 ④ 1926 ⑤ 국립중앙도서관
京畿地方の名勝史蹟	① 京畿道編 ② 朝鮮地方行政学会 ③ 京城 ④ 1937 ⑤ 국립중앙도서관, 한국국회도서관, 고려대도서관, 연세대도서관, 일본국회도서관, 나고야대도서관
慶南の棉	① 慶尚南道編纂 ② 慶尚南道 ③ 釜山 ④ 1936 ⑤ 일본국회도서관
慶南の産業	① 慶尚南道編纂 ② 慶尚南道 ③ 釜山 ④ 1927 ⑤ 규슈대도서관
慶南の商工	① 慶尚南道編纂 ② 慶尚南道 ③ 釜山 ④ 1931 ⑤ 규슈대도서관, 도쿄대도서관, 홋카이도대도서관
慶南年鑑	① 朝鮮時報社編 ② 朝鮮時報社 ③ 釜山 ④ 1937 ⑤ 국립중앙도서관
慶南史蹟名勝談叢	① 諏方武骨 ② 諏方武骨遺稿刊行会 ③ 慶南 ④ 1927 ⑤ 부산시민도서관
慶南旅行の友	① 上野盛一 ② 朝善警察協会支部後援 ③ 釜山 ④ 1935 ⑤ 국립중앙도서관
警務月報	① 朝鮮総督府警務総監部編 ② 警務総監部 ③ 京城 ④ 1910-12 ⑤ 국립중앙도서관
警務一覧表	① 朝鮮総督府警務総監部編 ② 朝鮮総督府警務総監部 ③ 京城 ④ 1915 ⑤ 서울대도서관
慶北の農業	① 慶尚北道内務部農務課編 ② 慶尚北道 ③ 大邱 ④ 1928 ⑤ 규슈대도서관, 도쿄대도서관, 홋카이도대도서관
慶北大鑑	① 達捨蔵 ② 達捨蔵 ③ 大邱 ④ 1936 ⑤ 부산시민도서관, 규슈대도서관
慶北産業誌	① 朝鮮民報社編輯局編 ② 朝鮮民報社 ③ 大邱 ④ 1920 ⑤ 한국국회도서관, 부산시민도서관, 연세대도서관, 일본국회도서관, 나고야대도서관
慶北年鑑, 1941	② 朝鮮民報社 ③ 大邱 ④ 1941 ⑤ 한국국회도서관
慶北要覧	① 大邱新聞社編 ② 大邱新聞社 ③ 大邱 ④ 1910 ⑤ 일본국회도서관
慶尚南道 道勢要覧 大正2年	① 慶尚南道編 ② 朝鮮総督府慶尚南道 ③ 京城 ④ 1914 ⑤ 부산시민도서관
慶尚南道 例規集 上	① 慶尚南道編 ② 帝国地方行政学会朝鮮本部 ③ 釜山 ⑤ 부산시민도서관
慶尚南道 例規集 下	① 慶尚南道編 ② 帝国地方行政学会朝鮮本部 ③ 釜山 ⑤ 부산시민도서관
慶尚南道 種苗場報告 第1回	② 慶尚南道種苗場 ③ 釜山 ④ 1912 ⑤ 부산시민도서관
慶尚南道 種苗場報告 第2回	① 慶尚南道編 ② 慶尚南道種苗場 ③ 釜山 ④ 1913 ⑤ 부산시민도서관
慶尚南道 職員録 昭和13年	① 慶尚南道編 ② 慶尚南道 ④ 1938 ⑤ 부산시민도서관
慶尚南道 職員録 昭和17年	① 慶尚南道編 ② 慶尚南道 ④ 1942 ⑤ 부산시민도서관
慶尚南道 職員録 昭和18年	① 慶尚南道編 ② 慶尚南道 ④ 1943 ⑤ 부산시민도서관
慶尚南道 職員録 昭和8年	① 慶尚南道編 ② 慶尚南道 ④ 1933 ⑤ 부산시민도서관
慶尚南道 土木要覧 昭和10年	① 慶尚南道編 ② 慶尚南道 ③ 釜山 ⑤ 부산시민도서관
慶尚南道	① 鮮総総督府 ② 小林又七 ③ 京城 ④ 1937 ⑤ 국립중앙도서관

慶尚南道の林業要覧	① 慶尚南道編 ② 慶尚南道 ③ 釜山 ④ 1929 ⑤ 홋카이도대도서관
慶尚南道関係例規集 1938	① 慶尚南道編 ② 慶尚南道 ④ 1938 ⑤ 부산시민도서관
慶尚南道金融組合産業組合要覧 昭和14年度	
	① 朝鮮金融組合聯合会慶尚南道支部編 ② 朝鮮金融組合聯合会慶尚南道支部 ③ 釜山 ④ 1940 ⑤ 국립중앙도서관
慶尚南道々勢概覧 昭和12年版	① 慶尚南道 ② 慶尚南道 ③ 釜山 ④ 1937 ⑤ 일본국회도서관
慶尚南道道勢要覧	① 慶尚南道 ② 慶尚南道 ③ 釜山 ④ 1911 ⑤ 일본국회도서관
慶尚南道社会事業施設概要	① 慶尚南道編纂 ② 慶尚南道 ③ 釜山 ④ 1931 ⑤ 부산시민도서관, 홋카이도대도서관
慶尚南道勢一覧	② 慶尚南道 ③ 釜山 ④ 1937 ⑤ 부산시민도서관
慶尚南道歳入出決算 大正14年度	① 慶尚南道 ② 慶尚南道 ③ 釜山 ④ 1926 ⑤ 일본국회도서관
慶尚南道歳入出決算 大正15・昭和元年度	① 慶尚南道 ② 慶尚南道 ③ 釜山 ④ 1927 ⑤ 일본국회도서관
慶尚南道歳入出決算 昭和2-19年度	① 慶尚南道 ② 慶尚南道 ③ 釜山 ④ 1928-1945 ⑤ 일본국회도서관
慶尚南道水害誌	② 慶尚南道 ③ 釜山 ④ 1935 ⑤ 홋카이도대도서관
慶尚南道案内	① 慶尚南道庁編 ② 朝鮮時報社 ③ 釜山 ④ 1914 ⑤ 한국국회도서관, 부산시민도서관
慶尚南道蔚山郡農所面の鉄鉱床	① 中村慶三郎 ③ 京城 ④ 1939 ⑤ 서울대도서관
慶尚南道蚕業統計	① 慶尚南道編 ② 慶尚南道 ③ 釜山 ④ 1935 ⑤ 규슈대도서관
慶尚南道種苗場業務功程	② 慶尚南道種苗場 ③ 晋州 ④ 1923 ⑤ 규슈대도서관
慶尚南道統営郡光道面竹林里だいあすぼ-あ鉱床調査報文	
	① 朝鮮総督府地質調査所編 ② 朝鮮総督府地質調査所 ③ 京城 ④ 1928 ⑤ 국립중앙도서관
慶尚南道咸安郡第二咸安水利組合事業地附近地質図及地質断面図	
	① 朝鮮総督府地質調査所製 ② 朝鮮総督府地質調査所 ③ 京城 ④ 1926 ⑤ 일본국회도서관
慶尚南道咸安郡第二咸安水利組合事業地附近地下水調査復命書	
	① 立岩巌 ② 朝鮮総督府地質調査所 ③ 京城 ④ 1926 ⑤ 국립중앙도서관
慶尚南北道 忠清南都 古蹟調査報告	① 小泉顕夫 等, 朝鮮総督府編 ② 朝鮮総督府 ③ 京城 ④ 1923 ⑤ 국립중앙도서관, 고려대도서관
慶尚道地理志 慶尚道統撰地理志	① 朝鮮総督府中枢院調査課編 ② 朝鮮総督府中枢院調査課 ③ 京城 ④ 1938 ⑤ 서울대도서관, 일본국회도서관, 교토대도서관, 규슈대도서관, 나고야대도서관, 도쿄대도서관, 오사카대학, 홋카이도대도서관
慶尚道地理志・慶尚道統撰地理志索引	① 中枢院調査課編 ② 朝鮮総督府中枢院 ③ 京城 ④ 1938 ⑤ 서울대도서관
慶尚北道, 慶尚南道古蹟調査報告書	① 浜田耕作, 梅原末治 共 ② 朝鮮総督府 ③ 京城 ④ 1922 ⑤ 국립중앙도서관

慶尚北道ニ於ケル薬用植物 済州島ニ於ケル薬用植物附其ノ他ノ有用植物

    ①朝鮮総督府中央試験所編 ②朝鮮総督府中央試験所 ③京城 ⑤홋카이도대도서관

慶尚北道の林業　　　　　　　①朝鮮総督府 ②朝鮮総督府 ③京城 ④1937 ⑤국립중앙도서관

慶尚北道ノ蚕業ト金融　　　　①朝鮮銀行調査局編 ②朝鮮銀行調査局 ③京城 ④1917 ⑤일본국회도서관, 도쿄대도서관

慶尚北道気象一班　　　　　　②慶尚北道立大邱測候所 ③大邱 ④1933-1944 ⑤연세대도서관

慶尚北道達城郡達西面古墳調査報告 第1冊

    ①朝鮮総督府編 ②朝鮮総督府 ③京城 ④1931 ⑤국립중앙도서관, 서울대도서관

慶尚北道道勢要覧　　　　　　②慶尚北道 ③大邱 ④19230 ⑤규슈대도서관

慶尚北道産業奨励ノ事項梗概　②慶尚北道農会 ③慶尚北道 ④1924 ⑤규슈대도서관

慶尚北道勢一班 昭和13年　　②慶尚北道 ④1938 ⑤부산시민도서관

慶尚北道歳入出決算 大正14年度　①慶尚北道 ②慶尚北道 ③大邱 ④1926 ⑤일본국회도서관

慶尚北道歳入出決算 大正15年・昭和元年度

    ①慶尚北道 ②慶尚北道 ③大邱 ④1927 ⑤일본국회도서관

慶尚北道歳入出決算 昭和2-19年度　①慶尚北道 ②慶尚北道 ③大邱 ④1928-1945 ⑤일본국회도서관

慶尚北道八公山山崩調査報文　①朝鮮総督府地質調査所 ③京城 ④1931 ⑤서울대도서관

更生共励部落ニ於ケル部落是ノ実施状況　①朝鮮総督府農村振興課編纂 ②朝鮮総督府 ③京城 ④1939 ⑤도쿄대도서관

更生途上にある満蒙の朝鮮人　①三浦東輝 ②無得荘 ③京城 ④1934 ⑤고려대도서관, 일본국회도서관

京城 開城 仁川 水原　　　　①朝鮮総督府鉄道局編 ②朝鮮総督府鉄道局 ③京城 ④1925 ⑤규슈대도서관

京城 開城 仁川 水原　　　　①朝鮮総督府鉄道局編 ②朝鮮総督府鉄道局 ③京城 ④1929 ⑤한국국회도서관, 서울대도서관

京城 仁川 水原 開城 昭和13年版　①朝鮮総督府鉄道局 ②朝鮮総督府鉄道局 ③京城 ④1938 ⑤일본국회도서관

京城, 京城仁川職業名鑑　　　①東亜経済時報社編 ②東亜経済時報社 ③京城 ④1926 ⑤고려대도서관

京城, 仁川商工業調査　　　　②朝鮮総督府 ③京城 ④1913 ⑤연세대도서관

京城　　　　　　　　　　　　①朝鮮総督府編 ③京城 ④1926 ⑤서울대도서관

京城だより　　　　　　　　　①軍人援護会京城府分会編 ②軍人援護会京城府分会 ③京城 ④1944 ⑤국립중앙도서관

京城と金剛山　　　　　　　　①岡本暁翠 ②京城真美会 ③京城 ④1932 ⑤국립중앙도서관, 한국국회도서관, 고려대도서관, 서울대도서관

京城と内地人　　　　　　　　①川端源太郎編 ②日韓書房 ③京城 ④1910 ⑤국립중앙도서관, 서울대도

	서관
京城と仁川	①萩森茂編 ②大陸情報社 ③京城 ④1929 ⑤국립중앙도서관, 한국국회도서관, 고려대도서관, 부산시민도서관, 서울대도서관
京城に於ける工場調査	①京城商工会議所編 ②京城商工会議所 ③京城 ④1937- 1943 ⑤국립중앙도서관, 고려대도서관, 서울대도서관, 일본국회도서관, 교토대도서관, 도쿄대도서관, 홋카이도대도서관
京城ニ於ける物品販売業者調査報告 第1-2分冊	
	①京城商工会議所編 ②京城商工会議所 ③京城 ④1943 ⑤국립중앙도서관, 서울대도서관
京城に於ける低物価政策の現狀	①京城府総務部時局総動員課 ②京城府総務部時局総動員課 ③京城 ④1939 ⑤고려대도서관
京城に於ける接客業者に関する調査	①京城商工会議所調査課編 ②京城商工会議所 ③京城 ④1944 ⑤서울대도서관
京城の工場と工産 昭和三年末	①京城府編 ②경성부 ③京城 ④1929 ⑤서울대도서관
京城の光華	①藤井亀吉 ②朝鮮幸情調査会 ③京城 ④1926 ⑤국립중앙도서관, 한국국회도서관, 서울대도서관
京城の交通問題と其の対策	①岸謙 ④1939 ⑤서울대도서관
京城の気象図表	①京畿道立京城測候所 ②京畿道立京畿測候所 ③京城 ④1934 ⑤서울대도서관
京城の面影	①長野末喜 ②内外事情社 ③京城 ④1932 ⑤국립중앙도서관, 한국국회도서관, 서울대도서관
京城の沿革	①岡田貢 ②京城観光協会 ③京城 ④1936 ⑤국립중앙도서관, 한국국회도서관
京城の沿革と史蹟	①岡田貢編 ②京城府 ③京城 ④1941 ⑤국립중앙도서관, 한국국회도서관
京城の沿革と史蹟	①岡田貢編 ②京城府総務部事業課 ③京城 ④1944 ⑤국립중앙도서관, 서울대도서관
京城の地理歴史	①京城師範学校生徒地理歴史研究部編 ②地理歴史研究部 ③京城 ④1932 ⑤국립중앙도서관, 서울대도서관
京城高等工業学校一覧 自昭和5至6年, 自昭和8至9年	
	①京城高等工業学校編 ②京城高等工業学校 ③京城 ④1933 ⑤일본국회도서관
京城高等工業学校一覧	①京城高等工業学校編 ②京城高等工業学校 ③京城 ④1924 ⑤국립중앙도서관
京城高等商業学校一覧 昭和16年度	①京城高等商業学校編 ②京城高等商業学校 ③京城 ④1942 ⑤일본국회도서관
京城高等商業学校一覧 昭和9, 13-14年度	①京城高等商業学校編 ②京城高等商業学校 ③京城 ④1934-39 ⑤일본

	국회도서관
京城工業専門学校一覧	① 京城工業専門学校編 ② 京城工業専門学校 ③ 京城 ④ 1917 ⑤ 일본국회도서관
京城工場一覧	① 京城商工会議所編 ② 京城商工会議所 ③ 京城 ④ 1939 ⑤ 국립중앙도서관
京城工場表	① 京城商業会議所編 ② 京城商業会議所 ③ 京城 ④ 1921, 23 ⑤ 국립중앙도서관, 도쿄대도서관
京城観光の志おり	① 京城観光協会 ② 京城観光協会 ③ 京城 ④ 1940 ⑤ 일본국회도서관
京城郊外幹線道路改修工事写真帖	① 京畿道編 ② 京畿道 ③ 水原 ④ 1935 ⑤ 한국국회도서관
京城句集	① 高田宇 海市緑村 共編 ② 句集刊行会 ③ 京城 ④ 1934 ⑤ 국립중앙도서관
鏡城郡郡勢一班	① 鏡城郡編 ② 鏡城郡 ③ 鏡城郡 ④ 1933 ⑤ 한국국회도서관
京城及隣接邑面に於ける工業の大要	① 京城商工会議所編 ② 発行者不明 ③ 京城 ④ 1934 ⑤ 국립중앙도서관
京城記略	① 李重華 ② 新文館 ③ 京城 ④ 1918 ⑤ 국립중앙도서관
京城気象二十五年報	① 京城測候所編 ② 京城測候所 ③ 京城 ④ 1933 ⑤ 국립중앙도서관
京城図書館概況	① 京城図書館編 ② 京城図書館 ③ 京城 ④ 1916 ⑤ 일본국회도서관
京城都市計画資料調査書	① 京城府 ② 京城府 ③ 京城 ④ 1927 ⑤ 일본국회도서관
京城都市計畫調査書	② 京城府 ③ 京城 ④ 1928 ⑤ 교토대도서관, 도쿄대도서관
京城都市計画調査資料	① 京城府 ② 京城府 ③ 京城 ④ 1925 ⑤ 일본국회도서관
京城都市計劃書	① 朝鮮総督府内務局土木課編 ② 朝鮮総督府内務局土木課 ③ 京城 ④ 1930 ⑤ 한국국회도서관
京城都市計劃資料調査書	① 京城府編 ② 京城府 ③ 京城 ④ 1927-32 ⑤ 국립중앙도서관, 한국국회도서관, 고려대도서관, 서울대도서관
京城都市計劃調査	① 京城府編 ② 京城府 ③ 京城 ④ 1928 ⑤ 국립중앙도서관, 고려대도서관, 서울대도서관
京城名勝遊覧案内	① 京城タクシー遊覧バス係 ② 京城タクシー遊覧バス係 ③ 京城 ④ 1940 ⑤ 일본국회도서관
京城物語	① 岡田貢 京城府編 ② 京城府庁 ③ 京城 ④ 1941 ⑤ 국립중앙도서관, 홋카이도대도서관
京城美術倶楽部改築落成記念	① 松浦音治編 ② 京城美術倶楽部 ③ 京城 ④ 1941 ⑤ 고려대도서관
京城美術倶楽部創業二十年記念誌	① 佐佐木兆治 ② 京城美術倶楽部 ③ 京城 ④ 1928 ⑤ 국립중앙도서관
京城博物教員会誌	① 京城博物教員会編 ② 朝鮮博物教員会 ③ 京城 ④ 1938-40 ⑤ 국립중앙도서관
京城発達史 団体・会議名標目	① 京城居留民団役所編 ② 京城居留民団 ③ 京城 ④ 1912 ⑤ 국립중앙도서관, 고려대도서관, 서울대도서관, 일본국회도서관
京城繁昌記	① 岡良助 ② 博文社 ③ 京城 ④ 1915 ⑤ 국립중앙도서관, 고려대도서관, 부산시민도서관, 도쿄대도서관

京城法学専門学校一覧 昭和9, 11, 13年	①京城法学専門学校編 ②京城法学専門学校 ③京城 ④1934-38 ⑤日本国会図書館
京城法学専門学校一覧 昭和16年度	①京城法学専門学校編 ②京城法学専門学校 ③京城 ④1941 ⑤日本国会図書館
京城法学専門学校一覧 1-2	①京城法学専門学校編 ②京城法学専門学校 ③京城 ④1923, 1925 ⑤国立中央図書館
京城法学専門学校一覧	①京城法学専門学校 ②京城法学専門学校 ③京城 ④1933 ⑤高麗大図書館
京城法学専門学校一覧 2年度	①京城法学専門学校 ②京城法学専門学校 ③京城 ④1937 ⑤高麗大図書館
京城法学専門学校一覧 3年度	①京城法学専門学校 ②京城法学専門学校 ③京城 ④1938 ⑤高麗大図書館
京城法学会論集 第1冊	①京城帝国大学法文学会編 ②刀江書院 ③京城 ④1928 ⑤高麗大図書館
京城保導聯盟校外保導七年誌	①京城保導聯盟 ③京城 ④1939 ⑤ソウル大図書館
京城保導聯盟明規約	①京城保導聯盟 ③京城 ④1939 ⑤ソウル大図書館
京城覆審法院に於ける京城土木談合事件 1-2	①京城覆審法院編 ②京城覆審法院 ③京城 ④1934-35 ⑤国立中央図書館
京城覆審法院に於ける土木談合事件辯論 1-2	①京城地方法院編 ②京城地方法院 ③京城 ④1933 ⑤国立中央図書館
京城府ニ於ケル公定並ニ協定価格集	①京城府国民総力課編 ②朝鮮図書出版 ③京城 ④1940 ⑤韓国国会図書館, ソウル大図書館
京城府に於ける生活必需品配給統制の 実情	①京城府編 ②京城府総務部経済課 ③京城 ④1943 ⑤国立中央図書館, 도쿄大図書館
京城府に於ける硝子工業の趨勢に就きて	①吉田寛一郎 ②朝鮮総督府中央試験所 ③京城 ④1939 ⑤ソウル大図書館, 규슈大図書館, 도호쿠大図書館
京城府管内地籍目録 1927年	①陳内六助 ②京城共同株式会社 ③京城 ④1927 ⑤ソウル大図書館
京城府交通量調査書	①京城府編 ②朝鮮総督府 ③京城 ④1939 ⑤国立中央図書館
京城府国勢調査事務概要	①京城府編 ②京城府 ③京城 ④1941 ⑤国立中央図書館
京城府勧業要覧	①京城府庁編 ②京城府庁 ③京城 ④1937
京城附近ニ於ケル漢江氾濫調査報文	①立岩巌等 ②朝鮮総督府地質調査所 ③京城 ④1925 ⑤부산시민도서관
京城附近の野菜に着せる寄生虫卵	①森川清人·越智兵馬共編 ②文化講演学会 ③京城 ④1927 ⑤부산시민도서관
京城府内 中小商工業実態調査報告 第1分冊	①渋谷恒治郎 ②朝鮮経済研究所 ④1942 ⑤高麗大図書館
京城府内に於ける女学校以上卒業者の状況	①京城商工会議所調査課編 ②京城商工会議所 ③京城 ④1944 ⑤ソウル大図書館

京城府内各種社会事業要覧	②京城府社会事業助成会 ③京城 ④1938 ⑤도쿄대도서관, 도호쿠대도서관
京城府内経済団体名簿	①京城商工会議所 ②京城商工会議所 ③京城 ④1944 ⑤서울대도서관
京城府内経済団体名簿	①京城商工会議所編 ②京城商工会議所 ③京城 ④1941 ⑤국립중앙도서관
京城府内社会事業概況	①京城府庁編 ②京城府庁 ③京城 ④1927 ⑤국립중앙도서관
京城府内社会事業概況	①京城府編 ②京城府 ③京城 ④1922 ⑤서울대도서관
京城府内中小商工業実態調査報告 第1分冊	
	①朝鮮経済研究所編 ②朝鮮経済研究所 ③京城 ④1942 ⑤국립중앙도서관, 고려대도서관
京城府都市計劃要覧, 1938	①京城府編 ②京城府 ③京城 ④1938 ⑤한국국회도서관
京城府都市計劃要覧, 1939	①京城府編 ②京城府 ③京城 ④1939 ⑤한국국회도서관
京城府楽会誌 第1-3号	①京城府楽剤師会編 ②京城府楽剤師会 ③京城 ④1936-37 ⑤국립중앙도서관
京城府立図書館概要	①京城府立図書館編 ②京城府立図書館 ③京城 ④1935 ⑤서울대도서관, 일본국회도서관
京城府立図書館概要	①京城府立図書館編 ③京城 ④1932 ⑤서울대도서관
京城府立図書館図書目録 昭和 八年 七月 三一日 現在	
	①京城府立図書館編 ②京城府立図書館 ③京城 ④1934 ⑤서울대도서관
京城府立図書館図書目録	①京城府立図書館編 ②京城府立図書館 ③京城 ④1934 ⑤국립중앙도서관, 홋카이도대도서관
京城府立図書館報	①京城府立図書館編 ②京城府立図書館 ③京城 ④明治16年 ⑤국립중앙도서관
京城府立図書館成績概要 昭和8年度	①京城府立図書館編 ②京城府立図書館 ③京城 ④1934 ⑤일본국회도서관
京城府物品販売業調査	①京城府編 ②京城府 ③京城 ④1936 ⑤국립중앙도서관
京城府方面委員要覧	①京城府編 ②京城府 ③京城 ④1941 ⑤한국국회도서관
京城府防護計劃書	①京城府編 ②京城府 ③京城 ④1936 ⑤국립중앙도서관
京城府史 1-6	①京城府 ②京城府 ③京城 ④1934-41 ⑤서울대도서관
京城府史 第1-3巻	①京城府編 ②京城府 ③京城 ④1934-1941 ⑤국립중앙도서관, 한국국회도서관, 서울대도서관, 일본국회도서관, 규슈대도서관, 도쿄대도서관, 홋카이도대도서관
京城府社会事業要覧 1-2	①京城府社会課編 ②京城府社会課 ③京城 ④1934, 1941 ⑤국립중앙도서관
京城府社会事業要覧	①京城府社会課編 ②京城府社会課 ③京城 ④1943 ⑤서울대도서관
京城府社会事業要覧	①京城府社会課編 ②京城府社会課 ③京城 ④1938 ⑤도쿄대도서관, 도호쿠대도서관
京城府産業要覧 第7, 10, 13, 16年版	①京城府編 ②京城府 ③京城 ④1932-41 ⑤국립중앙도서관

京城府産業要覧	①京城府総務部勧業課 ②京城府総務部勧業課 ③京城 ④1941 ⑤서울대도서관
京城府産業調査会	②京城府 ③京城 ④1933 ⑤도쿄대도서관
京城府産業調査会報告 第1-8号	①京城府編 ②発行者不明 ③京城 ④1934-40 ⑤국립중앙도서관
京城府三清洞及清進洞地下水中クロ-ル含有量測定試験報文	①田村亀太郎, 朝鮮総督府地質調査所編 ②朝鮮総督府地質調査所 ③京城 ④1931 ⑤국립중앙도서관, 고려대도서관, 부산시민도서관, 서울대도서관
京城府上水道概要	①京城府編 ②京城府 ③京城 ④1938 ⑤한국국회도서관
京城府商店街調査	①京城府編 ②京城府 ③京城 ④1936 ⑤국립중앙도서관
京城府勢一斑	①京城府庁編 ②京城府庁 ③京城 ④1924-36 ⑤국립중앙도서관
京城府勢一斑	①京城府庁編 ②京城府庁 ③京城 ④1938 ⑤한국국회도서관, 부산시민도서관
京城府歳入歳出予算書大正13-昭和19年度	①京城府 ②京城府 ③京城 ④1925-45 ⑤일본국회도서관
京城府歳入出決算 大正11年度	①京城府 ②京城府 ③京城 ④1923 ⑤일본국회도서관
京城府歳入出決算 昭和2年度	①京城府 ②京城府 ③京城 ④1928 ⑤일본국회도서관
京城府歳入出決算 昭和7年度	①京城府 ②京城府 ③京城 ④1933 ⑤일본국회도서관
京城府歳入出決算 昭和9年度	①京城府 ②京城府 ③京城 ④1935 ⑤일본국회도서관
京城府歳入出決算 昭和10年度	①京城府 ②京城府 ③京城 ④1936 ⑤일본국회도서관
京城府歳入出決算 昭和11年度	①京城府 ②京城府 ③京城 ④1937 ⑤일본국회도서관
京城府歳入出決算 昭和12年度	①京城府 ②京城府 ③京城 ④1938 ⑤일본국회도서관
京城府歳入出決算 昭和13年度	①京城府 ②京城府 ③京城 ④1939 ⑤일본국회도서관
京城府歳入出決算 昭和14年度	①京城府 ②京城府 ③京城 ④1940 ⑤일본국회도서관
京城府歳入出決算 昭和15年度	①京城府 ②京城府 ③京城 ④1941 ⑤일본국회도서관
京城府歳入出決算 昭和16年度	①京城府 ②京城府 ③京城 ④1942 ⑤일본국회도서관
京城府歳入出予算書, 1944	④1944 ⑤한국국회도서관
京城府税政例規	①京城府編 ②京城府 ③京城 ④1933 ⑤국립중앙도서관
京城府市街地計画風致地区指定資料調査書	①京城府編 ②京城府 ③京城 ④1937 ⑤한국국회도서관
京城府案内	①国際情報支社京城案内部編 ②国際情報支社京城案内部 ③京城 ④1925 ⑤한국국회도서관
京城府例規類集	①京城府 ②京城府 ③京城 ④1933 ⑤서울대도서관
京城府衛生施設概要	①京城府衛生課編 ②京城府衛生課 ③京城 ④1928 ⑤서울대도서관
京城府一般経済番大漢南沙斤竜頭土地区劃整理費特別会計予算書	③京城 ④1939 ⑤홋카이도대도서관
京城府一般経済特別経済歳入出予算書	③京城 ④1939 ⑤홋카이도대도서관

京城府一筆毎地形明細図	①朝鮮都市地形図刊行会編 ②朝鮮都市地形図刊行会 ③京城 ④1929 ⑤国立中央図書館, 서울대도서관
京城府財政要覧 昭和13-14年度	①京城府総務部内務課編 ②京城府総務部内務課 ③京城 ④1938-39 ⑤국립중앙도서관
京城府電気瓦斯事業の公営に就て	①波多江千代蔵 ③京城 ④1931 ⑤서울대도서관
京城府町内之人物と事業案内	①宮本信次 ②京城新聞社 ③京城 ④1921 ⑤고려대도서관
京城府第一回国勢調査	①京城府庁編 ②京城府庁 ③京城 ④1926 ⑤국립중앙도서관
京城府主催講演会講演集	①京城府庁編 ②京城府庁 ③京城 ④1926 ⑤국립중앙도서관
京城府主催社会事業講演録	①朝鮮社会事業研究会編 ②朝鮮社会事業研究会 ③京城 ④1934 ⑤국립중앙도서관
京城府重要商品調査 綿布の部	①京城府 ③京城 ④1928 ⑤서울대도서관
京城府重要品調査 第1-4輯	①京城府編 ②京城府庁 ③京城 ④1926-31 ⑤국립중앙도서관
京城府地形明細図	①川合新一郎 ②朝鮮都市地形図刊行会 ③京城 ④1929 ⑤서울대도서관
京城府職業紹介事業要覧	①京城府職業紹介所編 ③京城 ④1935 ⑤서울대도서관
京城府庁公設市場要覧	①京城府庁編 ②京城府庁 ③京城 ④1936 ⑤국립중앙도서관
京城府土木事業概要	①京城府編 ②京城府 ③京城 ④1938 ⑤한국국회도서관, 서울대도서관
京城府学事一覧	①京城府調 ②京城府 ③京城 ④1924 ⑤도쿄대도서관
京城府行政区域拡張調査書	①京城府編 ②京城府 ③京城 ④1934 ⑤한국국회도서관, 고려대도서관
京城府戸口統計	①京城府編 ②京城府 ③京城 ④1933-40 ⑤국립중앙도서관
景城府会議員選挙有権者名簿写	①京城府編 ②京城府 ③京城 ④1943 ⑤한국국회도서관
京城師範学校醇和会報	①京城師範学校醇和会編 ②京城師範学校醇和会 ③京城 ④1929 ⑤국립중앙도서관
京城師範学校総覧. 1-2	①京城師範学校編 ②京城師範学校 ③京城 ④1929, 1934 ⑤국립중앙도서관, 한국국회도서관, 고려대도서관, 서울대도서관
京城史話 1-2	①岡田貢, 京城公立小学校教員会編 ②日韓西方 ③京城 ④1936, 37 ⑤국립중앙도서관, 한국국회도서관, 고려대도서관, 서울대도서관, 규슈대도서관, 도쿄대도서관
京城社会事業便覧 1-2	①京城府編 ②京城府庁 ③京城 ④1929, 1932 ⑤국립중앙도서관
京城三年	①時実秋穂 ②京畿道社会課 ③京城 ④1924 ⑤국립중앙도서관
京城商工名録 1-6	①京城商工会議所編 ②京城商工会議所 ③京城 ④1923-41 ⑤국립중앙도서관, 서울대도서관
京城商工名録 2年版	①京城商工会議所編 ②商工会議所 ③京城 ④1937 ⑤고려대도서관
京城商工名録	①京城商工会議所編 ②京城商工会議所 ③京城 ④1935 ⑤규슈대도서관, 도쿄대도서관
京城商工名録	①京城商工会議所編 ②京城商工会議所 ③京城 ④1941 ⑤서울대도서관

京城商工業繁栄の道 昭和十一年年頭に立ちて

         ① 賀田直治 ③ 京城 ④ 1936 ⑤ 서울대도서관

京城商工業繁栄の道   ① 京城商工会議所編 ② 京城商工会議所 ③ 京城 ④ 1936 ⑤ 국립중앙도서관

京城商工業調査   ① 朝鮮総督府 ② 朝鮮総督府 ③ 京城 ④ 1913 ⑤ 서울대도서관, 연세대도서관

京城商工業振興の一策   ① 京城商工会議所編 ② 京城商工会議所 ③ 京城 ④ 1934 ⑤ 국립중앙도서관

京城商工要鑑   ① 河野司登編 ② 朝鮮経済研究会 ③ 京城 ④ 1926 ⑤ 고려대도서관

京城商工振興叢書   ① 京城商工会議所編 ② 京城上空会議所 ③ 京城 ④ 1936-37 ⑤ 국립중앙도서관

京城商工会議所経済月報 1-28 ① 京城商工会議所編 ② 京城商工会議所 ③ 京城 ④ 1925-41 ⑤ 국립중앙도서관

京城商工会議所事業成績報告書 昭和13年度

         ① 京城商工会議所 ② 京城商工会議所 ③ 京城 ④ 1939 ⑤ 일본국회도서관

京城商工会議所二十年史 ① 伊藤正愨 ② 京城商工会議所 ③ 京城 ④ 1941 ⑤ 고려대도서관

京城商工会議所二十五年史 ① 京城商工会議所 ② 京城商工会議所 ③ 京城 ④ 1941 ⑤ 국립중앙도서관, 서울대도서관, 일본국회도서관, 도쿄대도서관, 오사카대학, 홋카이도대도서관

京城商業会議所統計年報 昭和2-17年 ① 京城商業会議所編 ② 京城商業会議所 ③ 京城 ④ 1928-44 ⑤ 국립중앙도서관

京城商業会議所統計年報 昭和3, 4年 ① 京城商業会議所編 ② 京城商業会議所 ③ 京城 ④ 1930 ⑤ 일본국회도서관

京城生産品品評会宣伝写真帖 ① 朝鮮中央経済会 ② 朝鮮中央経済会 ③ 京城 ④ 1921 ⑤ 한국국회도서관

京城生活:随筆   ① 徳野真士 ② 京城雑筆社 ③ 京城 ④ 1941 ⑤ 도쿄대도서관

京城税務監督局税務要覧 ① 京城税務監督局編 ② 京城税務監督局 ③ 京城 ④ 1939 ⑤ 국립중앙도서관, 서울대도서관

京城市街地計劃(区域, 街路綱, 土地区劃整理地区)決定理由書

         ① 朝鮮総督府 ② 朝鮮総督府 ③ 京城 ④ 1927 ⑤ 서울대도서관

京城市区改正事業   ① 朝鮮総督府内務局京城土木出張所編 ③ 京城 ④ 1930 ⑤ 국립중앙도서관

京城市内電話交換教科書 ① 京城中央電話局編 ② 京城中央電話局 ③ 京城 ④ 1935 ⑤ 국립중앙도서관

京城市民名鑑   ① 朝鮮中央経済会編 ② 朝鮮中央経済会 ③ 京城 ④ 1921 ⑤ 국립중앙도서관, 서울대도서관

京城市変遷写真   ① 朝鮮総督府内務局京城土木出張所編 ② 朝鮮総督府内務局京城土木出張所 ③ 京城 ④ 1930 ⑤ 고려대도서관

京城新府域地帯に於ける生活必需品業者の分布状況概要

         ① 京城商工会議所調査課 ③ 京城 ④ 1943 ⑤ 서울대도서관

京城心理学彙報   ① 京城帝国大学法文学部心理学教室編 ② 京城帝国大学法文学部心理学教室 ③ 京城 ④ 1930-32 ⑤ 국립중앙도서관

京城案内 近郊 ゛温泉   ① 京城観光協会編 ② 京城観光協会 ③ 京城 ④ 1935 ⑤ 일본국회도서관

京城案内	①京城府教育会編 ②京城府教育会 ③京城 ④1926 ⑤국립중앙도서관, 한국국회도서관, 일본국회도서관, 서울대도서관
京城案内	①吉村伝 ②朝鮮博覧会京城協賛会 ③京城 ④1929 ⑤한국국회도서관, 고려대도서관, 연세대도서관
京城案内	①石原留吉 ②京城協賛 ③京城 ④1915 ⑤국립중앙도서관, 한국국회도서관, 서울대도서관
京城女子師範学校諸規程	①京城女子師範学校編 ②京城女子師範学校 ③京城 ④1936 ⑤한국국회도서관
京城駅起点鉄道貨物運賃表	①前原一喜編 ②朝鮮運送株式会社 ③京城 ④1931 ⑤국립중앙도서관
京城五百年	①京城府公立普通学校教員会編纂 ②横山弥三 ③京城 ④1926 ⑤서울대도서관
京城医師会廿五周年誌	①京城医師会編 ②京城医師会 ③京城 ④1932 ⑤국립중앙도서관
京城医学専門学校一覧 大正14, 15年	①京城医学専門学校編 ②京城医学専門学校 ③京城 ④1925-1926 ⑤일본국회도서관
京城医学専門学校一覧 昭和2至8年	①京城医学専門学校編 ②京城医学専門学校 ③京城 ④1933 ⑤일본국회도서관
京城医学専門学校紀要 1-11	①浜田耕太郎編輯 ②京城医学専門学校 ③京城 ④1931-41 ⑤국립중앙도서관
京城医学専門学校一覧 1-3	①京城医専門学校編 ②京城医学専門学校 ③京城 ④1924-25 ⑤국립중앙도서관
京城人物界	①宿久五郎 ③京城 ④1933 ⑤고려대도서관
京城仁川商工業調査	①朝鮮総督府編 ②朝鮮総督府 ③京城 ④1913 ⑤국립중앙도서관, 고려대도서관, 부산시민도서관, 일본국회도서관
京城仁川職業名鑑	①東亜経済時報社編 ②東亜経済時報社 ③京城 ④1926 ⑤국립중앙도서관, 고려대도서관
京城日本人商業会議所年報 大正元年	①京城日本人商業会議所編 ②京城日本人商業会議所 ③京城 ④1913 ⑤국립중앙도서관
京城日本人商業会議所歳入出予算議案	①京城日本人商業会議所編 ②京城日本人商業会議所 ③京城 ④1911 ⑤한국국회도서관
京城日本人商業会議所議事録 明治41年1908	①日本人商業会議所編 ②日本人商業会議所 ③京城 ④1908 ⑤서울대도서관
京城日本人商業会議所定款及議事細則	①京城日本人商業会議所編 ②京城日本人商業会議所 ③京城 ④1903 ⑤국립중앙도서관, 한국국회도서관
京城雑筆	①京城雑筆社編 ②京城雑筆社 ③京城 ④1936-41 ⑤국립중앙도서관
京城電気株式会社二十年沿革史	①京城電気株式会社編 ②京城電気株式会社 ③京城 ④1929 ⑤국립중앙

	도서관
京城帝国大学 法学会論集 12-13	① 京城帝国大学 ② 京城帝国大学 ③ 京城 ④ 1941-1942 ⑤ 국립중앙도서관
京城帝国大学満蒙文化研究会パムフレット 第1-3冊	
	① 京城帝国大学満蒙文化研究会編 ② 京城帝国大学満蒙文化研究会 ③ 京城 ④ 1938-39 ⑤ 일본국회도서관, 규슈대도서관, 도쿄대도서관
京城帝国大学大陸文化研究会パンフレット 第6-7冊	
	① 京城帝国大学大陸文化研究会編 ② 京城帝国大学大陸文化研究会 ③ 京城 ④ 1942 ⑤ 일본국회도서관
京城帝国大学大陸文化研究会報告 第5冊	① 京城帝国大学大陸文化研究会編 ② 京城帝国大学大陸文化研究会 ③ 京城 ④ 1939 ⑤ 일본국회도서관
京城帝国大学大陸文化研究会報告 第7冊	① 京城帝国大学大陸文化研究会編 ② 京城帝国大学大陸文化研究会 ③ 京城 ④ 1942 ⑤ 일본국회도서관
京城帝国大学法文学部研究調査冊子 第1-3輯	
	① 京城帝国大学 ② 京城帝国大学 ③ 京城 ④ 1930 ⑤ 서울대도서관, 일본국회도서관
京城帝国大学法文学部第九回卒業生九七会紀念アルバム	
	① 京城帝国大学法文学部第九回卒業生九七会編 ③ 京城 ④ 1940 ⑤ 서울대도서관
京城帝国大学附属図書館和漢書書名目録 第1輯 第1冊-第2輯 第4冊	
	① 京城帝国大学附属図書館編 ② 京城帝国大学附属図書館 ③ 京城 ④ 1931-1935 ⑤ 일본국회도서관
京城帝国大学附属図書館和漢書書名目録 第3輯 第1-3冊, 第4-6輯	
	① 京城帝国大学附属図書館編 ② 京城帝国大学附属図書館 ③ 京城 ④ 1935-38 ⑤ 일본국회도서관
京城帝国大学附属図書館和漢書書名目録	① 京城帝国大学附属図書館編 ② 京城帝国大学附属図書館 ③ 京城 ④ 1931-38 ⑤ 국립중앙도서관
京城帝国大学十周年記念論文集 文学編	⑤ 부산시민도서관
京城帝国大学十周年記念論文集 哲学編	⑤ 부산시민도서관
京城帝国大学予科一覧 大正14, 15年度	① 京城帝国大学予科編 ② 京城帝国大学 ③ 京城 ④ 1925-1926 ⑤ 일본국회도서관
京城帝国大学予科一覧 昭和3年	① 京城帝国大学予科編 ② 京城帝国大学予科 ③ 京城 ④ 1928 ⑤ 일본국회도서관
京城帝国大学予科教授要綱 京城帝国大学予科修練要綱	
	① 朝鮮総督府編 ② 朝鮮総督府 ③ 京城 ④ 1943 ⑤ 한국국회도서관, 서울대도서관
京城帝国大学予科文化生活調査報告	① 京城帝国大学予科文芸部編 ② 京城帝国大学予科文芸部 ③ 京城

	④ 1938 ⑤ 국립중앙도서관
京城帝国大学予科一覧 1-2	① 京城帝国大学編 ② 京城帝国大学 ③ 京城 ④ 1924, 1926 ⑤ 국립중앙도서관
京城帝国大学予科職員便覧	① 京城帝国大学予科 ③ 京城 ④ 1934 ⑤ 서울대도서관
京城帝国大学例規	① 京城帝国大学 ③ 京城 ④ 1931 ⑤ 서울대도서관
京城帝国大学一覧 昭和11-17年	① 京城帝国大学編 ② 京城帝国大学 ③ 京城 ④ 1936-43 ⑤ 서울대도서관, 일본국회도서관
京城帝国大学一覧	① 京城帝国大学 ② 京城帝国大学 ③ 京城 ④ 1931 ⑤ 국립중앙도서관, 도쿄대도서관, 홋카이도대도서관
京城帝国大学一覧	① 京城帝国大学編 ② 京城帝国大学 ③ 京城 ④ 1927-43 ⑤ 국립중앙도서관
京城帝国大学創立10周年記念論文集 学篇	① 京城帝国大学文学会編 ② 大阪屋号書店 ③ 京城 ④ 1936 ⑤ 서울대도서관
京城帝国大学創立十周年記念論文集 第4輯 哲学篇	① 京城帝国大学文学会編 ② 大阪屋号書店 ③ 京城 ④ 1935-45 ⑤ 국립중앙도서관
京城帝国大学創立十周年記念論文集 第5輯 史学篇	① 京城帝国大学文学会編 ② 大阪屋号書店 ③ 京城 ④ 1935-45 ⑤ 국립중앙도서관
京城帝国大学学友会会報	① 京城帝国大学学友会 ② 京城帝国大学学友会 ③ 京城 ④ 1933 ⑤ 고려대도서관
京城帝大史学会報 1-2	① 京城帝大史学会編 ② 京城帝大史学会 ③ 京城 ④ 1931-35 ⑤ 국립중앙도서관
京城帝大史学会誌 3	① 京城帝大史学会編 ② 京城帝大史学会 ③ 京城 ④ 1936 ⑤ 국립중앙도서관
京城第一公立高等普通学校学友会誌 第3号	① 学友会会報部 ② 学友会会報部 ③ 京城 ④ 1936 ⑤ 고려대도서관
京城地誌	① 京城公立普通学校編 ③ 京城 ④ 1932 ⑤ 고려대도서관
京城職業紹介所夕報	① 京城職業紹介所編 ② 京城職業紹介所 ③ 京城 ④ 1941 ⑤ 국립중앙도서관
京城遷都論	① 豊川善曄 ② 興亜堂書店 ③ 京城 ④ 1924 ⑤ 일본국회도서관
京城遷都論	① 豊川善曄 ② 興亜堂書 ③ 京城 ④ 1934 ⑤ 한국국회도서관, 고려대도서관, 서울대도서관
京城土木談合事件	① 京城地方法院編 ② 京城地方法院 ③ 京城 ④ 1933 ⑤ 서울대도서관
京城土木談合事件高等法院判決書	① 高等法院編 ③ 京城 ④ 1936 ⑤ 서울대도서관
京城土木談合事件辯論 1 辯護人, 藤野愛泉, 陣内茂吉外2人の為に	① 京城覆審法院 ② 城覆審法 ③ 京城 ④ 1934 ⑤ 고려대도서관
京城土木談合事件辯論 3 辯護人, 山中, 大吉, 西川 外 9人の為に	① 京城覆審法院 ② 城覆審法 ③ 京城 ④ 1934 ⑤ 고려대도서관

京城土木談合事件辯論 4 辯護人, 井上, 市郎, 渡邊定一郎の為に

        ① 京城覆審法院 ② 城覆審法 ③ 京城 ④ 1934 ⑤ 고려대도서관

京城土木談合事件辯論 5 辯護人, 掘, 真喜一, 宮近蔵の為に

        ① 京城覆審法院 ② 覆審法 ③ 京城 ④ 1934 ⑤ 고려대도서관

京城土木談合事件辯論 6 辯護人, 遠藤省三, 陣内外 1人の為に

        ① 京城覆審法院 ② 覆審法 ③ 京城 ④ 1934 ⑤ 고려대도서관

京城土木談合事件辯論 7 辯護人, 浜田虎熊, 中村繁作の為に

        ① 京城覆審法院 ② 城覆審法 ③ 京城 ④ 1934 ⑤ 고려대도서관

京城土木談合事件辯論 8 辯護人, 赤尾, 虎吉

        ① 京城覆審法院 ② 城覆審法 ③ 京城 ④ 1934 ⑤ 고려대도서관

京城土木談合事件辯論 9 辯護人, 武智弘方, 小寺忠行 外 3人の為に

        ① 京城覆審法院 ② 城覆審法 ③ 京城 ④ 1934 ⑤ 고려대도서관

京城土木談合事件辯論 10 辯護人, 水野正之函

        ① 京城覆審法院 ② 城覆審法 ③ 京城 ④ 1934 ⑤ 고려대도서관

京城土木談合事件辯論 11 辯護人, 小川勝平

        ① 京城覆審法院 ② 城覆審法 ③ 京城 ④ 1934 ⑤ 고려대도서관

京城土木談合事件辯論 12 辯護人, 佐久間責, 塚本恭土の為に

        ① 京城覆審法院 ② 城覆審法 ③ 京城 ④ 1934 ⑤ 고려대도서관

京城土木談合事件辯論 13 辯護人, 松本正寛

        ① 京城覆審法院 ② 城覆審法 ③ 京城 ④ 1934 ⑤ 고려대도서관

京城土木談合事件辯論 14 辯護人, 森井与一郎, 高志 外7人の為に

        ① 京城覆審法院 ② 城覆審法 ③ 京城 ④ 1934 ⑤ 고려대도서관

京城土木談合事件辯論 15 辯護人, 徳田, 禎重, 福島, 又二の為に

        ① 京城覆審法院 ② 城覆審法 ③ 京城 ④ 1934 ⑤ 고려대도서관

京城土木談合事件辯論 16 辯護人, 切山, 篤太郎, 千田, 修二外1人の為に

        ① 京城覆審法院 ② 城覆審法 ③ 京城 ④ 1934 ⑤ 고려대도서관

京城土木談合事件辯論 17 辯護人, 吉村, 謙一郎, 多賀外3人の為に

        ① 京城覆審法院 ② 城覆審法 ③ 京城 ④ 1934 ⑤ 고려대도서관

京城土木談合事件辯論 18 辯護人, 斉藤儀一, 坂井, 清治の為に

        ① 京城覆審法院 ② 城覆審法 ③ 京城 ④ 1934 ⑤ 고려대도서관

京城土木談合事件辯論 19 辯護人, 永島, 雄蔵, 坂井 外 4人の為に

        ① 京城覆審法院 ② 城覆審法 ③ 京城 ④ 1934 ⑤ 고려대도서관

京城土木談合事件辯論 20 辯護人, 牧野, 良三 同事件辯論目次並要旨項目

        ① 京城覆審法院 ② 城覆審法 ③ 京城 ④ 1934 ⑤ 고려대도서관

京城土木談合事件辯論   ① 秋山高三郎編 ② 京城覆審法院 ③ 京城 ④ 1935 ⑤ 한국국회도서관

京城土木談合事件第二審公判調書 ① 京城覆審法院編 ② 京城覆審法院 ③ 京城 ④ 1935 ⑤ 국립중앙도서관

京城土木談合事件判決	① 京城覆審法院編 ② 京城覆審法院 ③ 京城 ④ 1934 ⑤ 국립중앙도서관
京城土木談合事件判決	① 京城地方法院編 ② 京城地方法院 ③ 京城 ④ 1933 ⑤ 국립중앙도서관
京城便覧	① 白寛洙 ② 弘文社 ③ 京城 ④ 1929 ⑤ 고려대도서관
京城協賛会報告	② 朝鮮物産共進会 ③ 京城 ④ 1916 ⑤ 부산시민도서관
京城協賛会報告書	① 朝鮮博覧会京城協賛会編 ② 肥塚正太 ③ 京城 ④ 1930 ⑤ 고려대도서관, 서울대도서관
京城回顧録	① 大村友之 ② 朝鮮研究会 ③ 京城 ④ 1922 ⑤ 국립중앙도서관, 고려대도서관, 서울대도서관
京城彙報 第230号-第241号	① 京城府編輯 ② 京城府 ③ 京城 ④ 1941 ⑤ 일본국회도서관
京城彙報 第242号-第253号	① 京城府編輯 ② 京城府 ③ 京城 ④ 1942 ⑤ 일본국회도서관
経世遺表 第1巻	① 丁若鏞, 青柳綱太郎編 ② 朝鮮研究会 ③ 京城 ④ 1911 ⑤ 고려대도서관, 부산시민도서관, 도쿄대도서관
経世遺表 第2巻	① 丁若鏞, 青柳綱太郎編 ② 朝鮮研究会 ③ 京城 ④ 1911 ⑤ 한국국회도서관, 고려대도서관, 도쿄대도서관
京元線建設概要	① 朝鮮総督府鉄道局 ② 朝鮮総督府鉄道局 ③ 京城 ④ 1914 ⑤ 부산시민도서관, 서울대도서관
京元線写真帖	① 朝鮮総督府鉄道局編 ② 朝鮮総督府鉄道局 ③ 京城 ④ 1914 ⑤ 국립중앙도서관, 홋카이도대도서관
京元鉄道案内	① 朝鮮総督府鉄道局編 ② 朝鮮総督府鉄道局 ③ 京城 ④ 1914 ⑤ 국립중앙도서관
軽油動車運転及取扱	① 朝鮮総督府鉄道局機械課編 ② 朝鮮総督府鉄道局機械課 ③ 京城 ④ 1930 ⑤ 국립중앙도서관
京義線建設工事概要	② 朝鮮総督府鉄道局 ③ 京城 ④ 1911 ⑤ 교토대도서관
京義線工事概況	① 朝鮮総督府鉄道局 ② 朝鮮総督府鉄道局 ③ 京城 ④ 1911 ⑤ 일본국회도서관
庚子記念京城公立幼稚園創立四十年記念誌	① 曾我勉, 川井昌一 共 ② 京城公立幼稚園記念会 ③ 京城 ④ 1940-41 ⑤ 국립중앙도서관
京電ハイキングコス 1-4	① 京城電気株式会社編 ② 京城電気株式会社 ③ 京城 ④ 1937-38 ⑤ 국립중앙도서관
経済警察事務講習会講習録	① 朝鮮総督府警務局編 ② 朝鮮総督府警務局 ③ 京城 ④ 1941 ⑤ 국립중앙도서관
経済情報 第1, 3, 5輯	① 朝鮮総督府法務局編 ② 朝鮮総督府 法務局刑事課 ③ 京城 ④ 1940-42 ⑤ 국립중앙도서관
経済座談会	① 京城商工会議所 ③ 京城 ④ 1933 ⑤ 서울대도서관
経済統制法令判例集	② 高等法院検事局経済部 ③ 京城 ④ 1942 ⑤ 연세대도서관

経済統制法令判例総攬	①高等法院検事局内思想経済研究会編 ②司法協会 ③京城 ④1943 ⑤연세대도서관
経済統制諸法令質疑応答集	①朝鮮総督府警務局警察課編 ②朝鮮総督府警務局 ③京城 ④1941 ⑤국립중앙도서관
慶州・釜山・大邱・鎮海・馬山・閑麗水道・智異山 昭和11年版	
	①朝鮮総督府鉄道局 ②朝鮮総督府鉄道局 ③京城 ④1936 ⑤일본국회도서관
慶州の金冠塚	①浜田青陵 ②慶州古墳保存会 ③慶州 ④1932 ⑤부산시민도서관
慶州の伝説	①大坂六村 ②田中東洋軒 ③慶州 ④1932 ⑤규슈대도서관
慶州郡	①朝鮮総督府 ②朝鮮総督府 ③京城 ④1934 ⑤한국국회도서관, 서울대도서관, 연세대도서관, 교토대도서관
慶州郡慶州面歳入歳出予算書, 1929	④1929 ⑤한국국회도서관
慶州郡政治一班	②朝鮮総督府慶州郡庁 ③大邱 ④1911 ⑤연세대도서관
慶州金冠塚と其遺宝 本文上冊	①朝鮮総督府編 ②朝鮮総督府 ③京城 ④1924 ⑤국립중앙도서관, 서울대도서관, 고려대도서관
慶州金冠塚と其遺宝 図版上冊	①朝鮮総督府刊 ②朝鮮総督府 ③京城 ④1924 ⑤고려대도서관, 서울대도서관, 연세대도서관
慶州金冠塚と其遺宝 図版下冊	①朝鮮総督府編 ②朝鮮総督府 ③京城 ④1928 ⑤국립중앙도서관, 한국국회도서관, 서울대도서관, 연세대도서관
慶州金鈴塚飾履塚発掘調査報告 京城図版	①朝鮮総督府編 ②朝鮮総督府 ③京城 ④1931 ⑤고려대도서관
慶州金鈴塚飾履塚発掘調査報告	①梅原末治編 ②朝鮮総督府 ③京城 ④1932 ⑤국립중앙도서관, 서울대도서관
慶州南山の仏蹟	①朝鮮総督府編 ②朝鮮総督府 ③京城 ④1940 ⑤고려대도서관, 서울대도서관, 연세대도서관
慶州分館略案内	①朝鮮総督府博物館編 ②朝鮮総督府博物館 ③京城 ④1937 ⑤고려대도서관
慶州写真帖	①森慶三編 ②昭和写真印刷社 ③京城 ④1937 ⑤규슈대도서관
慶州誌 新羅旧都	①奥田悌 ②玉村書店 ③大邱 ④1920 ⑤부산시민도서관
慶州忠孝里石室古墳調査報告	①有光教一, 朝鮮総督府編 ②朝鮮総督府 ③京城 ④1937 ⑤국립중앙도서관, 고려대도서관
慶州忠孝里石室古墳調査報告	①朝鮮総督府編 ②朝鮮総督府 ③京城 ④1935 ⑤서울대도서관
慶州皇南里第百九号墳皇吾里第十四号墳調査報告	
	①斎藤忠, 朝鮮総督府編 ②朝鮮総督府 ③京城 ④1937 ⑤국립중앙도서관
慶州皇南里第八十二号墳第八十三号墳調査報告	
	①有光教一 ②朝鮮総督府 ③京城 ④1935 ⑤국립중앙도서관, 서울대도서관
耕地改良拡張基本調査事業報告書	①朝鮮総督府土地改良部編 ②朝鮮総督府土地改良部 ③京城 ④1931

	⑤ 국립중앙도서관, 고려대도서관, 연세대도서관, 서울대도서관, 나고야대도서관, 도쿄대도서관
京之線建設概要	① 朝鮮総督府鉄道局編 ② 朝鮮総督府鉄道局 ③ 京城 ④ 1914 ⑤ 한국국회도서관
耕地整理事務講習会講演録 昭和八年朝鮮総督府主催	
	① 朝鮮総督府農林局土地改良課編 ② 朝鮮総督府農林局 ③ 京城 ④ 1934 ⑤ 교토대도서관
警察官操典	① 朝鮮総督府 ② 朝鮮総督府 ③ 京城 ④ 1916 ⑤ 한국국회도서관
警察教科書 1-4	① 朝鮮総督府警察官講習所編 ② 無声会 ③ 京城 ④ 1932, 35 ⑤ 국립중앙도서관
警察教科書	① 朝鮮総督府警察官講習所編 ② 朝鮮総督府警察官講習所 ③ 京城 ④ 1922 ⑤ 국립중앙도서관
警察教科書	① 朝鮮総督府警察官講習所編 ② 朝鮮総督府警察官講習所 ③ 京城 ④ 1926 ⑤ 한국국회도서관
警察事務概要	① 韓国内部警務局編 ② 韓国内部警務局 ③ 京城 ④ 1909 ⑤ 부산시민도서관, 도쿄대도서관
警察精神	② 朝鮮警察協会慶尚北道地部 ③ 慶尚北道 ④ 1941 ⑤ 연세대도서관
警察制度	① 山田一隆 ② 朝鮮印刷株式会社出版部 ③ 京城 ④ 1925 ⑤ 국립중앙도서관
警察執務心得	② 朝鮮総督府警務総監部 ③ 京城 ④ 1915 ⑤ 연세대도서관
警察統計 1-3	① 朝鮮駐箚憲兵隊司令部, 朝鮮総督府警務総監部 共編 ② 朝鮮駐箚憲兵隊司令部 ③ 京城 ④ 1916-18 ⑤ 국립중앙도서관
慶熙史林	① 京城公立中学校編 ② 京城公立中学校 ③ 京城 ④ 1940 ⑤ 서울대도서관
計量指針	① 永田英三編 ② 朝鮮度量衡協会 ③ 京城 ④ 1940 ⑤ 국립중앙도서관, 부산시민도서관, 서울대도서관
鶏竜山麓陶窯址調査報告	① 神田里蔵, 野守健 共, 朝鮮総督府編 ② 朝鮮総督府 ③ 京城 ④ 1929 ⑤ 국립중앙도서관, 고려대도서관, 서울대도서관, 연세대도서관
鶏漫筆	① 吉田雄次郎 ② 朝鮮畜産会 ③ 京城 ④ 1933 ⑤ 고려대도서관
古経堂李秉直家書画骨董売立目録	① 京城美術倶楽部編 ② 京城美術倶楽部 ③ 京城 ④ 1937 ⑤ 고려대도서관
高橋少佐思出の記	① 歩兵第七十六聯隊将校団編 ② 歩兵第七十六聯隊将校団 ③ 羅南 ④ 1933 ⑤ 일본국회도서관
高句麗と契丹	① 平壌商工会議所 ② 平壌商工会議所 ③ 平壌 ④ 1943 ⑤ 부산시민도서관
高句麗時代之遺蹟	① 朝鮮総督府 ② 朝鮮総督府 ③ 京城 ④ 1929-1930 ⑤ 한국국회도서관, 고려대도서관, 서울대도서관
古今朝鮮平壌戦史	① 藤中佐 ④ 1929-1930 ⑤ 서울대도서관
古代満洲の民族と文化	① 鳥山喜一 ② 京城帝国大学満蒙文化研究会 ③ 京城 ④ 1938 ⑤ 도쿄대도서관

古図書展観目録	①京城帝国大学附属図書館編 ②京城帝国大学 ③京城 ④1931 ⑤国立中央図書館
古図書展観目録	①京城帝国大学附属図書館編 ②京城帝国大学附属図書館 ③京城 ④1934 ⑤高麗大図書館
古図書展観目録	①京城帝国大学附属図書館編 ②京城帝国大学附属図書館 ③京城 ④1936 ⑤高麗大図書館
高等警察関係年表	①朝鮮総督府警務局編 ②行政学会印刷所 ③京城 ④1930 ⑤韓国国会図書館, 延世大図書館, 京都大図書館, 東京大図書館, 大阪大学
高等警察関係摘録 1919年-1935年	①慶尚南道警察部 ②慶尚南道警察部 ③釜山 ④1936 ⑤韓国国会図書館, 東京大図書館, 大阪大学
高等警察報 第1号	①朝鮮総督府警務局 ②朝鮮総督府警務局 ③京城 ④1933 ⑤日本国会図書館
高等警察報, 第1-6号	①朝鮮総督府警務局 ②警務局保安課 ③京城 ④1933-1937 ⑤韓国国会図書館, 延世大図書館
高等警察用語辞典 部外秘	①朝鮮総督府警務局編 ②朝鮮総督府警務局 ③京城 ④1935 ⑤韓国国会図書館
高等警察用語辞典	①朝鮮総督府警務局編 ②朝鮮総督府警務局 ③京城 ④1933 ⑤国立中央図書館, 高麗大図書館, 延世大図書館, 日本国会図書館
高等警察用語集 追録	①朝鮮総督府警務局編 ②朝鮮総督府警務局 ③京城 ④1930 ⑤日本国会図書館
高等警察資料	①朝鮮総督府警務局編 ③京城 ②朝鮮総督府警務局- ⑤東京大図書館
高等官名簿 昭和15年10月1日現在	①朝鮮総督府鉄道局庶務課 ②朝鮮総督府鉄道局庶務課 ③京城 ④1940 ⑤日本国会図書館
高等国語読本 第1-8巻	①朝鮮総督府編 ②朝鮮総督府 ③京城 ④1913-16 ⑤国立中央図書館, 延世大図書館
高等国語読本 第1-7巻	①朝鮮総督府編 ②朝鮮総督府 ③京城 ④1912 ⑤釜山市民図書館
高等農事講習会講義録	①朝鮮農会編輯 ②朝鮮農会 ③京城 ④1929 ⑤京都大図書館
高等法院, 大審院異趣旨判例要旨	①朝鮮総督府法務局編纂 ②朝鮮総督府法務局 ③京城 ④1943 ⑤ソウル大図書館
高等法院に於ける大邱土木事件上告趣意書説明速記其他	①朝鮮経済日報社編 ②朝鮮経済日報 ③京城 ④1931 ⑤国立中央図書館, ソウル大図書館, 延世大図書館
高等法院検事長訓示通牒類纂	①山沢佐一郎編纂 ②高等法院検事室 ③京城 ④1936 ⑤韓国国会図書館, 東京大図書館
高等法院検事長訓示通牒類纂, 1923, 1942	①高等法院編 ②高等法院検事局 ③京城 ④1925-1942 ⑤韓国国会図書館
高等法院統制経済法令判決例類集	①京城経済司法事務分室編 ②京城経済司法事務分室 ③京城 ④1945

	⑤ 고려대도서관
高等法院判決録 第1-30巻	① 朝鮮総督府高等法院 ② 司法協会 ③ 京城 ④ 1915-1944 ⑤ 일본국회도서관
高等普通学校 修身教科書 1-3巻	① 朝鮮総督府編纂 ② 朝鮮総督府 ③ 京城 ④ 1918 ⑤ 연세대도서관
高等普通学校 修身教科書 1-4巻	① 朝鮮総督府編 ② 朝鮮総督府 ③ 京城 ④ 1920-22 ⑤ 국립중앙도서관
高等普通学校 修身書 巻1-5	① 朝鮮総督府編 ② 朝鮮総督府 ③ 京城 ④ 1923-24 ⑤ 국립중앙도서관, 고려대도서관
高等普通学校 修身書 巻1, 巻4	① 朝鮮総督府編 ② 朝鮮書籍印刷株式会社 ③ 京城 ④ 1923 ⑤ 연세대도서관
高等普通学校用日本地理掛図	① 文部省編 ② 朝鮮総督府 ③ 京城 ④ 1918 ⑤ 국립중앙도서관
高等小学農業書 1-2	① 朝鮮総督府編 ② 朝鮮総督府 ③ 京城 ④ 1918 ⑤ 국립중앙도서관
高等修身書, 巻1-4	① 朝鮮総督府編纂 ③ 京城 ② 朝鮮総督府 ④ 1917 ⑤ 연세대도서관
高等修身書	① 朝鮮総督府 ③ 京城 ④ 1917 ⑤ 국립중앙도서관, 규슈대도서관
高等習字帖 1-5	① 朝鮮総督府編 ② 朝鮮総督府 ③ 京城 ④ 1920 ⑤ 국립중앙도서관
高等習字帖, 巻上,下	③ 京城 ② 朝鮮総督府 ④ 1913 ⑤ 연세대도서관
高等朝鮮及漢文読本 巻1	① 朝鮮総督府 ② 朝鮮総督府 ③ 京城 ④ 1913 ⑤ 고려대도서관
高等朝鮮及漢文読本 巻5	① 朝鮮総督府 ② 朝鮮総督府 ③ 京城 ④ 1936 ⑤ 고려대도서관
高等朝鮮語及漢文読本 巻3	① 朝鮮総督府 ② 朝鮮総督府 ③ 京城 ⑤ 부산시민도서관
高等朝鮮語及漢文読本 巻4	① 朝鮮総督府 ② 朝鮮総督府 ③ 京城 ⑤ 부산시민도서관
高等土地調査委員会社務報告書	① 朝鮮総督府高等土地調査委員会編 ② 朝鮮総督府 ③ 京城 ④ 1920 ⑤ 국립중앙도서관, 연세대도서관
高麗史 第3巻	① 市島謙吉編 ④ 1909 ⑤ 부산시민도서관
高麗史研究 2	① 今西龍 ② 近沢書店 ③ 京城 ④ 1944 ⑤ 국립중앙도서관, 부산시민도서관
高麗史研究	① 今西龍 ② 近沢書店 ③ 京城 ④ 1944 ⑤ 국립중앙도서관, 한국국회도서관, 부산시민도서관, 고려대도서관, 연세대도서관, 도쿄대도서관
高麗史節要 1-35, 補刊	① 朝鮮総督府 ② 朝鮮総督府 ③ 京城 ④ 1938 ⑤ 일본국회도서관
高麗史節要 帙上 巻1 - 帙下 巻35	① 朝鮮史編修会編 ② 朝鮮総督府 ③ 京城 ④ 1932 ⑤ 교토대도서관
高麗史節要	① 朝鮮総督府 ② 朝鮮総督府 ③ 京城 ④ 1932 ⑤ 나고야대도서관
高麗史提綱 上, 中, 下	① 朝鮮研究会編 ② 朝鮮研究会 ③ 京城 ④ 1916 ⑤ 국립중앙도서관, 부산시민도서관, 고려대도서관, 도쿄대도서관, 규슈대도서관, 교토대도서관, 나고야대도서관
高麗焼李朝 下焼唐物大売立	① 京城美術倶楽部編 ② 京城美術倶楽部 ③ 京城 ④ 1937 ⑤ 고려대도서관
高麗時代の古城址	① 池内宏 ② 朝鮮総督府 ③ 京城 ④ 1922 ⑤ 국립중앙도서관
高麗以前の風俗関係資料撮要	① 今村鞆編 ② 朝鮮総督府中枢院 ③ 京城 ④ 1941 ⑤ 국립중앙도서관, 고려대도서관, 연세대도서관, 일본국회도서관, 교토대도서관, 규슈대도서관, 나고야대도서관, 도쿄대도서관, 도호쿠대도서관, 오사카대학, 홋카이도대도서관

高麗板大蔵経印刷顛末	②朝鮮印刷 ③京城 ④1931 ⑤일본국회도서관
顧問警察小誌	①岩井敬太郎 ②韓国内務警務局 ③京城 ④1910 ⑤부산시민도서관, 도쿄대도서관, 오사카대학
古文献に顕はれたる朝鮮鉱産物	①川崎繁太郎 ②朝鮮鉱業会 ③京城 ④1935 ⑤고려대도서관, 연세대도서관
稿本高等国語読本 巻1-8	①朝鮮総督府編 ②朝鮮総督府 ③京城 ④1912－1914 ⑤국립중앙도서관
稿本高等国語読本 巻1	①朝鮮総督府編 ②朝鮮総督府 ③京城 ④1912 ⑤고려대도서관
稿本高等国語読本 巻3	①朝鮮総督府編 ②朝鮮総督府 ③京城 ④1912 ⑤한국국회도서관, 고려대도서관
稿本専門学校国語読本 1-3	①朝鮮総督府編 ②朝鮮総督府 ③京城 ④1918 ⑤국립중앙도서관
古墳調査報告 大正五年度	①朝鮮総督府編 ③京城 ④1918 ⑤고려대도서관
古墳調査報告 第1冊(本文)	①朝鮮総督府編 ②朝鮮総督府 ③京城 ④1932 ⑤고려대도서관
攷事撮要	①京城帝国大学法文学部編 ②京城帝国大学法文学部 ③京城 ④1941 ⑤한국국회도서관, 부산시민도서관, 일본국회도서관
故森悟一氏遺愛品書画并二朝鮮陶器売立	①京城美術倶楽部編 ②京城美術倶楽部 ③京城 ④1936 ⑤고려대도서관
古書珍書刊行	②朝鮮研究会 ③京城 ④1914, 1916 ⑤나고야대도서관
古蹟と風俗	①内藤八十八(倫政) ②朝鮮事業及経済社 ③京城 ④1927 ⑤국립중앙도서관, 고려대도서관, 연세대도서관, 규슈대도서관
古蹟及遺物登録台帳抄録	①朝鮮総督府学務局古蹟調査局編 ②朝鮮総督府 ③京城 ④1924 ⑤국립중앙도서관, 한국국회도서관
古蹟調査概報 楽浪古墳 昭和8-10年度	①朝鮮古蹟研究会 ②朝鮮古蹟研究会 ③京城 ④1934-1936 ⑤한국국회도서관, 일본국회도서관
古蹟調査概報	①朝鮮古蹟研究会編 ②楽浪古墳, 朝鮮古蹟研究会 ③京城 ④1934 ⑤고려대도서관, 나고야대도서관
古蹟調査概報	①朝鮮古蹟研究会編 ②楽浪古墳, 朝鮮古蹟研究会 ③京城 ④1935 ⑤고려대도서관
古蹟調査概報	①朝鮮古蹟研究会編 ②楽浪遺蹟, 朝鮮古蹟研究会 ③京城 ④1936 ⑤한국국회도서관, 고려대도서관, 나고야대도서관
古蹟調査概報 慶州古墳 昭和8年度	①朝鮮総督府 ②朝鮮総督府 ③京城 ④1933 ⑤연세대도서관
古蹟調査概報 慶州古蹟研究会編	①有光教一 朝鮮総督府編 ②朝鮮総督府 ③京城 ④1933 ⑤고려대도서관
古蹟調査報告 :慶尚北道達城郡達西面古墳調査報告, 1923, 第1冊	①朝鮮総督府 ②朝鮮総督府 ③京城 ④1923 ⑤한국국회도서관
古蹟調査報告 大正5年度 - 昭和13年度	①朝鮮総督府古蹟調査委員会編 ②朝鮮総督府 ③京城 ④1917-1940 ⑤일본국회도서관, 교토대도서관, 규슈대도서관, 나고야대도서관, 도쿄대도서관
古蹟調査報告 在銘塼出土古墳調査報告	①朝鮮総督府編 ②朝鮮総督府 ③京城 ④1932 ⑤고려대도서관
古蹟調査報告 第1-2	①朝鮮古蹟研究会 ②朝鮮古蹟研究会 ③京城 ④1934-1935 ⑤일본국회

古蹟調査報告 咸鏡南道咸興君に於ける高麗時代の固城址 府 定平郡の長城, 大正八年第一冊

① 朝鮮総督府 ② 朝鮮総督府 ③ 京城 ④ 1920 ⑤ 한국국회도서관

古蹟調査報告, 1924, 1927, 1930-1932, 1934, 1937-1938

① 朝鮮古蹟研究会編 ② 朝鮮古蹟研究会 ③ 京城 ④ 1932-1940 ⑤ 한국국회도서관

古蹟調査報告　　　　　　　① 朝鮮古蹟研究会編 ② 朝鮮古蹟研究会 ③ 京城 ④ 1937 ⑤ 고려대도서관

古蹟調査報告　　　　　　　① 朝鮮総督府編 ② 慶北達城郡達西面古墳調査報告, 朝鮮総督府 ③ 京城
④ 1923 ⑤ 고려대도서관

古蹟調査報告　　　　　　　① 朝鮮総督府編 ② 公州松山里古墳調査報告, 朝鮮総督府 ③ 京城
④ 1927 ⑤ 고려대도서관

古蹟調査報告大正5年度　　① 朝鮮総督府 ② 朝鮮総督府 ③ 京城 ④ 1917 ⑤ 연세대도서관

古蹟調査報告大正6年度　　① 朝鮮総督府 ② 朝鮮総督府 ③ 京城 ④ 1920 ⑤ 연세대도서관

古蹟調査報告大正8年度第1冊, 咸鏡南道咸興郡に於ける高麗時代の古城址

① 古蹟調査委員:池内宏 ③ 京城 ② 朝鮮総督府 ④ 1922 ⑤ 연세대도서관

古蹟調査報告大正9年度第1冊, 金海貝塚発掘調査報告

① 朝鮮総督府 ② 朝鮮総督府 ③ 京城 ④ 1923 ⑤ 연세대도서관

古蹟調査報告大正11年度第1冊, 慶尚南北道忠清南道古蹟調査報告

① 朝鮮総督府 ③ 京城 ② 朝鮮総督府 ④ 1924 ⑤ 연세대도서관

古蹟調査報告大正11年度第2冊, 南朝鮮に於ける漢代の遺蹟

① 朝鮮総督府 ③ 京城 ② 朝鮮総督府 ④ 1925 ⑤ 연세대도서관

古蹟調査報告大正12年度第1冊, 慶尚北道達城郡達西面古墳調査報告

① 朝鮮総督府 ③ 京城 ② 朝鮮総督府 ④ 1931 ⑤ 연세대도서관

古蹟調査報告大正13年度第1冊, 慶州金鈴塚飾履塚発掘調査報告図版

① 朝鮮総督府 ③ 京城 ② 朝鮮総督府 ④ 1931 ⑤ 연세대도서관

古蹟調査報告大正13年度第1冊, 慶州金鈴塚飾履塚発掘調査報告本文

① 朝鮮総督府 ③ 京城 ② 朝鮮総督府 ④ 1932 ⑤ 연세대도서관

古蹟調査報告昭和5年度第1冊, 平安南道大同郡大同江面梧野里古墳調査報告

① 朝鮮総督府 ② 朝鮮総督府 ③ 京城 ④ 1935 ⑤ 연세대도서관

古蹟調査報告昭和6年度第1冊, 慶州皇南里第八十二号墳第八十三号墳調査報告

① 朝鮮総督府 ② 朝鮮総督府 ③ 京城 ④ 1935 ⑤ 연세대도서관

古蹟調査報告昭和7年度第1冊, 永和九年在銘塼出土古墳調査研究

① 朝鮮総督府 ② 朝鮮総督府 ③ 京城 ④ 1933 ⑤ 연세대도서관

古蹟調査報告昭和7年度第2冊, 慶州忠孝里石室古墳調査報告

① 朝鮮総督府 ② 朝鮮総督府 ③ 京城 ④ 1937 ⑤ 연세대도서관

古蹟調査報告昭和9年度第1冊, 慶州皇南里第百九号墳皇吾里第十四号墳調査報告
　　　　　　　　　　　　　　① 朝鮮総督府 ② 朝鮮総督府 ③ 京城 ④ 1937 ⑤ 연세대도서관
古蹟調査報告昭和11年度　　　① 朝鮮古蹟研究会 ② 朝鮮古蹟研究会 ③ 京城 ④ 1937 ⑤ 연세대도서관
古蹟調査報告昭和12年度　　　① 朝鮮古蹟研究会 ② 朝鮮古蹟研究会 ③ 京城 ④ 1938 ⑤ 연세대도서관
古蹟調査特別報告 第1-6冊　　① 朝鮮総督府 ② 朝鮮総督府 ③ 京城 ④ 1919-1929 ⑤ 일본국회도서관
古蹟調査特別報告 1, 2, 6冊　　① 朝鮮総督府編 ② 朝鮮総督府 ③ 京城 ④ 1919-1929 ⑤ 한국국회도서관
古蹟調査特別報告編5 梁山夫婦塚と其遺物 京城図版
　　　　　　　　　　　　　　① 朝鮮総督府 ② 朝鮮総督府 ③ 京城 ④ 1927 ⑤ 고려대도서관
高地帯開発案　　　　　　　　① 咸鏡南道 ② 咸鏡南道 ③ 咸鏡南道 ④ 1936 ⑤ 도쿄대도서관
穀類及穀粉類蔬菜及果物ノ取引ニ関スル調査
　　　　　　　　　　　　　　② 京城府 ③ 京城 ④ 1935 ⑤ 도쿄대도서관
穀類消費高調　　　　　　　　② 朝鮮総督府殖産局農務課 ④ 1928 ⑤ 규슈대도서관
穀物及叺検査成績 昭和3・4年　② 慶尚南道米穀検査所 ③ 慶南 ④ 1929 ⑤ 부산시민도서관
穀物調製機及精米機大意附穀物鑑定法　① 二瓶貞一 述 ② 朝鮮総督府穀物検査所内職員共済組合 ③ 京城
　　　　　　　　　　　　　　④ 1939 ⑤ 국립중앙도서관
昆虫に依る樹相の変化ニ関する研究　① 斉藤孝蔵 ② 朝鮮総督府水原等農林学校 ③ 水原 ④ 1941 ⑤ 국립중앙도
　　　　　　　　　　　　　　서관
昆虫分布 1 韓国編(1924-36年) 朝鮮の昆虫相に就きて
　　　　　　　　　　　　　　③ 京城 ④ 1924 ⑤ 고려대도서관
公共組合関係書類　　　　　　② 釜山府産業係 ③ 釜山 ④ 1929 ⑤ 부산시민도서관
公立普通学校教員講習会講演集 1-5　① 朝鮮総督府内務部学務局編 ② 朝鮮総督府内務部学務局 ③ 京城
　　　　　　　　　　　　　　④ 1911－1915 ⑤ 국립중앙도서관
公立小学校及公立普通学校教員講習会講演集
　　　　　　　　　　　　　　① 朝鮮総督府内務部学務局編 ② 朝鮮総督府学務局 ③ 京城 ④ 1915
　　　　　　　　　　　　　　⑤ 국립중앙도서관, 연세대도서관
公文起案の基礎智識　　　　　① 大宅義一編 ② 朝鮮図書出版 （株） ③ 京城 ④ 1943 ⑤ 부산시민도서관
公文起案の基礎智識　　　　　① 大宅義一編 ② 朝鮮図書出版 ③ 京城 ④ 1941 ⑤ 고려대도서관
工事の友 第1-4輯　　　　　　① 朝鮮土木研究会編 ② 水理土木研究会 ③ 京城 ④ 1929-40 ⑤ 국립중앙
　　　　　　　　　　　　　　도서관
工産額を中心とする朝鮮工業概観　① 朝鮮工業協会 ② 朝鮮銀行調査課 ③ 京城 ④ 1941 ⑤ 고려대도서관
共産主義運動に関する文献集　② 朝鮮総督府警務局 ③ 京城 ④ 1936 ⑤ 연세대도서관
工産統計 京城　　　　　　　　① 朝鮮総督府殖産局編 ② 朝鮮総督府 ③ 京城 ④ 1941 ⑤ 고려대도서관
工産統計　　　　　　　　　　① 朝鮮総督部編 ② 朝鮮総督部 ③ 京城 ④ 1935 ⑤ 한국국회도서관
公設市長概況　　　　　　　　① 朝鮮総督府内務局編 ② 朝鮮総督府内務局 ③ 京城 ④ 1924 ⑤ 국립중앙
　　　　　　　　　　　　　　도서관, 연세대도서관

公設市場関係書類 昭和10年	②釜山府 ③釜山 ④1935 ⑤부산시민도서관
工業の鎮南浦	②鎮南浦商工会議所 ③鎮南浦 ④1938 ⑤도쿄대도서관
工業金融の現状と其の対策	①朝鮮銀行調査課編 ②朝鮮銀行調査課 ③京城 ④1936 ⑤고려대도서관, 교토대도서관, 도쿄대도서관, 홋카이도대도서관
工業知識	①徳久与市 等 ②朝鮮治刊行協会 ③京城 ④1925 ⑤국립중앙도서관
公営市場関係書類 昭和11年	②釜山府 ③釜山 ④1936 ⑤부산시민도서관
工作物設計標準	②朝鮮土地改良株式会社 ③京城 ④1931 ⑤연세대도서관
工場, 鉱山, 運輸事業場, 事務所, 商店数及其所属労務者, 技術者数	①朝鮮総督府編 ③京城 ④1941 ⑤고려대도서관, 도쿄대도서관
工場工業ニ依ル生産状況調査	①京城府産業調査会編 ③京城 ②京城府 ④1934 ⑤도쿄대도서관
工場教本	①市村秀志 ②京城書房 ③京城 ④1944 ⑤부산시민도서관
工場及鉱山に於ける労動状況調査	①朝鮮総督府学務局社会課編 ②朝鮮総督府学務局社会課 ③京城 ④1933 ⑤국립중앙도서관, 고려대도서관, 일본국회도서관, 규슈대도서관
功績者名鑑, 第1輯	②朝鮮総督府 ③京城 ⑤부산시민도서관
公定価格表	①朝鮮総督府及京畿道編 ②朝鮮総督府 ③京城 ④1940 ⑤한국국회도서관
公定価格品名一覧表 昭和十八年七月末日現在	①京城商工会議所 ②京城商工会議所 ③京城 ④1943 ⑤일본국회도서관
公定米価ノ変遷ニ関スル調査	①朝鮮金融組合聯合会編 ②朝鮮金融組合聯合会 ③京城 ④1944 ⑤국립중앙도서관, 규슈대도서관, 도쿄대도서관, 홋카이도대도서관
供託書式決議判例·回答·通牒手続総覧	①二宮丘一共 ②文林堂 ③京城 ④1937 ⑤부산시민도서관
共通法逐条解説	①藤沼武男 ②藤沼武男 ③京城 ④1918 ⑤일본국회도서관
果物蔬菜加工実験	①朝鮮総督府中央試験所編 ②朝鮮総督府中央試験所 ③京城 ④1921 ⑤홋카이도대도서관
課税地見取図粗製経過報告	①朝鮮総督府編 ②朝鮮総督府 ③京城 ④1911 ⑤국립중앙도서관
果樹の高接法	①朝鮮総督府農事試験場編 ②朝鮮総督府農事試験場 ③京城 ④1933 ⑤국립중앙도서관, 연세대도서관
果虫に関する調査研究	①村松茂 ②朝鮮総督府勧業模範場 ③水原 ④1927 ⑤국립중앙도서관
貫け大東亜戦争	①朝鮮総督府編 ②朝鮮総督府 ③京城 ④1942 ⑤한국국회도서관
観光の平壌	①平壌観光協会 ②平壌観光協会 ③平壌 ④1940 ⑤일본국회도서관
観光資料柳京の話	①平壌観光協会 ②平壌観光協会 ③平壌 ④1938 ⑤일본국회도서관
管内貿易要覧	①仁川税関編 ②仁川税関 ③仁川 ④1932 ⑤홋카이도대도서관
管内第一第二線ニ於ケル不逞鮮人被害調査表 他3篇	①朝鮮憲兵隊司令部 ②朝鮮憲兵隊司令部 ③京城 ④1925 ⑤일본국회도서관

関東庁及南洋庁調査 食糧問題ニ関スル方第1参考案

	①朝鮮総督府台湾総督社樺太庁 ②朝鮮総督府台湾総督社樺太庁 ③京城 ④1927 ⑤고려대도서관
官立学校会計主任会同書	①朝鮮総督府編 ②朝鮮総督府 ③京城 ④1917 ⑤국립중앙도서관
冠帽峰附近森林植物調査書	①津田信 ②朝鮮総督府農林局 ③京城 ④1935 ⑤국립중앙도서관
関税同盟を中心とする関税上の特殊関係に関する研究	
	①朝鮮総督府財務局編 ②朝鮮総督府 ③京城 ④1938 ⑤한국국회도서관, 고려대도서관, 부산시민도서관, 홋카이도대도서관
関税率調査 上	①朝鮮総督府編 ②朝鮮総督府 ③京城 ④1920 ⑤국립중앙도서관, 고려대도서관
関税調査事業ノ経過	①朝鮮総督府編 ②朝鮮総督府 ③京城 ④1921 ⑤국립중앙도서관, 고려대도서관
関税調査参考書内地朝鮮輸入税率比較表	①朝鮮総督府編 ②朝鮮総督府 ③京城 ④1919 ⑤국립중앙도서관
関税調査参考書台湾及支那関税	①朝鮮総督府編 ②朝鮮総督府 ③京城 ④1919 ⑤국립중앙도서관
関税調査参考瑞輸移入品平均価格表	①朝鮮総督府編 ②朝鮮総督府 ③京城 ④1918 ⑤국립중앙도서관
慣習調査報告	①朝鮮総督府編, 倉富勇三郎 ②朝鮮総督府 ③京城 ④1910 ⑤한국국회도서관, 고려대도서관, 연세대도서관
慣習調査報告書 1-2	①朝鮮総督府編 ②朝鮮総督府 ③京城 ④1912 ⑤국립중앙도서관, 일본국회도서관, 교토대도서관, 규슈대도서관, 나고야대도서관, 도쿄대도서관, 홋카이도대도서관
観業模範場報告 第7号	②朝鮮総督府観業模範所 ③水原 ④1913 ⑤부산시민도서관
官営工場生産額集計	⑤도쿄대도서관
官有財産と其の取扱	①朴奎遠 ②会計事務研究会 ③京城 ④1935 ⑤한국국회도서관
官庁に於ける石炭消費状況	①朝鮮総督府殖産局編 ②朝鮮総督府殖産局 ③京城 ④1930 ⑤국립중앙도서관
光への導き基	①山下良右衛編 ②朝鮮治形協会 ③京城 ④1930 ⑤국립중앙도서관
光りは朝鮮より	①稲光黎民 ②朝鮮産業労動研究所 ③京城 ④1927 ⑤부산시민도서관
鉱区一覧 大正3-15年1月1日現在	①朝鮮総督府編 ②朝鮮総督府 ③京城 ④1926 ⑤일본국회도서관
鉱区一覧	①朝鮮総督府編 ②朝鮮総督府 ③京城 ④1924 ⑤연세대도서관
光陵試験林の一班	①朝鮮総督府林業試験場編 ②朝鮮総督府林業試験場 ③高陽郡 ④1932 ⑤고려대도서관, 연세대도서관, 일본국회도서관, 규슈대도서관, 홋카이도대도서관
鉱産物分析試験成績報告	①田村亀太郎 等編 ②朝鮮総督府地質調査所 ③京城 ④1927 ⑤국립중앙도서관
鉱産物分析試験成績報告	①朝鮮総督府燃料選鉱研究所編 ②朝鮮総督府燃料選鉱研究所 ③京城 ④1938 ⑤국립중앙도서관

鉱産物分析試験成績報告 其の六	①燃料選鉱研究所編 ②朝鮮総督府 燃料選鉱研究所 ③京城 ④1935 ⑤한국국회도서관
鉱床調査報告書 第1号	①統監府農商工部鉱務 ②農商工部鉱務局 ③京城 ④1910 ⑤일본국회도서관
鉱業機	②朝鮮総督府燃料選鉱研究所 ③京城 ④1939 ⑤부산시민도서관
鉱業金融会社設立要綱案	②朝鮮総督府 ③京城 ④1937 ⑤도쿄대도서관
光栄録	①朝鮮新聞社編 ②朝鮮新聞社 ③京城 ④1941 ⑤국립중앙도서관
光栄録	①朝鮮総督府総督官房総務課編 ②朝鮮総督府 ③京城 ④1928 ⑤국립중앙도서관, 부산시민도서관
光州の今昔	①朝鮮総督府鉄道局 ②朝鮮総督府鉄道局 ④1925 ⑤서울대도서관
広州湾(仏国租借地)事情	②朝鮮銀行調査課 ③京城 ④1939 ⑤도쿄대도서관
光州府	①光州府 ②光州府 ③光州 ④1939 ⑤부산시민도서관
光州府歳入出予算 昭和10-19年度	①光州府 ②光州府 ③光州 ④1936-1945 ⑤일본국회도서관
光州府第一部特別経済歳入出予算, 1941	④1941 ⑤한국국회도서관
教科書編輯彙報, 第13輯, 別篇	①朝鮮総督府編 ②朝鮮書籍 ③京城 ④1942 ⑤한국국회도서관
教科書編輯彙報	①朝鮮総督府編 ②朝鮮総督府 ③京城 ④1939 ⑤홋카이도대도서관
教科用図書一覧	①朝鮮総督府編 ②朝鮮総督府 ③京城 ④1913 ⑤국립중앙도서관
教科用図書一覧	①朝鮮総督府編 ②朝鮮総督府 ③京城 ④1917 ⑤연세대도서관
教師用ウタノホン 一ネン 1-2	①朝鮮総督府編 ②朝鮮総督府 ③京城 ④1942 ⑤국립중앙도서관
教師用初等修身 第四学年	①朝鮮総督府編 ②朝鮮総督府 ③京城 ④1943 ⑤국립중앙도서관
教師用初等修身 第三学年	①朝鮮総督府編 ②朝鮮総督府 ③京城 ④1943 ⑤국립중앙도서관
教授資料 朝鮮産脊椎動物目録魚類を除く	①森為三 ②朝鮮総督府 ③京城 ④1916 ⑤연세대도서관
校外保導七年誌	①京城保導聯盟編 ②京城保導聯盟 ③京城 ④1939 ⑤국립중앙도서관, 고려대도서관
教育 勅諭衍義	①重野安釈 ②朝鮮総督府印刷局 ③京城 ④1912 ⑤고려대도서관, 연세대도서관
教育と宗教要覧	①朝鮮総督府学務局編 ②朝鮮総督府学務局 ③京城 ④1938 ⑤고려대도서관
教育パンフレット 10	①社会教育協会編 ②社会教育協会 ③京城 ④1937-1939 ⑤국립중앙도서관
教育パンフレット 22	①社会教育協会編 ②社会教育協会 ③京城 ④1940 ⑤국립중앙도서관
教育綱要朝鮮諸学校入学便覧	①佐佐木郷見編 ②半島社 ③京城 ④1925 ⑤국립중앙도서관
教育及宗教	①平安北道編 ②平安北道 ③新義洲 ④1937 ⑤도호쿠대도서관
教育法規類集	①吉田英三郎編 ②在韓日本小学校長会 ③京城 ④1909 ⑤일본국회도서관
教育史年表	①草野勲夫編 ②朝鮮公民教育会 ③京城 ④1936 ⑤국립중앙도서관

教育的精神の確立	① 吉田正男 ② 朝鮮図書出版 ③ 京城 ④ 1940 ⑤ 연세대도서관
教育的態度の省察	① 吉田正男 ② 朝鮮地方行政学会 ③ 京城 ④ 1937 ⑤ 국립중앙도서관
教育参考資料第2輯	② 朝鮮教育会 ③ 京城 ④ 1924 ⑤ 연세대도서관
教育参考資料第3輯(現代哲学思潮)	① 桑木厳翼 ② 朝鮮教育会 ③ 京城 ④ 1924 ⑤ 일본국회도서관
教育参考資料第4輯(中等学校に於ける各学科教授法要綱)	
	① 高橋亨 ② 朝鮮教育会 ③ 京城 ④ 1924 ⑤ 연세대도서관, 일본국회도서관
教育勅語衍義	① 重野安繹編, 朝鮮総督府編 ② 朝鮮総督府 ③ 京城 ④ 1912 ⑤ 국립중앙도서관
教育勅語真髄	① 堂屋敷竹次郎 ② 朝鮮教育新聞社 ③ 京城 ④ 1925 ⑤ 국립중앙도서관, 연세대도서관
教育学教科書	① 朝鮮総督府編 ② 朝鮮総督府 ③ 京城 ④ 1920 ⑤ 국립중앙도서관
教育学教科書	① 朝鮮総督府編纂 ② 朝鮮総督 ③ 京城府 ④ 1912 ⑤ 연세대도서관
校訂経国大典	① 朝鮮総督府中枢院編 ② 朝鮮総督府中枢院 ③ 京城 ④ 1934 ⑤ 한국국회도서관
校訂慶尚道地理志慶尚道続撰地理誌索引	① 朝鮮総督府中枢院調査団編 ② 朝鮮総督府中枢院 ③ 京城 ④ 1938 ⑤ 고려대도서관, 연세대도서관, 일본국회도서관
校訂慶尚道地理志慶尚道続撰地理誌	① 朝鮮総督府中枢院調査課編 ② 朝鮮総督府中枢院 ③ 京城 ④ 1938 ⑤ 국립중앙도서관, 한국국회도서관, 연세대도서관
校訂大明律直解	① 高士聚, 花村美樹校, 中枢院調査課編 ② 朝鮮総督府中枢院 ③ 京城 ④ 1936 ⑤ 국립중앙도서관, 고려대도서관, 부산시민도서관
校訂慶尚道地理志	① 河演奉命編, 中枢院調査課編 ② 朝鮮総督府中枢院 ③ 京城 ④ 1938 ⑤ 일본국회도서관
校訂慶尚道地理志慶尚道続撰地理誌	① 朝鮮総督府中枢院調査課編 ② 朝鮮総督府中枢院 ③ 京城 ④ 1938 ⑤ 국립중앙도서관, 일본국회도서관
校訂交隣須知	① 前間恭作, 藤波義貫 ② 平田商店 ③ 京城 ④ 1904 ⑤ 규슈대도서관
校訂大明律直解	① 高士聚, 花村美樹 校, 中枢院調査課編 ② 朝鮮総督府中枢院 ③ 京城 ④ 1936 ⑤ 국립중앙도서관, 홋카이도대도서관
校訂世宗実録地理志	① 朝鮮総督府中枢院調査課編 ② 朝鮮総督府中枢院 ③ 京城 ④ 1937 ⑤ 국립중앙도서관, 부산시민도서관, 연세대도서관, 일본국회도서관
校訂世宗実録地理志索引	① 中枢院調査課編 ② 朝鮮総督府中枢院 ③ 京城 ④ 1937 ⑤ 연세대도서관, 규슈대도서관, 홋카이도대도서관
校註大典会通	① 朝鮮総督府中枢院 ② 朝鮮総督府中枢院 ③ 京城 ④ 1939 ⑤ 국립중앙도서관, 한국국회도서관, 부산시민도서관, 고려대도서관, 연세대도서관, 교토대도서관, 규슈대도서관, 도쿄대도서관, 오사카대도서관, 홋카이도대도서관
校地校舎使用状況図	② 釜山府学務係 ④ 1932 ⑤ 부산시민도서관
教則案解説 朝鮮国民学校	① 井下田繁雄 ② 東亜出版社 ③ 京城 ④ 1941 ⑤ 부산시민도서관

旧慣制度調査 社還米制度	①朝鮮総督府中枢院編 ②朝鮮総督府中枢院 ③京城 ④1933 ⑤国立中央図書館, 韓国国会図書館, 高麗大図書館
旧慣制度調査書	②朝鮮総督府中枢院 ③京城 ⑤홋카이도대도서관
旧独領波蘭統治概観前編	①朝鮮総督府編 ②朝鮮総督府京城印刷所 ③京城 ④1924 ⑤高麗大図書館, 延世大図書館, 日本国会図書館
旧独領波蘭統治概観	①朝鮮総督府編 ②朝鮮総督府 ③京城 ④1924-1925 ⑤延世大図書館, 京都大図書館, 규슈대도서관, 도쿄대도서관
旧来の朝鮮農業社会についての研究のために	①森谷克己 ③京城 ④1933 ⑤延世大図書館
欧米の農産と取引	①石塚峻 ②朝鮮農会 ③京城 ④1930 ⑤延世大図書館, 규슈대도서관, 홋카이도대도서관
欧米の旅から	①井上清 ②朝鮮財務協会 ③京城 ④1928 ⑤国立中央図書館
欧米各国ノ国庫制度	①朝鮮銀行調査室編 ②朝鮮銀行調査室 ③京城 ④1911 ⑤규슈대도서관
欧米司法事務視察復命書	①安住時太郎 ②朝鮮総督府 ③京城 ④1913 ⑤国立中央図書館
欧米視察復命書	①笠井健太郎, 朝鮮総督府編 ③京城 ④1923 ⑤国立中央図書館
欧米煙草状況視察復命書	①朝鮮総督府編 ②朝鮮総督府 ③京城 ④1919 ⑤国立中央図書館
旧市街地及準市街地地価改正顚末書	①朝鮮総督府 ②朝鮮総督府 ③京城 ④1928 ⑤高麗大図書館
旧殖銀支店別解放前未決貸出帳	①殖銀清算委員会 ⑤도쿄대도서관
旧条約彙纂 朝鮮, 琉球 第3巻	①外務省条約局編 ②外務省条約局 ③京城 ④1930, 34 ⑤国立中央図書館
欧洲金ブロツクの動向に就て	①朝鮮銀行調査課編 ②朝鮮銀行調査課 ③京城 ④1935 ⑤国立中央図書館, 京都大図書館, 도쿄대도서관
欧洲諸国の農事協同組合	①朝鮮金融組合聯合会編 ②朝鮮金融組合聯合会 ③京城 ④1937 ⑤京都大図書館
欧洲出張復命書	①朝鮮総督府編纂 ②朝鮮総督府 ③京城 ④1915 ⑤国立中央図書館
句集くすり吐く	①川崎千鶴子 ②朝鮮印刷株式会社 ③元山 ④1935 ⑤国立中央図書館
旧韓国財務状況	①旧韓国政府度支部編 ②朝鮮総督府 ③京城 ④1911 ⑤부산시민도서관, 규, 슈대도서관
救荒図書展覧会目録開館16周年記念	①朝鮮総督府図書館 ②朝鮮総督府図書館 ③京城 ④1940 ⑤延世大図書館, 日本国会図書館
救荒植物と其の食用法 野生食用植物	①林泰治 ③京城 ④1944 ⑤国立中央図書館
国(英)文継続発行出版物一覧表	①朝鮮総督府警務局編 ②朝鮮総督府警務局 ③京城 ④1939 ⑤도호쿠대도서관
国境と其の警備	①小林金重編 ②朝鮮国境警備後援会 ③京城 ④1936 ⑤国立中央図書館
国境に叫ぶ	①吉田直 ②満鮮文化協会 ③京城 ④1926 ⑤부산시민도서관
国境事情	①亀岡栄吉 ②朝鮮及朝鮮人社 ③京城 ④1924 ⑤부산시민도서관
国境設備ニ関スル意見	①小松緑 ②朝鮮総督府 ③京城 ④1911 ⑤国立中央図書館

国境地方視察復命書	①朝鮮総督府編 ②朝鮮総督府 ③京城 ④1915 ⑤국립중앙도서관, 한국국회도서관, 교토대도서관
国民登録関係法令集	①朝鮮図書出版株式会社編 ②朝鮮図書出版株式会社 ③京城 ④1939 ⑤국립중앙도서관
国民貯蓄造成運動に関する資料	①朝鮮金融組合聯合会調査課 ②朝鮮金融組合聯合会 ③京城 ④1940-1944 ⑤국립중앙도서관, 교토대도서관, 도쿄대도서관
国民精神総動員運動と心田開発	①梁村奇智城編 ②朝鮮研究社 ③京城 ④1939 ⑤고려대도서관, 연세대도서관, 일본국회도서관
国民精神総動員朝鮮聯盟組織並役員名簿京城	
	②国民精神総動員朝鮮聯盟 ④1939 ⑤연세대도서관
国民総力運動事務提要	①国民総力朝鮮聯盟 ②国民総力朝鮮聯盟 ③京城 ④1941 ⑤고려대도서관
国民学校の綴方経営	①鈴木隆盛 ③京城 ④1941 ⑤부산시민도서관
国民学校関係法令集	①朝鮮総督府学務局学務課編 ②朝鮮総督府学務局学務課 ③京城 ④1942 ⑤국립중앙도서관
国民学校教員試験準備書	②明文堂 ③京城 ⑤부산시민도서관
国民学校体錬科教授要項並実施細目	①朝鮮総督府学務局編 ②朝鮮公民教育会 ③京城 ④1941 ⑤한국국회도서관
国民学校体錬科教授要項並実施細目	①朝鮮総督府学務局編 ②朝鮮公民教育会 ③京城 ④1944 ⑤국립중앙도서관
国防と体育に関する座談会 木下博士に物を聴く会	
	①朝鮮総督府学務局編 ②朝鮮総督府学務局 ③京城 ④1939 ⑤한국국회도서관
国史と朝鮮	①森田芳夫 ②緑旗聯盟 ③京城 ④1939 ⑤고려대도서관, 부산시민도서관, 연세대도서관
国史の精神	①松本重彦述 ②朝鮮教育会 ③京城 ④1940 ⑤연세대도서관
国史地理	①朝鮮総督府編 ②朝鮮書籍印刷株式会社 ③京城 ④1939 ⑤국립중앙도서관
国税及地方的租税負担額調	①朝鮮総督府財務局 ②朝鮮総督府財務局 ③京城 ④1926 ⑤고려대도서관
国勢調査員必携, 1930, 1940	①朝鮮総督府編 ②朝鮮総督府 ③京城 ④1930 ⑤한국국회도서관
国語 1-3	①京城専修学校編 ②京城専修学校 ③京城 ④1912-13 ⑤국립중앙도서관, 고려대도서관
国語 後編	①武田知星 ②朝鮮公民教育会 ③京城 ④1933 ⑤국립중앙도서관
国語教授	①金沢庄三郎 ②朝鮮総督府 ③京城 ④1912 ⑤국립중앙도서관
国語教授法	①鹿子生儀三郎 ②朝鮮総督府 ③京城 ④1921 ⑤국립중앙도서관
国語教授法	①朝鮮総督府編 ②朝鮮総督府 ③京城 ④1912 ⑤국립중앙도서관

国語及朝鮮語のため	①小倉進平 ②ウツボヤ書籍店 ③京城 ④1920 ⑤국립중앙도서관, 부산시민도서관, 연세대도서관, 일본국회도서관, 교토대도서관, 오사카대학
国語及朝鮮語発音概説	①小倉進平 ②大阪屋号 ③京城 ④1923 ⑤일본국회도서관
国語読本 7, 11	①朝鮮総督府編 ②朝鮮書籍印刷株式会社 ③京城 ④1937-38 ⑤국립중앙도서관
国語読本, 2, 3, 7, 12巻	①朝鮮総督府 ②朝鮮総督府 ③京城 ④1937 ⑤한국국회도서관
国語読本	①朝鮮奨学会 ③京城 ④1937 ⑤국립중앙도서관
国語読本	①朝鮮総督府 ③京城 ④1931 ⑤국립중앙도서관
国語読本	①朝鮮総督府編 ②朝鮮総督府 ③京城 ④1938 ⑤고려대도서관
国語読本編纂趣意書 2, 6	①朝鮮総督府編 ②朝鮮総督府 ③京城 ④1938 ⑤국립중앙도서관
国語模範自習書 第56学年後期用	①甲斐周吉 ②朝鮮教育普成株式会社 ③京城 ④1925 ⑤국립중앙도서관
国語訳解	①伊藤韓堂編 ②朝鮮語研究会 ③京城 ④1942 ⑤교토대도서관
国語出さうな問題とその答案	①京城高等予備校編 ②近沢出版社 ③京城 ④1926 ⑤국립중앙도서관
国外ニ於ケル容疑朝鮮人名簿	②朝鮮総督府警務局 ③京城 ④1934 ⑤연세대도서관
国有林産物利用増進界画書	①朝鮮総督府編 ②朝鮮総督府 ③京城 ④1928 ⑤국립중앙도서관
国有林野造林事業関係薄記載例	①朝鮮総督府農林局 ②朝鮮総督府農林局 ③京城 ④1941 ⑤고려대도서관
国有財産法並関係法規	①朝鮮総督府財務局編 ②朝鮮総督府財務局 ③京城 ⑤한국국회도서관
局子街方面ニ於ケル経済状況	①池田五郎, 朝鮮銀行編 ②朝鮮銀行 ③京城 ④1918 ⑤국립중앙도서관, 교토대도서관
国際 共産党と 支那革命	①朝鮮総督府警務局編 ②朝鮮総督附警務局 ③京城 ④1930 ⑤국립중앙도서관, 고려대도서관, 연세대도서관
国際聯絡運輸規程集	①朝鮮総督府鉄道局編 ②朝鮮総督府鉄道局 ③京城 ④1916 ⑤국립중앙도서관
国際貿易以外ノ原因ニ依ル正貨ノ収支	①度支部理財局編 ③度支部理財局 ④1910 ⑤홋카이도대도서관
国際電気通信会議に使して	①岩野省三 ②朝鮮逓信協会 ③京城 ④1938 ⑤국립중앙도서관
国際海上運輸	①村田省蔵 ②朝鮮銀行調査課 ③京城 ④1937 ⑤국립중앙도서관
国朝宝鑑 1-5	①金尚喆 等受命撰, 朝鮮研究会 和訳 ②朝鮮研究会 ③京城 ④1917 ⑤국립중앙도서관, 한국국회도서관, 고려대도서관, 교토대도서관
国体の本義	②文教の朝鮮特輯号 ③京城 ②朝鮮教育会 ④1937 ⑤연세대도서관
国土計劃に関する論文集	①朝鮮総督府企劃部編 ②朝鮮総督府企劃部 ③京城 ④1940 ⑤한국국회도서관
国学発達史	①清原貞雄 ②畝傍書房 ③京城 ④1940 ⑤부산시민도서관
国漢文新玉篇 附·音韻字彙	①鄭益魯編 ②耶蘇教書院 ③平壌 ④1908 ⑤일본국회도서관
郡農会関係例規集	①忠清南道 ②忠清南道 ③大田 ④1935 ⑤일본국회도서관
郡面界里程入朝鮮大地図	①十字屋編 ③京城 ④1928 ⑤국립중앙도서관

軍門謄録	① 柳成竜編 ② 朝鮮総督府 ③ 京城 ④ 1933 ⑤ 일본국회도서관
軍事後援聯盟事業要覧	① 朝鮮軍事後援聯盟編 ② 朝鮮軍事後援聯盟 ③ 京城 ④ 1939 ⑤ 국립중앙도서관
群山卜交通機関ノ変遷	① 仙波正太郎 ② 朝鮮銀行 ③ 京城 ④ 1913 ⑤ 국립중앙도서관
群山開港史	① 保高正記, 村松祐之共 ② 保高正記 ③ 群山 ④ 1925 ⑤ 일본국회도서관, 규슈대도서관, 도쿄대도서관, 홋카이도대도서관
群山開港前史	① 群山府編 ② 群山府 ③ 群山 ④ 1935 ⑤ 일본국회도서관
群山府史	① 群山府 ② 群山府 ③ 群山 ④ 1935 ⑤ 부산시민도서관, 일본국회도서관, 도쿄대도서관
群山府勢概要 昭和14年	① 群山府編 ② 群山府 ④ 1939 ⑤ 부산시민도서관
群山府歳入出予算書 昭和8-17年度	① 群山府 ② 群山府 ③ 群山 ④ 1934-43 ⑤ 일본국회도서관
群山消防組発達誌	① 秋山志三郎編 ② 群山消防組詰所 ③ 群山 ④ 1927 ⑤ 부산시민도서관
群山港修築工事写真帖	① 朝鮮総督府内務局土木課編 ② 朝鮮総督府 ③ 京城 ④ 1934 ⑤ 국립중앙도서관, 규슈대도서관, 홋카이도대도서관
群書堂古書目	① 群書堂書店 ② 群書堂書店 ③ 京城 ④ 1942 ⑤ 규슈대도서관
群書堂書店朝鮮古典目録	① 群書堂書店編 ② 群書堂書店 ③ 京城 ④ 1940 ⑤ 고려대도서관
郡勢一班 錦山郡·鏡城郡	① 全羅北道編 ② 全羅北道 ③ 全羅北道 ④ 1932 ⑤ 고려대도서관
郡勢一班 宜寧郡·陜川郡·泗川郡·河東郡	① 慶尚南道編 ② 慶尚南道 ③ 慶尚南道 ④ 1932 ⑤ 고려대도서관
軍需調査関係法規	① 朝鮮総督府 ② 朝鮮総督府 ③ 京城 ④ 1929 ⑤ 고려대도서관
軍人傷痍記章軍人傷痍記章授与臨時特例関係法規	① 朝鮮総督府 ③ 京城 ④ 1939 ⑤ 서울대도서관
軍制史	① 麻生武亀述 ② 朝鮮総督府 ③ 京城 ⑤ 연세대도서관
弓矢義解	① 吉田英三郎 ② 吉田英三郎 ③ 大邱 ④ 1921 ⑤ 일본국회도서관
弓矢義解	① 吉田英三郎 ② 朝鮮弓道有段者会 ③ 京城 ④ 1933 ⑤ 연세대도서관
勧農模範場事蹟要報 第1報	① 朝鮮総督府勧業模範場蚕業試験所編 ② 勧業模範場蚕業試験所 ③ 京城 ④ 1920 ⑤ 국립중앙도서관
勧業模範場報告, 第10号	① 朝鮮総督府勧業模範場 ② 朝鮮総督府勧業模範場 ③ 水原 ④ 1916 ⑤ 일본국회도서관
勧業模範場報告, 第4-8号	① 朝鮮総督府勧業模範場編 ② 朝鮮総督府勧業模範場 ③ 京城 ④ 1910-1914 ⑤ 한국국회도서관
勧業模範場報告, 第1, 7-9号	① 朝鮮総督府勧業模範場編 ② 朝鮮総督府勧業模範場 ③ 水原 ④ 1907-15 ⑤ 일본국회도서관
勧業模範場報告, 第1, 2, 7, 8号	① 朝鮮総督府勧業模範場編 ② 朝鮮総督府勧業模範場 ③ 水原 ④ 1907-1914 ⑤ 연세대도서관
勧業模範場成績要覧	② 朝鮮総督府勧業模範場 ③ 水原 ④ 1925 ⑤ 홋카이도대도서관

勧業模範場成績要覧　　　　　　　　　②朝鮮総督府勧業模範場　③水原　④1927　⑤도쿄대도서관, 홋카이도대도서관

勧業模範場成績要覧　　　　　　　　　②朝鮮総督府勧業模範場　③水原　④1923　⑤규슈대도서관

勧業模範場研究報告 1-4　　　　　　　①朝鮮総督府勧業模範場編　②朝鮮総督府勧業模範場　③水原　④1917-1919　⑤일본국회도서관

勧業模範場研究報告 酸性土壌に関する研究
　　　　　　　　　　　　　　　　　　①朝鮮総督府勧業模範場編　②朝鮮総督府勧業模範場　③京城　④1919　⑤한국국회도서관

勧業模範場研究報告 第10, 14-15号　①朝鮮京畿道水原　②朝鮮総督府勧業模範場　③水原　④1924-28　⑤일본국회도서관

勧業模範場研究報告 第12号 朝鮮に於ける稲を害する浮塵子に関する研究
　　　　　　　　　　　　　　　　　　①朝鮮総督府勧業模範場　②勧業模範場　③京城　④1924　⑤고려대도서관

勧業模範場研究報告 苹果の縮果病に関する研究予報
　　　　　　　　　　　　　　　　　　①朝鮮総督府勧業模範場編　②朝鮮総督府勧業模範場　③京城　④1919　⑤한국국회도서관

勧業模範場研究報告 黄海道安岳鉱業所附近鉱毒被害水田調査
　　　　　　　　　　　　　　　　　　①朝鮮総督府勧業模範場編　②朝鮮総督府勧業模範場　③京城　④1923　⑤한국국회도서관

勧業模範場研究報告, 第11号 朝鮮に於ける稲を害する浮塵子に関する研究
　　　　　　　　　　　　　　　　　　①朝鮮総督府勧業模範場編　②朝鮮総督府勧業模範場　③京城　④1924　⑤한국국회도서관

勧業模範場研究報告, 第11号 苹果姫吉丁虫に関する研究
　　　　　　　　　　　　　　　　　　①朝鮮総督府勧業模範場編　②朝鮮総督府勧業模範場　③京城　④1924　⑤한국국회도서관

勧業模範場研究報告, 第14号 蕃椒Capsicum annuum L. の 細菌性軟化病に関する研究
　　　　　　　　　　　　　　　　　　①朝鮮総督府勧業模範場編　②朝鮮総督府勧業模範場　③京城　④1926　⑤한국국회도서관

勧業模範場研究報告, 제9号 朝鮮に於ける干潟地土壌の調査
　　　　　　　　　　　　　　　　　　①朝鮮総督府勧業模範場編　②朝鮮総督府勧業模範場　③京城　④1931　⑤한국국회도서관, 연세대도서관

勧業模範場研究報告, 酸性土壌に関する研究
　　　　　　　　　　　　　　　　　　②朝鮮総督府勧業模範場　③水原　④1919　⑤연세대도서관

勧業模範場研究報告, 第15号 朝鮮作物病害目録
　　　　　　　　　　　　　　　　　　②朝鮮総督府勧業模範場　③水原　④1928　⑤연세대도서관

勧業模範場一覧　　　　　　　　　　　①朝鮮総督府勧業模範場　②朝鮮総督府勧業模範場　③水原　④1923　⑤규슈대도서관

勧業模範場特別報告 1922-1924　　　①朝鮮総督府勧業模範場　②朝鮮総督府勧業模範場　③水原　④1922-

	1924 ⑤ 서울대도서관
勧業模範場彙報, 第1号	①朝鮮総督府勧業模範場編 ②朝鮮総督府勧業模範場 ③京城 ④1926 ⑤한국국회도서관
勧業模範場彙報, 第3巻2号	①朝鮮総督府勧業模範場編 ②朝鮮総督府勧業模範場 ③京城 ④1928 ⑤한국국회도서관
奎章閣叢書 第1 瀋陽狀啓	①京城帝国大学法学部編 ②京城帝国大学法学部 ③京城 ④1935 ⑤고려대도서관
奎章閣叢書 第3 軒遺稿訥斎先生集批選亀峰先生集	①京城帝国大学法学部編 ②京城帝国大学法学部 ③京城 ④1937 ⑤고려대도서관
奎章閣叢書 第4 竜飛御天歌 上	①京城帝国大学法学部編 ②京城帝国大学法学部 ③京城 ④1937 ⑤고려대도서관
奎章閣叢書 第5 竜飛御天歌 下	①京城帝国大学法学部編 ②京城帝国大学法学部 ③京城 ④1938 ⑤고려대도서관
奎章閣叢書 第6 増正交隣志	①京城帝国大学法学部編 ②京城帝国大学法学部 ③京城 ④1940 ⑤고려대도서관
規程類纂 第1編	①朝鮮総督府鉄道局編 ②朝鮮総督府鉄道局 ③京城 ④1941 ⑤일본국회도서관
規定類纂 第六編 運輸帳表	①朝鮮総督府 鉄道局編 ②朝鮮印刷 ③京城 ④1941 ⑤한국국회도서관
均如伝 大華厳首座圓通両重大師	①市山盛雄編 ②金剛堂 ③京城 ④1928 ⑤서울대도서관
極秘 不穏刊行物記事輯録	①朝鮮総督府警務局編 ②朝鮮総督府警務局 ③京城 ④1934 ⑤서울대도서관
極秘 騒擾事件の概況	①朝鮮憲兵隊司令部編 ②朝鮮憲兵隊司令部 朝鮮総督府学務総監部 ③京城 ④1919 ⑤한국국회도서관
極秘 全羅南道光州に於ける内鮮人生徒闘争事件の真相疫えが鮮内諸学校に及ぼしたる影響	②朝鮮総督府学務局 ③京城 ④1930 ⑤한국국회도서관
近年に於ける朝鮮の風水害	①朝鮮総督府観測所編 ②朝鮮総督府観測所 ③仁川 ④1926 ⑤국립중앙도서관, 한국국회도서관, 고려대도서관, 서울대도서관, 연세대도서관, 일본국회도서관, 교토대도서관, 도쿄대도서관, 도호쿠대도서관, 홋카이도대도서관
勤農共済組合勤農輔導委員事績	①朝鮮総督府内務局社会課編 ②朝鮮総督府 ③京城 ④1930 ⑤국립중앙도서관
近代都市と住宅	①京城府編 ②京城府 ③京城 ④1923 ⑤국립중앙도서관
近代日鮮関係の研究 上, 下	①朝鮮総督府中枢院編 ②朝鮮総督府中枢院 ③京城 ④1940 ⑤국립중앙도서관, 한국국회도서관, 고려대도서관, 연세대도서관, 서울대도서관, 일본국회도서관
近代日支鮮関係の研究	①京城帝国大学編 ②京城帝国大学 ③京城 ④1930 ⑤국립중앙도서관,

고려대도서관

近代日支鮮関係の研究 天津条約より日支開戦に至る	① 田保橋潔 ② 京城帝国大学 ③ 京城 ④ 1930 ⑤ 한국국회도서관, 일본국회도서관, 교토대도서관, 규슈대도서관, 도쿄대도서관, 홋카이도대도서관
近代朝鮮の横顔	① 長風山人, 田内蘇山編 ② 朝鮮研究会 ③ 京城 ④ 1936 ⑤ 한국국회도서관
近代朝鮮経済史	① 崔虎鎮 ② 慶応書房 ③ 京城 ④ 1942 ⑤ 국립중앙도서관
近代朝鮮裏面史	① 菊池謙譲, 長風山人, 田内蘇山編 ② 朝鮮研究会 ③ 京城 ④ 1936 ⑤ 국립중앙도서관, 고려대도서관, 서울대도서관, 규슈대도서관
近代朝鮮史 上,下巻	① 菊池謙譲 ② 鶏鳴社 ③ 京城 ④ 1937 ⑤ 연세대도서관
近代朝鮮史研究	① 朝鮮総督府朝鮮史編修会編 ② 朝鮮総督府 ③ 京城 ④ 1944 ⑤ 한국국회도서관, 서울대도서관, 연세대도서관, 일본국회도서관, 교토대도서관, 규슈대도서관, 나고야대도서관, 도쿄대도서관, 도호쿠대도서관
勤労美談 卒業生指導 第1輯	① 京畿道 ② 京畿道 ③ 京城 ④ 1931 ⑤ 일본국회도서관
勤労美談 更生に輝く	① 京城府教育会編 ② 朝鮮公民教育会 ③ 京城 ④ 1933 ⑤ 국립중앙도서관
近世都市論	① 朝鮮総督府 ③ 京城 ④ 1916 ⑤ 국립중앙도서관
近世露国貨幣史 附現行露国貨弊制度大要	① ドミトリエフ・マモノフ, エフズイン編, 宮村時一郎訳 ② 朝鮮銀行調査局 ③ 京城 ④ 1917 ⑤ 일본국회도서관, 교토대도서관
權域書畫徴	① 沈友燮 ② 啓明倶楽部 ③ 京城 ④ 1928 ⑤ 규슈대도서관
權域游草	① 久保得二 ② 朝鮮総督府 ③ 京城 ④ 1924 ⑤ 일본국회도서관
金剛山	① 稲川正一編 ② 日本旅行協会朝鮮支部 ③ 京城 ④ 1939 ⑤ 한국국회도서관
金剛山案内記	① 大熊滝三郎編 ② 谷岡商店印刷部 ③ 京城 ④ 1934 ⑤ 한국국회도서관
金剛山探勝案内	① 松本武正, 加藤松林共 ② 亀屋商店 ③ 京城 ④ 1926 ⑤ 연세대도서관
金剛山探勝案内	② 朝鮮総督府鉄道 ③ 京城局 ④ 1917 ⑤ 연세대도서관
今昔三十年座談会速記録	① 京城電気株式会社編 ② 京城電気株式会社 ③ 京城 ④ 1939 ⑤ 국립중앙도서관, 서울대도서관
金融組合と高利旧債整理資金の貸出	① 山根譲 ② 朝鮮金融組合聯合会 ③ 京城 ④ 1933 ⑤ 연세대도서관
金融組合の部落的指導施設	① 朝鮮金融組合聯合会 ② 朝鮮金融組合聯合会 ③ 京城 ④ 1939 ⑤ 서울대도서관
金融組合の沿革と現況	① 朝鮮金融組合協会編 ② 朝鮮金融組合協会 ③ 京城 ④ 1929 ⑤ 고려대도서관
金融組合の会計監査	① 山浦友吉 ② 朝鮮会計学研究会 ③ 京城 ④ 1934 ⑤ 한국국회도서관
金融組合講演集	① 朝鮮金融組合協会編 ② 朝鮮金融組合協会 ③ 京城 ④ 1931 ⑤ 한국국회도서관, 연세대도서관
金融組合概況	① 朝鮮総督府財務局編 ② 朝鮮総督府財務局 ③ 京城 ④ 1921 ⑤ 한국국회도서관

金融組合経営研究	① 朝鮮金融組合協会編 ② 朝鮮金融組合協会 ③ 京城 ④ 1931 ⑤ 한국국회도서관
金融組合関係例規集	① 車田篤編 ② 朝鮮経済協会 ③ 京城 ④ 1927 ⑤ 고려대도서관
金融組合関係例規集, 1927, 1930, 1932, 1938, 1943	① 朝鮮総督府財務局編 ② 朝鮮金融組合協会 ③ 京城 ④ 1930-1943 ⑤ 한국국회도서관
金融組合関係例規集	① 朝鮮総督府財務局編纂 ② 朝鮮金融組合聯合会 ③ 京城 ④ 1938 ⑤ 연세대도서관
金融組合関係質疑応答集	① 朝鮮金融組合聯合会編 ② 朝鮮金融組合聯合会 ③ 京城 ④ 1934 ⑤ 한국국회도서관
金融組合読本全	① 牟田口利彦 ② 朝鮮金融組合聯合会 ③ 京城 ④ 1934 ⑤ 한국국회도서관, 연세대도서관
金融組合令要義	① 斎藤清治 ② 朝鮮金融組合合会 ③ 京城 ④ 1931 ⑤ 한국국회도서관, 연세대도서관
金融組合令要義	① 斎藤清治 ② 朝鮮金融組合協会 ③ 京城 ④ 1926 ⑤ 연세대도서관
金融組合令精義	① 青山政雄 ② 朝鮮金融組合聯合会 ③ 京城 ④ 1936 ⑤ 한국국회도서관
金融組合論策集	① 朝鮮金融組合協会編 ② 朝鮮金融組合会 ③ 京城 ④ 1930 ⑤ 한국국회도서관, 연세대도서관
金融組合年鑑=The year book of credit co-operation 第4回 昭和12年	① 朝鮮金融組合聯合会調査果編輯 ② 朝鮮金融組合聯合会 ③ 京城 ④ 1937 ⑤ 연세대도서관
金融組合年鑑	① 朝鮮金融組合聯合会編 ② 朝鮮金融組合聯合会 ③ 京城 ④ 1939 ⑤ 한국국회도서관
金融組合要覧 昭和6年度, 昭和六年四月 - 昭和七年三月	② 朝鮮金融組合協会 ③ 京城 ④ 1932 ⑤ 연세대도서관
金融組合逸話集	② 朝鮮金融組合協会 ③ 京城 ④ 1931 ⑤ 연세대도서관
金融組合朝鮮語読本, 上, 中	① 金融組合 朝鮮語読本編纂委員会編 ② 朝鮮金融組合協会 ③ 京城 ④ 1928 ⑤ 한국국회도서관
金融組合会計学	① 山浦友吉 ② 朝鮮金融組合協会 ③ 京城 ④ 昭和81933 ⑤ 한국국회도서관
金融統計 1-3	① 京城手形交換所編 ② 京城手形交換所 ③ 京城 ④ 1935-38 ⑤ 국립중앙도서관
今日の朝鮮問題講座, 第1-6	① 緑旗連盟編 ② 緑旗聯盟 ③ 京城 ④ 1940 ⑤ 한국국회도서관, 일본국회도서관, 홋카이도대도서관
今日の朝鮮財話	① 井上収 ② 極東時報社 ③ 京城 ④ 1928 ⑤ 연세대도서관
金解禁の影響に就て	① 加藤三郎 ② 京城商業会議所 ③ 京城 ④ 1930 ⑤ 국립중앙도서관
金海貝塚発掘調査報告	① 朝鮮総督府編 ② 朝鮮総督府 ③ 京城 ④ 1923 ⑤ 국립중앙도서관, 서울대

	도서관
起ち上る力	①京畿道社会課編 ②京畿道社会課 ③京城 ④1939 ⑤홋카이도대도서관
起つか蘇聯赤い銃後を暴く	①山田二郎 ②朝鮮印刷株式会社 ③京城 ④1937 ⑤국립중앙도서관, 고려대도서관
機関車焚火法に就て	①佐瀬武雄, 朝鮮総督府鉄道局運転課編 ②朝鮮総督府鉄道局運転課 ③京城 ④1928 ⑤국립중앙도서관
機関車用としての朝鮮炭焚火試験報告 第1-4	①朝鮮総督府鉄道局編 ②朝鮮総督府鉄道局 ③京城 ④1927, 30 ⑤국립중앙도서관
機関車用としての朝鮮炭風火試験報告 第4	①朝鮮総督府鉄道局 ②朝鮮総督府鉄道局 ③京城 ④1932 ⑤서울대도서관
紀年児覧, 全	①朝鮮古書刊行会編 ②朝鮮古書刊行会 ③京城 ④1911 ⑤고려대도서관
記念論文集 哲学 第4輯	②大阪屋号書店 ③京城 ④1935-45 ⑤국립중앙도서관
記念論文集 史学 第5輯	②大阪屋号書店 ③京城 ④1935-45 ⑤국립중앙도서관
記念論文集 文学 第6輯	②大阪屋号書店 ③京城 ④1935-45 ⑤국립중앙도서관
紀念写真帖	①朝鮮タイムス社編輯部編 ②朝鮮タイムス社編輯部 ③仁川 ④1907 ⑤국립중앙도서관
記念表彰者名鑑 朝鮮総督府始政二十五周年	①柳川勉 ②内外事情社 ③京城 ④1935 ⑤부산시민도서관
基督教朝鮮監理会要覧	①梁柱三 ②基督教朝鮮監理会総理院 ③京城 ④1935- ④1936 ⑤고려대도서관
記事摘要	①朝鮮情報委員会編 ②朝鮮情報委員会 ③京城 ④1921 ⑤국립중앙도서관
気象観測指針 区内気象観測法	①朝鮮総督府気象台編 ②朝鮮総督府気象台 ③京城 ④1941 ⑤한국국회도서관
気象通知電報た就て	①平田徳太郎 ②朝鮮総督府観測所 ③仁川 ④1917 ⑤국립중앙도서관
妓生物語	①吉川萍水 ②半島自由評論社 ③京城 ④1932 ⑤연세대도서관
企業整備に関する資料	①朝鮮金融組合聯合会調査課編輯 ②朝鮮金融組合聯合会 ③京城 ④1944 ⑤고려대도서관, 서울대도서관, 교토대도서관, 도쿄대도서관
企業許可令に関する資料	①朝鮮金融組合聯合会調査課編輯 ②朝鮮金融組合聯合会 ③京城 ④1942 ⑤서울대도서관, 도쿄대도서관
既往年度実績表	①株式会社成業社 ⑤도쿄대도서관
紀元二千六百年を迎へての我等の覚悟(初等の部)	①朝鮮総督府文書課 ②朝鮮総督府文書課 ③京城 ④1940 ⑤고려대도서관
記者の観た朝鮮	①阿部薫 ②民衆時論社 ③京城 ④1929 ⑤한국국회도서관, 고려대도서관, 부산시민도서관, 서울대도서관, 연세대도서관
寄託契約論	①吾孫子勝 ②吾孫子勝 ③京城 ④1919 ⑤일본국회도서관

緊急物資勤労管理指導監督経費	②昭和二十年　⑤도쿄대도서관
吉林省東部地方の状況	①朝鮮総督府警務局編　②朝鮮総督府　③京城　④1928　⑤국립중앙도서관, 도쿄대도서관
金に就いて	①鈴木島吉述　②美沢先生記念「進」会　③京城　④1925　⑤일본국회도서관
金剛山 昭和14年版	①朝鮮鉄道局編　②朝鮮鉄道局　③京城　④1939　⑤일본국회도서관
金剛山 天下之絶景	①徳田富次郎　②徳田美術書院　③元山　④1916　⑤홋카이도대도서관
金剛山	①前田寛　②朝鮮鉄道協会　③京城　④1931　⑤국립중앙도서관, 연세대도서관
金剛山記	①菊池謙譲　②鶏鳴社　③京城　④1931　⑤일본국회도서관, 도쿄대도서관, 도호쿠대도서관, 규슈대도서관, 홋카이도대도서관
金剛山植物調査書	①朝鮮総督府編　②朝鮮総督府　③京城　④1918　⑤국립중앙도서관, 서울대도서관, 연세대도서관, 일본국회도서관
金剛山遊覧の栞	①朝鮮総督府鉄道局編　②朝鮮総督府鉄道局　③京城　④1915　⑤일본국회도서관
金剛山楡岾寺温泉調査報文外2(朝鮮地質調査要報 第8巻ノ3)	①島村新兵衛外　②朝鮮総督府地質調査所　③京城　④1930　⑤부산시민도서관
金剛山楡岾寺温泉調査報文	①木野崎吉郎　③京城　④1930　⑤국립중앙도서관
金剛山電気鉄道株式会社廿年史	①金剛山電気鉄道株式会社編　②金剛山電気鉄道　③江原　④1939　⑤부산시민도서관, 규슈대도서관, 도쿄대도서관, 도호쿠대도서관, 홋카이도대도서관
金剛山探勝案内記	①松浦翠香　②金剛山探勝案内社　③京城　④1934　⑤홋카이도대도서관
金鉱業及地金集散事情	①朝鮮銀行調査局編　②朝鮮銀行　③京城　④1917　⑤국립중앙도서관
金鉱業興起ノ実況	②朝鮮ニ於ケル鉱産概況　②朝鮮総督府殖産局鉱務課　③京城　④1932　⑤도쿄대도서관
金鉱製錬法	①石川留吉・谷口長一郎共編　②朝鮮鉱業会　③京城　④1935　⑤국립중앙도서관, 부산시민도서관, 규슈대도서관
金属鉱山要義	①豊田秀兼　②朝鮮鉱業会　③京城　④1936　⑤국립중앙도서관
金融と経済 1-7	①朝鮮経済協会編　②朝鮮経済協会　③京城　④1924-27　⑤국립중앙도서관
金融組合に関する逸話	①朝鮮総督府財務局理財課編　②朝鮮経済協会　③京城　④1923　⑤국립중앙도서관, 교토대도서관, 홋카이도대도서관
金融組合の部落的指導施設	①朝鮮金融組合聯合会調査課編　②朝鮮金融組合聯合会　③京城　④1939　⑤규슈대도서관, 교토대도서관, 도쿄대도서관, 홋카이도대도서관
金融組合の沿革と現況	①朝鮮金融組合聯合会　②朝鮮金融組合聯合会　③京城　④1933　⑤일본국회도서관
金融組合の沿革と現況	①朝鮮金融組合協会編　②朝鮮金融組合協会　③京城　④1929　⑤나고야대도서관

金融組合の精神	①山根譓 ②朝鮮金融組合協会 ③京城 ④1933 ⑤부산시민도서관, 연세대도서관
金融組合講演集	①朝鮮金融組合協会編輯 ②朝鮮金融組合協会 ③京城 ④1931 ⑤교토대도서관
金融組合概論	①山根サトル ②朝鮮金融組合協会 ③京城 ④1932 ⑤한국국회도서관, 고려대도서관, 규슈대도서관, 나고야대도서관, 홋카이도대도서관
金融組合概論	①山根譓 ②朝鮮金融組合協会 ③京城 ④1929 ⑤국립중앙도서관, 고려대도서관, 연세대도서관
金融組合概論	①山根譓 ②朝鮮金融組合聯合会 ③京城 ④1935 ⑤국립중앙도서관
金融組合概況	①朝鮮総督府財務局編 ②朝鮮総督府財務局 ③京城 ④1921 ⑤국립중앙도서관, 교토대도서관
金融組合経営論	①山根譓 ②朝鮮金融組合聯合会 ③京城 ④1935 ⑤국립중앙도서관
金融組合経営研究	①朝鮮金融組合協会編輯 ②朝鮮金融組合協会 ③京城 ④1931 ⑤교토대도서관
金融組合経営資料統計	①朝鮮金融組合聯合会教育部編 ②朝鮮金融組合聯合会 ③京城 ④1935 ⑤국립중앙도서관
金融組合関係例規集	①朝鮮総督府財務局編 ②朝鮮金融組合協会 ③京城 ④1932 ⑤고려대도서관, 서울대도서관, 규슈대도서관, 교토대도서관, 도쿄대도서관
金融組合関係例規集	①車田篤編 ②朝鮮経済協会 ③京城 ④1927 ⑤국립중앙도서관, 서울대도서관, 일본국회도서관
金融組合教育叢書	①朝鮮金融組合聯合会編 ②朝鮮金融組合聯合会 ③京城 ④1931-33 ⑤국립중앙도서관
金融組合区域内ニ於ケル経済状況	①朝鮮金融組合聯合会調査部編 ③京城 ④1940 ⑤서울대도서관, 도쿄대도서관
金融組合及金融組合聯合会概観	①朝鮮総督府財務局調査 ②朝鮮経済協会 ③京城 ④1923 ⑤서울대도서관, 교토대도서관, 도쿄대도서관
金融組合及金融組合聯合会概況 1-2	①朝鮮経済協会編 ②朝鮮経済協会 ③京城 ④1925-26 ⑤국립중앙도서관, 일본국회도서관, 교토대도서관, 홋카이도대도서관
金融組合年鑑 1-7	①朝鮮金融組合聯合会調査課編 ②朝鮮金融組合聯合会 ③京城 ④1934-42 ⑤국립중앙도서관
金融組合年鑑 昭和15年度	①朝鮮金融組合聯合会編 ②朝鮮金融組合聯合会 ③京城 ④1940 ⑤일본국회도서관
金融組合年鑑 昭和17年度	①朝鮮金融組合聯合会編 ②朝鮮金融組合聯合会 ③京城 ④1942 ⑤일본국회도서관
金融組合年鑑	①朝鮮金融組合聯合会編 ②朝鮮金融組合聯合会 ③京城 ④1934-1942 ⑤고려대도서관, 교토대도서관, 규슈대도서관, 홋카이도대도서관

金融組合論策集	① 朝鮮金融組合協会編 ② 同会 ③ 京城 ④ 1930 ⑤ 국립중앙도서관, 서울대도서관, 도쿄대도서관
金融組合読本全	① 牟田口利彦 ② 朝鮮金融組合聯合会 ③ 京城 ④ 1932 ⑤ 도쿄대도서관, 홋카이도대도서관
金融組合読本	① 牟田口利彦 ② 朝鮮金融組合聯合会 ③ 京城 ④ 1928 ⑤ 국립중앙도서관
金融組合令精義	① 青山政雄 ② 朝鮮金融組合聯合会 ③ 京城 ④ 1930 ⑤ 고려대도서관
金融組合令精義	① 青山政雄 ② 朝鮮金融組合聯合会 ③ 京城 ④ 1936 ⑤ 국립중앙도서관
金融組合簿記	① 山田勘三郎 ② 朝鮮金融組合聯合会 ③ 京城 ④ 1940 ⑤ 국립중앙도서관
金融組合簿記提要	① 山浦友吉 ② 朝鮮金融組合協会 ③ 京城 ④ 1933 ⑤ 국립중앙도서관
金融組合業務案内	① 朝鮮金融組合聯合会 ③ 京城 ④ 1938 ⑤ 서울대도서관
金融組合要覧 大正10, 昭和4-6年度版	① 朝鮮総督府財務局調査課編 ② 朝鮮金融組合協会 ③ 京城 ④ 1922-31 ⑤ 국립중앙도서관
金融組合要覧 昭和7年度	① 朝鮮金融組合聯合会 ② 朝鮮金融組合聯合会 ③ 京城 ④ 1933 ⑤ 일본국회도서관
金融組合要覧 第1次	① 朝鮮総督府財務局編 ② 朝鮮経済協会 ③ 京城 ④ 1922 ⑤ 국립중앙도서관
金融組合要覧 第2次	① 朝鮮総督府財務局調査 ② 朝鮮経済協会 ③ 京城 ④ 1924 ⑤ 일본국회도서관
金融組合運動	① 牟田口利彦 ② 朝鮮金融組合協会 ③ 京城 ④ 1932 ⑤ 국립중앙도서관, 고려대도서관, 규슈대도서관, 나고야대도서관
金融組合逸話集	① 朝鮮金融組合協会編 ② 朝鮮金融組合協会 ③ 京城 ④ 1931 ⑤ 고려대도서관, 서울대도서관, 일본국회도서관
金融組合重要統計表	① 平安北道理財課編 ② 平安北道理財課 ④ 1936 ⑤ 규슈대도서관, 도쿄대도서관
金融組合叢書 第1-3, 5, 7	① 朝鮮金融組合協会編 ② 朝鮮金融組合協会 ③ 京城 ④ 1930-31 ⑤ 국립중앙도서관
金融組合叢書 第1巻 金融組合論策集	① 朝鮮金融組合協会 ② 朝鮮金融組合協会 ③ 京城 ④ 1930 ⑤ 고려대도서관
金融組合叢書 第2巻 金融組合講演集	① 朝鮮金融組合協会 ② 朝鮮金融組合協会 ③ 京城 ④ 1930 ⑤ 고려대도서관
金融組合叢書 第4巻 朝鮮臼時の金融財政慣行	
	① 朝鮮金融組合協会 ② 朝鮮金融組合協会 ③ 京城 ④ 1930 ⑤ 고려대도서관
金融組合叢書 第5巻 海外協同組合事情	① 朝鮮金融組合協会 ② 朝鮮金融組合協会 ③ 京城 ④ 1930 ⑤ 고려대도서관
金融組合叢書 第6巻 金融組合逸話集	① 朝鮮金融組合協会 ② 朝鮮金融組合協会 ③ 京城 ④ 1930 ⑤ 고려대도서관
金融組合統計年報 昭和14年度	① 朝鮮金融組合聯合会調査課編輯 ② 朝鮮金融組合聯合会 ③ 京城 ④ 1940 ⑤ 일본국회도서관
金融組合統計年報 昭和8-17年度	① 朝鮮金融組合聯合会編 ② 朝鮮金融組合聯合会 ③ 京城 ④ 1934-441 ⑤ 국립중앙도서관

金融組合統計年報	①朝鮮金融組合聯合会編 ②朝鮮金融組合聯合会 ③京城 ④1934 ⑤규슈대도서관
金融組合会計学	①山浦友吉 ②朝鮮金融組合協会 ③京城 ④1933 ⑤국립중앙도서관
金融統制団体令に関する資料	①朝鮮金融組合聯合会調査課編 ②朝鮮金融組合聯合会 ③京城 ④1943 ⑤서울대도서관, 교토대도서관, 도쿄대도서관, 홋카이도대도서관
金銀鉱の選鉱製錬試験報告	①葛原大策 等 ②朝鮮総督府燃料選鉱研究所 ③京城 ④1931 ⑤국립중앙도서관
金在魯等奉教編次	①内藤吉之助校 ②朝鮮総督府中枢院 ③京城 ④1935 ⑤일본국회도서관
金増産計画ト所要資金調書	②朝鮮総督府 ③京城? ④1937 ⑤도쿄대도서관

洛東江に於ける海苔凶作の原因に就て ① 朝鮮総督府水産試験場 ② 朝鮮総督府水産試験場 ③ 京城, 釜山 ④ 1934 ⑤ 국립중앙도서관, 한국국회도서관, 부산시민도서관, 규슈대도서관

楽浪古墳, 楽浪遺蹟 ① 朝鮮総督府編 ② 朝鮮総督府 ③ 京城 ④ 1936 ⑤ 서울대도서관

楽浪古墳 昭和8年度, 昭和9年度, 昭和10年度

① 朝鮮古蹟研究会編 ② 朝鮮古蹟研究会 ③ 京城 ④ 1934 ⑤ 교토대도서관, 규슈대도서관, 나고야대도서관, 도쿄대도서관

楽浪古蹟案内 ① 三恵学校編 ② 私立三恵学校 ③ 京城 ④ 1928 ⑤ 일본국회도서관

楽浪郡時代の遺蹟 ① 関野貞 ② 朝鮮総督府 ③ 京城 ④ 1925-1927 ⑤ 서울대도서관, 교토대도서관, 규슈대도서관, 나고야대도서관, 도쿄대도서관, 홋카이도대도서관

楽浪郡時代の遺蹟 図版上,下冊 ① 朝鮮総督府編 ② 朝鮮総督府 ③ 京城 ④ 1925 ⑤ 고려대도서관, 일본국회도서관

楽浪郡時代の遺蹟=Archaeological researches on the ancient Lolang district

① 朝鮮総督府 ② 朝鮮総督府 ③ 京城 ④ 1927 ⑤ 고려대도서관, 연세대도서관

楽浪及高句麗 ② 平安南道 ③ 京城 ④ 1929 ⑤ 규슈대도서관

楽浪王光墓=The tomb of WangKuang of Lo-Lang

② 朝鮮古蹟研究会 ③ 京城 ④ 1935 ⑤ 부산시민도서관, 연세대도서관

楽浪王光墓及附録 ① 小場恒吉 ② 朝鮮古蹟研究会 ③ 京城 ④ 1934 ⑤ 국립중앙도서관

楽浪遺跡 ② 朝鮮古蹟研究会 ③ 京城 ④ 1934-1936 ⑤ 부산시민도서관

落葉松葉蜂ノ駆除二関スル研究 ① 高木五六 ② 朝鮮総督府林業試験場 ③ 京城 ④ 1931 ⑤ 홋카이도대도서관

落葉松材説明書 ② 統監府営林廠 ③ 京城 ④ 1907 ⑤ 규슈대도서관

乱中日記草 ① 李舜臣 ② 朝鮮史編修会 ③ 京城 ④ 1935 ⑤ 국립중앙도서관

乱中日記草壬辰状草 ① 李舜臣 ② 朝鮮総督府 ③ 京城 ④ 1935 ⑤ 일본국회도서관, 교토대도서관

乱後雑録 1, 2 ① 柳成竜 ② 朝鮮総督府 ③ 京城 ④ 1936 ⑤ 일본국회도서관

南国遍歴 ① 石森久弥 ② 朝鮮新聞社事業部 ③ 京城 ④ 1937 ⑤ 국립중앙도서관, 연세대도서관

南満及間蒙朝鮮人事情, 下巻 ① 牛丸潤亮編 ② 在外朝鮮人事情研究会 ③ 京城 ④ 1923 ⑤ 연세대도서관

南満及東蒙朝鮮人事情 ① 在外朝鮮人事情研究会 ② 在外朝鮮人事情研究会 ③ 京城 ④ 1922 ⑤ 일본국회도서관, 도쿄대도서관

南方共栄圏と朝鮮経済 ① 小口弘 ② 時局研究会 ③ 京城 ④ 1942 ⑤ 고려대도서관, 서울대도서관

南方事情講習会速記録 ① 朝鮮貿易協会編 ② 朝鮮貿易協会 ③ 京城 ④ 1942 ⑤ 국립중앙도서관, 한국국회도서관

南部烏蘇里地方視察報告書 ① 新田留次郎, 朝鮮総督府編 ② 朝鮮総督府 ③ 京城 ④ 1923 ⑤ 국립중앙

	도서관, 서울대도서관, 고려대도서관
南部朝鮮の方言	① 小倉進平 ② 朝鮮史学会 ③ 京城 ④ 1924 ⑤ 국립중앙도서관, 한국국회도서관, 고려대도서관, 연세대도서관, 서울대도서관, 일본국회도서관, 교토대도서관, 규슈대도서관 도쿄대도서관, 도호쿠대도서관, 오사카대학
南鮮地方	① 朝鮮総督府鉄道局編 ② 朝鮮総督府鉄道局 ③ 京城 ④ 1939 ⑤ 한국국회도서관
南鮮地方ニ於ケル緑肥作物	① 朝鮮総督府勧農模範場編 ② 朝鮮総督府勧農模範場 ③ 京城 ④ 1923 ⑤ 국립중앙도서관, 고려대도서관, 연세대도서관, 규슈대도서관
南鮮地方の象皮病と其の原因	① 文仁柱 ② 京城帝国大学医学部 ③ 京城 ④ 1940 ⑤ 고려대도서관
南鮮宝窟済州島	① 大野秋月 ② 吉田博文堂 ③ 釜山 ④ 1912 ⑤ 일본국회도서관
南鮮の洪水 昭和九年	① 朝鮮総督府内務局編 ② 朝鮮総督府内務局 ③ 京城 ④ 1936 ⑤ 국립중앙도서관, 한국국회도서관, 부산시민도서관, 서울대도서관, 일본국회도서관, 규슈대도서관, 교토대도서관, 도쿄대도서관, 도호쿠대도서관, 홋카이도대도서관
男子体力章検定要綱	② 朝鮮総督府厚生局 ③ 京城 ④ 1942 ⑤ 연세대도서관
南総督の朝鮮統治	① 御手洗辰雄 ② 京城日報社 ③ 京城 ④ 1942 ⑤ 한국국회도서관, 고려대도서관
南漢山	① 佐脇精 京城電気株式会社編 ② 京城電気 ③ 京城 ④ 1938 ⑤ 한국국회도서관, 도쿄대도서관
南漢山城の開城史 極東に於ける capitulationの一例	① 篠田治策 ② 谷岡商店印刷部 ③ 京城 ④ 1930 ⑤ 한국국회도서관
南漢誌	① 釈尾春芿 ② 朝鮮古書刊行会 ③ 京城 ④ 1916 ⑤ 고려대도서관
南薫太平歌	① 自由討究社 訳編 ② 自由討究社 ③ 京城 ④ 1921 ⑤ 국립중앙도서관
納税宣伝施設例規	① 京城税務監督局編 ② 駅屯土協会京城税務監督局支部 ③ 京城 ④ 1937 ⑤ 국립중앙도서관
納税組合及納税準備預金に就て	① 朝鮮総督府財務局編 ② 朝鮮財務協会 ③ 京城 ④ 1944 ⑤ 고려대도서관
内務部長会同諮問事項答申書	① 朝鮮総督府編 ② 朝鮮総督府 ③ 京城 ④ 1900-45 ⑤ 국립중앙도서관
内鮮同化論	① 田中勲 ② 田中勲 ③ 忠州 ④ 1925 ⑤ 일본국회도서관
内鮮満北支地下資源対照	① 朝鮮銀行調査課編 ② 朝鮮銀行調査課 ③ 京城 ④ 1937 ⑤ 서울대도서관, 도쿄대도서관
内鮮満支関聯ノ企業並ニ投資一覧	① 朝鮮銀行調査課編 ② 朝鮮銀行調査課 ③ 京城 ④ 1938 ⑤ 도쿄대도서관
内鮮問題に対する朝鮮人の声	① 朝鮮総督府 ② 朝鮮総督府 ③ 京城 ④ 1939 ⑤ 한국국회도서관
内鮮問題に対する朝鮮人の声	① 朝鮮総督府編 ② 朝鮮総督府 ③ 京城 ④ 1915 ⑤ 서울대도서관
内鮮問題に対する朝鮮人の声	① 朝鮮総督府編 ② 朝鮮総督府 ③ 京城 ④ 1925 ⑤ 국립중앙도서관, 교토대도서관, 규슈대도서관
内鮮史論 赤裸々に見た	① 青柳綱太郎 ② 東亜同民協会 ③ 京城 ④ 1935 ⑤ 부산시민도서관

内鮮一体論の基本理念	①津田剛 ②緑旗聯盟 ③京城 ④1939 ⑤부산시민도서관, 서울대도서관, 연세대도서관, 도쿄대도서관, 홋카이도대도서관
内鮮一体精義	②国民精神総動員朝鮮聯盟 ③京城 ④1940 ⑤연세대도서관
内鮮一体懐古資料朝鮮の国名に因める名詞考	
	①朝鮮総督府中枢院調査課編 ②朝鮮総督府中枢院 ③京城 ④1940 ⑤고려대도서관
内鮮一体の霊地扶余	①国民精神総動員朝鮮聯盟編 ②国民精神総動員朝鮮聯盟 ③京城 ④1939 ⑤한국국회도서관, 고려대도서관, 연세대도서관, 일본국회도서관
内鮮より観たる満洲の歴史	①中山久四郎 ②満州文化協会 ④1932 ⑤규슈대도서관, 도쿄대도서관
内外工業情勢と朝鮮工業	①川合彰武 ②朝鮮工業協会 ③京城 ④1937 ⑤국립중앙도서관, 고려대도서관
内外地地方制度比較	①朝鮮総督府司政局編 ②朝鮮総督府司政局 ③京城 ④1943 ⑤한국국회도서관, 고려대도서관, 서울대도서관
耐戦経済力夜話事変第二段階と我が経済力	①朝鮮金融組合会 時局研究会編 ②朝鮮金融組合会 時局研究会 ③京城 ④1938 ⑤고려대도서관
内地及朝鮮に於ける工場賃銀制度の調査研究	
	①満鉄総務部労務課編 ③京城 ④1930 ⑤서울대도서관
内地都市産業視察報告	①京城府編 ②京城府 ③京城 ④1938 ⑤국립중앙도서관
内地事情	①朝鮮総督府 ②朝鮮印別株式会社 ③京城 ④1922 ⑤국립중앙도서관
内地ニ於ケル国民担税状況等調	①朝鮮総督府財務局編 ③京城 ④1923 ⑤서울대도서관
内地に於ける鮮人向絹織物の生産に就て	①税田谷五郎, 朝鮮総督府編 ②朝鮮総督府 ③京城 ④1925 ⑤국립중앙도서관
内地に於ける中小工業振興指導施設調査	①京城商工会議所編 ②京城商工会議所 ③京城 ④1938 ⑤국립중앙도서관
内地, 支那各地在住の半島人の活動状況に関する調書	
	①朝鮮銀行京城総裁席調査課編 ②朝鮮銀行調査課 ③京城 ④1942 ⑤규슈대도서관, 도쿄대도서관, 홋카이도대도서관
内村鑑三先生と朝鮮	①咸錫憲, 金教臣 ②聖書朝鮮社 ③高陽郡 ④1940 ⑤도쿄대도서관
内なる光	①京城あかつきの会編 ②京城あかつきの会 ③京城 ④1932 ⑤국립중앙도서관
女子高等普通学校修身書 1-3	①朝鮮総督府編 ②朝鮮総督府 ③京城 ④1925 ⑤국립중앙도서관
女子高等学校朝鮮語読本 巻3	①朝鮮総督府 ②朝鮮総督府 ③京城 ④1923 ⑤고려대도서관
女子職業科指導書	①曺在浩, 太田一江 共 ②朝鮮公民教育会 ③京城 ④1938 ⑤국립중앙도서관
女子青年錬成教本	①朝鮮総督府 ③京城 ④1944 ⑤서울대도서관
年報 大正14-昭和4年度, 昭和10年度 第1編, 第2・3編, 第4編, 第5編	
	①朝鮮総督府鉄道局編 ②朝鮮総督府鉄道局 ③京城 ④1926-1936 ⑤일

본국회도서관

年報	① 朝鮮総督府鉄道局編 ② 朝鮮総督府鉄道局 ③ 京城 ④ 1926 ⑤ 홋카이도대도서관
年賦金算出定率表	① 安岡勝編 ② 朝鮮総督府林業試験場 ③ 大邱 ④ 1933 ⑤ 국립중앙도서관
老開拓士が贈る 半島裏面史	① 大阪毎日新聞社, 東京日日新聞社 京城支局 共編 ② 大阪毎日新聞社 ③ 京城 ④ 1940 ⑤ 고려대도서관
老乞大諺解	① 崔世珍翻訳, 京城帝国大学法文学部編 ② 京城帝国大学法文学部 ③ 京城 ④ 1944 ⑤ 부산시민도서관, 고려대도서관, 일본국회도서관
露国経済資料第2	① 朝鮮銀行調査局編 ② 朝鮮銀行調査局 ③ 京城 ④ 1919 ⑤ 일본국회도서관, 교토대도서관
露国経済的政策ニ対スル露西亜帝国銀行ノ奉仕	
	① 朝鮮銀行調査局編 ② 朝鮮銀行調査局 ③ 京城 ④ 1913 ⑤ 국립중앙도서관
露国銀行界ニ於ケル外国資本	① 朝鮮銀行調査局編 ② 朝鮮銀行調査局 ③ 京城 ④ 1918 ⑤ 일본국회도서관, 도쿄대도서관
露国銀行貨物課業務	① ボゴレホフ, 朝鮮銀行調査局訳 ② 朝鮮銀行調査局 ③ 京城 ④ 1919 ⑤ 일본국회도서관, 교토대도서관
露国ニ於ケル物物交換取引ノ復興	① 朝鮮銀行調査局編 ② 朝鮮銀行調査局 ③ 京城 ④ 1918 ⑤ 일본국회도서관, 도쿄대도서관
露国ニ於ケル独逸ノ経済的活動	① 朝鮮銀行調査局編 ② 朝鮮銀行調査局 ③ 京城 ④ 1918 ⑤ 일본국회도서관, 교토대도서관
露国ノ戦時財政	① 朝鮮銀行調査局編 ② 朝鮮銀行調査局 ③ 京城 ④ 1918 ⑤ 일본국회도서관, 교토대도서관, 규슈대도서관
露国避難民救護誌	① 朝鮮総督府内務局編 ② 朝鮮総督府内務局 ③ 京城 ④ 1924 ⑤ 국립중앙도서관, 서울대도서관, 일본국회도서관
労農露国手形法	② 朝鮮銀行調査部 ③ 京城 ④ 1923 ⑤ 교토대도서관, 나고야대도서관, 도쿄대도서관
労働隊制度と雇只隊制度	① 久間健一 ② 朝鮮総督府水原高等農林学校 ④ 1932 ⑤ 규슈대도서관
労働の宗教的意義	① 山室軍平, 朴源轍訳 ② 朝鮮耶蘇教書会 ③ 京城 ④ 1933 ⑤ 일본국회도서관
労務関係法令集	② 慶尚南道労務課 ③ 慶南 ④ 1944 ⑤ 부산시민도서관
労務調整令解説	① 朝鮮総督府厚生局労務課編 ② 朝鮮行政学会 ③ 京城 ④ 1942 ⑤ 국립중앙도서관, 한국국회도서관
鷺峰の植物調査	① 尾中螺天編 ② 京城山草会 ③ 京城 ④ 1934 ⑤ 고려대도서관, 연세대도서관
露西亜国立銀行関係諸規則集抜萃	① 朝鮮銀行調査局編 ② 朝鮮銀行調査局 ③ 京城 ④ 1913 ⑤ 국립중앙도서관
露西亜帝国	① アナトール・レルア・ボリュー, 林毅陸 訳 ② 朝鮮銀行調査課 ③ 京城 ④ 1901 ⑤ 국립중앙도서관

緑肥試験成績要録	①忠清南道種苗場 ②忠清南道種苗場 ③京城 ④1926 ⑤홋카이도대도서관
農·漁家更生計劃の実施概要	①朝鮮総督府農林局編 ②朝鮮総督府農林局 ③京城 ④1939 ⑤국립중앙도서관
労作教育概論	①朝鮮教育会編 ②朝鮮教育会 ③京城 ④1931 ⑤국립중앙도서관
農家更生講本	①八尋生男 講述 ②朝鮮総督府 ③京城 ④1936 ⑤국립중앙도서관, 한국국회도서관, 부산시민도서관, 고려대도서관, 서울대도서관
農家更生計画樹立方法解説	①朝鮮総督府 ②朝鮮総督府 ③京城 ④1933 ⑤국립중앙도서관, 일본국회도서관
農家経済概況調査 1933-1938年, 自作兼小作農家の部	①朝鮮総督府農林局農村振興課 ②朝鮮総督府農林局農村振興課 ③京城 ④1940 ⑤한국국회도서관, 연세대도서관
農家経済概況調査 昭和八年-昭和十三年小作農家の部	①朝鮮総督府農林局農村振興課編 ②朝鮮総督府農林局農村振興課 ③京城 ④1940 ⑤한국국회도서관, 연세대도서관
農家経済概況調査 自作兼小作農家の部	①朝鮮総督府 ②農林局 農村振興課編 ③京城 ④1933 ⑤고려대도서관
農家経済概況調査	①朝鮮総督府農林局農村振興課編 ②朝鮮総督府農林局農村振興課 ③京城 ④1940 ⑤국립중앙도서관
農家経済更正指導計畫要綱	②朝鮮総督府 ③京城 ④1933 ⑤도쿄대도서관
農家経済状況調査書	①朝鮮総督府財務局臨時関税調査課編 ②朝鮮総督府財務局 ③京城 ④1918 ⑤국립중앙도서관
農家経済調査 1 京畿道ノ分	①朝鮮学会編 ②朝鮮学会 ③京城 ④1932 ⑤고려대도서관, 연세대도서관
農家経済調査 2 慶尚南道ノ分	①朝鮮学会編 ②朝鮮学会 ③京城 ④1932 ⑤고려대도서관
農家経済調査 3 全羅南道ノ分	①朝鮮学会編 ②朝鮮学会 ③京城 ④1932 ⑤고려대도서관, 연세대도서관
農家経済調査 4 平安南道ノ分	①朝鮮学会編 ②朝鮮学会 ③京城 ④1933 ⑤고려대도서관, 연세대도서관
農家経済調査 5 咸鏡南道ノ分	①朝鮮学会編 ②朝鮮学会 ③京城 ④1934 ⑤고려대도서관, 연세대도서관
農家経済調査 慶尚南道ノ分 昭和6年度	②朝鮮農会 ③京城 ④1934 ⑤연세대도서관
農家経済調査	①朝鮮農会編 ②朝鮮農会 ③京城 ④1931 ⑤국립중앙도서관
農家経済調査	①朝鮮農会編輯 ②朝鮮農会 ③京城 ④1932-1934 ⑤도쿄대도서관
農家再生講本	①朝鮮総督府編 ②朝鮮地方行政学会 ③京城 ④1936 ⑤연세대도서관
農家経済調査(実施)要項	①朝鮮学会編 ②朝鮮学会 ③京城 ④1926 ⑤규슈대도서관
農家経済の概況と其の変遷	①朝鮮総督府農林局農村振興課 ②朝鮮総督府農林局農村振興課 ③京城 ④1940 ⑤일본국회도서관
農家く経済の概況の変遷	①朝鮮総督府 ②朝鮮総督府 ③京城 ④1940 ⑤고려대도서관
農工銀行支配人会同諮問事項答申書	①朝鮮総督府編 ②朝鮮総督府 ③京城 ④1915 ⑤국립중앙도서관
農務統計 昭和11-12年	①咸鏡北道 ②咸鏡北道 ③羅南 ④1937-38 ⑤일본국회도서관

農務統計　　　　　　　　　　　　　　③平安北道　④1922　⑤규슈대도서관

農事講話講習要項①東洋拓植株式会社木浦支店編②東洋拓植株式会社木浦支店③木浦④1922⑤국립중앙도서관

農事試驗報告類　　　　　　　　　　①朝鮮総督府農事試験場等　③京城　④19 ③19- ④1963　⑤고려대도서관

農事試驗場成績要覽　　　　　　　　①朝鮮総督府農事試験場　②朝鮮総督府農事試験場　③京城　④1930
　　　　　　　　　　　　　　　　　⑤서울대도서관

農事一件　昭和4年　　　　　　　　②釜山府産業係　③釜山　④1929　⑤부산시민도서관

農事知識　　　　　　　　　　　　　①朝鮮総督府農事試験場編　②農事試験場　③水源　④1935　⑤고려대도서관

農事知識普及版　第1-19輯　　　　　①朝鮮総督府農事試験場編　②同学会　③水原　④1933-35　⑤일본국회도
　　　　　　　　　　　　　　　　　서관

農事知識普及版　　　　　　　　　　①朝鮮総督府農事試験場編　②朝鮮総督府農事試験場　③京城　④1932-
　　　　　　　　　　　　　　　　　40　⑤국립중앙도서관

農産物輸移出入高並金額　　　　　　①朝鮮総督府殖産局農務課　②朝鮮総督府殖産局農務課　④1928　⑤서울
　　　　　　　　　　　　　　　　　대도서관, 규슈대도서관

農産物統計表　　　　　　　　　　　①朝鮮総督府　②大同出版社　③京城　④1939　⑤고려대도서관

農山漁村民の銃後のつとぬ　　　　　①朝鮮総督府編　②朝鮮総督府　③京城　④1937　⑤서울대도서관

農山漁村指導大講演録　　　　　　　①帝国地方行政学会朝鮮本部編　②帝国地方行政学会朝鮮本部　③京城
　　　　　　　　　　　　　　　　　④1933　⑤국립중앙도서관, 한국국회도서관, 서울대도서관, 연세대도서관

農山漁村振興講演集　　　　　　　　①帝国地方行正学会朝鮮本部編　②帝国地方行政学会朝鮮本部　③京城
　　　　　　　　　　　　　　　　　④1935　⑤한국국회도서관, 연세대도서관

農山漁村振興功績者名鑑　　　　　　①朝鮮総督府編　②朝鮮総督府　③京城　④1937　⑤국립중앙도서관, 한국국
　　　　　　　　　　　　　　　　　회도서관, 서울대도서관

農山漁村振興関係例規集　　　　　　①朝鮮総督府編　③京城　④1937　⑤서울대도서관

農山漁村振興事務便覧　　　　　　　①全羅南道農務課編纂　②全羅南道農務課　③光州府　④1937　⑤홋카이도
　　　　　　　　　　　　　　　　　대도서관

農山漁村振興運動実施の概要　　　　①黄海道　②黄海道　③京城　④1940　⑤도쿄대도서관

農山漁村振興運動の全貌　　　　　　①朝鮮総督府編　②朝鮮総督府　③京城　④1934　⑤국립중앙도서관

農山漁村に於ける契　　　　　　　　①朝鮮総督府農林局農村振興課編　②朝鮮総督府　③京城　④1938　⑤국
　　　　　　　　　　　　　　　　　립중앙도서관, 서울대도서관, 도호쿠대도서관

農山漁村に於ける契　　　　　　　　①朝鮮総督府編　②朝鮮総督府　③京城　④1937　⑤한국국회도서관, 고려대
　　　　　　　　　　　　　　　　　도서관, 규슈대도서관, 도쿄대도서관, 홋카이도대도서관

農山漁村に於ける零細貯蓄の栞　　　①朝鮮総督府農林局農村振興課編　②朝鮮総督府農林局農村振興課
　　　　　　　　　　　　　　　　　③京城　④1938　⑤국립중앙도서관

農山漁村に於ける中堅人物養成施設要覧　①朝鮮総督府農林局編　②朝鮮総督府農林局　③京城　④1942　⑤국립중앙
　　　　　　　　　　　　　　　　　도서관

農山漁村に於ける中堅人物養成施設の概要	① 朝鮮総督府 ② 朝鮮総督府 ③ 京城 ④ 1936 ⑤ 고려대도서관, 일본국회도서관, 교토대도서관, 홋카이도대도서관
農産製造教科書	① 朝鮮総督府編 ② 朝鮮総督府 ③ 京城 ④ 1919 ⑤ 국립중앙도서관
農産製造教科書	① 朝鮮総督府編纂 ② 朝鮮総督府 ③ 京城 ④ 1915 ⑤ 연세대도서관
農産統計	③ 忠清北道 ④ 1925 ⑤ 규슈대도서관
農商工部鉱務課出品目録及解説書	① 朝鮮総督府編 ② 朝鮮総督府 ③ 京城 ④ 1915 ⑤ 국립중앙도서관
農漁家更生計劃の実施概要	① 朝鮮総督府農林局編 ② 朝鮮総督府農林局 ③ 京城 ④ 1939 ⑤ 고려대도서관
農業	① 十河官太郎 ② 朝鮮公民教育会 ③ 京城 ④ 1933 ⑤ 국립중앙도서관
農業講演集	① 朝鮮農会編棻 ② 朝鮮農会 ③ 水原 ④ 1917 ⑤ 국립중앙도서관
農業講義録 第1号 作物汎論, 普通作物	① 朝鮮農事会 ② 朝鮮農事学会 ③ 京城 ④ 1933 ⑤ 고려대도서관, 연세대도서관
農業講義録 第2号 園芸作物蔬菜篇, 桑樹栽培法	
	① 朝鮮農事会 ② 朝鮮農事学会 ③ 京城 ④ 1933 ⑤ 연세대도서관
農業講義録 第3-6号	① 朝鮮農事学会編 ② 朝鮮農事学会 ③ 京城 ④ 1933 ⑤ 국립중앙도서관
農業講義録 第3号土壌篇, 養蚕篇, 林業篇	① 朝鮮農事会 ② 朝鮮農事学会 ③ 京城 ④ 1934 ⑤ 연세대도서관
農業講義録 第4号肥料篇, 特用作物篇, 畜産篇家禽	
	① 朝鮮農事会 ② 朝鮮農事学会 ③ 京城 ④ 1934 ⑤ 연세대도서관
農業講義録 第5号畜産篇家禽, 園芸作物果樹篇	
	① 朝鮮農事会 ② 朝鮮農事学会 ③ 京城 ④ 1934 ⑤ 연세대도서관
農業講議録 第6号, 農村副業編 外	① 朝鮮農事会 ② 朝鮮農事会 ③ 京城 ④ 1933 ⑤ 고려대도서관
農業講義録 第6号農村副業篇, 農業経済学	① 朝鮮農事会 ② 朝鮮農事学会 ③ 京城 ④ 1934 ⑤ 연세대도서관
農業経済及法規教科書	① 朝鮮総督府編 ② 朝鮮総督府 ③ 京城 ④ 1918 ⑤ 국립중앙도서관, 부산시민도서관
農業経済及法規教科書	① 朝鮮総督府編纂 ② 朝鮮総督府 ③ 京城 ④ 1915 ⑤ 연세대도서관, 규슈대도서관
農業教科書 肥料土壌林業	① 朝鮮総督府 ② 朝鮮教学図書 ③ 京城 ④ 1943 ⑤ 서울대도서관
農業教科書, 1-3	① 朝鮮総督府編 ② 朝鮮総督府 ③ 京城 ④ 1939 ⑤ 국립중앙도서관, 한국국회도서관, 서울대도서관
農業教科書巻1 栽培汎論食用作物工芸作物	
	① 朝鮮総督府 ② 朝鮮教学図書 ③ 京城 ④ 1943 ⑤ 서울대도서관, 연세대도서관
農業教科書巻2 蔬菜	① 朝鮮総督府 ② 朝鮮総督府, 朝鮮教学図書 ③ 京城 ④ 1943 ⑤ 고려대도서관, 연세대도서관
農業教科書巻3 果樹花草農業用薬剤	① 朝鮮総督府 ② 朝鮮教学図書 ③ 京城 ④ 1943 ⑤ 연세대도서관

農業教科書巻5 林業土壌肥料	① 朝鮮総督府 ② 朝鮮総督府, 朝鮮教学図書 ③ 京城 ④ 1943 ⑤ 연세대도서관
農業教科書下巻 養蚕畜産林業土壌肥料	① 朝鮮総督府 ② 朝鮮総督府, 朝鮮書籍 ③ 京城 ④ 1939 ⑤ 연세대도서관
農業技術官会同諮問事項答申書	① 朝鮮総督府 ② 朝鮮総督府 ③ 京城 ④ 1928 ⑤ 고려대도서관
農業技術官会同諮問事項答申書	① 朝鮮総督府編 ② 朝鮮総督府 ③ 京城 ④ 1915-18 ⑤ 국립중앙도서관
農業技術官会同諮問事項答申書	① 朝鮮総督府編 ② 朝鮮総督府 ③ 京城 ④ 1920 ⑤ 한국국회도서관
農業技術官会同ニ於ケル訓示指示及演術	① 朝鮮総督府編 ② 朝鮮総督府 ③ 京城 ④ 1920 ⑤ 국립중앙도서관
農業技術官会議要録	① 朝鮮総督府編 ② 朝鮮総督府 ③ 京城 ④ 1911 ⑤ 국립중앙도서관
農業労務者の賃金に関する資料	① 朝鮮金融組合聯合会編 ② 朝鮮金融組合聯合会 ③ 京城 ④ 1942 ⑤ 국립중앙도서관, 고려대도서관, 서울대도서관, 도쿄대도서관
農業理科教科書	① 朝鮮総督府編纂 ② 朝鮮総督府 ③ 京城 ④ 1915 ⑤ 규슈대도서관
農業報国青年隊記	① 朝鮮総督府農林局農政課編 ② 朝鮮総督府農林局農政課 ③ 京城 ④ 1942 ⑤ 국립중앙도서관
農業報国の要諦	① 朝鮮総督府編 ② 朝鮮総督府 ③ 京城 ④ 1943 ⑤ 한국국회도서관
農業補習学校用国語読本	① 朝鮮総督府編 ② 朝鮮書籍印刷株式会社 ③ 京城 ④ 1937 ⑤ 국립중앙도서관
農業理科教科書 1-2	① 朝鮮総督府編 ② 朝鮮総督府 ③ 京城 ④ 1921 ⑤ 국립중앙도서관
農業理科教科書 物理気象及化学ノ部	① 朝鮮総督府編 ② 朝鮮総督府 ③ 京城 ④ 1917 ⑤ 국립중앙도서관, 연세대도서관
農業理科教科書 植物動物及人体生理ノ部	① 朝鮮総督府編 ② 朝鮮総督府 ③ 京城 ④ 1916 ⑤ 국립중앙도서관, 연세대도서관
農業指導顧問	① 張然珏 ② 朝鮮農林指導研究会 ③ 京城 ④ 1937 ⑤ 국립중앙도서관
農業統計書 大正12年	① 朝鮮総督府編 ② 朝鮮総督府 ③ 京城 ④ 1923 ⑤ 한국국회도서관
農業統計書 昭和11年	① 平安北道 ② 平安北道 ③ 新義州 ④ 1937 ⑤ 일본국회도서관
農業統計書 昭和7年	① 平安北道 ② 平安北道 ③ 新義州 ④ 1933 ⑤ 일본국회도서관
農業統計書 昭和7年	① 咸鏡南道 ② 咸鏡南道 ③ 咸興 ④ 1933 ⑤ 일본국회도서관
農業統計書	① 平安南道編 ② 平安南道 ③ 平壤 ④ 1925 ⑤ 서울대도서관, 규슈대도서관, 도쿄대도서관
農業統計表	① 朝鮮総督府 ② 大同出版社 ③ 京城 ④ 1933-1940 ⑤ 서울대도서관
農業統計表	① 朝鮮総督府 ② 朝鮮総督府 ③ 京城 ④ 1925-1937 ⑤ 연세대도서관
農業統計表	① 朝鮮総督府 ② 朝鮮総督府 ③ 京城 ④ 1930, 1931, 1932, 1933, 1937 ⑤ 고려대도서관
農業統計表	① 朝鮮総督府 ② 朝鮮総督府 ③ 京城 ④ 1934 ⑤ 고려대도서관, 일본국회도서관
農業統計表	① 忠清北道農務課編 ② 忠清北道農務課 ③ 清州 ④ 1938 ⑤ 홋카이도대도

	서관
農業学校教員講習会講演集	①朝鮮総督府内務部学務局編 ②朝鮮総督府 ③京城 ④1915 ⑤国立中央 도서관
農業奨励ニ関スル諮問事項答申書	①朝鮮総督府編 ②朝鮮総督府 ③京城 ④1914 ⑤国立中央도서관
農業と電気	②京城電気管理課 ③京城 ④1927 ⑤서울大도서관, 도쿄大도서관
農地関係統制法令便覧	①朝鮮総督府農林局農政課編 ②朝鮮行政学会 ③京城 ④1941 ⑤한국 국회도서관, 고려大도서관
農地関係統制法令便覧 附農地基準価格表	①朝鮮総督府農林局農政課編 ②朝鮮農政学会 ③京城 ④1941 ⑤일본 국회도서관
農村更生の指針 第1輯	①朝鮮総督府編 ②帝国地方行政学会朝鮮本部 ③京城 ④1934 ⑤연세 大도서관
農村更生の指針 第2輯	①朝鮮総督府編 ②帝国地方行政学会朝鮮本部 ③京城 ④1935 ⑤연세 大도서관
農村更生の指針	①朝鮮総督府編 ②帝国地方行政学会朝鮮本部 ③京城 ④1934 ⑤国立 中央도서관, 한국국회도서관, 고려大도서관, 서울大도서관, 일본국회도서관, 도쿄大도서관
農村更生の指針	①朝鮮総督府編 ②行政学会 ③京城 ④1936 ⑤고려大도서관
農村振興運動の全貌	①朝鮮総督府編 ②帝国地方行政学会朝鮮本部 ③京城 ④1936 ⑤国立 中央도서관, 한국국회도서관, 부산시민도서관, 고려大도서관, 도쿄大도서관, 홋카이도大도서관
農忖振興資料第二輯朝鮮の卒業生指導に就て	
	①龍江省公署総務庁編 ②黒竜江民報社 ③京城 ④1937 ⑤国立中央도서관
農村振興指導者生業報国講習会速記録	①朝鮮総督府編 ②朝鮮総督府 ③京城 ④1940 ⑤国立中央도서관
農村振興と土地制度論	①柳川勉編 ②朝鮮事情社 ③京城 ④1926 ⑤国立中央도서관
農村図書館ノ経営法	①李在郁 ②漢城図書 ③京城 ④1935 ⑤일본국회도서관, 부산시민도서관
農村は輝く	①朝鮮総督府学務局社会課 ②朝鮮総督府学務局社会課 ③京城 ④1934 ⑤한국국회도서관, 고려大도서관, 일본국회도서관
農学関係諸学会聯合大会講演集	①小野寺二郎編 ②農学関係諸学会聯合大会 ③京城 ④1931 ⑤고려大 서관, 연세大도서관, 일본국회도서관, 규슈大도서관, 홋카이도大도서관
瀬野馬熊遺稿	①瀬野馬熊 ②朝鮮印刷 ③京城 ④1936 ⑤한국국회도서관
能力物権債権親族相続ニ関スル特別問題 其他事項調査書	
	①朝鮮総督府編 ②発行地 미상 ③京城 ④1917 ⑤고려大도서관

達津及清津図幅	①島村新兵衛, 井上藤三郎 共編 ②朝鮮総督府地質調査所 ③京城 ④1933 ⑤국립중앙도서관
談話録, 第3号	①韓国研究会 ②朝鮮新報社 ③仁川 ④1903 ⑤한국국회도서관
談話録	①韓国研究会 ②韓国研究会 ③京城 ④1903 ⑤한국국회도서관
畓裏作物として採油原料久納菜の栽培を奨む	
	①藤田繁雄 ②忠南種苗場 ③公州 ⑤연세대도서관
唐人里	①佐脇精編 ②京城電気 ③京城 ④1937 ⑤한국국회도서관, 오사카대학
唐将書帖・唐将詩画帖	①朝鮮総督府 ②朝鮮総督府 ③京城 ④1934 ⑤서울대도서관, 연세대도서관, 일본국회도서관
大京城	①京城府編 ②京城府庁 ③京城 ④1941 ⑤한국국회도서관, 서울대도서관
大京城	①有賀信一郎朝鮮毎日新聞社編 ②朝鮮毎日新聞社 ③京城 ④1929 ⑤국립중앙도서관, 고려대도서관, 서울대도서관
大京城	①朝鮮研究会編 ②朝鮮研究会 ③京城 ④1925 ⑤국립중앙도서관, 고려대도서관, 서울대도서관
大京城公職者名鑑	①大京城公職者名鑑刊行会編 ②京城日報社 ③京城 ④1936 ⑤국립중앙도서관, 한국국회도서관, 서울대도서관, 일본국회도서관
大京城都市大観	①朝鮮新聞社編 ②朝鮮新聞社 ③京城 ④1937 ⑤한국국회도서관
大京城府大観	①朝鮮新聞社大観編輯部編 ③京城 ④1936 ⑤서울대도서관
大京城写真帖	①山田勇雄 ②中央情報鮮満支社 ③京城 ④1937 ⑤한국국회도서관
大京城案内書	②朝鮮毎日新聞社 ③京城 ④1929 ⑤연세대도서관
大京城竜山大洪水惨状写真帖	①井上勇夫編 ②井上欣治商店 ③京城 ④1939 ⑤한국국회도서관
大京城精図	①森田仙堂, 京城府 校閲 ③京城 ④1936 ⑤서울대도서관
大京城座談会速記録	①京城都市計劃研究会編 ②同研究会 ③京城 ④1938 ⑤국립중앙도서관
大工業地としての平壌	①平壌商業会議所編 ②朝鮮総督府中央試験所 ③平壌 ④1921 ⑤국립중앙도서관, 일본국회도서관
大邱読本	①大邱府教育会編 ②大邱府教育会 ③京城 ④1937 ⑤한국국회도서관
大邱物語	①河井朝雄 ②朝鮮民報社 ③大邱 ④1931 ⑤국립중앙도서관, 한국국회도서관, 고려대도서관, 부산시민도서관
大邱民団史	①三浦庄一郎執筆, 大邱府編纂 ②大邱府 ③大邱 ④1915 ⑤부산시민도서관, 규슈대도서관
大邱覆審法院に於ける談合事件検事論告と無罪辯論速記	
	①朝鮮経済一報社編 ②朝鮮経済一報社 ③京城 ④1930 ⑤국립중앙도서

	관, 서울대도서관, 홋카이도대도서관
大邱府例規類集	①慶尚北道大邱府編纂 ②慶尚北道大邱府 ③大邱 ④1942 ⑤일본국회도서관
大邱府立図書館図書目録	①朝鮮大邱府立図書館編 ②朝鮮大邱府立図書館 ③大邱 ④1927 ⑤국립중앙도서관
大邱府史	①大邱府 ②大邱府 ③大邱 ④1943 ⑤한국국회도서관, 일본국회도서관, 규슈대도서관, 도쿄대도서관
大邱府歳入出決算書 昭和6年度	①大邱府 ②大邱府 ③大邱 ④1932 ⑤일본국회도서관
大邱府歳入出決算書 昭和7年度	①大邱府 ②大邱府 ③大邱 ④1933 ⑤일본국회도서관
大邱府歳入出決算書 昭和8年度	①大邱府 ②大邱府 ③大邱 ④1934 ⑤일본국회도서관
大邱府歳入出決算書 昭和9年度	①大邱府 ②大邱府 ③大邱 ④1935 ⑤일본국회도서관
大邱府歳入出決算書 昭和10年度	①大邱府 ②大邱府 ③大邱 ④1936 ⑤일본국회도서관
大邱府歳入出決算書 昭和11年度	①大邱府 ②大邱府 ③大邱 ④1937 ⑤일본국회도서관
大邱府歳入出決算書 昭和12年度	①大邱府 ②大邱府 ③大邱 ④1938 ⑤일본국회도서관
大邱府歳入出決算書 昭和13年度	①大邱府 ②大邱府 ③大邱 ④1939 ⑤일본국회도서관
大邱府歳入出決算書 昭和14年度	①大邱府 ②大邱府 ③大邱 ④1940 ⑤일본국회도서관
大邱府歳入出決算書 昭和15年度	①大邱府 ②大邱府 ③大邱 ④1941 ⑤일본국회도서관
大邱府歳入出決算書 昭和16年度	①大邱府 ②大邱府 ③大邱 ④1942 ⑤일본국회도서관
大邱府歳入出決算書 昭和17年度	①大邱府 ②大邱府 ③大邱 ④1943 ⑤일본국회도서관
大邱府歳入出予算 昭和6-19年度	①大邱府 ②大邱府 ③大邱 ④1931-44 ⑤일본국회도서관
大邱市街地計画区域街路綱土地区劃整理地区決定理由書	①朝鮮総督府内務局編 ②朝鮮総督府内務局 ③京城 ④1937 ⑤국립중앙도서관
大邱案内	①中浜宛, 山重雄三郎 共 ②麗朗社 ③大邱 ④1934 ⑤한국국회도서관
大邱地方経済事情	①朝鮮銀行編 ②朝鮮銀行 ③京城 ④1913 ⑤국립중앙도서관
大邱地方経済事情	①朝鮮銀行編 ②朝鮮銀行 ③大邱 ④1913 ⑤고려대도서관
大邱刑務所例規	①大邱刑務所編 ②大邱刑務所 ③大邱 ④1932 ⑤한국국회도서관
大邱刑務所要覧	①大邱刑務所編 ②大邱刑務所 ③大邱 ④1938-1939 ⑤도호쿠대도서관
対内地求人取扱要領	①朝鮮総督府厚生局労務課編 ③京城 ④1942 ⑤서울대도서관
対内地求人就職者就業状況調査書類	⑤도쿄대도서관
大東金石書解題	①京城帝国大学法文学部編 ②京城帝国大学法文学部 ③京城 ④1932 ⑤한국국회도서관
大東金石目	①京城帝国大学法文学部編 ②京城帝国大学法文学部 ③京城 ④1932 ⑤서울대도서관, 일본국회도서관, 규슈대도서관, 홋카이도대도서관
大東金石書	①京城帝国大学法文学部編 ②京城帝国大学法文学部 ③京城 ④1932

	⑤ 서울대도서관, 일본국회도서관, 도쿄대도서관
大東亜経済建設と朝鮮経済	① 東亜経済懇談会朝鮮委員会編 ② 東亜経済懇談会朝鮮委員会 ③ 京城 ④ 1944 ⑤ 한국국회도서관
大東亜共栄圏に於ける北方大陸圏とその中核としての鮮満経済	
	① 東亜経済懇談会朝鮮委員会編 ② 東亜経済懇談会朝鮮委員会 ③ 京城 ④ 1942 ⑤ 서울대도서관
大東亜戦争 1	① 朝鮮防共協会編 ② 朝鮮防共協会 ③ 京城 ④ 1942 ⑤ 국립중앙도서관
大東亜地理	① 保柳睦美, 京城帝国大学報道部編 ② 近沢書店 ③ 京城 ④ 1944 ⑤ 한국국회도서관, 서울대도서관
大東野乗, 1-13冊	① 朝鮮古書刊行会編 ② 朝鮮古書刊行会 ③ 京城 ④ 1911 ⑤ 한국국회도서관
大東野乗	① 朝鮮古書刊行会 ② 朝鮮古書刊行会 ③ 京城 ④ 1901-1911 ⑤ 서울대도서관
大東野乗 11	① 朝鮮古書刊行会編 ② 朝鮮古書刊行会 ③ 京城 ④ 1909 ⑤ 고려대도서관
大東輿地図	① 京城帝国大学法文学部編 ② 京城帝国大学法文学部 ③ 京城 ④ 1936 ⑤ 일본국회도서관, 규슈대도서관, 홋카이도대도서관
大東与地図索引	① 帝国大学法文学部編 ② 朝鮮印刷株式会社 ③ 京城 ④ 1936 ⑤ 국립중앙도서관, 고려대도서관, 부산시민도서관, 서울대도서관, 도쿄대도서관
大東合邦論	① 森本藤吉 ④ 1893 ⑤ 부산시민도서관
大豆粕肥効委託試験成績	① 全羅北道種苗場 ② 全羅北道種苗場 ③ 全羅北道 ④ 1923 ⑤ 규슈대도서관
大量貨物はどう動く 朝鮮経済界の実践的研究	
	① 佐藤栄枝 ② 近沢印刷部 ③ 京城 ④ 1932 ⑤ 한국국회도서관
大連二於ケル油房業	① 朝鮮銀行調査局編 ② 朝鮮銀行調査局 ③ 京城 ④ 1917 ⑤ 일본국회도서관
大礼奉拝朝鮮女子教員内地視察記	① 朝鮮総督府編輯課編 ② 朝鮮総督府編輯課 ③ 京城 ④ 1929 ⑤ 국립중앙도서관
対露の危機	① 葛生修吉編 ② 黒竜会海外本部 ③ 釜山 ④ 1903 ⑤ 일본국회도서관
大陸の開拓と半島同胞	② 鮮満拓殖(株) ③ 京城 ④ 1941 ⑤ 부산시민도서관
大陸ルート論	① 鈴木武雄 ② 京城帝国大学大陸文化研究会 ③ 京城 ④ 1939 ⑤ 서울대도서관, 도쿄대도서관
大陸文化研究会報告	② 京城帝国大学大陸文化研究会 ③ 京城 ④ 1939 ⑤ 규슈대도서관, 도쿄대도서관, 도호쿠대도서관, 홋카이도대도서관
大陸兵站基地論解説	① 鈴木武雄 ② 緑旗聯盟 ③ 京城 ④ 1939 ⑤ 부산시민도서관, 서울대도서관, 연세대도서관, 도쿄대도서관, 홋카이도대도서관
大陸之京城	① 阿部辰之助 ② 巌松堂 ③ 京城 ④ 1918 ⑤ 국립중앙도서관, 고려대도서관, 서울대도서관
大陸会社便覧 昭和16年版	① 東洋経済新報社編 ② 東洋経済新報社京城支局 ③ 京城 ④ 1940 ⑤ 일본국회도서관

大麻栽培	① 鴛海文彦 ② 朝鮮繊維協会 ③ 京城 ④ 1940 ⑤ 국립중앙도서관
対満輸出貿易と運賃	① 朝鮮貿易協会編 ② 東洋経済新報京城支局 ③ 京城 ④ 1934 ⑤ 국립중앙도서관
対満朝鮮移民の堅実性 満洲への移民は朝鮮移民を第一義とせよ	
	① 石森久弥 ② 朝鮮公論社 ③ 京城 ④ 1933 ⑤ 고려대도서관, 교토대도서관
対満朝鮮人移民に就て	① 朝鮮総督官房外事課 ② 朝鮮総督官房外事課 ③ 京城 ④ 1932 ⑤ 고려대도서관
台湾鉄道旅行案内	② 日本旅行協会台湾支部 ④ 1930 ⑤ 도쿄대도서관
台湾学事視察報告	② 朝鮮総督府 ③ 京城 ④ 1934 ⑤ 연세대도서관
大明律直解 校訂 巻第1-30	① 高士等編, 朝鮮総督府中枢院調査課編 ② 朝鮮総督府中枢院 ③ 京城 ④ 1936 ⑤ 일본국회도서관
大貿易港 大鉄道港 大工業港としての「鎮南浦」	
	② 鎮南浦商工会議所 ③ 鎮南浦 ④ 1939 ⑤ 도쿄대도서관
大般涅槃経疏	① 法宝述 ② 朝鮮総督府 ③ 京城 ④ 1924 ⑤ 일본국회도서관
帯方郡及び其の遺蹟	① 朝鮮総督府編 ② 朝鮮総督府 ③ 京城 ④ 1935 ⑤ 고려대도서관
大乗精神講話	① 佐藤泰舜 ② 緑旗聯盟 ③ 京城 ④ 1937 ⑤ 일본국회도서관
大院君伝 朝鮮最近外交史 附王妃の一生	① 菊池謙譲 ② 日韓書房 ③ 京城 ④ 1910 ⑤ 한국국회도서관, 고려대도서관, 일본국회도서관
対日論調	① 朝鮮総督府警務局 ② 朝鮮総督府警務局 ③ 1京城 ④ 1941 ⑤ 고려대도서관
大日本史談	① 青柳綱太郎 ② 朝鮮研究会 ③ 京城 ④ 1929 ⑤ 국립중앙도서관
大日本帝国分図	① 朝鮮総督府編 ② 朝鮮総督府 ③ 京城 ⑤ 국립중앙도서관
大日本朝鮮土性図	① 農商務省農業試験場編 ② 朝鮮農会 ③ 京城 ④ 1910 ⑤ 국립중앙도서관
大田府歳入出予算 昭和11-19年度	① 大田府 ② 大田府 ③ 大田 ④ 1936-1944 ⑤ 일본국회도서관
大田府歳入出予算	④ 1936 ⑤ 한국국회도서관
大田府一般経済歳入出決算 昭和10年度	① 大田府 ② 大田府 ③ 大田 ④ 1936 ⑤ 일본국회도서관
大田府一般経済歳入出決算 昭和11年度	① 大田府 ② 大田府 ③ 大田 ④ 1937 ⑤ 일본국회도서관
大田府一般経済歳入出決算 昭和14年度	① 大田府 ② 大田府 ③ 大田 ④ 1940 ⑤ 일본국회도서관
大典続録及註解	① 内藤吉之助校 ② 朝鮮総督府中枢院 ③ 京城 ④ 1935 ⑤ 국립중앙도서관, 고려대도서관, 서울대도서관, 연세대도서관, 일본국회도서관, 교토대도서관, 규슈대도서관, 도쿄대도서관, 홋카이도대도서관
大戦下の半島経済	① 朝鮮銀行調査部編 ② 朝鮮銀行調査部 ③ 京城 ④ 1944 ⑤ 국립중앙도서관, 일본국회도서관
大典会通 校註 6巻附録1巻	① 金学性等奉教編, 朝鮮総督府中枢院調査課編 ② 朝鮮総督府中枢 ③ 京城 ④ 1929 ⑤ 일본국회도서관
大典会通 校註	① 中枢院調査課編 ② 朝鮮総督府中枢院 ③ 京城 ④ 1939 ⑤ 일본국회도서관

大典会通	① 金学性等奉教纂輯, 朝鮮総督府中枢院訳 ② 朝鮮総督府中枢院 ③ 京城 ④ 1921 ⑤ 일본국회도서관
大典会通	① 朝鮮古書刊行会編 ② 朝鮮古書刊行会 ③ 京城 ④ 1913 ⑤ 규슈대도서관, 도쿄대도서관
大正8年 朝鮮旱害救済誌	① 朝鮮総督府編 ② 朝鮮総督府 ③ 京城 ④ 1921 ⑤ 고려대도서관
大正教育史	① 草野勲夫 ② 朝鮮公民教育会 ③ 京城 ④ 1937 ⑤ 국립중앙도서관
大正三年朝鮮貿易要覧	① 朝鮮総督府 ② 朝鮮総督府 ③ 京城 ④ 1916 ⑤ 한국국회도서관
大正十四年 朝鮮の洪水	① 朝鮮総督府編 ② 朝鮮総督府 ③ 京城 ④ 1926 ⑤ 고려대도서관
大正十四年七月中旬 京城附近二於ケル漢江氾濫調査報文	① 朝鮮総督府地質調査所編 ② 朝鮮総督府地質調査所 ③ 京城 ④ 1925 ⑤ 한국국회도서관
大正十五年黄海道要覧	① 朝鮮総督府黄海道 ② 朝鮮総督府黄海道 ③ 京城 ④ 1927 ⑤ 서울대도서관
大正元年度面経費に関する調査書	① 朝鮮総督府編 ② 朝鮮総督府 ③ 京城 ④ 1913 ⑤ 서울대도서관
大正六年度古蹟調査報告	① 朝鮮総督府編 ② 朝鮮総督府 ③ 京城 ④ 1920 ⑤ 서울대도서관
大正乙丑の水災	① 京城府編 ② 京城府 ③ 京城 ④ 1924 ⑤ 국립중앙도서관, 한국국회도서관, 서울대도서관
大正二年朝鮮民暦	① 朝鮮総督府編 ② 朝鮮総督府 ③ 京城 ④ 1911 ⑤ 고려대도서관
大正一四年朝鮮ノ洪水	① 朝鮮総督府編 ② 朝鮮総督府 ③ 京城 ④ 1926 ⑤ 일본국회도서관
大正七年度古蹟調査報告第1冊	① 朝鮮総督府 ② 朝鮮総督府 ③ 京城 ④ 1922 ⑤ 서울대도서관, 연세대도서관
大正七年度面経費に関する調査	① 朝鮮総督府編 ② 朝鮮総督府 ③ 京城 ④ 1919 ⑤ 서울대도서관
大正七年度棉作奨励方針並施設事項	③ 謄写版 ③ 大邱 ④ 1918 ⑤ 도쿄대도서관
大正八年朝鮮旱害救済誌	① 朝鮮総督府内務局社会課編 ③ 京城 ② 朝鮮総督府 ④ 1925 ⑤ 도쿄대도서관
大正八年虎列刺病防疫誌	① 朝鮮総督府編 ② 朝鮮総督府 ③ 京城 ④ 1920 ⑤ 국립중앙도서관
大韓彊域考 上 下 原文和訳対照	① 張志淵 青柳綱太郎編 ② 朝鮮研究会 ③ 京城 ④ 1915 ⑤ 고려대도서관, 부산시민도서관, 교토대도서관
大韓彊域考 原文和訳対照 大韓彊域考	① 青柳綱太郎編 ② 朝鮮研究会 ③ 京城 ④ 1915 ⑤ 서울대도서관, 도쿄대도서관
大韓彊域考	① 青柳綱太郎編 ② 朝鮮研究会 ③ 京城 ④ 1915 ⑤ 국립중앙도서관, 서울대도서관, 규슈대도서관
大韓地誌	② 広文社 ④ 1901 ⑤ 오사카대학
大興電気株式会社発達史	① 大興電気株式会社編 ② 大興電気 ③ 大邱 ④ 1934 ⑤ 일본국회도서관
大興電気株式会社沿革史	① 大興電気株式会社 ② 民衆時論社 ③ 京城 ④ 1939 ⑤ 일본국회도서관
宅地建物等価格統制令臨時農地価格統制令臨時農地等管理令に関する資料	① 朝鮮金融組合聯合会調査課編輯 ② 朝鮮金融組合聯合会 ③ 京城

	④ 1941 ⑤ 서울대도서관, 교토대도서관, 도쿄대도서관, 홋카이도대도서관
宅地大正鋳物等価格統制令関係法規	② 朝鮮総督府物価課 ③ 京城 ④ 1942 ⑤ 부산시민도서관
徳寿宮李太王実記	① 小田省吾編 ② 李王職 ③ 京城 ④ 1943 ⑤ 도쿄대도서관
徳寿宮史	① 小田省吾述 ② 李王職 ③ 京城 ④ 1938 ⑤ 일본국회도서관
道しるべ	① 山下良右衛門編 ② 朝鮮治刑協会 ③ 京城 ④ 1926 ⑤ 국립중앙도서관
稲の主要病害虫図版	① 朝鮮総督府農事試験場編 ② 朝鮮総督府農局 ③ 京城 ④ 1942 ⑤ 국립중앙도서관
道家論辯牟子理惑論	① 神尾弌春編 ② 神尾弌春 ③ 京城 ④ 1931 ⑤ 일본국회도서관
道警察部長会議諮問事項答申書	① 朝鮮総督府編 ② 朝鮮総督府 ③ 京城 ④ 1931 ⑤ 고려대도서관
道農事試験場事業要覧	① 朝鮮総督府農林局 ② 朝鮮総督府農林局 ③ 京城 ④ 1944 ⑤ 서울대도서관
道農事試験場事業要覧	① 朝鮮総督府農林局編 ② 朝鮮総督府農林局 ③ 京城 ④ 1935 ⑤ 한국국회도서관, 부산시민도서관
道農業技術官会議要録	① 朝鮮総督府編 ② 朝鮮総督府 ③ 京城 ④ 1912 ⑤ 국립중앙도서관
道農会に於ける米の多収競作1-2	① 朝鮮殖産助成財団編 ② 朝鮮殖産助成財団 ③ 京城 ④ 1931-1932 ⑤ 서울대도서관
道農会に於ける米の多収競作	① 朝鮮殖産助成財団編 ② 朝鮮殖産助成財団 ③ 京城 ④ 1931 ⑤ 국립중앙도서관
道路要覧	① 朝鮮総督府編 ③ 京城 ④ 1917 ⑤ 국립중앙도서관
渡邊家御所蔵品売立	① 京城美術倶楽部編 ② 京城美術倶楽部 ③ 京城 ④ 1937 ⑤ 고려대도서관
渡邊翁記念朝鮮を語る その一朝鮮の地と人との再認識	
	① 李軫鎬 ② 李熙完 ③ 京城 ④ 1934 ⑤ 국립중앙도서관
道府郡都邑面別米実収高調査成績	① 朝鮮総督府農林局米穀課編 ② 朝鮮総督府 ③ 京城 ④ 1938, 39 ⑤ 국립중앙도서관
道府邑面税の賦課と徴収	① 松田金一郎 ② 財務研究会 ③ 京城 ④ 1936 ⑤ 한국국회도서관, 일본국회도서관
道森林主事ノ犯罪捜査ニ就テ	① 水野重力 ② 朝鮮総督府 ③ 京城 ④ 1922 ⑤ 국립중앙도서관
図書目録	② 大邱府立図書館 ③ 大邱 ④ 1927 ⑤ 부산시민도서관
図書目録	① 京城府立図書館編 ② 京城府立図書館 ③ 京城 ④ 1934 ⑤ 서울대도서관
図書目録類	① 京城帝国大学図書館等 ③ 京城 ④ 1933 ⑤ 고려대도서관
図書分類目録	② 釜山府立図書館 ③ 釜山 ④ 1941 ⑤ 부산시민도서관
図説朝鮮美術史	① 久志卓真 ② 文明商店 ③ 京城 ④ 1941 ⑤ 국립중앙도서관, 연세대도서관
道勢概覧	② 慶尚南道 ③ 釜山 ④ 1935 ⑤ 부산시민도서관
道勢一班, 1939	① 全羅南道編 ② 全羅南道聴 ③ 光州 ④ 1939 ⑤ 한국국회도서관
道勢一班	① 慶尚南道 ② 慶尚南道 ④ 1922 ⑤ 규슈대도서관
道勢一斑	① 咸鏡北道庁編 ② 咸鏡北道庁 ③ 咸鏡北道 ④ 1925 ⑤ 규슈대도서관

島勢一班	④ 1930 ⑤ 규슈대도서관
道歳入出予算 昭和8-19年度	① 京畿道 ② 京畿道 ③ 京城 ④ 1934-1945 ⑤ 일본국회도서관
都市の人糞尿及塵芥処理法	① 小林四郎八 ③ 京城 ④ 1929 ⑤ 규슈대도서관
都市計劃概要	① 朝鮮総督府内務局編 ② 朝鮮総督府内務局 ③ 京城 ④ 1938 ⑤ 한국국회도서관
道視学打合会議事項	① 朝鮮総督府編 ③ 京城 ④ 1928 ⑤ 서울대도서관
道議立国精神の昂揚 東亜新紀元の打開	② 朝鮮総督府 ③ 京城 ④ 1938 ⑤ 연세대도서관
道一般会計特別会計歳入出予算	② 朝鮮総督府京畿道 ③ 京城 ④ 1939 ⑤ 홋카이도대도서관
道林務主任会同諮問事項答申書	① 朝鮮総督府農林局 ② 朝鮮総督府農林局 ③ 京城 ④ 1930 ⑤ 고려대도서관
陶磁器の文献と年表 第12巻	① 雄山閣 ③ 京城 ④ 1939-A67-1 ⑤ 국립중앙도서관
道長官会議録	① 朝鮮総督府編 ② 朝鮮総督府 ③ 京城 ④ 1916 ⑤ 한국국회도서관
道制関係法規	① 朝鮮総督府内務局地方課編 ② 帝国地方行政学会朝鮮本部 ③ 京城 ④ 1933 ⑤ 국립중앙도서관
道地方費各会計並臨時恩賜金歳入歳出決算書 昭和7年度	① 全羅北道 ② 全羅北道 ③ 全州 ④ 1933 ⑤ 일본국회도서관
道地方費各会計歳入歳出決算書 昭和4年度	① 全羅北道 ② 全羅北道 ③ 全州 ④ 1930 ⑤ 일본국회도서관
道地方費及同特別会計歳入歳出決算書 附忠清南道臨時恩賜金歳入歳出決算 昭和4-7年度	① 忠清南道 ② 忠清南道 ③ 大田 ④ 1930-1933 ⑤ 일본국회도서관
道地方費事業ノ概況	① 京畿道編 ② 京畿道 ③ 京城 ④ 1930 ⑤ 한국국회도서관
道地方費一般会計特別会計歳入歳出決算 大正14年度	① 全羅北道 ② 全羅北道 ③ 全州 ④ 1926 ⑤ 일본국회도서관
道地方費一般会計特別会計歳入歳出決算 大正15・昭和元年度	① 全羅北道 ② 全羅北道 ③ 全州 ④ 1927 ⑤ 일본국회도서관
道地方税関係例規	① 忠清南道編 ③ 京城 ④ 1931 ⑤ 규슈대도서관
度支部印刷目録	① 朝鮮総督府度支部編 ② 朝鮮総督府度支部 ③ 京城 ④ 1910 ⑤ 국립중앙도서관
道知事ニ対スル総督ノ指示	① 朝鮮総督府編 ② 朝鮮総督府 ③ 京城 ④ 1922 ⑤ 국립중앙도서관
道知事提出意見 1-2	① 朝鮮総督府編 ② 朝鮮総督府 ③ 京城 ④ 1919-20 ⑤ 국립중앙도서관, 서울대도서관
道知事会議諮問答申書	① 朝鮮総督府編 ② 朝鮮総督府 ③ 京城 ④ 1937 ⑤ 국립중앙도서관
道知事会議諮問事項答申書	① 朝鮮総督府 ② 朝鮮総督府 ③ 京城 ④ 1933 ⑤ 고려대도서관
道知事会議提出意見ニ対スル処理概要	① 朝鮮総督府官房庶務課編 ② 朝鮮総督府官昭和 ③ 京城 ④ 1921 ⑤ 국립중앙도서관
道参与官ニ対スル諮問事項答申書	① 朝鮮総督府編 ② 朝鮮総督府 ③ 京城 ④ 1933 ⑤ 국립중앙도서관

道評議会関係書類 昭和4年	②釜山府 ③釜山 ④1929 ⑤부산시민도서관
道評議会会議録 第10回	②慶尚南道 ③釜山 ④1929 ⑤부산시민도서관
図解 食用野草	①恩賜記念科学館 ②朝鮮図書出版株式会社 ③京城 ④1944 ⑤부산시민도서관
度刑器取扱の指針	①朝鮮総督府鉄道局運輸課編 ②朝鮮総督府鉄道局運輸課 ③京城 ④1941 ⑤국립중앙도서관
道会議速記録	①朝鮮総督府編 ②朝鮮総督府 ③京城 ④1921 ⑤국립중앙도서관
道会提要	①慶尚北道 地方課 ②慶尚北道 ③大邱 ④1942 ⑤한국국회도서관
独, 伊並に蘇聯の財政経済金融諸政策と其の効果	①朝鮮銀行調査課編 ②朝鮮銀行調査課 ③京城 ④1936 ⑤서울대도서관, 교토대도서관, 도쿄대도서관
独英和 林業辞彙	①鈴木外代一編 ②朝鮮総督府水原高等農林学校 創立25周年祝賀会 ③京城 ④1933 ⑤고려대도서관
毒気を吐く	①井上収 ②内鮮児童愛護聯盟 ③京城 ④1926 ⑤부산시민도서관
纛島支場園芸報告 第5-11号	①朝鮮総督府勧業模範場纛島支場編 ②纛島支場 ③京城 ④1912-22 ⑤국립중앙도서관
読方教育の本質観	①末永又一 ②朝鮮印刷株式会社 ③京城 ④1929 ⑤국립중앙도서관, 부산시민도서관
読書	①朝鮮読書聯盟編 ②朝鮮読書聯盟 ③京城 ④1937-38 ⑤국립중앙도서관
独伊並に蘇聯の財政経済金融諸政策と其の効果	②朝鮮銀行調査課 ③京城 ④1936 ⑤연세대도서관
独逸に於ける商工並に不動産金融に就て	①朝鮮銀行調査課編 ②朝鮮銀行調査課 ③京城 ④1937 ⑤연세대도서관, 교토대도서관, 도쿄대도서관
独逸の経済的及び財政的状態	①朝鮮総督府編 ②朝鮮総督府 ③京城 ④1924 ⑤국립중앙도서관, 일본국회도서관, 교토대도서관, 규슈대도서관, 도쿄대도서관
独逸の国際モラ問題とマルク切下に就て	①朝鮮銀行調査課編 ②朝鮮銀行 ③京城 ④1934 ⑤교토대도서관, 도쿄대도서관
独逸ノ商権拡張策ト銀行ノ活動	①朝鮮銀行調査局編 ②朝鮮銀行調査局 ③京城 ④1918 ⑤일본국회도서관, 도쿄대도서관
独逸国ニ於ケル獣疫ノ概況	①朝鮮総督府警務局衛生課編 ②朝鮮総督府 ③京城 ④1930 ⑤홋카이도대도서관
独逸属領時代の波蘭に於ける国語政策	①保科孝一, 朝鮮総督府編 ②朝鮮総督府 ③京城 ④1921 ⑤국립중앙도서관
独逸信用銀行ノ証券発行業務ニ就テ	①朝鮮銀行調査局編 ②朝鮮銀行調査局 ③京城 ④1917 ⑤국립중앙도서관
独逸波蘭問題	①本多駒次郎 述 ②朝鮮総督府 ③京城 ④1937 ⑤국립중앙도서관
敦図線及其終端港	①朝鮮殖産銀行調査課 ②朝鮮殖産銀行調査課 ③京城 ④1933 ⑤고려

	대도서관, 연세대도서관
東京 京都 大家作品展観 目錄	①京城美術倶楽部編 ②京城美術倶楽部 ③京城 ④1940 ⑤고려대도서관
東経大全	①崔済愚, 天道教中央総部編纂 ②普文社 ③京城 ④1908 ⑤일본국회도서관
東経大全和訓	①渡辺彰 ②渡辺彰 ③京城 ④1918 ⑤일본국회도서관
東京雑記	①閔周晃, 朝鮮研究会編 ②朝鮮研究会 ③京城 ④1911 ⑤국립중앙도서관
東京雑記	②朝鮮光文会 ③京城 ④1913 ⑤연세대도서관
東国李相国集	①朝鮮古書刊行会編 ③京城 ②朝鮮古書刊行会 ④1913 ⑤도쿄대도서관
東国輿地勝覧索引 続編	①末松保和編 ②朝鮮総督府中枢院 ③京城 ④1940 ⑤일본국회도서관
東国通鑑 原文和訳対照 1-6	①青柳綱太郎編輯 ②朝鮮研究会 ③京城 ④1914-1915 ⑤교토대도서관
東国通鑑 一-六 原文和訳対照	①徐居正等編 ②朝鮮研究会 ③京城 ④1914-1915 ⑤부산시민도서관
東国通鑑	①徐居正 ②鮮古書刊行会 ③京城 ④1912 ⑤서울대도서관
動乱の支那を覗いて	①佐々木忠右衛門 ②佐々木忠右衛門 ③海州 ④1927 ⑤도쿄대도서관
東萊案内	①久納重吉編 ②久納重吉 ③東雲町 ④1917 ⑤규슈대도서관
東萊温泉第五六回検定報文	①駒田亥久雄 ③京城 ④1926 ⑤국립중앙도서관
東萊温泉調査報文	①駒田亥久雄 ②朝鮮総督府地質調査所 ③京城 ④1923 ⑤국립중앙도서관, 부산시민도서관
東満産業実査報告書	①朝鮮勧農株式会社編 ②朝鮮勧農株式会社 ③京城 ④1937 ⑤국립중앙도서관, 도쿄대도서관
東蒙古及満洲ニ於ケル獣皮毛	①朝鮮銀行調査局編 ②朝鮮銀行調査局 ③京城 ④1917 ⑤일본국회도서관
東文選	①朝鮮古書刊行会編 ②朝鮮古書刊行会 ③京城 ④1914 ⑤도쿄대도서관
同文彙考 巻2 原編	①田保橋潔 校訂 ②朝鮮印刷株式会社 ③京城 ④1932 ⑤고려대도서관
同文彙考 巻3 原編	①田保橋潔 校訂 ②朝鮮印刷株式会社 ③京城 ④1932 ⑤고려대도서관
同文彙考 第23巻	①鄭昌順 等受命編, 田保橋潔 校 ②朝鮮史編修会 ③京城 ④1936-37 ⑤국립중앙도서관, 부산시민도서관
同文彙考 第2巻 原編	①田保橋潔 校訂 ②朝鮮印刷株式会社 ③京城 ④1936 ⑤고려대도서관
同文彙考 第3巻 原編	①田保橋潔 校訂 ②朝鮮印刷株式会社 ③京城 ④1937 ⑤고려대도서관
同文彙考	①田保橋梁編 ②朝鮮印刷 ③京城 ④1936 ⑤국립중앙도서관, 부산시민도서관
動物と科学	①岩佐彦二 ②朝鮮図書出版株式会社 ③京城 ④1944 ⑤국립중앙도서관
東方の新理想	①朱雲成 ②東洋青年聯盟社 ③京城 ④1938 ⑤부산시민도서관, 일본국회도서관
東方文化史叢考 第1輯	②大阪屋号書店 ③京城 ④1935-45 ⑤국립중앙도서관
東部蒙古及満洲ニ於ケル獣皮毛	①朝鮮銀行調査局編 ②朝鮮銀行 ③京城 ④1917 ⑤국립중앙도서관
東史綱目 1-4	①朝鮮古書刊行会編 ②朝鮮古書刊行会 ③京城 ④1915 ⑤교토대도서관,

규슈대도서관, 도쿄대도서관

東史綱目 第15輯朝鮮群書大系統	① 朝鮮古書刊行会編 ② 朝鮮古書刊行会 ③ 京城 ④ 1915 ⑤ 고려대도서관
東史綱目 第16輯朝鮮群書大系統	① 朝鮮古書刊行会編 ② 朝鮮古書刊行会 ③ 京城 ④ 1915 ⑤ 고려대도서관
東史綱目 第17輯朝鮮群書大系統	① 朝鮮古書刊行会編 ② 朝鮮古書刊行会 ③ 京城 ④ 1915 ⑤ 고려대도서관
東史綱目 第18輯朝鮮群書大系統	① 朝鮮古書刊行会編 ② 朝鮮古書刊行会 ③ 京城 ④ 1915 ⑤ 고려대도서관
同試験場要覧	① 朝鮮総督府林業試験場編 ② 朝鮮総督府林業試験場 ③ 京城 ④ 1923 ⑤ 고려대도서관
東亜に於ける朝鮮銀行の役割	① 横瀬守雄 ② 朝鮮銀行 ③ 京城 ④ 1939 ⑤ 도쿄대도서관
東亜の大羅津 附雄基港	① 秋山健治 ② 北鮮日日新聞羅津支局 ③ 羅津 ④ 1933 ⑤ 한국국회도서관, 도쿄대도서관
東亜の新勢力	① 友枝英三郎編輯 ② 朝鮮通信社 ③ 京城 ④ 1913 ⑤ 국립중앙도서관, 한국국회도서관, 연세대도서관, 규슈대도서관, 홋카이도대도서관
東亜ブロックに於ける朝鮮の地位と其の貿易方策	① 朝鮮貿易協会編 ② 朝鮮貿易協会 ③ 京城 ④ 1940 ⑤ 고려대도서관
東亜ブロックに於ける朝鮮の地位と其の貿易協会刊	① 朝鮮貿易協会 ③ 京城 ④ 1938 ⑤ 서울대도서관
東亜経済の新情勢と朝鮮工業	① 朝鮮工業協会編 ② 朝鮮工業協会 ③ 京城 ④ 1939 ⑤ 국립중앙도서관
東亜経済調査局報告	① 朝鮮総督府 ② 朝鮮総督府 ③ 京城 ④ 1913 ⑤ 서울대도서관
東亜経済朝鮮懇談会報告書	① 東亜経済懇談会 ② 東亜経済懇談会 ③ 京城 ④ 1942 ⑤ 서울대도서관
東雅東音譜 第4巻	① 新井君美 吉川羊七 ③ 京城 ④ 1905-07 ⑤ 국립중앙도서관
東亜新秩序の建設と古代大陸経営の先蹤	① 中村栄孝 ② 朝鮮総督府 ③ 京城 ④ 1940 ⑤ 국립중앙도서관, 한국국회도서관, 일본국회도서관, 교토대도서관, 도쿄대도서관, 도호쿠대도서관
東洋に於ける共産党の発展	① 蝋山政道述 ② 無声会 ③ 京城 ④ 1931 ⑤ 일본국회도서관
東洋ニ於ケル独亜銀行ノ活動	② 朝鮮銀行 ③ 京城 ④ 1912 ⑤ 교토대도서관
東洋社会党樽井藤吉と朝鮮合邦論	① 桜井義之 ③ 京城 ④ 1937 ⑤ 서울대도서관
東遊吟草	① 朝鮮総督府編 ③ 京城 ④ 1921 ⑤ 서울대도서관
童謡朝鮮	① 百瀬千尋訳 ② 大阪屋号書店 ③ 京城 ④ 1936 ⑤ 국립중앙도서관
東朝鮮一名元山案内	① 元山毎日新聞社編纂 ② 元山毎日新聞社 ③ 元山 ④ 1910 ⑤ 부산시민도서관, 연세대도서관
東津江流域	① 実業之朝鮮社編 ② 実業之朝鮮社 ③ 群山 ④ 1928 ⑤ 국립중앙도서관
東津水利組合貯水池予定地附近地質調査報文	① 山成不二磨 ② 朝鮮総督府地質調査所 ③ 京城 ④ 1923 ⑤ 국립중앙도서관, 부산시민도서관
同学会報	① 朝鮮総督府農事試験場同学会編 ② 本府農事試験場 ③ 水原 ④ 1934 ⑤ 국립중앙도서관

東郷直男	②朝鮮化学会 ③京城 ④1938 ⑤연세대도서관
豆類ニ関スル統計資料	①朝鮮銀行調査局編 ④1919 ⑤서울대도서관
豆満江流域経済事情	①朝鮮総督府鉄道局営業課編 ②朝鮮総督府鉄道局 ③京城 ④1927 ⑤국립중앙도서관, 한국국회도서관, 고려대도서관, 일본국회도서관, 교토대도서관, 규슈대도서관, 도쿄대도서관
等級調査外業処務規程	②朝鮮総督府臨時土地調査局 ③京城 ④1916 ⑤연세대도서관
登行 白頭山特輯	①朝鮮体育振興会国防訓錬部登行団編 ②朝鮮体育振興会国防訓錬部登行団 ③京城 ④1943 ⑤국립중앙도서관, 한국국회도서관, 서울대도서관, 연세대도서관

ㄹ

| 羅馬字新編唱歌集 | ①朝鮮総督府編 ②朝鮮総督府 ③京城 ④1915 ⑤국립중앙도서관 |

馬鈴薯と甘藷	①市川柳三郎 ②京城文書社 ③京城 ④1928 ⑤국립중앙도서관
馬山府勢一覧	②馬山府 ③馬山 ④1923 ⑤부산시민도서관
馬山府第一部特別経済歳入出予算書	④1938 ⑤한국국회도서관
馬山港誌	①諏方史郎 記述 ②朝鮮史談会 ③馬山 ④1940 ⑤고려대도서관
麻雀の遊び方 支那が生んだ世界的遊戯	①蒲池良介 ②家庭娯楽研究社 ③京城 ④1925 ⑤일본국회도서관
馬賊の真相	①大村省三 ②国境企業調査会 ③京城 ④1930 ⑤부산시민도서관, 일본국회도서관
馬匹改良増殖に就て	①朝鮮総督府農林局編 ②朝鮮総督府農林局 ③京城 ④1939 ⑤서울대도서관
幕夫明治文化変遷史	①東洋文化協会編 ②朝鮮日日社 ③京城 ④1931 ⑤국립중앙도서관
万機要覧 1-2 軍政, 財用篇	①沈象奎編, 朝鮮総督府中枢院校 ②朝鮮総督府中枢院 ③京城 ④1937-1938 ⑤국립중앙도서관, 일본국회도서관, 교토대도서관, 오사카대학
万機要覧 軍政篇	①徐栄輔, 沈象奎 共編, 朝鮮総督府中枢院 訳 ②朝鮮総督府 ③京城 ④1938 ⑤한국국회도서관, 부산시민도서관, 서울대도서관
万機要覧財用篇	②朝鮮総督府中枢院 ③京城 ④1937 ⑤부산시민도서관
万機要覧	①朝鮮総督府中枢院編 ②朝鮮総督府中枢院 ③京城 ④1937-1938 ⑤국립중앙도서관, 서울대도서관, 일본국회도서관, 규슈대도서관, 나고야대도서관, 도쿄대도서관, 홋카이도대도서관
万代不朽 国民実鑑 2 至宝無二	①梶原靖弘 ②民衆時論社 ③京城 ④1926 ⑤부산시민도서관
満蒙の民族と宗教	①赤松智城, 秋葉隆 ②大阪屋号書店 ③京城 ④1941 ⑤규슈대도서관, 도쿄대도서관, 홋카이도대도서관
満蒙の旅	①李軫鎬 ②朝鮮印刷 ③京城 ④1927 ⑤고려대도서관
満蒙の朝鮮人	①金暁星 ②無得荘 ③京城 ④1934 ⑤고려대도서관
満蒙関係図書分類目録	①京城帝国大学満蒙文化研究会編 ②京城帝国大学満蒙文化研究会 ③京城 ④1934 ⑤국립중앙도서관
満蒙文化研究会報告	①京城帝国大学満蒙文化研究会編 ②京城帝国大学満蒙文化研究会 ③京城 ④1934-37 ⑤국립중앙도서관
満蒙民族の体質	①京城帝国大学大陸文化研究会 ②京城帝国大学大陸文化研究会 ③京城 ④1929 ⑤서울대도서관
満蒙民族の体質	①今村鞆 ②京城帝国大学大陸文化研究会 ③京城 ④1939 ⑤서울대도서관, 도쿄대도서관
満蒙諸民族の民族性格の研究	①天野利武 ②京城帝国大学満蒙文化研究会 ③京城 ④1937 ⑤국립중앙

	도서관, 서울대도서관, 도쿄대도서관
満鮮にをける漢代五郡二水考	①大原利武 ②近沢書店 ③京城 ④1933 ⑤부산시민도서관, 일본국회도서관, 교토대도서관, 규슈대도서관, 도쿄대도서관, 도호쿠대도서관
満鮮の漢方薬局に見出されたる薬材とその原植物	
	①石戸谷勉 ②朝鮮薬学会 ③京城 ④1935-1936 ⑤서울대도서관
満鮮史論叢 稲葉博士還暦記念	①稲葉博士還暦記念会編 ②稲葉博士還暦記念会 ③京城 ④1939 ⑤일본국회도서관
満鮮史論叢 稲葉博士還暦記念	①稲葉博士還暦記念会編纂 ②稲葉博士還暦記念会 ③京城 ④1938 ⑤부산시민도서관, 교토대도서관, 규슈대도서관, 나고야대도서관, 도호쿠대도서관, 오사카대학
満鮮産色豆取引状況	①朝鮮銀行調査局編 ②朝鮮銀行調査局 ③京城 ④1918 ⑤서울대도서관, 일본국회도서관, 교토대도서관
満鮮成績銘鑑	①朝鮮研究会編 ②朝鮮研究会 ③京城 ④1918 ⑤국립중앙도서관
満鮮視察の全国中学校長招待会席上に於ける演述	
	①朝鮮総督府編 ②朝鮮総督府 ③京城 ④1921 ⑤국립중앙도서관
満鮮人物選集	①大陸研究社編 ②大陸研究社 ③京城 ④1935 ⑤국립중앙도서관
満鮮一体	①中村玄涛 ②大陸之日本社 ③釜山 ④1937 ⑤일본국회도서관
満鮮地理歴史研究報告	①東京帝国大学文科大学 ②東京帝国大学文科大学 ③京城 ④1915 ⑤서울대도서관
漫遊記 台湾，春港，比律賓，支那	①崔哲岳 ②朝鮮印刷株式会社 ③京城 ④1927 ⑤부산시민도서관
万二千峰朝鮮金剛山	①満鉄京城鉄道局編 ②満鉄京城鉄道局 ③京城 ④1924 ⑤일본국회도서관, 홋카이도대도서관
満洲に於ける移住鮮人の状況	①朝鮮人組合編 ③京城 ④1916 ⑤국립중앙도서관
満洲ニ於ル圓金取引普及ニ関スル意見書	①朝鮮銀行編 ②朝鮮銀行 ③京城 ④1917 ⑤도쿄대도서관
満洲ノ不動産権ニ関スル調査	①朝鮮銀行調査局編 ②朝鮮銀行調査局 ③京城 ④1917 ⑤서울대도서관, 일본국회도서관, 교토대도서관, 규슈대도서관, 도쿄대도서관
満洲ノ通貨ニ関スル意見	①朝鮮銀行編 ②朝鮮銀行 ③京城 ④1918 ⑤도쿄대도서관
満洲開拓青年義勇隊勃利訓練所に於ける衛生調査報告	
	①京城帝国大学大陸文化研究会 ②京城帝国大学大陸文化研究会 ③京城 ④1942 ⑤도쿄대도서관, 도호쿠대도서관
満洲建値問題，金か銀か，南満の日本金融機関	
	①朝鮮銀行編 ②朝鮮銀行 ③京城 ④1917 ⑤교토대도서관
満洲国に於ける股份有限公司一覧表	①朝鮮銀行調査課 ②朝鮮銀行調査課 ③京城 ④1936 ⑤서울대도서관, 교토대도서관, 규슈대도서관
満洲国ニ於ケル主要ナル自由企業其ノ2 第24号	
	①朝鮮銀行京城総裁席査課編 ②朝鮮銀行京城総裁席査課 ③京城

④ 1934 ⑤ 국립중앙도서관

満洲国の経済事情に就て	① 賀田直治 ② 京城商工会議所 ③ 京城 ④ 1933 ⑤ 국립중앙도서관
満洲国の関税改正と朝鮮の対満貿易に就て	② 朝鮮銀行調査課 ③ 京城 ④ 1938 ⑤ 연세대도서관, 도쿄대도서관
満洲国の産業開発と新規事業計畫	② 朝鮮銀行京城総裁席調査課 ③ 京城 ④ 1933 ⑤ 도쿄대도서관
満洲国の医学的昆虫一班 小林晴治郎 北支地方病の概況調査	

① 小杉虎一 ② 京城帝国大学大陸文化研究会 ③ 京城 ④ 1940 ⑤ 서울대도
서관, 도쿄대도서관

満洲国経済網要と日満経済統制	① 朝鮮銀行京城総裁席調査課編 ② 朝鮮銀行京城総裁席調査課 ③ 京城 ④ 1933 ⑤ 국립중앙도서관
満洲国経済調査報告書	① 京城商工会議所編 ② 京城商工会議所 ③ 京城 ④ 1933 ⑤ 국립중앙도서관, 고려대도서관
満洲国教育視察報告 昭和十六年度 朝鮮教育会主催	

① 朝鮮総督府学務局内朝鮮教育会編 ② 朝鮮総督府学務局内朝鮮教育会
③ 京城 ④ 1942 ⑤ 국립중앙도서관, 한국국회도서관

満洲国並に中華民国臨時政府輸出入税率表	① 朝鮮貿易協会編 ② 朝鮮貿易協会 ③ 京城 ④ 1938 ⑤ 국립중앙도서관
満洲国石油類専売法の実施と其の影響	② 朝鮮銀行調査課 ③ 京城 ④ 1935 ⑤ 연세대도서관
満洲国安東省輯安高句麗遺跡	① 池内宏述共訳 ② 満日文化協会 ③ 満洲 ④ 1936 ⑤ 부산시민도서관
満洲国資源調査概要	② 朝鮮商工会議所 ③ 京城 ④ 1934 ⑤ 도쿄대도서관
満洲国幣の前途に就て	① 朝鮮銀行調査課 ② 朝鮮銀行調査課 ③ 京城 ④ 1934 ⑤ 일본국회도서관
満洲近代変遷史論	① 梁村奇智城編 ② 鮮満研究社 ③ 京城 ④ 1935 ⑤ 연세대도서관, 일본국회도서관, 도쿄대도서관
満洲及東部内蒙古脊椎動物目録	① 森為三編 ② 森為三 ③ 京城 ④ 1928 ⑤ 일본국회도서관
満洲及北支に於ける貿易事情	① 朝鮮貿易協会編 ② 朝鮮貿易協会 ③ 京城 ④ 1936 ⑤ 고려대도서관
満洲及西比利亜地方に於ける朝鮮人事情	① 朝鮮総督府内務局社会課編 ② 朝鮮総督府 ③ 京城 ④ 1923 ⑤ 한국국회도서관, 고려대도서관, 서울대도서관, 규슈대도서관
満洲及西比利亜地方に於ける朝鮮人事情	① 朝鮮総督府内務局社会課編 ② 朝鮮総督府 ③ 京城 ④ 1927 ⑤ 국립중앙도서관, 고려대도서관, 연세대도서관, 일본국회도서관
満洲農業事情概説	① 三宅鹿之助等 ② 京城帝国大学満蒙文化研究会 ③ 京城 ④ 1934 ⑤ 일본국회도서관, 고려대도서관
満洲粟ニ関スル調査	① 朝鮮総督府鉄道局営業課編 ② 朝鮮総督府鉄道局営業課 ③ 京城 ④ 1928 ⑤ 도쿄대도서관
満洲旅行調査報告書	① 京城帝国大学予科学友会編 ② 京城帝国大学予科学友会 ③ 京城 ④ 1941 ⑤ 한국국회도서관, 고려대도서관
満洲煙草界の実状と日本煙草の発展必勝策	① 広江沢次郎 ② 広江沢次郎 ③ 京城 ④ 1914 ⑤ 일본국회도서관
満洲と朝鮮人	① 李勲求 ② 崇実専門学校経済学研究室 ③ 平壌 ④ 1932 ⑤ 고려대도서관

満洲地方に於ける朝鮮人の経済及金融状況 大正10年11月調

① 朝鮮銀行調査部編 ② 朝鮮銀行調査部 ③ 京城 ④ 1921 ⑤ 일본국회도서관

満洲地誌
① 朝鮮及満洲社編纂 ② 朝鮮及満洲社 ③ 京城 ④ 1938-1939 ⑤ 서울대도서관

満洲通貨一斑
① 朝鮮銀行調査室編 ② 朝鮮銀行 ③ 京城 ④ 1915 ⑤ 교토대도서관, 규슈대도서관, 도쿄대도서관, 도호쿠대도서관

満鉄京城図書館 分類目録集
③ 京城 ④ 1925 ⑤ 부산시민도서관

満鉄京城図書館図書目録 大正14年
① 満鉄京城図書館編 ② 南満州鉄道株式会社京城図書館 ③ 京城 ④ 1925 ⑤ 일본국회도서관

満鉄京城図書館案内
① 満鉄京城図書館編 ② 満鉄京城図書館 ③ 京城 ④ 1923 ⑤ 일본국회도서관

満鉄京城鉄道局業務資料 第1-2輯
① 満鉄京城鉄道局庶務課調査係課編 ② 満鉄京城鉄道局 ③ 京城 ④ 1924-25 ⑤ 국립중앙도서관

満鉄京城鉄道局業務資料 第4輯
① 満鉄京城鉄道局庶務課調査係課編 ② 満鉄京城鉄道局 ③ 京城 ④ 1924-25 ⑤ 국립중앙도서관

満鉄関係会社株開放ノ限界ト之レカ満洲財界ニ及ホス影響ニ就テ

① 京城総裁席調査課編 ② 京城総裁席調査課 ③ 京城 ④ 1934 ⑤ 도쿄대도서관

満浦線狗峴嶺工事誌
① 朝鮮総督府鉄道局編 ② 朝鮮総督府鉄道局 ③ 京城 ④ 1938 ⑤ 한국국회도서관, 서울대도서관, 규슈대도서관, 도쿄대도서관, 홋카이도대도서관

満韓開務鄙見
① 内田良平 ② 内田良平 ③ 京城 ④ 1906 ⑤ 일본국회도서관

忘機小舫詩存
① 松田甲 ② 松田甲 ③ 京城 ④ 1945 ⑤ 일본국회도서관

妄動事件処分表
① 朝鮮総督府法務局編 ② 朝鮮総督府法務局 ③ 京城 ④ 1920 ⑤ 국립중앙도서관, 서울대도서관

売立目録 書画, 京城高麗, 京城李朝陶器漆器, 京城木工品, 京城其他

① 松浦音治編 ② 京城美術倶楽部 ③ 京城 ④ 1938 ⑤ 고려대도서관

梅花白屋詩文 上, 中, 下巻
① 田保橋四朗明卿, 田保橋潔編 ② 田保橋潔 ③ 京城 ④ 1943 ⑤ 일본국회도서관

麦品種論
① 武田総七郎 ② 朝鮮農会 ③ 水原 ④ 1917 ⑤ 국립중앙도서관, 규슈대도서관, 도쿄대도서관, 홋카이도대도서관

棉の病虫害
① 朝鮮農会編 ② 朝鮮農会 ③ 京城 ④ 1935 ⑤ 국립중앙도서관, 연세대도서관

棉の栽培法
① 朝鮮農会編 ② 朝鮮農会 ③ 京城 ④ 1936 ⑤ 국립중앙도서관

棉の炭疽病に関する研究
① 中田覚吾郎 ② 朝鮮総督府勧業模範場 ③ 水原 ④ 1917 ⑤ 교토대도서관, 규슈대도서관, 홋카이도대도서관

棉の豊凶に関する考察
① 森秀男 ② 朝鮮総督府農事試験場 ③ 水原 ④ 1930

面経費ニ関スル調査書
① 朝鮮総督府内務局編 ② 朝鮮総督府内務局 ③ 京城 ④ 1913-19 ⑤ 국립중앙도서관

綿糸布二関スル調査	① 京城府編 ② 京城府庁 ③ 京城 ④ 1927 ⑤ 국립중앙도서관
緬羊及緬羊事業研究	① 鎌田沢一郎 ② 朝鮮総督府 ③ 京城 ④ 1934 ⑤ 연세대도서관, 일본국회도서관
緬羊腰麻痺調査報告第1回	① 朝鮮緬羊協会編 ② 朝鮮緬羊協会 ③ 京城 ④ 1939 ⑤ 국립중앙도서관
緬羊腰麻痺調査会報告	① 朝鮮緬羊協会編 ② 朝鮮総督府農林局 ③ 京城 ④ 1940 ⑤ 교토대도서관
綿業統計 昭和12年3月	① 日満綿花協会朝鮮支部編 ② 日満棉花協会朝鮮支部 ③ 京城 ④ 1937 ⑤ 일본국회도서관
棉業統計	① 日満棉花協会朝鮮支部編 ② 日満棉花協会朝鮮支部 ③ 京城 ④ 1935, 37 ⑤ 국립중앙도서관
棉作の害虫	① 朝鮮総督府農事試験場編 ② 朝鮮総督府農事試験場学会 ③ 水原 ④ 1938 ⑤ 한국국회도서관
棉作奨励ノ概況	① 全羅北道 ② 全羅北道 ③ 京城 ④ 1922 ⑤ 규슈대도서관
棉作奨励第二期計畫	① 朝鮮総督府編 ② 朝鮮総督府 ③ 謄写版 ③ 京城 ④ 1918 ⑤ 도쿄대도서관
面制説明書	① 朝鮮総督府編 ② 朝鮮総督府 ③ 京城 ④ 1900-1945 ⑤ 국립중앙도서관
棉重要病害虫原色図説	① 武内時好, 中山昌之助 共編 ② 朝鮮繊維協会 ③ 京城 ④ 1940 ⑤ 국립중앙도서관, 홋카이도대도서관
棉重要病害虫原色図説	① 朝鮮繊維協会編纂 ② 朝鮮繊維協会 ③ 京城 ④ 1930 ⑤ 고려대도서관, 서울대도서관
棉之全南	② 全羅南道 ④ 1926 ⑤ 규슈대도서관, 도쿄대도서관
棉之害虫赤実及赤壁虫	① 宋本正次郎 ② 朝鮮総督府勧業模範場蚕業試験場 ③ 木浦 ④ 1920 ⑤ 국립중앙도서관
棉之害虫, 赤実虫及赤壁蝨	① 朝鮮総督府勧業模範場木浦棉作支場編 ② 朝鮮総督府勧業模範場木浦棉作支場 ③ 木浦 ④ 1920 ⑤ 교토대도서관, 규슈대도서관
面行政大要	① 任洪淳 ② 帝国地方行政学会朝鮮本部 ③ 京城 ④ 1925 ⑤ 부산시민도서관
棉花試験成績	① 朝鮮総督府勧業模範場木浦支場編 ② 朝鮮総督府勧業模範場木浦支場 ③ 木浦 ④ 1915-1916 ⑤ 오사카대학
棉花試験成績	① 朝鮮総督府勧業模範場木浦支場 ② 朝鮮総督府 ③ 木浦 ④ 1915 ⑤ 서울대도서관
綿花奨励三十年記念会議講演録	② 朝鮮綿花同業会 ③ 木浦 ④ 1936 ⑤ 부산시민도서관, 도쿄대도서관, 오사카대학
棉花奨励三十年記念会誌	① 朝鮮棉花同業会編 ② 朝鮮棉花同業会 ③ 京城, 木浦 ④ 1936 ⑤ 국립중앙도서관, 도쿄대도서관, 오사카대학
鳴かぬ籠の鳥 私の公娼廃止論	① 鳥原重行 ② 新生会 ③ 京城 ④ 1931 ⑤ 일본국회도서관
明るい村	① 朝鮮金融組合聯合会編 ② 朝鮮金融組合聯合会 ③ 京城 ④ 1936 ⑤ 국립중앙도서관

明朗京城人 第1輯	① 京城の耳社編 ② 京城の耳社 ③ 京城 ④ 1938 ⑤ 국립중앙도서관, 고려대도서관
明末清初に於ける朝鮮の地位及び型態	① 稲葉岩吉 ③ 京城 ④ 1936 ⑤ 고려대도서관

明礬石より「アルミニウム」製造試験及ぴ明礬石の浮遊選鉱試験
① 朝鮮総督府燃料選鉱研究所 ② 朝鮮総督府燃料選鉱研究所 ③ 京城 ④ 1935 ⑤ 서울대도서관

名所旧蹟案内 平安南道	① 平安南道 ② 平安南道 ③ 平壌 ④ 1940 ⑤ 일본국회도서관
明治45年行政整理顚末書	① 朝鮮総督府 ② 朝鮮総督府 ③ 京城 ④ 1912 ⑤ 서울대도서관
明治癸卯朝鮮紀行 渡韓百首	① 三浦兼助(其中堂主人) ② 名古屋 ③ 京城 ④ 1917 ⑤ 국립중앙도서관
明治年間朝鮮関係文献抄録	① 桜井義之編 ② 朝鮮総督府 ③ 京城 ④ 1937 ⑤ 국립중앙도서관, 일본국회도서관
明治年間朝鮮研究文献誌	① 桜井義之編 ② 書物同好会 ③ 京城 ④ 1941 ⑤ 국립중앙도서관, 한국국회도서관, 고려대도서관, 연세대도서관, 일본국회도서관, 교토대도서관, 규슈대도서관, 도쿄대도서관
明治四十年韓国防疫記事	② 韓国統監府 ③ 京城 ④ 1908 ⑤ 도쿄대도서관
明治四十五年行政整理顚末書	① 朝鮮総督府編 ② 朝鮮総督府 ③ 京城 ④ 1900-1945 ⑤ 국립중앙도서관, 일본국회도서관

明太漁(スケトウダラ)の化学其の栄養的価値並に凍乾明太の改善に関する研究
① 小倉善平 等 ② 朝鮮総督府水産試験場 ③ 釜山 ④ 1929 ⑤ 국립중앙도서관

母国の対土着民政策 上	① 朝鮮総督府編 ② 朝鮮総督府 ③ 京城 ④ 1927 ⑤ 고려대도서관
毛文竜と朝鮮との関係について	① 田川孝三今西竜 ② 彙文堂書店 ③ 京城 ④ 1932 ⑤ 한국국회도서관, 고려대도서관, 서울대도서관, 교토대도서관, 나고야대도서관, 도쿄대도서관
模範電気療法講義録 第1-3巻	① 朝鮮電気療法研究所編 ② 朝鮮電気療法研究所 ③ 京城 ④ 1931-32 ⑤ 국립중앙도서관
模範朝鮮戸籍記載例全集	① 田邊福太郎 ② 朝鮮戸籍研究学会 ③ 光州 ④ 1926 ⑤ 국립중앙도서관, 고려대도서관
慕夏堂文集 3巻	① 金忠善 ② 西山能助, 村松祐之, 竹内巻太郎 ③ 大邱 ④ 1908 ⑤ 도쿄대도서관
慕夏堂集 全 附録慕夏堂史論	① 青柳綱太郎編 ② 朝鮮研究会 ③ 京城 ④ 1915 ⑤ 부산시민도서관, 서울대도서관
牧馬指南	① 朝鮮総督府編 ② 朝鮮総督府 ③ 京城 ④ 1915 ⑤ 국립중앙도서관
牧民心書 1	① 丁若鏞(洌水), 細田肇 訳 ② 朝鮮問題研究所 ③ 京城 ④ 1936 ⑤ 국립중앙도서관, 부산시민도서관
牧民心書 1-3	① 下鏞洌水, 玄米漢水 校, 朝鮮研究会 訳 ② 朝鮮総督府 ③ 京城 ④ 1911 ⑤ 국립중앙도서관, 일본국회도서관

牧民心書 上巻	①丁若鏞, 大村友之烝, 青柳綱太郎 共編 ②朝鮮研究会 ③京城 ④1907 ⑤고려대도서관
牧民心書 中巻	①丁若鏞, 大村友之烝, 青柳綱太郎 共編 ②朝鮮研究会 ③京城 ④1911 ⑤고려대도서관, 연세대도서관
牧民心書 下巻	①丁若鏞, 大村友之烝, 青柳綱太郎 共編 ②朝鮮研究会 ③京城 ④1907 ⑤고려대도서관
牧民心書	①大村友之丞編輯 ②朝鮮研究会 ③京城 ④1911 ⑤도쿄대도서관
牧民心書	①丁若鏞, 細井肇訳 ②自由討究社 ③京城 ④1921 ⑤연세대도서관, 도쿄대도서관
牧民心書上巻	①丁若鏞 ②朝鮮研究会 ③京城 ④1911 ⑤연세대도서관
牧民心書下巻	①丁若鏞 ②朝鮮研究会 ③京城 ④1911 ⑤연세대도서관
牧牛指南	①朝鮮総督府編 ②朝鮮総督府 ③京城 ④1913 ⑤국립중앙도서관, 고려대도서관
木造漁船に関する試験調査成績	①朝鮮総督府水産試験場 ②朝鮮総督府水産試験場 ③釜山 ④1939 ⑤한국국회도서관, 서울대도서관, 부산시민도서관, 일본국회도서관, 교토대도서관, 규슈대도서관
木版絵本類展観目録	①朝鮮総督府図書館編 ③京城 ④1936 ⑤서울대도서관
木浦府史	①木浦府編 ②木浦府 ③木浦 ④1930 ⑤일본국회도서관, 도쿄대도서관, 규슈대도서관, 도호쿠대도서관, 오사카대학
木浦府勢一班	①木浦府編纂 ②木浦府 ③木浦 ④1936 ⑤서울대도서관
木浦府歳入出決算 昭和4年度	①木浦府 ②木浦府 ③木浦 ④1930 ⑤일본국회도서관
木浦府歳入出決算 昭和5年度	①木浦府 ②木浦府 ③木浦 ④1931 ⑤일본국회도서관
木浦府歳入出決算 昭和8年度	①木浦府 ②木浦府 ③木浦 ④1934 ⑤일본국회도서관
木浦府歳入出決算 昭和9年度	①木浦府 ②木浦府 ③木浦 ④1935 ⑤일본국회도서관
木浦府歳入出決算 昭和10年度	①木浦府 ②木浦府 ③木浦 ④1936 ⑤일본국회도서관
木浦府歳入出決算 昭和11年度	①木浦府 ②木浦府 ③木浦 ④1937 ⑤일본국회도서관
木浦府歳入出決算 昭和12年度	①木浦府 ②木浦府 ③木浦 ④1938 ⑤일본국회도서관
木浦府歳入出決算 昭和13年度	①木浦府 ②木浦府 ③木浦 ④1939 ⑤일본국회도서관
木浦府歳入出決算 昭和14年度	①木浦府 ②木浦府 ③木浦 ④1940 ⑤일본국회도서관
木浦府歳入出決算 昭和15年度	①木浦府 ②木浦府 ③木浦 ④1941 ⑤일본국회도서관
木浦府歳入出決算 昭和16年度	①木浦府 ②木浦府 ③木浦 ④1942 ⑤일본국회도서관
木浦府歳入出決算 昭和17年度	①木浦府 ②木浦府 ③木浦 ④1943 ⑤일본국회도서관
木浦府一般経済歳入出予算 昭和6-17年度	①木浦府 ②木浦府 ③木浦 ④1932-1943 ⑤일본국회도서관
木浦府第一部特別経済歳入出予算, 1943	④1943 ⑤한국국회도서관

木浦市街地計画区域街路綱土地区劃定理地区決定理由書

① 朝鮮総督府内務局編 ② 朝鮮総督府内務局 ③ 京城 ④ 1937 ⑤ 국립중앙
도서관

木浦市街地計劃 　① 朝鮮総督府編 ② 朝鮮総督府 ③ 京城 ④ 1935 ⑤ 한국국회도서관

木浦案内 　① 中田孝之助編 ② 木浦新報社 ③ 木浦 ④ 1902 ⑤ 부산시민도서관

木浦案内 　① 木浦商業会議所 ② 木浦商業会議所 ③ 木浦 ④ 1921 ⑤ 서울대도서관

木浦案内 　① 木浦商業会議所編 ② 木浦商業会議所 ③ 木浦 ④ 1925 ⑤ 홋카이도대도
서관

木浦案内 　① 木浦商業会議所 ② 木浦商業会議所 ③ 木浦 ④ 1927 ⑤ 일본국회도서관

木浦誌 　① 木浦誌編纂会編纂 ② 木浦誌編纂会 ③ 木浦 ④ 1914 ⑤ 부산시민도서관,
규슈대도서관, 교토대도서관, 도쿄대도서관

木浦港湾荷役一般調査書 　① 木浦商業会議所編 ② 木浦商業会議所 ③ 木浦 ④ 1930 ⑤ 도쿄대도서관

蒙疆調査報告京城帝国大学学生大陸調査団(昭和十四年)報告書

① 京城帝国大学大陸文化研究会編 ② 京城帝国大学大陸文化研究会
③ 京城 ④ 1940 ⑤ 일본국회도서관, 규슈대도서관, 도쿄대도서관, 도호쿠대
도서관, 홋카이도대도서관

蒙古事情寸解 　① 朝鮮銀行調査課 ② 朝鮮銀行調査課 ③ 京城 ④ 1937 ⑤ 연세대도서관,
일본국회도서관, 규슈대도서관, 도쿄대도서관

蒙古族及び通古斯族の体質人類学的研究　補遺　其3

① 今村豊, 島五郎 ② 京城帝国大学満蒙文化研究会 ③ 京城 ④ 1938 ⑤ 일
본국회도서관, 규슈대도서관, 도쿄대도서관, 도호쿠대도서관

蒙古地名辞典 　① 朝鮮銀行調査課編 ② 朝鮮銀行調査課 ③ 京城 ④ 1936 ⑤ 연세대도서관,
교토대도서관, 도쿄대도서관, 홋카이도대도서관

無茶禅話 　① 間宮英宗述, 大浦貫道編 ② 心の友社 ③ 京城 ④ 1925 ⑤ 일본국회도서관

武道大鑑 　① 荒木楽山 ② 朝鮮奨武会 ③ 京城 ④ 1926 ⑤ 국립중앙도서관, 일본국회도
서관

貿易より観たる日支提携の可能性に就て 　① 朝鮮銀行調査課編 ② 朝鮮銀行調査課 ③ 京城 ④ 1935 ⑤ 연세대도서관,
교토대도서관, 도쿄대도서관

貿易事情講習会速記録 　① 朝鮮貿易協会編 ② 朝鮮貿易協会 ③ 京城 ④ 1942 ⑤ 한국국회도서관

貿易要覧　大正1年 　① 仁川税関 ② 仁川税関 ③ 仁川 ④ 1912 ⑤ 부산시민도서관

貿易要覧　大正4年 　① 仁川税関 ② 仁川税関 ③ 仁川 ④ 1915 ⑤ 부산시민도서관

貿易要覧　大正5年 　① 仁川税関 ② 仁川税関 ③ 仁川 ④ 1916 ⑤ 부산시민도서관

貿易要覧　大正6年 　① 仁川税関 ② 仁川税関 ③ 仁川 ④ 1917 ⑤ 부산시민도서관

貿易要覧　大正7年 　① 仁川税関 ② 仁川税関 ③ 仁川 ④ 1918 ⑤ 부산시민도서관

貿易要覧　昭和8年 　① 仁川税関 ② 仁川税関 ③ 仁川 ④ 1934 ⑤ 일본국회도서관

貿易統計表ヨリ観タル朝鮮産業ノ状況 大正七年六月調	
	① 朝鮮総督府編 ③ 京城 ④ 1918 ⑤ 서울대도서관
無煙煉炭を使用した熔銑炉操業法に就て	① 朝鮮機械工業統制会編 ② 朝鮮機械工業統制会 ③ 京城 ④ 1944 ⑤ 국립중앙도서관
無煙炭読本	① 朝鮮無煙炭利用研究会編 ② 朝鮮産業経済社 ③ 京城 ④ 1943 ⑤ 국립중앙도서관, 한국국회도서관
無尽と契の研究	① 藤戸計太 ② 大同学会 ③ 京城 ④ 1929 ⑤ 국립중앙도서관, 서울대도서관, 도쿄대도서관
無尽と契の研究	① 藤戸計太 ② 大東学会 ③ 京城 ④ 1930 ⑤ 규슈대도서관
無尽関係事項参考書	① 朝鮮金融制度調査会編 ② 朝鮮金融制度調査会 ③ 京城 ④ 1930 ⑤ 국립중앙도서관
無尽業法規	① 朝鮮無尽協会編 ② 朝鮮無尽協会 ③ 京城 ④ 1937 ⑤ 국립중앙도서관
文禄役と平壌	① 篠田治策 ② 平安南道教育会 ③ 平壌 ④ 1919 ⑤ 일본국회도서관, 규슈대도서관, 홋카이도대도서관
文法註釈韓語研究法	① 薬師寺知曨 ② 盛文堂 ③ 京城 ④ 1909 ⑤ 오사카대학
文成公安裕の影幀に就て	① 栢原昌三述, 全羅南道内務部編 ② 栢原昌三 ② 紹修書院所蔵 ③ 京城 ④ 1924 ⑤ 규슈대도서관
文川無煙炭炭田調査報告	① 小平亮二, 朝鮮総督府燃料選鉱研究所編 ③ 京城 ④ 1931 ⑤ 국립중앙도서관
文献	① 京城帝国大学医学部岩井内科教室, 京城大学篠崎内科教室 共編 ② 京城帝国大学医学部岩井内科教室, 京城大学篠崎内科教室 ③ 京城 ④ 1930 ⑤ 서울대도서관
文献ノ書キ方	① 津崎孝道 ② 京城歯科医学会 ③ 京城 ④ 1938 ⑤ 서울대도서관
文献撮要	① 朝鮮古書刊行会編 ② 朝鮮古書刊行会 ③ 京城 ④ 1911 ⑤ 규슈대도서관, 도쿄대도서관
文化住宅図集	① 株式会社鴻業公司, 朝鮮都市経営株式会社編 ② 株式会社鴻業公司, 朝鮮都市経営株式会社 ③ 京城 ④ 1934 ⑤ 국립중앙도서관
物品称呼鑑	① 朝鮮総督府鉄道局編 ② 朝鮮総督府鉄道局 ③ 京城 ④ 1941 ⑤ 국립중앙도서관
物品販売業調査	② 京城府 ③ 京城 ④ 1938 ⑤ 규슈대도서관, 도쿄대도서관
謎の研究 歴史とその様式	① 朝鮮総督府編 ② 朝鮮総督府 ③ 京城 ④ 1920 ⑤ 국립중앙도서관, 서울대도서관, 교토대도서관
米ノ全羅南道	① 全南農会編 ② 全南農会 ③ 全羅南道 ④ 1923 ⑤ 규슈대도서관
米殻関係法規	① 朝鮮総督府農林局編 ② 同局 ③ 京城 ④ 1934 ⑤ 국립중앙도서관
未開の宝庫済州島	② 全羅南道済州島庁 ④ 1924 ⑤ 규슈대도서관, 도쿄대도서관
米穀の性状と貯蔵	① 近藤万太郎 ② 朝鮮農会 ③ 京城 ④ 1931 ⑤ 국립중앙도서관, 도쿄대도서관

米穀の性状並貯蔵	① 近藤万太郎 ② 朝鮮総督府 ③ 京城 ④ 1935 ⑤ 한국국회도서관
米穀関係法規 朝鮮米穀要覧 1年	① 朝鮮総督府農林局編 ② 朝鮮総督府農林局 ③ 京城 ④ 1936 ⑤ 고려대도서관
米穀関係法規 朝鮮米穀要覧 4年度	① 朝鮮総督府農林局編 ② 朝鮮総督府農林局 ③ 京城 ④ 1939 ⑤ 고려대도서관
米穀関係法規 朝鮮米穀要覧	① 朝鮮総督府農林局編 ② 朝鮮総督府農林局 ③ 京城 ④ 1934 ⑤ 고려대도서관
米穀関係法規 朝鮮米穀要覧	① 朝鮮総督府農林局 ③ 京城 ④ 1940 ⑤ 서울대도서관
米穀関係法規	① 朝鮮総督府農林局 ② 朝鮮総督府農林局 ③ 京城 ④ 1935 ⑤ 일본국회도서관
米穀関係法規	① 朝鮮総督府農林局編 ② 朝鮮総督府農林局 ③ 京城 ④ 1936-37 ⑤ 국립중앙도서관, 한국국회도서관
米穀関係法規	① 朝鮮総督部農林局編 ② 朝鮮総督部農林局 ③ 京城 ④ 1937 ⑤ 연세대도서관
米穀問題の経過並諸方策	① 石塚峻講演 ② 朝鮮銀行調査課 ③ 京城 ④ 1934 ⑤ 연세대도서관, 도쿄대도서관
米穀搬出高調 昭和13米穀年度	① 朝鮮総督府農林局米穀課 ② 朝鮮総督府農林局米穀課 ③ 京城 ④ 1940 ⑤ 서울대도서관
米穀法 並鮮米統制 問題	① 農林局農務課 ② 農林局農務課 ③ 京城 ④ 1932 ⑤ 고려대도서관
米穀資料	① 朝鮮総督府穀物検査所釜山支所 ② 朝鮮総督府穀物検査所釜山支所 ③ 釜山 ④ 1933 ⑤ 도쿄대도서관
米穀自治管理法関係法規	① 朝鮮総督府編 ② 朝鮮総督府 ③ 京城 ④ 1936 ⑤ 국립중앙도서관, 고려대도서관
米穀調査会と朝鮮米の移出統制	① 有賀光豊, 京城商業会議所編 ② 京城商業会議所 ③ 京城 ④ 1930 ⑤ 국립중앙도서관
米穀統制問題関係資料	① 朝鮮殖産銀行調査課編 ② 朝鮮殖産銀行調査課 ③ 京城 ④ 1932 ⑤ 국립중앙도서관, 고려대도서관
米国ニ於ケル生糸取引事情一斑	① 朝鮮銀行調査局編 ② 朝鮮銀行調査局 ③ 京城 ④ 1918 ⑤ 일본국회도서관
米国ニ於ケル植物性油ノ需給ト大豆油ノ輸入状況	
	① 朝鮮銀行調査局編 ② 朝鮮銀行調査局 ③ 京城 ④ 1919 ⑤ 교토대도서관
米国に於ける朝鮮独立運動に関する調査報告書	
	① 朝鮮総督府編 ② 朝鮮総督府 ③ 京城 ④ 1921 ⑤ 국립중앙도서관
米国に於ける通貨並金融上の最近の変革に就いて	
	① 朝鮮銀行京城総裁席調査課編 ② 朝鮮銀行京城総裁席調査課 ③ 京城 ④ 1933 ⑤ 서울대도서관, 교토대도서관
米国の銀国有と支那経済	① 朝鮮銀行調査課編 ② 朝鮮銀行調査課 ③ 京城 ④ 1934 ⑤ 교토대도서관,

	도쿄대도서관
米国の銀政策と其の影響	① 朝鮮銀行調査課編 ② 朝鮮銀行調査課 ③ 京城 ④ 1934 ⑤ 교토대도서관, 도쿄대도서관
米国蔘業調査書	① 富家正義, 三宅驥一 共 ② 朝鮮総督府 ③ 京城 ④ 1911 ⑤ 국립중앙도서관, 서울대도서관
眉山先生文集 巻之1-14	① 韓章錫, 韓昌洙編 ② 韓相 ③ 京城 ④ 1934 ⑤ 일본국회도서관
眉巖日記草	① 柳希春 朝鮮史編修会 ② 朝鮮総督府 ③ 京城 ④ 1936-1938 ⑤ 교토대도서관, 나고야대도서관
眉巖日記草 二	① 柳希春 ② 朝鮮総督府 ③ 京城 ④ 1937 ⑤ 부산시민도서관
眉巖日記草 三	① 柳希春 ② 朝鮮総督府 ③ 京城 ④ 1938 ⑤ 부산시민도서관
眉巖日記草 四	① 柳希春 ② 朝鮮総督府 ③ 京城 ④ 1938 ⑤ 부산시민도서관
眉巖日記草 五	① 柳希春 ② 朝鮮総督府 ③ 京城 ④ 1938 ⑤ 부산시민도서관
未曾有の朝鮮大洪水京城附近水災実況記	① 中村玄涛編 ② 大陸之日本社 ③ 京城 ④ 1925 ⑤ 국립중앙도서관
米濠旅行談 3	① 川崎繁太郎 ② 朝鮮鉱業会 ③ 京城 ④ 1918 ⑤ 국립중앙도서관
民間信仰 第1部	① 村山智順 ② 朝鮮総督府 ③ 京城 ④ 1929 ⑤ 일본국회도서관
民間信仰 第二部 朝鮮の風水	① 朝鮮総督府編 ② 朝鮮総督府 ③ 京城 ④ 1931 ⑤ 고려대도서관,
民間信仰, 第1-3部	① 朝鮮総督府 ② 朝鮮総督府 ③ 京城 ④ 1929-1932 ⑤ 한국국회도서관, 서울대도서관, 연세대도서관
民事慣習回答彙集	① 朝鮮総督府中枢院編 ② 朝鮮総督府中枢院 ③ 京城 ④ 1923 ⑤ 국립중앙도서관
民事慣習回答彙集	① 朝鮮総督府中枢院 ② 朝鮮総督府中枢院 ③ 京城 ④ 1928 ⑤ 서울대도서관
民事慣習回答彙集	① 朝鮮総督府中枢院編 ② 朝鮮総督府中枢院 ③ 京城 ④ 1933 ⑤ 국립중앙도서관, 한국국회도서관, 고려대도서관, 서울대도서관, 연세대도서관, 일본국회도서관, 교토대도서관, 규슈대도서관, 도쿄대도서관, 도호쿠대도서관
民事慣習回答彙集	② 朝鮮総督府中枢院 ③ 京城 ④ 1934 ⑤ 부산시민도서관
民有林業事蹟集	① 朝鮮山林会編 ② 朝鮮山林会 ③ 京城 ④ 1934 ⑤ 국립중앙도서관, 연세대도서관
民有林指導方針実施要領	① 慶尚南道 ② 慶尚南道 ④ 1939 ⑤ 규슈대도서관
民有林統計	① 朝鮮総督府農林局 ② 朝鮮総督府農林局 ③ 京城 ④ 1936 ⑤ 서울대도서관
民有林業事蹟集	① 朝鮮山林会編 ② 朝鮮山林会 ③ 京城 ④ 1934 ⑤ 고려대도서관
民有林指導方針大綱	① 朝鮮総督府 ② 朝鮮総督府 ③ 京城 ④ 1933 ⑤ 고려대도서관
民籍例規	① 朝鮮総督府法務局編 ② 朝鮮総督府法務局 ③ 京城 ④ 1922 ⑤ 서울대도서관, 고려대도서관
民籍例規集	① 朝鮮総督府司法部法務課編 ② 朝鮮総督府 ③ 京城 ④ 1917 ⑤ 한국국회도서관, 서울대도서관, 일본국회도서관

民籍例規集	① 朝鮮総督府法務局法務課編 ② 大成印刷社 ③ 京城 ④ 1920 ⑤ 국립중앙도서관, 서울대도서관, 연세대도서관
民籍事務概要	① 内部警務局編纂 ② 内部警務局 ③ 京城 ④ 1910 ⑤ 한국국회도서관
民籍要覧	① 警務総監部警務課民籍係編纂 ② 警務総監部 ③ 京城 ④ 1914 ⑤ 국립중앙도서관, 한국국회도서관. 연세대도서관
民籍統計表	② 内務警務局 ③ 京城 ④ 1910 ⑤ 부산시민도서관
民政事績一班	① 朝鮮総督府編 ② 朝鮮総督府 ③ 京城 ④ 1912 ⑤ 국립중앙도서관, 부산시민도서관
民族例規	① 朝鮮総督府法務局編 ② 大成印刷社酒井与三吉 ③ 京城 ④ 1922 ⑤ 국립중앙도서관
民族主義者の主張と共産主義者の論駁	① 朝鮮総督府警務国図書課編 ② 朝鮮総督府警務国図書課 ③ 京城 ④ 1933 ⑤ 고려대도서관

博物館略案内	① 朝鮮総督府編 ② 朝鮮総督府 ③ 京城 ④ 1936 ⑤ 한국국회도서관, 연세대도서관
博物館陳列品図鑒 第1-5輯	① 朝鮮総督府編 ② 朝鮮総督府 ③ 京城 ④ 1918-1922 ⑤ 일본국회도서관
博物館陳列品図鑑 第1輯-第17輯	① 朝鮮総督府博物館編 ② 朝鮮総督府博物館 ③ 京城 ④ 1937 ⑤ 나고야대도서관
博物館陳列品図鑑	① 朝鮮総督府博物館編 ② 朝鮮総督府博物館 ③ 京城 ④ 1932-1937 ⑤ 도호쿠대도서관
博物館陳列品図鑑	① 朝鮮総督府博物館編 ② 朝鮮総督府博物館 ③ 京城 ④ 1937 ⑤ 교토대도서관
博物館陳列品図鑑 第5輯	① 朝鮮総督府博物館編 ③ 京城 ④ 1933 ⑤ 고려대도서관
博物館陳列品図鑒=Museumexhibitsillustrated	
	② 朝鮮総督府博物館 ③ 京城 ④ 1918-1943 ⑤ 연세대도서관
博物学類会報	① 京城博物教員会 等 ③ 京城 ④ 1924-1943 ⑤ 고려대도서관
朴昌薫博士所蔵品売立目録	① 松浦音治編 ② 京城美術倶楽部 ③ 京城 ④ 1940 ⑤ 고려대도서관
朴通事諺解	① 京城帝国大学法文学部編 ② 京城帝国大学法文学部 ③ 京城 ④ 1943 ⑤ 한국국회도서관, 일본국회도서관
半島に聴く	① 井上収 ② 炎車洞書房 ③ 京城 ④ 1926 ⑤ 도쿄대도서관
半島ノ国民総力運動	① 朝鮮総督府編 ② 朝鮮総督府 ③ 京城 ④ 1941 ⑤ 국립중앙도서관
半島の近影	② 朝鮮総督府鉄道局 ③ 京城 ④ 1937 ⑤ 연세대도서관
半島の銃後陳 続編	① 軍人援護会編 ② 軍人援護会編朝鮮本部 ③ 京城 ④ 1941 ⑤ 한국국회도서관, 부산시민도서관
半島の銃後陣	① 朝鮮軍事後授聯盟編 ② 朝鮮軍事後授聯盟 ③ 京城 ④ 1940 ⑤ 국립중앙도서관, 부산시민도서관, 서울대도서관
半島は週転る	① 市瀬五郎 ② 朝鮮問題調査会 ③ 京城 ④ 1935 ⑤ 국립중앙도서관, 한국국회도서관, 고려대도서관, 규슈대도서관, 연세대도서관
半島を一巡して	① 井上準之助 ② 朝鮮総督府 ③ 京城 ④ 1925 ⑤ 국립중앙도서관
半島裏面史	① 大阪毎日新聞社, 東京日日新聞社 京城支局 共編 ② 東京日日新聞社京城支局 ③ 京城 ④ 1940 ⑤ 한국국회도서관, 고려대도서관
半島作家短篇集	① 朝鮮図書出版株式会社編纂 ② 朝鮮図書出版 ③ 京城 ④ 1944 ⑤ 연세대도서관
半島学徒出陣譜	① 京城一報社編 ② 京城日報社 ③ 京城 ④ 1944 ⑤ 국립중앙도서관
飯峯詩集	① 浅見倫太郎編 ② 浅見倫太郎 ③ 京城 ④ 1914 ⑤ 일본국회도서관

磐石県城の動	①加藤好晴(伯嶺) ②朝鮮総督府外事課内同友会 ③京城 ④1933 ⑤国立中央図書館, 부산시민도서관
潘陽状啓 1	①奎章閣編 ②京城帝国大学法文学部 ③京城 ④1935 ⑤国立中央図書館
発明知識	①帝国発明協会朝鮮支部 ②帝国発明協会朝鮮支部 ③京城 ④1939 ⑤고려대도서관, 연세대도서관
抜刷集	①京城帝国大学医学部解剖学教室編 ②京城帝国大学医学部解剖学教室 ③京城 ④1928 ⑤서울대도서관
発展せる水原	①酒井政之助 ③京城 ④1914 ⑤한국국회도서관
発電計画計及送電網計画書	①朝鮮総督府逓信局編 ②朝鮮総督府逓信局 ③京城 ④1932 ⑤国立中央도서관, 한국국회도서관, 서울대도서관, 연세대도서관
発電計劃及送電網計劃書附図	①朝鮮総督府逓信局 ②朝鮮総督府逓信局 ③京城 ④1932 ⑤서울대도서관
発電計劃及送電網計劃説明書	①朝鮮総督府逓信局編 ③京城 ④1931 ⑤고려대도서관
発電計劃及送電網計劃参考案	①朝鮮総督府逓信局編 ③京城 ④1930 ⑤고려대도서관
発電水力調査概況	①朝鮮総督府逓信局臨時水力助詞課編 ②朝鮮総督府逓信局 ③京城 ④1926 ⑤国立中央도서관
発電水力調査書	①朝鮮総督府逓信局編 ②朝鮮電気協会 ③京城 ④1918 ⑤国立中央도서관, 부산시민도서관
防共戦線勝利の必然性	①金斗禎 ②時局対応全鮮思想報国聯盟 ③京城 ④1939 ⑤일본국회도서관, 부산시민도서관, 규슈대도서관
紡織ト染色	①神戸義, 朝鮮治刑協会編 ②朝鮮治刑協会 ③京城 ④1926 ⑤国立中央도서관
防火の栞	①京城消防署 ②京城消防署 ③京城 ④1933 ⑤고려대도서관
俳句に現はれたる植物	①歌原蒼苔 ②歌原恒 ③大邱 ④1932 ⑤일본국회도서관
配当賞与諸給与等の支払調書に就て	①朝鮮総督府財務局編 ②朝鮮総督府財務局 ③京城 ④1900-45 ⑤国立中央도서관
排日教育の実相と抗日救国人民戦線	①朝鮮総督府北京出張所 ②朝鮮総督府北京出張所 ③北京 ④1938 ⑤연세대도서관
配絵機関ニ関スルラ調査(第場1部)	①京城産業調査会編 ②京城産業調査会 ③京城 ④1936 ⑤고려대도서관
白き放浪 詩集	①嵯峨公業 ②金星書院 ③京城 ④1939 ⑤일본국회도서관
白頭山植物調査書	①中井猛之進, 朝鮮総督府編 ②朝鮮総督府 ③京城 ④1918 ⑤国立中央도서관, 연세대도서관, 일본국회도서관
百歳長寿法	①青柳綱太郎 ②京城新聞社 ③京城 ④1924 ⑤고려대도서관
白神寿吉氏蒐集考古品図録	①朝鮮考古学会編 ②朝鮮考古学会 ③京城 ④1941 ⑤고려대도서관
白岩瀬戸山 明治八年創業・明治年中廃業	①渡辺為吉 ②渡辺為吉 ③京城 ④1933 ⑤일본국회도서관
白楊 創立25周年記念雑誌	①京城第一公立高等女学校 ②京城第一公立高等女学校 ③京城 ④1933

	⑤ 서울대도서관
白雲和尚語録	①京城帝国大学法文学部編　②京城帝国大学法文学部　③京城　④1934 ⑤일본국회도서관
百圓の小資本 渡韓成功法	①朝鮮日日新聞社編　②実業の日本社　③京城　④1910　⑤국립중앙도서관
白耳義の平価切下と其の影響	①朝鮮銀行調査課編　②朝鮮銀行調査課　③京城　④1935　⑤교토대도서관, 도쿄대도서관
白耳義国地方鉄道	①朝鮮総督府鉄道局編　②朝鮮総督府鉄道局　③京城　④1912　⑤국립중앙도서관
百日紅歌集	①牛尾竜七　②牛尾正一　③群山 大和町　④1932　⑤일본국회도서관
伯爵宗家所蔵豊公文書と朝鮮陣	①武田勝蔵　⑤부산시민도서관
百済史研究	①今西竜　②近沢書店　③京城　④1934　⑤일본국회도서관
白塔遺稿	①山田直記, 山口成二編　②朝鮮教育会　③京城　④1938　⑤국립중앙도서관
繁昌を摑み得たる商店の実際	①清水正巳　③京城　④1936　⑤서울대도서관
蕃椒, 細菌性軟化病に関する研究	①吉井甫　②朝鮮総督府勧業模範場　③水原　④1926　⑤국립중앙도서관
犯罪検挙ノ状況 犯罪者ノ増減 重ナル犯罪ノ増減及其ノ原因 内鮮人通婚ノ状況	
	②朝鮮総督府　③京城　④1932　⑤도쿄대도서관
犯罪捜査体験	①全羅南道警察部編　②朝鮮警察協会全羅南道支部後援会　③光州 ④1936　⑤국립중앙도서관
犯罪即決例司法行政例規	①日根野直芳　②朝鮮地方行政学会　③京城　④1936　⑤국립중앙도서관
法と政治の諸問題	①京城帝国大学法学会編　②京城帝国大学　③京城　④1939　⑤한국국회도서관
法筐秘語	①伊藤憲朗　②京城法政学校　③京城　④1924　⑤도쿄대도서관, 홋카이도대도서관
法令輯覧 現行朝鮮総督府	①朝鮮総督府総務局総務課　②日韓書房　④1914　⑤부산시민도서관
法理学講義	①雄高朝雄述　②尾高朝雄　③京城　④1943.　⑤홋카이도대도서관
法人所得諸問題並所得税令解説-全	①寺山時二, 田中三雄序文　②近沢出版部　③京城　④1925　⑤도쿄대도서관
法制経済教科書 1-2	①朝鮮総督府編　②朝鮮総督府　③京城　④1917　⑤국립중앙도서관, 부산시민도서관
法制経済教科書	①朝鮮総督府　③京城　④1923　⑤국립중앙도서관, 서울대도서관
法制経済教科書	①朝鮮総督府編纂　②朝鮮総督府　③京城　④1918　⑤연세대도서관
法制経済教科書	①朝鮮総督府編纂　②朝鮮総督府　③京城　④1921　⑤연세대도서관
法制経済教科書 経済ノ部	①朝鮮総督府編纂　②朝鮮総督府　③京城　④1917　⑤연세대도서관
法制経済教科書 法制ノ部	①朝鮮総督府編纂　②朝鮮総督府　③京城　④1917　⑤연세대도서관
法制経済提要	①堂本貞一　②大和商会印刷所　③京城　④1923　⑤부산시민도서관
法幣を繞る支那経済の動向	①朝鮮銀行調査課編　②朝鮮銀行調査課　③京城　④1939　⑤국립중앙도서

	관, 고려대도서관, 일본국회도서관, 규슈대도서관, 도쿄대도서관, 도호쿠대도서관, 홋카이도대도서관
法学論纂 第5冊	① 刀江書院 ③ 京城 ④ 1928-35 ⑤ 국립중앙도서관
法学通論	① 永野清 ② 朝鮮総督府警務総監部 ③ 京城 ④ 1915 ⑤ 국립중앙도서관
法学会論集	① 京城帝国大学 ② 京城帝国大学 ③ 京城 ④ 1941-1944 ⑤ 서울대도서관
法華霊験伝解説	① 稲葉岩吉 ③ 京畿道高陽郡 ② 朝鮮仏書刊行会 ③ 京城 ④ 1931 ⑤ 고려대도서관
碧霊集	① 佐藤清 ② 人文社 ③ 京城 ④ 1942 ⑤ 일본국회도서관
碧蹄館	① 京城電気株式会社編 ② 京城電気 ③ 京城 ④ 1938 ⑤ 한국국회도서관, 고려대도서관, 도쿄대도서관
変圧器の負荷法並に容量撰定に就て	① 京城電気株式会社電気部企劃係編 ③ 京城 ④ 1943 ⑤ 서울대도서관
辯護士規則改正参考資料	① 朝鮮総督府法務局編 ② 朝鮮総督府法務局 ③ 京城 ④ 1933 ⑤ 국립중앙도서관
兵隊さんものがたり	① 渡邊克巳 ② 国民総力朝鮮聯盟 ③ 京城 ④ 1944 ⑤ 부산시민도서관
兵事関係法令及例規集	① 朝鮮総督府法務局編 ② 朝鮮戸籍協会 ③ 京城 ④ 1943 ⑤ 한국국회도서관
丙子日記	① 清水鍵吉訳 細井肇編 ② 自由討究社 ③ 京城 ④ 1921 ⑤ 도쿄대도서관
丙子日記	① 細井肇編 ② 自由討究社 ③ 京城 ④ 1926 ⑤ 부산시민도서관
丙子日記	① 羅万甲(鴎浦), 清水鍵吉 訳 ② 細井筆 ③ 京城 ④ 1936 ⑤ 국립중앙도서관
病閑漫筆	① 川崎千鶴子 ② 朝鮮印刷株式会社 ③ 京城 ④ 1934 ⑤ 국립중앙도서관
併合の由来と朝鮮の現状	① 朝鮮総督府編 ② 朝鮮総督府 ③ 京城 ④ 1924 ⑤ 한국국회도서관
併合の由来と朝鮮の現状	① 朝鮮総督府 ② 朝鮮総督府 ③ 京城 ④ 1923 ⑤ 규슈대도서관, 교토대도서관, 도쿄대도서관, 오사카대학
併合ノ精神ト新施政	① 朝鮮総督府編 ③ 京城 ④ 1920 ⑤ 서울대도서관
併合後の仁川	① 桑原秀雄 ② 朝鮮新聞社 ③ 京城 ④ 1911 ⑤ 부산시민도서관
報告書	④ 和7年度京城 ② 朝鮮放送協会 ④ 1933 ⑤ 연세대도서관
普国水法	① 朝鮮総督府編 ② 朝鮮総督府 ③ 京城 ④ 1916 ⑤ 도쿄대도서관
報徳記	① 富田高慶, 朝鮮総督府農商局農務課編 ② 朝鮮総督府農商局農務課 ③ 京城 ④ 1944 ⑤ 국립중앙도서관, 한국국회도서관
報徳寺記概要 荘陵紀事概要 合本	① 渡邊彰 ② 朝鮮印刷 ③ 京城 ④ 1921 ⑤ 한국국회도서관
保導斑実施要項	① 京城保導聯盟 ③ 京城 ④ 1938 ⑤ 서울대도서관
保導月報 1-4	① 京城保導聯盟編 ② 京城保導聯盟 ③ 京城 ④ 1933-42 ⑤ 국립중앙도서관
補魯西水法	① 朝鮮総督府編 ② 朝鮮総督府 ③ 京城 ④ 1916 ⑤ 국립중앙도서관
歩兵第七十三聯隊満洲事変史	① 歩兵第七十三聯隊 ② 歩兵第七十三聯隊 ③ 羅南 ④ 1935 ⑤ 일본국회도서관
保線教科書	① 朝鮮総督府鉄道局保線課編 ② 朝鮮総督府鉄道局保線課 ③ 京城 ④ 1940

⑤ 국립중앙도서관

普成専門学校研究年報普専学会論集 第2至3輯
① 普成専門学校普専学会編 ② 普成専門学校普専学会 ③ 京城 ④ 1935-37 ⑤ 일본국회도서관

普成専門学校研究年報普専学会論集 特別号 第1
① 普成専門学校普専学会 ② 普成専門学校普専学会 ③ 京城 ④ 1942 ⑤ 일본국회도서관

普成専門学校一覧 昭和11年度　① 普成専門学校編 ② 普成専門学校 ③ 京城 ④ 1937 ⑤ 일본국회도서관

普成専門学校一覧 昭和6年7月　① 普成専門学校編 ② 普成専門学校 ③ 京城 ④ 1931 ⑤ 일본국회도서관

補訂朝鮮産魚類目録　① 森為三, 内田恵太郎 共 ② 朝鮮総督府 ③ 釜山 ④ 1934 ⑤ 한국국회도서관

普通農事施設並其成績　③ 咸鏡南道 ④ 1923 ⑤ 규슈대도서관

普通作物教科書　① 朝鮮総督府編 ② 朝鮮総督府 ③ 京城 ④ 1924 ⑤ 국립중앙도서관, 연세대도서관

普通学校 国語読本 巻1　① 朝鮮総督府編 ② 朝鮮書籍印刷株式会社 ③ 京城 ④ 1923 ⑤ 한국국회도서관, 고려대도서관

普通学校 国語読本 巻2　① 朝鮮総督府 ② 朝鮮書籍印刷株式会社 ③ 京城 ④ 1930 ⑤ 고려대도서관

普通学校 国語読本 第3　① 朝鮮総督府編 ② 朝鮮書籍印刷株式会社 ③ 京城 ④ 1930 ⑤ 한국국회도서관

普通学校 国語読本 第4　① 朝鮮総督府編 ② 朝鮮書籍印刷株式会社 ③ 京城 ④ 1931 ⑤ 한국국회도서관, 고려대도서관

普通学校 国語読本 巻5　① 朝鮮総督府編 ② 朝鮮書籍印刷株式会社 ③ 京城 ④ 1933 ⑤ 한국국회도서관, 고려대도서관

普通学校 国語読本 第6　① 朝鮮総督府編 ② 朝鮮書籍印刷株式会社 ③ 京城 ④ 1937 ⑤ 한국국회도서관, 고려대도서관

普通学校 国語読本 巻7　① 朝鮮総督府 作 ② 朝鮮書籍印刷株式会社 ③ 京城 ④ 1924 ⑤ 고려대도서관

普通学校 国語読本 第8　① 朝鮮総督府編 ② 朝鮮書籍印刷株式会社 ③ 京城 ④ 1924 ⑤ 한국국회도서관, 고려대도서관

普通学校 国語読本 第9　① 朝鮮総督府編 ② 朝鮮書籍印刷株式会社 ③ 京城 ④ 1937 ⑤ 한국국회도서관

普通学校 国語読本 第10　① 朝鮮総督府編 ② 朝鮮書籍印刷株式会社 ③ 京城 ④ 1937 ⑤ 한국국회도서관

普通学校 国語補充教材　① 朝鮮総督府編纂 ② 朝鮮総督府 ③ 京城 ⑤ 연세대도서관

普通学校 算術書 第三学年 生徒用　① 朝鮮総督府編纂 ② 庶務部印刷所 ③ 京城 ④ 1914 ⑤ 서울대도서관 사범대학술정보센터

普通学校 珠算書 教師用　① 朝鮮総督府編纂 ② 朝鮮総督府 ③ 京城 ④ 1917 ⑤ 연세대도서관

普通学校教科書編纂趣意書 1-4	① 朝鮮総督府編 ② 朝鮮総督府 ③ 京城 ④ 1915-34 ⑤ 국립중앙도서관
普通学校教員用算術書 1-4	① 朝鮮総督府編 ② 朝鮮総督府 ③ 京城 ④ 1923 ⑤ 국립중앙도서관
普通学校国史 児童用	① 朝鮮総督府 ② 朝鮮総督府 ③ 京城 ④ 1922 ⑤ 서울대도서관, 고려대도서관
普通学校国史 1-2	① 朝鮮総督府編 ② 朝鮮総督府 ③ 京城 ④ 1922-33 ⑤ 국립중앙도서관, 고려대도서관, 연세대도서관
普通学校国史 上巻, 下巻	① 学術論文集編集委員会編 ② 朝鮮総督府 ③ 京城 ④ 1927 ⑤ 국립중앙도서관
普通学校国史, 1巻	① 朝鮮総督府編 ② 朝鮮書籍印刷 ③ 京城 ④ 1932 ⑤ 한국국회도서관
普通学校国史教授書	① 蝦道隆, 吉尾勲 共 ② 朝鮮公民教育会 ③ 京城 ④ 1934 ⑤ 국립중앙도서관
普通学校国史教材教授参考書	① 朝鮮総督府編 ② 朝鮮総督府 ③ 京城 ④ 1923 ⑤ 국립중앙도서관, 서울대도서관
普通学校国史児童用, 上巻	① 朝鮮総督府 ② 朝鮮書籍印刷株式会社 ③ 京城 ④ 1927 ⑤ 연세대도서관
普通学校国語読本 1-12	① 朝鮮総督府編 ② 朝鮮総督府 ③ 京城 ④ 1930 ⑤ 국립중앙도서관
普通学校国語読本 巻1	① 朝鮮総督府編 ② 朝鮮総督府 ③ 京城 ④ 1913 ⑤ 부산시민도서관
普通学校国語読本 巻2	① 朝鮮総督府編 ② 朝鮮総督府 ③ 京城 ④ 1913 ⑤ 연세대도서관
普通学校国語読本 巻3	① 朝鮮総督府編 ② 朝鮮総督府 ③ 京城 ④ 1913 ⑤ 부산시민도서관, 고려대도서관, 연세대도서관
普通学校国語読本 巻4	① 朝鮮総督府編 ② 朝鮮総督府 ③ 京城 ④ 1913 ⑤ 부산시민도서관, 고려대도서관, 연세대도서관
普通学校国語読本 巻5	① 朝鮮総督府編 ② 朝鮮総督府 ③ 京城 ④ 1913 ⑤ 부산시민도서관, 연세대도서관
普通学校国語読本 巻6	① 朝鮮総督府編 ② 朝鮮総督府 ③ 京城 ④ 1916 ⑤ 부산시민도서관, 고려대도서관, 연세대도서관
普通学校国語読本 巻7	① 朝鮮総督府編 ② 朝鮮総督府 ③ 京城 ④ 1913 ⑤ 부산시민도서관, 연세대도서관
普通学校国語読本 巻8	① 朝鮮総督府編 ② 朝鮮総督府 ③ 京城 ④ 1915 ⑤ 부산시민도서관, 고려대도서관, 연세대도서관
普通学校国語読本	① 朝鮮総督府 ② 朝鮮総督府 ③ 京城 ④ 1923-1924 ⑤ 서울대도서관
普通学校国語読本教材の研究 1-2	① 京城女子高等普通学校附属普通学校研究会編 ② 大養帳簿製造所 ③ 京城 ④ 1916 ⑤ 국립중앙도서관
普通学校国語読本巻三編纂趣意書	① 朝鮮総督府 ③ 京城 ④ 1931 ⑤ 서울대도서관
普通学校国語補充教材	① 朝鮮総督府編 ② 朝鮮総督府 ③ 京城 ④ 1913 ⑤ 국립중앙도서관
普通学校農業書 1-2	① 朝鮮総督府編 ② 朝鮮総督府 ③ 京城 ④ 1921 ⑤ 국립중앙도서관
普通学校農業書, 巻1-2	① 朝鮮総督府編纂 ② 朝鮮総督府 ③ 京城 ④ 1914 ⑤ 연세대도서관, 규슈대도서관

普通学校農業書朝鮮訳文	① 朝鮮総督府編 ② 朝鮮総督府 ③ 京城 ④ 1915 ⑤ 한국국회도서관
普通学校図書	① 朝鮮総督府編 ② 朝鮮総督府 ③ 京城 ④ 1937 ⑤ 국립중앙도서관
普通学校図書帖 1-6	① 朝鮮総督府編 ② 朝鮮総督府 ③ 京城 ④ 1921-22 ⑤ 국립중앙도서관
普通学校図書帖	① 朝鮮総督府 ② あゆみ出版 ⑤ 국립중앙도서관
普通学校図画帖 教師用 第1-6学年	① 朝鮮総督府 ② 朝鮮総督府 ③ 京城 ④ 1926 ⑤ 서울대도서관
普通学校図画帖 児童用 第1-6学年	① 朝鮮総督府 ② 朝鮮総督府 ③ 京城 ④ 1926 ⑤ 서울대도서관
普通学校図画帖生徒用, 第3学年	② 朝鮮総督府 ③ 京城 ④ 1921 ⑤ 연세대도서관
普通学校図画帖生徒用, 第4学年	② 朝鮮総督府 ③ 京城 ④ 1921 ⑤ 연세대도서관
普通学校図画帖児童用, 第5学年	① 朝鮮総督府 ② 朝鮮書籍印刷株式会社 ③ 京城 ④ 1926 ⑤ 연세대도서관
普通学校理科書 巻一 教師用	① 朝鮮総督府編 ② 朝鮮総督府 ③ 京城 ⑤ 부산시민도서관
普通学校理科書 巻二 教師用	① 朝鮮総督府編 ② 朝鮮総督府 ③ 京城 ⑤ 한국국회도서관, 부산시민도서관
普通学校理科書	① 朝鮮総督府編纂 ② 朝鮮総督府 ③ 京城 ④ 1913 ⑤ 규슈대도서관
普通学校補充唱歌集	① 朝鮮総督府 ② 朝鮮総督府 ③ 京城 ④ 1926 ⑤ 서울대도서관
普通学校算術 1-4	① 朝鮮総督府編 ② 朝鮮書籍印刷株式会社 ③ 京城 ④ 1937 ⑤ 국립중앙도서관
普通学教算術教授日案 1-2, 2-2, 3-2, 4-2, 5-2, 6-2, 1-3, 2-3, 3-3, 4-3, 5-3, 6-3	
	① 朝鮮教育会編 ② 朝鮮教育会 ③ 京城 ④ 1928-29 ⑤ 국립중앙도서관
普通学教算術教授参考書 1-2	① 朝鮮総督府編 ② 朝鮮総督府 ③ 京城 ④ 1923-24 ⑤ 국립중앙도서관, 서울대도서관
普通学校算術補充教科書メートル法	① 朝鮮総督府編 ③ 京城 ④ 1912 ⑤ 국립중앙도서관
普通学校算術書 教師用 第1-2学年	① 朝鮮総督府 ② 朝鮮総督府 ③ 京城 ④ 1923 ⑤ 서울대도서관
普通学校算術書 児童用 第1-4学年	① 朝鮮総督府 ② 朝鮮総督府 ③ 京城 ④ 1928 ⑤ 서울대도서관
普通学校算術書 第四学年 第四学年終了児童用	
	① 朝鮮総督府 ③ 京城 ④ 1923-1924 ⑤ 서울대도서관
普通学校算術書 第四学年 教師用(第四学年終了)	
	① 朝鮮総督府 ③ 京城 ④ 1924 ⑤ 서울대도서관
普通学校算術書 1-4	① 朝鮮総督府編 ② 朝鮮総督府 ③ 京城 ④ 1919-22 ⑤ 국립중앙도서관
普通学校算術書 教師用 巻1	① 朝鮮総督府編纂 ② 朝鮮総督府 ③ 京城 ④ 1913 ⑤ 연세대도서관
普通学校算術書 教師用, 巻3	① 朝鮮総督府編纂 ② 朝鮮総督府 ③ 京城 ④ 1915 ⑤ 연세대도서관
普通学校算術書 第4学年生徒用	① 朝鮮総督府編纂 ② 朝鮮総督府 ③ 京城 ④ 1920 ⑤ 연세대도서관
普通学校算術書 第4学年児童用	① 朝鮮総督府 ② 朝鮮書籍印刷株式会社 ③ 京城 ④ 1923 ⑤ 연세대도서관
普通学校生徒用 図画臨本 1-4	① 朝鮮総督府編 ② 朝鮮総督府 ③ 京城 ④ 1916 ⑤ 국립중앙도서관
普通学教書き方手本 旧植民地 占領地域用教科書集成, 1922-1928年	
	① 朝鮮総督府 ② あゆみ出版 ③ 京城 ④ 1924 ⑤ 서울대도서관
普通学校書キ方手本 第一至四学年用	① 朝鮮総督府 ③ 京城 ④ 1924-1925 ⑤ 서울대도서관

普通学校書キ方手本 第四学年用, 上	① 朝鮮総督府 ② 朝鮮書籍印刷株式会社 ③ 京城 ④ 1925 ⑤ 연세대도서관
普通学校書キ方手本 第二学年用, 上	① 朝鮮総督府 ② 朝鮮書籍印刷株式会社 ③ 京城 ④ 1924 ⑤ 연세대도서관
普通学校書方手本 1-12	① 朝鮮総督府編 ② 朝鮮総督府 ③ 京城 ④ 1936-37 ⑤ 국립중앙도서관
普通学校書方指導要諦	① 曺在浩, 原田泰 共 ② 朝鮮地方行政学会 ③ 京城 ④ 1937 ⑤ 국립중앙도서관
普通学校修身書 教師用	① 朝鮮総督府 ② 朝鮮総督府 ③ 京城 ④ 1923-1924 ⑤ 서울대도서관
普通学校修身書 児童用	① 朝鮮総督府 ② 朝鮮総督府 ③ 京城 ④ 1922-1924 ⑤ 서울대도서관
普通学校修身書 教師用, 巻一	① 朝鮮総督府 ② 朝鮮総督府 ③ 京城 ④ 1913 ⑤ 한국국회도서관
普通学校修身書 1-7	① 朝鮮総督府編 ② 朝鮮書籍印刷株式会社 ③ 京城 ④ 1923-24 ⑤ 국립중앙도서관
普通学校修身書 巻3	① 朝鮮総督府 ③ 京城 ④ 1923 ⑤ 국립중앙도서관, 고려대도서관, 연세대도서관
普通学校修身書 巻4	① 朝鮮総督府編 ② 朝鮮総督府 ③ 京城 ④ 1924 ⑤ 부산시민도서관, 고려대도서관
普通学校修身書, 巻5	① 朝鮮総督府 ② 朝鮮書籍印刷株式会社 ③ 京城 ④ 1933 ⑤ 연세대도서관
普通学校修身書 巻6	① 朝鮮総督府編 ② 朝鮮総督府 ③ 京城 ④ 1924 ⑤ 고려대도서관
普通学校修身書 四年制, 巻四	① 朝鮮総督府 ② 朝鮮書籍 ③ 京城 ④ 1934 ⑤ 한국국회도서관
普通学校修身書 生徒用 巻4	① 朝鮮総督府 ② 朝鮮総督府 ③ 京城 ④ 1918 ⑤ 고려대도서관
普通学校修身書 生徒用, 巻1-4巻	① 朝鮮総督府 ② 朝鮮総督府 ③ 京城 ④ 1918 ⑤ 한국국회도서관
普通学校修身書	① 朝鮮総督府編 ② 朝鮮総督府 ③ 京城 ④ 1924 ⑤ 국립중앙도서관
普通学校修身書	① 朝鮮総督府編 ② 朝鮮総督府 ③ 京城 ④ 1930 ⑤ 국립중앙도서관
普通学校修身書生徒用, 巻1	① 朝鮮総督府編纂 ② 朝鮮総督府 ③ 京城 ④ 1913 ⑤ 연세대도서관
普通学校修身書生徒用, 巻2	① 朝鮮総督府編纂 ② 朝鮮総督府 ③ 京城 ④ 1913 ⑤ 연세대도서관
普通学校修身書 生徒用, 巻3	① 朝鮮総督府編纂 ② 朝鮮総督府 ③ 京城 ④ 1914 ⑤ 연세대도서관
普通学校修身書 生徒用, 巻4	① 朝鮮総督府編纂 ② 朝鮮総督府 ③ 京城 ④ 1915 ⑤ 연세대도서관
普通学校修身書 児童用, 巻5	① 朝鮮総督府 ② 朝鮮書籍印刷株式会社 ③ 京城 ④ 1924 ⑤ 연세대도서관
普通学校修身書児童用, 巻6	① 朝鮮総督府 ② 朝鮮書籍印刷株式会社 ③ 京城 ④ 1924 ⑤ 연세대도서관
普通学校習字帖 2-4	① 朝鮮総督府編 ② 朝鮮総督府 ③ 京城 ④ 1922-23 ⑤ 국립중앙도서관
普通学校習字帖, 巻1	① 朝鮮総督府編纂 ② 朝鮮総督府 ③ 京城 ④ 1913 ⑤ 연세대도서관
普通学校習字帖, 巻3	① 朝鮮総督府編纂 ② 朝鮮総督府 ③ 京城 ④ 1914 ⑤ 연세대도서관
普通学校習字帖, 巻4	① 朝鮮総督府編纂 ② 朝鮮総督府 ③ 京城 ④ 1915 ⑤ 연세대도서관
普通学校実業学校学事状況報告要録	① 朝鮮総督府内務部学務局編 ② 朝鮮総督府内務部学務局 ③ 京城 ④ 1912-13 ⑤ 국립중앙도서관
普通学校用仮名遣法 普通学校用途佳名法	① 朝鮮総督府編 ② 朝鮮総督府 ③ 京城 ④ 1913 ⑤ 국립중앙도서관

普通学校理科書 教師用	① 朝鮮総督府 ② 朝鮮総督府 ③ 京城 ④ 1923-1925 ⑤ 서울대도서관
普通学校理科書 児童用	① 朝鮮総督府 ② 朝鮮総督府 ③ 京城 ④ 1923-1925 ⑤ 서울대도서관
普通学校理科書 第四学年教師用	① 朝鮮総督府 ③ 京城 ④ 1923 ⑤ 서울대도서관
普通学校理科書 第四学年児童用	① 朝鮮総督府 ③ 京城 ④ 1924 ⑤ 서울대도서관
普通学校理科書 1-2	① 朝鮮総督府編 ② 朝鮮総督府 ③ 京城 ④ 1920-22 ⑤ 국립중앙도서관
普通学校理科書 巻1	① 朝鮮総督府編 ② 朝鮮総督府 ③ 京城 ④ 1913 ⑤ 고려대도서관
普通学校理科書 児童用 巻2	① 朝鮮総督府編 ② 朝鮮書籍印刷株式会社 ③ 京城 ④ 1923 ⑤ 국립중앙도서관, 고려대도서관, 연세대도서관
普通学校理科書 児童用 巻3	① 朝鮮総督府編 ② 朝鮮書籍印刷 ③ 京城 ④ 1925 ⑤ 고려대도서관
普通学校理科書 児童用 第4学年	① 朝鮮総督府編 ② 朝鮮書籍印刷株式会社 ③ 京城 ④ 1924 ⑤ 고려대도서관
普通学校理科書 第四学年教師用	② 朝鮮総督府 ③ 京城 ④ 1923 ⑤ 연세대도서관
普通学校全科模範正解 第六学年後編	① 普通学科研究会編 ② 朝鮮総督府 ③ 京城 ④ 1943 ⑤ 국립중앙도서관
普通学校朝鮮語及漢文読本 巻3	① 朝鮮総督府 ② 朝鮮総督府 ③ 京城 ④ 1917 ⑤ 고려대도서관
普通学校朝鮮語及漢文読本 巻4	① 朝鮮総督府 ② 朝鮮総督府 ③ 京城 ④ 1915 ⑤ 고려대도서관
普通学校朝鮮語読本 3-6	① 朝鮮総督府編 ② 朝鮮書籍印刷株式会社 ③ 京城 ④ 1933-34 ⑤ 국립중앙도서관
普通学校朝鮮語読本 巻1	① 朝鮮総督府編 ② 朝鮮総督府 ③ 京城 ④ 1923 ⑤ 고려대도서관
普通学校朝鮮語読本 巻2	① 朝鮮総督府編 ② 朝鮮総督府 ③ 京城 ④ 1923 ⑤ 고려대도서관
普通学校朝鮮語読本 巻3	① 朝鮮総督府 ② 朝鮮書籍印刷株式会社 ③ 京城 ④ 1923 ⑤ 고려대도서관
普通学校朝鮮語読本 巻3	① 朝鮮総督府 ② 朝鮮書籍印刷株式会社 ③ 京城 ④ 1937 ⑤ 고려대도서관
普通学校朝鮮語読本 巻5	① 朝鮮総督府 ② 朝鮮書籍印刷株式会社 ③ 京城 ④ 1934 ⑤ 고려대도서관
普通学校朝鮮語読本 巻5	① 朝鮮総督府編 ② 朝鮮総督府 ③ 京城 ④ 1924 ⑤ 고려대도서관
普通学校朝鮮語読本 巻6	① 朝鮮総督府 ② 朝鮮書籍印刷株式会社 ③ 京城 ④ 1924 ⑤ 고려대도서관
普通学校朝鮮語読本 巻6	① 朝鮮総督府 ② 朝鮮書籍印刷株式会社 ③ 京城 ④ 1935 ⑤ 고려대도서관
普通学校朝鮮語読本	① 朝鮮総督府 ② 朝鮮総督府 ③ 京城 ④ 1923-1924 ⑤ 서울대도서관
普通学校朝鮮語読本	① 朝鮮総督府編 ② 朝鮮総督府 ③ 京城 ④ 1930 ⑤ 국립중앙도서관
普通学校朝鮮語読本国語訳解	① 伊藤韓堂編 ② 朝鮮語研究会 ③ 京城 ④ 1942 ⑤ 교토대도서관
普通学校朝鮮語読本巻二編纂趣意書	① 朝鮮総督府編 ③ 京城 ④ 1931 ⑤ 서울대도서관
普通学校朝鮮語読本訳解	① 朝鮮語研究会編 ② 朝鮮語研究会 ③ 京城 ④ 1931-1937 ⑤ 교토대도서관
普通学校朝鮮語読本編纂要旨	① 朝鮮総督府編 ② 朝鮮総督府 ③ 京城 ④ 1924 ⑤ 국립중앙도서관
普通学校卒業生自修読本	① 朝鮮教育会編 ② 朝鮮教育会 ③ 京城 ④ 1933-34 ⑤ 국립중앙도서관
普通学校珠算書	① 朝鮮総督府編 ② 朝鮮総督府 ③ 京城 ④ 1922 ⑤ 국립중앙도서관
普通学校地理補充教材 児童用	① 朝鮮総督府 ② 朝鮮総督府 ③ 京城 ④ 1923 ⑤ 고려대도서관, 서울대도서관, 연세대도서관

普通学校地理補充教材教授参考書	① 朝鮮総督府 ② 朝鮮総督府 ③ 京城 ④ 1923 ⑤ 국립중앙도서관, 고려대도서관, 서울대도서관
普通学校唱歌書 1-4	① 朝鮮総督府編 ② 朝鮮総督府 ③ 京城 ④ 1921 ⑤ 국립중앙도서관
普通学校学徒用 国語読本, 巻8	② 朝鮮総督府 ③ 京城 ④ 1911 ⑤ 연세대도서관
普通学校学徒用修身書 1-4	① 朝鮮総督府編 ② 朝鮮総督府 ③ 京城 ④ 1912-13 ⑤ 국립중앙도서관
普通学校学徒用習字帖 1-4	① 学部編 ② 朝鮮総督府 ④ 1909 ⑤ 국립중앙도서관
普通学校学徒用理科書 1-2	① 朝鮮総督府編 ② 朝鮮総督府 ③ 京城 ④ 1912 ⑤ 국립중앙도서관
普通学校学徒用朝鮮語読本 巻5	① 朝鮮総督府 ② 朝鮮総督府 ③ 京城 ④ 1911 ⑤ 고려대도서관
普通学校学徒用漢文読本 1-4	① 朝鮮総督府編 ② 朝鮮総督府 ③ 京城 ④ 1913 ⑤ 국립중앙도서관
普通学校学徒用漢文読本 巻3	① 朝鮮総督府編 ② 朝鮮総督府 ③ 京城 ④ 1911 ⑤ 고려대도서관
普通学校漢文読本 第五学年用	① 朝鮮総督府 作 ② 朝鮮書籍印刷株式会社 ③ 京城 ④ 1923 ⑤ 고려대도서관, 서울대도서관
保険組合制度に関する調査	① 朝鮮金融組合聯合会編 ② 朝鮮金融組合聯合会 ③ 京城 ④ 1938 ⑤ 교토대도서관, 도쿄대도서관, 홋카이도대도서관
保護観察制度の概要	① 京城保護観察所編 ③ 京城 ④ 1939 ⑤ 서울대도서관
保護観察制度の概要	① 京城保護観察所編 ② 京城保護観察所 ③ 京城 ④ 1941 ⑤ 국립중앙도서관
複斜材構ノ応力 第1巻, 第2巻	① 小田弥之亮 ② 小田弥之亮 ③ 京城 ④ 1941 ⑤ 오사카대학도서관
復活の基督 躍動せる永遠の生命	① 魚木忠一 講演 ② 朝鮮基督教聯合会 ③ 京城 ④ 1942 ⑤ 고려대도서관
本道金融組合の概況 金融統計	① 忠清北道 ② 忠清北道 ③ 京城 ④ 1934 ⑤ 한국국회도서관
本邦産主要林木種子之鑑別法	① 朝鮮総督府林業試験場編 ② 朝鮮総督府林業試験場 ③ 京城 ④ 1928 ⑤ 국립중앙도서관
本院会議に於ける総督訓示並議長埃察	① 朝鮮総督府中枢院 ② 朝鮮総督府中枢院 ③ 京城 ④ 1929 ⑤ 서울대도서관
本院会義に於ける総督訓示並議長埃察	① 朝鮮総督府中枢院編 ② 朝鮮総督府中枢院 ③ 京城 ④ 1940 ⑤ 한국국회도서관
峰類説 原文和訳対照, 中	① 李수光 ② 朝鮮研究会 ③ 京城 ④ 1916 ⑤ 연세대도서관
奉天支那銀行兌換問題並二経済事情	① 朝鮮銀行調査部 ② 朝鮮銀行 ③ 京城 ④ 1920 ⑤ 일본국회도서관
奉天支那銀行兌換問題沿革	① 小西春雄 ② 朝鮮銀行調査部 ③ 京城 ④ 1917 ⑤ 일본국회도서관, 교토대도서관, 도쿄대도서관
奉祝始政三十周年紀元二千六百年躍進朝鮮の全貌創刊三十五年周年記念	
	① 京城日報社編 ② 京城日報社 ③ 京城 ④ 1940 ⑤ 국립중앙도서관
父のおもかげ	① 杉山栄編 ② 杉山製作所 ③ 京城 ④ 1941 ⑤ 규슈대도서관
不動産登記判例決議要旨集	① 渡邊栄太郎編 ② 大阪屋号書店 ③ 京城 ④ 1941 ⑤ 한국국회도서관
不動産抵当個人間貸借金利調 第1回-第15回	② 朝鮮殖産銀行調査課 ③ 京城 ④ 1929-1943 ⑤ 교토대도서관, 도쿄대도서관, 도호쿠대도서관
不動産証明事例	① 朝鮮総督府内務部地方局 ③ 京城 ④ 1913 ⑤ 고려대도서관

部落祭 44	①村山智順 ②朝鮮総督府 ③京城 ④1937 ⑤국립중앙도서관, 한국국회도서관, 고려대도서관, 서울대도서관, 교토대도서관, 규슈대도서관, 도쿄대도서관
府立病院関係書類 自大正11年 至昭和6年	②釜山府立病院 ③釜山 ④1929 ⑤부산시민도서관
専売関係統計集	②朝鮮総督府 ③京城 ⑤부산시민도서관
部門委員必携	指導者用 ③京城 ②黄海道 ④1938 ⑤도쿄대도서관
釜山	間城香陽編 ②釜山日報社 ③釜山 ④1926 ⑤부산시민도서관
釜山 大邱・慶州・馬山・鎮海	①朝鮮総督府鉄道局編 ②朝鮮総督府鉄道局 ③京城 ④1929 ⑤한국국회도서관
釜山 大邱・慶州・馬山・鎮海	①朝鮮総督府鉄道局 ②朝鮮総督府鉄道局 ③京城 ④1932 ⑤일본국회도서관
釜山の古蹟及遺物	②釜山府 ④1926 ⑤부산시민도서관
釜山の今昔	③釜山 ④1938 ⑤부산시민도서관
釜山の産業 昭和10年	②釜山府 ③釜山 ④1935 ⑤부산시민도서관
釜山の産業 昭和11年	②釜山府 ③釜山 ④1937 ⑤부산시민도서관
釜山の産業 昭和13年	②釜山府 ③釜山 ④1938 ⑤부산시민도서관
釜山の産業 昭和15年	②釜山府 ③釜山 ④1940 ⑤국립중앙도서관, 부산시민도서관
釜山の産業 昭和17年	②釜山府 ③釜山 ④1942 ⑤국립중앙도서관, 부산시민도서관
釜山の商工案内 昭和7年	①上田耕一郎編 ②釜山府 ③釜山 ④1932 ⑤부산시민도서관
釜山の商工案内 昭和9年	①上田耕一郎編 ②釜山商工会議所 ③釜山 ④1934 ⑤부산시민도서관
釜山の商工案内 昭和10年	①上田耕一郎編 ②釜山商工会議所 ③釜山 ④1935 ⑤부산시민도서관
釜山の視角より観た東海岸	①上田耕一郎, 釜山商工会議所編 ②釜山商工会議所 ③釜山 ④1933 ⑤국립중앙도서관
釜山を担ぐ者	①井上清麿 ②大朝鮮社 ③釜山 ④1931 ⑤국립중앙도서관
釜山居留民団例規類集	②釜山居留民団役所 ③釜山 ④1909 ⑤부산시민도서관
釜山居留民団植林誌	②釜山居留民団役所 ③釜山 ④1912 ⑤국립중앙도서관, 부산시민도서관
釜山公立高等女学校一覧 第三回	②釜山公立高等女学校 ③釜山 ④1915 ⑤부산시민도서관
釜山公立高等女学校資料 巻1-3	①釜山公立高等女学校 ②釜山公立高等女学校 ③釜山 ④1935 ⑤일본국회도서관
釜山観光案内図	①釜山観光協会 ②釜山観光協会 ③釜山 ④1939 ⑤일본국회도서관
釜山教育五十年史	①釜山教育会編 ②釜山府 ③釜山 ④1927 ⑤국립중앙도서관, 부산시민도서관, 일본국회도서관, 도쿄대도서관
釜山竜頭山神社史料	①大曲美太郎編 ②竜頭山神社社務所 ③釜山 ④1936 ⑤일본국회도서관
釜山竜頭山神社御昇格願書	④1908 ⑤부산시민도서관
釜山理事庁法規類集	②釜山理事庁 ③釜山 ④1909 ⑤부산시민도서관

釜山名士録	②釜山名士録刊行会 ③釜山 ④1935 ⑤부산시민도서관
釜山無尽株式会社二十年史	②釜山無尽株式会社 ③釜山 ④1941 ⑤국립중앙도서관, 부산시민도서관
釜山方面商工業調査	①伊藤弁三郎調, 朝鮮総督府農商工部編 ②朝鮮総督府農商工部 ③京城 ④1911 ⑤한국국회도서관, 도쿄대도서관, 홋카이도대도서관
釜山繁栄会々員名簿	②釜山繁栄会 ③釜山 ④1908 ⑤부산시민도서관
釜山繁栄会20周年記念懸賞論文 釜山繁栄論策	①小林彦一編 ②釜山繁栄会 ③釜山 ④1927 ⑤국립중앙도서관
釜山府立図書館図書分類目録	① 釜山府立図書館編 ③釜山 ④1941 ⑤국립중앙도서관
釜山府図書館要覧	①釜山府図書館編 ②釜山府図書館 ③釜山 ④1927 ⑤일본국회도서관
釜山府立図書館 蔵書目録	②釜山府立図書館 ③釜山 ④1941 ⑤부산시민도서관
釜山府立病院小史	②釜山府 ③釜山 ④1936 ⑤부산시민도서관
釜山府史原稿 1-6	②釜山府 ③釜山 ④1937 ⑤부산시민도서관
釜山府社会施設概要	②釜山府 ③釜山 ④1927 ⑤부산시민도서관
釜山府勢要覧	①釜山府編 ②釜山府 ③釜山 ④1923 ⑤국립중앙도서관, 규슈대도서관
釜山府勢一斑	②釜山府 ③釜山 ⑤국립중앙도서관, 부산시민도서관
釜山府歳入出決算 昭和4年度	①釜山府 ②釜山府 ③釜山 ④1930 ⑤일본국회도서관
釜山府歳入出決算 昭和6-17年度	①釜山府 ②釜山府 ③釜山 ④1932-1943 ⑤일본국회도서관
釜山府歳入出予算 大正11-昭和19年度	①釜山府 ②釜山府 ③釜山 ④1923-1945 ⑤일본국회도서관
釜山府水道費特別会計歳入出予算, 1940	④1940 ⑤한국국회도서관
釜山府第一部特別経済歳入出予算, 1940-1941	④1940-1941 ⑤한국국회도서관
釜山府職業紹介所事業要覧	②釜山府 ③釜山 ④1928 ⑤부산시민도서관
釜山府学事要覧 昭和4年5月末調	①釜山府編 ②釜山府 ③釜山 ④1929 ⑤일본국회도서관
釜山仕入案内	③釜山 ④1915 ⑤부산시민도서관
釜山商工案内	①釜山府編纂 ②釜山府 ③釜山 ④1934 ⑤국립중앙도서관, 도쿄대도서관
釜山上水道小誌	②釜山居留民団役所 ③釜山 ④1914 ⑤부산시민도서관
釜山上水道水源調査報文	①立岩巌 ③京城 ④1930 ⑤국립중앙도서관
釜山税関執務提要	①釜山税関編 ②釜山税関 ③釜山 ④1913 ⑤국립중앙도서관
釜山水道事業報告書 第1, 2, 3合本	②釜山水道事務所 ③釜山 ④1910 ⑤부산시민도서관
釜山案内	①朝鮮総督府鉄道局 ②朝鮮総督府鉄道局 ③京城 ④1930 ⑤일본국회도서관
釜山案内	①佐藤善雄編 ③釜山 ④1926 ⑤국립중앙도서관
釜山案内	①釜山観光協会編 ②釜山観光協会 ③釜山 ④1939 ⑤일본국회도서관
釜山鴨緑江間写真帖	①朝鮮総督府鉄道局 ②朝鮮総督府鉄道局 ③京城 ④1911 ⑤한국국회도

	서관, 일본국회도서관
釜山営業家要覧	① 西岡重利編 ② 西岡図案設計所 ③ 釜山 ④ 1928 ⑤ 부산시민도서관
釜山要覧	① 釜山商業会議所 ③ 1912 ⑤ 국립중앙도서관, 일본국회도서관, 홋카이도대도서관
釜山日本人商業会議所年報 明治38-40, 42年	
	① 釜山日本人商業会議所 ② 釜山日本人商業会議所 ③ 釜山 ④ 1910 ⑤ 일본국회도서관
釜山日本人商業会議所年報明治40年	② 釜山商業会議所 ③ 釜山 ④ 1907 ⑤ 부산시민도서관
釜山第一公立尋常小学校要覧	② 釜山第一公立尋常小学校 ③ 釜山 ④ 1914 ⑤ 부산시민도서관
釜山鑿平工事報告	① 朝鮮総督府編 ② 朝鮮総督府 ④ 1913 ⑤ 부산시민도서관
釜山築港略法	① 朝鮮総督府 ② 朝鮮総督府 ③ 京城 ④ 1928 ⑤ 고려대도서관
釜山築港略誌	① 朝鮮総督府編 ② 朝鮮総督府 ③ 京城 ④ 1937 ⑤ 국립중앙도서관
釜山港	① 中野忠雄編 ② 釜山税関編纂所 ③ 釜山 ④ 1920 ⑤ 일본국회도서관
釜山港	① 釜山税関編纂所編 ② 釜山税関編纂所 ③ 釜山 ④ 1922 ⑤ 규슈대도서관
釜山港	① 釜山税関編 ② 釜山税関 ③ 釜山 ④ 1928 ⑤ 국립중앙도서관, 일본국회도서관
釜山港経済一斑 大正5年	② 釜山商業会議所 ③ 釜山 ④ 1916 ⑤ 부산시민도서관
釜山港経済概覧 大正10-12年	① 釜山経済調査会編 ② 釜山経済調査会 ③ 釜山 ④ 1921-24 ⑤ 일본국회도서관
釜山港経済概覧 大正10-11年	① 釜山経済調査会編 ② 釜山経済調査会 ③ 釜山 ④ 1921 ⑤ 국립중앙도서관, 부산시민도서관
釜山港貿易概覧 大正13-14年	② 釜山税関 ③ 釜山 ④ 1924 ⑤ 부산시민도서관
釜山港貿易概覧 大正9, 11-14年	① 釜山税関編 ② 釜山税関 ③ 釜山 ④ 1922-26 ⑤ 일본국회도서관
釜山港貿易概覧 昭和1-9年	② 釜山税関 ③ 釜山 ④ 1926-1934 ⑤ 국립중앙도서관, 부산시민도서관, 일본국회도서관, 도호쿠대도서관, 홋카이도대도서관
釜山港貿易概覧 昭和10-13年	② 釜山税関 ③ 釜山 ④ 1936 ⑤ 부산시민도서관, 일본국회도서관
釜山港貿易概覧 昭和14年	① 釜山税関編 ② 釜山税関 ③ 釜山 ④ 1940 ⑤ 일본국회도서관, 부산시민도서관
釜山港貿易統計概要 昭和14年	② 釜山税関 ③ 釜山 ④ 1939 ⑤ 부산시민도서관
釜山港貿易統計概要 昭和15年	② 釜山税関 ③ 釜山 ④ 1940 ⑤ 부산시민도서관
釜山港設備一斑	① 朝鮮総督府編 ② 朝鮮総督府 ③ 京城 ④ 1919 ⑤ 국립중앙도서관
釜山港勢一斑	① 相沢仁助編 ② 日韓昌文社 ③ 釜山 ④ 1905 ⑤ 부산시민도서관
浮選法概論	① 谷口長一郎 ② 朝鮮鉱業会 ③ 京城 ④ 1934 ⑤ 국립중앙도서관
府勢要覧, 1939	① 晋州府編 ② 晋州府 ③ 馬山 ④ 1939 ⑤ 한국국회도서관
府勢一斑 木浦府	② 南興紙物商会 ③ 木浦 ④ 1938 ⑤ 부산시민도서관

府勢一斑 昭和13年	②津南浦府 ③津南浦 ④1938 ⑤부산시민도서관
府勢一斑, 1931	①鎮南浦府編 ②鎮南浦府 ③鎮南浦 ④1931 ⑤한국국회도서관
府勢一班, 1940	①開城府編 ②京畿道開城府 ③開城 ④1940 ⑤한국국회도서관
府勢一班	①仁川府編纂 ②仁川府 ③仁川 ④1930 ⑤일본국회도서관
不世出の英雄朝鮮総督府垣一成	①関豊作編 ②発行者不明 ③京城 ④1931 ⑤국립중앙도서관
副業と其の方法	①朝鮮副業協会 ③京城 ④1939 ⑤고려대도서관, 연세대도서관
副業と其の方法	②朝鮮副業協会 ③京城 ④1935 ⑤연세대도서관
副業各般全書	①高木吉江編 ②朝鮮副業協会 ③京城 ④1930 ⑤연세대도서관
副業名船全書	①高本吉江 ②朝鮮副業協会 ③京城 ④1928 ⑤국립중앙도서관
扶余を見るには!/扶余史蹟顕彰会	②朝鮮印刷 ③発行地不明 ④1940 ⑤한국국회도서관
扶余古蹟名勝案内記	①扶余古蹟保存会 ②扶余古蹟保存会 ③扶余 ④1937 ⑤서울대도서관
不穏刊行物記事輯録	①朝鮮総督府警務局編 ②朝鮮総督府警務局 ③京城 ④1934 ⑤국립중앙도서관, 홋카이도대도서관
不二農場調査報告	①京城帝国大学 衛生調査部編 ②京城帝国大学 ③京城 ④1943 ⑤고려대도서관
府財政状況要覧	①朝鮮総督府内務局編 ②朝鮮総督府内務局 ③京城 ④1921 ⑤국립중앙도서관
府中枢院会議議事録 第14回	①朝鮮総督府中枢院編 ②朝鮮総督府中枢院 ③京城 ④1933 ⑤국립중앙도서관
不咸文化論	①崔南善 ②朝鮮思想通信社 ③京城 ④1927 ⑤연세대도서관, 일본국회도서관
北京経済現勢	①朝鮮銀行調査局編 ②朝鮮銀行調査局 ③京城 ④1944 ⑤국립중앙도서관
北欧に於ける農事協同組合	①朝鮮金融組合聯合会編 ②朝鮮金融組合聯合会 ③京城 ④1934 ⑤국립중앙도서관, 부산시민도서관, 서울대도서관, 도쿄대도서관, 홋카이도대도서관
北陸道人史	①萩野勝重 ②北陸道人史編纂社 ③京城 ④1927 ⑤부산시민도서관
北満の二大古都址 東京城と白城	①鳥山喜一 ②京城帝国大学満蒙文化研究会 ③京城 ④1935 ⑤국립중앙도서관, 일본국회도서관, 규슈대도서관, 도쿄대도서관, 도호쿠대도서관
北満及露領朝鮮人事情	②在外朝鮮人事情研究会 ③京城 ④1922 ⑤연세대도서관, 일본국회도서관
北満蒙諸民族の民族性の研究	①天野利武 ②京城帝国大学満蒙文化研究会 ③京城 ④1937 ⑤도쿄대도서관, 도호쿠대도서관, 홋카이도대도서관
北満二大古都址出土品展観目録	①京城帝国大学 ③京城 ④1935 ⑤서울대도서관
北満在住朝鮮人ノ状況	①在哈爾賓朝鮮総督府内務局派遣員編 ②朝鮮総督府内務局 ③京城 ④1922 ⑤나고야대도서관, 홋카이도대도서관
北満洲及び東部西伯利亜調査報告	①鳥居龍蔵 ②朝鮮総督府 ③京城 ④1922 ⑤국립중앙도서관, 서울대도서관, 연세대도서관

北方遊牧狩猟民族の人口	① 泉靖一 ② 京城帝国大学第三次蒙疆学術調査隊 ③ 京城 ④ 1944 ⑤ 일본국회도서관
北邊の防人	① 久我荘多郎 ② 興亜出版事業協会 ③ 京城 ④ 1944 ⑤ 일본국회도서관
北鮮の開拓	① 岩本善文, 久保田卓治共編 ② 北鮮 ③ 京城の開拓編纂社 ④ 1928 ⑤ 일본국회도서관, 도쿄대도서관, 홋카이도대도서관
北鮮の旅と税関	① 朝鮮財務協会編 ② 朝鮮財務協会 ③ 京城 ④ 1939 ⑤ 국립중앙도서관, 서울대도서관, 도쿄대도서관
北鮮間島史	① 永井勝三 ② 会寧印刷所出版部 ③ 会寧 ④ 1925 ⑤ 교토대도서관
北鮮開拓事案執務提要	① 開拓会編 ② 朝鮮山林会 ③ 京城 ④ 1933 ⑤ 국립중앙도서관
北鮮開拓事業 火田民 指導及 森林保護機関配備予定計劃書	① 朝鮮総督府 ② 朝鮮総督府 ③ 京城 ④ 1934 ⑤ 고려대도서관
北鮮開拓事業計畫に依る火田民指導及森林保護施設概要	② 朝鮮総督府農林局 ③ 京城 ④ 1934 ⑤ 고려대도서관, 연세대도서관, 도쿄대도서관
北鮮開拓事業計劃書	① 朝鮮総督府編 ② 朝鮮総督府 ③ 京城 ④ 1932 ⑤ 국립중앙도서관
北鮮開拓事業執務提要	① 開拓会編 ② 朝鮮山林会 ③ 京城 ④ 1933 ⑤ 한국국회도서관
北鮮科学博物館概要	① 咸鏡北道科学教育財団編 ② 咸鏡北道科学教育財団 ③ 清津 ④ 1942 ⑤ 한국국회도서관
北鮮及北満事情	① 朝鮮満文化協会編 ② 北鮮満文化協会 ③ 清津 ④ 1936 ⑤ 국립중앙도서관
北鮮三港及裏日本諸港と満洲との関係	① 朝鮮貿易協会編 ② 朝鮮貿易協会 ③ 京城 ④ 1935 ⑤ 국립중앙도서관
北鮮移民と墾殖指針	① 朝鮮総督府農事試験場北鮮支場編 ② 朝鮮総督府農事試験場北鮮支場 ③ 甲山 ④ 1940 ⑤ 국립중앙도서관
北鮮地方	① 朝鮮総督府鉄道局編 ② 朝鮮総督府交通局 ③ 京城 ④ 1940 ⑤ 한국국회도서관
北鮮拓植事業計画書	① 朝鮮総督府編 ② 朝鮮総督府 ③ 京城 ④ 1932 ⑤ 국립중앙도서관, 고려대도서관, 서울대도서관
北鮮太古の石器	① 小池奥吉編纂 ② 附内ヶ崎鳥居両先生の講演 ③ 会寧 ④ 1923 ⑤ 규슈대도서관, 도쿄대도서관, 도호쿠대도서관, 홋카이도대도서관
北朝鮮ニ於ケル奥陶紀層序及古生物ノ研究	① 小林貞一 ② 朝鮮総督府地質調査所 ③ 京城 ④ 1931 ⑤ 국립중앙도서관, 부산시민도서관
北朝鮮之資源	① 柳川勉編 ② 朝鮮事情社 ③ 京城 ④ 1925 ⑤ 국립중앙도서관
北支経済開発に関する資料	① 有馬観調査 ② 朝鮮銀行調査課 ③ 京城 ④ 1936 ⑤ 고려대도서관, 일본국회도서관, 도쿄대도서관, 홋카이도대도서관
北支那に於ける財政事情概観	① 小田忠夫 ② 京城帝国大学大陸文化研究 ③ 京城会 ④ 1942 ⑤ 서울대도서관, 도쿄대도서관
北支那経済視察報告	② 京城商工会議所 ③ 京城 ④ 1936 ⑤ 도쿄대도서관

北支蒙疆地方学術調査団報告論文集	② 朝鮮自然科学協会 ③ 京城 ④ 1939-1940 ⑤ 교토대도서관, 규슈대도서관, 도쿄대도서관, 홋카이도대도서관
北支並ニ満洲ノ医業現況	① 北村精一 ② 京城帝国大学大陸文化研究会 ③ 京城 ④ 1942 ⑤ 서울대도서관
北支政治経済の展望	① 朝鮮銀行調査課編 ② 朝鮮銀行 調査課 ③ 京城 ④ 1936 ⑤ 국립중앙도서관, 고려대도서관, 교토대도서관, 도쿄대도서관, 홋카이도대도서관
北支合作社の進路	① 朝鮮金融組合聯合会調査課編輯 ② 朝鮮金融組合聯合会 ③ 京城 ④ 1940 ⑤ 교토대도서관, 도쿄대도서관
北鎮及牛峴鎮図幅	① 木野崎吉郎 ② 朝鮮総督府地質調査所 ③ 京城 ④ 1933 ⑤ 국립중앙도서관
北漢山	① 岸謙編 ② 京城電気株式会社 ③ 京城 ④ 1943 ⑤ 국립중앙도서관
北韓案内	① 浅岡重喜 ② 北韓新報社 ③ 清津 ④ 1909 ⑤ 규슈대도서관
粉米式酒母育成法に就て	① 佐田吉衛 ② 朝鮮酒造協会京城支部 ③ 京城 ④ 1938 ⑤ 국립중앙도서관
仏界の奨励	① 国民総力朝鮮聯盟 ② 国民総力朝鮮聯盟 ③ 京城 ④ 1941 ⑤ 서울대도서관
仏国の対印度支那政策と印度支那銀行の組織改正に就て	
	② 朝鮮銀行調査課 ③ 京城 ④ 1935 ⑤ 연세대도서관, 교토대도서관, 도쿄대도서관
仏国寺と石窟庵	① 朝鮮総督府編 ② 朝鮮総督府 ③ 京城 ④ 1938 ⑤ 고려대도서관, 서울대도서관, 연세대도서관
不動産証明関係法令並例規	① 朝鮮総督府内務部地方局編 ② 朝鮮総督府内務部地方局 ③ 京城 ④ 1912 ⑤ 국립중앙도서관
不動産証明事例	① 朝鮮総督府内務部地方局 ③ 京城 ④ 1913 ⑤ 고려대도서관
仏蘭西銀行	① 朝鮮銀行調査室訳編 ② 朝鮮銀行調査室 ③ 京城 ④ 1912 ⑤ 도쿄대도서관
仏領アルゼリア概況	① 朝鮮総督府 大和尚会印刷所 ③ 京城 ④ 1923 ⑤ 국립중앙도서관, 서울대도서관, 규슈대도서관, 도쿄대도서관
仏領印度支那の鉱業	① 内田鯤五郎 ② 朝鮮鉱業会 ③ 京城 ④ 1931 ⑤ 도쿄대도서관
不穏刊行物記事輯録	① 朝鮮総督府警務局 ② 朝鮮総督府 警務局 ③ 京城 ④ 1934 ⑤ 한국국회도서관
仏艦来襲 朝鮮最近世史の一節	① 杉本正介 ④ 1926 ⑤ 한국국회도서관
朋党士禍の検討 2	① 長野虎太郎, 細川肇 共 ② 朝鮮問題研究所 ③ 京城 ④ 1936 ⑤ 국립중앙도서관
朋党士禍の検討 李朝の文臣	① 細井肇編 ② 自由討究社 ③ 京城 ④ 1926 ⑤ 부산시민도서관, 일본국회도서관, 교토대도서관, 도쿄대도서관
朋党士禍の検討/九雲夢	① 細井肇, 長野虎太郎 共編, 金万重, 金春沢 補 ② 自由討究社 ③ 京城 ④ 1921 ⑤ 서울대도서관
肥料の常識	① 尾崎史郎 ② 朝鮮農会 ③ 京城 ④ 1934 ⑤ 국립중앙도서관, 연세대도서관

肥料の知識	① 朝鮮殖産銀行調査課編 ② 朝鮮殖産銀行調査課 ③ 京城 ④ 1932 ⑤ 국립중앙도서관, 연세대도서관, 일본국회도서관, 교토대도서관, 홋카이도대도서관
肥料教科書	① 朝鮮総督府編 ② 朝鮮総督府 ③ 京城 ④ 1922 ⑤ 국립중앙도서관
肥料教科書	① 朝鮮総督府編纂 ② 朝鮮総督府 ③ 京城 ④ 1914 ⑤ 연세대도서관
肥料分析成績彙集	① 朝鮮総督府農事試験場 ③ 水原 ④ 1940 ⑤ 국립중앙도서관, 서울대도서관
肥料製造及施用法	① 朴思稷 ② 朝鮮農民社 ③ 京城 ④ 1930 ⑤ 고려대도서관
比律賓の現勢	① 朝鮮情報委員会編 ② 朝鮮総督府 ③ 京城 ④ 1921 ⑤ 도쿄대도서관
比律賓教育年報	① 朝鮮総督府学務局編 ② 朝鮮総督府学務局 ③ 京城 ④ 1920, ⑤ 국립중앙도서관, 홋카이도대도서관
比律賓人問題	① 朝鮮情報委員会編 ② 朝鮮総督府 ③ 京城 ④ 1921 ⑤ 국립중앙도서관, 서울대도서관, 도쿄대도서관
比律賓の教育と基の将来	① オ-ガ-フィ-ルド ジョンス, 舟田誠一郎 訳, 朝鮮情報委員会編 ③ 京城 ④ 1922 ⑤ 국립중앙도서관
比律賓の現勢 総説	① 朝鮮情報委員会(西崎鶴司)編 ③ 京城 ④ 1921 ⑤ 서울대도서관
比律賓教育年報 第十八回	① 朝鮮総督府学務局編 ② 朝鮮総督府学務局 ③ 京城 ④ 1934 ⑤ 서울대도서관
賓黑鉄道予定線地方概要	① 朝鮮銀行調査部 ② 朝鮮銀行 ③ 京城 ④ 1920 ⑤ 일본국회도서관

私の公娼廃止論 上巻　　　　　　　　①鳥原重行 ②新生会 ③京城 ④1931 ⑤일본국회도서관

四季の朝鮮　　　　　　　　　　　　①亀岡栄吉 ②朝鮮拓殖資料調査会 ③京城 ④1926 ⑤국립중앙도서관,
　　　　　　　　　　　　　　　　　한국국회도서관, 부산시민도서관, 서울대도서관, 일본국회도서관

莎雞集　　　　　　　　　　　　　　②ポトナム社 ③京城 ④1923 ⑤일본국회도서관

四大徳巡講誌　　　　　　　　　　　①朝鮮仏教団編 ③京城 ④1929 ⑤국립중앙도서관

事大文軌 一名東国史略 巻3, 8, 12, 17, 19-20, 22-24, 28, 30, 32-33, 35-37, 42-43, 45-48, 51, 解説·目録
　　　　　　　　　　　　　　　　　①朝鮮総督府 ②朝鮮総督府 ③京城 ④1935 ⑤일본국회도서관

私立学校関係書類 昭和4年　　　　　③釜山 ④1929 ⑤부산시민도서관

事務概要　　　　　　　　　　　　　②日本赤十字社朝鮮本部 ③京城 ④1928

事務概要　　　　　　　　　　　　　②日本赤十字社朝鮮本部 ③京城 ④1929

事務提要 1 相続税　　　　　　　　①朝鮮総督府財務局編 ③京城 ④1938 ⑤고려대도서관

事務提要 所得税 営業税 資本利子税 朝鮮銀行券発行税
　　　　　　　　　　　　　　　　　①京畿財務研究会編 ②所近沢出版 ③京城 ④1932 ⑤한국국회도서관

師範学校教科教授及修練指導要目　　①朝鮮総督府学務局 ②朝鮮総督府学務局 ③京城 ④1944 ⑤서울대도서관

師範学校修身書 1-3　　　　　　　①朝鮮総督府編 ②朝鮮総督府 ③京城 ④1939−40 ⑤국립중앙도서관

師範学校修身書　　　　　　　　　　①朝鮮総督府 ③京城 ④1925-1927 ⑤서울대도서관

師範学校用 朝鮮学校管理論　　　　①高橋浜吉 ②日韓書房 ③京城 ④1938 ⑤서울대도서관 농학도서관

司法警察官吏実務 続編　　　　　　①藤村英 ②京城法政学校 ③京城 ④1932 ⑤국립중앙도서관

司法官会議諮問事項答申書　　　　　①朝鮮総督府編 ②朝鮮総督府 ③京城 ④1917 ⑤서울대도서관

司法保護事業に就て　　　　　　　　①朝鮮総督府法務局編 ②朝鮮総督府法務局 ③京城 ④1935 ⑤한국국회
　　　　　　　　　　　　　　　　　도서관, 서울대도서관

司法書士監督手続並関係令規　　　　①京城地方法院編 ②京城地方法院 ④1940 ⑤한국국회도서관

司法制度沿革図譜　　　　　　　　　①朝鮮総督府法務局 ②朝鮮総督府法務局 ③京城 ④1937 ⑤서울대도서
　　　　　　　　　　　　　　　　　관, 일본국회도서관, 교토대도서관

司法協会決議回答輯録　　　　　　　①司法協会編 ②司法協会 ③京城 ④1932 ⑤한국국회도서관

事変下に於ける転業転職希望者への指針 ①京城府総務部時局総動員課編 ②京城府総務部時局総動員課 ③京城
　　　　　　　　　　　　　　　　　④1939 ⑤서울대도서관

思想問題　　　　　　　　　　　　　①朝鮮教育会編 ②発行地不明 ③京城 ④1931 ⑤국립중앙도서관

思想犯保護観察法　　　　　　　　　①法友社編 ②朝鮮地方自治協会出版部 ③京城 ④1936 ⑤국립중앙도서
　　　　　　　　　　　　　　　　　관, 한국국회도서관

私設鉄道及軌道統計年報 1-4　　　①朝鮮総督官房鉄道部編 ②朝鮮総督府鉄道部 ③京城 ④1923 ⑤국립
　　　　　　　　　　　　　　　　　중앙도서관

史実より見たる内鮮一体	①金声律 ②大海堂印刷 ③京城 ④1938 ⑤부산시민도서관
四十三年名載判所民事件表	①朝鮮総督府法務局編 ②朝鮮総督府 ③京城 ④1911 ⑤국립중앙도서관
四十五年大正元年度事業報告 第41号	①井上禧之助編 農商務省 ③京城 ④1907-34 ⑤국립중앙도서관
謝氏南征記 九雲夢	①金万重, 朝鮮研究会 訳 ②朝鮮研究会 ③京城 ④1914 ⑤한국국회도서관, 서울대도서관
事業概要	①日本窒素肥料株式会社, 造船窒素肥料株式会社 共編 ③京城 ④1930 ⑤국립중앙도서관, 고려대도서관, 연세대도서관
事業概要	①朝鮮総督府専売局 ②朝鮮総督府専売局 ③京城 ④1933 ⑤고려대도서관, 일본국회도서관
事業概要	①朝鮮総督府専売局編 ②朝鮮総督府専売局 ③京城 ④1936 ⑤한국국회도서관, 고려대도서관
事業概要	①朝鮮総督府専売局編 ②朝鮮総督府専売局 ③京城 ④1938 ⑤고려대도서관
事業概況 大正6年度~大正10年度	②東洋拓殖(株) ③京城 ④1917 ⑤부산시민도서관
事業概況 明治42年度~明治44年度	②東洋拓殖(株) ③京城 ④1916 ⑤부산시민도서관
事業概況	①東洋拓殖株式会社編 ②東洋拓殖 ③京城 ④1912 ⑤홋카이도대도서관
事業概況	①東洋拓殖株式会社編 ②東洋拓殖 ③京城 ④1911 ⑤도쿄대도서관
事業報告 :漁撈並漁船, 第8-9巻	①朝鮮総督府水産試験場編 ②朝鮮総督府水産試験場 ③釜山 ④1937-1938 ⑤한국국회도서관
事業報告 昭和5-7年	①朝鮮総督府水産試験場編 ②朝鮮総督府水産試験場 ③釜山 ④1932-36 ⑤국립중앙도서관, 규슈대도서관
事業報告	①江原道農事試験場 ②江原道農事試験場 ③春川 ④1935 ⑤홋카이도대도서관
事業報告	①江原道種苗場編 ②江原道種苗場 ③春川 ④1925 ⑤규슈대도서관
事業報告	①江原道種苗場編 ②江原道種苗場 ③春川 ④1932 ⑤홋카이도대도서관
事業報告	①京畿道農事試験場 ②京畿道農事試験場 ③京城 ④1935 ⑤홋카이도대도서관
事業報告	①京畿道種苗場 ②京畿道種苗場 ③京城 ④1920 ⑤규슈대도서관
事業報告	①慶尚北道農事試験場 ②慶尚北道農事試験場 ③達城郡 ④1934 ⑤홋카이도대도서관
事業報告	①全羅南道農事試験場 ②全羅南道農事試験場 ③農城 ④1938 ⑤홋카이도대도서관
事業報告	①全羅北道農事試験場編 ②全羅北道農事試験場 ③裡里 ④1933 ⑤홋카이도대도서관
事業報告	①全羅北道種苗場編 ②全羅北道種苗場 ③全州 ④1930 ⑤홋카이도대도

	서관
事業報告	① 咸鏡南道農事試験場 ② 咸鏡南道農事試験場 ③ 京城 ④ 1936 ⑤ 홋카이도대도서관
事業報告	① 黄海道農事試験場 ② 黄海道農事試験場 ③ 京城 ④ 1935 ⑤ 홋카이도대도서관
事業報告	② 朝鮮貿易協会 ③ 京城 ④ 1943 ⑤ 도쿄대도서관
事業報告書	④ 和12年度京城 ② 朝鮮貿易協会 ④ 1938 ⑤ 연세대도서관
事業報告書	④ 和13年度京城 ② 朝鮮貿易協会 ④ 1939 ⑤ 연세대도서관
事業報告書	④ 和15年度京城 ② 朝鮮貿易協会 ④ 1941 ⑤ 연세대도서관
事業報告昭和12年度	② 朝鮮総督府農事試験場西鮮支場 ③ 水原 ④ 1937 ⑤ 연세대도서관
事業報告昭和6年度	② 朝鮮総督府水産試験場 ③ 釜山 ④ 1933 ⑤ 연세대도서관
事業報告昭和7年度	② 朝鮮総督府水産試験場 ③ 釜山 ④ 1936 ⑤ 연세대도서관
事業状況報告 昭和15年	① 京城救護会 ② 京城救護会 ③ 京城 ④ 1941 ⑤ 서울대도서관
事業成績, 1927-1930	① 朝鮮総督府水産試験場編 ② 朝鮮総督府水産試験場 ③ 釜山 ④ 1927-1930 ⑤ 한국국회도서관
事業成績報告	① 朝鮮総督府水産業製品検査所 ② 朝鮮総督府水産業製品検査所 ③ 京城 ④ 1940 ⑤ 고려대도서관
事業一覧, 1931	① 朝鮮総督府農事試験場編 ② 朝鮮総督府農事試験場 ③ 水原 ④ 1931 ⑤ 한국국회도서관
事業資金調整関係書類	⑤ 도쿄대도서관
獅子ニ寄生セシ肺吸虫ノ一例ニ就テ	① 長花操 ② 朝鮮医学会 ③ 京城 ④ 1935 ⑤ 서울대도서관
史蹟調査復命書	① 菅野銀八 ② 朝鮮総督府中枢院 ③ 京城 ④ 1927 ⑤ 연세대도서관
写真朝鮮の概観	① 朝鮮総督府編 ② 朝鮮総督府 ③ 京城 ④ 1920 ⑤ 국립중앙도서관
社還米制度 旧慣制度調査書	① 麻生武亀 ② 朝鮮総督府中枢院 ③ 京城 ④ 1933 ⑤ 부산시민도서관, 고려도서관, 서울대도서관, 연세대도서관, 일본국회도서관, 규슈대도서관, 도쿄대도서관, 도호쿠대도서관, 홋카이도대도서관
社会教育講習会講習録	① 朝鮮教育会編 ③ 京城 ④ 1928 ⑤ 부산시민도서관
社会教化の指針	① 横山恵正 ② 天晴地明会 ③ 釜山 ④ 1927 ⑤ 부산시민도서관
社会教化資料	① 朝鮮総督府学務局社会課編 ② 朝鮮総督府学務局社会課 ③ 京城 ④ 1933 ⑤ 국립중앙도서관, 도쿄대 도서관, 홋카이도대도서관
社会及工場に於ける労動者の調査	① 朝鮮総督府内務局社会課編 ③ 京城 ④ 1933 ⑤ 고려대도서관
社会事業講習会講演録	① 朝鮮社会事業協会編 ② 朝鮮社会事業協会 ③ 京城 ④ 1934 ⑤ 국립중앙도서관, 한국국회도서관, 고려대도서관, 연세대도서관, 부산시민도서관, 일본국회도서관, 도쿄대도서관
社会運動関係用語略解	① 朝鮮総督府逓信局編 ② 朝鮮総督府逓信局 ③ 京城 ④ 1934 ⑤ 한국국회

	도서관
社会制度史	① 村山智順述外 ③ 韓国 ⑤ 연세대도서관
山口太兵衛翁	① 北川吉昭編 ② 山口太兵衛翁表彰会 ③ 京城 ④ 1934 ⑤ 부산시민도서관
産金資金金融計畫案	② 朝鮮総督府 ③ 京城? ④ 1937 ⑤ 도쿄대도서관
産金政策の一私見	① 迫間房太郎 ② 迫間房太郎 ③ 釜山 ④ 1937 ⑤ 일본국회도서관
山林経済	① 茶山 鄭若鏞(丁若鏞) 原, 青柳綱太郎編 ② 朝鮮研究会 ③ 京城 ④ 1916 ⑤ 서울대도서관
山林経済考	① 富見直次郎, 三木栄 ③ 京城 ④ 1937 ⑤ 서울대도서관
山西省に於ける金融経済概況と金融機関の内容	
	① 朝鮮銀行京城総裁席調査課編 ② 朝鮮銀行調査課 ③ 京城 ④ 1937 ⑤ 일본국회도서관
酸性土壌に関する研究	② 朝鮮総督府勧業模範場 ③ 水原 ④ 1919 ⑤ 교토대도서관, 규슈대도서관
算術 下巻	① 朝鮮総督府 ③ 京城 ④ 1937 ⑤ 국립중앙도서관
算術受験指針	① 朝鮮公民教育会編 ② 同会 ③ 京城 ④ 1935 ⑤ 국립중앙도서관
産業経済調査会の答申と当協会	① 朝鮮工業協会編 ② 朝鮮工業協会 ③ 京城 ④ 1936 ⑤ 국립중앙도서관
産業時代之朝鮮	① 朝鮮事情社編 ② 朝鮮事情社 ③ 京城 ④ 1927 ⑤ 국립중앙도서관
産業要覧 昭和10年版	① 京城府 ② 京城府 ③ 京城 ④ 1935 ⑤ 서울대도서관
産業要覧 昭和13年版	① 京城府編輯 ② 京城府 ③ 京城 ④ 1939 ⑤ 일본국회도서관
産業要覧	① 京城府編輯 ② 京城府 ③ 京城 ④ 1931 ⑤ 홋카이도대도서관
産業奨励の指針	① 金海郡農会編 ② 金海郡 ④ 1932 ⑤ 부산시민도서관
産業奨励事項ノ梗概	① 慶尚北道 ② 慶尚北道 ④ 1923 ⑤ 규슈대도서관
産業第一之朝鮮	① 今成天外編 ② 朝鮮売文聯盟 ③ 京城 ④ 1926 ⑤ 국립중앙도서관, 연세대도서관
産業調査書	① 平壌府 ② 平壌 ③ 平壌府 ④ 1925 ⑤ 도쿄대도서관
産業調査委員会決議書 大正10年	① 朝鮮総督府編 ② 朝鮮総督府 ③ 京城 ④ 1921 ⑤ 서울대도서관
産業調査委員会議事速記録 第1冊	① 朝鮮総督府編 ② 朝鮮総督府 ③ 京城 ④ 1922 ⑤ 국립중앙도서관, 고려대도서관
産業調査委員会会議録	① 朝鮮総督府編 ② 朝鮮総督府 ③ 京城 ④ 1921 ⑤ 국립중앙도서관
産業之朝鮮	① 中村玄涛編 ② 大陸之日本人社 ③ 京城 ④ 1929 ⑤ 연세대도서관
産業之朝鮮	① 青柳綱太郎(南冥) ② 朝鮮産業調査会 ③ 京城 ④ 1925 ⑤ 교토대도서관, 규슈대도서관, 나고야대도서관, 도쿄대도서관, 오사카대학, 홋카이도대도서관
産業統計 昭和4年	② 釜山府 ③ 釜山 ④ 1929 ⑤ 부산시민도서관
山住居の話 第9巻	① 小杉放庵 金星堂 ③ 京城 ④ 1935-36 ⑤ 국립중앙도서관
山地を利用する楮の増殖に関する調査書	① 朝鮮総督府編 ② 朝鮮総督府 ③ 朝鮮 ④ 1938 ⑤ 국립중앙도서관, 고려대도서관, 규슈대도서관

酸化コバルト製錬試験	①朝鮮総督府燃料選鉱研究所編 ③京城 ④1927 ⑤국립중앙도서관
殺菌剤の種類と其の用ひ方	②朝鮮総督府農事試験場 ③水原 ④1934 ⑤연세대도서관
殺踊乾繭上注意スベキ事項	①朝鮮総督府編 ②朝鮮総督府 ③京城 ④1916 ⑤국립중앙도서관
三国史記 下	①金富軾 ②朝鮮研究会 ③京城 ④1914 ⑤서울대도서관
三国史記 原文和訳対照 上, 下	①青柳綱太郎編 ②朝鮮研究会 ③京城 ④1914 ⑤고려대도서관, 교토대도서관, 도쿄대도서관, 오사카대학
三国史記 巻第1-50	①金富軾奉宣撰, 朝鮮史学会編 ②朝鮮史学会 ③京城 ④1928 ⑤일본국회도서관
三国史記	①金富軾 等受命編, 今西竜 校, 末松保和 補校 近沢書店 ④1941 ⑤국립중앙도서관, 일본국회도서관
三国史記	①金富軾奉宣撰, 朝鮮古書刊行会編 ②朝鮮古書刊行会 ③京城 ④1909 ⑤교토대도서관, 도쿄대도서관
三国遺事 5巻	①一然 ②古典刊行会 ③京城 ④1932 ⑤일본국회도서관
三国遺事 原文和訳対照	①青柳綱太郎 ②朝鮮研究会 ③京城 ④1915 ⑤교토대도서관
三国遺事	①細井肇編 平岩佑介抄訳 ②自由討究社 ③京城 ④1923 ⑤도쿄대도서관
三国遺事	①一然 細井肇編 ②自由討究社 ③京城 ④1926 ⑤부산시민도서관
三国遺事	①朝鮮史学会編 ②朝鮮史学会 ③京城 ④1928 ⑤교토대도서관, 규슈대도서관, 도쿄대도서관, 홋카이도대도서관
三国遺事-全 原文和訳対照	①青柳綱太郎 ③京城 ②朝鮮研究会 ④1915 ⑤도쿄대도서관
森林教科書	①朝鮮総督府編 ②朝鮮総督府 ③京城 ④1921 ⑤국립중앙도서관
森林教科書	①朝鮮総督府編纂 ②朝鮮総督府 ③京城 ④1914 ⑤연세대도서관
森林犯罪ニ関スル実務提要	①朝鮮山林会慶南支部編 ②朝鮮山林会慶南支部 ③釜山 ④1935 ⑤국립중앙도서관
森林保護講演集 第1輯	①朝鮮山林会編 ②朝鮮山林会 ③京城 ④1933 ⑤국립중앙도서관
三峯集	①釈尾春仍編 ②朝鮮古書刊行会 ③京城 ④1916 ⑤교토대도서관
三相送電線の電圧降下及び送電損失早見図表	①CCWhelchel, 近藤良敏訳 ②共盛堂出版部 ③京城 ④1938 ⑤일본국회도서관
三線聯絡運賃問題と其実績	①安藤又三郎 ②朝鮮総督府 ③京城 ④1925 ⑤국립중앙도서관
三線問題運動経過報告	⑤부산시민도서관
三十年前の朝鮮	①バード・ビショツプ, 工藤重雄抄訳 ②東亜経済時報社 ③京城 ④1925 ⑤부산시민도서관, 고려대도서관, 서울대도서관, 연세대도서관, 일본국회도서관, 규슈대도서관, 도쿄대도서관
三十年前の朝鮮	①バード Bishop, 工藤重雄 訳 ②東亜経済時報社 ③京城 ④1930 ⑤한국국회도서관

三十年後の朝鮮	①坂本天海(春吉) ②京城支社 ③京城 ④1927 ⑤한국국회도서관, 서울대도서관, 일본국회도서관
森悟一氏遺愛品書画辯に朝鮮陶器売立	①京城美術倶楽部編 ②京城美術倶楽部 ③京城 ④1936 ⑤고려대도서관
杉原長太郎氏蒐集品図録	①藤田亮策 ②朝鮮考古学会, 桑名文星堂 ③日本 ④1944 ⑤연세대도서관
三隠集	①朝鮮古書刊行会編 ②朝鮮古書刊行 ③京城 ④1915 ⑤서울대도서관
蔘政概要	①朝鮮総督府司税局開城出張所編 ②朝鮮総督府司税局開城出張所 ③開城 ④1914 ⑤국립중앙도서관
蔘政概要	①朝鮮総督府専売局開城出張所編 ③開城 ④1925 ⑤서울대도서관
蔘政報告 1-5	①度支部司税局参政課編 ②朝鮮総督府司税局参政課 ⑤국립중앙도서관
蔘政報告 第8回	①朝鮮総督府度支部専売課編 ②朝鮮総督府度支部専売課 ④1914 ⑤고려대도서관
蔘政報告 第12回	①朝鮮総督府度支部専売課編 ②朝鮮総督府度支部専売課 ④1918 ⑤고려대도서관
蔘政指針	①朝鮮総督府専売課開城出張所編 ②朝鮮総督府 ③京城 ④1916 ⑤국립중앙도서관
三清洞史話 京城電気株式会社	③京城 ④1943 ⑤고려대도서관, 서울대도서관
桑ノ品種ニ関スル調査	②朝鮮総督府勧業模範場蚕業試験所 ③水原 ④1921-22 ⑤국립중앙도서관, 나고야대도서관
上古之半島統治裏面史	①岩本善文 ②東方文化研究会 ③京城 ④1925 ⑤교부산시민도서관, 토대도서관, 일본국회도서관
商工累年統計	①京城府 ②京城府 ③京城 ④1928 ⑤서울대도서관
商工累年統計書	①京城府編 ②京城府 ③京城 ④1926 ⑤한국국회도서관
商工業	①行徳八郎 ②朝鮮公民教育会 ③京城 ④1933 ⑤국립중앙도서관
相続税の話	①朝鮮総督府財務局編 ②朝鮮総督府財務局 ③京城 ⑤한국국회도서관
上水協議会議事録 第十回	②朝鮮総督府 ③京城 ④1914 ⑤부산시민도서관
商業登記の実際と其の運用	①田重雄 ④1930 ⑤부산시민도서관
商業学	①内池廉吉 ②千倉書房 ③京城 ④1941 ⑤부산시민도서관
商業会議所年報	①京城日本人商業会議所編 ②京城日本人商業会議所 ③京城 ④1912 ⑤국립중앙도서관
上院論	①水野練太郎 ②朝鮮総督官房忩務部 ③京城 ④1912—26 ⑤국립중앙도서관
商品に関する記事目録 附調査課刊行物目録	①朝鮮銀行京城総裁席調査課編 ②朝鮮銀行調査課 ③京城 ④1934 ⑤연세대도서관, 교토대도서관, 도쿄대도서관
上海及南京方面に於ける朝鮮人の思想状況	①村田左文 ②朝鮮総督府高等法院 ③京城 ④1936 ⑤국립중앙도서관
上海南京ニ於ケル空爆並防空施設状況	①朝鮮総督府編 ②朝鮮総督府 ③京城 ④1938 ⑤고려대도서관

生徒心得	①京城第二公立高等普通学校 ②京城第二公立高等普通学校 ③京城 ④1934 ⑤고려대도서관
生徒用普通学校理科書 1-2, 4	①朝鮮総督府編 ②朝鮮総督府 ③京城 ④1914-1924 ⑤국립중앙도서관
生活状態調査 28, 29, 32, 34, 40, 41	①朝鮮総督府 ②朝鮮総督府 ③京城 ④1929-35 ⑤국립중앙도서관
生活状態調査 其1 水原部	①朝鮮総督府編 ②朝鮮総督府 ③京城 ④1929 ⑤한국국회도서관, 부산시민도서관, 고려대도서관
生活状態調査 其一 済州群	②朝鮮総督府 ③京城 ④1927 ⑤부산시민도서관
生活状態調査 其1-其7	①朝鮮総督府編 ②朝鮮総督府 ③京城 ④1929.9-1934.2 ⑤교토대도서관, 규슈대도서관, 나고야대도서관, 도쿄대도서관, 도호쿠대도서관
生活状態調査 其2 済州道	①朝鮮総督府 ②朝鮮総督府 ③京城 ④1929 ⑤고려대도서관, 서울대도서관, 연세대도서관, 일본국회도서관
生活状態調査, 其3 江陵郡	①朝鮮総督府 ②朝鮮総督府 ③京城 ④1941 ⑤한국국회도서관, 연세대도서관
生活状態調査 其4 平壌府	①朝鮮総督府 ②朝鮮総督府 ③京城 ④1932 ⑤한국국회도서관, 고려대도서관, 연세대도서관
生活状態調査 其7 慶州郡	①朝鮮総督府 ②朝鮮総督府 ③京城 ④1934 ⑤한국국회도서관, 고려대도서관, 연세대도서관
生活状態調査, 其5, 朝鮮の聚落, 前篇	②朝鮮総督府 ③京城 ④1933 ⑤연세대도서관
生活状態調査, 其6, 朝鮮の聚落, 中篇	②朝鮮総督府 ③京城 ④1933 ⑤연세대도서관
生活状態調査, 其8, 朝鮮の聚落, 後篇	②朝鮮総督府 ③京城 ④1935 ⑤연세대도서관
生活必需品業者の分布状況概要	①京城商工会議所編 ②京城商工会議所 ③京城 ④1942 ⑤국립중앙도서관
書堂改善ニ関スル具体的意見 2	①朝鮮総督府編 ②朝鮮総督府 ③京城 ④1933- ⑤국립중앙도서관
書方手本 第一学年	①朝鮮総督府 ③京城 ④1937 ⑤국립중앙도서관
西伯利に関する調査	①朝鮮総督府編 ②朝鮮総督府 ③京城 ④1918 ⑤국립중앙도서관, 규슈대도서관
西伯利亜一班 全	①朝鮮及満洲社編纂 ②朝鮮及満州社 ③京城 ④1919 ⑤국립중앙도서관
西比利亜経済事情概要	①朝鮮銀行調査局編 ②朝鮮銀行調査局 ③京城 ④1918 ⑤일본국회도서관, 규슈대도서관
西比利亜一班	①朝鮮及満洲社編 ②朝鮮及満洲社出版部 ③京城 ④1919 ⑤국립중앙도서관, 부산시민도서관, 연세대도서관, 교토대도서관, 도쿄대도서관
西鮮地方に於ける小麦増収法	①朝鮮総督府事業試験場編 ②朝鮮総督府事業試験場 ③京城 ④1933 ⑤국립중앙도서관, 한국국회도서관, 연세대도서관
書画高麗李朝陶器其他大売立	①京城美術倶楽部編 ②京城美術倶楽部 ③京城 ④1936 ⑤고려대도서관
書画高麗李朝陶器売立目録	①松浦音治編 ②京城美術倶楽部 ③京城 ④1941 ⑤고려대도서관
書画骨董愛残品売立目録	①松浦音治編 ②京城美術倶楽部 ③京城 ④1941 ⑤고려대도서관

書画骨董高麗焼李朝焼其他大売立	①京城美術倶楽部編 ②京城美術倶楽部 ③京城 ④1937 ⑤고려대도서관
書画並二朝鮮陶器展観売立	②元在鮮諸名士及京城閔氏家旧蔵品 ②京城美術倶楽部 ③京城 ④193-
書画李朝陶器及工芸品売立会	①松浦音治編 ②京城美術倶楽部 ③京城 ④1938 ⑤고려대도서관
釈椋	①稲葉岩吉 ②稲葉岩吉 ③京城 ④1936 ⑤일본국회도서관, 규슈대도서관, 도쿄대도서관, 도호쿠대도서관,
釈奠・祈雨・安宅	①朝鮮総督府 ②朝鮮総督府 ③京城 ④1938 ⑤한국국회도서관, 고려대도서관, 서울대도서관, 교토대도서관, 규슈대도서관, 도쿄대도서관, 오사카대도서관, 홋카이도대도서관
石炭乾畁試験報文	①朝鮮総督府地質調査所編 ②朝鮮総督府地質調査所 ③京城 ④1924 ⑤국립중앙도서관
石炭分析表	①朝鮮総督府殖産局燃料選鉱研究所編 ②朝鮮総督府燃料選鉱研究所 ③京城 ④1936 ⑤국립중앙도서관, 홋카이도대도서관
石炭試験報告 第1-6巻	①朝鮮総督府殖産局燃料選鉱研究所編 ②朝鮮総督府殖産局 ③京城 ④1926-1933 ⑤국립중앙도서관, 서울대도서관, 교토대도서관, 도쿄대도서관
石炭試験報告, 3	①朝鮮総督府殖産局燃料選鉱研究所編 ②朝鮮総督府殖産局燃料選鉱研究所 ③京城 ④1930 ⑤한국국회도서관
石炭試験報告, 4	①朝鮮総督府殖産局燃料選鉱研究所編 ②朝鮮総督府殖産局燃料選鉱研究所 ③京城 ④1930 ⑤한국국회도서관
石炭風化試験成績報文	①田村亀太郎, 水間選 共 ②朝鮮総督府地質調査所 ③京城 ④1927 ⑤국립중앙도서관
扇·左縄·打毬·匏	①朝鮮総督府中枢院編 ②朝鮮総督府 ③京城 ④1937 ⑤고려대도서관, 서울대도서관
船の朝鮮 李朝海事法釈義	①今村鞆 ②螺炎書屋 ③京城 ④1930 ⑤한국국회도서관, 부산시민도서관, 고려대도서관, 서울대도서관, 연세대도서관규슈대도서관, 도쿄대도서관, 홋카이도대도서관
選鉱製錬試験報告 第1回-第46回	①朝鮮総督府燃料選鉱研究所編 ②朝鮮総督府燃料選鉱研究 ③京城 ④1927-43 ⑤일본국회도서관
選鉱製錬試験報告 第8回鉱山物分析試験成績報告 其ノ一	①朝鮮総督府燃料選鉱研究所 ②朝鮮総督府燃料選鉱研究所 ③京城 ④1931 ⑤서울대도서관
選鉱製錬試験報告 第28- 46回, 茂山鉄鉱の選鉱試験 鉄鉱の浮游選鉱試験	①朝鮮総督府燃料選鉱研究所編 ②朝鮮総督府燃料選鉱研究所 ③京城 ④1937-1943 ⑤고려대도서관
選鉱製錬試験報告 第7回, 朝鮮に於ける礬土鉱概要調査	①朝鮮総督府燃料選鉱研究所編 ②朝鮮総督府燃料選鉱研究所 ③京城 ④1930 ⑤고려대도서관

選鉱製錬試験報告	① 朝鮮総督府燃料選鉱研究所編 ② 朝鮮総督府燃料選鉱研究所 ③ 京城 ④ 1927 ⑤ 국립중앙도서관
選鉱製錬試験報告	① 朝鮮総督府燃料選鉱研究所編 ② 朝鮮総督府燃料選鉱研究所 ③ 京城 ④ 1943 ⑤ 서울대도서관
選鉱製錬試験報告第19回	② 鉱産物分析試験成績報告其の5 ② 朝鮮総督府燃料選鉱研究所 ③ 京城 ④ 1934 ⑤ 연세대도서관
選鉱製錬試験報告第32回	② 朝鮮金鉱石の研究 ② 朝鮮総督府燃料選鉱研究所 ③ 京城 ④ 1939 ⑤ 연세대도서관
選鉱製錬試験報告, 25, 41	① 朝鮮総督府燃料選鉱研究所編 ② 朝鮮総督府燃料選鉱研究所 ③ 京城 ④ 昭和11-18 1936-1943 ⑤ 한국국회도서관
選鉱学	① 谷口長一郎 ② 朝鮮鉱業会 ③ 京城 ④ 1936 ⑤ 국립중앙도서관, 연세대도서관
鮮南発展史	① 尾西要太郎編 ② 朝鮮新聞社 ③ 京城, 仁川 ④ 1913 ⑤ 국립중앙도서관, 한국국회도서관, 부산시민도서관, 서울대도서관, 연세대도서관, 교토대도서관, 규슈대도서관
鮮内各港 諸経費諸施設其他海運関係調書	① 国際通運株式会社 京城支部編 ② 国際通運 ③ 京城 ④ 1933 ⑤ 한국국회도서관
鮮内工業の現状と工業組合法実施の要否	① 朝鮮工業協会編 ② 朝鮮工業協会 ③ 京城 ④ 1933 ⑤ 국립중앙도서관, 고려대도서관, 도쿄대도서관
鮮内苗圃の土壌虫類調査	① 村山醸造 ③ 京城 ④ 1938 ⑤ 국립중앙도서관
鮮内中小工業ト其ノ金融改善策	① 朝鮮銀行京城総裁席調査課編 ② 朝鮮銀行京城総裁席調査課 ③ 京城 ④ 1932 ⑤ 도쿄대도서관
線路及建造物並用地建築電線路 図面調製心得基他	
	① 朝鮮総督府鉄道局編 ② 朝鮮総督府鉄道局 ③ 京城 ④ 1937 ⑤ 한국국회도서관
鮮満の衛生	① 朝鮮之衛生社編 ② 朝鮮之衛生社 ③ 京城 ④ 1938 ⑤ 국립중앙도서관
鮮満を熔炉に入れて	① 梁村奇智城 ② 朝鮮研究社 ③ 京城 ④ 1932 ⑤ 국립중앙도서관, 한국국회도서관, 일본국회도서관
鮮満経済概観	① 朝鮮銀行編 ② 朝鮮銀行 ③ 京城 ④ 1929 ⑤ 규슈대도서관
鮮満経済十年史 朝鮮銀行創業十周年記念	① 朝鮮銀行編 ② 朝鮮銀行 ③ 京城 ④ 1919 ⑤ 한국국회도서관, 부산시민도서관, 서울대도서관, 일본국회도서관, 교토대도서관, 나고야대도서관, 오사카대학
鮮満経済統計要覧	① 朝鮮銀行編 ② 朝鮮銀行 ③ 京城 ④ 1920 ⑤ 국립중앙도서관, 일본국회도서관, 도쿄대도서관
鮮満工業の対立的関係と其の調整	① 朝鮮工業協会 ② 朝鮮工業協会 ③ 京城 ④ 1934 ⑤ 고려대도서관, 연세대도서관, 도쿄대도서관

鮮満金融統計摘要 ① 朝鮮銀行編 ② 朝鮮銀行 ③ 京城 ④ 1918 ⑤ 국립중앙도서관

鮮満視察団体感賞録 ① 朝鮮総督府鉄道局 ② 朝鮮総督府鉄道局 ③ 京城 ④ 1934 ⑤ 서울대도서관

鮮満実用 林業便覧 ① 朝鮮総督府林業試験場 ② 朝鮮総督府林業試験場 ③ 京城 ④ 1939 ⑤ 한국국회도서관, 고려대도서관

鮮満運送業者名簿 ① 鮮満運輸株式会社編 ② 鮮満運輸 ③ 京城 ④ 1936 ⑤ 한국국회도서관

鮮満運送提要 ① 官崎篤実 ② 朝鮮産業協会 ③ 京城 ④ 1926 ⑤ 국립중앙도서관, 고려대도서관

鮮満株式年鑑 ① 藤村忠助 ② 京城日報社 ③ 京城 ④ 1923 ⑤ 고려대도서관

鮮満鉄道旅行案内, 4月号, 全鮮各駅自動車連絡及び地図
② 朝鮮旅行案内社 ③ 京城 ④ 1934 ⑤ 연세대도서관

鮮貿易振興展覧会報告書 ① 朝鮮貿易協会編 ② 朝鮮貿易協会 ③ 京城 ④ 1936 ⑤ 고려대도서관

鮮文金融組合読本 ① 牟田口利彦 ② 朝鮮金融組合協会 ③ 京城 ④ 1932 ⑤ 고려대도서관

鮮米輸送を繞る諸問題 ① 山本滋雄 ② 朝鮮米肥日報社 ③ 京城 ④ 1937 ⑤ 고려대도서관

鮮産野生菌蕈の栞 ① 朝鮮総督府 ② 朝鮮総督府 ③ 京城 ④ 1943 ⑤ 서울대도서관

鮮薬会報 ① 朝鮮薬剤師会編 ② 朝鮮薬剤師会 ③ 京城 ④ 1931-34 ⑤ 국립중앙도서관

鮮漁の凍結及び貯蔵に関する試験 第1報 ① 小倉善平, 富士川瀬 共 ② 朝鮮総督府水産試験 ③ 釜山 ④ 1925 ⑤ 국립중앙도서관, 부산시민도서관

鮮語階梯 ① 新庄順貞 ② 朝鮮総督府 ③ 京城 ④ 1918 ⑤ 국립중앙도서관, 서울대도서관, 교토대도서관, 도쿄대도서관

鮮人の記せる豊太閤征韓記 ① 青木網太郎(南溟) ② 朝鮮研究会 ③ 京城 ④ 1912 ⑤ 국립중앙도서관, 한국국회도서관, 연세대도서관, 나고야대도서관도서관, 도쿄대도서관

仙人の遺道を伝ふる百歳長寿法 ① 青柳網太郎(南冥) ② 京城新聞社 ③ 京城 ④ 1924 ① 梁村奇智城

扇左縄打毬毱 朝鮮風俗資料集説 ① 朝鮮総督府中枢院編 ② 朝鮮総督府中枢院 ③ 京城 ④ 1937 ⑤ 부산시민도서관, 연세대도서관, 일본국회도서관, 규슈대도서관, 나고야대도서관, 교토대도서관, 도쿄대도서관, 도호쿠대도서관, 홋카이도대도서관

鮮総督府脚古蹟調査報告 ① 朝鮮総督府編 ② 朝鮮総督府 ③ 京城 ④ 1927 ⑤ 국립중앙도서관

鮮総督府古蹟調査報告 大正12, 13 本文, 13 図版, 昭和2, 7年度
① 朝鮮総督府 ② 朝鮮総督府 ③ 京城 ④ 1929-1933 ⑤ 일본국회도서관

宣和奉使高麗図経 ① 徐兢, 今西龍 校定 ② 近湟書店 ③ 京城 ④ 1932 ⑤ 서울대도서관

鮮和新辞典 ① 朝鮮語研究会編纂 ② 朝鮮語研究会 ③ 京城 ④ 1930 ⑤ 교토대도서관, 나고야대도서관

成功秘訣朝鮮採鉱宝鑑 ① 劉銓, 姜 共 ② 朝鮮鉱業研究会 ③ 京城 ④ 1919 ⑤ 국립중앙도서관

聖美の黄州 ① 李東熙 ② 李東熙 ③ 海州 ④ 1929 ⑤ 서울대도서관

城師範学校総覧 ① 京城師範学校編 ② 京城師範学校 ③ 京城 ④ 1929 ⑤ 홋카이도대도서관

聖上陛下の御日常を御ぎ奉りて ① 国民総力朝鮮聯盟編 ② 国民総力朝鮮聯盟 ③ 京城 ④ 1941 ⑤ 서울대도

	서관
聖戦	① 朝鮮第20部隊編 ② 朝鮮第二十部隊 ③ 京城 ④ 1940 ⑤ 국립중앙도서관, 부산시민도서관
聖戦の持久と国民の覚悟	① 朝鮮軍事後援聯盟 ③ 京城 ④ 1938 ⑤ 서울대도서관
城津郡土性調査予報	① 咸鏡北道農事試験場 ② 咸鏡北道農事試験場 ④ 1942 ⑤ 규슈대도서관
城津市街地計画説明書	① 朝鮮総督府内務局編 ② 朝鮮総督府内務局 ③ 京城 ④ 1937 ⑤ 국립중앙도서관
誠忠録	① 朝鮮軍事後援聯盟編 ② 朝鮮軍事後援聯盟 ③ 京城 ④ 1941 ⑤ 국립중앙도서관, 한국국회도서관, 부산시민도서관, 서울대도서관
世界より朝鮮へ	① 平井三男 ② 朝鮮教育会 ③ 京城 ④ 1927 ⑤ 국립중앙도서관, 고려대도서관, 서울대도서관
世界経済ノ難局打開卜之ニ関聯スル諸問題	① 朝鮮銀行総裁席調査課編 ③ 京城 ④ 1933 ⑤ 서울대도서관
世界経済の趨向と通貨問題の将来 殊に米国の通商及通貨政策に就て	
	① 小島精一述 ② 朝鮮銀行 ③ 京城 ④ 1935 ⑤ 일본국회도서관, 도쿄대도서관
世界植民地現勢	① 朝鮮総督官房庶務部調査課編 ③ 京城 ④ 1924 ⑤ 한국국회도서관, 서울대도서관, 일본국회도서관, 교토대도서관, 규슈대도서관, 홋카이도대도서관
世界印刷通史 第2巻	① 三秀舎編 ② 三秀舎 ③ 京城 ④ 1930 ⑤ 국립중앙도서관
世界一巡百感記	① 河野節夫 ② 朝鮮仏教社 ③ 京城 ④ 1934 ⑤ 고려대도서관
世界情勢と躍進日本外交史	① 内田茂文編纂 ② 朝鮮新聞社 ③ 京城 ④ 1940 ⑤ 연세대도서관
税関検査社務打合会決意要領, 輸移入品別通信決意要領及細管検査社務関係通牒等要領摘録	
	① 朝鮮総督府編 ② 朝鮮総督府 ③ 京城 ④ 1924 ⑤ 국립중앙도서관
説関会議諮問事項答申書	① 朝鮮総督府総務課編 ② 朝鮮総督府 ③ 京城 ④ 1916 ⑤ 국립중앙도서관
税金の話	① 朝鮮財務協会編 ② 朝鮮総督府 ③ 京城 ④ 1933 ⑤ 국립중앙도서관
細目兼用 国民科読方授業案, 初3後期	① 朝鮮国民教育研究所編 ② 朝鮮国民教育研究所 ③ 京城 ④ 1944 ⑤ 국립중앙도서관, 연세대도서관
細目式普通学校各科教授日案 1-3	① 朝鮮初等教育研究会編 ② 朝鮮公民教育会 ③ 京城 ④ 1934-35 ⑤ 국립중앙도서관
税務統計	① 朝鮮総督府編 ② 朝鮮総督府 ③ 京城 ④ 1912 ⑤ 국립중앙도서관
細部測図実施規程細部測図施行ニ関スル心得	
	① 朝鮮総督府臨時土地調査局編 ② 朝鮮総督府臨時土地調査局 ③ 発行지불명 ④ 1914 ⑤ 한국국회도서관
歳入歳出科目解疏 昭和8-10年	① 朝鮮総督府 ② 朝鮮総督府 ③ 京城 ④ 1933-1935 ⑤ 한국국회도서관, 서울대도서관
歳入歳出科目解疎, 1929	① 朝鮮総督府編 ② 朝鮮総督府 ③ 京城 ④ 1929 ⑤ 한국국회도서관
歳入歳出科目解疎, 1940, 1943	① 朝鮮総督府編 ② 朝鮮総督府 ③ 京城 ④ 昭和15-18 1940-1943 ⑤ 한국국

회도서관

歳入歳出科目解疏	② 朝鮮総督府 ③ 京城 ④ 1926 ⑤ 연세대도서관
歳入歳出科目解疏	② 朝鮮総督府 ③ 京城 ④ 1927 ⑤ 연세대도서관
税政パンフレスト 第1輯	① 朝鮮財務協会編 ③ 京城 ④ 1928 ⑤ 국립중앙도서관
税制改正参考資料	① 朝鮮総督府財務局編 ② 朝鮮総督府財務局 ③ 京城 ④ 1938 ⑤ 국립중앙도서관
世宗実録地理志 校訂	① 中枢院調査課編 ② 朝鮮総督府中枢院 ③ 京城 ④ 1937 ⑤ 일본국회도서관, 부산시민도서관
小国民陸軍読本	① 大谷保 ② 朝鮮公民教育会 ③ 京城 ④ 1944 ⑤ 국립중앙도서관, 부산시민도서관
小磯統理の展望	① 高宮太平編 ② 京城日報社 ③ 京城 ④ 1944 ⑤ 규슈대도서관, 도쿄대도서관
少女読本春夏秋冬	① 京城女子高等普通学校研究部編 ② 京城女子高等普通学校研究部 ③ 京城 ④ 1916 ⑤ 국립중앙도서관
小農ニ対スルト少額生業資金貸代説明書	① 朝鮮総督府学務局編 ② 朝鮮総督府 ③ 京城 ④ 1933 ⑤ 고려대도서관
小農ニ対スル小額生業資金貸付説明書	② 朝鮮総督府内務局 ③ 京城 ④ 1928 ⑤ 연세대도서관, 규슈대도서관, 도쿄대도서관, 홋카이도대도서관
小農生業資金貸村事業に於ける 勤農共済組合·勤農輔導委員事績	① 朝鮮総督府内務局社会課編 ③ 京城 ④ 1930 ⑤ 고려대도서관
所得税法台湾所得税令樺大·所得税令及同施行規則	① 朝鮮総督府財務局編 ② 朝鮮総督府財務局 ③ 京城 ④ 1938 ⑤ 한국국회도서관, 연세대도서관
小売商店の連鎖的経営に就て	① 清水正己 ② 京城商業会議所 ③ 京城 ④ 1929 ⑤ 국립중앙도서관
小麦の穀実線虫に関する調査研究	② 朝鮮総督府農業試験場 ③ 水原 ④ 1944 ⑤ 규슈대도서관
消費経済生活の合理化	① 尾崎関太郎 ② 勤倹奨励社 ③ 京城 ④ 1930 ⑤ 부산시민도서관
小松緑先生及某家秘蔵書画骨董売立会	① 京城美術倶楽部編 ② 京城美術倶楽部 ③ 京城 ④ 1937 ⑤ 고려대도서관
騒擾と学校	① 朝鮮総督府学務局 ② 朝鮮総督府 ③ 京城 ④ 1920 ⑤ 한국국회도서관
騒擾の財政及経済上に及にぼしたる影響	① 朝鮮総督府編 ③ 京城 ④ 1919 ⑤ 국립중앙도서관, 서울대도서관
小運送の研究	① 鳥栖忠安 ② 朝鮮鉄道協会 ③ 京城 ④ 1926 ⑤ 국립중앙도서관
所謂「北鮮ルート」に就いて	① 鈴木武雄 ② 京城帝国大学満蒙文化研究会 ③ 京城 ④ 1938 ⑤ 도쿄대도서관
所謂天水沓の稲作に就て	① 杉弘道 ② 朝鮮総府勧業模範場 ③ 水原 ④ 1929 ⑤ 국립중앙도서관
小作ニ関スル慣習調査書	① 朝鮮総督府編 ② 朝鮮総督府中枢院 ③ 京城 ④ 1930 ⑤ 국립중앙도서관, 서울대도서관, 연세대도서관, 교토대도서관, 도쿄대도서관, 도호쿠대도서관
小作に関する基本法規の解説	① 吉田正広 ② 朝鮮農政研究同志会 ③ 京城 ④ 1934 ⑤ 부산시민도서관
小作慣例及駅屯賭に関する調査書	① 朝鮮総督府内務局社会課編 ② 朝鮮総督府内務局社会課 ③ 京城

	④ 1928 ⑤ 국립중앙도서관, 홋카이도대도서관
小作慣例調査	② 度支部司税局 ③ 京城 ④ 1909 ⑤ 부산시민도서관
小作慣例及駅屯賭に関する調査書	② 朝鮮総督府内務局社会科 ③ 京城 ④ 1928 ⑤ 고려대도서관
小作慣行調査書 全羅南道	① 全羅南道内務部編 ② 全羅南道内務部 ③ 朝鮮 ④ 1923 ⑤ 규슈대도서관, 도쿄대도서관
小作慣行調査要項	② 朝鮮総督府 ③ 京城 ④ 1930 ⑤ 도쿄대도서관
小作農民に 関する 調査	① 朝鮮総督府殖産局編 ② 朝鮮総督府殖産局 ③ 京城 ④ 1928 ⑤ 국립중앙도서관, 고려대도서관, 도쿄대도서관, 홋카이도대도서관
小作農民ニ関スル調査	① 朝鮮総督府調査局編 ② 朝鮮総督府調査局 ③ 京城 ④ 1912 ⑤ 국립중앙도서관, 도쿄대도서관, 도호쿠대도서관
小作制度並農家経済ニ関スル調査書	① 全羅北道編 ② 全羅北道 ③ 京城 ④ 1922 ⑤ 도쿄대도서관
小田先生頌寿記念朝鮮論集	① 小田先生頌寿記念会編 ② 大阪屋号書店 ③ 京城 ④ 1934 ⑤ 국립중앙도서관, 연세대도서관, 일본국회도서관, 교토대도서관, 규슈대도서관, 도쿄대도서관, 홋카이도대도서관
蔬菜園芸教科書 全	① 朝鮮総督府編 ② 朝鮮書籍 ③ 京城 ④ 1925 ⑤ 서울대도서관 사범대학술정보센터 자료실
小学校普通学校 体操教授書	① 朝鮮総督府 ② 朝鮮書籍 ③ 京城 ④ 1924 ⑤ 한국국회도서관
小学校普通学校 体操教授書	① 朝鮮総督府編纂 ② 朝鮮総督府 ③ 京城 ④ 1917 ⑤ 연세대도서관
小学校普通学校改正学校体操教授要目	① 朝鮮初等教育会編 ② 大学社 ③ 京城 ④ 1937 ⑤ 국립중앙도서관
小学校普通学校教員試験要諦並問題集	① 朝鮮公民教育会編 ② 朝鮮公民教育会 ③ 京城 ④ 1935 ⑤ 국립중앙도서관
小学校普通学校新編体操教授書	① 朝鮮総督府 ② 朝鮮書籍印刷株式会社 ③ 京城 ④ 1927 ⑤ 고려대도서관
小学校普通学校体操教授書	① 朝鮮総督府 ② 朝鮮総督府 ③ 京城 ④ 1924 ⑤ 국립중앙도서관, 서울대도서관
小学国語読本	① 文部省編 ② 朝鮮書籍印刷株式会社 ③ 京城 ④ 1942 ⑤ 국립중앙도서관
小学国語読本 尋常科用 巻8	① 文部省作 ② 朝鮮総督府 ③ 京城 ④ 1941 ⑤ 고려대도서관
小学国語読本 尋常科用 巻11	① 文部省作 ② 朝鮮総督府 ③ 京城 ④ 1939 ⑤ 고려대도서관
小学国語読本, 巻9-10	① 朝鮮総督府編 ② 朝鮮書籍印刷 ③ 京城 ④ 1942 ⑤ 한국국회도서관
小学書方手本 第五学年下(尋常科用)	① 朝鮮総督府文部省編 ② 朝鮮総督府 ③ 京城 ④ 1940 ⑤ 국립중앙도서관
小学書方手本	① 文部省編 ② 朝鮮書籍印刷株式会社 ③ 京城 ④ 1942 ⑤ 국립중앙도서관
小型天日塩田築造並ニ製塩ノ概要	① 朝鮮総督府財務局編 ② 朝鮮総督府財務局 ③ 京城 ④ 1945 ⑤ 한국국회도서관
昭和14年工産額を中心とする朝鮮工業概観	
	① 朝鮮銀行調査課編 ② 朝鮮銀行 ③ 京城 ④ 1941 ⑤ 서울대도서관
昭和3年度所得税(年分)営業税調査成績要覧	
	① 財務局 ② 財務局 ③ 京城 ④ 1928 ⑤ 고려대도서관

昭和5年 朝鮮国勢調査報告	①朝鮮総督府 ②朝鮮総督府 ③京城 ④1934 ⑤서울대도서관
昭和5年 朝鮮国勢調査報告: 道編	①朝鮮総督府①朝鮮総督府編 ②朝鮮総督府 ③京城 ④1933 ⑤서울대도서관
昭和6, 7年満洲事変朝鮮軍出動記念写真帖	①越智兵一編 ②越智兵一 ③京城 ④1932 ⑤국립중앙도서관
昭和7年10月 鵬丸	①朝鮮総督府水産試験場 ②朝鮮東沿海海洋観測成績 ②朝鮮総督府水産試験場 ③釜山 ④1933 ⑤규슈대도서관
昭和8年2-3月・鵬丸	①朝鮮総督府水産試験場①朝鮮総督府水産試験場 ②朝鮮総督府水産試験場 ③釜山 ④1933 ⑤규슈대도서관
昭和九年 南鮮の洪水	①朝鮮総督府編 ②朝鮮総督府 ③京城 ④1936 ⑤고려대도서관
昭和九年度 京城府一般会計歳入出予算	①京城府編 ②京城府 ③京城 ④1934 ⑤한국국회도서관
昭和九年度 事業報告	②漁撈並漁船 ②漁撈係 ②朝鮮総督府水産試験場 ③釜山 ④1938 ⑤연세대도서관
昭和四年度 事業成績	①朝鮮総督府水産試験場 ②朝鮮総督府水産試験場 ③京城 ④1931 ⑤고려대도서관
昭和四年 釜山港経済統計要覧	①釜山商工会議所編 ②釜山商工会議所 ③釜山 ④1930 ⑤도쿄대도서관
昭和三年 鎮南浦産業統計	②鎮南浦商工会議所 ③平壌 ④1929 ⑤도쿄대도서관
昭和三十年の朝鮮	①山田有明編 ②京城実業協会 ③京城 ④1927 ⑤국립중앙도서관, 한국국회도서관, 부산시민도서관, 고려대도서관, 연세대도서관, 서울대도서관
昭和十九年 朝鮮年鑑	①高宮太平編 ②京城日報社 ③京城 ④1943 ⑤고려대도서관
昭和十年朝鮮国勢調査報告: 道編 第1-13巻	①朝鮮総督府編 ②朝鮮総督府 ③京城 ④1937-1939 ⑤서울대도서관, 연세대도서관
昭和十年朝鮮師団対抗演習全羅北道記録	①全羅北道 ②全羅北道 ③全州 ④1936 ⑤일본국회도서관
昭和十四年工産額を中心とする朝鮮工業概観	①朝鮮銀行調査課 ②朝鮮銀行調査課 ③京城 ④1941 ⑤한국국회도서관, 연세대도서관, 교토대도서관, 도쿄대도서관
昭和十五年刑上第一〇二乃至一〇四号決定	③京城 ④1941 ⑤도쿄대도서관
昭和十六年 朝鮮年鑑	①高橋猛編 ②京城日報社 ③京城 ④1940 ⑤고려대도서관
昭和十六年度京城府通常府会及各教育部会会議録	①京城府編 ②京城府 ③京城 ④1941 ⑤한국국회도서관
昭和十二年度朝鮮総督府参考書 第七十回帝国議会用	①朝鮮総督府 ②朝鮮総督府 ③京城 ④1937 ⑤일본국회도서관
昭和十二年略暦	①朝鮮総督府編 ②朝鮮総督府 ③京城 ④1936 ⑤고려대도서관
昭和十一年の風水害誌	①朝鮮社会事業協会編 ②朝鮮社会事業協会 ③京城 ④1938 ⑤국립중앙도서관, 고려대도서관, 연세대도서관

昭和十一年平壤·鎮南浦輸移出入貿易統計	① 平壤商工会議所 ② 平壤商工会議所 ③ 平壤 ④ 1938 ⑤ 도쿄대도서관
昭和十七年度京城府通常府会及各教育部会会議録	
	① 京城府編 ② 京城府 ③ 京城 ④ 1942 ⑤ 한국국회도서관
昭和五年の朝鮮神宮	② 官幣大社朝鮮神宮寺務所 ③ 京城 ④ 1931 ⑤ 연세대도서관
昭和五年朝鮮国勢調査	① 朝鮮総督府編 ② 朝鮮総督府 ③ 京城 ④ 1930 ⑤ 고려대도서관
昭和五年朝鮮国勢調査報告	① 朝鮮総督府編 ② 朝鮮総督府 ③ 京城 ④ 1932-1935 ⑤ 연세대도서관, 교토대도서관
昭和五年朝鮮国勢調査報告	② 全鮮編, 第1巻, 結課表 ② 朝鮮総督府 ③ 京城 ④ 1934 ⑤ 연세대도서관
昭和五十発布	① 朝鮮写真通信社編輯朝鮮写真通信社 ③ 京城 ④ 1931 ⑤ 고려대도서관
小華外史 原文和訳対照 上, 下	① 青柳綱太郎 ② 朝鮮研究会 ③ 京城 ④ 1914 ⑤ 한국국회도서관, 서울대도서관, 연세대도서관, 교토대도서관, 규슈대도서관, 도쿄대도서관
昭和六·七年満洲事変朝鮮軍出動記念写真帖	
	① 越智兵一編 ② 大正写真工芸所 ③ 京城 ④ 1932 ⑤ 서울대도서관
昭和六年の朝鮮神宮	① 朝鮮神宮事務所編 ② 朝鮮神宮事務所 ③ 京城 ④ 1932 ⑤ 국립중앙도서관, 연세대도서관
昭和六年二月朝鮮総督府ノ朝鮮忠清南道庁移転ノ理由ヲ反駁ス	
	① 公州地方民代表一同 ③ 公州 ④ 1931 ⑤ 국립중앙도서관
昭和二年度歳入歳出科目解疏	① 朝鮮総督府編 ③ 京城 ④ 1927 ⑤ 서울대도서관
昭和二年度以降朝鮮鉄道新規計画要綱	① 朝鮮総督府鉄道局 ② 朝鮮総督府鉄道局 ③ 京城 ⑤ 일본국회도서관
続 京城史話	① 武田智星編 ③ 京城 ④ 1937 ⑤ 서울대도서관
続 日鮮史話 第3編	① 松田甲 述 ② 朝鮮総督府 ③ 京城 ④ 1931 ⑤ 고려대도서관
続大典	① 朝鮮総督府 中枢院編 ② 朝鮮総督府中初院 ③ 京城 ④ 1935 ⑤ 국립중앙도서관, 한국국회도서관,, 부산시민도서관서울대도서관, 연세대도서관, 일본국회도서관, 교토대도서관, 규슈대도서관, 나고야대도서관, 도쿄대도서관, 홋카이도대도서관
続大典	① 朝鮮総督府中枢院 ② 朝鮮総督府中枢院 ③ 京城 ④ 1938 ⑤ 서울대도서관
続万二千峰	① 佐瀬直衛 ② 毎日新報社 ③ 京城 ④ 1943 ⑤ 한국국회도서관
粟白髪病の防除法	② 朝鮮総督府農事試験場 ③ 水原 ④ 1933 ⑤ 연세대도서관
速算 スタヂア成果表	① 森本昴 ② 丸善株式会社京城支店 ③ 京城 ④ 1936 ⑤ 부산시민도서관, 규슈대도서관
続日 韓古蹟	① 奥田鯨洋編 ② 日韓書房 ③ 京城 ④ 1911 ⑤ 부산시민도서관
続日鮮史話, 1-4, 6	① 松田甲述 ② 朝鮮総督府 ③ 京城 ④ 1931 ⑤ 한국국회도서관
続日鮮史話, 第1-3編	① 松田甲述 ② 朝鮮総督府 ③ 京城 ④ 1931 ⑤ 연세대도서관, 규슈대도서관, 도쿄대도서관, 홋카이도대도서관
続朝鮮 農村物語	① 重松교修 ② 興亜文化出版 ③ 京城 ④ 1945 ⑤ 한국국회도서관

続朝鮮農村物語	① 重松교修 ② 興亜文化出版 ③ 京城 ④ 1945 ⑤ 국립중앙도서관
俗称地名一覧	① 朝鮮総督府遞信局編 ③ 京城 ④ 1917 ⑤ 고려대도서관
松雪堂集 巻之1-3	① 崔松雪堂 ② 崔松雪堂本第 ③ 京城 ④ 1922 ⑤ 일본국회도서관, 규슈대도서관
宋時烈の遺蹟「華陽洞」	① 松田甲 ② 朝鮮総督府刊 ③ 京城 ④ 1923 ⑤ 서울대도서관
松子は何処に	① 梶川吉彦編 ② 梶川吉彦 ③ 釜山 ④ 1935 ⑤ 일본국회도서관
松井警務局長講演集	① 内務警務局警務課警察月報編纂部 ② 内務警務局警務課 ③ 京城 ④ 1910 ⑤ 부산시민도서관
水の栞/朝鮮総督府内務局土木課内水理土木研究会編	② 朝鮮総督府内務局土木課内水理土木研究会 ③ 京城 ④ 1927 ⑤ 국립중앙도서관, 교토대도서관
随感随筆	① 横瀬新三郎 ② 京城 ② 横瀬新三郎発行, 朝鮮印刷株式会社印刷 ③ 馬山 ④ 1931 ⑤ 연세대도서관
受教輯要	① 朝鮮総督府中枢院 ② 朝鮮総督府中枢院 ③ 京城 ④ 1944 ⑤ 서울대도서관, 도쿄대도서관
水難漁船救済事業報告書	① 朝鮮水産会編 ② 朝鮮水産会 ③ 京城 ④ 1939 ⑤ 국립중앙도서관
水難漁船救済事業執務提要	① 朝鮮水産会編 ② 朝鮮水産会 ③ 京城 ④ 1938 ⑤ 국립중앙도서관
水道事業統計表及(上水協議会協定ニ依ル)水道統計表 大正2, 4年	① 朝鮮総督府京畿道編 ② 朝鮮総督府京畿道 ③ 京城 ④ 1913, 15 ⑤ 국립중앙도서관
水道小誌	① 朝鮮総督府編 ② 朝鮮総督官房総務局印刷所 ③ 京城 ④ 1913 ⑤ 한국국회도서관, 서울대도서관
水稲銀坊主に就て	① 朝鮮総督府農事試験場編 ② 朝鮮総督府農事試験場 ③ 京城 ④ 1934 ⑤ 국립중앙도서관, 연세대도서관
水稲主要病害虫防除要覧	① 朝鮮総督府農林局編 ② 朝鮮総督府農林局 ③ 京城 ④ 1942 ⑤ 국립중앙도서관
水利組合と農事改良	② 朝鮮殖産助成財団 ③ 京城 ④ 1929 ⑤ 도쿄대도서관
水利組合と副業	① 朝鮮殖産助成財団編 ② 朝鮮殖産助成財団 ③ 京城 ④ 1932 ⑤ 국립중앙도서관, 서울대도서관, 연세대도서관, 홋카이도대도서관
水利組合と肥料の配給	① 朝鮮殖産助成財団編 ② 朝鮮植産助成財団 ③ 京城 ④ 1931 ⑤ 국립중앙도서관, 고려대도서관
水利組合と小作慣行	① 朝鮮殖産助成財団編 ② 朝鮮植産助成財団 ③ 京城 ④ 1931 ⑤ 국립중앙도서관, 고려대도서관
水理学実験ニ関スル記録	① 朝鮮総督府内務局土木課内水理土木研究会編 ② 水理土木研究会 ③ 京城 ④ 1928 ⑤ 국립중앙도서관
樹苗養成指針 第1・2冊	① 朝鮮総督府編 ② 朝鮮総督府 ③ 京城 ④ 1921 ⑤ 국립중앙도서관, 일본국

	회도서관
樹苗養成指針	① 朝鮮総督府 ② 朝鮮総督府 ③ 京城 ④ 1921 ⑤ 서울대도서관
樹苗養成指針	① 朝鮮総督府編 ② 朝鮮総督府 ③ 京城 ④ 1919 ⑤ 교토대도서관, 규슈대도서관
水防林増設ノ急務	① 朝鮮総督府(斎藤音作)編 ④ 1914 ⑤ 서울대도서관
水産教科書	① 朝鮮総督府編 ② 朝鮮総督府 ③ 京城 ④ 1916-18 ⑤ 국립중앙도서관
水産教科書	① 朝鮮総督府編纂 ② 朝鮮総督府 ③ 京城 ④ 1915 ⑤ 규슈대도서관, 연세대도서관
水産試験場事業報告, 第7巻	① 朝鮮総督府水産試験場編 ② 朝鮮総督府水産試験場 ③ 釜山 ④ 1936 ⑤ 한국국회도서관
水産試験場試験 報告, 第5号	① 朝鮮総督府編 ② 朝鮮総督府 ③ 京城 ④ 1925-1943 ⑤ 한국국회도서관
水産製品検査ニ関スル参考資料	① 小野功一, 朝鮮総督府水産製品検査所編 ② 朝鮮総督府水産製品検査所 ③ 京城 ④ 1941 ⑤ 국립중앙도서관, 연세대도서관
水産製品検査成績要覧 昭和51930	① 朝鮮総督府 ② 朝鮮総督府 ③ 京城 ④ 1930 ⑤ 서울대도서관
水産製品検査性績要覧	① 朝鮮総督府殖産局編 ② 朝鮮総督府殖産局 ③ 京城 ④ 1925 ⑤ 국립중앙도서관
水産調査及試験報告 調査之部	① 朝鮮総督府編 ② 朝鮮総督府 ③ 京城 ④ 1915 ⑤ 한국국회도서관, 연세대도서관, 홋카이도대도서관
水産主任技術者会同諮問事項答申書	① 朝鮮総督府編 ② 朝鮮総督府 ③ 京城 ④ 1917 ⑤ 국립중앙도서관
水産主任打合会要録	① 朝鮮総督府編 ② 朝鮮総督府 ③ 京城 ④ 1912 ⑤ 국립중앙도서관
水産統計 昭和11年	① 平安北道 ② 平安北道 ③ 新義州 ④ 1936 ⑤ 일본국회도서관
水産統計 昭和11年	① 咸鏡北道 ② 咸鏡北道 ③ 羅南 ④ 1937 ⑤ 일본국회도서관, 도쿄대도서관
水産統計 昭和6年	① 全羅南道 ② 全羅南道 ③ 光州 ④ 1932 ⑤ 일본국회도서관
水産統計表 昭和11年	① 全羅南道 ② 全羅南道 ③ 光州 ④ 1937 ⑤ 일본국회도서관
水産便覧	① 朝鮮総督府編 ② 朝鮮総督府 ③ 京城 ④ 1919 ⑤ 국립중앙도서관
水産会漁業組合綴 昭和4年	① 慶尚南道水産会編 ④ 1929 ⑤ 부산시민도서관
水樹苗養成指針, 第1号	① 朝鮮総督府編 ② 朝鮮総督府 ③ 京城 ④ 1919, 21 ⑤ 국립중앙도서관, 홋카이도대도서관
修身訓練の諸問題と基の実際	① 朝鮮初等教育研究会編 ② 京城師範学校醇和会 ③ 京城 ④ 1929 ⑤ 국립중앙도서관
水原高等農林学校学術報告 第3-5号	① 朝鮮総督府水原高等農林学校 ② 朝鮮総督府水原高等農林学校 ③ 水原 ④ 1928-36 ⑤ 일본국회도서관
水原高等農林学校学術報告第3-6号 朝鮮産赤松ノ樹相及ヒ是カ改良ニ関スル造林上ノ処理ニ就イテ ② 水原 ③ 京城	② 朝鮮総督府水原高等農林学校 ④ 1928-1941 ⑤ 연세대도서관
水原附近桑樹害虫調査	① 朝鮮総督府勧業模範場原蚕種製造所編 ② 朝鮮総督府勧業模範場

	③水原 ④1916 ⑤국립중앙도서관
輸移入品平均価格表 関税調査参考書 明治41年-大正6年	
	①朝鮮総督 ②朝鮮総督府 ③京城 ④1917 ⑤국립중앙도서관, 서울대도서관
輸移出入品運賃諸掛費調査表	①朝鮮総督府編 ②朝鮮総督府 ③京城 ④1919 ⑤국립중앙도서관
数字から観たる朝鮮	①平壌商業会議所編 ②平壌商業会議所 ③平壌 ④1926 ⑤국립중앙도서관
水中溶存酸素量に関する研究(朝鮮総督府水産試験場報告第4号)	
	②朝鮮総督府水産試験場 ③釜山 ④1933 ⑤부산시민도서관
袖珍 朝鮮司法警察法規集, 1920	①藤沼武男 ②大和商会印刷所 ③京城 ④1920 ⑤한국국회도서관
袖珍 朝鮮行政警察法規集	①藤沼武男編 ②藤沼武男 ③京城 ④1917 ⑤일본국회도서관
袖珍刑務法典	①山下良右衛門編 ②朝鮮治刑協会 ③京城 ④1927 ⑤국립중앙도서관
輸出入統計品目表	①朝鮮総督府 ②朝鮮総督府 ③京城 ④1943 ⑤고려대도서관
輸出重要品ト輸出税トノ関係調査	①朝鮮総督府官房総務局編 ②朝鮮総督府官房総務局 ③京城 ④1900-1945 ⑤국립중앙도서관
水豊建設記念写真帖	①朝鮮鴨緑江水力発電社編 ②朝鮮鴨緑江水力発電社水豊建設事務所 ③朔州君 ④1943 ⑤한국국회도서관
随筆 支那·満洲·朝鮮	①中西伊之助 ②実践社 ③京城 ④19369 ⑤국립중앙도서관
随筆京城生活	①徳野真士 ②京城雑筆社 ③京城 ④1941 ⑤국립중앙도서관
随筆朝鮮 上, 下巻	①寺田寿夫編 ②京城新筆社 ③京城 ④1935 ⑤국립중앙도서관, 한국국회도서관, 부산시민도서관, 고려대도서관, 연세대도서관, 서울대도서관, 도쿄대도서관
随筆評論集朝鮮満洲支那	①下村宏(海南) ②第一書房 ③京城 ④1939 ⑤국립중앙도서관
数学	①松田銀治 ②朝鮮公民教育会 ③京城 ④1932 ⑤국립중앙도서관
水害警防ニ関スル例規	①朝鮮総督府例規 ②朝鮮総督府内務局 ③京城 ④1935 ⑤고려대도서관
受刑者ノ栄養並新陳代謝ニ関スル研究, 第1回報告	
	③京城 ②朝鮮総督府 ④1925 ⑤서울대도서관, 연세대도서관
純宗国葬記念写真帖	①京城写真通信社編 ②京城写真通信社 ③京城 ④1926 ⑤한국국회도서관
純宗国葬録	①朝鮮博文社 刊 ②朝鮮博文社 ③京城 ④1912 ⑤고려대도서관
純宗実紀 附 名臣史伝	①李覚鐘 ②新民社 ③京城 ④1927 ⑤부산시민도서관
巡回貿易振興座談会記 第2輯 朝鮮貿易協会	
	①工藤三次郎編 ③京城 ④1938 ⑤고려대도서관
乗合自動車運転状況	①朝鮮総督府編 ②朝鮮総督府 ③京城 ④1928 ⑤국립중앙도서관
市街地に於ける借家状況調査	①朝鮮総督府内務局 ②朝鮮総督府内務局 ③京城 ④1932 ⑤고려대도서관
市街地の商圏	①善生永助 ②朝鮮総督府 ③京城 ④1926 ⑤한국국회도서관, 부산시민도서관, 서울대도서관, 연세대도서관, 일본국회도서관, 교토대도서관, 규슈대도서관, 나고야대도서관, 도쿄대도서관, 도호쿠대도서관, 홋카이도대도서관

時局と絹織維 講演会輯録	① 朝鮮織物協会編 ② 朝鮮織物協会 ③ 京城 ④ 1941 ⑤ 국립중앙도서관
時局と朝鮮統治の目標	① 朝鮮教育図書出版部編 ② 朝鮮教育図書出版部 ③ 京城3 ④ 1938 ⑤ 고려대도서관
時局ニ於ケル浦塩斯徳金融貿易並に一般概況	
	① 亀島豊治, 朝鮮銀行調査室編 ② 朝鮮銀行調査室 ③ 京城 ④ 1914 ⑤ 국립중앙도서관, 교토대도서관
時局関係朝鮮重要制裁法規	① 宮本国忠編 ③ 京城 ④ 1939 ⑤ 서울대도서관
時局宣伝に関する参考資料	① 朝鮮防共協会編 ② 朝鮮防共協会 ③ 京城 ④ 1938 ⑤ 국립중앙도서관
時局日誌	① 朝鮮金融組合聯合会編 ② 朝鮮金融組合聯合会 ③ 京城 ④ 1940-41 ⑤ 국립중앙도서관
時局下の朝鮮工業	① 大河内正敏 ② 朝鮮工業協会 ③ 京城 ④ 1939 ⑤ 고려대도서관
時局解説読本	① 国民総力朝鮮聯盟編 ② 朝鮮図書出版株式会社 ③ 京城 ④ 1942 ⑤ 한국국회도서관, 부산시민도서관
施設の一斑	① 朝鮮総督府 ② 朝鮮総督府 ③ 京城 ④ 1929 ⑤ 서울대도서관
試植地第一期事業報告	② 朝鮮総督府林業試験場 ③ 京城 ④ 1937 ⑤ 도쿄대도서관
詩研究	① 京城文学会編 ② 韓書房 ③ 京城 ④ 1935,36 ⑤ 국립중앙도서관
始政25周年記念関係記録	① 朝鮮総督府編 ② 朝鮮総督府 ③ 京城 ④ 1935 ⑤ 고려대도서관
施政に関する諭告・訓示並演述	① 朝鮮総督府 ② 朝鮮総督府 ③ 京城 ④ 1922 ⑤ 국립중앙도서관, 부산시민도서관, 서울대도서관
施政に関する訓示並演述	① 朝鮮総督府編 ② 朝鮮総督府 ③ 京城 ④ 1927 ⑤ 서울대도서관, 홋카이도대도서관
施政年報 明治42年	② 朝鮮総督府 ③ 京城 ④ 1910 ⑤ 부산시민도서관
施政年報	第3次 明治42年 ② 朝鮮総督府 ③ 京城 ④ 1911 ⑤ 교토대도서관
施政三十年史	① 朝鮮総督府編 ② 朝鮮総督府 ③ 京城 ④ 1940 ⑤ 한국국회도서관, 부산시민도서관, 고려대도서관, 서울대도서관, 연세대도서관, 일본국회도서관, 홋카이도대도서관
始政五年紀念 躍進之朝鮮	① 中村玄涛編著 ② 大陸之日本社 ③ 釜山 ④ 1935 ⑤ 국립중앙도서관
始政五年記念朝鮮物産共進会 京城協賛会報告	
	② 京城協賛会残務取扱所 ③ 京城 ④ 1916 ⑤ 국립중앙도서관, 고려대도서관, 서울대도서관, 연세대도서관, 일본국회도서관, 교토대도서관, 규슈대도서관, 도호쿠대도서관,
始政五年記念朝鮮物産共進会受賞人名録	① 朝鮮総督府編 ③ 京城 ④ 1916 ⑤ 서울대도서관
始政五年紀念朝鮮産業界	① 朝鮮新聞社編 ② 朝鮮新聞社 ③ 仁川 ④ 1916 ⑤ 국립중앙도서관, 한국국회도서관, 규슈대도서관
始政二十五年記念回顧商工座談会録	① 朝鮮商工会議所編 ② 朝鮮商工会議所 ③ 京城 ④ 1935 ⑤ 국립중앙도서관

施政二十五年史	① 朝鮮総督府編 ② 朝鮮総督府 ③ 京城 ④ 1935 ⑤ 국립중앙도서관, 한국국회도서관, 부산시민도서관, 서울대도서관, 연세대도서관, 일본국회도서관, 규슈대도서관, 도쿄대도서관, 도호쿠대도서관
始政二十五周年記念関係記録	① 朝鮮総督府編 ② 朝鮮総督府 ③ 京城 ④ 1935 ⑤ 한국국회도서관
詩集	① 諏訪淳一 ② 諏訪淳一 ③ 京城 ④ 1944 ⑤ 일본국회도서관
試錐作業	① 内田鯤五郎, 漁谷信弘其 ③ 京城 ④ 1931 ⑤ 국립중앙도서관
試錐作業報告	① 漁谷信弘 ③ 京城 ④ 1934 ⑤ 국립중앙도서관
試験成績要覧	② 朝鮮総督府勧業模範場蚕業試験所 ③ 水原 ④ 1929 ⑤ 연세대도서관, 도쿄대도서관, 홋카이도대도서관
食糧管理ニ関スル資料	① 朝鮮金融組合聯合会 ② 朝鮮金融組合聯合会 ③ 京城 ④ 1944 ⑤ 교토대도서관, 도쿄대도서관, 홋카이도대도서관
食糧政策再建と朝鮮	① 嶋元勧記 ② 京城日報社 ③ 京城 ④ 1939 ⑤ 도쿄대도서관
殖林手引	① 朝鮮総督府編 ② 朝鮮総督府 ③ 京城 ④ 1925 ⑤ 국립중앙도서관, 규슈대도서관
殖林手引	② 朝鮮総督府 ③ 京城 ④ 1918 ⑤ 규슈대도서관
植物動物ノ採集及標本調製法	① 朝鮮総督府内務部学務局編 ② 朝鮮総督府内務部学務局 ③ 京城 ④ 1913 ⑤ 국립중앙도서관
植民地号 朝鮮満洲台湾	① 佐野信郎編輯 ② 現代評論社 ③ 京城 ④ 1923 ⑤ 교토대도서관
殖民統計	① 東洋拓殖株式会社京城支店編 ② 東洋拓殖京城支店 ③ 京城 ④ 1912-1920 ⑤ 일본국회도서관
植民統治史	① 井上蘇人共 ② 拓務評論社 ③ 京城 ④ 1932 ⑤ 부산시민도서관, 연세대도서관, 도쿄대도서관
殖産契と其の事務	① 朝鮮金融組合聯合会 ② 朝鮮金融組合協会 ③ 京城 ④ 1937 ⑤ 서울대도서관, 연세대도서관
殖産銀行設立関係書類	⑤ 도쿄대도서관
殖産調査月報, 1-10	① 朝鮮殖産銀行調査部編 ② 朝鮮殖産銀行調査部 ③ 京城 ④ 1938-40-1-1 ⑤ 국립중앙도서관
食用及薬用昆虫ニ関スル調査	① 朝鮮総督府勧業模範場編 ③ 水原 ④ 1922 ⑤ 국립중앙도서관, 규슈대도서관
新しき朝鮮	① 朝鮮総督府情報課編 ② 朝鮮行政学会 ③ 京城 ④ 1944 ⑤ 국립중앙도서관, 일본국회도서관, 교토대도서관, 규슈대도서관
新しき朝鮮	① 朝鮮総督府情報課 ③ 京城 ④ 1934 ⑤ 서울대도서관
神の不思議 力久辰三郎翁神告透視物語	① 吉田直 ② 吉田直 ③ 京城 ④ 1920 ⑤ 일본국회도서관
伸びゆく村	① 朝鮮金融組合聯合会調査課編 ② 朝鮮金融組合聯合会調査課 ③ 京城 ④ 1935 ⑤ 한국국회도서관

伸び行く京城電気	①京城電気株式会社編 ③京城 ④1935 ⑤国立中央도서관, 한국국회도서관, 고려대도서관, 서울대도서관, 일본국회도서관
伸び行く京城電気	①京城電気株式会社 ③京城 ④1942 ⑤고려대도서관
伸び行く朝汽	①朝鮮汽船株式会社 ③釜山 ④1940 ⑤부산시민도서관, 서울대도서관
新稿 朝鮮行政法概要	①内田達孝 ②近沢書店 ③京城 ④1938 ⑤한국국회도서관, 고려대도서관
新穀物検査法規詳解	①山本滋雄編 ②朝鮮米肥日報社 ③京城 ④1932 ⑤국립중앙도서관, 고려대도서관, 연세대도서관
新旧対照 朝鮮全道府郡面里洞名称一覧	①越智唯七編 ②中央市場 ③京城 ④1917 ⑤한국국회도서관
新旧対照 忠清南道郡邑面里洞名称一覧	①忠清南道編 ②忠清南道 ③大田 ④1933 ⑤홋카이도대도서관
新羅旧都 慶州古蹟図彙	①朝鮮総督府編 ②朝鮮総督府 ③京城 ④1921 ⑤고려대도서관
新羅旧都 慶州古蹟図彙	①慶州古蹟保存会 ②慶州古蹟保存会 ③大邱 ④1929 ⑤일본국회도서관
新羅旧都 慶州古蹟図彙	①慶州古蹟保存会 ②慶州古蹟保存会 ③慶州 ④1926 ⑤규슈대도서관
新羅旧都 慶州古蹟図彙	①慶州古蹟保存会編 ②慶州古蹟保存会 ③慶州 ④1922 ⑤도쿄대도서관
新羅旧都 慶州古蹟案内	①慶州古蹟保存会 ②慶州古蹟保存会 ③慶州 ④1931 ⑤규슈대도서관
新羅旧都 慶州古蹟案内	①慶州古蹟保存会編 ②慶州古蹟保存会 ③慶州 ④1935 ⑤도호쿠대도서관
新羅史研究	①今西竜 ②近沢書店 ③京城 ④1933 ⑤일본국회도서관
新羅王朴昔金三氏世代系譜	①渡辺彰 ②渡辺彰 ③京城 ④1925 ⑤일본국회도서관
新令教育の実践	①公州女子師範学校附属小学校編 ②朝鮮図書出版株式会社 ③京城 ④1939 ⑤국립중앙도서관
神陵皇陵巡拝謹記	①肥塚正太 ②天晴会 ③京城 ④1939 ⑤일본국회도서관
新聞記事差止関係事項調	①朝鮮総督府警務局編 ②朝鮮総督府警務局 ③京城 ④1938 ⑤국립중앙도서관
辛未洪景来乱の研究	①小田省吾 ②小田先生頌寿記念会 ③京城 ④1934 ⑤일본국회도서관
神兵	①大石運平 ②朝鮮教育出版株式会社 ③京城 ④1945 ⑤국립중앙도서관
新釜山大観	①川島喜彙編 ②釜山出版協会 ③釜山 ④1934 ⑤국립중앙도서관, 일본국회도서관
紳社と朝鮮	①小山文雄 ②朝鮮仏教社 ③京城 ④1934 ⑤국립중앙도서관, 한국국회도서관
紳士名鑑 在朝鮮内地人	②朝鮮公論社 ③京城 ④1917 ⑤부산시민도서관
新生の力	①朝鮮治刑協会編 ②朝鮮治刑協会 ③京城 ④1928 ⑤국립중앙도서관
新生朝鮮の出発	①玄永燮 ②大阪屋号書店 ③京城 ④1939 ⑤한국국회도서관, 부산시민도서관, 고려대도서관, 연세대도서관, 일본국회도서관
新生活宣言	①津田剛 ②緑旗聯盟 ③京城 ④1940 ⑤일본국회도서관
新書部分類目録 上巻	②朝鮮総督府図書館 ③京城 ④1937 ⑤부산시민도서관

新書部分類目録 昭和12年1月1日現在 上, 中, 下巻

① 朝鮮総督府図書館編 ② 朝鮮総督府図書館 ③ 京城 ④ 1937-38 ⑤ 한국국회도서관, 부산시민도서관, 일본국회도서관, 연세대도서관

新選 朝鮮六法全書	① 中口光太郎編 ③ 京城 ④ 1923 ⑤ 국립중앙도서관, 서울대도서관
新案韓語栞	① 笹川章 ② 文林堂 ③ 京城 ④ 1910 ⑤ 일본국회도서관
信用調査の手引	② 朝鮮殖産銀行 ③ 京城 ⑤ 연세대도서관
新義州府歳入出決算 昭和4-15年度	① 新義州府 ② 新義州府 ③ 新義州 ④ 1930-1941 ⑤ 일본국회도서관

新義州府一般経済歳入出予算 昭和4-19年度

① 新義州府 ② 新義州府 ③ 新義州 ④ 1930-45 ⑤ 일본국회도서관

新義州市街地計画区域街路綱土地区劃整理地区決定理由書

① 朝鮮総督府内務局編 ② 朝鮮総督府内務局 ③ 京城 ④ 1937 ⑤ 국립중앙도서관, 한국국회도서관

新義州営林署事業要覧	② 新義州営林署 ③ 新義州 ④ 1939 ⑤ 도호쿠대도서관
新義州電気株式会社二十五年史	② 新義州電気 ③ 新義州 ④ 19362 ⑤ 규슈대도서관, 도쿄대도서관
新人哲学	① 李敦化 ② 天道教中央宗理院信道観 ③ 京城 ④ 1931 ⑤ 일본국회도서관
新日本人物大系, 朝鮮, 京城 満洲, 中国	① 中西利八 ② 東方経済学会出版部 ③ 京城1 ④ 1936 ⑤ 고려대도서관
新入社員諸君に告ぐ	② 朝鮮銀行調査課 ③ 京城 ④ 1939 ⑤ 도쿄대도서관
新字典	① 朝鮮光文会編纂 ② 新文館 ③ 京城 ④ 1915 ⑤ 교토대도서관
新制 音楽要義 附教授法原論	① 五十嵐悌三郎, 吉沢実, 安藤芳亮 共 ② 朝鮮地方行政学会 ③ 京城 ④ 1937 ⑤ 국립중앙도서관, 한국국회도서관
新制 音楽要義	① 五十嵐悌三郎, 吉沢実, 安藤芳亮共 ② 朝鮮図書出版 ③ 京城 ④ 1943 ⑤ 국립중앙도서관, 연세대도서관
新制朝鮮公民科提要	① 松月秀雄, 清宮四郎 共 ② 朝鮮書籍印刷株式会社 ③ 京城 ④ 1933 ⑤ 국립중앙도서관
新製車輛打合会記録	① 朝鮮総督府鉄道局 ④ 1938 ⑤ 서울대도서관
新朝鮮 京城全	① 青柳南宴, 青柳綱太郎編 ② 京城新聞社 ③ 京城 ④ 1925 ⑤ 고려대도서관
新朝鮮, 全	① 朝鮮研究会編 ② 朝鮮史学会 ③ 京城 ④ 1916 ⑤ 고려대도서관, 서울대도서관
新朝鮮	① 大喜多筆一 ② 鮮満協会 ③ 京城 ④ 1922 ⑤ 서울대도서관, 연세대도서관, 홋카이도대도서관
新朝鮮	① 青柳綱太郎 ② 全 ② 朝鮮研究会 ③ 京城 ④ 1916 ⑤ 연세대도서관, 교토대도서관, 규슈대도서관
新朝鮮	① 青柳南冥編 ② 京城新聞社 ③ 京城 ④ 1925 ⑤ 국립중앙도서관, 한국국회도서관, 부산시민도서관, 연세대도서관
新朝鮮の研究	① 相良孫四郎編 ② 鮮満研究会 ③ 京城 ④ 1932 ⑤ 국립중앙도서관, 한국국

	회도서관, 교토대도서관
新朝鮮及新満州	① 朝鮮雑誌社編 ② 朝鮮雑誌社 ③ 京城 ④ 1913 ⑤ 국립중앙도서관, 한국국회도서관, 부산(釜山)시민도서관, 고려대도서관
新朝鮮金	① 朝鮮研究会編 ② 朝鮮研究会 ③ 京城 ④ 1916 ⑤ 국립중앙도서관
新朝鮮成業銘鑑	① 田内竹葉, 清野秋光 共編 ② 朝鮮研究会 ③ 京城 ④ 1917 ⑤ 국립중앙도서관, 한국국회도서관, 고려대도서관, 서울대도서관, 연세대도서관
新朝鮮全誌	① 南宮濬 ② 唯一書館 ③ 京城 ④ 1913 ⑤ 한국국회도서관
新朝鮮風土記	① 師尾源蔵 ② 万里閣書房 ③ 京城 ④ 1934 ⑤ 규슈대도서관
新増東国輿地勝覧 55巻	① 金宗直等増 ② 淵上商店 ③ 京城 ④ 1906 ⑤ 일본국회도서관
新増東国輿地勝覧 上, 中, 下巻	① 盧思慎等編 ② 淵上商店 ③ 京城 ④ 1906 ⑤ 부산시민도서관, 교토대도서관
新増東国輿地勝覧 第1	① 朝鮮史学会編 ② 朝鮮史学会 ③ 京城 ④ 1930 ⑤ 고려대도서관
新増東国輿地勝覧 第2巻-第3巻	① 朝鮮史学会編 ② 朝鮮史学会 ③ 京城 ④ 1930 ⑤ 국립중앙도서관, 고려대도서관, 교토대도서관, 도쿄대도서관
新増東国与地勝覧索引 続編	① 朝鮮総督府 中枢院編 ② 朝鮮総督府 中枢院 ③ 京城 ④ 1940 ⑤ 국립중앙도서관, 부산시민도서관, 일본국회도서관, 도쿄대도서관
新増東国輿地勝覧索引	① 末松保和編 ② 朝鮮総督府中枢院 ③ 京城 ④ 1937-1940 ⑤ 국립중앙도서관, 부산시민도서관, 서울대도서관, 일본국회도서관, 교토대도서관, 규슈대도서관, 나고야대도서관, 도쿄대도서관, 오사카대학, 홋카이도대도서관,
新撰 京城案内	① 青柳南冥 ② 朝鮮研究会 ③ 京城 ④ 1913 ⑤ 부산시민도서관, 서울대도서관, 일본국회도서관
新撰日鮮太古史	① 阿部辰之助 ② 大陸調査会 ③ 京城 ④ 1928 ⑤ 부산시민도서관, 규슈대도서관
新天地	① 宇都宮高三郎編 ② 宇都宮高三郎 ③ 京城 ④ 1910 ⑤ 일본국회도서관
新体制下之朝鮮財界	① 帝国興信所京城支所編 ③ 京城 ④ 1941 ⑤ 서울대도서관
信託関係法規制定調査ニ関スル要項	① 朝鮮金融制度調査会 ② 朝鮮金融組合聯合会 ③ 京城 ④ 1931 ⑤ 국립중앙도서관
信託関係事項参考書	① 朝鮮総督府財務局 ② 朝鮮総督府財務局 ③ 京城 ④ 1930 ⑤ 국립중앙도서관, 고려대도서관
新版京城案内	① 青柳綱太郎 ② 朝鮮研究会 ③ 京城 ④ 1915 ⑤ 국립중앙도서관
新版大京城案内	① 矢野牛城, 森川清人 共編 ② 京城都市文化研究所 ③ 京城 ④ 1936 ⑤ 국립중앙도서관
新編 高等国語読本, 巻4	① 朝鮮総督府 ② 朝鮮書籍印刷株式会社 ③ 京城 ④ 1924 ⑤ 연세대도서관
新編 高等国語読本, 巻7	① 朝鮮総督府 ② 朝鮮書籍印刷株式会社 ③ 京城 ④ 1923 ⑤ 연세대도서관
新編 高等国語読本, 巻8	① 朝鮮総督府 ② 朝鮮書籍印刷株式会社 ③ 京城 ④ 1923 ⑤ 연세대도서관
新編 高等国語読本	① 朝鮮総督府 ③ 京城 ④ 1923-1926 ⑤ 서울대도서관

新編 高等朝鮮語及漢文読本	① 朝鮮総督府 ③ 京城 ④ 1924-1926 ⑤ 서울대도서관
新編 女子高等国語読本, 巻4	① 朝鮮総督府 ② 朝鮮書籍印刷株式会社 ③ 京城 ④ 1923 ⑤ 연세대도서관
新編 女子高等国語読本, 巻5	① 朝鮮総督府 ② 朝鮮書籍印刷株式会社 ③ 京城 ④ 1924 ⑤ 연세대도서관
新編 女子高等国語読本, 巻6	① 朝鮮総督府 ② 朝鮮書籍印刷株式会社 ③ 京城 ④ 1925 ⑤ 연세대도서관
新編 女子高等国語読本, 巻8	① 朝鮮総督府 ② 朝鮮書籍印刷株式会社 ③ 京城 ④ 1923
新編 女子高等国語読本	① 朝鮮総督府 ③ 京城 ④ 1923-1926 ⑤ 서울대도서관
新編 日本口語法及文法教科書	① 朝鮮総督府 ③ 京城 ④ 1925 ⑤ 서울대도서관, 연세대도서관
新編 朝鮮地誌	① 日高友四郎 ② 朝鮮弘文社 ③ 京城 ④ 1926 ⑤ 한국국회도서관
新編 朝鮮地誌	① 日高友四郎 ② 朝鮮弘文社 ③ 京城 ④ 1924 ⑤ 연세대도서관
新編高等国語読本 1-10	① 朝鮮総督府編 ② 朝鮮総督府 ③ 京城 ④ 1922—24 ⑤ 국립중앙도서관
新編高等国語読本 巻1	① 朝鮮総督府 ② 朝鮮書籍印刷株式会社 ③ 京城 ④ 1924 ⑤ 고려대도서관
新編高等国語読本 巻3	① 朝鮮総督府 ② 朝鮮書籍印刷株式会社 ③ 京城 ④ 1924 ⑤ 고려대도서관
新編高等国語読本 第4巻	① 朝鮮総督府 ② 朝鮮書籍印刷株式会社 ③ 京城 ④ 1923 ⑤ 고려대도서관
新編高等国語読本 第8巻	① 朝鮮総督府 ② 朝鮮書籍印刷株式会社 ③ 京城 ④ 1923 ⑤ 고려대도서관
新編高等朝鮮語及漢文読本 巻1	① 朝鮮総督府 ② 朝鮮書籍 ③ 京城 ④ 1924 ⑤ 고려대도서관
新編高等朝鮮語及漢文読本 第2巻	① 朝鮮総督府 ② 朝鮮書籍印刷株式会社 ③ 京城 ④ 1924 ⑤ 고려대도서관
新編高等朝鮮語及漢文読本 第3巻	① 朝鮮総督府 ② 朝鮮書籍 ③ 京城 ④ 1924 ⑤ 고려대도서관
新編高等朝鮮語及漢文読本 巻5	① 朝鮮総督府 ② 朝鮮書籍 ③ 京城 ④ 1926 ⑤ 고려대도서관
新編高等朝鮮語及漢文読本 予習書 巻5	① 朝鮮教育学会編 ② 緑星館 ③ 京城 ④ 1934 ⑤ 고려대도서관
新編女子高等国語読本 1-8	① 朝鮮総督府編 ② 朝鮮総督府 ③ 京城 ④ 1922—24 ⑤ 국립중앙도서관
新編日本口語法及文法教科書	① 朝鮮総督府編 ② 朝鮮書籍印刷株式会社 ③ 京城 ④ 1925 ⑤ 국립중앙도서관, 고려대도서관
新編朝鮮語法及会話書	① 朝鮮総督府編 ② 朝鮮書籍印刷株式会社 ③ 京城 ④ 1925 ⑤ 국립중앙도서관
新編朝鮮地誌	① 渋江桂蔵編 ② 朝鮮弘文社 ③ 京城 ④ 1924 ⑤ 국립중앙도서관, 고려대도서관, 서울대도서관, 일본국회도서관, 교토대도서관, 도쿄대도서관, 홋카이도대도서관
新編唱歌集	① 朝鮮総督府編 ② 朝鮮総督府 ③ 京城 ④ 1914-15 ⑤ 국립중앙도서관, 한국국회도서관, 부산시민도서관, 연세대도서관
新編体操教授書	① 朝鮮総督府 ② 朝鮮書籍印刷株式会社 ③ 京城 ④ 1927 ⑤ 서울대도서관
新品種育成試験成績 第1回報告	② 朝鮮総督府勧業模範場纛島支場 ③ 京城 ④ 1923 ⑤ 한국국회도서관, 서울대도서관, 나고야대도서관
神戸市在住朝鮮人の現状	② 昭和四年十一月 ② 神戸市役所社会科 ③ 神戸 ④ 1930 ⑤ 연세대도서관
神話伝説大系 第14巻	① 近代社編 ② 近代社 ③ 京城 ④ 1929 ⑤ 국립중앙도서관
新興の朝鮮	① 朝鮮総督府編 ② 朝鮮総督府 ③ 京城 ④ 1929 ⑤ 국립중앙도서관, 한국국

	회도서관, 부산시민도서관, 서울대도서관, 연세대도서관, 일본국회도서관
新興の咸南	①藤本梅良編輯 ②赴戦岑水電工事 ②新興の咸南社 ③咸鏡南道 ④1929 ⑤규슈대도서관
新興亜体制下に於ける朝鮮の使命	②懸賞入選論文 ①佐藤震一 外 ②斉藤子蔚記念会 ③京城 ④1941 ⑤고려대도서관
新興朝鮮の論策	①金龍基編 ②内外事情社 ③京城 ④1930 ⑤한국국회도서관, 부산시민도서관, 고려대도서관, 서울대도서관, 연세대도서관, 교토대도서관, 규슈대도서관
新興朝鮮開発事情 中央より見たる	②朝鮮民報社 ③大邱 ④1939 ⑤부산시민도서관
新興之北鮮史	①梁村奇智城編 ②朝鮮研究社 ③京城 ④1937 ⑤국립중앙도서관, 부산시민도서관, 서울대도서관, 연세대도서관
実科教員講習会講演集 1-2	①朝鮮総督府学務局編 ②朝鮮総督府 ③京城 ④1921-22 ⑤국립중앙도서관
実務本位金融組合簿記	①大野伝次郎 ②朝鮮金融組合協会 ③京城 ④1930 ⑤국립중앙도서관, 고려대도서관
実施(第1次)更生指導農家並ニ部落ノ五箇年間ノ推移	①朝鮮総督府農村振興課編 ②朝鮮総督府農村振興課 ③京城 ④1939 ⑤규슈대도서관, 도쿄대도서관
実業教育要覧	①朝鮮総督府編 ②朝鮮総督府 ③京城 ④1919 ⑤국립중앙도서관, 규슈대도서관
実業補習学校国語読本 1-2	①朝鮮総督府編 ②朝鮮書籍印刷株式会社 ③京城 ④1931 ⑤국립중앙도서관
実業補習学校農業教科書 1-9	①朝鮮総督府編 ②朝鮮総督府 ③京城 ④1931 ⑤국립중앙도서관
実業之朝鮮	①梶川半三郎 ②朝鮮研究会 ③京城 ④1911 ⑤국립중앙도서관고려대도서관, 서울대도서관, 규슈대도서관
実業学校教員講習会講演集	①朝鮮総督府内務部学務局編 ②朝鮮総督府 ③京城 ④1915 ⑤국립중앙도서관
実業学校教員講習会講演集	①朝鮮総督府内務部学務局編 ②朝鮮総督府 ③京城 ④1917 ⑤국립중앙도서관
実業学校国語読本 巻1-3	①朝鮮総督府編 ②朝鮮総督府 ③京城 ④1920-21 ⑤국립중앙도서관
実業学校国語読本 巻2	①朝鮮総督府編纂 ②朝鮮総督府 ③京城 ④1918 ⑤연세대도서관
実業学校要覧	①朝鮮総督府内務部学務局 ②朝鮮総督府内務部学務局 ③京城 ④1914 ⑤서울대도서관
実用農業教科書	①朝鮮総督府編 ②朝鮮総督府 ③京城 ④1920 ⑤국립중앙도서관
実用韓語学	①島井浩 ②島井浩 ③釜山 ④1902 ⑤일본국회도서관, 부산시민도서관
実定法秩序論	①尾高朝雄 ②岩波書店 ③京城 ④1942 ⑤한국국회도서관
室町初期に於ける九州探題の朝鮮との通交	①秋山謙蔵 ③京城 ④1931 ⑤고려대도서관

実践を主としたる普通学校読方指導書 11-12

①山下裕 等 ②朝鮮公民教育会 ③京城 ④1937, 1-1 ⑤国立中央図書館

実践金融組合事務解説　①池田利一郁 ②朝鮮金融組合協会 ③京城 ④1931 ⑤国立中央図書館, 고려대도서관, 연세대도서관

実験朝鮮果樹園芸　①高津敬三郎, 押切祐作 共 ②博文館 ③京城 ④1911 ⑤国立中央図書館, 연세대도서관

心の糧　①佐佐木忠右衛門 ②朝鮮警察協会海州支部 ③海州 ④1928 ⑤国立中央図書館

尋常科用小学書方手本 第六学年 上 6-1　①文部省 ②朝鮮総督府 ③京城 ④1939 ⑤国立中央図書館

尋常科用小学書方手本　①文部省, 朝鮮総督府編 ②朝鮮総督府 ③京城 ④1939 ⑤国立中央図書館

尋常小学校補充校本 1-3　①朝鮮総督府編 ②朝鮮総督府 ③京城 ④1920 ⑤国立中央図書館

尋常小学国史補充教授参考書　①朝鮮総督府編 ②朝鮮総督府 ③京城 ④1922 ⑤国立中央図書館, 한국국회도서관, 부산시민도서관

尋常小学国史補充教材 1-2　①朝鮮総督府編 ②朝鮮総督府 ③京城 ④1922 ⑤国立中央図書館

尋常小学農業書 1-2　①朝鮮総督府編 ②朝鮮総督府 ③京城 ④1922 ⑤国立中央図書館

尋常小学図画 5-6　①文部省編 ②朝鮮書籍印刷株式会社 ③京城 ④1939 ⑤国立中央図書館

尋常小学算術 1-4　①文部省編 ②朝鮮書籍印刷株式会社 ③京城 ④1940-42 ⑤国立中央図書館

尋常小学算術 第六学年児童用　①文部省 ②朝鮮総督府 ③京城 ④1942 ⑤国立中央図書館

尋常小学刪述　①文部省, 朝鮮総督府編 ②朝鮮総督府 ③京城 ④1940 ⑤国立中央図書館

尋常小学算術書詳解　①普通学科研究会 ②朝鮮図書 ③京城 ④1929 ⑤연세대도서관

尋常小学修身書　①朝鮮総督府編 ②朝鮮総督府 ③京城 ④1920-1921 ⑤国立中央図書館

尋常小学日本歴史補充教材　①朝鮮教育研究会編 ②朝鮮総督府 ③京城 ④1921 ⑤国立中央図書館

尋常小学日本歴史補充教材教授参考書　①朝鮮教育研究会編 ③京城 ④1920 ⑤서울대도서관

尋常小学地理補充教材　①朝鮮総督府編 ②朝鮮総督府 ③京城 ④1920 ⑤国立中央図書館

尋常小学地理書補充教材　②児童用 ①朝鮮総督府編纂 ②朝鮮総督府 ③京城 ④1920 ⑤연세대도서관

尋常小学地理書補充教材教授参考書　①朝鮮総督府編 ②朝鮮総督府 ③京城 ④1922 ⑤国立中央図書館

瀋陽状啓　①藤田亮策, 田川孝三校 ②京城帝国大学 ③京城 ④1935 ⑤한국국회도서관, 서울대도서관, 일본국회도서관

心田開発　①朝鮮研究社 ③京城 ④1939 ⑤国立中央図書館

心田開発に関する講演集　①朝鮮総督府中枢院編 ②朝鮮総督府中枢院 ③京城 ④1936 ⑤고려대도서관, 서울대도서관, 연세대도서관, 나고야대도서관, 도쿄대도서관, 홋카이도대도서관

深海魚の話　①朝鮮総督府水産試験場 ②朝鮮総督府水産試験場 ③釜山 ④1942

我国は朝鮮で河を為したか	① 朝鮮総督府編 ② 朝鮮総督府 ③ 京城 ④ 1932 ⑤ 국립중앙도서관
児童文庫(普通学校第1-6学年)	① 朝鮮教育会編 ③ 京城 ④ 1928-30 ⑤ 국립중앙도서관
児童用普通学校修身書 1, 3, 5	① 朝鮮総督府編 ② 朝鮮総督府 ③ 京城 ④ 1936-38 ⑤ 국립중앙도서관
我等の覚悟	① 朝鮮保健協会編 ② 朝鮮保健協会 ③ 京城 ④ 1928 ⑤ 국립중앙도서관
我等の組合	① 亀岡栄吉 ② 朝鮮拓殖資料調査会 ③ 京城 ④ 1930 ⑤ 부산시민도서관
亜米利加合衆国に於る 黒人教育の状況	③ 朝鮮総督府学務局 ③ 京城 ④ 1920 ⑤ 국립중앙도서관, 고려대도서관, 서울대도서관, 연세대도서관, 도쿄대도서관, 홋카이도대도서관
亜米利加人蔘栽培法	① 朝鮮総督府専売局開城出張所 ② 朝鮮総督府専売局開城出張所 ③ 京城 ④ 1930 ⑤ 규슈대도서관
亜米利加人蔘の病害と其の予防駆除法	① 朝鮮総督府専売局開城出張所 ② 朝鮮総督府専売局開城出張所 ③ 京城 ④ 1930 ⑤ 규슈대도서관
牙山郡誌	① 両角恒一編 ② 牙山郡教育会 ③ 牙山郡 ④ 1929 ⑤ 도쿄대도서관
亜細亜詩集	① 金村竜済 ② 大同出版社 ③ 京城 ④ 1942 ⑤ 일본국회도서관
雅言覚非 畫永編	① 細井肇編 ② 自由討究社 ③ 京城 ④ 1926 ⑤ 부산시민도서관, 서울대도서관, 연세대도서관, 교토대도서관
鶚丸建造報告	① 朝鮮総督府水産試験場編 ② 朝鮮総督府水産試験場 ③ 釜山 ④ 1933 ⑤ 국립중앙도서관, 한국국회도서관, 서울대도서관
案内書 大京城	① 朝鮮毎日新聞社編 ② 朝鮮毎日新聞社 ③ 京城 ④ 1929 ⑤ 서울대도서관
安東居留民団十年史	① 安東居留民団法実施十週年記念会編 ② 安東居留民団法実施十週年記念会 ③ 京城 ④ 1919 ⑤ 부산시민도서관, 도쿄대도서관
安眠島	① 林省三 ② 帝国地方行政学会朝鮮本部 ③ 京城 ④ 1933 ⑤ 연세대도서관
安邊郡釈王寺薬水調査報文	① 木野崎吉郎 ③ 京城 ④ 1930 ⑤ 국립중앙도서관
岩井教授論文集	① 京城帝国大学医学部岩井内科教室編 ② 京城帝国大学医学部岩井内科教室 ③ 京城 ④ 1939 ⑤ 서울대도서관, 일본국회도서관, 홋카이도대도서관
暗黒なる朝鮮	① 薄田貞敬 ② 日韓書房 ③ 京城 ④ 1908 ⑤ 고려대도서관, 규슈대도서관
闇より光へ	① 座古愛子 ② 森書店 ③ 京城 ④ 1931 ⑤ 일본국회도서관
鴨緑江江岸地方経済状況調査概要報告	① 寺田雄資, 朝鮮銀行調査局編 ② 朝鮮銀行 ③ 京城 ④ 1920 ⑤ 국립중앙도서관, 나고야대도서관
鴨緑江橋梁工事概況	① 朝鮮総督府鉄道局編 ② 朝鮮総督府鉄道局 ③ 京城 ④ 1914 ⑤ 국립중앙도서관
鴨緑江橋梁工事報告 付属図面	② 朝鮮総督府鉄道局 ④ 1912 ⑤ 부산시민도서관, 연세대도서관, 일본국회도서관, 홋카이도대도서관

鴨緑江橋梁工事概況	①朝鮮総督府鉄道局 ②朝鮮総督府鉄道局 ③京城 ④1911 ⑤일본국회도서관, 홋카이도대도서관
鴨緑江及大同江沿岸ニ於ケル賭地慣行	②朝鮮総督府殖産局農務課 ③京城 ④1931 ⑤교토대도서관, 규슈대도서관, 도쿄대도서관, 홋카이도대도서관
鴨緑江水電会社施設に関する水没地帯対策関係書類	⑤도쿄대도서관
鴨緑江製材無限公司沿革史	①浦部広三郎編 ②鴨緑江製材無限公司 ③安東 ④1924 ⑤부산시민도서관
愛国	①朝鮮軍司令部愛国部編 ②朝鮮軍司令部愛国部 ③京城 ④1932-34 ⑤국립중앙도서관
愛国読本	①小生第四郎, 関義基 共 ②京城日報社 ③京城 ④1945 ⑤국립중앙도서관
愛国班防毒指導要領	①京城府救護団本部編 ②同部 ③京城 ④1943 ⑤한국국회도서관
埃及国立銀行及埃及農業銀行	①朝鮮銀行調査局編 ②朝鮮銀行調査局 ③京城 ④1918 ⑤국립중앙도서관, 일본국회도서관, 교토대도서관
愛鷺教育状況	①朝鮮総督府学務局(朝鮮教育研究会調) ②朝鮮総督府学務局 ③京城 ④1920 ⑤국립중앙도서관, 서울대도서관
愛蘭問題	①時永浦三 ②朝鮮総督府 ③京城 ④1921 ⑤국립중앙도서관
野談・随筆・伝説	①森川清人編 ②京城ローカル社 ③京城 ④1944 ⑤부산시민도서관
耶蘇의 人格	①Harry Emorson Fosdick, 奇一巴楽万 共訳 ②朝鮮耶蘇教書会 ③京城 ④1919 ⑤고려대도서관
略暦	①朝鮮総督府観測所編纂 ②朝鮮総督府 ③京城 ④1936-1942 ⑤연세대도서관
弱少民族運動の展望 露西亜十月革命と社会主義の為めの闘争テルミドール(極熱の時危急存亡之秋)に向ふ途上にて	①李如星 ②朝鮮総督府警務局図書館 ③京城 ④1932 ⑤국립중앙도서관
薬剤的駆除試験 第2報	①村山 造 ②朝鮮総督府林業試験場 ③京城 ④1936 ⑤국립중앙도서관
薬製品油肥関係 貯蔵中ノ変化ニ関スル試験	②朝鮮総督府水産製品検査所 ③京城 ④1944 ⑤연세대도서관
躍進京城に於ける工業の概貌と将来	①京城府総督府時局総動員課編 ②京城府 ③京城 ④1939 ⑤국립중앙도서관, 부산시민도서관, 고려대도서관, 서울대도서관
躍進途上にある朝鮮電気事業の概観	①朝鮮電気協会編 ②朝鮮電気協会 ③京城 ④1937 ⑤국립중앙도서관, 서울대도서관
躍進半島と朝鮮殖産銀行	①朝鮮殖産銀行 ②朝鮮殖産銀行 ③京城 ④1940 ⑤일본국회도서관
躍進日本 外地発達史	①中村玄涛 ②大陸之日本史 ③釜山 ④1937 ⑤부산시민도서관
躍進朝鮮大観	①園田末熊編 ②帝国大観社 ③京城 ④1938 ⑤한국국회도서관, 연세대도서관, 일본국회도서관
躍進朝鮮三十年史	①民衆時論社編 ②民衆時論社 ③京城 ④1940 ⑤부산시민도서관, 연세대도서관

躍進朝鮮之産業 第1-2冊	① 朝鮮総督府 ② 大正写真工芸所 ③ 京城 ④ 1938-1939 ⑤ 서울대도서관, 고려대도서관
躍進朝鮮と三州人	① 淵上福之助 ② 鹿児島新聞京城支局 ③ 京城 ④ 1936 ⑤ 한국국회도서관
躍進朝鮮の意気と針路	① 朝鮮総督官房門書課編 ② 朝鮮総督官房門書課 ③ 京城 ④ 1936 ⑤ 국립중앙도서관, 한국국회도서관, 부산시민도서관, 서울대도서관
躍進朝鮮を語る 躍進半島の諸問題, 半島産業経済の展望	① 朝鮮弘報協会編纂 ② 朝鮮行政学会 ③ 京城 ④ 1942 ⑤ 고려대도서관, 서울대도서관, 교토대도서관
躍進之朝鮮	① 朝鮮研究社編 ② 朝鮮研究社 ③ 京城 ④ 1940 ⑤ 국립중앙도서관
薬草栽培の栞	① 朝鮮警察協会編 ② 朝鮮警察協会 ③ 京城 ④ 1933 ⑤ 국립중앙도서관, 서울대도서관
薬草栽培ノ指針	① 忠清南都衛生課編 ③ 公州 ④ 1934 ⑤ 국립중앙도서관
羊	① 鎌田沢一郎御稜威に甦る朝鮮 内鮮の歴史を顧みて① 国民総力朝鮮聯盟 ⑤ 한국국회도서관
糧穀関係法規 朝鮮米穀要覧	① 朝鮮総督府農林局編 ② 朝鮮総督府農林局 ③ 京城 ④ 1941 ⑤ 고려대도서관
羊毛資源と朝鮮の緬羊	① 朝鮮殖産助成財団編 ② 朝鮮殖産助成財団 ③ 京城 ④ 1940 ⑤ 서울대도서관
梁山夫婦塚と其遺物	① 馬場是一郎, 小川敬吉編 ② 朝鮮総督府 ③ 京城 ④ 1927 ⑤ 교토대도서관, 규슈대도서관, 나고야대도서관, 도쿄대도서관, 도호쿠대도서관, 오사카대학, 홋카이도대도서관
梁山夫婦塚と其遺物 図版	① 朝鮮総督府編 ② 朝鮮総督府 ③ 京城 ④ 1927 ⑤ 한국국회도서관, 서울대도서관
梁山夫婦塚と其遺物 本文, 真興王の戊子巡境碑と新羅の東北境	① 朝鮮総督府 ② 朝鮮総督府 ③ 京城 ④ 1929 ⑤ 서울대도서관
梁山夫婦塚と其遺物 本文	① 馬場是一郎, 小川敬吉 ② 朝鮮総督府 ③ 京城 ④ 1927 ⑤ 국립중앙도서관, 연세대도서관, 서울대도서관
良書 文化源泉, 1~45号	② 朝鮮図書館聯盟 ③ 京城 ④ 1939 ⑤ 부산시민도서관
揚水場に於ける経済的動力の使用と京仁地方に於ける農事電化の将来	① 京城電気株式会社監理課編 ③ 京城 ④ 1929 ⑤ 국립중앙도서관, 서울대도서관, 도쿄대도서관
養殖並生物調査 養殖係	① 朝鮮総督府水産試験場編 ② 朝鮮総督府水産試験場 ③ 釜山 ④ 1936 ⑤ 한국국회도서관
養殖並生物調査, 第9巻	① 朝鮮総督府水産試験場編 ② 朝鮮総督府水産試験場 ③ 釜山 ④ 1939 ⑤ 한국국회도서관

羊人生と緬羊・緬羊の飼ひ方・ホームスパンの織り方・日満羊を尋ぬる旅	
	①鎌田沢一郎 ②大阪屋号書店 ③京城 ④1934 ⑤日本国会図書館
養蚕業教科書	①朝鮮総督府編 ②朝鮮総督府 ③京城 ④1919 ⑤国立中央図書館
養蚕教科書	①朝鮮総督府編纂 ②朝鮮総督府 ③京城 ④1914 ⑤연세대도서관, 규슈대도서관
醸造法講話	①朝鮮酒造組合中央会編 ②朝鮮酒造組合中央会 ③京城 ④1938 ⑤국립중앙도서관
醸造試験成績	①朝鮮総督府中央試験所編 ②朝鮮総督府中央試験所 ③京城 ④1921 ⑤홋카이도대도서관
醸造用葡萄栽培成績	①朝鮮総督府中央試験所編 ②朝鮮総督府中央試験所 ③京城 ④1921 ⑤홋카이도대도서관
陽川	①京城電気株式会社編 ②京城電気 ③京城 ④1937 ⑤한국국회도서관
養蚕業ノ実態ニ就テ	①京畿道蚕業取締所編 ②京畿道蚕業取締所 ③京城 ④1925 ⑤일본국회도서관
御大礼記念聖徳文庫図書目録	①朝鮮教育会編 ②朝鮮教育会 ④1928 ⑤서울대도서관
御稜威に甦る朝鮮 内鮮の歴史を顧みて	①国民総力朝鮮聯盟 ②国民総力朝鮮聯盟 ③京城 ④1943 ⑤한국국회도서관, 고려대도서관, 연세대도서관, 서울대도서관
語文論叢 第8輯	①中島文雄編, 京城帝国大学文学論纂 ②岩波書店 ③京城 ④1935-45 ⑤국립중앙도서관
語法会話朝鮮語大成	①奥山仙三 ②日韓書房 ③京城 ④1930 ⑤국립중앙도서관, 연세대도서관
御船御注文控	①巌松堂 ③京城 ④1930 ⑤국립중앙도서관
漁船調査報告, 第2冊	②朝鮮総督府水産試験場 ③京城 ④1928 ⑤연세대도서관
漁船調査報告, 第3冊, 朝鮮型漁船改良ニ関スル試験	
	②朝鮮総督府水産試験場 ③京城 ④1929 ⑤연세대도서관
漁業組合簿記	①道原盛夫 ②朝鮮漁業組合中央会 ③京城 ④1941, 43 ⑤국립중앙도서관
漁業組合簿記	①産浦友吉 ②朝鮮会計学研究会 ③京城 ④1933 ⑤국립중앙도서관
魚油混合認定ヲ行ヒタルモノノ貯油槽検査有効期間算定上ノ基点ニ就テ	
	②朝鮮総督府水産製品検査所 ③京城 ④1941 ⑤연세대도서관
魚油の酸値と其の簡易測定法	①朝鮮総督府水産試験場 ②朝鮮総督府水産試験場 ③釜山 ④1929 ⑤규슈대도서관
御親閲拝受記 陸軍現役将校学校配属令施行令十五周年記念	
	①朝鮮教育会編 ②同会 ③京城 ④1940 ⑤한국국회도서관
御親閲拝受記 現役将校学校配属令施行拾五周年記念	
	①朝鮮教育会 ②八木信雄編 ③京城 ④1940 ⑤국립중앙도서관, 연세대도서관, 일본국회도서관

　　　　　　　　　　　　①鎌田沢一郎　②大阪屋号書店　③京城　④1934　⑤日本国会図書館

養蚕業教科書　　　　　　①朝鮮総督府編　②朝鮮総督府　③京城　④1919　⑤국립중앙도서관

養蚕教科書　　　　　　　①朝鮮総督府編纂　②朝鮮総督府　③京城　④1914　⑤연세대도서관, 규슈
대도서관

醸造法講話　　　　　　　①朝鮮酒造組合中央会編　②朝鮮酒造組合中央会　③京城　④1938　⑤국
립중앙도서관

醸造試験成績　　　　　　①朝鮮総督府中央試験所編　②朝鮮総督府中央試験所　③京城　④1921
⑤홋카이도대도서관

醸造用葡萄栽培成績　　　①朝鮮総督府中央試験所編　②朝鮮総督府中央試験所　③京城　④1921
⑤홋카이도대도서관

陽川　　　　　　　　　　①京城電気株式会社編　②京城電気　③京城　④1937　⑤한국국회도서관

養蚕業ノ実態ニ就テ　　　①京畿道蚕業取締所編　②京畿道蚕業取締所　③京城　④1925　⑤일본국회
도서관

御大礼記念聖徳文庫図書目録　①朝鮮教育会編　②朝鮮教育会　④1928　⑤서울대도서관

御稜威に甦る朝鮮　内鮮の歴史を顧みて　①国民総力朝鮮聯盟　②国民総力朝鮮聯盟　③京城　④1943　⑤한국국회도
서관, 고려대도서관, 연세대도서관, 서울대도서관

語文論叢　第8輯　　　　①中島文雄編, 京城帝国大学文学論纂　②岩波書店　③京城　④1935-45
⑤국립중앙도서관

語法会話朝鮮語大成　　　①奥山仙三　②日韓書房　③京城　④1930　⑤국립중앙도서관, 연세대도서관

御船御注文控　　　　　　①巌松堂　③京城　④1930　⑤국립중앙도서관

漁船調査報告, 第2冊　　　②朝鮮総督府水産試験場　③京城　④1928　⑤연세대도서관

漁船調査報告, 第3冊, 朝鮮型漁船改良ニ関スル試験

　　　　　　　　　　　　②朝鮮総督府水産試験場　③京城　④1929　⑤연세대도서관

漁業組合簿記　　　　　　①道原盛夫　②朝鮮漁業組合中央会　③京城　④1941, 43　⑤국립중앙도서관

漁業組合簿記　　　　　　①産浦友吉　②朝鮮会計学研究会　③京城　④1933　⑤국립중앙도서관

魚油混合認定ヲ行ヒタルモノノ貯油槽検査有効期間算定上ノ基点ニ就テ

　　　　　　　　　　　　②朝鮮総督府水産製品検査所　③京城　④1941　⑤연세대도서관

魚油の酸値と其の簡易測定法　①朝鮮総督府水産試験場　②朝鮮総督府水産試験場　③釜山　④1929
⑤규슈대도서관

御親閲拝受記　陸軍現役将校学校配属令施行令十五周年記念

　　　　　　　　　　　　①朝鮮教育会編　②同会　③京城　④1940　⑤한국국회도서관

御親閲拝受記　現役将校学校配属令施行拾五周年記念

　　　　　　　　　　　　①朝鮮教育会　②八木信雄編　③京城　④1940　⑤국립중앙도서관, 연세대도
서관, 일본국회도서관

魚の生活	① 朝鮮総督府水産試験場 ② 朝鮮総督府水産試験場 ③ 釜山 ④ 1942 ⑤ 서울대도서관
漁ノ船調査報告 第1-3冊	① 朝鮮総督府水産試験場編 ② 朝鮮総督府水産試験場 ③ 釜山 ④ 1924-29 ⑤ 국립중앙도서관
諺文新聞差押記事輯録 東亜日報	① 朝鮮総督府警務局編 ② 朝鮮総督府警務局 ③ 京城 ④ 1932 ⑤ 서울대도서관
諺文新聞差押記事輯録 時代日報・中外日報	① 朝鮮総督府警務局編 ② 朝鮮総督府警務局 ③ 京城 ④ 1932 ⑤ 서울대도서관
諺文新聞差押記事輯録 朝鮮日報	① 朝鮮総督府警務局編 ② 朝鮮総督府警務局 ③ 京城 ④ 1932 ⑤ 서울대도서관
諺文新聞差押記事輯録	① 朝鮮総督府警務局図書課編 ② 朝鮮総督府警務局 ③ 京城 ④ 1937 ⑤ 국립중앙도서관, 고려대도서관
諺文新聞差押記事輯録 昭和12年1月1日-15年8月10日	① 朝鮮総督府警務局図書課 ② 朝鮮総督府警務局図書課 ③ 京城 ④ 1940 ⑤ 일본국회도서관
諺文新聞の詩歌	① 朝鮮総督府警務局図書課 ② 朝鮮総督府警務局 ③ 京城 ④ 1930 ⑤ 일본국회도서관
諺文朝鮮地名簿	① 京城鉄道郵便局編 ② 京城鉄道郵便局 ③ 京城 ⑤ 서울대도서관
業模範場	④ 1922 ⑤ 규슈대도서관
業務概要昭和7, 8年度	① 朝鮮総督府林業試験場 ② 朝鮮総督府林業試験場 ③ 京城 ④ 1933-1934 ⑤ 연세대도서관
業務報告	① 慶尚南道農事試験場 ② 慶尚南道農事試験場 ③ 晋洲邑 ④ 1936 ⑤ 홋카이도대도서관
業務報告	① 咸鏡南道農事試験場 ② 咸鏡南道農事試験場 ④ 1932 ⑤ 홋카이도대도서관
業務成績摘録(大正14年度, 昭和元年度, 昭和2年度), 咸鏡北道種苗場要覧, 蔬菜栽培要項, 咸北大豆ニ関スル調査	① 咸鏡北道種苗場, 昭和十五年度事業報告① 咸鏡北道農事試験場 ② 咸鏡北道種苗場, 咸鏡北道農事試験場 ④ 1926 ⑤ 규슈대도서관
業務成績摘録	① 咸鏡北道種苗場 ② 咸鏡北道種苗場 ④ 19261 ⑤ 규슈대도서관
業務概要 昭和7, 9年度	① 朝鮮総督府林業試験場 ② 朝鮮総督府林業試験場 ③ 京城 ④ 1933-1935 ⑤ 일본국회도서관
旅客連絡運輸規則並同取扱細則	① 朝鮮総督府鉄道局運輸課旅客係 ② 朝鮮総督府鉄道局 ③ 京城 ④ 1941 ⑤ 연세대도서관
旅客運送関係規則	① 朝鮮総督府鉄道局 ② 朝鮮総督府 ③ 京城 ④ 1938 ⑤ 한국국회도서관, 연세대도서관, 서울대도서관

旅費規程集	① 朝鮮総督府穀物検査所木浦支所編 ② 朝鮮総督府穀物検査所木浦支所 ③ 京城 ④ 1936 ⑤ 국립중앙도서관
余嶺死闘	① 第二十師団報導部編 ② 朝鮮軍事後援聯盟 ③ 京城 ④ 1939 ⑤ 국립중앙도서관
女子高等国語読本, 巻3	② 朝鮮総督府 ③ 京城 ④ 1921 ⑤ 연세대도서관
女子高等国語読本, 巻4	② 朝鮮総督府 ③ 京城 ④ 1921 ⑤ 연세대도서관
女子高等普通学校修身書	① 朝鮮総督府 ② 朝鮮書籍印刷株式会社 ③ 京城 ④ 1925-1927 ⑤ 서울대도서관, 연세대도서관
女子高等朝鮮語読本	① 朝鮮総督府 ② 朝鮮総督府 ③ 京城 ④ 1923-1924 ⑤ 서울대도서관
女の学校	① 豊野実編 ② 朝鮮語研究会 ③ 京城 ④ 1944 ⑤ 국립중앙도서관
黎明之朝鮮	① 金谷栄雄編 ② 東亜義会 ③ 京城 ④ 1924 ⑤ 부산시민도서관, 일본국회도서관
訳	② 朝鮮総督府中枢院 ③ 京城 ④ 1921 ⑤ 국립중앙도서관, 연세대도서관
歴大朝鮮総督府施政方針	① 朝鮮総督府六書課 ② 朝鮮行政学会 ③ 京城 ④ 1941 ⑤ 고려대도서관
駅屯土実地調査概要	① 朝鮮総督府 ④ 1911 ⑤ 국립중앙도서관, 서울대도서관
訳文大典会通	① 朝鮮総督府中枢院 訳 ② 朝鮮総督府中枢院 ③ 京城 ④ 1921 ⑤ 국립중앙도서관, 부산시민도서관, 고려대도서관, 서울대도서관, 교토대도서관, 규슈대도서관, 나고야대도서관, 도쿄대도서관
歴代文化皇国史大観	① 朝鮮新聞社編 ② 朝鮮新聞社 ③ 京城 ④ 1936 ⑤ 국립중앙도서관, 고려대도서관
歴史民俗朝鮮漫談	① 今村鞆 ② 南山吟社 ③ 京城 ④ 1928 ⑤ 국립중앙도서관, 한국국회도서관, 고려대도서관, 서울대도서관, 연세대도서관
歴史地理朝鮮里町旅行案内	① 朝鮮商工世界社, 朝鮮地理歴史研究会 共 ② 京城 広文書市 ③ 京城 ④ 1926 ⑤ 서울대도서관
歴史民俗朝鮮漫談	① 今村鞆 ② 南山吟社 ③ 京城 ④ 1930 ⑤ 고려대도서관, 서울대도서관, 일본국회도서관, 도쿄대도서관
歴史の平壌	① 平安南道教育会編 ② 平安南道教育会 ③ 平壌 ④ 1929 ⑤ 일본국회도서관
歴史と教育/西晋一郎現代哲学の主潮/勝部謙造朝鮮文化史上より見たる忠南	① 小田省吾 ② 忠清南道教育会 ③ 大田 ④ 1933 ⑤ 한국국회도서관, 연세대도서관
歴史と歴史教育	① 京城師範学校歴史研究室 ② 大海堂 ③ 京城 ④ 1932 ⑤ 서울대도서관
役牛の体型に関する生物測定学的考察	① 佐佐木清綱 ② 朝鮮農会 ③ 京城 ④ 1934 ⑤ 국립중앙도서관, 연세대도서관
歴史と教育 / 現代哲学の主潮	① 朝鮮文化史上より見たる忠南①西晋一郎, 勝部謙造, 小田省吾 ② 忠清南道教育会 ③ 公州 ④ 1933 ⑤ 서울대도서관
駅員教科書	① 朝鮮総督府鉄道局庶務課編 ② 朝鮮総督府鉄道局庶務課 ③ 京城

	④ 1940 ⑤ 국립중앙도서관, 한국국회도서관
研究会講演集	① 朝鮮総督府総務局会計課内研究会編 ② 朝鮮総督府総務局会計課内研究会 ③ 京城 ④ 1913 ⑤ 국립중앙도서관
連帯線貨物運賃率早見表 1-4	① 朝鮮総督府鉄道局営業課編 ② 朝鮮鉄道協会 ③ 京城 ④ 1932-38 ⑤ 국립중앙도서관
連絡線貨物営業粁程表	① 朝鮮総督府鉄道局 ② 朝鮮総督府鉄道局 ③ 京城 ④ 1942 ⑤ 일본국회도서관
煉炭物語	① 佐瀬武雄 ③ 京城 ④ 1929 ⑤ 도쿄대도서관
連帯線貨物営業粁程表	① 朝鮮総督府鉄道局 ② 朝鮮総督府鉄道局 ③ 京城 ④ 1939 ⑤ 홋카이도대도서관
年報	② 朝鮮総督府鉄道局 ③ 京城 ④ 1928 ⑤ 연세대도서관
燕山外史	① 陳球藘斎 ④ 1925 ⑤ 부산시민도서관
沿線案内	① 朝鮮鉄道株式会社編 ② 朝鮮鉄道株式会社 ③ 京城 ④ 1927 ⑤ 국립중앙도서관
鉛亜鉛混合硫化鉱の選鉱試験報告	① 加賀谷金之助, 朝鮮総督府燃料選鉱研究所編 ② 燃料選鉱研究所 ③ 京城 ④ 1929 ⑤ 국립중앙도서관
沿岸定地海洋観測成績(海洋調査報告 第1号)	
	② 朝鮮総督府水産試験場 ③ 釜山 ④ 1926 ⑤ 부산시민도서관
燕巖外集 上, 下	① 朴趾源 ② 朝鮮研究会 ③ 京城 ④ 1915 ⑤ 서울대도서관
燕巖外集, 下	① 朴趾源 ② 朝鮮研究会 ③ 京城 ④ 1916 ⑤ 연세대도서관
燕巖外集熱河日記	① 朴趾源(燕巖), 朝鮮研究会 訳 ② 朝鮮研究会 ③ 京城 ④ 1915 ⑤ 국립중앙도서관
煙草耕作法	① 朝鮮総督府編 ② 朝鮮総督府 ③ 京城 ④ 1913 ⑤ 국립중앙도서관
煙草耕作法参考書類集	① 朝鮮総督府専売局編 ③ 京城 ④ 1944 ⑤ 고려대도서관
煙草売上状況調 大正12年-昭和8年度	① 朝鮮総督府専売局 ② 朝鮮総督府専売局 ③ 京城 ④ 1934 ⑤ 국립중앙도서관, 서울대도서관
煙草産業調査涵養事蹟 大正元-四年分	① 朝鮮総督府 ② 朝鮮総督府 ③ 京城 ④ 1913-1916 ⑤ 서울대도서관, 도쿄대도서관
煙草産業調査涵養事蹟	① 朝鮮総督府編 ② 朝鮮総督府 ③ 京城 ④ 1913-1938 ⑤ 국립중앙도서관
煙草試作成績 1 第13号 2 第5号 3 第6号 4 第11号	
	① 朝鮮総督府 ③ 京城 ④ 1918 ⑤ 국립중앙도서관
煙草試作成蹟	① 朝鮮総督府 ② 朝鮮総督府 ③ 京城 ④ 1915 ⑤ 고려대도서관
煙草試作成績	① 朝鮮総督府編 ② 朝鮮総督府 ③ 京城 ④ 1911-20 ⑤ 국립중앙도서관
煙草専売法規解説	① 川崎延寿 ② 帝国地方行政学会京城支部 ③ 大邱 ④ 1937 ⑤ 국립중앙도서관, 한국국회도서관, 고려대도서관

煙草専売取締関係例規	① 朝鮮総督府専売局編 ② 朝鮮総督府専売局 ③ 京城 ④ 1924 ⑤ 国립중앙도서관
煙草専売取締関係例規	① 朝鮮総督府専売局編 ② 朝鮮総督府専売局 ③ 京城 ④ 1933 ⑤ 국립중앙도서관, 한국국회도서관, 연세대도서관
延海農場業務調査復命書	⑤ 도쿄대도서관
沿海州沖合機船底曳網漁場に於て漁獲される魚類に就て	
	① 朝鮮総督府水産試験場 ② 朝鮮総督府水産試験場 ③ 釜山 ④ 1936 ⑤ 한국국회도서관, 부산시민도서관, 규슈대도서관
沿海地方及北樺太の森林	① 朝鮮林学会編 ② 朝鮮林学会 ③ 京城 ④ 1943 ⑤ 국립중앙도서관
燕巌外集	① 朴趾源 ② 朝鮮研究会 ③ 京城 ④ 1915-1916 ⑤ 규슈대도서관, 도쿄대도서관
燕巌集 16巻	① 朴趾源, 朴栄哲編 ② 朴栄哲 ③ 京城 ④ 1932 ⑤ 일본국회도서관
燕の子うに	① 布村重次郎 ② 大邱大橋書店 ③ 大邱 ④ 1933 ⑤ 부산시민도서관
熱河, 北京の史的管見	① 末松保和 ② 京城帝国大学大陸文化研究会 ③ 京城 ④ 1939 ⑤ 한국국회도서관, 규슈대도서관, 도쿄대도서관
熱河蒙古地方に関する調査	① 朝鮮銀行調査局編 ② 朝鮮銀行調査局 ③ 京城 ④ 1917 ⑤ 국립중앙도서관, 일본국회도서관, 교토대도서관
熱河日記 上 (燕巌外集上)	① 朴趾源青柳綱太郎編 ② 朝鮮研究会 ③ 京城 ④ 1915 ⑤ 부산시민도서관
熱河日記 下 (燕巌外集下)	① 朴趾源青柳綱太郎編 ② 朝鮮研究会 ③ 京城 ④ 1916 ⑤ 부산시민도서관
英国五大銀行頭取演述要旨	① 朝鮮銀行京城総裁席調査課編 ② 朝鮮銀行京城総裁席調査課 ③ 京城 ④ 1934 ⑤ 서울대도서관, 교토대도서관, 도쿄대도서관
英領印度統治の現状と英国の異民族統治政策の批判	
	① 朝鮮総督府編 ② 朝鮮総督府 ③ 京城 ④ 1936 ⑤ 국립중앙도서관, 한국국회도서관, 고려대도서관, 서울대도서관, 교토대도서관, 규슈대도서관, 도쿄대도서관
英領印度の民族運動 続編其の一	① 清水賢一 訳 ② 朝鮮総督府 ③ 京城 ④ 1931 ⑤ 국립중앙도서관, 한국국회도서관, 부산시민도서관, 고려대도서관, 서울대도서관, 도쿄대도서관
英領印度の民族運動	① 朝鮮総督府編 ② 朝鮮総督府 ③ 京城 ④ 1930 ⑤ 서울대도서관, 교토대도서관, 규슈대도서관, 홋카이도대도서관
営林署流筏事業実行内規	① 朝鮮総督府編 ② 朝鮮総督府 ③ 京城 ④ 1928 ⑤ 국립중앙도서관
営林廠案内	① 朝鮮総督府営林廠編 ② 朝鮮総督府営林廠 ③ 新義州 ④ 1919 ⑤ 국립중앙도서관
英米ニ於ケル製鉄業ノ趨勢	① 朝鮮銀行調査局 ③ 京城 ④ 1918 ⑤ 서울대도서관, 일본국회도서관
英米に於ける朝鮮人の不穏運動	① 朝鮮情報委員会編 ③ 京城 ④ 1923 ⑤ 서울대
営業報告書 第18, 20, 22期	① 京城紡織株式会社編 ② 京城紡織株式会社 ③ 京城府 ④ 1936-1938 ⑤ 오사카대학

営業報告書 第32回 昭和10年下期	①朝鮮慶南鉄道株式会社編 ②朝鮮慶南鉄道株式会社 ③天安 ④1936 ⑤서울대
営業報告書	②朝鮮信託 ③京城 ④1935 ⑤도쿄대도서관
英霊	①京城公立商業学校校友会編 ②京城公立商業学校校友会 ③京城 ④1939 ⑤서울대
営業報告	①朝鮮銀行編 ②朝鮮銀行 ③京城 ④1943 ⑤도호쿠대도서
迎春記	①矢野康 ②矢野康 ③木浦 ④1928 ⑤일본국회도서관
永和九年在銘塼出土古墳調査報告	①野守健榧, 本亀次郎 共編 ②朝鮮総督府 ③京城 ④1933 ⑤국립중앙도서관
永和九年在銘塼出土古墳調査報告	①朝鮮総督府編 ②朝鮮総督府 ③京城 ④1935 ⑤서울대
英和船舶工学術語集	①造船協会編 ②巌松堂 ③京城 ④1932 ⑤국립중앙도서관
栄ゆる釜山港	①釜山税関編 ②釜山税関 ③釜山 ④1933 ⑤국립중앙도서관
例規類集 京城府, 京城学校組合, 京城府学校費	②京城府 ③京城 ④1930 ⑤한국국회도서관
預金金利協定より見たる金融組合の地位	①朝鮮金融組合聯合会調査課編 ②朝鮮金融組合聯合会 ③京城 ④1939 ⑤도쿄대도서관
芸能科工作教授資料	①朝鮮総督府編 ②朝鮮書籍印刷株式会社 ③京城 ④1943 ⑤국립중앙도서관
予算 文字資料	②朝鮮総督府 ③京城 ④1932 ⑤도쿄대도서관
予算参考書 大正15年度 第51回 帝国議会用	①朝鮮総督府 ②朝鮮総督府 ③京城 ④1926 ⑤고려대도서관
礼成江架橋工事記録 朝鉄, 黄海線	①朝鮮鉄道株式会社編 ②朝鮮鉄道 ③京城 ④1933 ⑤국립중앙도서관, 한국국회도서관
予習算術 入学準備	①本間操 ②日韓書房 ③京城 ④1917 ⑤부산시민도서관
予審終結定正本	①朝鮮総督府編 ②朝鮮総督府 ③京城 ④1919 ⑤서울대도서관
例祭並大嘗祭当日奉幣祭の記	②朝鮮神宮社務所 ③京城 ④1928 ⑤연세대도서관
五箇年計画と満洲の工業	①静田均 ②京城帝国大学大陸文化研究会 ③京城 ④1940 ⑤서울대도서관, 도쿄대도서관
烏拉爾鉱業	①ドブロホトフ, 宮村時一郎訳 ②朝鮮銀行調査局 ③京城 ④1919 ⑤일본국회도서관
烏拉爾ノ鉱業	①朝鮮銀行調査局編 ②朝鮮銀行調査局 ③京城 ④1919 ⑤교토대도서관, 규슈대도서관, 홋카이도대도서관
五百年奇	①崔東州編述, 清水鍵吉 抄訳 ②由討空社 ③京城 ④1926 ⑤고려대도서관
五百年奇譚 朝鮮歳時記	①細井肇編 ②自由討究社 ③京城 ④1926 ⑤부산시민도서관, 도쿄대도서관
五十年の回顧	①朴栄哲 ②大阪屋号書店 ③京城 ④1929 ⑤일본국회도서관, 규슈대도서

	관, 도쿄대도서관
温突の保温に関する試験	①工藤一郎 ③京城 ④1938 ⑤국립중앙도서관
温突の築き方と燃科	①高橋喜七郎 ②朝鮮総督府 ③京城 ④1923 ⑤국립중앙도서관, 규슈대도서관
聊斎研究 聊斎遺稿・聊斎遺跡	①平井雅尾 ②平井雅尾 ③釜山 ④1940 ⑤일본국회도서관
莞島蘆花島青山島及太郎島及所安島図幅	①朝鮮総督府地質調査所編 ②朝鮮総督府地質調査所 ③京城 ④1930 ⑤국립중앙도서관
豌豆及菜豆ニ関スル調査	①朝鮮銀行調査局編 ②朝鮮銀行調査局 ③京城 ④1918 ⑤일본국회도서관
緩和曲線敷設心得及計算諸表	①朝鮮総督府鉄道局建設課編 ②朝鮮総督府鉄道局 ③京城 ④1938 ⑤국립중앙도서관
往時の朝鮮に於ける自治の萌芽郷約の一班	①富永文一 ②朝鮮総督府 ③京城 ④1923 ⑤국립중앙도서관, 연세대도서관, 서울대도서관
外国居留地統計	①朝鮮総督府総務部外事局編 ②朝鮮総督府総務部 ③京城 ④1911 ⑤국립중앙도서관
外国教育制度及情況 其の一	①朝鮮総督府学務局 ②朝鮮総督府学務局 ③京城 ④1920 ⑤서울대도서관, 교토대도서관, 홋카이도대도서관
外国歴史教科書	①朝鮮総督府編 ②朝鮮総督府 ③京城 ④1914 ⑤국립중앙도서관, 연세대도서관
外国市場開拓ニ対スル独逸ノ方策	①朝鮮銀行調査局 ③京城 ④1918 ⑤서울대도서관, 일본국회도서관
外国植民地制度便概	①朝鮮総督府編 ②朝鮮総督府 ③京城 ④1925 ⑤국립중앙도서관
外国営業税立法摘要	①朝鮮総督府財務局編 ③京城 ④1927 ⑤서울대도서관, 연세대도서관
外来語表記法統一案	①朝鮮語学会編 ②朝鮮総督府 ③京城 ④1941 ⑤국립중앙도서관
外人学校長処分ニ関スル顛末書	①朝鮮総督府編 ②朝鮮総督府 ③京城 ④1900-45 ⑤국립중앙도서관, 서울대도서관
外人に観たる朝鮮外交秘話	①マルデル, 小坂貞雄編 ②外人の観たる朝鮮外交秘話出版会 ③京城 ④1934 ⑤국립중앙도서관, 한국국회도서관, 고려대도서관, 규슈대도서관, 도쿄대도서관
外人の見たる最近の朝鮮	①朝鮮総督府編 ③京城 ④1932 ⑤서울대도서관
外人の見にる三十年前の朝鮮	①工藤重雄 訳 ②東亜経済時報社 ③京城 ④1930 ⑤서울대도서관
外人の観たる最近の朝鮮	①朝鮮総督府編 ②朝鮮総督府 ③京城 ④1932 ⑤국립중앙도서관, 한국국회도서관, 고려대도서관, 연세대도서관
外地財政 上	①財政経済学会 ③京城 ④1939 ⑤국립중앙도서관
外国銀行支店設置ニ関スル各国ノ取扱現状並国際協約案	①Marcus Wallenberg 朝鮮銀行東京調査部訳 ②朝鮮銀行 ③京城 ④1921 ⑤교토대도서관

耀く青丘人	① 正木準章 ② 朝鮮川柳会 ③ 京城 ④ 1942 ⑤ 국립중앙도서관
竜頭山神史料	① 山川鵜市編 ④ 1936 ⑤ 부산시민도서관
竜飛御天歌 上, 下巻 第1至10	① 京城帝国大学法文学部編 ② 京城帝国大学法文学部 ③ 京城 ④ 1937-38 ⑤ 일본국회도서관
竜飛御天歌	① 朝鮮古書刊行会編 ② 朝鮮古書刊行会 ③ 京城 ④ 1911 ⑤ 한국국회도서관, 규슈대도서관, 도쿄대도서관
竜渓王先生会語	① 貢安国輯, 査鐸等校 ② 葛城末治 ③ 京城 ④ 1932 ⑤ 일본국회도서관
雨量観測心得	① 朝鮮総督府編 ② 朝鮮総督府 ③ 京城 ④ 1917 ⑤ 국립중앙도서관
優良農村と篤農家 第1輯	① 朝鮮農会編 ② 朝鮮農会 ③ 京城 ④ 1931 ⑤ 국립중앙도서관, 한국국회도서관, 연세대도서관
優良部落事績	① 朝鮮総督府内務局社会課編 ② 朝鮮総督府内務局社会課 ③ 京城 ④ 1930 ⑤ 국립중앙도서관, 연세대도서관
優良部落調	① 朝鮮総督府内務局社会課 ② 朝鮮総督府内務局社会課 ③ 京城 ④ 1928 ⑤ 연세대도서관, 도쿄대도서관
優良小麦「月乃島」	① 黄海道種苗場 ② 黄海道種苗場 ③ 黄海道 ④ 1930 ⑤ 규슈대도서관
優良栄農調査書 昭和10年度	① 朝鮮農会編 ② 朝鮮農会 ③ 京城 ④ 1937 ⑤ 국립중앙도서관, 규슈대도서관, 홋카이도대도서관
雨量要覧	① 朝鮮総督府鉱工局編 ② 朝鮮総督府鉱工局 ③ 京城 ④ 1944 ⑤ 한국국회도서관, 연세대도서관
牛医講習教程	① 朝鮮総督府編 ② 朝鮮総督府 ③ 京城 ④ 1916 ⑤ 국립중앙도서관
牛耳洞附近, 京城道峯, 京城仏岩, 京城水落	② 京城電気株式会社 ③ 京城 ④ 1944 ⑤ 한국국회도서관, 고려대도서관
愚人受難記	① 山北光徳 ② 大邱実業新聞社 ③ 大邱 ④ 1937 ⑤ 일본국회도서관
牛畜ノ繁殖取引並利用ニ関スル趨勢	① 加田直治 ② 朝鮮皮革株式会社 ③ 京城 ④ 1918 ⑤ 국립중앙도서관
郵便局所要覧 明治43年度	① 朝鮮総督府通信局編 ② 朝鮮総督府逓信局 ③ 京城 ④ 1911 ⑤ 국립중앙도서관, 부산시민도서관
郵便局所要覧 大正4年度	② 朝鮮総督府逓信局 ③ 京城 ④ 1916 ⑤ 부산시민도서관
郵便規則改正草案	① 朝鮮総督府逓信局編 ② 朝鮮総督府逓信局 ③ 京城 ④ 1938 ⑤ 한국국회도서관
郵便取扱規程草案 朝鮮ト内地・台湾・樺太・南洋群島及東州間郵便取扱規程	① 朝鮮総督府逓信局編 ② 朝鮮総督府逓信局 ③ 京城 ④ 1939 ⑤ 한국국회도서관
牛皮ニ対スル金融ニ就テ	② 朝鮮殖産銀行調査課 ③ 京城 ④ 1933 ⑤ 고려대도서관, 연세대도서관, 도쿄대도서관, 홋카이도대도서관
雲崗石窟に就いて	① 鳥山喜一 ② 京城帝国大学大陸文化研究会 ③ 京城 ④ 1939 ⑤ 서울대도서관, 규슈대도서관, 도쿄대도서관

運送読本	① 朝鮮運送株式会社編 ② 朝鮮運送株式会社 ③ 京城 ④ 1941 ⑤ 국립중앙도서관
運輸 第四編	① 朝鮮総督府鉄道局編 ② 朝鮮総督府鉄道局 ③ 京城 ④ 1937 ⑤ 고려대도서관
運転取扱心得	① 朝鮮総督府鉄道局運転課編 ② 朝鮮総督府鉄道局運転課 ③ 京城 ④ 1939 ⑤ 국립중앙도서관, 한국국회도서관, 연세대도서관, 홋카이도대도서관
欝陵島植物調査書	② 朝鮮総督府 ③ 京城 ④ 1919 ⑤ 연세대도서관, 규슈대도서관
原文和訳対照 朝鮮外寇史	① 青柳綱太郎 ② 朝鮮研究会 ③ 京城 ④ 1915 ⑤ 연세대도서관
原文和訳対照大韓疆域考 上, 下	① 青柳綱太郎編 ② 朝鮮研究会 ③ 京城 ④ 1915 ⑤ 서울대도서관
原文和訳対照東国通鑑1-6	① 青柳綱太郎編輯 ② 朝鮮研究会 ③ 京城 ④ 1914-1915 ⑤ 서울대도서관
原文和訳対照謝氏南征記	① 金万重, 朝鮮研究会編 ③ 京城 ④ 1914 ⑤ 국립중앙도서관, 서울대도서관, 도쿄대도서관, 규슈대도서관
原文和訳対照三国史記 上, 下	① 青柳綱太郎編 ② 朝鮮研究会 ③ 京城 ④ 1914 ⑤ 국립중앙도서관, 서울대도서관
原文和訳対照李舜臣全集	① 李舜臣, 朝鮮研究会 訳 ③ 京城 ④ 1916 ⑤ 국립중앙도서관
原文和訳対照朝鮮外寇史 全	① 青柳南冥 増補 ② 朝鮮研究会 ③ 京城 ④ 1915 ⑤ 서울대도서관
原文和訳対照芝峰類説 上-下	① 李수光, 朝鮮研究会 訳 ② 朝鮮研究会 ③ 京城 ④ 1916-1917 ⑤ 서울대도서관
原文和訳対照青野漫輯 1-2	① 朝鮮研究会編 ② 朝鮮研究会 ③ 京城 ④ 1916 ⑤ 국립중앙도서관
原文和訳対照漢唐遺事	① 朴泰錫 ② 朝鮮研究会 ③ 京城 ④ 1915 ⑤ 한국국회도서관, 서울대도서관
原文和訳対照海遊録	① 申維翰, 朝鮮研究会 訳 ② 朝鮮研究会 ③ 京城 ④ 1915 ⑤ 국립중앙도서관
元山発展史	① 高尾新右衛門編 ② 高尾新右衛門 ③ 元山 ④ 1916 ⑤ 교토대도서관, 도쿄대도서관
元山方面商工業調査	① 朝鮮総督府農商工部編 ② 朝鮮総督府農商工部 ③ 京城 ④ 1911 ⑤ 한국국회도서관
元山府勢一斑 昭和14年	② 元山府 ③ 元山 ④ 1939 ⑤ 부산시민도서관
元山案内	② 元山商業会議所 ③ 元山 ④ 1914 ⑤ 부산시민도서관
原色 朝鮮の蝶類	① 森為三, 土居寛暢, 趙福成共 ② 大阪屋号書店 ③ 京城 ④ 1934 ⑤ 국립중앙도서관, 고려대도서관, 연세대도서관, 서울대도서관, 일본국회도서관
園芸報告 第10号	① 朝鮮総督府勧業模範場纛島園芸支場編 ② 朝鮮総督府勧業模範場纛島支場 ③ 京城 ④ 1917 ⑤ 연세대도서관
園芸報告 第7号	① 朝鮮総督府勧業模範場纛島園芸支場編 ② 朝鮮総督府勧業模範場纛島支場 ③ 京城 ④ 1914 ⑤ 연세대도서관
園芸報告, 11	① 朝鮮総督府勧業模範場纛島園芸支場編 ② 朝鮮総督府勧業模範場纛島園芸支場 ③ 京城 ④ 1922 ⑤ 한국국회도서관

園芸報告	①朝鮮総督府勧業模範場轟島園芸支場編 ②朝鮮総督府観業模範所 ③水原 ④1913 ⑤부산시민도서관
元朝秘史	①青柳綱太郎編 ②朝鮮研究会 ③京城 ④1917 ⑤국립중앙도서관, 부산시민도서관, 연세대도서관, 일본국회도서관
元朝秘史註	①朝鮮研究会編 ②朝鮮研究会 ③京城 ④1931 ⑤한국국회도서관
月別鉱産額調	⑤도쿄대도서관
諭告·訓示·演述総攬	①朝鮮総督府官房門書誇編 ②朝鮮行政学会 ③京城 ④1941 ⑤국립중앙도서관, 한국국회도서관, 연세대도서관, 서울대도서관
諭告訓示演述総攬, 第2輯	①朝鮮総督府文書課編纂 ②朝鮮行政学会 ③京城 ④1943 ⑤연세대도서관
流量要覧	②自大正十二年至昭和十五年 ②朝鮮総督府鉱工局 ③京城 ④1944 ⑤연세대도서관
有望ナル蒙古貿易及対蒙投資	①フワーリン, 朝鮮銀行調査局訳 ②朝鮮銀行 ③京城 ④1918 ⑤국립중앙도서관, 일본국회도서관
油肥年鑑, 1943	①朝鮮약油肥製造業水産組合聯合会編 ②朝鮮약油肥製造業水産組合聯合会 ③京城 ④1943 ⑤한국국회도서관
油肥年鑑	①山本茂幸 ②朝鮮약魚肥製造業水産組合聯合会 ③京城 ④1942 ⑤고려대도서관
維新と人物	①賀田直治 ②帝国地方行政学会朝鮮本部 ③京城 ④1935 ⑤부산시민도서관
有燃炭現況調査書類	⑤도쿄대도서관
油蚕性ノ伴性遺伝ニ就テ	①朝鮮総督府勧業模範場蚕業試験所編 ②蚕業試験所 ③水原 ④1922 ⑤국립중앙도서관, 홋카이도대도서관
乳製品獣鳥肉鶏卵缶瓶詰食品ニ関スル調査	①京城府庁編 ②京城府庁 ③京城 ④1927 ⑤국립중앙도서관
楡川	①朝鮮総督府 ②朝鮮総督府 陸地測量部 ③京城 ④1923 ⑤국립중앙도서관
有畜農業事例	①朝鮮畜産協会編 ②朝鮮畜産協会 ③京城 ④1931 ⑤국립중앙도서관, 홋카이도대도서관
遊覧の平壌	①平壌観光協会 ②平壌観光協会 ③平壌 ④1938 ⑤일본국회도서관
陸軍ニ関係アル現行条約	①朝鮮軍司令部編 ②朝鮮軍司令部 ③京城 ④1912 ⑤한국국회도서관
陸軍ニ関係アル現行条約	①朝鮮軍司令部 ②朝鮮軍司令部 ③京城 ⑤일본국회도서관
陸軍に関係ある条約	①朝鮮軍司令部編 ②朝鮮軍司令部 ③京城 ④1931 ⑤고려대도서관
陸軍特別志願兵読本	①岡久雄 ②帝国地方行政学会, 朝鮮本部 ③京城 ④1939 ⑤국립중앙도서관
育児の看護と実際	①高井俊夫 ②興亜文化出版(株) ③京城 ④1944 ⑤부산시민도서관
陸産物調査	①京城府庁編 ②発行者不明 ③京城 ④1926 ⑤국립중앙도서관

陸接国境関税ニ関スル 其ノ三	① 朝鮮総督府財務局 ② 朝鮮総督府財務局 ③ 京城 ④ 1928 ⑤ 한국국회도서관, 고려대도서관, 연세대도서관
陸地棉栽培法	① 忠清南道 ② 忠清南道 ③ 忠清南道 ④ 1919 ⑤ 규슈대도서관, 홋카이도대도서관
陸地棉栽培沿革史	① 陸地棉栽培十週年記念会編 ② 陸地棉栽培十週年記念会 ③ 木浦 ④ 1917 ⑤ 부산시민도서관, 도쿄대도서관, 오사카대학, 홋카이도대도서관
隆熙二年 人参予察試験成績	④ 1910 ⑤ 부산시민도서관
隆熙二年財務一班	② 大邱財務監督局 ③ 大邱 ④ 1908 ⑤ 홋카이도대도서관
陸の荒鷲武山大尉	① 朝鮮公民教育会編 ② 朝鮮公民教育会 ③ 京城 ④ 1944 ⑤ 국립중앙도서관
尹文学士遺稿	① 尹均 ② 朝鮮印刷 ③ 京城 ④ 1933 ⑤ 부산시민도서관, 고려대도서관, 일본국회도서관, 연세대도서관
栗及木工品に関する調査書	① 朝鮮総督府編 ② 朝鮮総督府 ③ 京城 ④ 1940 ⑤ 한국국회도서관
栗白髪病の防除法	① 朝鮮総督府農事試験場編 ② 朝鮮総督府農事試験場 ③ 京城 ④ 1933 ⑤ 국립중앙도서관
銀価低落を繞る諸問題	① 朝鮮銀行調査課編 ② 朝鮮銀行調査課 ③ 京城 ④ 1936 ⑤ 교토대도서관, 도쿄대도서관
銀価低落を中心とする海外の論調	① 朝鮮銀行調査課編 ② 朝鮮銀行調査課 ③ 京城 ④ 1936 ⑤ 교토대도서관, 도쿄대도서관
恩給金額早見表文官・教員・巡査・看守	① 几木代吉 ② 大阪屋号書店 ③ 京城 ④ 1941 ⑤ 부산시민도서관
恩頼 朝鮮神宮御鎮座十周年記念	① 河野卓爾, 山沢三造編 ③ 京城 ④ 1937 ⑤ 연세대도서관
恩賜記念科学館陳列品目録 昭和10年9月	① 恩賜記念科学館編 ② 恩賜記念科学館 ③ 京城 ④ 1935 ⑤ 일본국회도서관
恩賜記念科学館陳列品目録 昭和四年十二月現在, 昭和七年六月末現在(追加第1号)	① 恩賜記念科学館編 ② 恩賜記念科学館 ③ 京城 ④ 1932 ⑤ 일본국회도서관
銀行令改正ニ関スル書類	⑤ 도쿄대도서관
銀行会社営業成績調	② 朝鮮殖産銀行調査課 ③ 京城 ④ 1933 ⑤ 연세대도서관
銀行に関する書類	⑤ 도쿄대도서관
乙丑漢江水害誌	① 有賀信一郎編 ② 乙丑漢江水害誌編纂所 ③ 京城 ④ 1925 ⑤ 도쿄대도서관, 도호쿠대도서관
音楽教育研究号	① 朝鮮初等教育研究会編 ② 朝鮮初等教育研究会 ③ 京城 ④ 1932 ⑤ 국립중앙도서관
陰陽暦対照表	① 朝鮮総督府観測所編 ② 気象講話会 ③ 仁川 ④ 1938 ⑤ 고려대도서관
陰陽暦対照表	① 朝鮮総督府観測所編 ② 羽田茂一 ③ 仁川 ④ 1937 ⑤ 국립중앙도서관, 한국국회도서관, 연세대도서관, 서울대도서관
陰陽暦対照表	① 朝鮮総督府観測所編纂 ② 朝鮮総督府観測所 ③ 仁川 ④ 1938 ⑤ 연세대도서관

陰陽両歴対照表 自寛政12年1800至明治14年1911	
	①朝鮮総督府朝鮮史編修会編 ②朝鮮総督府 ③京城 ④1911 ⑤서울대도서관
陰陽両暦対照表	①朝鮮総督府朝鮮史編修会 ③京城 ④1941 ⑤고려대도서관, 연세대도서관
邑面及邑長に関する規程中改正綴	⑤도쿄대도서관
邑面選挙解説	①田中俊輔 ②帝国地方行政学会朝鮮本部 ③京城 ④1939 ⑤고려대도서관, 연세대도서관, 일본국회도서관
邑面実務講本 全	①小林金重 ②朝鮮地方行政事務研究会 ③京城 ④1938 ⑤국립중앙도서관, 한국국회도서관
邑面制精義	①半島省三 ④1933 ⑤한국국회도서관, 부산시민도서관, 고려대도서관, 도쿄대도서관
邑勢一班	①咸鏡北道鏡城郡羅南邑編纂 ②咸鏡北道鏡城郡羅南邑 ③羅南 ④1938 ⑤일본국회도서관
応用自在朝鮮語法詳解	①魯璣柱 ②誠文堂 ③大邱 ④1924 ⑤국립중앙도서관
応用自在朝鮮語法詳解	①魯璣柱 ②博文書館 ③京城 ④1914 ⑤국립중앙도서관
医道随筆	①占部寛海 ②占部医院 ③京城 ④1933, 5 ⑤국립중앙도서관
儀礼準則	①朝鮮総督府学務局社会課編 ②朝鮮総督府学務局社会課 ③京城 ④1934 ⑤국립중앙도서관, 연세대도서관
医方綱要 1	①朝鮮総督府警務総監部衛生課編 ②朝鮮総督府警務総監部衛生課 ③京城 ④1917 ⑤고려대도서관
儀式の精神と訓話資料	①八重 達郎 ②朝鮮地方行政学会 ③京城 ④1937-73 ⑤국립중앙도서관
医薬名鑑 朝鮮・満洲・北支編	①鮮満之医界社編 ②朝鮮之医界社 ③京城 ④1940 ⑤한국국회도서관
宜田記述并宜田文稿・宜田詩稿・宜田続稿	①陸用鼎 ②陸定洙 ③京城 ④1912 ⑤일본국회도서관
医学本草稀子書展覧出陣一覧	①京城帝国大学医学部 ②帝国大学医学部 ③京城 ④1931 ⑤고려대도서관
理科 前編	①岩島一二三 ②朝鮮公民教育会 ③京城 ④1933 ⑤국립중앙도서관
二宮翁夜話	①福住正兄, 朝鮮総督府農商局農務課編 ②朝鮮総督府農商局農務課 ③京城 ④1944 ⑤국립중앙도서관
二宮尊徳先生報徳図書展覧会目録	①朝鮮報徳会, 朝鮮総督府図書館 ③京城 ④1942 ⑤서울대도서관, 일본국회도서관, 홋카이도대도서관
吏読集成	①朝鮮総督府中枢院編 ②朝鮮総督府中枢院 ③京城 ④1937 ⑤한국국회도서관, 고려대도서관
伊藤公と韓国	①原田豊次郎 ②日韓書房 ③京城 ④1909 ⑤부산시민도서관
伊藤博文公遺墨売立入札	①京城美術倶楽部編 ②京城美術倶楽部 ③京城 ④1935 ⑤고려대도서관
二十七世紀の世界観 今後百年間の人類の動向と国民の覚悟	①津田剛 ②興亜文化出版 ③京城 ④1941 ⑤일본국회도서관

李舜臣全集	①前韓国内閣編, 青柳南冥増補 ②朝鮮研究会 ③京城 ④1916 ⑤나고야대도서관
李王家美術館要覧	①李王職編 ③京城 ④1938 ⑤한국국회도서관
李王家博物館所蔵朝鮮産鳥類目録	①李王家博物館編 ②李王職 ③京城 ④1918 ⑤국립중앙도서관, 연세대도서관
李王家蔵書閣古図書目録 朝鮮版	①李王職庶務課編 ②李王職庶務課 ③京城 ④1924 ⑤교토대도서관, 규슈대도서관, 도쿄대도서관, 도호쿠대도서관
李王家蔵書閣古図書目録	①李王職 ②李王職 ③京城 ④1935 ⑤일본국회도서관, 규슈대도서관, 도쿄대도서관, 도호쿠대도서관, 홋카이도대도서관
李王宮秘史	①権藤四郎介 ②朝鮮新聞社 ③京城 ④1926 ⑤국립중앙도서관, 고려대도서관, 연세대도서관, 일본국회도서관
李朝各種文献風俗関係資料撮要	①朝鮮総督府中枢院編輯 ②朝鮮総督府中枢院 ③京城 ④1944 ⑤규슈대도서관, 도쿄대도서관
李朝法典考	①朝鮮総督府中枢院編 ③京城 ④1936 ⑤부산시민도서관
李朝時代の財政 朝鮮財政史の一節 稿本	①朝鮮総督府編 ②朝鮮総督府 ③大邱 ④1937 ⑤국립중앙도서관, 일본국회도서관, 교토대도서관, 규슈대도서관, 나고야대도서관, 도쿄대도서관
李朝実録風俗関係資料撮要	①朝鮮総督府中枢院編輯 ②朝鮮総督府中枢院 ③京城 ④1939 ⑤국립중앙도서관, 일본국회도서관, 교토대도서관, 규슈대도서관, 나고야대도서관, 도쿄대도서관, 오사카대학, 홋카이도대도서관
李朝五百年史 9版	①青柳綱太郎 ②朝鮮研究会 ③京城 ④1917 ⑤부산시민도서관
李朝五百年史	①青柳南冥 ②朝鮮研究会 ③京城 ④1912 ⑤교토대도서관, 규슈대도서관, 오사카대학
李朝実録 景鼎足山本	①京城帝国大学法文学部 ②京城帝国大学法文学部 ③京城 ④1933 ⑤일본국회도서관
李朝実録 太白山本	①京城帝国大学法文学部 ②京城帝国大学法文学部 ③京城 ④1930-1932 ⑤일본국회도서관
李朝実録仏教鈔存 巻1-18, 総索引	①中央仏教専門学校編 ②中央仏教専門学校 ③京城 ④1937 ⑤일본국회도서관
李朝と全州	①福島士朗編 ②共存舎 ③全州 ④1909 ⑤부산시민도서관, 일본국회도서관
李朝の財産相続法	①中枢院調査課編 ②朝鮮総督府中枢院 ③京城 ④1936 ⑤교토대도서관, 규슈대도서관, 나고야대도서관, 도호쿠대도서관, 오사카대학, 홋카이도대도서관
李朝各種文献 風俗関係資料撮要	①朝鮮総督府中枢院編 ②朝鮮総督府中枢院 ③京城 ④1944 ⑤고려대도서관, 연세대도서관, 서울대도서관
李朝末期における朝鮮の貨幣問題	①金洸鎮 ②普専学会 ③京城 ④1934 ⑤서울대도서관, 연세대도서관
李朝法典考	①朝鮮総督府中枢院 ②朝鮮総督府中枢院 ③京城 ④1936 ⑤한국국회도서관, 고려대도서관, 연세대도서관, 서울대도서관

李朝法典考	① 朝鮮総督府中枢院調査課編 ② 朝鮮総督府中枢院編 ③ 京城 ④ 1938 ⑤ 서울대도서관
李朝史大全	① 青柳綱太郎, 青柳南冥編 ② 朝鮮研究会 ③ 京城 ④ 1922 ⑤ 국립중앙도서관, 한국국회도서관, 고려대도서관, 연세대도서관, 일본국회도서관
李朝時代ニ於ケル医薬ノ発達ニ就テ	① 柳楽達見 ② 朝鮮歯科医学会 ③ 京城 ④ 1927 ⑤ 서울대도서관
李朝時代の財政	① 朝鮮総督府編 ② 朝鮮総督府 ③ 京城 ④ 1936 ⑤ 고려대도서관
李朝時代の再訂	① 朝鮮総督府編 ② 朝鮮総督府 ③ 京城 ④ 1937 ⑤ 국립중앙도서관
李朝時代の財政稿本 朝鮮財政史の一節	② 朝鮮総督府 ③ 京城 ④ 1936 ⑤ 연세대도서관
李朝実録風俗関係資料撮要	① 朝鮮総督府中枢院編 ② 朝鮮総督府中枢院 ③ 京城 ④ 1939 ⑤ 국립중앙도서관, 고려대도서관, 연세대도서관
李朝実録風俗関係資料撮要	① 朝鮮総督府中枢院編 ② 朝鮮総督府中枢院 ③ 京城 ④ 1944 ⑤ 서울대도서관
李朝実録風俗関係資料撮要	① 朝鮮総督府中枢院編 ③ 京城 ④ 1941 ⑤ 고려대도서관
李朝実録風俗資料撮要	① 朝鮮総督府中枢院編 ② 朝鮮総督府中枢院 ③ 京城 ④ 1939 ⑤ 서울대도서관
李朝五百年史 全	① 青柳南冥編纂 ② 朝鮮研究会 ③ 京城 ④ 1912 ⑤ 국립중앙도서관, 고려대도서관, 일본국회도서관, 도쿄대도서관
李朝の 財産相続法	① 朝鮮総督府 中枢院調査課編 ② 朝鮮印刷株式会社 ③ 京城 ④ 1936 ⑤ 한국국회도서관
李朝の文臣	① 細井肇編 ③ 京城 ④ 1936 ⑤ 국립중앙도서관
李朝の財産相続法	① 朝鮮総督府中枢院編 ② 朝鮮総督府 ③ 京城 ④ 1936 ⑤ 국립중앙도서관, 한국국회도서관, 고려대도서관, 연세대도서관, 서울대도서관, 일본국회도서관, 도쿄대도서관
移住民名簿	② 東洋拓殖(株) ③ 京城 ④ 1921 ⑤ 부산시민도서관
移出品ニ関スル調査	① 朝鮮総督府編 ② 朝鮮総督府 ③ 京城 ④ 1916 ⑤ 국립중앙도서관
李退渓と日本の朱子学	① 朝鮮総督府編 ② 朝鮮総督府 ③ 京城 ④ 1925 ⑤ 고려대도서관
吏読集成	① 朝鮮総督府中枢院編 ② 朝鮮総督府中枢院 ③ 京城 ④ 1937 ⑤ 서울대도서관, 연세대도서관, 일본국회도서관, 교토대도서관
二化螟虫	① 朝鮮総督府農事試験場編 ② 朝鮮総督府農事試験場 ③ 京城 ④ 1932 ⑤ 국립중앙도서관
裏から見た朝鮮統治史	① 朝鮮公論社編 ② 朝鮮公論社 ③ 京城 ④ 1930 ⑤ 국립중앙도서관, 한국국회도서관
李の養殖法に就て	② 朝鮮総督府水産試験場 ③ 釜山 ④ 1945 ⑤ 연세대도서관
人格主義の倫理	① 藤井健治郎 ② 朝鮮教育会 ③ 京城 ④ 1924 ⑤ 고려대도서관
人口動態調査提要	① 朝鮮総督府編 ② 朝鮮統計協会 ③ 京城 ④ 1937 ⑤ 국립중앙도서관
人口問題協議会報国及経過録	② 人口問題研究会 ④ 1941 ⑤ 부산시민도서관

人口調査結果報告	②昭和十九年五月一日, 其ノ2 ②朝鮮総督府 ③京城 ④1945 ⑤연세대도서관
人口調査員必携	①朝鮮総督府編 ②朝鮮総督府 ③京城 ④1944 ⑤국립중앙도서관, 한국국회도서관, 고려대도서관
人口統計 昭和17年1942	①京城府編 ②京城府 ③京城 ④1943 ⑤서울대도서관
印度政治に対する批判	①ライパット・ライ, 朝鮮総督府訳 ②朝鮮総督府 ③京城 ④1924 ⑤서울대도서관, 일본국회도서관
印度統治に対する批判	①朝鮮総督府編 ②朝鮮総督府 ④1924 ⑤규슈대도서관, 도쿄대도서관
印度の独立運動概観	①朝鮮総督府警務局図書課編 ②朝鮮総督府警務局図書課 ③京城 ④1930 ⑤서울대도서관
人名辞書	①朝鮮総督府編 ②朝鮮総督府 ③京城 ④1934 ⑤고려대도서관
人物月旦時人研究号	①朝鮮公論社編 ②朝鮮公論社 ③京城 ④1924 ⑤국립중앙도서관
人物評論人の面影 第1輯	①朝鮮及朝鮮人社編 ②朝鮮及朝鮮人社 ③京城 ④1926 ⑤국립중앙도서관
人事法規	①朝鮮総督官房人事課編 ②帝国地方行政学会朝鮮本 ③京城 ④1934 ⑤국립중앙도서관
人事社務打合会	①朝鮮総督府編 ②朝鮮総督府 ③京城 ④1924 ⑤국립중앙도서관
人事相談職業紹介所 共同食堂共同宿泊所 関係書類 昭和13年	①釜山府人事相談職業所 ②釜山府 ④1938 ⑤부산시민도서관
人事相談職業紹介所 共同食堂共同宿泊所 関係書類 昭和2年	①釜山府人事相談職業所 ②釜山府 ④1927 ⑤부산시민도서관
人事相談職業紹介所 共同食堂共同宿泊所 関係書類 昭和3年	①釜山府人事相談職業所 ②釜山府 ④1929 ⑤부산시민도서관
人蔘 神艸	①今村鞆 述 ②朝鮮総督府専売局 ③京城 ④1933 ⑤고려대도서관
人蔘病害研究ノ一端	①朝鮮総督府司税局開城出張所編 ②朝鮮総督府司税局開城出張所編 ④1912緒言 ⑤도쿄대도서관
人蔘史 第1-7巻	①今村鞆編 ②朝鮮総督府専売局 ③京城 ④1934-40 ⑤국립중앙도서관, 한국국회도서관, 고려대도서관, 연세대도서관, 서울대도서관, 일본국회도서관, 규슈대도서관, 나고야대도서관, 도쿄대도서관, 도호쿠대도서관, 홋카이도대도서관
人蔘試作成績報告	①朝鮮総督府司税局開城出張所 ②朝鮮総督府 ③京城 ④1913 ⑤서울대도서관
人蔘神草	①今村鞆述 ②朝鮮総督府専売局 ③京城 ④1933 ⑤서울대도서관, 연세대도서관, 일본국회도서관
人蔘要覧 和4年度	①朝鮮総督府編 ②朝鮮総督府専売局 ③京城 ④1929 ⑤연세대도서관
人蔘要覧	①朝鮮総督府専売局編 ②朝鮮総督府専売局 ③京城 ④1932 ⑤한국국회도서관

人蔘要覧	①朝鮮総督府編 ②朝鮮総督府専売局 ③京城 ④1933 ⑤고려대도서관
人蔘要覧 昭和7年度	①朝鮮総督府専売局 ②朝鮮総督府専売局 ③京城 ④1934 ⑤일본국회도서관
人蔘栽培試験成績	①朝鮮総督府専売局開城出張所 ②朝鮮総督府専売局開城出張所 ③京城 ④1928 ⑤규슈대도서관
人蔘採種又「ボルドウ」液撒布ガ根ノ発育ニ及ボス影響ニ就テ	
	①朝鮮総督府専売局開城出張所編 ②朝鮮総督府 ③京城 ④1925 ⑤서울대도서관
人蔘ニ関スル研究報告 京城第三号, 高麗人蔘作柄 京城気象的考察	
	①伊森賢三 ②朝鮮総督府専売局 ③京城 ④1928 ⑤한국국회도서관, 고려대도서관, 연세대도서관, 서울대도서관
人蔘に関する調査報告	①朝鮮総督府専売局開城出張所編 ②朝鮮総督府専売局開城出張所 ③開城 ④1930 ⑤국립중앙도서관
人蔘の病害に関する研究	①中田覚五郎, 滝元清透 共 ②朝鮮総督府勧業模範場 ③水原 ④1922 ⑤국립중앙도서관, 규슈대도서관
人生のリレー	①李東煕 ③平壌 ④1929 ⑤고려대도서관
人性論より見たる日本国体論	①佐佐木四方志 ②佐佐木四方志 ③京城 ④1925 ⑤일본국회도서관
人参病害研究ノ一端	②朝鮮総督府司税局開城出張所 ③京城 ④1933 ⑤부산시민도서관
隣接国境関税ニ関スル調査	①朝鮮総督府財務局編 ③京城 ④1928 ⑤서울대도서관
仁川開港二十五年記念史	①森隆考 ②渋川絵端書店 ③仁川 ④1908 ⑤부산시민도서관
仁川府史	①仁川府 ②仁川府 ③仁川 ④1933 ⑤일본국회도서관
仁川府歳入出予算 昭和5-19年度	①仁川府 ②仁川府 ③仁川 ④1931-1945 ⑤일본국회도서관
仁川事情 全	①四洲情客 ②仁川府勢振興会 ③仁川 ④1938 ⑤도쿄대도서관
仁川市街地計画区域街路網土地区劃整理地区決定理由書	
	①朝鮮総督府内務局編 ②朝鮮総督府内務局 ③仁川 ④1937 ⑤국립중앙도서관, 한국국회도서관
仁川市街地計劃区域決定理由書	①朝鮮総督府 ②朝鮮総督府 ③京城 ④1937 ⑤서울대도서관
仁川築港工事図譜	①朝鮮総督官房土木局仁川出張所編 ②朝鮮総督官房土木局 ③京城 ④1919 ⑤일본국회도서관
仁川港経済事情	①田中周次 ②朝鮮銀行 ③京城 ④1916 ⑤국립중앙도서관
仁川港商工業調査	①朝鮮総督府編 ②朝鮮総督府 ③京城 ④1913 ⑤고려대도서관
仁川港設備一斑	①朝鮮総督府編 ②朝鮮総督府 ③京城 ④1917 ⑤국립중앙도서관
仁川港外国貿易内国貿易輸出入額七ケ年間対照表 明治29-35年	
	①韓国仁川日本人商業会議所編 ②韓国仁川日本人商業会議所 ③仁川 ④1903 ⑤일본국회도서관
仁川港一斑 昭和5年	①仁川商業会議所 ②仁川商業会議所 ③仁川 ④1930 ⑤일본국회도서관

仁川の緊要問題	①古川文道編 ②朝鮮新聞社 ③京城 ④1932 ⑤국립중앙도서관
人の面影	①井上收, 柄沢四郎 共 ②朝鮮及朝鮮人社 ③京城 ④1926 ⑤국립중앙도서관
一九三九年の支那経済推移	②朝鮮銀行調査課 ③京城 ④1940 ⑤홋카이도대도서관
一堂紀事	①李完用, 金明秀編 ②一堂紀事出版所 ③京城 ④1927 ⑤한국국회도서관, 일본국회도서관
日独対照 刑事訴訟法	①増永正一編 ②帝国地方行政学会朝鮮本部 ③京城 ④1930 ⑤고려대도서관
一般図図式	①朝鮮総督府臨時土地調査局編 ②朝鮮総督府臨時土地調査局 ③京城 ④1914 ⑤고려대도서관
一般会計特別会計歳入出予算	②朝鮮総督府慶尚北道内務部地方課 ③大邱 ④1938 ⑤홋카이도대도서관
日本鉱業会誌	①日本鉱業会編 ②日本鉱業会 ③京城 ④1934 ⑤국립중앙도서관
日本口語法及文法教科書	①朝鮮総督府編 ②朝鮮総督府 ③京城 ④1918 ⑤국립중앙도서관
日本文学研究 第2輯	①時技誠記編 ②大阪屋号書店 ③京城 ④1935-45 ⑤국립중앙도서관, 서울대도서관
日本文化叢考 第3輯	①刀江書院 ③京城 ④1929-32 ⑤국립중앙도서관, 부산시민도서관
日本水産行政事情	①朝鮮総督府編 ②朝鮮総督府 ③京城 ④1921 ⑤국립중앙도서관
日本銀行特別融通金関係書類	⑤도쿄대도서관
日本衣服史	①永島信子 ②永島信子 ③京城 ④1918 ⑤규슈대도서관
日本精神及国防に関する図書目録	①京城府立図書館鐘路分館 ③京城 ④1934 ⑤서울대도서관
日本地理教科書 1-2	①朝鮮総督府編 ②朝鮮総督府 ③京城 ④1922-23 ⑤국립중앙도서관, 서울대도서관
日本地理教科書	②朝鮮総督府 ③京城 ④1914 ⑤연세대도서관
日本地理教科書	②朝鮮総督府 ③京城 ④1921 ⑤연세대도서관
日本地理教科書附図	②朝鮮総督府 ③京城 ④1914 ⑤연세대도서관
日本地理風俗大系 第17巻 朝鮮(下)	①仲摩照久編 ②新光社 ③京城 ④1929 ⑤고려대도서관
日本之朝鮮	①有楽社 ③京城 ④1911 ⑤국립중앙도서관
日本学の根本問題	①小野正康述 ②朝鮮教育会 ③京城 ④1940 ⑤연세대도서관
日本海横断航路ノ現在及将来ニ就テ	①朝鮮銀行調査局 ③京城 ④1919 ⑤서울대도서관
日本海の商港 元山	①元山府編 ②元山府 ③元山 ④1926 ⑤고려대도서관
日本海ルートの現状とその将来	①朝鮮銀行調査課編 ②朝鮮銀行調査課 ③京城 ④1940 ⑤국립중앙도서관
日本の教育精神と李退渓	①高田誠二, 藤原一毅 共 ②朝鮮事情協会出版部 ③京城 ④1934 ⑤국립중앙도서관, 부산시민도서관, 고려대도서관, 연세대도서관
日本の母と子	①津田節子 ②興亜文化出版 ③京城 ④1944 ⑤일본국회도서관
一府十県朝鮮視察団に対する講演要旨	①朝鮮総督府編 ③京城 ④1921 ⑤국립중앙도서관, 서울대도서관

日常生活上より見たる内鮮融和の要諦	① 岡田貢 ② 京城出版舎 ③ 京城 ④ 1928 ⑤ 고려대도서관
日鮮古代地名の研究	① 金沢庄三郎 ② 朝鮮総督府 ③ 京城 ④ 1912 ⑤ 고려대도서관, 연세대도서관
日鮮単語対訳集	① 朝鮮語研究会編輯部編 ② 朝鮮語研究会 ③ 京城 ④ 1929 ⑤ 연세대도서관
日鮮対照朝鮮民族要覧	① 細谷定 ② 斯道館 ③ 京城 ④ 1915 ⑤ 국립중앙도서관
日鮮文 現行刑事令	① 小山茂喜 ② 東文館 ③ 京城 ④ 1912 ⑤ 한국국회도서관
日鮮文対照 朝鮮鉱業令	① 鈴木種次郎編 ② 青邱書房 ③ 京城 ④ 1916 ⑤ 연세대도서관
日鮮文現行朝鮮鉱業令	① 徳与書林編 ② 徳輿書林 ③ 京城 ④ 1932 ⑤ 국립중앙도서관
日鮮史話 3版	① 松田甲述 ② 朝鮮総督府 ③ 京城 ④ 1930 ⑤ 도쿄대도서관
日鮮史話 第1編～第6編	① 松田甲述 ② 朝鮮総督府 ③ 京城 ④ 1926-1930 ⑤ 국립중앙도서관, 부산시민도서관, 고려대도서관, 연세대도서관, 일본국회도서관, 교토대도서관, 규슈대도서관, 나고야대도서관도서관, 도쿄대도서관, 오사카대학도서관, 홋카이도대도서관
日鮮史話	① 松田甲 ② 朝鮮総督府 ③ 京城 ④ 1931 ⑤ 한국국회도서관
日鮮史話	① 朝鮮総督府編 ② 朝鮮総督府 ③ 京城 ④ 1926-1931 ⑤ 도호쿠대도서관
日鮮新玉篇 2巻	① 洪淳泌編 ② 宝文館 ③ 京城 ④ 1927 ⑤ 일본국회도서관
日鮮通交史 附釜山史 古代記	② 釜山甲寅会 ③ 釜山 ④ 1915 ⑤ 국립중앙도서관, 부산시민도서관
日鮮通交史 附釜山史 近代記	② 釜山甲寅会 ③ 釜山 ④ 1916 ⑤ 국립중앙도서관, 부산시민도서관
日鮮通交史 附釜山史	② 釜山甲寅会 ③ 釜山 ④ 1916 ⑤ 규슈대도서관, 나고야대도서관도서관, 도쿄대도서관
日鮮通信会話	① 朝鮮総督府逓信局編 ② 朝鮮総督府逓信局 ③ 京城 ④ 1913 ⑤ 일본국회도서관
日傭労務者等の所得に対する源泉課税に就て	① 朝鮮総督府財務局編 ② 朝鮮総督府財務局 ③ 京城 ④ 1945 ⑤ 고려대도서관
日用使覧 第19次	① 朝鮮総督府観測所編 ③ 京城 ④ 1926 ⑤ 고려대도서관
日用使覧 第3次	① 朝鮮総督府観測所編 ② 気象講話会 ③ 京城 ④ 1910 ⑤ 고려대도서관, 일본국회도서관, 교토대도서관, 홋카이도대도서관
日用使覧	① 朝鮮総督府観測所編 ② 行政学会印刷所 ③ 仁川 ④ 1934 ⑤ 고려대도서관, 일본국회도서관
日用使覧	① 朝鮮総督府気象台編 ② 行政学会印刷所 ③ 仁川 ④ 1940 ⑤ 고려대도서관
日用便覧	① 朝鮮総督観測所編 ② 朝鮮総督観測所 ③ 京城 ④ 1910-45(1910-1914, 1920, 1923-1925, 1927-1945) ⑤ 국립중앙도서관
日用便覧	① 朝鮮総督府観測所編纂 ② 朝鮮総督府観測所 ③ 仁川 ④ 1922-1943 ⑤ 연세대도서관
日用便覧 大正2-11, 13, 15年	① 朝鮮総督府観測所編 ② 朝鮮総督府観測所 ③ 仁川 ④ 1912-25 ⑤ 일본국회도서관

日用便覧 昭和11-15年(第28至32次)	①朝鮮総督府観測所編 ②沢田佐市 ③京城 ④1935-39 ⑤일본국회도서관
日用便覧 昭和17-19年	①朝鮮総督府気象台編 ②朝鮮行政学会 ③京城 ④1941-43 ⑤일본국회도서관
日用便覧大正15年	①朝鮮総督府観測所 ②朝鮮総督府 ③仁川 ④1926 ⑤부산시민도서관
日用便覧大正4年	①朝鮮総督府観測所 ②朝鮮総督府 ③仁川 ④1922 ⑤부산시민도서관
日用便覧大正7年	①朝鮮総督府観測所 ②朝鮮総督府 ③仁川 ④1918 ⑤부산시민도서관
日用便覧大正8年	①朝鮮総督府観測所 ②朝鮮総督府 ③仁川 ④1919 ⑤부산시민도서관
日用便覧大正9年	①朝鮮総督府観測所 ②朝鮮総督府 ③仁川 ④1920 ⑤부산시민도서관
日用便覧昭和4年	①朝鮮総督府観測所 ②朝鮮総督府 ③仁川 ④1929 ⑤부산시민도서관
日用便覧昭和5年	①朝鮮総督府観測所 ②朝鮮総督府 ③仁川 ④1930 ⑤부산시민도서관
一月積鮮内相互間輸送計画ニ関スル件	⑤도쿄대도서관
日日に仰ぐ御製	①睦仁, 林田佐八郎編 ②朝鮮公民教育会 ③京城 ④1936 ⑤연세대도서관
一切経音義 巻第1至第100	①慧琳 ②京城帝国大学法文学部 ③京城 ④1931 ⑤일본국회도서관
日帝下法令輯覧(朝鮮法令輯覧)	①朝鮮総督府 ②朝鮮行政学会 ③京城 ④1940 ⑤서울대도서관
日支共存史	①常田力 ②朝鮮日日新聞社 ④1939 ⑤국립중앙도서관, 고려대도서관, 연세대도서관
日支事変と支那の解剖	①上田稔 ②上田稔 ③新義州 ④1937 ⑤일본국회도서관
日支鮮人百年の長計たるべき満蒙開発策	①石山福治 ②在外朝鮮人事情研究会 ③京城 ④1924 ⑤일본국회도서관, 도쿄대도서관
日韓古蹟	①奥田鯨洋編 ②日韓書房 ③京城 ④1910-1911 ⑤부산시민도서관, 일본국회도서관, 도쿄대도서관
日韓両国語同系論	①金沢庄三郎 ②三省堂書店 ③京城 ④1910 ⑤부산시민도서관
日韓通話捷径	①田村謙吾 ②田村謙吉 ③京城 ④1903 ⑤일본국회도서관
賃金統制令解説	①朝鮮総督府内務局編 ②朝鮮総督府内務局 ③京城 ④1941 ⑤한국국회도서관
任那	①大坂六村 ②高霊古蹟保存会 ③慶北 ④1942 ⑤부산시민도서관
臨床内科学 第1-7巻	①京城帝国大学医学部岩井内科教室編 ②岩井内科教室 ③京城 ④1933-39 ⑤국립중앙도서관
林産品に関する経済調査 朝鮮に於ける	①朝鮮総督府編 ②朝鮮総督府鉄道局営業課 ③京城 ④1931 ⑤서울대도서관
臨牀外科 第1, 2巻	①朝鮮外科同攻会編 ②臨牀外科発行所 ③京城 ④1934-36 ⑤국립중앙도서관
臨時農地価格統制令並ニ臨時農地等管理令関係法規	
	①朝鮮総督府農林局編 ②朝鮮総督府農林局 ③京城 ④1941 ⑤교토대도서관

臨時農地価格統制令第三条の事件	⑤ 도쿄대도서관
臨時棉花栽培所報告	① 臨時棉花栽培所編 ② 臨時棉花栽培所 ③ 木浦 ④ 1910 ⑤ 오사카대학
臨時恩師金予算及事業概要	① 朝鮮総督府内務部編 ② 朝鮮総督府内務部 ③ 京城 ④ 1917 ⑤ 국립중앙도서관
臨時恩賜金由来及其事業概要	② 朝鮮総督府 ⑤ 부산시민도서관
臨時資金調整法及銀行等資金運用令に関する資料	① 朝鮮金融組合聯合会調査課編輯 ② 朝鮮金融組合聯合会 ③ 京城 ④ 1941 ⑤ 교토대도서관, 도쿄대도서관
臨時財産整理局事務要綱	① 度支部編 ② 朝鮮総督府 ③ 京城 ④ 1911 ⑤ 서울대도서관, 규슈대도서관, 도쿄대도서관, 오사카대학
臨時恩賜金授産事業写真帖	① 朝鮮総督府 ② 朝鮮総督府 ③ 京城 ④ 1913 ⑤ 한국국회도서관, 연세대도서관, 서울대도서관
臨時資金調製法の概要 金融経済の戦時統制と其必然的段階に就て	① 京城土木建築業協会編 ② 朝鮮金融組合聯合会 ③ 京城 ④ 1937 ⑤ 서울대도서관
臨時資金調整法及銀行等資金運用令に関する資料	① 朝鮮金融組合聯合会 ② 朝鮮金融組合聯合会 ③ 京城 ④ 1941 ⑤ 서울대도서관
臨時財産整理局事務要綱	① 朝鮮総督府臨時財産整理局編 ② 朝鮮総督府臨時財産整理局 ③ 京城 ④ 1911 ⑤ 고려대도서관, 서울대도서관
臨時朝鮮商業会議所聯合会議事速記録	① 臨時朝鮮商業会議所聯合会 ② 臨時朝鮮商業会議所聯合会 ③ 京城 ④ 1924 ⑤ 서울대도서관
林野面積及蓄積	① 朝鮮総督府編 ② 朝鮮総督府 ③ 京城 ④ 1928 ⑤ 국립중앙도서관
林野調査委員会例規	① 朝鮮総督府林野調査委員会編 ② 朝鮮総督府林野調査委員会 ③ 京城 ④ 1923 ⑤ 고려대도서관
林野統計 1	① 朝鮮総督府編 ② 朝鮮総督府 ③ 京城 ④ 1939 ⑤ 고려대도서관
林野統計 2	① 朝鮮総督府編 ② 朝鮮総督府 ③ 京城 ④ 1940 ⑤ 고려대도서관, 서울대도서관
林野統計 年12月末及昭和6年3月末現在	① 朝鮮総督府編 ② 朝鮮総督府 ③ 京城 ④ 1932 ⑤ 고려대도서관
林野統計, 1936, 1940-1941	① 朝鮮総督府編 ② 大海堂 ③ 京城 ④ 1936-1941 ⑤ 한국국회도서관
林野統計	② 朝鮮総督府 ③ 京城 ④ 1943 ⑤ 연세대도서관
林業経営上模範となるへき事蹟概要	① 朝鮮総督府殖産局 ② 朝鮮総督府殖産局 ③ 京城 ④ 1924 ⑤ 서울대도서관, 연세대도서관
林業辞彙 独・英・和	① 鈴木外代一編 ② 朝鮮総督府水原高等農林学校創立二十五周年祝賀会 ③ 京城 ④ 1933 ⑤ 규슈대도서관, 홋카이도대도서관
林業経営に模範となるべき事蹟概要	① 朝鮮総督府殖産局編 ② 朝鮮総督府殖産局 ③ 京城 ④ 1914 ⑤ 고려대도

	서관
林業視察便覽	① 慶尚南道 ② 慶尚南道 ④ 1937 ⑤ 규슈대도서관
林業試驗報告	① 慶尚北道林業試驗場 ② 慶尚北道林業試驗場 ③ 大邱 ④ 1934 ⑤ 규슈대도서관
林業試驗場報告	① 朝鮮総督府林業試驗場 ② 朝鮮印刷株式会社 ③ 京城 ④ 1928 ⑤ 국립중앙도서관
林業試驗要錄	① 朝鮮総督府林業試驗場編 ② 朝鮮総督府林業試驗場 ③ 京城 ④ 1937 ⑤ 일본국회도서관, 교토대도서관, 규슈대도서관, 도쿄대도서관, 도호쿠대도서관, 홋카이도대도서관
林業試驗場時報 第9, 10, 14号	① 朝鮮総督府林業試驗場編 ② 朝鮮総督府林業試驗場 ③ 京城 ④ 1933-1935 ⑤ 일본국회도서관
林業試驗場特報	① 朝鮮総督府林業試驗場 ② 朝鮮総督府林業試驗場 ③ 京城 ④ 1935 ⑤ 일본국회도서관
林業統計 昭和11年	① 平安北道山林課 ② 平安北道山林課 ③ 新義州 ④ 1936 ⑤ 일본국회도서관
林業統計	① 慶尚南道編. ② 慶尚南道 ③ 釜山 ④ 1938 ⑤ 홋카이도대도서관
我国に於ける発明界の推移と朝鮮	① 山川正編 ② 帝国発明協会朝鮮支部 ③ 京城 ④ 1939 ⑤ 한국국회도서관, 고려대도서관, 서울대도서관, 연세대도서관
林業経営上模範となるべき事蹟概要	① 朝鮮総督府山林部 ② 朝鮮総督府山林部 ③ 京城 ④ 1940 ⑤ 일본국회도서관
林業経営上模範となるべき事蹟概要	① 朝鮮総督府殖産局 ② 朝鮮総督府殖産局 ③ 京城 ④ 1924 ⑤ 국립중앙도서관, 일본국회도서관
林業試驗要錄	① 朝鮮総督府林業試驗場 ② 朝鮮総督府林業試驗場 ③ 京城 ④ 1937 ⑤ 서울대도서관
林業試驗場報告, 1-2, 4	① 朝鮮総督府林業試驗場編 ② 朝鮮総督府林業試驗場 ③ 京城 ④ 1924-1926 ⑤ 한국국회도서관
林業試驗場報告, 21, 23-26, 28-30, 32-34	① 朝鮮総督府林業試驗場編 ② 朝鮮総督府林業試驗場 ③ 京城 ④ 1936-1943 ⑤ 한국국회도서관
林業試驗場報告, 6-8, 11, 14, 17, 19-20	① 朝鮮総督府林業試驗場編 ② 朝鮮総督府林業試驗場 ③ 京城 ④ 1927-1935 ⑤ 한국국회도서관
林業試驗場時報 第2-5号	① 朝鮮総督府林業試驗場編 ② 朝鮮総督府林業試驗場 ③ 京城 ④ 1939-1941 ⑤ 서울대도서관
立木材積表	① 児野栄編 ② 朝鮮山林会 ③ 京城 ④ 1931 ⑤ 국립중앙도서관
立木材積表	① 荒川周太郎編 ② 朝鮮山林会 ③ 京城 ④ 1928 ⑤ 국립중앙도서관

姿なき悪魔	① 渡邊円四郎 ② 朝鮮民報社 ③ 大邱 ④ 1940 ⑤ 국립중앙도서관
資金構成より見たる組合金融の新展開	① 朝鮮金融組合聯合会調査課編 ② 朝鮮金融組合聯合会 ③ 京城 ④ 1939 ⑤ 교토대도서관, 도쿄대도서관
資金調整法関係会議書類	⑤ 도쿄대도서관
自力更生彙報 1-2	① 朝鮮総督府編 ② 朝鮮総督府 ③ 京城 ④ 1936, 1941 ⑤ 국립중앙도서관
自力更生彙報 第52号~第87号	① 岸勇一編 ② 朝鮮総督府 ③ 京城 ④ 1938-42 ⑤ 부산시민도서관
資料目録	① 朝鮮金融組合連合会編 ② 朝鮮金融組合連合会 ③ 京城 ④ 1942 ⑤ 규슈대도서관
資料小冊	① 中村一一 等 ② 日統社等 ③ 京城 ④ 1926-32 ⑤ 국립중앙도서관
自然の観察 1-5	① 朝鮮総督府編 ② 朝鮮書籍印刷株式会社 ③ 京城 ④ 1942-43 ⑤ 국립중앙도서관, 한국국회도서관
自然の観察 教師用, 第1学年, 上	① 朝鮮総督府編 ② 朝鮮総督府 ③ 京城 ⑤ 한국국회도서관
自然鏡	① 李鎮華 ② 東華堂 ③ 慶南 ④ 1939 ⑤ 홋카이도대도서관
資源調査法規	① 朝鮮総督府編 ② 朝鮮総督府 ③ 京城 ④ 1930 ⑤ 국립중앙도서관, 한국국회도서관, 연세대도서관, 서울대도서관, 일본국회도서관
自由教育講習録自由教育の原理と実際	① 朝鮮教育社編 ② 高橋章之助 ③ 京城 ④ 1925 ⑤ 국립중앙도서관
自由利権工産大全	① 朝鮮殖産工業奨励会編 ② 世界書林 ③ 京城 ④ 1925 ⑤ 국립중앙도서관
自作農地設定計劃書	① 朝鮮総督府農林局 ② 朝鮮総督府農林局 ③ 京城 ④ 1932 ⑤ 고려대도서관
自治的資金調整準則ニ依ル貸付ノ件	② 承認指令案 ⑤ 도쿄대도서관
自治調整貸付承認指令書 昭和十三年中	⑤ 도쿄대도서관
作文軌範 朝鮮諸官庁受験者必携	① 安達大寿計 ② 巌松堂京城店 ③ 京城 ④ 1921 ⑤ 한국국회도서관
作物教科書 1-3	① 朝鮮総督府編 ② 朝鮮総督府 ③ 京城 ④ 1922 ⑤ 국립중앙도서관
作物教科書 園芸作物ノ部 2	① 朝鮮総督府編纂 ② 朝鮮総督府 ③ 京城 ④ 1914 ⑤ 고려대도서관, 연세대도서관
作物教科書 園芸作物ノ部 1	① 朝鮮総督府編 ② 朝鮮総督府 ③ 京城 ④ 1915 ⑤ 국립중앙도서관
作物教科書 作物各論ノ部	① 朝鮮総督府編纂 ② 朝鮮総督府 ③ 京城 ④ 1914 ⑤ 연세대도서관
作物病虫害教科書	① 朝鮮総督府編 ② 朝鮮総督府 ③ 京城 ④ 1919 ⑤ 국립중앙도서관
作物病虫害教科書	① 朝鮮総督府編纂 ② 朝鮮総督府 ③ 京城 ④ 1914 ⑤ 고려대도서관, 연세대도서관, 규슈대도서관
作業者移民防止関係綴	⑤ 도쿄대도서관
柞蚕飼養法	① 朝鮮総督府勧業模範場編 ② 勧業模範場 ③ 京城 ④ 1912 ⑤ 국립중앙도서관

蚕糸部報告, 第2巻1号, 第3巻4-6号	①朝鮮総督府農事試験場編 ②朝鮮総督府農事試験場 ③京城 ④1927-1935 ⑤한국국회도서관
蚕業試験成績要録	①朝鮮総督府勧業模範場蚕業試験所編 ②朝鮮総督府蚕業試験所 ③京城 ④1922 ⑤국립중앙도서관
蚕業試験所報告	①朝鮮総督府勧業模範場蚕業試験所編 ②朝鮮総督府勧業模範場蚕業試験所 ③水原 ④1927-37 ⑤국립중앙도서관
蚕業試験所十年報	①朝鮮総督府 蚕業試験所 ②朝鮮総督府 蚕業試験所 ③京城 ④1922 ⑤서울대도서관, 연세대도서관, 홋카이도대도서관
蚕業試験所一覧	②朝鮮総督府勧業模範場蚕業試験 ③水原 ④1926 ⑤규슈대도서관
蚕業之朝鮮	①朝鮮蚕糸会編 ②朝鮮蚕糸会 ③京城 ④1939-44 ⑤국립중앙도서관
蚕種製造要覧	①朝鮮総督府勧業模範場原蚕種製造所編 ②朝鮮総督府勧業模範場原蚕種製造所 ③水原 ④1916 ⑤국립중앙도서관, 도쿄대도서관
雑攷 日本書紀朝鮮地名攷, 第7輯, 上巻	①点貝房之進 ②朝鮮印刷 ③京城 ④1938 ⑤한국국회도서관
雑攷 第1輯 - 第9輯	①鮎貝房之進 ②朝鮮印刷 ③京城 ④1931.5-1938.5 ⑤고려대도서관, 연세대도서관, 규슈대도서관, 나고야대도서관도서관, 도쿄대도서관, 도호쿠대도서관
張鼓峯事件	①朝鮮軍報道部編 ②龍山偕行社 ③京城 ④1939 ⑤국립중앙도서관, 규슈대도서관
張鼓峰事件逓信秘録	①朝鮮総督府逓信局 ②朝鮮総督府逓信局 ③京城 ④1939 ⑤한국국회도서관, 고려대도서관, 연세대도서관
荘陵誌 平壌続志	①大村友之丞編輯 ②朝鮮研究 ③京城会 ④1911 ⑤국립중앙도서관, 부산시민도서관, 연세대도서관, 서울대도서관, 일본국회도서관, 교토대도서관, 규슈대도서관, 도쿄대도서관
長白山より見たる朝鮮及朝鮮人	①杉慕南 ②同舟会 ③京城 ④1921 ⑤고려대도서관, 연세대도서관, 서울대도서관, 일본국회도서관, 교토대도서관, 규슈대도서관, 도쿄대도서관, 도호쿠대도서관, 홋카이도대도서관
蔵書目録	①京城帝国大学法文学部朝鮮経済研究所 ②京城帝国大学法文学部朝鮮経済研究所 ③京城 ④1930 ⑤서울대도서관
蔵書目録	①鉄道図書館編 ②朝鮮総督府鉄道局鉄道図書館 ③竜山 ④1929 ⑤도호쿠대도서관
長柱 1-6	①朝鮮石楠聯盟編 ②朝鮮石楠聯盟 ③京城 ④1935-1939 ⑤국립중앙도서관
長主任名簿 昭和15年10月1日現在	①朝鮮総督府鉄道局 ②朝鮮総督府鉄道局 ③京城 ④1940 ⑤일본국회도서관
長津江の大水力発電工事概要	①長津江水電株式会社 ②長津江水電 ③咸州 ④1936 ⑤도쿄대도서관
財団法人啓明会創立十年記念講演集	①啓明会事務所編 ②啓明会事務所 ③京城 ④1928 ⑤국립중앙도서관
斎藤内府の片鱗	①石森久弥 ②朝鮮新聞社 ③京城 ④1926 ⑤국립중앙도서관

斎藤子爵を偲ぶ	①中村健太郎編 ②朝鮮仏教社 ③京城 ④1937 ⑤국립중앙도서관, 연세대도서관, 일본국회도서관
在満鮮人卜支邦官憲	①朝鮮総督府警察局 ②行政学会印刷所 ③京城 ④1930 ⑤한국국회도서관, 연세대도서관
在満朝鮮同胞に対する本府施設の概要	①朝鮮総督府 ②朝鮮総督府 ③京城 ④1934 ⑤서울대도서관, 연세대도서관, 본국회도서관
在満朝鮮同胞の重要性	①堂本貞一 ②朝鮮総督府 ③京城 ④1933 ⑤규슈대도서관
在満朝鮮人の概況	①朝鮮総督府外事課編 ②朝鮮総督府外事課 ③発行地不明 ④1932 ⑤한국국회도서관
在満朝鮮人の窮状と其の解決策	①金三民 ②新大陸社 ③奉天 ④1931 ⑤연세대도서관
在満朝鮮人概況	③京城 ④1934 ⑤연세대도서관
在満朝鮮総督府施設記念帖	①朝鮮総督府編 ②朝鮮総督府 ③京城 ④1940 ⑤국립중앙도서관, 홋카이도대도서관
在満朝鮮総督府施設記念帖	①朝鮮総督府編 ②朝鮮総督府 ③京城 ④1937 ⑤고려대도서관
在満洲朝鮮関係領事官打合会報告	①朝鮮総督府編 ②朝鮮総督府 ③京城 ④1923 ⑤국립중앙도서관
財務統計年報	①朝鮮総督府編 ②朝鮮総督府 ③京城 ④1909 ⑤서울대도서관
財務彙報 第2, 3, 44, 45号	①朝鮮総督府 ②朝鮮総督府度支部 ③京城 ④1910 ⑤국립중앙도서관, 부산시민도서관, 일본국회도서관
栽桑要覧	①長岡哲三 ②朝鮮総督府勧業模範場原蚕種製造所 ③水原 ④1916 ⑤국립중앙도서관
在鮮欧米人氏名表	①朝鮮総督府編 ②総督府 ③京城 ④1921 ⑤고려대도서관
在鮮内地人戸口調・朝鮮工産物調	①京城商業会議所編 ②京城商業会議所 ③京城 ④1920-45 ⑤국립중앙도서관
在鮮三十有五年	①藤谷作次郎 ②近沢商店印刷部 ③京城 ④1941 ⑤한국국회도서관
在野法曹家の談合無罪論摘録	①朝鮮大気堂編 ②朝鮮大気堂 ③京城 ④1935 ⑤국립중앙도서관
材積計算表	①朝鮮総督府編 ②朝鮮総督府 ③京城 ④1918 ⑤국립중앙도서관
再訂通俗鉱山測量	①志村久次郎 ②朝鮮鉱業協会 ③京城 ④1939 ⑤국립중앙도서관
在朝鮮各国居留地平面図	①朝鮮総督府編 ②朝鮮総督府 ③京城 ④1911 ⑤국립중앙도서관, 부산시민도서관
在朝鮮居留地関係取極書	②朝鮮総督府 ③京城 ⑤부산시민도서관
在朝鮮内地人紳士名鑑	①朝鮮公論社編 ②朝鮮公論社 ③京城 ④1917 ⑤국립중앙도서관
再出発せる総力運動の理念	①寺本喜一 ②国民総力朝鮮聯盟 ③京城 ④1943 ⑤고려대도서관
裁判記録(姜鳳柱外 8名(被疑者)治安維持法違反, 京城保安法違反 (京城年 刑公 第143号) 10	①京城地方法院刑事部編 ②京城地方法院刑事部 ③京城 ④1933 ⑤고려대도서관

裁判記録(光州学生事件公判記録(二) 232 ①京城地方法院刑事部編 ②京城地方法院刑事部 ③京城 ④1930 ⑤고려대도서관

裁判記録(光州学生事件公判記録(一) 231京 ①城地方法院刑事部編 ②京城地方法院刑事部 ③京城 ④1930 ⑤고려대도서관

裁判記録(金始顕 (被告人)大正8年制令 第7号違反等 京城年 公刑 第466号) 245

    ①京城地方法院刑事部編 ②京城地方法院刑事部 ③京城 ④1923 ⑤고려대도서관

裁判記録(金始顕外 12人(被告人)爆発物取締令違反

    ③京城年 刑公 第1180号) 17 ①京城地方法院刑事部編 ②京城地方法院刑事部 ③京城 ④1923 ⑤고려대도서관

裁判記録(金元錫外 11名(被告人)統営騒擾事件 検証調書및 刑事 第1審訴訟記録) 16

    ①京城地方法院刑事部編 ②京城地方法院刑事部 ③京城 ④1927 ⑤고려대도서관

裁判記録(金応時 刑事記録)14 ①京城地方法院刑事部編 ②京城地方法院刑事部 ③京城 ④1926 ⑤고려대도서관

裁判記録(金智浩外 8名(被疑者)家宅侵入騒擾訊問調書) 21

    ①京城地方法院刑事部編 ②京城地方法院刑事部 ③京城 ④1925 ⑤고려대도서관

裁判記録(金綴洙外 20人 治安維持法違反 及被疑者調書, 京城昭和6年 刑公 第172-176号) 31-33

    ①京城地方法院刑事部編 ②京城地方法院刑事部 ③京城 ④1931 ⑤고려대도서관

裁判記録(南宮檍外 3人(被疑者)保安法違反, 同幇助 治安維持法違反 昭和9年 刑公 第1497号) 2

    ①京城地方法院刑事部編 ②京城地方法院刑事部 ③京城 ④1934 ⑤고려대도서관

裁判記録(朴済鎬 京城兪炳璣 (被告人)制今違反 京城年11月9日 刑公 第 号) 15

    ①京城地方法院刑事部編 ②京城地方法院刑事部 ③京城 ④1923 ⑤고려대도서관

裁判記録(朴炯기外 38名(被告人)保安法違反 (京城年 刑公 第375号) 11-17

    ①京城地方法院刑事部編 ②京城地方法院刑事部 ③京城 ④1927 ⑤고려대도서관

裁判記録(辛日鎔外 2人(被疑者)治安維持法違反及新聞紙法違反, 京城大正14年 刑公 第109号, 京城大正15年 刑公 第27号) 4

    ①京城地方法院刑事部編 ②京城地方法院刑事部 ③京城 ④1926 ⑤고려대도서관

裁判記録(呉東振 (被告人)治安維持法違反・爆発物 取締罰則違反・強盗・殺人・放火等, 京城年 刑公 第147号) 26

    ①京城地方法院刑事部編 ②京城地方法院刑事部 ③京城 ④1929 ⑤고려대도서관

裁判記録(尹道用外 2名(被疑者)治安維持法違反訊問調書 11
① 京城地方法院刑事部編 ② 京城地方法院刑事部 ③ 京城 ④ 1927 ⑤ 고려대도서관

裁判記録(李圭彩 (被告人)治安維持法違反 ③京城0年 刑公 第214号) 8 ① 京城地方法院刑事部編 ② 京城地方法院刑事部 ③ 京城 ④ 1935 ⑤ 고려대도서관

裁判記録(李東洛外 10名(被疑者)治安維持法違反, 京城年 刑公 第1号) 5
① 京城地方法院刑事部編 ② 京城地方法院刑事部 ③ 京城 ④ 1927 ⑤ 고려대도서관

裁判記録(李愚鏞外 1人不敬(一)警調·検調(二)予調, 京城昭和9年 刑公 第1874号) 181
① 京城地方法院刑事部編 ② 京城地方法院刑事部 ③ 京城 ④ 1934 ⑤ 고려대도서관

裁判記録(李愚鏞外 1人不敬(一)警調·検調(二)予調, 京城昭和9年 刑公 第1874号) 182
① 京城地方法院刑事部編 ② 京城地方法院刑事部 ③ 京城 ④ 1934 ⑤ 고려대도서관

裁判記録(李鉉相外 12名(被疑者)治安維持法違反訊問調書, 京城昭和3年) 9
① 京城地方法院刑事部編 ② 京城地方法院刑事部 ③ 京城 ④ 1928 ⑤ 고려대도서관

裁判記録(張浚外 6名(被疑者)治安維持法違反, 京城昭和3年 刑公 第1号) 6
① 京城地方法院刑事部編 ② 京城地方法院刑事部 ③ 京城 ④ 1928 ⑤ 고려대도서관

裁判記録(鄭周永 外(被疑者)警察訊問調書) 22
① 京城地方法院刑事部編 ② 京城地方法院刑事部 ③ 京城 ④ 1929 ⑤ 고려대도서관

裁判記録(鄭泰植外 33名(被疑者)治安維持法違反 京城昭和9年 刑公 第1号) 7
① 京城地方法院刑事部編 ② 京城地方法院刑事部 ③ 京城 ④ 1934 ⑤ 고려대도서관

裁判記録(崔元沢外 9人(被告人)間島共産党事件記録 (京城昭和3年 刑公 第541)京城542 京城543号 12
① 京城地方法院刑事部編 ② 京城地方法院刑事部 ③ 京城 ④ 1928 ⑤ 고려대도서관

裁判記録(崔胤東外 9名(被告人)警察部訊問記録)
① 京城地方法院刑事部編 ② 京城地方法院刑事部 ③ 京城 ④ 1923 ⑤ 고려대도서관

裁判記録(許憲外 5名(被疑者)大正8年第令 第7号 違反, 京城年 刑公 第1519号) 25
① 京城地方法院刑事部編 ② 京城地方法院刑事部 ③ 京城 ④ 1930 ⑤ 고려대도서관

裁判記録(黄鈺, 金始顕 (被告人)大正8年制令 第7号違反等 京城年 公刑 第466号) 241-244
① 京城地方法院刑事部編 ② 京城地方法院刑事部 ③ 京城 ④ 1923 ⑤ 고

려대도서관

裁判所及監獄会計主任会同書	① 朝鮮総督府編 ② 朝鮮総督府 ③ 京城 ④ 1917 ⑤ 국립중앙도서관
裁判所及検査局監督官会議総督訓示及法務局表主意事項集	
	① 朝鮮総督府法務局法務課編 ② 朝鮮総督府法務局法務課 ③ 京城 ④ 1939 ⑤ 국립중앙도서관
在韓の巾幗隊	① 山崎日城編 ② 朝鮮日日新聞社 ③ 京城 ④ 1906 ⑤ 부산시민도서관
在韓苦心録	① 杉村 ④ 1932 ⑤ 부산시민도서관
在韓本邦人学事概況 明治43年4月調	① 統監府 ② 統監府 ③ 京城 ④ 1910 ⑤ 일본국회도서관
在韓実業家名鑑	② 日韓商業興信所 ③ 仁川 ④ 1907 ⑤ 부산시민도서관
在韓人士名鑑	① 中田孝之助 ② 木浦新報社 ③ 木浦 ④ 1905 ⑤ 부산시민도서관
赤軍脱走兵にソ聯の実情を聴く	① 京城保護観察所編 ③ 京城 ④ 1938 ⑤ 서울대도서관
赤裸裸の朝鮮	① 阿部薫 ② 民衆詩論社 ③ 京城 ④ 1925 ⑤ 고려대도서관, 연세대도서관, 서울대도서관
赤袋の露西亜	① ジョセフデュイェ, 朝鮮総督府警務局図書課編 ② 朝鮮総督府警務局図書課 ③ 京城 ④ 1929 ⑤ 국립중앙도서관, 고려대도서관
赤裸々に見た内鮮史論	① 青柳南冥 田蘇産編 ② 東亜同民協会 ④ 1935 ⑤ 부산시민도서관, 규슈대도서관, 도쿄대도서관
赤穂義士関係書目	① 松岡脩三編 ② 松岡脩三 ③ 京城 ④ 1934 ⑤ 일본국회도서관
赤心一片	① 広江沢次郎 ② 広江沢次郎 ③ 京城 ④ 1915 ⑤ 일본국회도서관, 부산시민도서관
典故大方 巻1-4	① 姜［ガク］錫 ② 漢陽書院 ③ 京城 ④ 1925 ⑤ 일본국회도서관
展観目録	② 朝鮮総督府図書館 ③ 京城 ④ 1935-1936 ⑤ 도호쿠대도서관
全国保導教護団体一覧	① 京城保導聯盟 ③ 京城 ④ 1939 ⑤ 서울대도서관
全国優良学校職業教育の実際	① 指慎三編 ② 朝鮮教育実際社 ③ 京城 ④ 1931 ⑤ 국립중앙도서관
電気工作物落成試験記録様式集	① 朝鮮電気協会編 ② 朝鮮電気協会 ③ 京城 ④ 1938 ⑤ 국립중앙도서관
電気問題調査報告	① 京城商業会議所編 ③ 京城 ④ 1927 ⑤ 서울대도서관
電気事故統計	① 朝鮮総督府殖産局電気第一課編 ② 朝鮮電気協会 ③ 京城 ④ 1942 ⑤ 국립중앙도서관
電気事業要覧 第17, 20-22回	① 朝鮮総督府逓信局編 ② 朝鮮電気協会 ③ 京城 ④ 1930-1935 ⑤ 일본국회도서관
電気事業要覧 第23-25回	① 朝鮮総督府逓信局編 ② 朝鮮電気協会 ③ 京城 ④ 1936-37 ⑤ 일본국회도서관
電気事業要覧 1926, 1939	① 朝鮮総督府逓信局編 ② 朝鮮電気協会 ③ 京城 ④ 1927-1940 ⑤ 한국국회도서관
電気事業要覧 第30回	① 朝鮮総督府殖産局編 ② 朝鮮総督府 ③ 京城 ④ 1943 ⑤ 한국국회도서관

電気事業要覧 第23回	②朝鮮電気協会 ③京城 ④1936 ⑤연세대도서관
電気事業要覧 第29回	①朝鮮総督府殖産局編纂 ②朝鮮総督府殖産局 ③京城 ④1942 ⑤연세대도서관
電気事業要覧	①朝鮮総督府逓信局編 ②朝鮮電気協会 ③京城 ④1916 ⑤국립중앙도서관
全南に於ける交通并に産業の現状及湖南鉄道開通後の将来	②木浦日本人商業会議所 ③木浦 ④1910 ⑤홋카이도대도서관
全南の水産	②全羅南道 ③光州 ④1932 ⑤홋카이도대도서관
全南産油桐に就いて	③光州 ④1936 ⑤도쿄대도서관
全南之綿花	②全羅南道 ④1924 ⑤도쿄대도서관
全羅南道ニ於ケル棉花栽培ノ状況	①朝鮮銀行編 ②朝鮮銀行 ③京城 ④1913 ⑤서울대도서관
全羅南道乾海苔製造用水及漁船用水調査報文	①朝鮮総督府地質調査所編 ③京城 ④1929 ⑤국립중앙도서관
全羅南道高興地方基本調査書	①朝鮮総督府編 ②朝鮮総督府 ③京城 ④1922 ⑤한국국회도서관
全羅南道農業概況	③全羅南道 ④1922 ⑤규슈대도서관
全羅南道物産共進会朝鮮綿業共進会誌	①全羅南道物産共進会, 朝鮮綿業共進会 共編 ②全羅南道物産共進会 ③京城 ④1927 ⑤국립중앙도서관, 도쿄대도서관, 홋카이도대도서관
全羅南道事情誌	①染川覚太郎 ②全羅南道事情誌刊行会 ③木浦 ④1930 ⑤도쿄대도서관
全羅南道産業要覧	③全羅南道 ④1926 ⑤규슈대도서관
全羅南道歳入出決算 大正14年度	①全羅南道 ②全羅南道 ③光州 ④1926 ⑤일본국회도서관
全羅南道歳入出決算 大正15・昭和元年度	①全羅南道 ②全羅南道 ③光州 ④1927 ⑤일본국회도서관
全羅南道歳入出予算 昭和2-19年度	①全羅南道 ②全羅南道 ③光州 ④1928-1945 ⑤일본국회도서관
全羅南道水産試験場報告, 第4, 6-11, 13-14号	①全羅南道水産試験場編 ②全羅南道水産試験場 ③木浦 ④1931 ⑤한국국회도서관-昭和161941 ⑤한국국회도서관
全羅南道地質図	①朝鮮総督府地質調査編 ②朝鮮総督府地質調査所 ③京城 ④1922 ⑤국립중앙도서관
全羅南道海岸並島嶼ノ状況	①朝鮮駐箚憲兵隊司令部編 ②朝鮮駐箚憲兵隊司令部 ③京城 ④1911 ⑤국립중앙도서관
全羅道郡山の巻	②併合記念 ③郡山 ④興農社 ④1910 ⑤홋카이도대도서관
全羅北道警察例規聚	①全羅北道警察部編纂 ②帝国地方行政学会朝鮮本部 ③京城 ④1940 ⑤연세대도서관
全羅北道穀物検査概況	①全羅北道穀物検査所 ③大邱 ②全羅北道穀物検査所 ④1923 ⑤규슈대도서관
全羅北道関係例規集	①全羅北道 ②全羅北道 ③全州 ④1938 ⑤일본국회도서관
全羅北道金堤郡進鳳面地下水調査報文	①朝鮮総督府地質調査所編 ②朝鮮総督府地質調査所 ③京城 ④1929

⑤ 국립중앙도서관

全羅北道農業概要	① 全羅北道 ② 全羅北道内務部農務課 ③ 京城 ④ 1937 ⑤ 규슈대도서관
全羅北道道勢一班 昭和3年8月編纂	① 全羅北道庁編 ② 全羅北道 ③ 全州 ④ 1928 ⑤ 일본국회도서관
全羅北道道勢一班 昭和4年8月編纂	① 全羅北道 ② 全羅北道 ③ 全州 ④ 1929 ⑤ 일본국회도서관
全羅北道道勢一班 昭和6年8月編纂	① 全羅北道 ② 全羅北道 ③ 全州 ④ 1931 ⑤ 일본국회도서관
全羅北道茂朱郡赤裳面赤裳金山の金銀鉱床	① 木野崎吉郎 ② 朝鮮鉱業会 ③ 京城 ④ 1939 ⑤ 서울대도서관
全羅北道発展史	① 宇津木初三郎編輯 ② 文化商会 ③ 益山郡 ④ 1928 ⑤ 국립중앙도서관, 서울대도서관
全羅北道歳入出予算 昭和2-19年度	① 全羅北道 ② 全羅北道 ③ 全州 ④ 1928-1945 ⑤ 일본국회도서관
全羅北道案内	① 全北日日新聞社編 ③ 全州 ② 全北日日新聞社 ④ 1914 ⑤ 규슈대도서관
全羅北道要覧 昭和2至4, 6, 9年	① 全羅北道編 ② 全羅北道 ③ 全州 ④ 1927-34 ⑤ 일본국회도서관, 연세대도서관
全羅北道要覧	① 全羅北道編 ② 全羅北道 ③ 全州 ④ 1934 ⑤ 한국국회도서관
全羅北道要覧	① 全羅北道編 ② 全羅北道 ③ 朝鮮 ④ 1931 ⑤ 홋카이도대도서관
全羅北道益山郡裡里地下水調査報文	① 朝鮮総督府地質調査所編 ③ 京城 ④ 1929 ⑤ 국립중앙도서관, 부산시민도서관
全羅北道一般会計特別会計歳入出決算 附臨時恩賜金歳入出決算 昭和8-17年度	① 全羅北道 ② 全羅北道 ③ 全州 ④ 1934-1943 ⑤ 일본국회도서관
全羅北道之蚕糸業	② 全羅北道内務部 ③ 京城 ④ 1922 ⑤ 규슈대도서관
電力需要ノ想定	① 朝鮮総督府逓信局編 ② 朝鮮総督府逓信局 ③ 京城 ④ 1930 ⑤ 국립중앙도서관, 고려대도서관
電力政策基本計画調書, 上, 下	① 朝鮮総督府編 ② 朝鮮総督府 ③ 京城 ④ 1930 ⑤ 국립중앙도서관, 한국국회도서관, 연세대도서관, 서울대도서관
前満洲の開国と日本 附・満洲国の治安と匪賊の由来	① 稲葉岩吉 ② 熊平商店 ③ 京城 ④ 1936 ⑤ 일본국회도서관, 규슈대도서관, 도쿄대도서관, 도호쿠대도서관, 오사카대학, 홋카이도대도서관
専売法規, 1-7	① 朝鮮総督府専売局編 ② 朝鮮総督府専売局 ③ 京城 ④ 1941-1943 ⑤ 한국국회도서관
専売事業図表 朝鮮の専売	① 朝鮮総督府専売局 ② 朝鮮総督府専売局 ③ 京城 ④ 1936 ⑤ 국립중앙도서관
専売取締提要	① 京城専売支局編 ② 京城専売支局 ③ 京城 ④ 1922 ⑤ 국립중앙도서관
専売通報 1-2	① 朝鮮専売協会編 ② 朝鮮専売協会 ③ 京城 ④ 1932 ⑤ 국립중앙도서관
専売通報	① 朝鮮専売協会編 ② 朝鮮専売協会 ③ 京城 ④ 1933-43 ⑤ 국립중앙도서관
専門学校国語読本 1-3	① 朝鮮総督府編 ② 朝鮮総督府 ③ 京城 ④ 1918-21 ⑤ 국립중앙도서관, 연

세대도서관

全北の栞　①全羅北道協賛会編纂 ②全北教育及産業社 ③全州 ④1929 ⑤서울대도서관

全北之衛生　②全羅北道 ③全州 ④1932 ⑤홋카이도대도서관

全鮮の玄米商各位に檄す 第二回大会報告書
　①朝鮮玄米商組合聯合会 ②大邱印刷社 ③大邱 ④1929 ⑤고려대도서관

全鮮工業者大会議事録, 第五回　②朝鮮工業協会 ③京城 ④1938 ⑤연세대도서관

全鮮公職者大会議事録 第6回　③京城 ④1929 ⑤일본국회도서관

全鮮校外保導研究大会会員名簿　①京城保導聯盟 ③京城 ④1939 ⑤서울대도서관

全鮮内地人実業家有志懇話会速記録　①全鮮内地人実業家有志懇話会編 ②全鮮内地人実業家有志懇話会
　③京城 ④1920 ⑤국립중앙도서관, 일본국회도서관

全鮮畓田売買価格及収益調 1　①朝鮮殖産銀行 ②朝鮮殖産銀行 ③京城 ④1939 ⑤고려대도서관

全鮮畓田売買価格及収益調 2　①朝鮮殖産銀行 ②朝鮮殖産銀行 ③京城 ④1936 ⑤고려대도서관

全鮮畓田売買価格及収益調 第15回　①朝鮮殖産銀行 鑑定課 ②朝鮮殖産銀行 ③京城 ④1942 ⑤고려대도서관

全鮮畓田売買価格及収益調 第2回　①朝鮮殖産銀行 鑑定課 ②朝鮮殖産銀行③京城 ④1930 ⑤고려대도서관

全鮮沓田売買価格及収益調　①朝鮮殖産銀行 ②朝鮮殖産銀行 ③京城 ④1930-1943 ⑤연세대도서관,
교토대도서관

全鮮貿易大会記第1回 昭和十四年　①朝鮮殖産銀行 ②朝鮮貿易協会 ③京城 ④1939 ⑤연세대도서관

全鮮貿易大会記, 第2回 和十五年　①朝鮮殖産銀行 ②朝鮮貿易協会 ③京城 ④1940 ⑤연세대도서관

全鮮貿易大会記　①朝鮮貿易協会 刊 ②朝鮮貿易協会 ③京城 ④1939 ⑤서울대도서관

全鮮府邑会議員銘鑑　①藤村得一編 ②朝鮮経世新聞社 ③京城 ④1931 ⑤국립중앙도서관, 고
려대도서관

全鮮商工団体現勢調査　①朝鮮商工会議所編 ②朝鮮商工会議所 ③京城 ④1939 ⑤국립중앙도서관

全鮮商工会議所発達史 躍進之朝鮮　①田中麗水編 ②釜山日報社 ③釜山 ④1936 ⑤국립중앙도서관, 한국국회
도서관, 부산시민도서관, 연세대도서관, 일본국회도서관, 도쿄대도서관

全鮮選抜小学綴方 総督賞模範文集, 1939, 1940
　①京日小学生新聞編 ②朝鮮図書出版 ③京城 ④1939 ⑤국립중앙도서관,
한국국회도서관

全鮮視察の満国中学校長招待会席上に於ける演述
　①朝鮮総督府編 ②朝鮮総督府 ③京城 ④1921 ⑤국립중앙도서관

全鮮優良金融組合及名所案内 第1回　①全鮮金融組合大会協賛会編 ②第1回全鮮金融組合大会協賛会 ③京城
④1929 ⑤국립중앙도서관

全鮮中堅青年大会告辞及訓辞　①朝鮮総督府学務局社会教育課編 ②朝鮮総督府学務局社会教育課
③京城 ④1937 ⑤서울대도서관

伝説の平壌　①八田実, 平壌商工会議所 ②文久堂書店 ③平壌 ④1943 ⑤일본국회도

	서관, 부산시민도서관
戦時ノ英国財界	① 朝鮮銀行調査局編 ② 朝鮮銀行調査局 ③ 京城 ④ 1918 ⑤ 교토대도서관, 홋카이도대도서관
戦時経済政策の概要	① 朝鮮銀行調査課 ② 朝鮮銀行 ③ 京城 ④ 1937 ⑤ 서울대도서관, 교토대도서관, 도쿄대도서관
戦時及戦後ニ於ケル英国財政	① Edgar Crammond, 朝鮮銀行調査局訳 ② 朝鮮銀行調査局 ③ 京城 ④ 1919 ⑤ 서울대도서관, 일본국회도서관, 교토대도서관, 규슈대도서관, 도쿄대도서관
戦時農山漁村指導要諦	① 朝鮮農政研究会編 ② 大日本教育図書出版社 ③ 京城 ④ 1938 ⑤ 국립중앙도서관
戦時物価講話	① 朝鮮総督府殖産局編 ② 朝鮮総督府殖産局 ③ 京城 ④ 1942 ⑤ 고려대도서관
戦時産業経営講話	① 朝鮮商工会議所編 ② 朝鮮公論社 ③ 京城 ④ 1944 ⑤ 한국국회도서관, 연세대도서관, 서울대도서관
戦時下に於ける農業関係法令の概要	① 朝鮮金融組合聯合会 ② 朝鮮金融組合聯合会 ③ 京城 ④ 1941 ⑤ 서울대도서관, 도쿄대도서관
戦時下に於ける集会や団体等に就て 朝鮮臨時保安令の早わかり	
	① 佐野吾作編 ③ 京城 ④ 1942 ⑤ 한국국회도서관
全芽育法調査	① 朝鮮総督府勧業模範場蚕業試験所編 ② 朝鮮総督府勧業模範場蚕業試験所 ③ 水原 ④ 1919 ⑤ 국립중앙도서관, 홋카이도대도서관
全人類の安住と皇国日本の使命に就て	① 東亜大興会編 ② 東亜大興会 ③ 大邱 南竜岡町 ④ 1937, 3 ⑤ 일본국회도서관
戦争と列国の財界	① 朝鮮銀行東京調査支局編 ② 朝鮮銀行東京調査支局 ③ 京城 ④ 1917 ⑤ 국립중앙도서관
全訂朝鮮行政法概要	① 内田達孝 ② 近沢書店 ③ 京城 ④ 1935 ⑤ 고려대도서관
全朝鮮儒林大会会録	① 儒教総本部編 ④ 1928 ⑤ 서울대도서관
全州大邱土木事件判決書	① 朝鮮土木建築協会編 ② 朝鮮土木建築協会 ③ 京城 ④ 1932 ⑤ 국립중앙도서관
全州府史	① 全州府編 ② 全州府 ③ 京城 ④ 1943 ⑤ 한국국회도서관, 부산시민도서관, 도쿄대도서관
全州府一般経済歳入出予算 昭和11-19年度	① 全州府 ② 全州府 ③ 全州 ④ 1937-1945 ⑤ 일본국회도서관
前進する鮮朝	① 朝鮮総督府情報課編 ② 発行者不明 ③ 京城 ④ 1942 ⑤ 국립중앙도서관, 한국국회도서관, 일본국회도서관, 교토대도서관, 규슈대도서관, 나고야대도서관
田川常治郎氏を語る	① 大藪幹太郎 ② 大藪幹太郎 ③ 京城 ④ 1938 ⑤ 국립중앙도서관
典環局回顧談	① 三上豊, 朝鮮経済研究所座談会編 ② 朝鮮経済研究所 ③ 京城 ④ 1932 ⑤ 연세대도서관, 서울대도서관

転換期の朝鮮文学	①崔載瑞 ②人文社 ③京城 ④1943 ⑤국립중앙도서관, 부산시민도서관, 연세대도서관, 일본국회도서관
転換期伊太利の協同組合運動	①Karl Walter, 朝鮮金融組合連合会訳 ②朝鮮金融組合連合会 ③京城 ④1934 ⑤도쿄대도서관, 홋카이도대도서관
戦後の産業	①朝鮮銀行東京調査支局編 ②朝鮮銀行東京調査支局 ③京城 ④1919 ⑤국립중앙도서관
戦後ノ海運競争ニ対スル各国ノ準備	①朝鮮銀行調査局編 ②朝鮮銀行調査局 ③京城 ④1918 ⑤일본국회도서관
静かな嵐 創作集	①牧洋 ②毎日新報社 ③京城 ④1943 ⑤일본국회도서관
鄭鑑録	①細井肇編 ②自由討究社 ③京城 ④1926 ⑤서울대도서관
鄭鑑録	①細井肇編 ②自由討究社 ③京城 ④1923 ⑤도쿄대도서관
正徳朝鮮信使登城行列図解説	①朝鮮史編修会編 ②朝鮮総督府 ③京城 ④1937 ⑤서울대도서관
正徳朝鮮信使登城行列図	①朝鮮総督府 ②朝鮮総督府 ③京城 ④1938 ⑤일본국회도서관
丁抹より	②朝鮮書籍印刷株式会社 ③京城 ④1926 ⑤연세대도서관
情報宣伝	①朝鮮総督府編 ②朝鮮総督府 ③京城 ④1940 ⑤고려대도서관, 서울대도서관
情報彙纂 第5-8, 10-12	①朝鮮情報委員会編 ②朝鮮総督府 ③京城 ④1921 ⑤국립중앙도서관
情報彙纂, 第1-12	①朝鮮情報委員会編 ②朝鮮総督府 ③京城 ④1923 ⑤한국국회도서관
丁抹より	①方台栄 ②朝鮮書籍印制株式会社 ③京城 ④1926 ⑤고려대도서관
政府提出見込法律案要綱	②第七十九回帝国議会 ⑤도쿄대도서관
精選朝鮮歌謡集	①朝鮮歌謡研究社編 ②朝鮮歌謡研究社 ③京城 ④1931 ⑤고려대도서관
精神作興に関する図書目録	①京城府立図書館編 ②京城府立図書館 ③京城 ④1935 ⑤서울대도서관
精神作興に関する新刊図書目録	①京城府立図書館編 ②京城府立図書館 ③京城 ④1933 ⑤서울대도서관
丁氏種芸学劄記	①片山隆三 ②片山隆三 ③京城 ④1938 ⑤일본국회도서관
政院伝教 乾, 坤	①朝鮮総督府 ②朝鮮総督府 ③京城 ④1934 ⑤일본국회도서관
政院伝教解説	①朝鮮史編修会編 ②朝鮮総督府 ③京城 ④1934 ⑤연세대도서관
丁子屋小史	①丁子屋商店編 ②丁子屋商店 ③京城 ④1936 ⑤도쿄대도서관
訂正 普通学校 学徒用 理科書 巻2	①朝鮮総督府編 ②朝鮮総督府 ③京城 ④1912 ⑤고려대도서관
訂正 普通学校 学徒用 漢文読本	①朝鮮総督府 ②総務局印刷所 ③京城 ④1914 ⑤서울대도서관
定州郡定州面歳入歳出予算, 1930	④1930 ⑤한국국회도서관
精忠遺芳	①朝鮮逓信協会編 ②朝鮮逓信協会 ③京城 ④1928 ⑤국립중앙도서관, 홋카이도대도서관
征韓役日韓史蹟	①青柳綱太郎編 ②町田文林堂 ③京城 ④1910 ⑤규슈대도서관, 도쿄대도서관
第1回記念植樹ノ状況	①朝鮮総督府編 ②朝鮮総督府 ③京城 ④1912 ⑤국립중앙도서관

第11回　中枢院議会ニ於ケル訓示・挨擦・演述及答申要項	
	① 朝鮮総督府中枢院編　② 朝鮮総督府中枢院　③ 京城　④ 1931　⑤ 国立中央 도서관, 고려대도서관
第14回　中枢院会議議事録	① 朝鮮総督府中枢院　② 朝鮮総督府中枢院　③ 京城　④ 1933　⑤ 고려대도서관
第15回　中枢院会議議事録	① 朝鮮総督府中枢院　② 朝鮮総督府中枢院　③ 京城　④ 1934　⑤ 고려대도서관
第16回　中枢院会議議事録	① 朝鮮総督府中枢院　② 朝鮮総督府中枢院　③ 京城　④ 1935　⑤ 고려대도서관
第16回　中枢院会議参議書答申	① 朝鮮総督府中枢院　② 朝鮮総督府中枢院　③ 京城　④ 1935　⑤ 고려대도서관
第18回　中枢院会議　各局長演述	① 朝鮮総督府中枢院　② 朝鮮総督府中枢院　③ 京城　④ 1937　⑤ 고려대도서관
第18回　中枢院会議参議答申書	① 朝鮮総督府中枢院　② 朝鮮総督府中枢院　③ 京城　④ 1937　⑤ 고려대도서관
第21回　中枢院会議参議答申書	① 朝鮮総督府中枢院　② 朝鮮総督府中枢院　③ 京城　④ 1940　⑤ 고려대도서관
第22回　中枢院会議参議答申書	① 朝鮮総督府中枢院　② 朝鮮総督府中枢院　③ 京城　④ 1941　⑤ 고려대도서관
第23回　中枢院会議参議答申書	① 朝鮮総督府中枢院　② 朝鮮総督府中枢院　③ 京城　④ 1942　⑤ 고려대도서관
第26回　中枢院会議　総督訓示要旨	① 朝鮮総督府中枢院　② 朝鮮総督府中枢院　③ 京城　④ 1945　⑤ 고려대도서관
第3次施政年報　明治42年	① 朝鮮総督府　② 朝鮮総督府　③ 京城　④ 1911　⑤ 서울대도서관
第43-45, 64-67回帝国会議用朝鮮総督府参考書 1-2	
	① 朝鮮総督府編　② 朝鮮総督府　③ 京城　④ 1920-45　⑤ 国立中央도서관
第52回　帝国議会説明資料	① 朝鮮殖産銀行　② 朝鮮殖産銀行　③ 京城　④ 1926　⑤ 고려대도서관
第5次時局下中小商工業者実情調査書	① 朝鮮金融組合聯合会編　② 朝鮮金融組合聯合会　③ 京城　④ 1942　⑤ 国 立中央도서관
第67回　帝国議会説明資料	① 朝鮮総督官房外事課　② 朝鮮総督官房外事課　③ 京城　④ 1934　⑤ 고려 대도서관
啼く魚の話	① 朝鮮総督府水産試験場編　② 朝鮮総督府水産試験場　③ 釜山　④ 1942 ⑤ 한국국회도서관, 서울대도서관
帝国大学附属図書館協議会議目録	① 京城帝国大学附属図書館編　② 京城帝国大学附属図書館　③ 京城 ④ 1939　⑤ 国立中央도서관, 일본국회도서관
帝国大学附属図書館協議会議題目録　第一至一五次	
	① 京城帝国大学附属図書館編　③ 京城　④ 1939　⑤ 서울대도서관
帝国糧食給源の一提案	① 脇谷洋次郎　② 釜山日報社印刷部　③ 釜山　④ 1926　⑤ 도쿄대도서관
諸国御客帳	① 住田正一編　② 巌松堂　③ 京城　④ 1929　⑤ 国立中央도서관
帝国議会説明資料 6567回	① 朝鮮総督官房外事課編　② 朝鮮総督官房外事課　③ 京城　④ 1933-1934 ⑤ 国立中央도서관
帝国議会議事経過概要　第八十三回, 第八十四回	
	① 朝鮮総督府　⑤ 도쿄대도서관
帝国議会議事経過概要	① 朝鮮総督府　⑤ 도쿄대도서관
帝国之殖民地　上・下	① 大喜多筆一　② 東亜評論社　③ 京城　④ 1919　⑤ 일본국회도서관

斉藤内府の片鱗　　　　　　　　　①石森久弥　②朝鮮新聞社　③京城　④1936　⑤国立中央図書館

斉藤子爵を偲ぶ　　　　　　　　　①中村健太郎　②朝鮮仏教社　③京城　④1937　⑤고려대도서관

第四次時局下中小商工業者実情調査書　①大熊良一　②朝鮮金融組合聯合会　③京城　④1941　⑤고려대도서관

第三部長警察部長会議に於ける訓示並演述衛

　　　　　　　　　　　　　　　　①朝鮮総督府編　②朝鮮総督府　③京城　④1900-45　⑤国立中央図書館

第三次 朝鮮人 初等教育 普及拡充計劃資料

　　　　　　　　　　　　　　　　①学務局学務課　②学務局 学務課　③京城　④1941　⑤고려대도서관

第三次施政年報　　　　　　　　　④治42年　①朝鮮総督府　②朝鮮総督府　③京城　④1911　⑤연세대도서관

済生院事業要覧　　　　　　　　　①朝鮮総督府編　②済生院　③京城　④1923　⑤한국국회도서관

制勝方略　　　　　　　　　　　　①李鎰編　②朝鮮総督府　③京城　④1936　⑤일본국회도서관

帝室図書目録　　　　　　　　　　①宮内府奎章閣図書課　②宮内府奎章閣図書課　③京城　④1910　⑤서울
　　　　　　　　　　　　　　　　대도서관

第十三回朝鮮神宮奉賛体育大会番組　②朝鮮体育協会　③京城　④1937　⑤연세대도서관

第十三回中枢院会議ニ於ケル訓示・演述・説明及答申要項

　　　　　　　　　　　　　　　　①朝鮮総督府中枢院　②朝鮮総督府中枢院　③京城　④1932　⑤서울대도서관

第十六回 中枢院会議参議書面答申　①朝鮮総督府中枢院　②朝鮮総督府中枢院　③京城　④1935　⑤고려대도서관

第五回全鮮工業者大会議事録　　　①朝鮮工業協会編　②朝鮮工業協会　③発行地不明　④1938　⑤한국국회도
　　　　　　　　　　　　　　　　서관

帝王韻記, 動安居士集の解説　　　②朝鮮古典刊行会　③京城　④1939　⑤연세대도서관

諸外国ニ於ケル協同組合法ノ概要　①朝鮮金融組合協会編　②朝鮮金融組合協会　③京城　④1932　⑤国立中央
　　　　　　　　　　　　　　　　도서관, 고려대도서관

提要薬物学講義　　　　　　　　　①金寿万　②京城薬学講習所　③京城　④1937　⑤国立中央図書館

第二・三回朝鮮初等教育研究会録　①朝鮮初等教育研究会編　②近沢出版部　③京城　④1926　⑤한국국회도서관

第二十回逓信分掌局 工事課長打合会議議事録

　　　　　　　　　　　　　　　　①朝鮮総督府逓信局編　②朝鮮総督府逓信局　③京城　④1934　⑤한국국회
　　　　　　　　　　　　　　　　도서관

第二次水稲種子五箇年更新計画並実行方法

　　　　　　　　　　　　　　　　①全羅北道　②全羅北道　③京城　④1923　⑤규슈대도서관

第一次蘭谷牧馬支場報告　　　　　①朝鮮総督府勧業模範場蘭谷牧馬支場　②朝鮮総督府勧業模範場蘭谷牧
　　　　　　　　　　　　　　　　馬支場　③京城④1924　⑤규슈대도서관

第一次満蒙学術調査研究団報告　　①満蒙学術調査研究団編　②第一次満蒙学術調査研究団　③京城　④1934-
　　　　　　　　　　　　　　　　40　⑤国立中央図書館

第一回日満支連絡運輸会議議事録　①朝鮮総督府鉄道局編　②朝鮮総督府鉄道局　③京城　④1939　⑤国立中央
　　　　　　　　　　　　　　　　도서관

第一回朝鮮国勢調査　　　　　　　①京城府編　②京城府　③京城　④1931　⑤한국국회도서관

済州道 南鮮宝窟	①大野仁夫 ②吉田博文堂 ③釜山 ④1912 ⑤부산시민도서관
済州道とその経済	②釜山商業会議所 ③釜山 ④1930 ⑤부산시민도서관
済州島ノ地質	①原口九万 ②朝鮮総督府地質調査所 ③京城 ④1931 ⑤국립중앙도서관, 부산시민도서관
済州道及ビソノ近海ノ魚類相ニ就テ	①内田恵太郎, 矢部博 共, 朝鮮総督府水産試験場編 ②朝鮮総督府水産試験場 ③釜山 ④1939 ⑤한국국회도서관
済州島並莞島植物調査報告書	①中井猛之進 ②朝鮮総督府 ③京城 ④1914 ⑤국립중앙도서관, 연세대도서관, 일본국회도서관, 교토대도서관, 규슈대도서관, 도호쿠대도서관, 홋카이도대도서관
済州島勢要覧	①済州道庁編輯 ②京城 ②田口象次郎発行, 朝鮮印刷株式会社印刷 ③済州 ④1939 ⑤연세대도서관
済州島地質図	①朝鮮総督府地質調査所編 ②朝鮮総督府地質調査所 ③京城 ④1930 ⑤국립중앙도서관
製紙原料調査及試験報告	②朝鮮総督府中央試験所 ③京城 ④1915 ⑤연세대도서관
第七十四議会議会参考書	①司計課 ⑤도쿄대도서관
第八回朝鮮神宮競技大会	①主催:朝鮮体育協会 ②朝鮮体育協会 ③京城 ④1932 ⑤연세대도서관
諸学校一覧表	①朝鮮総督府 ②朝鮮総督府 ③京城 ④1913 ⑤고려대도서관
朝	①朝鮮芸術社編 ②朝鮮芸術社 ③京城 ④1926 ⑤국립중앙도서관
鳥居考 続	①津村勇 ②津村勇 ③京城 ④1940 ⑤일본국회도서관
祖国を顧みて	①景山宜景 ②朝鮮財務協会 ③京城 ④1933 ⑤국립중앙도서관, 연세대도서관
朝金聯の火災共済基金制度	①朝鮮金融組合聯合会編 ②朝鮮金融組合聯合会 ③京城 ④1940 ⑤국립중앙도서관, 서울대도서관, 규슈대도서관, 교토대도서관, 도쿄대도서관
潮力発電	①朝鮮総督府逓信局編 ②本府逓信局 ③京城 ④1930 ⑤국립중앙도서관, 한국국회도서관, 일본국회도서관
朝末を語る	①三城景明編 ②朝鮮研究社 ③京城 ④1930 ⑤국립중앙도서관
照明講習会照明座談会記	①関重広編 ②京城電気株式会社 ③京城 ④1933 ⑤국립중앙도서관
調査課刊行物目録 自昭和六年一月至昭和十一年六月	①朝鮮銀行調査課編 ②朝鮮銀行調査課 ③京城 ④1936 ⑤연세대도서관, 교토대도서관
調査資料 第1-4号	①朝鮮総督府度支部編 ②朝鮮総督府 ③京城 ④1919 ⑤국립중앙도서관
調査資料 第25輯 戦時下に於ける農業関係法令の概要	①朝鮮金融組合聯合会編 ②朝鮮金融組合聯合会 ③京城 ④1938 ⑤고려대도서관
調査資料 第5号	①朝鮮総督府編 ②朝鮮総督府 ③京城 ④1919 ⑤교토대도서관

調査資料 第9輯 保険組合制度に関する調査 ①朝鮮金融組合聯合会編 ②朝鮮金融組合聯合会 ③京城 ④1938 ⑤고려대도서관

調査資料索引 ①朝鮮殖産銀行調査課編 ②朝鮮殖産銀行調査課 ③京城 ④1928 ⑤연세대도서관, 교토대도서관, 도쿄대도서관, 도호쿠대도서관, 오사카대학, 홋카이도대도서관

調査彙報 第12, 14号 ①朝鮮総督官房文書課編 ②朝鮮総督府 ③京城 ④1924, 25 ⑤국립중앙도서관

助産婦学講義 ①工藤武城 ②京城婦人病院 ③京城 ④1914 ⑤국립중앙도서관

朝鮮, 京城満洲, 京城南支, 京城四国人発展史 ①西村緑也 ②四国人発展史編纂社 ③京城 ④1924 ⑤고려대도서관

朝鮮 1輯 ①青柳綱太郎 ②朝鮮研究会 ③京城 ④1931 ⑤국립중앙도서관, 규슈대도서관

朝鮮の窯業 ①朝鮮総督府 ②朝鮮研究会 ③京城 ④1916 ⑤서울대도서관

朝鮮 簡易学校 ①池田林儀 ②活文社 ③京城 ④1935 ⑤국립중앙도서관

朝鮮 高等法院刑事判決録, 4-9 ①朝鮮高等法院書記課編 ②高等法院 ③京城 ④1917 ⑤한국국회도서관

朝鮮 句集 ①笠神志都延編輯 ②京城日報社学芸部 ③京城 ④1930 ⑤일본국회도서관

朝鮮 金融経済総覧 ①朝鮮公論社編 ②朝鮮公論社 ③京城 ④1928 ⑤서울대도서관

朝鮮 金融山真景絵図 ①朝鮮総督部臨時土地調査局編 ③京城 ④1923 ⑤서울대도서관

朝鮮 農業実習必携 ①京城師範学校農業教育研究会編 ②朝鮮図書出版 ③京城 ④1942 ⑤한국국회도서관

朝鮮 農地 年報, 第1輯1940 ①朝鮮総督府農林局 ②朝鮮総督府農林局 ③京城 ④1940 ⑤한국국회도서관

朝鮮 博物志 ①丁若鏞 原, 朝鮮研究会編 ②朝鮮研究会 ③京城 ④1914 ⑤서울대도서관

朝鮮 司法警察法論 ①内田達孝 ②巖松堂 ③京城 ④1922 ⑤서울대도서관

朝鮮 写真帖 ②朝鮮総督府 ③京城 ④1921 ⑤규슈대도서관, 교토대도서관

朝鮮 社会運動取締法要義 ①中川利吉 ②帝国地方行政学会 ③京城 ④1933 ⑤한국국회도서관

朝鮮 市街地計劃関係法規集 ①小中勇作 ②工学舎 ③京城 ④1935 ⑤한국국회도서관

鳥船 新集第1-3 ①藤井春洋編 ②青磁社 ③京城 ④1943-44 ⑤국립중앙도서관

朝鮮 第11巻 ①橋本増吉編 ②雄山閣 ③京城 ④1938 ⑤국립중앙도서관

朝鮮 第1輯 ①青柳綱太郎 ②朝鮮研究会 ③京城 ④1913 ⑤교토대도서관

朝鮮 地方金融組合業務概況 ①朝鮮総督府編 ③京城 ④1915 ⑤서울대도서관

朝鮮 地方行政例規 完 ①帝国地方行政学会編 ②帝国地方行政学会 ③京城 ④1925 ⑤한국국회도서관

朝鮮 地方行政例規 全 ①帝国地方行政学会編 ②帝国地方行政学会 ③京城 ④1927 ⑤한국국회

	도서관
朝鮮 地方行政例規 全	① 朝鮮総督府内務局編 ② 帝国地方行政学会 ③ 京城 ④ 1932 ⑤ 한국국회도서관
朝鮮 親族相続慣習法綜攬	① 馬場社編纂 ② 大阪屋号書店 ③ 京城 ④ 1926 ⑤ 서울대도서관
朝鮮 土地賃貸価格調査概要	① 光州税務監督局編 ② 光州税務監督局 ③ 光州 ④ 1943 ⑤ 한국국회도서관
朝鮮 刑事訴訟法講議	① 藤井尚三 ② 文林堂 ③ 京城 ④ 1936 ⑤ 서울대도서관
朝鮮(主そして京城を中心したる)に於ける物資の配給統制と配給機構	
	① 京城商工会議所編 ② 京城商工会議所 ③ 京城 ④ 1943 ⑤ 서울대도서관, 교토대도서관
朝鮮, 1	① 青柳南冥 ② 朝鮮研究会 ③ 京城 ④ 1913 ⑤ 한국국회도서관
朝鮮, 関東州, 支那に於ける当行主要各店所在地昭和十七年下半期一般経済状況	
	① 朝鮮銀行調査部編 ② 朝鮮銀行調査部 ③ 京城 ④ 1943 ⑤ 도쿄대도서관
朝鮮, 台湾, 華太, 関東洲及南洋群島ニ行ハルル法律調	
	① 拓務大臣官房文書課編 ② 拓務大臣官房文書課 ③ 京城 ④ 1931 ⑤ 국립중앙도서관
朝鮮, 第1輯	① 青柳綱太郎 ② 朝鮮研究会 ③ 京城 ④ 1913 ⑤ 연세대도서관
朝鮮·満洲陸運総覧	① 足立正行編 ② 交通評論社 ③ 京城 ④ 1933 ⑤ 고려대도서관
朝鮮·支那·日本外写真大観	① 朝鮮総督府編 ② 朝鮮総督部 ③ 京城 ④ 1919 ⑤ 한국국회도서관
朝鮮·内地·台湾比較統計要覧 大正10, 11, 14年	
	① 朝鮮総督府編 ② 朝鮮総督府 ③ 京城 ④ 1921-1025 ⑤ 일본국회도서관
朝鮮·内地·台湾比較統計要覧	① 朝鮮総督府編 ② 朝鮮総督府 ③ 京城 ④ 1925 ⑤ 국립중앙도서관
朝鮮 13 道便覧	① 京城日報社編 ② 京城日報社 ③ 京城 ④ 1917 ⑤ 서울대도서관
朝鮮	① 相愛会大阪本部文化部編 ② 相愛会大阪本部 ③ 京城 ④ 1925 ⑤ 국립중앙도서관
朝鮮	① 朝鮮研究会編 ② 朝鮮研究会 ③ 京城 ④ 1923 ⑤ 서울대도서관
朝鮮	① 朝鮮総督府編 ② 朝鮮総督府 ③ 京城 ④ 1925 ⑤ 국립중앙도서관, 서울대도서관, 일본국회도서관, 교토대도서관, 규슈대도서관, 도쿄대도서관, 도호쿠대도서관, 홋카이도대도서관
朝鮮	① 朝鮮総督府編 ② 朝鮮総督府文書課 ③ 京城 ④ 1920-42 ⑤ 국립중앙도서관
朝鮮	① 青柳南冥編 ② 朝鮮研究会 ③ 京城 ④ 1913 ⑤ 서울대도서관, 일본국회도서관
朝鮮アルプス縦走記	① 加藤康平 ② 加藤康平 ③ 京城 ④ 1933 ⑤ 국립중앙도서관, 서울대도서관, 일본국회도서관, 교토대도서관
朝鮮え特用作物並果樹蔬蔡	① 朝鮮総督府編 ② 朝鮮総督府殖産局 ③ 京城 ④ 1921 ⑤ 고려대도서관

朝鮮から見た日本の古代	①岩本善文 ②東方文化研究会 ③京城 ④1927 ⑤국립중앙도서관, 고려대도서관, 일본국회도서관
朝鮮ゴルフクラブメンバーリスト 1931	①ゴルフアー社 ②ゴルフアー社 ③京城 ④1931 ⑤일본국회도서관
朝鮮ってどんなとこ 対話漫談	①高橋源太 ②朝鮮印刷 ③京城 ④1929 ⑤한국국회도서관, 서울대도서관, 오사카대학
朝鮮ツてどんなところ	①高松健太郎 ②大阪屋号書店 ③京城 ④1941 ⑤국립중앙도서관, 연세대도서관, 교토대도서관
朝鮮ッてどんなところ	①高松健太郎 ②京城大阪屋号書店 ③京城 ④1942 ⑤교토대도서관
朝鮮て於ける甘藷の育苗並移植	①朝鮮総督府農事試験場編 ②朝鮮総督府農事試験場 ③京城 ④1933 ⑤국립중앙도서관
朝鮮と簡易学校	①池田林儀 ②活文社 ③京城 ④1935 ⑤국립중앙도서관, 고려대도서관, 서울대도서관, 도쿄대도서관, 홋카이도대도서관
朝鮮と満洲を観る	①高橋晃昌編 ②財界往来社 ③京城 ④1932 ⑤고려대도서관
朝鮮と満洲国	①小野久太郎 ②朝鮮経済一報社 ③京城 ④1932 ⑤국립중앙도서관, 한국국회도서관, 고려대도서관, 서울대도서관, 연세대도서관, 교토대도서관
朝鮮と満洲案内	①朝鮮及満洲社編 ②朝鮮及満洲社 ③京城 ④1926 ⑤도쿄대도서관
朝鮮と満洲案内	①朝鮮及満洲社編 ②朝鮮及満洲社 ③京城 ④1935 ⑤국립중앙도서관, 한국국회도서관, 서울대도서관
朝鮮と三州人	①淵上福之助 ②鹿児島新聞京城支局 ③京城 ④1933 ⑤국립중앙도서관, 고려대도서관, 서울대도서관, 규슈대도서관
朝鮮と語る, その1 :朝鮮の地と人との再認識	①渡邊弁三 ②大海堂印刷 ③京城 ④1934 ⑤한국국회도서관
朝鮮と語る	①渡邊弁三 ②朝鮮事情闡明会 ③京城 ④1935 ⑤연세대도서관
朝鮮と直視して	①亀岡栄吉 ②朝鮮及朝鮮人社 ③京城 ④1924 ⑤서울대도서관
朝鮮における小作に関する基本法規解説	①吉田正広 ②朝鮮農政研究同志会 ③京城 ④1934 ⑤고려대도서관
朝鮮における施設の一斑	②朝鮮総督府 ③京城 ④1927 ⑤부산시민도서관
朝鮮ニ関スル東亜経済調査局報告	①ウリードフエルド, 東亜経済調査局 訳 ②朝鮮総督府 ③京城 ④1913 ⑤국립중앙도서관, 일본국회도서관
朝鮮に関スル東亜経済調査局報告	①東亜経済調査局編 ②朝鮮総督府 ③京城 ④1913 ⑤고려대도서관, 서울대도서관
朝鮮ニ関スル外国人ノ評論	①朝鮮情報委員会編 ③京城 ④1921 ⑤국립중앙도서관
朝鮮に若朽して	①吉田正一 ②警察協会 ③京城 ④1925 ⑤고려대도서관
朝鮮に若朽して	①吉田正一 ②大阪屋号書店 ③京城 ④1928 ⑤국립중앙도서관, 한국국회도서관, 서울대도서관
朝鮮ニ於ケル甘藷ノ育苗並移植	②朝鮮総督府農事試験場 ③水原 ④1933 ⑤연세대도서관

朝鮮に於ける(主として京城を中心としたる)物資の配給統制と配給機構

　　　　　　　　　　　　　①京城商工会議所編 ②京城商工会議所 ③京城 ④1943 ⑤국립중앙도서관, 규슈대도서관, 도쿄대도서관, 홋카이도대도서관

朝鮮に於ける(主として京城を中心としたる)物資配給統制機構

　　　　　　　　　　　　　①杉山茂一編 ②京城商工会議所 ③京城 ④1942 ⑤서울대도서관

朝鮮ニ於ケル小作ニ関スル法令及参考事項摘要

　　　　　　　　　　　　　①朝鮮総督府農林局編 ②朝鮮総督府農林局 ③京城 ④1933 ⑤국립중앙도서관

朝鮮に於ける家庭工業調査　　　　①京城商工会議所編 ②京城商工会議所 ③京城 ④1937 ⑤국립중앙도서관, 한국국회도서관, 고려대도서관, 일본국회도서관, 도쿄대도서관, 규슈대도서관

朝鮮に於ける干潟地土壌の調査　　①鈴木真吉 ②朝鮮総督府勧業模範場 ③水原 ④1923 ⑤국립중앙도서관, 규슈대도서관, 도쿄대도서관, 홋카이도대도서관

朝鮮に於ける甘藷の育苗並移植　　①朝鮮総督府農事試験場編 ②朝鮮総督府農事試験場 ③水原 ④1940 ⑤한국국회도서관

朝鮮に於ける甘藷栽培の実際　　　①中林賀一郎 ②朝鮮農会 ③京城 ④1935 ⑤국립중앙도서관, 고려대도서관

朝鮮ニ於ケル軽金属工業　　　　　①朝鮮銀行調査部編 ⑤도쿄대도서관

朝鮮に於ける経済統制協力への指針　①朝鮮経済統制協力連絡会編 ②朝鮮経済統制協力連絡会 ③京城 ④1943 ⑤한국국회도서관

朝鮮に於ける契の研究　　　　　　①猪谷善一 ③京城 ④1924 ⑤고려대도서관

朝鮮に於ける契の研究　　　　　　①朝鮮総督府鉄道局営業課編 ③京城 ⑤국립중앙도서관

朝鮮に於ける古期中生代の植物 追加其の2 ①川崎繁太郎 ②朝鮮総督府地質調査所 ③京城 ④1939 ⑤국립중앙도서관, 부산시민도서관

朝鮮ニ於ケル古期中生代ノ植物　　①川崎繁太郎 ②朝鮮総督府地質調査所 ③京城 ④1925 ⑤부산시민도서관

朝鮮ニ於ケル古期中生代ノ植物　　①川崎繁太郎 ②朝鮮総督府地質調査所 ③京城 ④1927 ⑤부산시민도서관

朝鮮に於ける工産品の需給と其の将来　①朝鮮銀行調査課編 ②朝鮮銀行調査課 ③京城 ④1937 ⑤한국국회도서관, 규슈대도서관, 도쿄대도서관

朝鮮に於ける公設市場　　　　　　①朝鮮総督府内務局社会課編 ②朝鮮総督府 ③京城 ④1930 ⑤국립중앙도서관, 고려대도서관, 연세대도서관, 규슈대도서관

朝鮮に於ける工業の現状　　　　　①朝鮮銀行調査課編 ②朝鮮銀行 ③京城 ④1935 ⑤고려대도서관, 연세대도서관, 도쿄대도서관

朝鮮に於ける工業動力の現状と其の改善策 ①朝鮮工業協会編 ②朝鮮工業協会 ③京城 ④1931 ⑤국립중앙도서관, 고려대도서관, 연세대도서관, 서울대도서관

朝鮮に於ける工業発展の諸問題燃料の話 ①朝鮮総督府学務局社会教育課編 ②朝鮮総督府学務局社会教育課 ③京城 ④1937 ⑤고려대도서관

朝鮮に於ける工業発展上の諸問題 燃料の話 ①渋谷禮治, 重村義一 ②朝鮮総督府学務局社会教育課 ③京城 ④1939

	⑤ 서울대도서관
朝鮮に於ける工業原料としての台湾苧麻	① 全羅北道農会編 ② 全羅北道農会 ③ 全羅北道 ④ 1937 ⑤ 국립중앙도서관, 한국국회도서관
朝鮮に於ける工業資源調査	① 京城商工会議所編 ② 京城商工会議所 ③ 京城 ④ 1936 ⑤ 국립중앙도서관, 한국국회도서관, 고려대도서관, 서울대도서관, 일본국회도서관, 규슈대도서관, 나고야대도서관
朝鮮に於ける工業会社の資本構成調査	① 朝鮮殖産銀行 調査課 ② 朝鮮殖産銀行調査課 ③ 京城 ④ 1934 ⑤ 고려대도서관, 서울대도서관, 교토대도서관, 규슈대도서관, 홋카이도대도서관
朝鮮に於ける工業会社の資本構成調査	① 朝鮮殖産銀行調査課編 ② 朝鮮殖産銀行調査課 ③ 京城 ④ 1935 ⑤ 국립중앙도서관, 도쿄대도서관
朝鮮に於ける鉱物資源	① 立岩巌 ② 発行者不明 ③ 京城 ④ 1934 ⑤ 국립중앙도서관, 서울대도서관, 도쿄대도서관
朝鮮に於ける鉱夫労働事情	① 朝鮮総督府殖産局編 ② 朝鮮総督府殖産局 ③ 京城 ④ 1930 ⑤ 국립중앙도서관, 고려대도서관, 연세대도서관, 서울대도서관, 도쿄대도서관, 규슈대도서관
朝鮮ニ於ケル教育ノ概況	① 朝鮮総督府学務局学務課 ② 朝鮮総督府学務局学務課 ③ 京城 ④ 1941 ⑤ 서울대도서관
朝鮮に於ける教育革新の全貌	① 朝鮮総督府学務局学務課編 ② 朝鮮総督府学務局学務課 ③ 京城 ④ 1938 ⑤ 국립중앙도서관, 고려대도서관, 연세대도서관, 서울대도서관
朝鮮に於ける交通問題	① ウサ-ドフエルト, 朝鮮総督府編 ③ 京城 ④ 1913 ⑤ 국립중앙도서관
朝鮮に於ける救済制度の沿革	① 朝鮮総督府編 ② 朝鮮総督府 ③ 京城 ④ 1929 ⑤ 한국국회도서관
朝鮮に於ける国民の納税逸話	① 朝鮮総督府財務局編 ② 朝鮮総督府 ③ 京城 ④ 1924 ⑤ 국립중앙도서관, 연세대도서관, 서울대도서관
朝鮮に於ける国民精神総動員	① 朝鮮総督府編 ② 朝鮮総督府 ③ 京城 ④ 1940 ⑤ 국립중앙도서관, 부산시민도서관, 고려대도서관, 서울대도서관
朝鮮に於ける国民総力運動史	① 国民総力朝鮮聯盟編 国民総力朝鮮聯盟 ③ 京城 ④ 1945 ⑤ 국립중앙도서관, 고려대도서관, 서울대도서관
朝鮮ニ於ケル国税及地方自治的租税負担額調	
	① 朝鮮総督府 ③ 京城 ④ 1921 ⑤ 고려대도서관
朝鮮ニ於ケル国税及地方的租税負担額 1-2	① 朝鮮総督府編 ② 朝鮮総督府 ③ 京城 ④ 1921, 24 ⑤ 국립중앙도서관
朝鮮ニ於ケル国税及地方的租税負担額調	① 朝鮮総督府財務局 ② 朝鮮総督府財務局 ③ 京城 ④ 1924 ⑤ 고려대도서관, 서울대도서관
朝鮮に於ける金融制度	① 山地靖之講述 ② 政治教育協会 ③ 京城 ⑤ 연세대도서관
朝鮮に於ける内地カラマツ植栽林の生長及収穫の研究	
	① 林泰治 ② 朝鮮総督府林業試験場 ③ 京城 ④ 1937 ⑤ 국립중앙도서관
朝鮮に於ける内地人 2	① 朝鮮総督府編 ② 朝鮮総督府 ③ 京城 ④ 1924 ⑤ 국립중앙도서관, 도쿄대

도서관

朝鮮に於ける内地人	① 朝鮮総督府 庶務部 調査課 ② 朝鮮総督府 ③ 京城 ④ 1924 ⑤ 한국국회도서관, 서울대도서관, 교토대도서관, 규슈대도서관, 홋카이도대도서관
朝鮮に於ける内地人	① 朝鮮総督府編 ② 朝鮮総督府 ③ 京城 ④ 1923 ⑤ 국립중앙도서관, 연세대도서관, 일본국회도서관, 교토대도서관
朝鮮に於ける内地資本の流出入に就て	① 朝鮮銀行京城総裁席調査課編 ② 朝鮮銀行京城総裁席調査課 ③ 京城 ④ 1933 ⑤ 연세대도서관, 도쿄대도서관
朝鮮に於ける内地資本の投下現況	① 京城商工会議所編 ② 京城商工会議所 ③ 京城 ④ 1944 ⑤ 한국국회도서관
朝鮮に於ける内地種カラマツの林分丸太類別表の調製	① 林泰治 ② 朝鮮総督府林業試験場 ③ 京城 ④ 1939 ⑤ 국립중앙도서관
朝鮮に於ける農家更生運動	① 知覧芳之助 ② 同民会 ③ 京城 ④ 1934 ⑤ 한국국회도서관, 서울대도서관
朝鮮ニ於ケル農産物ノ増加ト其の影響	① 朴永植稿 ② 京城総裁席調査課 ③ 京城 ④ 1933 ⑤ 연세대도서관
朝鮮に於ける農山漁村振興運動	② 朝鮮総督府 ③ 京城 ④ 1934 ⑤ 교토대도서관, 도쿄대도서관
朝鮮に於ける農産漁村振興運動の第一次農家更生計劃実績	① 池田林儀, 朝鮮総督府編 ② 朝鮮総督府 ③ 京城 ④ 1935 ⑤ 국립중앙도서관, 고려대도서관
朝鮮ニ於ケル農業ノ概況	① 朝鮮総督府農商工部編 ② 朝鮮総督府農商工部 ③ 京城 ④ 1919 ⑤ 도쿄대도서관
朝鮮に於ける農村及学校生徒腸内寄生虫卵調査成績	① 朝鮮総督府警務局衛生課編 ③ 京城 ④ 1925 ⑤ 연세대도서관, 서울대도서관
朝鮮に於ける農村社会事業の考察	① 三吉岩吉 ③ 春川 ④ 1936 ⑤ 국립중앙도서관
朝鮮に於ける農村振興運動の実施概況と其の実績	① 朝鮮総督府農林局編 ② 朝鮮総督府農林局 ③ 京城 ④ 1940 ⑤ 서울대도서관
朝鮮に於ける農村振興運動の実施概況と其の実績	① 朝鮮総督府農林局編 ② 朝鮮総督府農林局 ③ 京城 ④ 1930 ⑤ 국립중앙도서관, 도쿄대도서관
朝鮮に於ける淡水魚普及の為に	① 朝鮮総督府水産試験場 ② 朝鮮総督府水産試験場 ③ 釜山 ④ 1941 ⑤ 규슈대도서관
朝鮮に於ける大家族制と同族部落 その歴史的観察の一試案	① 四方博 ④ 1937 ⑤ 서울대도서관
朝鮮に於ける大工業の現在及将来	① 川合彰武 ② 朝鮮工業協会 ③ 京城 ④ 1933 ⑤ 국립중앙도서관, 연세대도서관, 도쿄대도서관, 규슈대도서관
朝鮮ニ於ケル代用品一覧表	① 朝鮮銀行京城総裁庶調査課編 ② 朝鮮銀行調査課 ③ 京城 ④ 1938 ⑤ 국립중앙도서관, 서울대도서관, 도쿄대도서관

朝鮮二於ケル稲, 優良品種分布普及, 京城状況

① 朝鮮総督府勧業模範場 ② 朝鮮総督府勧業模範場 ③ 京城 ④ 1924
⑤ 고려대도서관

朝鮮二於ケル稲ノ優良品種分布普及ノ状況　① 加藤木保次, 朝鮮総督府勧業模範場編 ② 朝鮮総督府勧業模範場 ③ 京畿道 ④ 1924 ⑤ 국립중앙도서관, 한국국회도서관, 연세대도서관, 일본국회도서관, 교토대도서관, 도쿄대도서관

朝鮮二於ケル稲ノ優良品種分布普及ノ状況　① 朝鮮総督府勧業模範場編 ② 朝鮮総督府勧業模範場 ③ 水原 ④ 1924 ⑤ 규슈대도서관, 홋카이도대도서관

朝鮮に於ける稲を害する浮塵子に関する研究　① 岡本半次郎, 朝鮮総督府勧業模範場編 ② 同勧業模範場 ③ 京城 ④ 1925 ⑤ 국립중앙도서관

朝鮮に於ける都市金融組合の近状並之と普通銀行及産業組合との関係

② 朝鮮銀行京城総裁席調査課 ③ 京城 ④ 1933 ⑤ 연세대도서관, 도쿄대도서관

朝鮮に於ける陶磁器工芸に就て　① 朝鮮殖産助成財団編 ② 朝鮮殖産助成財団 ③ 京城 ④ 1940 ⑤ 서울대도서관

朝鮮に於ける同盟休校の考察　① 朝鮮総督府警務局編 ② 朝鮮総督府警務局 ③ 京城 ④ 1929 ⑤ 한국국회도서관, 서울대도서관, 일본국회도서관, 도쿄대도서관

朝鮮に於ける犂と犂耕法に関する調査　① 森周六 ② 朝鮮農会 ③ 京城 ④ 1937 ⑤ 한국국회도서관, 고려대도서관, 도쿄대도서관

朝鮮二於ケル林産燃料対策　① 朝鮮林学会 ② 朝鮮林学会 ④ 1941 ⑤ 규슈대도서관, 도호쿠대도서관

朝鮮二於ケル林産品に関する経済調査　① 朝鮮総督府鉄道局営業課編 ② 朝鮮総督府鉄道局営業課 ③ 京城 ④ 1931 ⑤ 홋카이도대도서관

朝鮮に於ける立身出世之道　① 早田伊三編 ② 朝鮮社会事情調査会 ③ 京城 ④ 1927 ⑤ 국립중앙도서관

朝鮮に於ける盲唖と俚諺　① 田中藤次郎 ② 朝鮮盲唖協会 ③ 京城 ④ 1935 ⑤ 한국국회도서관

朝鮮に於ける盲唖者小伝　① 朝鮮盲唖協会編 ② 朝鮮盲唖協会 ③ 京城 ④ 1940 ⑤ 한국국회도서관

朝鮮に於ける盲人小史　① 田中藤次郎 ② 朝鮮盲唖協会 ③ 京城 ④ 1943 ⑤ 국립중앙도서관

朝鮮二於ケル綿布　① 朝鮮総督府鉄道局営業課編 ② 朝鮮総督府鉄道局営業課 ③ 京城 ④ 1925 ⑤ 규슈대도서관, 도쿄대도서관

朝鮮に於ける棉花に就て　① 石塚峻 ② 同民会 ③ 京城 ④ 1933 ⑤ 고려대도서관, 서울대도서관, 도쿄대도서관

朝鮮二於ケル棉花及麻類生産ノ現況及将来　① 中村 ③ 京城 ④ 1916 ⑤ 국립중앙도서관

朝鮮に於ける棉花増産の急務並に希望対策　① 商工会議所 ② 大海堂印刷所 ③ 京城 ④ 1934 ⑤ 고려대도서관

朝鮮に於ける木材資源の充実対策　① 朝鮮林学会編 ② 朝鮮林学会 ③ 京城 ④ 1941 ⑤ 국립중앙도서관, 서울대도서관, 규슈대도서관, 도호쿠대도서관

朝鮮に於ける物価調整の現況　① 朝鮮金融組合聯合会 ② 朝鮮金融組合聯合会 ③ 京城 ④ 1939 ⑤ 서울대도서관, 교토대도서관, 도쿄대도서관

朝鮮に於ける物資の製造及使用制限の現況　①朝鮮金融組合聯合会調査課編　②朝鮮金融組合　③京城　④1939　⑤규슈대도서관, 도쿄대도서관

朝鮮に於ける物資配給統制と配給機構　主として京城を中心したる
　　　　　　　　　　①京城商工会議所編　②京城商工会議所　③京城　④1943　⑤서울대도서관

朝鮮に於ける物資配給統制機構　主として京城を中心としたる
　　　　　　　　　　①京城商工会議所編　②京城商工会議所　③京城　④1942　⑤서울대도서관

朝鮮に於ける物資配給統制機構　①京城商工会議所編　②京城商工会議所　③京城　④1932　⑤고려대도서관

朝鮮ニ於ケル米価騰貴ノ状況ト其影響　①臨時国民経済調査会　②臨時国民経済調査局　③京城　④1918　⑤서울대도서관

朝鮮ニ於ケル米穀統制ノ経過　①朝鮮総督府　②朝鮮総督府　③京城　④1933　⑤고려대도서관

朝鮮ニ於ケル米穀統制ノ経過　①朝鮮総督府農林局農産課　②朝鮮総督府農林局農産課　③京城　④1934　⑤한국국회도서관, 서울대도서관, 일본국회도서관

朝鮮ニ於ケル米穀統制ノ経過　①朝鮮総督府　②朝鮮総督府　③京城　④1933　⑤고려대도서관

朝鮮ニ於ケル米穀統制ノ経過　①朝鮮総督府農林局農産課　②朝鮮総督府農林局農産課　③京城　④1934　⑤한국국회도서관, 서울대도서관, 일본국회도서관

朝鮮ニ於ケル米産額増加ニ関スル調査　附十年後ニ於ケル麦類, 大豆, 粟ノ生産, 消費及需要状況ノ推測
　　　　　　　　　　①朝鮮総督府農商工部編　②朝鮮総督府農商工部　③京城　④1919　⑤도쿄대도서관

朝鮮ニ於ケル米産額増加ニ関スル調査　①朝鮮総督府農商工部　②朝鮮総督府農商工部　③京城　④1919　⑤규슈대도서관

朝鮮に於ける米以外の食用作物　①朝鮮総督府殖産局　②朝鮮総督府殖産局　③京城　④1923　⑤국립중앙도서관, 고려대도서관, 서울대도서관, 도쿄대도서관

朝鮮に於ける米以外の食用作物　①朝鮮総督府殖産局編　②朝鮮総督府殖産局　③京城　④1921　⑤국립중앙도서관, 연세대도서관, 규슈대도서관, 도쿄대도서관

朝鮮に於ける礬土鉱概要調査　①石川留吉　②霞ヶ関書房　③京城　④1931　⑤국립중앙도서관, 서울대도서관

朝鮮に於ける蚌と蚌耕法に関する調査　①森周六　②朝鮮農会　③京城　④1937　⑤국립중앙도서관

朝鮮に於ける防共運動　①朝鮮総督府警務局編　②朝鮮総督府警察局保安課　③京城　④1939　⑤국립중앙도서관

朝鮮ニ於ケル不動産関係統制法規　①朝鮮殖産銀行　②朝鮮殖産銀行　③京城　④1941　⑤고려대도서관

朝鮮ニ於ケル肥料　豆粕ト硫安　①朝鮮総督府鉄道局営業課編　②朝鮮総督府鉄道局営業課　③京城　④1926　⑤규슈대도서관, 도쿄대도서관

朝鮮に於ける社会公共事業に関する諸調査　其一
　　　　　　　　　　①朝鮮総督府逓信局編　②朝鮮総督府逓信局　③京城　④1934　⑤고려대도서관

朝鮮に於ける社会公共事業に関する諸調査　其二
　　　　　　　　　　①朝鮮総督府逓信局　②朝鮮総督府逓信局　③京城　④1925　⑤서울대도서관

朝鮮に於ける社会公共事業に関する諸調査

	① 朝鮮総督府逓信局編 ② 朝鮮総督府通信局 ③ 京城 ④ 1934-35 ⑤ 国립중앙도서관, 교토대도서관
朝鮮に於ける山林と伝説	① 慶尚北道林産共進会編 ② 朝鮮山林会慶北支部 ③ 京城 ④ 1926 ⑤ 국립중앙도서관, 나고야대도서관
朝鮮に於ける産業と鉄道の延長	① 朝鮮総督府鉄道局業務調査室編 ② 朝鮮総督府鉄道局業務調査室 ③ 京城 ④ 1926 ⑤ 도쿄대도서관
朝鮮ニ於ケル桑樹ノ解虫ニ関スル研究	① 梅谷与七郎, 尾見祐八 ② 朝鮮総督府農事試験場蚕糸部 ③ 京城 ④ 1935 ⑤ 고려대도서관
朝鮮に於ける相互金融に就て	① 本田秀夫 ② 朝鮮金融組合聯合会 ③ 京城 ④ 1936 ⑤ 도쿄대도서관
朝鮮に於ける庶民金融の概況	① 斎藤清治 ③ 京城 ④ 1931 ⑤ 서울대도서관, 도쿄대도서관
朝鮮に於ける釈放者保護事業	① 朝鮮治刑協会編 ② 朝鮮治刑協会 ③ 京城 ④ 1924 ⑤ 서울대도서관
朝鮮に於る石炭	① 川崎繁太郎, 田村英太郎 共 ② 朝鮮総督府鉄道局 ③ 京城 ④ 1912 ⑤ 국립중앙도서관
朝鮮ニ於ケル石炭	① 朝鮮総督府鉄道局営業課編 ② 朝鮮総督府鉄道局 ③ 京城 ④ 1914 ⑤ 국립중앙도서관
朝鮮ニ於ケル石炭	① 朝鮮総督府鉄道局営業課編 ② 朝鮮総督府鉄道局営業課 ③ 京城 ④ 1926 ⑤ 규슈대도서관, 도쿄대도서관
朝鮮ニ於ケル石炭ノ需給ト其ノ利用トニ就テ	① 朝鮮銀行調査部編 ② 朝鮮銀行調査部 ③ 京城 ④ 1921 ⑤ 국립중앙도서관, 고려대도서관, 일본국회도서관, 교토대도서관, 규슈대도서관, 나고야대도서관
朝鮮ニ於ケル繊維関係団体調査	① 朝鮮織物協会編 ③ 京城 ④ 1940 ⑤ 서울대도서관
朝鮮に於ける税制整理経過概要	① 朝鮮総督府財務局編 ② 朝鮮総督府財務局 ③ 京城 ④ 1935 ⑤ 국립중앙도서관, 서울대도서관, 도쿄대도서관
朝鮮ニ於ケル税制整理経過概要	① 朝鮮総督府財務局編 ② 朝鮮総督府財務局 ③ 京城 ④ 1940 ⑤ 연세대도서관
朝鮮に於ける消防の概要	① 朝鮮総督府警務局編 ② 朝鮮総督府警務局 ③ 京城 ④ 1926 ⑤ 서울대도서관, 도호쿠대도서관
朝鮮に於ける小作に関する基本法規の解説	① 吉田正広 ② 朝鮮農政研究同志会 ③ 京城 ④ 1934 ⑤ 국립중앙도서관, 한국국회도서관, 고려대도서관, 연세대도서관, 서울대도서관, 일본국회도서관, 나고야대도서관, 도쿄대도서관, 홋카이도대도서관
朝鮮ニ於ケル小作ニ関スル法令	① 朝鮮総督府殖産局農務課編 ③ 京城 ④ 1931 ⑤ 서울대도서관, 홋카이도대도서관
朝鮮ニ於ケル小作ニ関スル参考事項摘要	① 朝鮮総督府農林局編 ② 朝鮮総督府農林局 ③ 京城 ④ 1933 ⑤ 국립중앙도서관, 고려대도서관, 규슈대도서관, 도쿄대도서관, 홋카이도대도서관
朝鮮ニ於ケル小作ニ関スル参考事項摘要	① 朝鮮総督府農林局編 ② 朝鮮総督府農林局 ③ 京城 ④ 1934 ⑤ 한국국회

	도서관, 고려대도서관, 연세대도서관, 규슈대도서관
朝鮮に於ける小作制度	① 李覚鐘, 朝鮮総督府編 ② 朝鮮総督府 ③ 京城 ④ 1922 ⑤ 연세대도서관, 도쿄대도서관, 도호쿠대도서관, 규슈대도서관
朝鮮に於ける小作制度	① 朝鮮総督府編 ② 朝鮮総督府 ③ 京城 ④ 1923 ⑤ 서울대도서관
朝鮮に於ける小作制度	① 朝鮮総督府編 ② 朝鮮総督府 ③ 京城 ④ 1925 ⑤ 국립중앙도서관
朝鮮に於ける蔬菜栽培全書	① 田中精二郎 ② 富国園 ③ 水原 ④ 1929 ⑤ 한국국회도서관
朝鮮ニ於ケル受刑者ノ栄養並新陳代謝ニ関スル研究 1-13	① 朝鮮総督府法務局行刑課編 ② 朝鮮治刑協会 ③ 京城 ④ 1925-32 ⑤ 국립중앙도서관
朝鮮ニ於ケル受刑者ノ営養並新陳代謝ニ関スル研究	① 朝鮮総督府法務局行刑課編 ② 朝鮮治刑協会 ③ 京城 ④ 1932 ⑤ 한국국회도서관
朝鮮に於ける施設の一斑	① 朝鮮総督府編 ② 朝鮮総督府 ③ 京城 ④ 1923 ⑤ 규슈대도서관
朝鮮に於ける施設の一斑	① 朝鮮総督府編 ② 朝鮮総督府 ③ 京城 ④ 1924-1925 ⑤ 서울대도서관
朝鮮に於ける施設の一班	① 朝鮮総督府編 ② 朝鮮総督府 ③ 京城 ④ 1925 ⑤ 연세대도서관
朝鮮に於ける施設の一班 1-3	① 朝鮮総督府編 ② 朝鮮総督部 ③ 京城 ④ 1927-29 ⑤ 국립중앙도서관
朝鮮に於ける施設の一斑	① 朝鮮総督府編 ② 朝鮮総督府 ③ 京城 ④ 1927 ⑤ 고려대도서관, 서울대도서관, 연세대도서관
朝鮮に於ける施設の一斑	① 朝鮮総督府編 ② 朝鮮総督府 ③ 京城 ④ 1929 ⑤ 서울대도서관, 연세대도서관, 일본국회도서관
朝鮮に於ける施設の一斑	① 朝鮮総督府編 ② 朝鮮総督府 ③ 京城 ④ 1930 ⑤ 한국국회도서관, 도쿄대도서관,규슈대도서관
朝鮮に於ける施設の一斑	② 朝鮮総督府 ③ 京城 ④ 1931 ⑤ 홋카이도대도서관
朝鮮に於ける食用田作物	① 朝鮮総督府農林局 ② 朝鮮総督府農林局 ③ 京城 ④ 1926 ⑤ 서울대도서관
朝鮮ニ於ケル食用田作物	① 朝鮮総督府農林局編 ② 朝鮮総督府農林局 ③ 京城 ④ 1936 ⑤ 국립중앙도서관, 고려대도서관, 교토대도서관, 도쿄대도서관, 홋카이도대도서관
朝鮮に於ける新施政 1-3	① 朝鮮総督府編 ② 朝鮮総督府 ③ 京城 ④ 1920-1922 ⑤ 국립중앙도서관
朝鮮に於ける新施政	① 朝鮮総督府 ② 朝鮮総督府 ③ 京城 ④ 1920 ⑤ 연세대도서관
朝鮮に於ける新施政	① 朝鮮総督府編 ② 朝鮮総督府 ③ 京城 ④ 1922 ⑤ 고려대도서관, 서울대도서관
朝鮮に於ける新興重要工業に就て	① 朝鮮商工会議所編 ② 朝鮮商工会議所 ③ 京城 ④ 1935 ⑤ 국립중앙도서관, 홋카이도대도서관, 나고야대도서관
朝鮮に於ける失業調査	① 朝鮮総督府学務局社会課編 ② 朝鮮総督府学務局社会課 ③ 京城 ④ 1932 ⑤ 국립중앙도서관, 도쿄대도서관
朝鮮に於ける亜細亜主義運動の認識	① 庄司秀雄 ② 朝鮮大亜細亜協会 ③ 京城 ④ 1934 ⑤ 고려대도서관

朝鮮に於ける野菜作りの急所	① 田中政吉 ③ 京城 ④ 1939 ⑤ 국립중앙도서관
朝鮮に於ける営養学の研究	① 朝鮮総督府企劃部 ② 朝鮮総督府企劃部 ③ 京城 ④ 1942 ⑤ 서울대도서관
朝鮮に於ける運輸改善策	① 釜山商工会議所 等 ③ 釜山 ④ 1931 ⑤ 서울대도서관
朝鮮ニ於ケル園芸便覧	① 富川誠一, 三沢範平 共編 ② 藤田悌三郎薬鋪 ③ 釜山 ④ 1936 ⑤ 국립중앙도서관, 고려대도서관
朝鮮に於ける人口に関する諸統計	① 丹下郁太郎 ② 朝鮮厚生協会 ③ 京城 ④ 1943 ⑤ 한국국회도서관, 고려대도서관, 연세대도서관, 서울대도서관
朝鮮に於ける林産燃料対策	① 朝鮮林学会編 ② 朝鮮林学会 ③ 京城 ④ 1941 ⑤ 국립중앙도서관, 서울대도서관
朝鮮に於ける林産品に関する経済調査	① 朝鮮総督府鉄道局営業課編 ② 鉄道局営業課 ③ 京城 ④ 1931 ⑤ 국립중앙도서관, 고려대도서관, 연세대도서관, 서울대도서관
朝鮮に於ける立身出世の道	② 朝鮮社会事情調査会 ③ 京城 ④ 1927 ⑤ 연세대도서관
朝鮮ニ於ケル自給肥料	② 朝鮮総督府農事試験場 ③ 水原 ④ 1933 ⑤ 연세대도서관
朝鮮に於ける自給肥料の話	① 朝鮮総督府農事試験場編 ② 朝鮮総督府農事試験場 ③ 京城 ④ 1933 ⑤ 국립중앙도서관
朝鮮に於ける資金調整の現況	① 朝鮮金融組合聯合会 ② 朝鮮金融組合聯合会 ③ 京城 ④ 1939 ⑤ 서울대도서관, 교토대도서관, 도쿄대도서관
朝鮮に於ける自動車運送事業に就て	① 満鉄経済調査会編 ② 南満洲鉄道株式会社 ③ 京城 ④ 1933 ⑤ 국립중앙도서관, 서울대도서관, 도쿄대도서관
朝鮮ニ於ケル蚕胚子ノ発育調査	① 朝鮮総督府勧業模範場編 ② 朝鮮総督府勧業模範場 ③ 水原 ④ 1915 ⑤ 국립중앙도서관
朝鮮ニ於ケル財政経済金融ニ関ケル統計表	① 朝鮮銀行調査室編 ② 朝鮮銀行 ③ 京城 ④ 1912 ⑤ 국립중앙도서관
朝鮮に於ける電気事業と其の統制	② 京城電気株式会社 ③ 京城 ④ 1933 ⑤ 연세대도서관
朝鮮に於ける電気統制計畫と其の帰趨	① 朝鮮銀行調査課編 ② 朝鮮銀行調査課 ③ 京城 ④ 1935 ⑤ 도쿄대도서관
朝鮮に於ける専売事業	① 森長文講述 ② 政治教育協会 ③ 京城 ⑤ 연세대도서관
朝鮮に於ける製粉業の現在及将来其他	① 朝鮮工業協会 等編 ② 朝鮮工業協会 ③ 京城 ④ 1933, 34 ⑤ 국립중앙도서관, 연세대도서관, 도쿄대도서관
朝鮮に於ける製炭事業	① 朝鮮総督府殖産局編 ② 朝鮮総督府殖産局 ③ 京城 ④ 1925 ⑤ 국립중앙도서관, 서울대도서관, 규슈대도서관
朝鮮に於ける朝鮮治安状況 1	① 朝鮮総督府警務局 ② 朝鮮総督府 ③ 京城 ④ 1938 ⑤ 고려대도서관
朝鮮に於ける朝鮮治安状況 2	① 朝鮮総督府警務局 ② 朝鮮総督府 ③ 京城 ④ 1939 ⑤ 고려대도서관
朝鮮に於ける租税負担額調	① 朝鮮総督府 財務局編 ② 朝鮮総督府 ③ 京城 ④ 1929 ⑤ 국립중앙도서관, 서울대도서관
朝鮮ニ於ケル組税整理経過概要	① 朝鮮総督府 ② 朝鮮総督府 ③ 京城 ④ 1940 ⑤ 고려대도서관
朝鮮に於ける宗教の状況	① 朝鮮総督府学務局宗教課(渡邊彰)編 ③ 京城 ④ 1921 ⑤ 서울대도서관

朝鮮に於ける宗教及享祀要覧	②朝鮮総督府学務局社会教育課 ③京城 ④1939-1940 ⑤연세대도서관
朝鮮ニ於ケル宗教及享祀一覧 1-11	①朝鮮総督府学務局宗教課編 ②朝鮮総督府学務局 ③京城 ④1928-39 ⑤국립중앙도서관
朝鮮に於ける宗教及享祀一覧	①朝鮮総督府学務局社会教育課編 ②朝鮮総督府学務局社会教育課 ③京城 ④1939 ⑤서울대도서관
朝鮮ニ於ケル宗教及享祀一覧	①朝鮮総督府学務局編 ②朝鮮総督府 ③京城 ④1927 ⑤고려대도서관
朝鮮ニ於ケル宗教及享祀一覧	①朝鮮総督府学務局編 ②朝鮮総督府 ③京城 ④1929-31 ⑤고려대도서관
朝鮮ニ於ケル宗教及享祀一覧	①朝鮮総督府学務局宗教課編 ②朝鮮総督府学務局宗教課 ③京城 ④1930 ⑤서울대도서관
朝鮮ニ於ケル宗教及享祀一覧	①朝鮮総督府学務局編 ②朝鮮総督府 ③京城 ④1932 ⑤한국국회도서관, 고려대도서관, 부산시민도서관
朝鮮ニ於ケル宗教及享祀一覧	①朝鮮総督府学務局編 ②朝鮮総督府 ③京城 ④1933-34 ⑤고려대도서관
朝鮮に於ける宗教及享祀一覧	①朝鮮総督府学務局社会課 ②朝鮮総督府学務局社会課 ③京城 ④1934 ⑤일본국회도서관
朝鮮ニ於ケル宗教及享祀一覧	①朝鮮総督府学務局編 ②朝鮮総督府 ③京城 ④1937 ⑤고려대도서관, 부산시민도서관
朝鮮ニ於ケル宗教及享祀一覧	①朝鮮総督府学務局編 ②朝鮮総督府学務局宗教課 ③京城 ④1926-1939 ⑤연세대도서관
朝鮮ニ於ケル宗教及享祀要覧 昭和14年	②朝鮮総督府学務局教育課 ③京城 ④1940 ⑤부산시민도서관
朝鮮に於ける主として京城を中心としたる 物資配給統制機構	②京城商工会議所 ③京城 ④1942 ⑤연세대도서관
朝鮮に於ける主なる鉱山の概況	①朝鮮総督府殖産局編 ②朝鮮総督府殖産局 ③京城 ④1928 ⑤국립중앙도서관, 일본국회도서관, 규슈대도서관, 홋카이도대도서관
朝鮮に於ける主なる鉱山の概況	①朝鮮総督府殖産局編 ②朝鮮総督府殖産局 ③京城 ④1925 ⑤국립중앙도서관, 서울대도서관, 연세대도서관, 일본국회도서관, 규슈대도서관, 홋카이도대도서관
朝鮮に於ける主要都邑の現状	①朝鮮総督府 ②朝鮮総督府 ③京城 ④1940 ⑤일본국회도서관
朝鮮に於ける主要都邑の現状	①朝鮮総督府編 ②朝鮮総督府 ③京城 ④1928 ⑤일본국회도서관
朝鮮ニ於ケル主要森林害虫	①斎藤孝蔵 ②朝鮮総督府水原高等農林学校 ③京畿道 ④1931 ⑤국립중앙도서관
朝鮮ニ於ケル主要作物分布ノ状況	①朝鮮総督府勧業模範場編 ②朝鮮総督府勧業模範場 ③京畿道 ④1923 ⑤국립중앙도서관, 한국국회도서관, 고려대도서관, 연세대도서관, 일본국회도서관, 교토대도서관, 규슈대도서관, 도쿄대도서관, 도호쿠대도서관,
朝鮮に於ける酒造業と其の設備	①佐田吉衛 ②京城支店 ③京城 ④1928 ⑤국립중앙도서관, 서울대도서관, 일본국회도서관, 부산시민도서관

朝鮮に於ける中小工業金融の現況 京城府内工業者金融状況調査報告

② 京城商工会議所調査課 ③ 京城 ④ 1943 ⑤ 도쿄대도서관

朝鮮に於ける中小工業生産品に関する調査　① 朝鮮銀行京城総裁席調査果 ③ 京城 ④ 1934 ⑤ 고려대도서관, 교토대도서관

朝鮮ニ於ケル重要工産品需給状況調　① 朝鮮総督府殖産局編 ② 朝鮮総督府殖産局 ③ 京城 ④ 1936 ⑤ 국립중앙도서관

朝鮮に於ける支那人　① 朝鮮総督官房庶務部調査課編 ② 朝鮮総督府 ③ 京城 ④ 1924 ⑤ 국립중앙도서관, 한국국회도서관, 부산시민도서관, 연세대도서관, 서울대도서관, 일본국회도서관, 교토대도서관, 규슈대도서관, 도쿄대도서관

朝鮮に於ける地方病性象皮病ノ研究 第2輯 済州道ノ調査成績

① 文仁柱 ② 京城帝国大学医学部 ③ 京城 ④ 1939 ⑤ 고려대도서관

朝鮮に於ける地方税制整理経過概要　① 朝鮮総督府財務局編 ② 朝鮮総督府財務局 ③ 京城 ④ 1937 ⑤ 국립중앙도서관, 서울대도서관, 도쿄대도서관

朝鮮に於ける地税制度の沿革　① 藤山利三郎 ② 藤山利三郎 ③ 京城 ④ 1900-1945 ⑤ 국립중앙도서관

朝鮮に於ける地質及鉱物の調査沿革　① 立岩巌編 ② 朝鮮鉱業会 ③ 京城 ④ 1933, 39 ⑤ 국립중앙도서관

朝鮮に於ける地質及鉱物の調査沿革並文献

① 立岩巌編 ② 朝鮮鉱業会 ③ 京城 ④ 1933 ⑤ 연세대도서관

朝鮮に於ける参政権問題　① 松山常次郎 ② 松山常次郎 ③ 京城 ④ 1924 ⑤ 국립중앙도서관

朝鮮に於ける天主教の流入と典礼問題に就いて

① 赤木仁兵衛 ⑤ 한국국회도서관

朝鮮に於ける青刈大豆種子の生産及取引状況調査

① 帝国農会編 ② 帝国農会 ③ 京城 ④ 1935 ⑤ 국립중앙도서관

朝鮮ニ於ケル畜牛使役用語　① 朝鮮総督府勧業模範場編 ② 朝鮮総督府勧業模範場 ③ 京畿道 ④ 1922 ⑤ 국립중앙도서관, 한국국회도서관

朝鮮に於ける出版物概要 1-2　① 朝鮮総督府警務局編 ② 朝鮮総督府警務局 ③ 京城 ④ 1930, 1933 ⑤ 국립중앙도서관

朝鮮に於ける出版物概要　① 朝鮮総督府警務局編 ② 警務局 ③ 京城 ④ 1929 ⑤ 고려대도서관

朝鮮に於ける出版物概要　① 朝鮮総督部警務局編 ② 朝鮮総督部警務局 ③ 京城 ④ 1932 ⑤ 국립중앙도서관, 고려대도서관

朝鮮に於ける販売肥料　① 三須英雄 ③ 水原 ④ 1926 ⑤ 국립중앙도서관

朝鮮に於ける販売肥料　① 朝鮮総督府農事試験場編 ② 朝鮮総督府農事試験場 ③ 水原 ④ 1933 ⑤ 국립중앙도서관, 연세대도서관

朝鮮ニ於ケル平安系ノ植物, 二(英文)　① 川崎繁太郎 ② 朝鮮総督府地質調査所 ③ 京城 ④ 1932 ⑤ 부산시민도서관

朝鮮ニ於ケル平安系ノ植物, 二(英文)　① 川崎繁太郎 ② 朝鮮総督府地質調査所 ③ 京城 ④ 1934 ⑤ 부산시민도서관

朝鮮ニ於ケル平安系ノ植物, 二(英文)追加　① 川崎繁太郎 ② 朝鮮総督府地質調査所 ③ 京城 ④ 1939 ⑤ 부산시민도서관

朝鮮ニ於ケル平安系ノ植物, 二　① 川崎繁太郎 ② 朝鮮総督府地質調査所 ③ 京城 ④ 1931 ⑤ 부산시민도서관

朝鮮ニ於ケル平安系の植物	① 朝鮮総督府地質調査所 ② 朝鮮総督府地質調査所 ③ 京城 ④ 1927 ⑤ 부산시민도서관, 서울대도서관
朝鮮に於ける平安系の植物	① 川崎繁太郎, 今野円蔵 共 ② 朝鮮総督府地質調査所 ③ 京城 ④ 1927-39 ⑤ 국립중앙도서관
朝鮮に於ける郷土地理の実例	① 田村一久 ② 大和商会印刷所出所出版部 ③ 京城 ④ 1933 ⑤ 국립중앙도서관, 한국국회도서관, 연세대도서관, 홋카이도대도서관
朝鮮に於ける現行小作及管理契約証書実例集	
	① 朝鮮農会編 ② 朝鮮農会 ③ 京城 ④ 1931 ⑤ 국립중앙도서관, 고려대도서관, 연세대도서관, 서울대도서관
朝鮮ニ於ケル花柳病ノ統計的観察	① 山田弘倫, 平馬左橋 共編 ② 朝鮮軍司令部 ③ 京城 ④ 1921 ⑤ 국립중앙도서관, 서울대도서관
朝鮮に於ける化学工業品の統制	① 池尾勝己編 ② 朝鮮総督府殖産局 ③ 京城 ④ 1942 ⑤ 국립중앙도서관, 한국국회도서관, 고려대도서관
朝鮮ニ於ケル会社及工場の状況	① 朝鮮総督府殖産局編 ② 朝鮮総督府殖産局 ③ 京城 ④ 1923 ⑤ 국립중앙도서관, 고려대도서관, 서울대도서관
朝鮮に於る内地資本の投下現況	① 京城商工会議所調査課編 ② 京城商工会議所 ③ 京城 ④ 1944 ⑤ 서울대도서관, 교토대도서관, 도쿄대도서관
朝鮮に於る中小工業金融の現況	② 京城府内工業者金融状況調査報告 ② 京城商工会議所調査課 ③ 京城 ④ 1943 ⑤ 연세대도서관, 교토대도서관
朝鮮に於る地質平安系の植物	① 川崎繁太郎, 今野円蔵 共 ③ 京城 ④ 1927-39 ⑤ 국립중앙도서관
朝鮮ニ適スル主要林木ノ種類	① 水原高等農林学校林学会編 ② 水原高等農林学校 ③ 水原 ④ 1926 ⑤ 국립중앙도서관, 한국국회도서관
朝鮮に活躍の新潟県人	① 河田如洗 ② 越佐新報社鮮満支局 ③ 京城 ④ 1933 ⑤ 규슈대도서관
朝鮮に活躍新潟県人	① 河田如洗 ② 起佑新報社鮮満支局 ③ 京城 ④ 1931 ⑤ 서울대도서관
朝鮮の 農業事情	① 朝鮮総督府 殖産局 ② 朝鮮総督府 殖産局 ③ 京城 ④ 1921 ⑤ 서울대도서관
朝鮮の 小作慣行	① 朝鮮総督府編 ② 朝鮮印刷株式会社 ③ 京城 ④ 1932 ⑤ 고려대도서관
朝鮮の 黎明	① 崔秉協 ② 帝国地方行政学会 ③ 京城 ④ 1938 ⑤ 한국국회도서관
朝鮮の 類似宗教	① 村山智順, 朝鮮総督府編 ② 朝鮮総督府 ③ 京城 ④ 1944 ⑤ 국립중앙도서관
朝鮮の 土地改良事業	① 朝鮮総督府 土地改良部 ② 朝鮮総督府 土地改良部 ③ 京城 ④ 1928 ⑤ 서울대도서관
朝鮮のみかた	① 京城府公立普通学校長会編 ② 中田普成社出版部 ③ 京城 ④ 1913 ⑤ 국립중앙도서관
朝鮮のメソタイ漁業に就て	① 朝鮮総督府水産試験場編 ② 朝鮮総督府水産試験場 ③ 釜山 ④ 1935 ⑤ 한국국회도서관, 규슈대도서관

朝鮮の簡易保険	①朝鮮総督府逓信局 ②朝鮮総督府逓信局 ③京城 ④1937 ⑤한국국회도서관, 부산시민도서관, 고려대도서관, 연세대도서관, 서울대도서관, 도쿄대도서관
朝鮮の干拓事業	①朝鮮総督府土地改良部 ②朝鮮総督府土地改良部 ③京城 ④1929 ⑤고려대도서관, 서울대도서관, 일본국회도서관
朝鮮の開発と精神的教化の必要	①守屋栄夫 ②朝鮮総督府 ③京城 ④1924 ⑤국립중앙도서관
朝鮮の開拓 半島の国防と最近事情	①南甚作編 ③鎮南浦 ④1926 ⑤서울대도서관
朝鮮の開拓	①南甚作編 ②南甚作 ③京城 ④1926 ⑤국립중앙도서관
朝鮮の更生	①梁村寄智城 ②朝鮮研究社 ③京城 ④1935 ⑤국립중앙도서관, 고려대도서관, 연세대도서관, 일본국회도서관
朝鮮の更生	①梁村奇智城 ②朝鮮研究社 ③京城 ④1936 ⑤서울대도서관
朝鮮の更生陳を覗く	①池田林儀 ②活文社 ③京城 ④1934 ⑤국립중앙도서관, 한국국회도서관 고려대도서관, 서울대도서관
朝鮮の乾蝦	②朝鮮総督府水産製品検査所 ③京城 ④1942 ⑤연세대도서관
朝鮮の繭	①朝鮮殖産銀行調査課編 ②朝鮮殖産銀行調査課 ③京城 ④1929 ⑤연세대도서관, 서울대도서관, 일본국회도서관, 교토대도서관, 도쿄대도서관, 오사카대학, 홋카이도대도서관
朝鮮ノ繭	①朝鮮殖産銀行調査課編 ②朝鮮殖産銀行調査課 ③京城 ④1927 ⑤일본국회도서관, 교토대도서관, 도쿄대도서관, 홋카이도대도서관
朝鮮の繭に就て	①朝鮮総督府殖産局編 ②朝鮮総督府殖産局 ③京城 ④1926 ⑤국립중앙도서관, 서울대도서관
朝鮮の繭に就て	①朝鮮総督府殖産局編 ②朝鮮総督府殖産局 ③京城 ④1928 ⑤고려대도서관, 서울대도서관
朝鮮の繭に就て	①朝鮮総督府殖産局編 ②朝鮮総督府殖産局 ③京城 ④1929 ⑤고려대도서관, 서울대도서관
朝鮮の繭に就て	①朝鮮総督府編 ②朝鮮総督府 ③京城 ④1930 ⑤고려대도서관
朝鮮の繭に就て	①朝鮮総督府編 ②朝鮮総督府 ③京城 ④1931 ⑤고려대도서관
朝鮮の繭に就て	②朝鮮総督府殖産局 ③京城 ④1929-1933 ⑤연세대도서관
朝鮮の経済 第13巻	①鈴木武雄 ②日本評論社 ③京城 ④1942 ⑤국립중앙도서관
朝鮮の経済事情 1-4	①朝鮮総督府編 ②朝鮮総督府 ③京城 ④1926-38 ⑤국립중앙도서관, 도쿄대도서관
朝鮮の経済事情 4	①守屋徳夫 ②無声会 ③京城 ④1931 ⑤국립중앙도서관
朝鮮の経済事情	①朝鮮総督 ②朝鮮総督府 ③京城 ④1926 ⑤고려대도서관, 부산시민도서관, 연세대도서관, 서울대도서관, 일본국회도서관, 규슈대도서관, 나고야대도서관, 홋카이도대도서관
朝鮮の経済事情	①朝鮮総督府 ②朝鮮総督府 ③京城 ④1927 ⑤서울대도서관

朝鮮の経済事情	① 朝鮮総督府 ② 朝鮮総督府 ③ 京城 ④ 1931 ⑤ 고려대도서관, 서울대도서관, 일본국회도서관
朝鮮の経済事情	① 朝鮮総督府 ② 朝鮮総督府 ③ 京城 ④ 1933 ⑤ 고려대도서관
朝鮮の経済事情	① 朝鮮総督府 ② 朝鮮総督府 ③ 京城 ④ 1934,36 ⑤ 고려대도서관, 서울대도서관, 일본국회도서관
朝鮮の経済事情	① 朝鮮総督府 ② 朝鮮総督府 ③ 京城 ④ 1937 ⑤ 고려대도서관, 서울대도서관
朝鮮の経済事情	① 朝鮮総督府編 ② 朝鮮総督府 ③ 京城 ④ 1925 ⑤ 고려대도서관
朝鮮の経済事情	① 朝鮮総督府編 ② 朝鮮総督府 ③ 京城 ④ 1929 ⑤ 한국국회도서관, 서울대도서관, 일본국회도서관
朝鮮の経済事情	① 朝鮮総督府編 ② 朝鮮総督府 ③ 京城 ④ 1938 ⑤ 한국국회도서관, 서울대도서관, 일본국회도서관
朝鮮の経済事情	② 朝鮮総督府 ③ 京城 ④ 1926-1938 ⑤ 연세대도서관
朝鮮の契	① 善生永助編 ② 朝鮮総督府 ③ 京城 ④ 1926 ⑤ 국립중앙도서관, 한국국회도서관, 고려대도서관, 연세대도서관, 서울대도서관, 일본국회도서관, 부산시민도서관
朝鮮の古模様 第一輯	① 浜口良光編 ② 朝鮮輸出工芸協会 ③ 京城 ④ 1942 ⑤ 한국국회도서관
朝鮮の滑石鉱業	① 朝鮮総督府殖産局鉱務課 ③ 京城 ④ 1933 ⑤ 서울대도서관
朝鮮の工産と工場	② 京城商業会議所 ③ 京城 ④ 1927 ⑤ 연세대도서관
朝鮮の工業	① 京城帝国大学報道部編 ② 京城帝国大学報道部 ③ 京城 ④ 1944 ⑤ 서울대도서관
朝鮮の工業と工業教育	① 山家信次 ② 朝鮮工業協会 ③ 京城 ④ 1941 ⑤ 고려대도서관, 연세대도서관
朝鮮の工業と基の資源	① 渋谷禮治 ② 朝鮮工業協会 ③ 京城 ④ 1937 ⑤ 한국국회도서관, 고려대도서관, 연세대도서관, 서울대도서관, 교토대도서관, 규슈대도서관, 도쿄대도서관, 도호쿠대도서관, 홋카이도대도서관
朝鮮の工業と資源	① 朝鮮工業協会 ② 朝鮮工業協会 ③ 京城 ④ 1937 ⑤ 일본국회도서관, 부산시민도서관
朝鮮の工芸	① 平壌商工会議所編 ② 平壌商工会議所 ③ 平壌 ④ 1942 ⑤ 한국국회도서관, 서울대도서관, 홋카이도대도서관
朝鮮の工芸	① 平壌商工会議所編 ② 平壌商工会議所 ③ 平壌 ④ 1943 ⑤ 서울대도서관, 연세대도서관
朝鮮の工芸	① 平壌商工会議所 ② 文久堂書店 ③ 平壌 ④ 1939 ⑤ 일본국회도서관
朝鮮の過去現在及将来	① 小田倉徳寿 ③ 京城 ④ 1929 ⑤ 국립중앙도서관, 한국국회도서관, 고려대도서관
朝鮮の潅漑及開墾事業	① 朝鮮総督府殖産局編 ③ 京城 ④ 1922 ⑤ 국립중앙도서관, 서울대도서관
朝鮮の潅漑及開墾事業	① 朝鮮総督府殖産局 ② 朝鮮総督府殖産局 ③ 京城 ④ 1921 ⑤ 국립중앙도서관, 고려대도서관, 연세대도서관, 도쿄대도서관, 규슈대도서관

朝鮮の冠礼と朝鮮の喪礼	① 米内山震作 ③ 京城 ④ 1919 ⑤ 서울대도서관
朝鮮の鉱業	① 近藤忠三 ② 東都書籍 ③ 京城 ④ 1943 ⑤ 부산시민도서관, 고려대도서관, 연세대도서관, 서울대도서관, 일본국회도서관
朝鮮の鉱業	① 徳野真士 ② 朝鮮鉱業会 ③ 京城 ④ 1936 ⑤ 서울대도서관
朝鮮の鉱業	① 朝鮮総督府殖産局 ② 朝鮮総督府殖産局 ③ 京城 ④ 1925 ⑤ 일본국회도서관
朝鮮の鉱業	① 朝鮮総督府殖産局編 ② 朝鮮総督府殖産局 ③ 京城 ④ 1922-29 ⑤ 국립중앙도서관
朝鮮の鉱業	① 朝鮮総督府殖産局編 ② 朝鮮総督府殖産局 ③ 京城 ④ 1929 ⑤ 한국국회도서관, 고려대도서관, 연세대도서관, 일본국회도서관
朝鮮の教育研究京城	② 京城師範学校醇和会 ④ 1927 ⑤ 연세대도서관
朝鮮の交通及運輸	① 柳川勉編 ② 朝鮮事情社 ③ 京城 ④ 1925 ⑤ 국립중앙도서관, 부산시민도서관, 고려대도서관
朝鮮の謳	① 朝鮮総督府編 ② 朝鮮総督府 ③ 京城 ④ 1919 ⑤ 국립중앙도서관
朝鮮の旧時刑政(朝鮮旧時の刑政)	① 中橋政吉, 朝鮮総督府編 ② 治刑協会刊 ③ 京城 ④ 1936 ⑤ 서울대도서관
朝鮮の救荒植物	① 植本秀幹 ② 水原農林専門大学 ③ 京城 ④ 1919 ⑤ 한국국회도서관
朝鮮の国名に因める名詞考 内鮮一体懐古資料	① 今村鞆 ② 朝鮮総督府中枢院 ③ 京城 ④ 1940 ⑤ 국립중앙도서관, 한국국회도서관, 부산시민도서관, 연세대도서관, 서울대도서관, 일본국회도서관
朝鮮ノ国民総力運動	① 朝鮮総督府 ② 朝鮮総督府 ③ 京城 ④ 1943 ⑤ 국립중앙도서관, 한국국회도서관, 연세대도서관
朝鮮の国税制度 朝鮮税制の特異性と内鮮税制の相関性	① 村山道雄講述 ② 政治教育協会 ③ 京城 ④ 1937 ⑤ 한국국회도서관, 연세대도서관
朝鮮の群衆 16	① 朝鮮総督府官房文書課編 ② 朝鮮総督府 ③ 京城 ④ 1926 ⑤ 국립중앙도서관, 도쿄대도서관
朝鮮の群衆	① 朝鮮総督府官房文書課編 ② 朝鮮総督府 ③ 京城 ④ 1926 ⑤ 국립중앙도서관, 한국국회도서관, 고려대도서관, 연세대도서관, 서울대도서관, 일본국회도서관, 교토대도서관, 규슈대도서관, 홋카이도대도서관
朝鮮の鬼神 25	① 村山智順, 朝鮮総督府編 ② 朝鮮総督府 ③ 京城 ④ 1929 ⑤ 국립중앙도서관, 부산시민도서관, 고려대도서관, 연세대도서관, 서울대도서관, 교토대도서관, 도쿄대도서관, 도호쿠대도서관, 규슈대도서관, 오사카대학
朝鮮の鬼神	① 村山智順, 朝鮮総督府 ② 朝鮮総督府 ③ 京城 ④ 1927 ⑤ 서울대도서관
朝鮮の近情	① 朝鮮総督府編 ② 朝鮮総督府 ③ 京城 ④ 1921 ⑤ 국립중앙도서관, 고려대도서관, 서울대도서관, 연세대도서관
朝鮮の金鉱	① 川崎繁太郎, 町田長作編 ② 黄金印刷局 ③ 京城 ④ 1915 ⑤ 서울대도서관

朝鮮の今昔 :歴代篇	①松田甲 ②朝鮮総督府 ③京城 ④1927 ⑤국립중앙도서관, 한국국회도서관, 고려대도서관, 연세대도서관, 일본국회도서관
朝鮮の今昔と国民の使命	①松木正秋 ②龍山野砲兵第二六聯隊将校集会所 ③京城 ④1930 ⑤국립중앙도서관, 고려대도서관, 서울대도서관
朝鮮の金融	①片山市太郎 ②朝鮮殖産銀行 ③京城 ④1932 ⑤한국국회도서관, 고려대도서관, 연세대도서관, 서울대도서관
朝鮮の金銀鉱業	①朝鮮総督府殖産局編 ②朝鮮総督府殖産局 ③京城 ④1929 ⑤한국국회도서관, 고려대도서관, 연세대도서관, 서울대도서관
朝鮮の気象	①平田徳太郎 ②気象請話会 ③仁川 ④1919 ⑤국립중앙도서관, 서울대도서관
朝鮮の気象事業と観測所案内	①朝鮮総督府観測所 ②朝鮮総督府観測所 ③仁川 ④1927 ⑤도쿄대도서관
朝鮮の寄生虫病	①京城帝国大学報道部編 ③京城 ④1944 ⑤서울대도서관
朝鮮の機業	①朝鮮総督府中央試験場編 ②朝鮮総督府中央試験場 ③京城 ④1932 ⑤국립중앙도서관, 연세대도서관, 서울대도서관
朝鮮の金鉱と重要鉱物及実用標本	①横堀治三郎 ②松山房 ③京城 ④1934 ⑤국립중앙도서관
朝鮮の金融	①朝鮮殖産銀行調査部編 ②朝鮮殖産銀行 ③京城 ④1932 ⑤국립중앙도서관, 일본국회도서관, 교토대도서관, 오사카대학
朝鮮の金銀鉱業	①朝鮮総督府殖産局編 ②朝鮮総督府殖産局 ③京城 ④1929 ⑤국립중앙도서관, 일본국회도서관, 도쿄대도서관, 홋카이도대도서관
朝鮮の匂ひ	①和田一郎(天民), 久保田天南 画 ②ウツホヤ書籍店 ③京城 ④1921 ⑤국립중앙도서관, 한국국회도서관, 규슈대도서관, 도쿄대도서관
朝鮮の年中行事	①朝鮮総督府 ②朝鮮総督府 ③京城 ④1931 ⑤한국국회도서관, 고려대도서관, 서울대도서관, 일본국회도서관
朝鮮の年中行事	①朝鮮総督府編 ②朝鮮総督府 ③京城 ④1934 ⑤도호쿠대도서관
朝鮮の年中行事	①朝鮮総督府編 ②朝鮮総督府 ③京城 ④1935 ⑤국립중앙도서관
朝鮮の年中行事	①朝鮮総督府編 ②朝鮮総督府 ③京城 ④1936 ⑤일본국회도서관
朝鮮の年中行事	①朝鮮総督府編 ②朝鮮総督府 ③京城 ④1937 ⑤일본국회도서관
朝鮮の鹿尾菜	②朝鮮総督府水産製品検査所 ③京城 ④1944 ⑤연세대도서관
朝鮮の農業 大正8年 - 昭和17年	②朝鮮総督府殖産局 ③京城 ④1921 ⑤교토대도서관
朝鮮の農業, 1920-1942	①朝鮮総督府殖産局編 ②東亜出版株式会社 ③京城 ④1922-1942 ⑤한국국회도서관
朝鮮の農業, 1921-1942	①朝鮮総督府殖産局編 ②朝鮮総督府 ③京城 ④1921-42 ⑤국립중앙도서관, 연세대도서관
朝鮮の農業, 1939-1941	①朝鮮総督府農林局 ②朝鮮総督府農林局 ③京城 ④1939-1941 ⑤일본국회도서관

朝鮮の農業, 1927	① 朝鮮総督府農林局編 ② 朝鮮総督府農林局 ③ 京城 ④ 1927 ⑤ 고려대도서관
朝鮮の農業, 1932	① 朝鮮総督府農林局編 ② 朝鮮総督府農林局 ③ 京城 ④ 1932 ⑤ 고려대도서관
朝鮮の農業, 1935	① 朝鮮総督府農林局編 ② 朝鮮総督府農林局 ③ 京城 ④ 1935 ⑤ 고려대도서관
朝鮮の農業, 1923	① 朝鮮総督府殖産局編 ② 朝鮮総督府 ③ 京城 ④ 1923 ⑤ 국립중앙도서관, 도쿄대도서관, 도호쿠대도서관, 규슈대도서관
朝鮮の農業, 1924	① 朝鮮総督府殖産局 ② 朝鮮総督府殖産局 ③ 京城 ④ 1924 ⑤ 일본국회도서관
朝鮮の農業, 1930	① 朝鮮総督府殖産局 ② 朝鮮総督府殖産局 ③ 京城 ④ 1930 ⑤ 일본국회도서관
朝鮮の農業, 1921-1937	① 朝鮮総督府殖産局 ② 朝鮮総督府殖産局 ③ 京城 ④ 1921-1937 ⑤ 서울대도서관
朝鮮の農業, 1928	① 朝鮮総督府殖産局 ② 朝鮮総督府殖産局 ③ 京城 ④ 1928 ⑤ 규슈대도서관
朝鮮の農業, 1942	① 朝鮮総督府農林局農政課編 ② 朝鮮総督府農林局 ③ 京城 ④ 1942 ⑤ 고려대도서관
朝鮮の農業計劃と農産拡充問題	① 小野寺二郎 ③ 京城 ④ 1943 ⑤ 국립중앙도서관, 한국국회도서관, 고려대도서관, 서울대도서관, 토대도서관
朝鮮の農業教育に憶ふ 始政二十五周年に際して	
	① 野村稔 ③ 京城 ④ 1935.10 ⑤ 나고야대도서관
朝鮮の農業事情 大正10, 12, 昭和3年	① 朝鮮総督府殖産局編 ② 朝鮮総督府殖産局 ③ 京城 ④ 1921-28 ⑤ 국립중앙도서관
朝鮮の農業事情	① 朝鮮総督府殖産局編 ② 朝鮮総督府殖産局 ③ 京城 ④ 1921 ⑤ 규슈대도서관
朝鮮の農業事情	① 朝鮮総督府殖産局編 ② 朝鮮総督府殖産局 ③ 京城 ④ 1923 ⑤ 서울대도서관, 도쿄대도서관
朝鮮の農業事情	① 朝鮮総督府殖産局編 ② 朝鮮総督府殖産局 ③ 京城 ④ 1927 ⑤ 홋카이도대도서관
朝鮮の農業事情	① 朝鮮総督府殖産局編 ② 朝鮮総督府殖産局 ③ 京城 ④ 1930 ⑤ 고려대도서관
朝鮮の農業事情	② 朝鮮総督府殖産局 ③ 京城 ④ 1921-1927 ⑤ 연세대도서관
朝鮮の談合	① 児玉琢, 竹下留二編 ② 竹下留二 ③ 京城 ④ 1933 ⑤ 국립중앙도서관, 고려대도서관, 연세대도서관, 서울대도서관, 일본국회도서관
朝鮮ノ大豆	① 朝鮮殖産銀行調査課編 ② 朝鮮殖産銀行調査課京城 ③ 京城 ④ 1926 ⑤ 국립중앙도서관, 연세대도서관, 서울대도서관, 교토대도서관, 도쿄대도서

	관, 홋카이도대도서관
朝鮮の対満輸出貿易の将来	② 朝鮮銀行調査課 ③ 京城 ④ 1934 ⑤ 연세대도서관
朝鮮の対支貿易に就いて	① 朝鮮銀行調査課編 ② 朝鮮銀行調査課 ③ 京城 ④ 1939 ⑤ 국립중앙도서관, 도쿄대도서관, 고려대도서관, 연세대도서관, 서울대도서관, 교토대도서관
朝鮮の道路	① 朝鮮総督府内務局 ② 朝鮮総督府内務局 ③ 京城 ④ 1928 ⑤ 서울대도서관, 일본국회도서관
朝鮮の道路	① 朝鮮総督府内務局編 ② 朝鮮総督府内務局 ③ 京城 ④ 1935 ⑤ 국립중앙도서관
朝鮮の道路	① 朝鮮総督府土木部編 ② 朝鮮総督府土木部 ③ 京城 ④ 1921-28 ⑤ 국립중앙도서관
朝鮮の道路	① 朝鮮総督府土木部編 ② 朝鮮総督府内務局 ③ 京城 ④ 1928 ⑤ 연세대도서관
朝鮮の道路	① 朝鮮総督府土木部編 ② 朝鮮総督府土木部 ③ 京城 ④ 1923 ⑤ 도쿄대도서관
朝鮮の都市 京城-仁川	① 萩森茂編 ② 大陸情報社 ③ 京城 ④ 1931 ⑤ 서울대도서관
朝鮮の都市 京城と仁川	① 萩森茂 ② 六陸情報社 ③ 京城 ④ 1930 ⑤ 국립중앙도서관, 일본국회도서관
朝鮮の都市	① 萩林茂編 ② 大陸情報社 ③ 京城 ④ 1931 ⑤ 한국국회도서관
朝鮮の都邑	① 朝鮮総督府編 ② 朝鮮総督府 ③ 京城 ④ 1932 ⑤ 국립중앙도서관, 홋카이도대도서관
朝鮮の都邑	① 朝鮮総督府編 ② 朝鮮総督府 ③ 京城 ④ 1930 ⑤ 국립중앙도서관, 한국국회도서관, 서울대도서관
朝鮮の稲作	② 朝鮮総督府穀物検査所 ③ 京城 ④ 19380 ⑤ 규슈대도서관
朝鮮の独立思想及運動	① 朝鮮総督官房 庶務部 調査課 ② 朝鮮総督官房 庶務部 調査課 ③ 京城 ④ 1924 ⑤ 한국국회도서관, 고려대도서관, 일본국회도서관, 규슈대도서관, 도쿄대도서관
朝鮮の同族部落に就いて	① 金斗憲 ③ 発行地不明 ④ 1900 ⑤ 연세대도서관
朝鮮の同胞と日本国体	① 里見岸雄 ② 朝鮮総督府 ③ 京城 ④ 1935 ⑤ 국립중앙도서관
朝鮮の豆粕肥料と産米増殖	① 金井佐次 ② 日隆公司 ③ 安東 ④ 1926 ⑤ 고려대도서관
朝鮮の黎明	① 崔秉協 ② 帝国地方行政学会朝鮮本部 ③ 京城 ④ 1938 ⑤ 고려대도서관
朝鮮の労務者	① 宮孝一 ③ 京城 ④ 1945 ⑤ 서울대도서관
朝鮮の類似宗教	① 村山智順 ② 朝鮮総督府 ③ 京城 ④ 1935 ⑤ 부산시민도서관교토대도서관, 규슈대도서관, 나고야대도서관, 도쿄대도서관, 도호쿠대도서관, 홋카이도대도서관
朝鮮の俚諺集	① 高橋亨 ② 日韓書房 ③ 京城 ④ 1914 ⑤ 국립중앙도서관, 고려대도서관, 서울대도서관, 일본국회도서관

朝鮮の林木 第1編	① 朝鮮総督府林業試験場 ② 林業試験場報告 ③ 京城 ④ 1926 ⑤ 일본국회도서관
朝鮮の林業 大正10年 昭和4年	① 朝鮮総督府農林局 ② 朝鮮総督府殖産局 ③ 京城 ④ 1921 ⑤ 교토대도서관
朝鮮の林業	① 朝鮮総督府農林局 ② 朝鮮総督府 ③ 京城 ④ 1923 ⑤ 부산시민도서관, 고려대도서관
朝鮮の林業	① 朝鮮総督府農林局 ② 朝鮮総督府 ③ 京城 ④ 1925 ⑤ 고려대도서관
朝鮮の林業	① 朝鮮総督府農林局 ② 朝鮮総督府 ③ 京城 ④ 1934 ⑤ 고려대도서관 일본국회도서관
朝鮮の林業	① 朝鮮総督府農林局 ② 朝鮮総督府 ③ 京城 ④ 1936 ⑤ 고려대도서관
朝鮮の林業	① 朝鮮総督府農林局編 ② 朝鮮総督府農林局 ③ 京城 ④ 1921-40 ⑤ 국립중앙도서관, 도쿄대도서관
朝鮮の林業	① 朝鮮総督府山林部編 ② 朝鮮総督府山林部 ③ 京城 ④ 1926 ⑤ 서울대도서관
朝鮮の林業	① 朝鮮総督府山林部編 ② 朝鮮総督府殖産局 ③ 京城 ④ 1921 ⑤ 도쿄대도서관, 규슈대도서관, 홋카이도대도서관
朝鮮の満洲を関る	① 高橋晃昌編 ② 財界往来社 ③ 京城 ④ 1932 ⑤ 국립중앙도서관, 부산시민도서관
朝鮮の綿羊	① 吉田雄次郎編 ② 朝鮮畜産協会編輯部 ③ 京城 ④ 1931 ⑤ 국립중앙도서관
朝鮮の棉花 三版	① 朝鮮殖産銀行調査課 ② 朝鮮殖産銀行調査課 ③ 京城 ④ 1934 ⑤ 도쿄대도서관
朝鮮の棉花 朝鮮商品誌 第三編	① 朝鮮殖産銀行調査課 ③ 京城 ④ 1934 ⑤ 고려대도서관
朝鮮の棉花, 1924, 1934	① 朝鮮殖産銀行調査課編 ② 朝鮮殖産銀行調査課 ③ 京城 ④ 1924 ⑤ 한국국회도서관
朝鮮ノ棉花	① 朝鮮殖産銀行調査課編 ② 朝鮮殖産銀行調査課 ③ 京城 ④ 1924 ⑤ 서울대도서관, 교토대도서관, 규슈대도서관, 도쿄대도서관, 홋카이도대도서관
朝鮮の棉花	① 朝鮮殖産銀行調査課 ② 朝鮮殖産銀行調査課 ③ 京城 ④ 1934 ⑤ 연세대도서관, 일본국회도서관, 오사카대학, 홋카이도대도서관
朝鮮の棉花	① 朝鮮殖産銀行調査課編 ② 朝鮮殖産銀行 ③ 京城 ④ 1926 ⑤ 국립중앙도서관, 일본국회도서관
朝鮮の棉花事情	① 日満棉花協会朝鮮支部編 ② 日満棉花協会朝鮮支部 ③ 京城 ④ 1937 ⑤ 국립중앙도서관, 고려대도서관, 도쿄대도서관, 일본국회도서관, 나고야대도서관
朝鮮ノ明太	① 朝鮮殖産銀行調査課編 ② 朝鮮殖産銀行調査課 ③ 京城 ④ 1925 ⑤ 국립중앙도서관, 서울대도서관
朝鮮ノ木材	① 朝鮮殖産銀行調査課 ② 朝鮮殖産銀行調査課 ③ 京城 ④ 1925 ⑤ 국립중앙도서관, 도쿄대도서관, 홋카이도대도서관

朝鮮の巫覡 民間信仰 第三部	① 朝鮮総督府 ② 朝鮮総督府 ③ 京城 ④ 1932 ⑤ 서울대도서관
朝鮮の巫覡 36	① 村山智順 ② 朝鮮総督府 ③ 京城 ④ 1932 ⑤ 국립중앙도서관
朝鮮の巫覡	① 村山智順, 朝鮮総督府編 ② 朝鮮総督府 ③ 京城 ④ 1932 ⑤ 고려대도서관, 서울대도서관, 규슈대도서관, 도쿄대도서관
朝鮮の貿易の話	① 京城商工会議所 ② 京城商工会議所 ③ 京城 ④ 1935 ⑤ 고려대도서관
朝鮮の無煙炭鉱業	① 朝鮮総督府殖産局鉱山課編 ② 朝鮮鉱業会 ③ 京城 ④ 1935 ⑤ 일본국회도서관
朝鮮の無尽 第1冊 1-9号	① 朝鮮無尽協会 ② 朝鮮無尽協会 ③ 京城 ④ 1930 ⑤ 고려대도서관
朝鮮の無尽界	① 柳川勉 ② 朝鮮事情社 ③ 京城 ④ 1925 ⑤ 국립중앙도서관
朝鮮の問題と其の解決	① 上田竜男 ② 京城正学研究所 ③ 京城 ④ 1942 ⑤ 한국국회도서관, 고려대도서관, 교토대도서관
朝鮮の文化と迷信	① 前野福蔵 ② 柳生堂 ③ 大田 ④ 1930 ⑤ 국립중앙도서관, 고려대도서관, 연세대도서관
朝鮮の文化及其他	② 白楽濬제본 ③ 서울 ④ 1941-1980사이 ⑤ 연세대도서관
朝鮮の物産	① 朝鮮総督府 ② 朝鮮総督府 ③ 京城 ④ 1927 ⑤ 국립중앙도서관, 한국국회도서관, 부산시민도서관, 고려대도서관, 서울대도서관, 연세대도서관, 일본국회도서관
朝鮮の物産	① 朝鮮総督府商工奨励館編 ② 朝鮮総督府商工奨励館 ③ 京城 ④ 1935 ⑤ 한국국회도서관, 일본국회도서관
朝鮮の物産	① 朝鮮総督府商工奨励館編 ② 朝鮮総督府商工奨励館 ③ 京城 ④ 1939 ⑤ 국립중앙도서관, 한국국회도서관
朝鮮の物産	① 朝鮮総督府編 ② 朝鮮総督府商工奨励館 ③ 京城 ④ 1934 ⑤ 고려대도서관, 연세대도서관
朝鮮の物語集	① 高橋亨 ② 日韓書房 ③ 京城 ④ 1910 ⑤ 국립중앙도서관, 고려대도서관, 연세대도서관, 서울대도서관, 일본국회도서관, 부산시민도서관
朝鮮の謎	① 朝鮮総督府編 ② 朝鮮総督府 ③ 京城 ④ 1919 ⑤ 국립중앙도서관, 서울대도서관, 교토대도서관
朝鮮の謎	① 朝鮮総督府編 ② 朝鮮総督府 ③ 京城 ④ 1925 ⑤ 국립중앙도서관, 한국국회도서관, 고려대도서관 서울대도서관
朝鮮ノ米	① 朝鮮殖産銀行調査課編 ③ 京城 ④ 1924 ⑤ 국립중앙도서관, 교토대도서관, 홋카이도대도서관
朝鮮の米 大正14年-昭和5年	① 朝鮮総督府殖産局編 ② 朝鮮総督府殖産局 ③ 京城 ④ 1925 ⑤ 교토대도서관
朝鮮ノ米	① 朝鮮殖産銀行調査課編 ② 朝鮮殖産銀行調査課 ③ 京城 ④ 1928 ⑤ 국립중앙도서관, 고려대도서관, 서울대도서관, 일본국회도서관, 규슈대도서관, 교토대도서관, 도쿄대도서관, 홋카이도대도서관

朝鮮の米	① 朝鮮総督府殖産局編 ② 朝鮮総督府殖産局 ③ 京城 ④ 1925 ⑤ 규슈대도서관, 도쿄대도서관, 홋카이도대도서관
朝鮮の米	① 朝鮮総督府殖産局編 ② 朝鮮総督府殖産局 ③ 京城 ④ 1922 ⑤ 홋카이도대도서관
朝鮮の米	① 朝鮮総督府殖産局 ② 朝鮮総督府殖産局 ③ 京城 ④ 1923-1927 ⑤ 국립중앙도서관, 고려대도서관, 연세대도서관, 일본국회도서관
朝鮮の米	① 朝鮮総督府殖産局 ② 朝鮮総督府殖産局 ③ 京城 ④ 1929 ⑤ 연세대도서관, 일본국회도서관
朝鮮の米	① 朝鮮総督府編 ③ 京城 ④ 1930 ⑤ 고려대도서관, 연세대도서관
朝鮮の迷信と俗伝	① 楢木末実 ② 新文社 ③ 京城 ④ 1913 ⑤ 국립중앙도서관, 한국국회도서관, 고려대도서관, 교토대도서관, 도쿄대도서관
朝鮮の民家信仰 講演第六	① 村山智順 述 ③ 京城 ④ 1931 ⑤ 국립중앙도서관, 서울대도서관
朝鮮の白魚	② 朝鮮総督府水産製品検査所 ③ 京城 ④ 1944 ⑤ 연세대도서관
朝鮮の白丁階級 特殊部落の一形態	① 岩崎継生 ③ 京城 ④ 1932 ⑤ 한국국회도서관
朝鮮の犯罪と環境 23	① 善生永助 ② 朝鮮総督府 ③ 京城 ④ 1928 ⑤ 국립중앙도서관, 도쿄대도서관, 홋카이도대도서관
朝鮮の犯罪と環境	① 朝鮮総督府編 ② 大海堂 ③ 京城 ④ 1928 ⑤ 한국국회도서관, 부산시민도서관, 고려대도서관, 서울대도서관, 연세대도서관, 일본국회도서관, 교토대도서관, 규슈대도서관
朝鮮の保護及び併合	① 朝鮮総督府編 ② 朝鮮総督府 ③ 京城 ④ 1917 ⑤ 서울대도서관
朝鮮ノ保護及併合	① 朝鮮総督府編 ② 朝鮮総督府 ③ 京城 ④ 1918 ⑤ 고려대도서관, 서울대도서관
朝鮮の保護及併合	① 朝鮮総督府編 ② 朝鮮総督府 ③ 京城 ④ 1932 ⑤ 고려대도서관
朝鮮の服装	① 村山智順, 朝鮮総督府編 ② 朝鮮総督府 ③ 京城 ④ 1927 ⑤ 국립중앙도서관, 연세대도서관, 서울대도서관, 일본국회도서관, 교토대도서관, 규슈대도서관, 도쿄대도서관, 홋카이도대도서관
朝鮮の仏	① 西村真太郎 ② 朝鮮警察協会 ③ 京城 ④ 1923 ⑤ 고려대도서관
朝鮮の肥料 昭和13, 16, 17年	① 朝鮮総督府農林局編 ② 朝鮮総督府農林局 ③ 京城 ④ 1938-42 ⑤ 국립중앙도서관
朝鮮の肥料	① 朝鮮総督府農林局編 ② 朝鮮総督府農林局 ③ 京城 ④ 1936- ⑤ 도쿄대도서관, 규슈대도서관
朝鮮の肥料	① 朝鮮総督府農林局編 ② 朝鮮総督府農林局 ③ 京城 ④ 1941 ⑤ 한국국회도서관
朝鮮の備荒貯蓄	① 朝鮮総督府学務局社会課編 ② 朝鮮総督府学務局社会課 ③ 京城 ④ 1936 ⑤ 국립중앙도서관, 서울대도서관, 교토대도서관, 규슈대도서관
朝鮮の砂防事業	① 朝鮮総督府 ③ 京城 ④ 1934 ⑤ 고려대도서관

朝鮮の砂防事業	① 朝鮮総督府農林局編 ③ 京城 ④ 1937 ⑤ 국립중앙도서관, 한국국회도서관, 고려대도서관
朝鮮の司法制度	① 朝鮮総督府法務課編 ② 朝鮮総督府法務課 ③ 京城 ④ 1936 ⑤ 국립중앙도서관, 한국국회도서관, 고려대도서관, 서울대도서관, 도쿄대도서관, 홋카이도대도서관
朝鮮の司法制度に関する私見	① 倉富勇三郎 ③ 京城 ④ 1940 ⑤ 서울대도서관
朝鮮の事情	① 朝鮮公論社編 ② 朝鮮公論社 ③ 京城 ④ 1922 ⑤ 국립중앙도서관
朝鮮の事情	① 朝鮮事情社編 ② 朝鮮事情社 ③ 京城 ④ 1926 ⑤ 서울대도서관
朝鮮の社会事業	① 朝鮮総督府学務局社会課編 ② 朝鮮総督府学務局社会課 ③ 京城 ④ 1933 ⑤ 국립중앙도서관, 한국국회도서관, 연세대도서관, 서울대도서관, 일본국회도서관, 규슈대도서관, 도쿄대도서관, 홋카이도대도서관
朝鮮の社会事業	① 朝鮮総督府学務局社会課編 ② 朝鮮総督府学務局社会課 ③ 京城 ④ 1936 ⑤ 국립중앙도서관, 서울대도서관, 교토대도서관, 도쿄대도서관, 도호쿠대도서관, 홋카이도대도서관
朝鮮の山	① 飯山達雄 ② 朝鮮山岳会 ③ 京城 ④ 1943 ⑤ 국립중앙도서관
朝鮮の山果と山菜	① 京畿道林業会編 ② 京畿道林業会 ③ 京城 ④ 1935 ⑤ 국립중앙도서관, 한국국회도서관, 연세대도서관, 규슈대도서관, 홋카이도도서朝鮮の産業, 1926, 1933 ① 朝鮮総督府編 ② 朝鮮総督府 ③ 京城 ④ 1926-1933 ⑤ 한국국회도서관
朝鮮の産業	① 今成天等編 ② 朝鮮売文聯盟 ③ 京城 ④ 1926 ⑤ 부산시민도서관
朝鮮の産業	① 朝鮮総督府編 ② 朝鮮総督府 ③ 京城 ④ 1927 ⑤ 규슈대도서관
朝鮮の産業	① 朝鮮総督府殖産局編 ③ 京城 ④ 1921-1922, 1925, 1929, 1936 ⑤ 서울대도서관
朝鮮の産業	① 朝鮮総督府編 ② 朝鮮総督府 ③ 京城 ④ 1931 ⑤ 규슈대도서관, 도쿄대도서관, 홋카이도대도서관
朝鮮の産業	① 朝鮮総督府編 ② 朝鮮総督府 ③ 京城 ④ 1933 ⑤ 고려대도서관
朝鮮の産業	① 朝鮮総督府編 ③ 京城 ② 朝鮮総督府 ④ 1921 ⑤ 도쿄대도서관
朝鮮の産業	② 大陸社 ③ 京城 ④ 1926 ⑤ 연세대도서관
朝鮮の産業	② 朝鮮総督府 ③ 京城 ④ 1929, 1934, 1935 ⑤ 연세대도서관
朝鮮の産業と鉄道	① 朝鮮総督府鉄道局業務調査室等編 ② 朝鮮総督府鉄道局 ③ 京城 ④ 1925, 30 ⑤ 국립중앙도서관
朝鮮の産業経済を語る	① 賀田直治編 ② 京城商工会議所 ③ 京城 ④ 1937 ⑤ 국립중앙도서관
朝鮮の産業経済事情	① 朝鮮総督府編 ② 朝鮮総督府 ③ 京城 ④ 1936 ⑤ 국립중앙도서관, 고려대도서관, 일본국회도서관, 규슈대도서관, 도쿄대도서관
朝鮮の産業及金融	① 有賀光豊, 朝鮮殖産銀行調査課編 ② 朝鮮殖産銀行調査課 ③ 京城 ④ 1929 ⑤ 국립중앙도서관, 고려대도서관, 서울대도서관

朝鮮の産業地位と今後の工業方針	① 朝鮮工業協会編 ② 朝鮮工業協会 ③ 京城 ④ 1936 ⑤ 국립중앙도서관, 고려대도서관, 연세대도서관, 서울대도서관
朝鮮の三大港	① 会田寅吉 ② 厳松堂仁川店 ③ 仁川 ④ 1916 ⑤ 서울대도서관
朝鮮の商工業 1922-1938	① 朝鮮総督府殖産局編 ② 朝鮮総督府殖産局 ③ 京城 ④ 1922-1938 ⑤ 서울대도서관
朝鮮の商工業 1-8	① 朝鮮総督府殖産局編 ② 朝鮮総督府殖産局 ③ 京城 ④ 1921-39 ⑤ 국립중앙도서관, 도쿄대도서관
朝鮮の商工業	① 朝鮮総督府編 ② 朝鮮総督府 ③ 京城 ④ 1924 ⑤ 서울대도서관
朝鮮の商工業	① 朝鮮総督府 ② 朝鮮総督府 ③ 京城 ④ 1928, 1930, 1935, 1936, 1938 ⑤ 고려대도서관
朝鮮の商工業	① 朝鮮総督府殖産局編 ② 朝鮮総督府 ③ 京城 ④ 1939 ⑤ 한국국회도서관
朝鮮の商工業	② 朝鮮総督府殖産局 ③ 京城 ④ 1921, 1930, 1936 ⑤ 연세대도서관
朝鮮の商工統計	② 朝鮮総督府殖産局 ③ 京城 ④ 1929 ⑤ 연세대도서관
朝鮮の生物教材精義	① 上田常一 ② 日韓書房 ③ 京城 ④ 1930 ⑤ 국립중앙도서관, 연세대도서관
朝鮮の石綿鉱業	① 朝鮮総督府殖産局鉱山課編 ② 朝鮮鉱業会 ③ 京城 ④ 1933 ⑤ 일본국회도서관
朝鮮の石炭鉱業	① 朝鮮総督府殖産局編 ② 朝鮮総督府殖産局 ③ 京城 ④ 1929 ⑤ 국립중앙도서관, 한국국회도서관, 고려대도서관, 연세대도서관, 서울대도서관
朝鮮の石炭及発展水力	① 朝鮮銀行調査局編 ② 発行者不明 ③ 京城 ④ 1918 ⑤ 국립중앙도서관, 연세대도서관, 일본국회도서관, 교토대도서관, 홋카이도대도서관
朝鮮の石炭業	① 朝鮮総督府殖産局編 ③ 京城 ④ 1929 ⑤ 고려대도서관
朝鮮の繊維工業に就て	① 朝鮮総督府編 ② 朝鮮総督府 ③ 京城 ④ 1935 ⑤ 국립중앙도서관, 한국국회도서관
朝鮮の姓	① 朝鮮総督府官房臨時国勢調査課編 ② 朝鮮総督府 ③ 京城 ④ 1934 ⑤ 국립중앙도서관, 부산시민도서관, 고려대도서관, 연세대도서관, 서울대도서관, 일본국회도서관
朝鮮の姓の由来	① 稲葉岩吉(君山) ② 岩松堂京城店 ③ 京城 ④ 1923 ⑤ 국립중앙도서관
朝鮮の姓名氏族に関する研究調査	① 今村鞆編, 朝鮮総督府中枢院編 ② 朝鮮総督府 ③ 京城 ④ 1934 ⑤ 국립중앙도서관, 한국국회도서관, 고려대도서관, 서울대도서관, 연세대도서관, 일본국회도서관, 교토대도서관, 규슈대도서관, 도쿄대도서관, 도호쿠대도서관, 홋카이도대도서관
朝鮮の税関	① 堂本貞一 ② 岸井商店印刷部 ③ 新義州 ④ 1931 ⑤ 국립중앙도서관, 한국국회도서관, 고려대도서관, 연세대도서관, 서울대도서관
朝鮮ノ小麦特性表	① 朝鮮総督府穀物検査所編 ② 朝鮮総督府穀物検査所 ③ 京城 ④ 1938 ⑤ 서울대도서관
朝鮮の小作慣習	② 朝鮮総督府 ② 朝鮮農会 ③ 京城 ④ 1930 ⑤ 국립중앙도서관, 한국국회도

	서관, 부산시민도서관, 연세대도서관, 서울대도서관, 교토대도서관, 규슈대도서관, 도쿄대도서관, 홋카이도대도서관
朝鮮の小作慣行 時代と慣行	① 朝鮮農会編 ② 朝鮮農会 ③ 京城 ④ 1930 ⑤ 한국국회도서관, 서울대도서관
朝鮮ノ小作慣行 1-2	① 朝鮮総督府編 ② 朝鮮総督府 ③ 京城 ④ 1932 ⑤ 국립중앙도서관, 한국국회도서관, 부산시민도서관, 일본국회도서관
朝鮮の小作慣行, 上巻	① 朝鮮総督府編 ② 朝鮮総督府 ③ 京城 ④ 1932 ⑤ 한국국회도서관, 연세대도서관
朝鮮の小作慣行	① 朝鮮農会編 ② 朝鮮農会 ③ 京城 ④ 1930 ⑤ 국립중앙도서관, 고려대도서관, 연세대도서관, 서울대도서관, 교토대도서관, 도쿄대도서관, 홋카이도대도서관
朝鮮の小作制度	① 塩田正洪講述 ② 政治教育協会 ③ 京城 ④ 193-? ⑤ 연세대도서관
朝鮮の小作制度	① 政治教育協会編 ② 政治教育協会 ③ 京城 ⑤ 한국국회도서관
朝鮮の水利組合	① 朝鮮総督府土地改良部編 ② 朝鮮総督府土地改良部 ③ 京城 ④ 1929 ⑤ 부산시민도서관, 일본국회도서관, 규슈대도서관, 도호쿠대도서관, 도쿄대도서관, 홋카이도대도서관
朝鮮の水産と水産教育	② 朝鮮総督府水産試験場 ③ 釜山 ④ 1936 ⑤ 규슈대도서관
朝鮮の水産業 大正10年-昭和17年	② 朝鮮総督府農林局 ③ 京城 ④ 1924 ⑤ 나고야대도서관
朝鮮の水産業, 1923-1924	① 朝鮮総督府編 ② 朝鮮総督府殖産局 ③ 京城 ④ 1923-1924 ⑤ 한국국회도서관
朝鮮の水産業, 1928-1930	① **朝鮮総督府編** ② 朝鮮総督府殖産局 ③ 京城 ④ 1928-1930 ⑤ 한국국회도서관
朝鮮の水産業, 1934	① 朝鮮総督府編 ② 朝鮮総督府 ③ 京城 ④ 1934 ⑤ 한국국회도서관
朝鮮の水産業, 1936	① 朝鮮総督府編 ② 朝鮮総督府殖産局 ③ 京城 ④ 1937 ⑤ 한국국회도서관
朝鮮の水産業, 1938, 1941	① 朝鮮総督府編 ② 朝鮮総督府殖産局 ③ 京城 ④ 昭和17 ⑤ 한국국회도서관
朝鮮の水産業, 1940	① 朝鮮総督府編 ② 朝鮮総督府殖産局 ③ 京城 ④ 1941 ⑤ 한국국회도서관
朝鮮の水産業, 1942	① 朝鮮総督府編 ② 朝鮮総督府農林局 ③ 京城 ④ 1943 ⑤ 한국국회도서관
朝鮮の水産業	① 朝鮮総督府殖産局 ② 朝鮮総督府殖産局 ③ 京城 ④ 1927, 1927, 1933, 1936, 1937 ⑤ 일본국회도서관
朝鮮の水産業	① 朝鮮総督府殖産局編 ② 朝鮮総督府殖産局 ③ 京城 ④ 1922-42 ⑤ 국립중앙도서관
朝鮮の水産業	① 朝鮮総督府殖産局編 ② 朝鮮総督府殖産局 ③ 京城 ④ 1924, 1928, 1930, 1934, 1935, 1937 ⑤ 고려대도서관
朝鮮の水産業	② 朝鮮総督府殖産局 ③ 京城 ④ 1921-1943 ⑤ 연세대도서관
朝鮮の水産資源に就て	① 朝鮮総督府水産試験場編 ② 朝鮮総督府水産試験場 ③ 釜山 ④ 1938 ⑤ 한국국회도서관
朝鮮の水鉛鉱業	① 朝鮮総督府殖産局鉱山課編 ② 朝鮮鉱業会 ③ 京城 ④ 1933 ⑤ 고려대도

	서관, 서울대도서관, 일본국회도서관
朝鮮の受刑者食の研究	① 佐藤剛蔵編 ③ 京城 ④ 1933 ⑤ 서울대도서관
朝鮮の習俗	① 朝鮮総督府編 ② 朝鮮印刷社 ③ 京城 ④ 1935 ⑤ 서울대도서관
朝鮮の習俗	① 朝鮮総督府編 ② 朝鮮総督府 ③ 京城 ④ 1925 ⑤ 고려대도서관
朝鮮の習俗	① 朝鮮総督府編 ② 朝鮮総督府 ③ 京城 ④ 1937 ⑤ 한국국회도서관, 서울대도서관
朝鮮の習俗	① 朝鮮総督府編纂 ② 朝鮮印刷社 ③ 京城 ④ 1933 ⑤ 연세대도서관
朝鮮の市場	① 朝鮮総督府庶務部調査課編 ② 朝鮮総督府 ③ 京城 ④ 1924 ⑤ 한국국회도서관, 부산시민도서관, 서울대도서관, 연세대도서관, 일본국회도서관, 교토대도서관, 규슈대도서관, 도쿄대도서관, 홋카이도대도서관
朝鮮の市場	① 朝鮮総督府編纂 ② 朝鮮印刷 ③ 京城 ④ 1938 ⑤ 고려대도서관
朝鮮の市場	① 朝鮮総督府編纂 ② 朝鮮印刷 ⑤ 교토대도서관
朝鮮の市場経済. 27	① 善生永助編 ② 朝鮮総督府 ③ 京城 ④ 1929 ⑤ 국립중앙도서관, 연세대도서관
朝鮮の市場経済	① 善生永助編 ② 朝鮮総督府 ③ 京城 ④ 1929 ⑤ 국립중앙도서관, 부산시민도서관, 고려대도서관, 서울대도서관, 일본국회도서관, 교토대도서관, 나고야대도서관
朝鮮の実相	① 日東時論編輯局編 ② 日東時論社 ③ 京城 ④ 1931 ⑤ 국립중앙도서관, 서울대도서관
朝鮮の実状	④ 1906 ⑤ 한국국회도서관
朝鮮の実情	① 朝鮮殖産銀行編 ② 株式会社殖産銀行 ③ 京城 ④ 1926 ⑤ 국립중앙도서관
朝鮮の実情	① 佐佐木正太 ② 帝国地方行政学会 ③ 京城 ④ 1924 ⑤ 고려대도서관
朝鮮の十大漁業	① 朝鮮総督府殖産局編 ② 朝鮮総督府殖産局 ③ 京城 ④ 1921 ⑤ 국립중앙도서관, 연세대도서관, 서울대도서관, 규슈대도서관, 도쿄대도서관
朝鮮の약	① 金谷要作編 ② 朝鮮殖産助成財団 ③ 京城 ④ 1936 ⑤ 한국국회도서관
朝鮮の鰯	① 朝鮮鰯油肥製造業水産組合聯合会編 ② 朝鮮鰯油肥製造業水産組合聯合会 ③ 京城 ④ 1940 ⑤ 국립중앙도서관, 일본국회도서관, 규슈대도서관, 홋카이도대도서관
朝鮮の薬	① 朝鮮薬油肥製造業水産組合聯合会編 ② 朝鮮薬油肥製造業水産組合聯合会 ③ 京城 ④ 1940 ⑤ 서울대도서관
朝鮮の言論と世相	① 朝鮮総督府編 ② 朝鮮総督府 ③ 京城 ④ 1927 ⑤ 국립중앙도서관, 연세대도서관, 서울대도서관
朝鮮の年中行事	① 朝鮮総督府 ② 朝鮮総督府 ③ 京城 ④ 1936 ⑤ 서울대도서관, 연세대도서관
朝鮮の年中行事	① 朝鮮総督府編 ② 朝鮮総督府 ③ 京城 ④ 1937 ⑤ 고려대도서관
朝鮮の年中行事	② 朝鮮総督府 ③ 京城 ④ 1931 ⑤ 연세대도서관

朝鮮の鰮	① 朝鮮殖産助成財団編 ② 朝鮮殖産助成財団 ③ 京城 ④ 1936 ⑤ 서울대도서관, 규슈대도서관
朝鮮の窯業	① 善生永助 ② 朝鮮総督府 ③ 京城 ④ 1926 ⑤ 국립중앙도서관, 한국국회도서관, 부산시민도서관, 고려대도서관, 연세대도서관, 서울대도서관, 일본국회도서관,
朝鮮ノ雨ニ就キテ	① 平田徳太郎 ③ 京城 ④ 1918 ⑤ 서울대도서관
朝鮮ノ雨量	① 朝鮮総督府観測所編 ② 朝鮮総督府観測所 ③ 京城 ④ 1925 ⑤ 서울대도서관
朝鮮の運河に就て	① 朝鮮総督府鉄道局編 ② 朝鮮総督府鉄道局 ③ 京城 ④ 1938 ⑤ 한국국회도서관
朝鮮の圓域貿易に就て	① 朝鮮銀行調査課編 ② 朝鮮銀行調査課 ③ 京城 ④ 1940 ⑤ 국립중앙도서관, 고려대도서관, 서울대도서관, 연세대도서관, 일본국회도서관, 교토대도서관
朝鮮の類似宗教 42	① 村山智順 ② 朝鮮総督府 ③ 京城 ④ 1935 ⑤ 국립중앙도서관
朝鮮の類似宗教	① 朝鮮総督府編 ② 朝鮮総督府 ③ 京城 ④ 1935 ⑤ 한국국회도서관, 고려대도서관, 연세대도서관, 서울대도서관
朝鮮の有煙炭	① 朝鮮総督府殖産局鉱山課編 ② 朝鮮鉱業会 ③ 京城 ④ 1933 ⑤ 일본국회도서관
朝鮮の有煙炭鉱業 「附録」朝鮮に於ける石炭鉱業の趨勢	① 朝鮮総督府殖産局鉱山課編纂 ② 朝鮮鉱業会 ③ 京城 ④ 1935 ⑤ 규슈대도서관, 도쿄대도서관
朝鮮の衣食住	① 村上唯吉編 ② 図書出版部 ③ 京城 ④ 1916 ⑤ 국립중앙도서관
朝鮮の衣食住改善策	① 曹元煥 ③ 京城 ④ 1937 ⑤ 서울대도서관
朝鮮の이言集	① 高橋亨 ② 日韓書房 ③ 京城 ④ 1914 ⑤ 연세대도서관
朝鮮の李朝時代に於ける暗行御史制度の研究	① 張潤植 ③ 京城 ④ 1929 ⑤ 국립중앙도서관, 서울대도서관
朝鮮の移出牛	① 吉田雄次郎 ② 京城 ② 大阪屋号書店, 朝鮮畜産協会 ③ 京城 ④ 1931 ⑤ 연세대도서관
朝鮮ノ移出牛	① 吉田雄次郎編 ② 朝鮮畜産協会 ③ 京城 ④ 1927 ⑤ 국립중앙도서관, 한국국회도서관, 고려대도서관, 서울대도서관
朝鮮の人の篤行美談集 1	① 朝鮮憲兵隊司令部編 ② 朝鮮憲兵隊司令部 ③ 京城 ④ 1933 ⑤ 국립중앙도서관, 고려대도서관, 서울대도서관
朝鮮の人の篤行美談集 1-2	① 朝鮮憲兵隊司令部編 ② 朝鮮憲兵隊司令部 ③ 京城 ④ 1934 ⑤ 국립중앙도서관
朝鮮の人の篤行美談集, 2	① 朝鮮憲兵隊司令部編 ② 朝鮮憲兵大司今部 ⑤ 한국국회도서관
朝鮮の人の篤行美談集, 第2輯	② 朝鮮憲兵隊司令部 ③ 韓国 ④ 1933 ⑤ 연세대도서관
朝鮮の人の篤行美談集	① 朝鮮憲兵隊加今部編 ③ 京城 ④ 1933 ⑤ 고려대도서관

朝鮮の人口問題	①善生永助 ②朝鮮総督府 ③京城 ④1935 ⑤국립중앙도서관, 홋카이도대도서관
朝鮮の人口問題	①朝鮮総督府 ②朝鮮総督府 ③京城 ④1939 ⑤한국국회도서관
朝鮮の人口研究	①善生永助 ②朝鮮書籍印刷株式会社 ③京城 ④1925 ⑤국립중앙도서관, 한국국회도서관, 부산시민도서관, 고려대도서관, 서울대도서관, 연세대도서관, 일본국회도서관, 교토대도서관, 도쿄대도서관
朝鮮の人口統計 1933-1937	①朝鮮総督府 ②朝鮮総督府 ④1933-1937 ⑤서울대도서관
朝鮮の人口統計 昭和12年	①朝鮮総督府編 ②朝鮮総督府 ③京城 ④1939 ⑤한국국회도서관
朝鮮の人口統計 昭和8-12年	①朝鮮総督府編 ②朝鮮総督府 ③京城 ④1935-39 ⑤국립중앙도서관
朝鮮の人口統計	①朝鮮総督府編 ②朝鮮総督府 ③京城 ④1936 ⑤도쿄대도서관, 도호쿠대도서관
朝鮮の人口統計 和8年, 和9年, 和10年, 和11年, 和12年	②朝鮮総督府 ③京城 ④1935, 1936, 1937, 1938, 1939 ⑤연세대도서관
朝鮮の人口現象 附図	①朝鮮総督府 ②朝鮮総督府 ③京城 ④1927 ⑤한국국회도서관, 고려대도서관, 서울대도서관
朝鮮の人口現象	①朝鮮総督府編 ②朝鮮総督府 ③京城 ④1927 ⑤국립중앙도서관, 한국국회도서관, 부산시민도서관, 연세대도서관, 일본국회도서관, 교토대도서관, 규슈대도서관
朝鮮の人文地理学的諸問題	①小田内通敏 ③韓国 ④1925 ⑤연세대도서관
朝鮮の人物と事業 湖南篇, 第一輯	①鎌田白堂 ②失業之朝鮮社出版部 ③京城 ④1936 ⑤국립중앙도서관, 한국국회도서관
朝鮮の人物と事業	①佐佐木太平 ②京城新聞社出版部 ③京城 ④1930 ⑤국립중앙도서관, 고려대도서관
朝鮮の印象	①朝鮮総督府鉄道局編 ②朝鮮総督府鉄道局 ③京城 ④1944 ⑤고려대도서관
朝鮮の林木	①植木秀幹 ②朝鮮総督府林業試験場 ③京城 ④1926 ⑤고려대도서관
朝鮮ノ林木第1編	②公孫樹及ヒ松栢類 ②朝鮮総督府林業試験場 ③京城 ④1926 ⑤연세대도서관
朝鮮の林藪	①朝鮮総督府林業試験場編 ②朝鮮総督府林業試験場 ③京城 ④1938 ⑤국립중앙도서관, 한국국회도서관, 고려대도서관, 서울대도서관, 일본국회도서관
朝鮮の林業 昭和4-15年	①朝鮮総督府 ②朝鮮総督府殖産局 ③京城 ④1929-1940 ⑤서울대도서관
朝鮮の林業, 1921, 1934, 1940	①朝鮮総督府殖産局編 ②朝鮮総督府殖産局 ③京城 ④1921, 1934, 1940 ⑤한국국회도서관
朝鮮の林業	①朝鮮総督府農林局 ②朝鮮総督府殖産局 ③京城 ④1940 ⑤고려대도서관, 서울대도서관

朝鮮の林業	① 朝鮮総督府殖産局 ② 東亜出版社株式会社 ③ 京城 ④ 1922, 1923, 1925 ⑤ 서울대도서관
朝鮮の林業	② 朝鮮総督府山林部 ③ 京城 ④ 1921, 1929 ⑤ 연세대도서관
朝鮮の煮乾	② 朝鮮総督府水産製品検査所 ③ 京城 ④ 1941 ⑤ 연세대도서관
朝鮮の自動車	① 朝鮮自動車交通協会編 ② 朝鮮自動車交通協会 ③ 京城 ④ 1938-42 ⑤ 국립중앙도서관
朝鮮の自然と 生活	① 侠間文一 東都書籍株式会社 ③ 京城 ④ 1944 ⑤ 국립중앙도서관, 부산시민도서관, 고려대도서관, 연세대도서관, 서울대도서관 규슈대도서관, 도쿄대도서관
朝鮮の蚕糸業 第1冊	① 朝鮮総督府蚕糸局 ② 朝鮮総督府蚕糸局 ③ 京城 ④ 1938 ⑤ 고려대도서관
朝鮮の蚕糸業 第2冊	① 朝鮮総督府蚕糸局 ② 朝鮮総督府蚕糸局 ③ 京城 ④ 1921 ⑤ 고려대도서관
朝鮮の蚕糸業, 1935, 1939-1940, 1943	② 朝鮮総督府農林局 ③ 京城 ④ 1935-1943 ⑤ 한국국회도서관
朝鮮の蚕糸業	① 朝鮮総督府農林局編 ② 朝鮮総督府農林局 ③ 京城 ④ 1923, 1938 ⑤ 서울대도서관
朝鮮の蚕糸業	① 朝鮮総督府農林局 ② 朝鮮総督府農林局 ③ 京城 ④ 1936-1940 ⑤ 도쿄대도서관, 도호쿠대도서관
朝鮮の蚕糸業	① 朝鮮総督府農林局編 ② 朝鮮総督府農林局 ③ 京城 ④ 1935 ⑤ 고려대도서관
朝鮮の蚕糸業	① 朝鮮総督府農商局編 ② 朝鮮総督府農商局 ③ 京城 ④ 1921-44 ⑤ 국립중앙도서관
朝鮮の蚕糸業	② 朝鮮総督府殖産局 ③ 京城 ④ 1921, 1927, 1929 ⑤ 연세대도서관
朝鮮ノ蚕業	① 朝鮮総督府殖産局農務課編 ② 朝鮮総督府 ③ 京城 ④ 1911 ⑤ 국립중앙도서관, 부산시민도서관, 도쿄대도서관, 홋카이도서관
朝鮮の将来 : 宇垣総督の演述	① 朝鮮総督府 ② 朝鮮総督府 ③ 京城 ④ 1934 ⑤ 한국국회도서관, 연세대도서관
朝鮮の将来	① 宇垣一成 ③ 京城 ④ 1934 ⑤ 고려대도서관, 서울대도서관
朝鮮ノ在来農具	① 加藤木保次, 清水央 共, 朝鮮総督府勧業模範場編 ② 朝鮮総督府勧業模範場 ③ 京畿道 ④ 1925 ⑤ 국립중앙도서관, 한국국회도서관, 일본국회도서관, 교토대도서관, 규슈대도서관, 나고야대도서관, 도쿄대도서관, 홋카이도대도서관
朝鮮の災害	① 朝鮮総督府編 ② 朝鮮総督府 ③ 京城 ④ 1928 ⑤ 국립중앙도서관, 한국국회도서관 고려대도서관, 서울대도서관, 연세대도서관, 일본국회도서관, 교토대도서관, 규슈대도서관, 도쿄대도서관, 홋카이도대도서관
朝鮮の電気事業	① 朝鮮電気協会編 ③ 京城 ④ 1936 ⑤ 서울대도서관
朝鮮の電気事業	① 朝鮮電気協会編 ② 朝鮮電気協会 ③ 京城 ④ 1940 ⑤ 고려대도서관
朝鮮の電気事業を語る	① 朝鮮電気協会編 ② 朝鮮電気協会 ③ 京城 ④ 1937 ⑤ 국립중앙도서관,

	한국국회도서관, 고려대도서관, 서울대도서관, 연세대도서관, 서울대도서관, 도쿄대도서관, 홋카이도대도서관
朝鮮の展望	①山崎一郎編 ②大阪屋号書店 ③京城 ④1932 ⑤연세대도서관
朝鮮の専売	①朝鮮総督府専売局編 ②朝鮮総督府専売局 ③京城 ④1941 ⑤국립중앙도서관, 교토대도서관
朝鮮の伝説	①豊野実 ②大東印書館出版部 ③京城 ④1944 ⑤국립중앙도서관, 고려대도서관, 연세대도서관, 서울대도서관
朝鮮の占卜と 予言	①朝鮮総督府 조선총독부 ③京城 ④1933 ⑤국립중앙도서관, 한국국회도서관, 연세대도서관, 서울대도서관, 교토대도서관, 규슈대도서관, 도쿄대도서관, 오사카대학, 홋카이도대도서관
朝鮮の蝶類	①森 爲三, 土居寬暢, 趙福成 共 ②大阪屋号書店 ③京城 ④1934 ⑤부산시민도서관, 서울대도서관
朝鮮の悌	①西村真太朗 ②朝鮮警察協会 ③京城 ④1923 ⑤국립중앙도서관, 연세대도서관, 서울대도서관
朝鮮の諸税令概要	①朝鮮財務懇話会編 ②朝鮮財務懇話会 ③京城 ④1943 ⑤국립중앙도서관, 한국국회도서관, 고려대도서관
朝鮮の条約港と居留地	①奥平武彦 ③京城 ④1910-1945사이 ⑤연세대도서관
朝鮮の宗教	①吉川文太郎 ②半島之宗教社 ③京城 ④1923 ⑤고려대도서관
朝鮮の宗教	①吉川文太郎 ②森書店 ③京城 ④1921 ⑤고려대도서관
朝鮮の宗教	①吉川文太郎 ②朝鮮印刷株式会社 ③京城 ④1921 ⑤국립중앙도서관, 도쿄대도서관
朝鮮の宗教	①吉川文太郎 ②羽田茂一 ③京城 ④1921 ⑤규슈대도서관
朝鮮の宗教	①吉川文太郎 ③日本 ④1920-1945 ⑤연세대도서관
朝鮮の宗教及 享祀要覧	①朝鮮総督府学務局錬成課編 ②朝鮮総督府学務局錬成課 ③京城 ④1942 ⑤고려대도서관
朝鮮の宗教及信仰	①朝鮮総督府編 ②朝鮮総督府 ③京城 ④1935 ⑤국립중앙도서관, 한국국회도서관, 고려대도서관, 연세대도서관
朝鮮の宗教及享祀要覧 12-15	①朝鮮総督府学務局錬成課編 ②朝鮮総督府学務局 ③京城 ④1941-42 ⑤국립중앙도서관
朝鮮の宗教及享祀要覧	②京城 ②朝鮮総督府学務局社会教育課, 朝鮮総督府学務局錬成課 ③京城 ④1941-1944 ⑤연세대도서관
朝鮮の宗教及享祀要覧	②朝鮮総督府力学務局錬成課 ③京城 ④1942 ⑤부산시민도서관
朝鮮の宗教史	①青柳網太郎(南冥) ②朝鮮研究会 ③京城 ④1911 ⑤국립중앙도서관
朝鮮の重石鉱業	①朝鮮総督府殖産局鉱山課編 ②朝鮮鉱業社 ③京城 ④1933 ⑤고려대도서관, 연세대도서관, 서울대도서관, 홋카이도대도서관
朝鮮の重要漁業	①朝鮮総督府殖産局編 ②朝鮮総督府殖産局 ③京城 ④1923 ⑤국립중앙

	도서관, 고려대도서관, 연세대도서관, 도쿄대도서관
朝鮮の地と人の再認識	① 李軫錫 外 ② 李熙完 ③ 京城 ④ 1934 ⑤ 도쿄대도서관
朝鮮の地図に就て	① 豊田四朗 ④ 1921 ⑤ 서울대도서관
朝鮮の地位分に関する英国学者の意見	① 高橋作衛 ④ 1905 ⑤ 한국국회도서관
朝鮮の地下資源に就て	① 三浦悦郎 ② 朝鮮総督府 ③ 京城 ④ 1934 ⑤ 국립중앙도서관
朝鮮の織物に就て	① 宮林泰司 ② 朝鮮総布商聯合会 ③ 京城 ④ 1935 ⑤ 국립중앙도서관, 도쿄대도서관
朝鮮の蚕糸業 大正10年-昭和4年	① 朝鮮総督府殖産局編 ② 朝鮮総督府殖産局 ③ 京城 ④ 1921 ⑤ 교토대도서관
朝鮮の蚕糸業	① 朝鮮総督府農林局 ② 朝鮮総督府農林局 ③ 京城 ④ 1936 ⑤ 일본국회도서관
朝鮮の蚕糸業	① 朝鮮総督府殖産局編 ② 朝鮮総督府殖産局 ③ 京城 ④ 1921 ⑤ 도쿄대도서관, 홋카이도대도서관
朝鮮の鉄鉱業	① 朝鮮総督府殖産局鉱山課編 ② 朝鮮総督府殖産局, 朝鮮鉱業会 ③ 京城 ④ 1929, 36 ⑤ 국립중앙도서관
朝鮮の鉄鉱業	① 朝鮮総督府編 ③ 京城 ④ 1929 ⑤ 고려대도서관
朝鮮の鉄道 1-4	① 朝鮮総督府編 ② 朝鮮総督府鉄道局 ③ 京城 ④ 1921-28 ⑤ 국립중앙도서관
朝鮮の鉄道	① 朝鮮総督府鉄道局編 ② 朝鮮総督府鉄道局 ③ 京城 ④ 1928 ⑤ 고려대도서관, 부산시민도서관, 서울대도서관, 연세대도서관, 일본국회도서관, 교토대도서관, 규슈대도서관, 도쿄대도서관, 도호쿠대도서관, 홋카이도대도서관
朝鮮の鉄道	① 朝鮮総督府編 ② 発行者不明 ③ 京城 ④ 1923 ⑤ 국립중앙도서관, 서울대도서관, 도쿄대도서관
朝鮮の鉄道陣営	① 森尾人志 ② 森尾人志 ③ 京城 ④ 1936 ⑤ 국립중앙도서관, 한국국회도서관, 고려대도서관, 일본국회도서관
朝鮮の甜菜糖業	① 三沢, 池田貴道 共 ③ 京城 ④ 1911 ⑤ 국립중앙도서관
朝鮮ノ通信事業 1-12	① 朝鮮総督府逓信局編 ② 朝鮮総督府逓信局 ③ 京城 ④ 1925-39 ⑤ 국립중앙도서관
朝鮮の通信事業 昭和4-5,7, 10-12, 14年	① 朝鮮総督府逓信局 ② 朝鮮総督府逓信局 ③ 京城 ④ 1935-1939 ⑤ 부산시민도서관
朝鮮の通信事業 昭和4-14年	① 朝鮮総督府逓信局編 ② 朝鮮総督府逓信局 ③ 京城 ④ 1929-39 ⑤ 일본국회도서관
朝鮮の逓新事業	① 朝鮮総督府逓新局 ② 朝鮮総督府逓新局 ③ 京城 ④ 1934 ⑤ 고려대도서관
朝鮮の逓信事業	① 朝鮮総督府逓信局編 ② 朝鮮総督府逓信局 ③ 京城 ④ 1929-1930 ⑤ 도쿄대도서관, 홋카이도대도서관
朝鮮の逓信事業	① 朝鮮総督府逓信局編 ② 朝鮮総督府逓信局 ③ 京城 ④ 1933 ⑤ 한국국회

朝鮮の通信事業	① 朝鮮総督府逓信局編 ② 朝鮮総督府逓信局 ③ 京城 ④ 1929-1937 ⑤ 연세대도서관
朝鮮の通信陳営	① 森尾人志 ② 京城新聞社 ③ 京城 ④ 1935 ⑤ 국립중앙도서관, 한국국회도서관, 고려대도서관
朝鮮の畜産 大正10年-昭和5年	② 朝鮮総督府殖産局 ③ 京城 ④ 1921 ⑤ 교토대도서관
朝鮮の畜産	① 朝鮮総督府殖産局 ② 朝鮮総督府殖産局 ③ 京城 ④ 1927 ⑤ 도쿄대도서관
朝鮮の畜産	① 朝鮮総督府編 1 ② 朝鮮総督府殖産局 ③ 京城 ④ 1923 ⑤ 고려대도서관
朝鮮の畜産	① 朝鮮総督府編 2 ② 朝鮮総督府殖産局 ③ 京城 ④ 1930 ⑤ 고려대도서관
朝鮮の畜産	① 朝鮮総督府編 ② 朝鮮総督府殖産局 ③ 京城 ④ 1921-1927, 1930 ⑤ 연세대도서관
朝鮮の畜産	① 朝鮮総督府編 ② 朝鮮総督府殖産局 ③ 京城 ④ 1921 ⑤ 규슈대도서관
朝鮮の忠に就て	① 朝鮮総督府殖産局 ② 朝鮮総督府殖産局 ③ 京城 ④ 1930 ⑤ 고려대도서관
朝鮮の聚落 前篇, 中篇, 後篇	① 朝鮮総督府編 ② 朝鮮総督府 ③ 京城 ④ 1933-1935 ⑤ 한국국회도서관, 고려대도서관, 나고야대도서관
朝鮮の聚落. 41	① 善生永助編 ② 朝鮮総督府 ③ 京城 ④ 1935 ⑤ 국립중앙도서관, 도호쿠대도서관
朝鮮の聚落	① 朝鮮総督府編 ② 朝鮮総督府 ③ 京城 ④ 1933-1935 ⑤ 국립중앙도서관, 부산시민도서관, 서울대도서관, 도쿄대도서관, 규슈대도서관
朝鮮の治安状況 昭和2, 5年版	① 朝鮮総督府警務局編, 朴慶植 解説 ② 朝鮮総督府警務局 ③ 京城 ④ 1927, 1930 ⑤ 서울대도서관
朝鮮の塔写真展観目録	① 京城帝国大学編 ② 京城帝国大学 ③ 京城 ④ 1934 ⑤ 고려대도서관, 연세대도서관, 서울대도서관
朝鮮の土壌と肥料	① 三須英雄 ② 東都書籍株式会社京城支店 ③ 京城 ④ 1943 ⑤ , 한국국회도서관, 고려대도서관, 연세대도서관, 서울대도서관
朝鮮の土地改良事業	① 朝鮮総督府殖産局編 ② 朝鮮総督府殖産局 ③ 京城 ④ 1927 ⑤ 국립중앙도서관, 고려대도서관, 서울대도서관, 연세대도서관, 일본국회도서관, 교토대도서관, 도쿄대도서관
朝鮮の土地改良事業	① 朝鮮総督府土地改良部編 ② 朝鮮総督府土地改良部 ③ 京城 ④ 1927 ⑤ 국립중앙도서관, 한국국회도서관, 규슈대도서관, 도쿄대도서관, 홋카이도대도서관
朝鮮の土地改良事業	① 朝鮮総督府土地改良部編 ② 朝鮮総督府土地改良部 ③ 京城 ④ 1928 ⑤ 국립중앙도서관, 부산시민도서관, 연세대도서관, 일본국회도서관, 도쿄대도서관
朝鮮ノ土地制度及地税制度調査報告書	① 和田一郎 ② 朝鮮総督府 ③ 京城 ④ 1920 ⑤ 국립중앙도서관, 연세대도서관, 서울대도서관, 일본국회도서관, 교토대도서관, 규슈대도서관, 나고야대도

	서관, 도쿄대도서관, 도호쿠대도서관, 오사카대학, 홋카이도대도서관
朝鮮の統治と基督教	① 朝鮮総督府編 ② 朝鮮総督府 ③ 京城 ④ 1921 ⑤ 서울대도서관
朝鮮の統治と基督教	① 朝鮮総督府編 ② 朝鮮総督府 ③ 京城 ④ 1923 ⑤ 국립중앙도서관, 한국국회도서관, 고려대도서관, 연세대도서관, 서울대도서관
朝鮮の特産どてに何があるか	① 佐藤栄枝 ② 長田童三 ③ 京城 ④ 1933 ⑤ 국립중앙도서관, 한국국회도서관, 연세대도서관, 서울대도서관
朝鮮の特殊部落	① 李覚鍾 ② 朝鮮総督府 ③ 京城 ④ 1924 ⑤ 국립중앙도서관, 서울대도서관
朝鮮の特用作物並果樹蔬菜.朝鮮に於ける米以外の食用作物	
	② 朝鮮総督府殖産局 ③ 京城 ④ 1923-1925 ⑤ 규슈대도서관
朝鮮の特用作物並果樹蔬菜	① 朝鮮総督府殖産局編 ② 朝鮮総督府殖産局 ③ 京城 ④ 1923 ⑤ 국립중앙도서관, 도쿄대도서관
朝鮮の板本	① 前間恭作 ② 松浦書店 ③ 京城 ④ 1937 ⑤ 서울대도서관
朝鮮の風光	① 山崎鋆一郎 ② 朝鮮大正写真工芸所 ③ 京城 ④ 1932 ⑤ 나고야대도서관
朝鮮の風貌	① 朝鮮総督府鉄道局 ② 朝鮮総督府鉄道局 ③ 京城 ④ 1940 ⑤ 고려대도서관, 서울대도서관
朝鮮の風俗	① 丸仁穀物協会編 ③ 仁川 ④ 1933 ⑤ 국립중앙도서관
朝鮮の風水 第二部, 民間信仰	① 村山智順 ② 朝鮮総督府 ③ 京城 ④ 1931 ⑤ 서울대도서관
朝鮮の風水 民間信仰 第2部	① 朝鮮総督府編 ② 朝鮮総督府 ③ 京城 ④ 1931 ⑤ 국립중앙도서관, 부산시민도서관, 서울대도서관
朝鮮の風水信仰	① 金孝敬 ② 明治聖徳記念学会 ③ 京城 ④ 1930 ⑤ 서울대도서관
朝鮮の風習	① 朝鮮総督府編 ② 朝鮮総督府 ③ 京城 ④ 1925 ⑤ 서울대도서관, 규슈대도서관
朝鮮の風習	① 朝鮮総督府編 ② 朝鮮総督府 ③ 京城 ④ 1928 ⑤ 국립중앙도서관, 교토대도서관, 도쿄대도서관
朝鮮の河川	① 朝鮮総督府 ② 朝鮮総督府 ③ 京城 ④ 1928 ⑤ 일본국회도서관
朝鮮の河川	① 朝鮮総督府土木部編 ② 朝鮮総督府 ③ 京城 ④ 1925 ⑤ 도쿄대도서관
朝鮮の河川	① 朝鮮総督府土木部編 ② 朝鮮総督府土木部 ③ 京城 ④ 1923 ⑤ 국립중앙도서관
朝鮮の河川	① 朝鮮総督府編 ② 朝鮮総督府 ③ 京城 ④ 1935 ⑤ 국립중앙도서관, 연세대도서관
朝鮮の合併と米国の態度	① 高橋作衛 ④ 1910 ⑤ 한국국회도서관
朝鮮の港湾, 第1輯	① 朝鮮総督府内務局土木課編 ② 朝鮮総督府内務局土木課 ③ 釜山 ④ 1929 ⑤ 한국국회도서관, 고려대도서관, 연세대도서관
朝鮮の港湾	① 朝鮮総督府内務局 ② 朝鮮総督府内務局土木課 ③ 京城 ④ 1925 ⑤ 서울대도서관 규슈대도서관, 일본국회도서관

朝鮮の港湾	① 朝鮮総督府内務局土木課編 ② 朝鮮総督府 ③ 京城 ④ 1923, 25-29 ⑤ 국립중앙도서관
朝鮮ノ港湾	② 朝鮮総督府内務局土木課 ③ 京城 ④ 1929 ⑤ 부산시민도서관
朝鮮ノ港湾	② 朝鮮総督府土木部 ③ 京城 ④ 1921 ⑤ 규슈대도서관
朝鮮の蟹	① 上田常一 ③ 京城 ④ 1940 ⑤ 연세대도서관
朝鮮の海と魚	① 朝鮮総督府水産試験場編 ② 朝鮮総督府水産試験場 ③ 釜山 ④ 1942 ⑤ 한국국회도서관, 서울대도서관
朝鮮の海運	① 朝鮮総督府編 ② 朝鮮総督府 ③ 京城 ④ 1900-1945 ⑤ 국립중앙도서관, 연세대도서관
朝鮮の行刑制度	① 朝鮮総督府法務局行刑課編 ② 治刑協会 ③ 京城 ④ 1938 ⑤ 국립중앙도서관, 고려대도서관, 연세대도서관
朝鮮の郷約	① 富永文一 ② 朝鮮総督府学務局社会課 ③ 京城 ④ 1932 ⑤ 연세대도서관
朝鮮の郷土神社 44-45	① 村山智順 ② 朝鮮総督府 ③ 京城 ④ 1937-38 ⑤ 국립중앙도서관
朝鮮の郷土神祀, 第1部, 部落祭	① 朝鮮総督府編 ② 朝鮮総督府 ③ 京城 ④ 1937 ⑤ 연세대도서관
朝鮮の郷土神祀, 第2部, 釈尊, 祈雨, 安宅	① 朝鮮総督府編 ② 朝鮮総督府 ③ 京城 ④ 1938 ⑤ 서울대도서관, 연세대도서관
朝鮮の郷土娯楽	① 朝鮮総督府編 ② 朝鮮総督府 ③ 京城 ④ 1941 ⑤ 한국국회도서관, 고려대도서관, 연세대도서관, 서울대도서관, 규슈대도서관, 도쿄대도서관
朝鮮の郷土娯楽術	① 村山智順編 ③ 京城 ④ 1941 ⑤ 국립중앙도서관
朝鮮の郷土誌・地方史誌	① 桜井義之 ③ 京城 ④ 1941 ⑤ 서울대도서관
朝鮮の現実より将来へ	① 大陸研究社編 ③ 京城 ④ 1926 ⑤ 서울대도서관
朝鮮の現実より将来へ	① 坂本春吉 ② 大陸研究社 ③ 京城 ④ 1928 ⑤ 국립중앙도서관, 한국국회도서관, 부산시민도서관, 규슈대도서관
朝鮮の現在及将来	① 朝鮮総督府 ② 朝鮮総督府 ③ 京城 ④ 1934 ⑤ 일본국회도서관
朝鮮の現行小作及管理契約証書	① 朝鮮総督府編 ③ 朝鮮総督府 ④ 1932 ⑤ 한국국회도서관, 서울대도서관, 연세대도서관
朝鮮ノ協同組合ニ関スル意見	① 朝鮮総督府殖産国編 ② 朝鮮総督府殖産国 ③ 京城 ④ 1933-34 ⑤ 국립중앙도서관
朝鮮の蛍石鉱業	① 朝鮮総督府殖産局鉱山課編 ② 朝鮮鉱業会 ③ 京城 ④ 1934 ⑤ 국립중앙도서관, 고려대도서관, 서울대도서관, 일본국회도서관
朝鮮ノ婚姻	① 米内山震作 ④ 1917 ⑤ 서울대도서관
朝鮮ノ洪水	① 朝鮮総督府編 ② 朝鮮総督府 ③ 京城 ④ 1926 ⑤ 국립중앙도서관, 서울대도서관, 도쿄대도서관, 도호쿠대도서관, 교토대도서관, 규슈대도서관, 홋카이도대도서관
朝鮮ノ和布	② 朝鮮総督府水産製品検査所 ③ 京城 ④ 1943 ⑤ 연세대도서관

朝鮮の滑石鉱業	① 朝鮮総督府殖産局鉱務課編 ② 朝鮮鉱業会 ③ 京城 ④ 1933 ⑤ 日本国会도서관
朝鮮の回顧	① 和田八千穂, 藤原喜蔵 共編 ② 近沢書店 ③ 京城 ④ 1945 ⑤ 국립중앙도서관한국국회도서관, 고려대도서관, 연세대도서관, 서울대도서관, 일본국회도서관, 교토대도서관, 도쿄대도서관
朝鮮の黒鉛鉱業	① 朝鮮総督府殖産局鉱山課編 ② 朝鮮鉱業会 ③ 京城 ④ 1926, 1936 ⑤ 국립중앙도서관, 한국국회도서관, 일본국회도서관, 교토대도서관, 규슈대도서관, 도쿄대 도서관, 홋카이도대도서관
朝鮮は何う動く	① 梁村奇智城 ② 朝鮮研究会 ③ 京城 ④ 1931 ⑤ 국립중앙도서관, 고려대도서관, 연세대도서관, 규슈대도서관, 홋카이도대도서관
朝鮮は何処に往く	① 朝倉昇 ② 帝国地方行政学会朝鮮本部 ③ 京城 ④ 1930 ⑤ 한국국회도서관, 부산시민도서관
朝鮮みかげ集	① 近藤頼三編 ② 弥高舎 ③ 京城 ④ 1915 ⑤ 서울대도서관
朝鮮より	① 宮村小治郎 ② 斯道館 ③ 京城 ④ 1915 ⑤ 국립중앙도서관, 한국국회도서관, 부산시민도서관, 고려대도서관, 서울대도서관
朝鮮を 語る	① 李軫鎬等 ② 李熙完 ③ 京城 ④ 1934 ⑤ 국립중앙도서관, 도쿄대 도서관
朝鮮を堂夕と紹介する	① 高松建太郎 ② 京城大阪屋号書店 ③ 京城 ④ 1944 ⑤ 국립중앙도서관, 한국국회도서관, 연세대도서관, 서울대도서관
朝鮮を語る, 1 朝鮮の地と人との再認識	② 朝鮮事情闡明会 ② 朝鮮事情闡明会 ③ 京城 ④ 1934 ⑤ 국립중앙도서관, 한국국회도서관, 고려대도서관, 서울대도서관, 일본국회도서관
朝鮮を凝視めて	① 植松勝太郎 ② 朝鮮経世新聞社 ③ 京城 ④ 1930 ⑤ 한국국회도서관, 부산시민도서관, 고려대도서관, 연세대도서관, 규슈대도서관
朝鮮を直視して	① 亀国栄吉 ② 朝鮮及朝鮮人社 ③ 京城 ④ 1924 ⑤ 국립중앙도서관, 부산시민도서관, 고려대도서관, 일본국회도서관
朝鮮家庭戦時園芸読本	① 佐野美好 ② 大洋出版社 ③ 京城 ④ 1945 ⑤ 국립중앙도서관
朝鮮歌集	① 朝鮮歌話会編 ② 朝鮮歌話会 ③ 京城 ④ 1934 ⑤ 국립중앙도서관
朝鮮家畜飼養法	① 朝鮮公民教育会編 ② 帝国地方行政学会朝鮮本部 ③ 京城 ④ 1932 ⑤ 국립중앙도서관
朝鮮家畜衛生統計 1930	① 朝鮮総督府 ② 朝鮮総督府 ③ 京城 ④ 1936 ⑤ 서울대도서관
朝鮮家畜衛生統計, 1937	① 朝鮮総督府警務局編 ② 朝鮮総督府警務局 ③ 京城 ④ 1938 ⑤ 한국국회도서관
朝鮮家畜衛生統計	① 朝鮮総督府警務局 ② 朝鮮総督府警務局 ③ 京城 ④ 1935 ⑤ 고려대도서관
朝鮮家畜衛生統計	① 朝鮮総督府警務局編 ② 朝鮮総督府警務局 ③ 京城 ④ 1935-44 ⑤ 국립중앙도서관
朝鮮家畜伝染病予防令提要	① 池内勝太郎編 ② 池内勝太郎 ③ 京城 ④ 1932 ⑤ 국립중앙도서관
朝鮮各道ニ於ケル優良面調査	① 朝鮮総督府編 ② 朝鮮総督府 ③ 京城 ④ 1911 ⑤ 국립중앙도서관

朝鮮各道鉱業状況	①徳野真士編 ③京城 ④1930 ⑤국립중앙도서관
朝鮮各道府郡)臨時恩賜金由来及基ノ事業概要明治43年度	
	①朝鮮総督府編 ②朝鮮総督府 ③京城 ④1911 ⑤국립중앙도서관, 서울대도서관
朝鮮各道府面間里程表	①朝鮮総督府編 ②会計法規研究会 ③京城 ④1922, 1927 ⑤서울대도서관
朝鮮各道府面間里程表	①朝鮮総督府編 ②朝鮮総督府 ③京城 ④1916, 1935 ⑤고려대도서관
朝鮮各道府邑面間里程表	①朝鮮総督府編 ②朝鮮総督府 ③京城 ④1942 ⑤고려대도서관, 연세대도서관, 일본국회도서관
朝鮮各道府邑面間里程表, 1938, 1944	①朝鮮総督府編 ②朝鮮財務協会 ③京城 ④1938 ⑤한국국회도서관, 오사카대학
朝鮮各道府邑面間里程表	①朝鮮総督府司計課編 ②朝鮮財務協会 ③京城 ④1944 ⑤고려대도서관, 서울대도서관
朝鮮各道産業誌上, 下	①青柳南冥 ②京城新聞社 ③京城 ④1925 ⑤연세대도서관
朝鮮各都邑の経済	①鮮満研究協会編 ②鮮満研究協会 ③京城 ④1926 ⑤국립중앙도서관, 한국국회도서관, 부산시민도서관, 연세대도서관, 서울대도서관
朝鮮各種調停法令及通牒集	①朝鮮総督府法務局編 ②朝鮮総督府法務局 ③京城 ④1944 ⑤한국국회도서관, 연세대도서관, 서울대도서관
朝鮮各種中等学校入学試験問題集 1-4	①日韓書方編輯部編 ②日韓書方 ③京城 ④1923-29 ⑤국립중앙도서관
朝鮮各地物価調査概要	①朝鮮駐箚憲兵隊司令部編 ③京城 ④1911 ⑤서울대도서관
朝鮮簡易保険模範部落 農村振興運動と簡易保険	
	①朝鮮総督府逓信局編 ③京城 ④1937 ⑤서울대도서관
朝鮮簡易生命保険統計年報 昭和11年度	①朝鮮総督府逓信局 ②朝鮮総督府逓信局 ③京城 ④1937 ⑤일본국회도서관
朝鮮簡易生命保険統計年報 昭和4-14年度	①朝鮮総督府逓信局編 ②朝鮮総督府逓信局 ③京城 ④1931-40 ⑤일본국회도서관
朝鮮簡易生命保険統計年報 昭和7年度	①朝鮮総督府逓信局 ②朝鮮総督府逓信局 ③京城 ④1933 ⑤일본국회도서관
朝鮮簡易保険模範部落	①朝鮮総督府逓信局編 ②朝鮮総督府逓信局 ③京城 ④1937 ⑤국립중앙도서관
朝鮮簡易生命保険事業諮問委員会会議議事速記録	
	①朝鮮簡易生命保険事業諮問委員会編 ②朝鮮簡易生命保険事業諮問委員会 ③京城 ④1935, 42 ⑤국립중앙도서관
朝鮮簡易生命保険周知資料	①朝鮮総督府逓信局編 ②朝鮮総督府逓信局 ③京城 ④1930, 32 ⑤국립중앙도서관, 한국국회도서관
朝鮮簡易生命保険統計年報 1-14	①朝鮮総督府逓信局編 ②朝鮮総督府逓信局 ③京城 ④1930-43 ⑤국립중앙도서관

朝鮮簡易生命保険統計年報, 1938	①朝鮮総督府逓信局編 ②朝鮮総督府逓信局 ③京城 ④1939 ⑤한국국회도서관
朝鮮簡易生命保険統計年報	②朝鮮総督府逓信局 ③京城 ④1931-1938 ⑤연세대도서관
朝鮮間接国税犯則者処分令講座	①安田慶淳 ②朝鮮財務協会平安南道支部 ③平壌 ④1931 ⑤연세대도서관
朝鮮間接国税犯則者処分令要義	①安田慶淳 ③京城 ④1900-45 ⑤국립중앙도서관
朝鮮褐炭に就て	①朝鮮総督府鉄道局編 ②朝鮮総督府鉄道局 ③京城 ④1928 ⑤국립중앙도서관, 서울대도서관
朝鮮監時利得税 朝鮮資本利得税施行規則	①朝鮮総督府財務局 ②朝鮮総督府 ③京城 ④1935 ⑤고려대도서관
朝鮮感話死線に立つ	①大浦貴道 ②心之友社 ③京城 ④1929 ⑤국립중앙도서관, 고려대도서관
朝鮮講演	①朝鮮日報社編 ②朝鮮日報社 ③京城 ④1910 ⑤국립중앙도서관, 고려대도서관
朝鮮講演	①朝鮮総督府編 ②朝鮮講演会 ③京城 ④1930-40 ⑤국립중앙도서관
朝鮮講演集 第1輯	①大村友之丞編 ②朝鮮日報社 ③京城 ④1910 ⑤서울대도서관
朝鮮開校五十年誌	①大谷派本願寺朝鮮開教監督部編 ②大谷派本願寺朝鮮開教監督部 ③京城 ④1927 ⑤국립중앙도서관, 고려대도서관, 연세대도서관, 서울대도서관, 일본국회도서관, 규슈대도서관
朝鮮開国の二三の考察	①稲葉岩吉 ③京城 ④1934 ⑤고려대도서관
朝鮮開国外交史 上巻, 中巻 筆写本	①渡邊勝美 ③京城 ④1936 ⑤고려대도서관
朝鮮開国外交史	①渡邊勝美 ②渡邊勝美 ③京城 ④1941 ⑤서울대도서관
朝鮮開国外交史	①渡邊勝美 ②東光堂書店 ③京城 ④1937 ⑤국립중앙도서관,
朝鮮開国外交史研究	①渡邊勝美 ②渡邊勝美 ③京城 ④1941 ⑤국립중앙도서관, 한국국회도서관, 고려대도서관, 연세대도서관, 서울대도서관, 교토대도서관, 나고야대도서관, 도쿄대도서관, 오사카대학
朝鮮概覧朝鮮棋友名鑑	①新納八郎編 ②新納八郎 ③京城 ④1930 ⑤국립중앙도서관
朝鮮個人所得税務会計解説	①金日善 ②朝鮮税務会計研究会 ③平壌 ④1935 ⑤국립중앙도서관
朝鮮改正税制撮要	①朝鮮教育図書出版部編 ②朝鮮教育図書出版部 ③京城 ④1937 ⑤한국국회도서관
朝鮮開拓誌	①原井彦態, 小松徴三(天浪) 共 ②朝鮮文友会 ③京城 ④1913 ⑤국립중앙도서관, 고려대도서관, 연세대도서관, 서울대도서관, 규슈대도서관, 도쿄대도서관
朝鮮巨樹老樹名木誌	①朝鮮総督府編 ②朝鮮総督府 ③京城 ④1919 ⑤국립중앙도서관, 한국국회도서관, 연세대도서관, 서울대도서관, 일본국회도서관
朝鮮建築図集	①朝鮮建築会編 ②朝鮮建築会 ③京城 ④1929 ⑤서울대도서관, 교토대도서관
朝鮮建築図集解説	①久保実光 ②朝鮮建築会 ③京城 ④1929 ⑤연세대도서관

朝鮮景気の根底と其の持続性	②朝鮮銀行調査課 ③京城 ④1936 ⑤연세대도서관, 도쿄대도서관
朝鮮競馬 第1-2巻	①朝鮮競馬社編 ②朝鮮競馬社 ③京城 ④1936-37 ⑤국립중앙도서관
朝鮮警務例規聚	①朝鮮総督府警務総監部警務課編 ②朝鮮総督府警務局総監部 ③京城 ④1913 ⑤국립중앙도서관
朝鮮警務例規聚	①朝鮮総督府警務総監部警務課編 ③京城 ④1917 ⑤서울대도서관
朝鮮京城より	①飯島滋次郎 ②大阪屋号書店 ③京城 ④1938 ⑤국립중앙도서관, 한국국회도서관, 서울대도서관
朝鮮経済の発展と証券界	①朝取株式研究会編 ②朝取株式研究会 ③京城 ④1939 ⑤국립중앙도서관
朝鮮経済の新構想	①鈴木武雄 ②東洋経済新報社京城支局 ③京城 ④1942 ⑤국립중앙도서관, 부산시민도서관, 고려대도서관, 서울대도서관, 연세대도서관, 일본국회도서관, 교토대도서관
朝鮮経済の研究 第2	①京城帝国大学 法文学会編 ③京城 ④1929 ⑤고려대도서관
朝鮮経済の展望 加藤総裁講演	①朝鮮銀行調査課編 ②朝鮮銀行調査課 ③京城 ④1934 ⑤도쿄대도서관
朝鮮経済の現段階	①鈴木正文 ②帝国地方行政学会朝鮮本部 ③京城 ④1938 ⑤국립중앙도서관, 한국국회도서관, 고려대도서관, 연세대도서관, 서울대도서관, 일본국회도서관, 교토대도서관, 나고야대도서관, 오사카대학, 홋카이도대도서관
朝鮮経済を観る	①朝鮮商工会議所編 ②朝鮮商工会議所 ③京城 ④1935 ⑤국립중앙도서관, 고려대도서관, 서울대도서관
朝鮮経済講話	①島原重行 ②朝鮮工政会経営と能率 ③京城 ④1930 ⑤국립중앙도서관, 한국국회도서관, 고려대도서관, 연세대도서관
朝鮮経済講話	①島原重行 ②朝鮮工政会経営と能率社 ③京城 ④1941 ⑤부산시민도서관
朝鮮経済警察概要	①朝鮮総督府警務局 ②朝鮮総督府警務局 ③京城 ④1941 ⑤고려대도서관
朝鮮経済警察関係法令集	①朝鮮総督府警務局編 ②朝鮮総督府警務局 ③京城 ④1942 ⑤한국국회도서관
朝鮮経済界展望 首都京城の経済界情景	②京城商工会議所 ③京城 ④1936 ⑤나고야대도서관, 도쿄대도서관
朝鮮経済年鑑 大正6年	①京城商業会議所編 ②京城商業会議所 ③京城 ④1917 ⑤국립중앙도서관, 부산시민도서관, 일본국회도서관, 홋카이도대도서관
朝鮮経済年鑑 大正元年	①京城商業会議所編 ②京城商業会議所 ③京城 ④1917 ⑤고려대도서관
朝鮮経済図表	①嬉野実編 ②朝鮮統計協会 ③京城 ④1940 ⑤한국국회도서관, 부산시민도서관, 고려대도서관, 연세대도서관, 서울대도서관
朝鮮経済史	①猪谷善一 ②発行社不明 ③京城 ④1928 ⑤한국국회도서관
朝鮮経済年鑑 第1回	①朝鮮経済新報社 ②朝鮮経済新報社 ③京城 ④1933 ⑤서울대도서관
朝鮮経済年鑑 昭和9年	①朝鮮経済新報社編 ②朝鮮経済新報社 ③京城 ④1933 ⑤국립중앙도서관, 연세대도서관
朝鮮経済年鑑	①加納一米 ②朝鮮経済新報社 ③京城 ④1934 ⑤고려대도서관

朝鮮経済年鑑	①京城商業会議所編纂 ②京城商業会議所 ③京城 ④1917 ⑤연세대도서관
朝鮮経済研究所 蔵書目録	①京城帝大朝鮮経済研究所編 ②京城帝大朝鮮経済研究所 ③京城 ④1930 ⑤한국국회도서관, 고려대도서관, 연세대도서관, 서울대도서관
朝鮮経済研究所蔵図書目録 朝鮮関係之部	①京城帝国大学法文学部朝鮮経済研究所 ②京城帝国大学法文学部朝鮮経済研究所 ③京城 ④1930 ⑤서울대도서관
朝鮮経済日報附録 電気事業号	①朝鮮経済日報社編 ③京城 ④1931 ⑤서울대도서관
朝鮮経済日報附録	①朝鮮経済日報社 ②朝鮮経済日報社 ③京城 ④1931 ⑤고려대도서관
朝鮮経済資料	①朝鮮中央経済会 ②朝鮮中央経済会 ③京城 ④1922 ⑤서울대도서관
朝鮮経済雑誌	①京城商業会議所編 ③京城 ④1922-30 ⑤국립중앙도서관
朝鮮経済調査概要	③京城 ④1921 ⑤국립중앙도서관
朝鮮経済地図	①朝鮮総督府鉄道局編 ②朝鮮総督府鉄道局 ③京城 ④1927 ⑤국립중앙도서관, 서울대도서관
朝鮮経済統計年鑑, 1938	②日本商業通信社京城支社 ③京城 ④1938 ⑤한국국회도서관
朝鮮経済統制問答	①常設戦時経済懇話会編 ②東洋経済新報社京城局 ③京城 ④1941 ⑤국립중앙도서관, 한국국회도서관, 부산시민도서관, 고려대도서관, 서울대도서관
朝鮮経済統制法全書	①山内敏彦 ②大洋出版社 ③京城 ④1945 ⑤국립중앙도서관, 한국국회도서관, 고려대도서관, 일본국회도서관, 연세대도서관
朝鮮慶州之美術	①中村亮平 ②芸艸堂 ③京城 ④1929 ⑤국립중앙도서관, 고려대도서관, 연세대도서관
朝鮮警察の概要	①朝鮮総督府警務局 ②朝鮮総督府警務局 ③京城 ④1927 ⑤일본국회도서관
朝鮮警察の概要	①朝鮮総督府警務局 ②朝鮮総督府警務局 ③京城 ④1931 ⑤서울대도서관
朝鮮警察の一般	①伊藤泰吉講述 ②政治教育協会 ③京城 ⑤연세대도서관
朝鮮警察概要 昭和13年	①朝鮮総督府警務局編 ②朝鮮総督府警務局 ③京城 ④1938 ⑤서울대도서관
朝鮮警察概要	①警務局 ②警務局 ③京城 ④1931, 1933 ⑤한국국회도서관, 고려대도서관
朝鮮警察概要	①朝鮮総督府警務局編 ②朝鮮総督府警務局 ③京城 ④1936 ⑤서울대도서관
朝鮮警察概要	①朝鮮総督府警務局編 ②朝鮮総督府警務 ③京城局 ④1932 ⑤홋카이도대도서관
朝鮮警察概要	①朝鮮総督府警務局編 ②朝鮮総督府警務局 ③京城 ④1930 ⑤교토대도서관
朝鮮警察概要 昭和10年	②朝鮮総督府警務局 ③京城 ④1936 ⑤연세대도서관
朝鮮警察概要 昭和16年	②朝鮮総督府警務局 ③京城 ④1942 ⑤연세대도서관
朝鮮警察概要 昭和5年	②朝鮮総督府警務局 ③京城 ④1930 ⑤연세대도서관

| 朝鮮警察概要 昭和8年 | ②朝鮮総督府警務局 ③京城 ④1933 ⑤연세대도서관 |

朝鮮警察概要 昭和8年　　　　　　　②朝鮮総督府警務局 ③京城 ④1933 ⑤연세대도서관

朝鮮警察共済組合事業成績 昭和4年度　①朝鮮総督府警務局編 ②朝鮮総督府警務局 ③京城 ④1930 ⑤일본국회도서관

朝鮮警察官普通文官試験法律問題解答全集
　　　　　　　　　　　　　　　　　　①正光社編 ②正光堂 ③京城 ④1927 ⑤국립중앙도서관

朝鮮警察官署会計例規聚　　　　　　　①朝鮮総督府警察総監部庶務課編 ②朝鮮総督府警察総監部 ③京城 ④1916 ⑤국립중앙도서관

朝鮮警察官殉職史　　　　　　　　　　①東亜同民協会編 ③京城 ④1931 ⑤서울대도서관, 연세대도서관

朝鮮警察官殉職史　　　　　　　　　　①田内武, 東亜同民協会本部編 ②東亜同民協会本部 ③京城 ④1933 ⑤국립중앙도서관, 부산시민도서관, 서울대도서관, 일본국회도서관

朝鮮警察官殉職史　　　　　　　　　　①田内竹葉 ②東亜同民協会 ③京城 ④1932 ⑤한국국회도서관

朝鮮警察宮殉職史　　　　　　　　　　①田内武 ②東亜同民協会本部 ③京城 ④1934 ⑤고려대도서관

朝鮮警察犯要論　　　　　　　　　　　①田口春二郎 ②文星社印刷部 ③京城 ④1912 ⑤국립중앙도서관, 한국국회도서관

朝鮮警察法規要論　　　　　　　　　　①今井良太郎 ②日韓印刷株式会社 ③京城 ④1912 ⑤국립중앙도서관

朝鮮警察法大意　　　　　　　　　　　①玉川謙吾 ②巌松堂京城支店 ③京城 ④1919 ⑤국립중앙도서관

朝鮮警察法大意　　　　　　　　　　　①朝鮮総督府警察官講習所編 ②無声会 ③京城 ④1935 ⑤국립중앙도서관

朝鮮警察法令聚 上巻　　　　　　　　①朝鮮総督府警務局編 ②朝鮮総督府警務局 ③京城 ④1927 ⑤서울대도서관

朝鮮警察法令聚 上-下　　　　　　　①朝鮮警察協会編 ②朝鮮警察協会出版社 ③京城 ④1929 ⑤국립중앙도서관

朝鮮警察法令聚, 上巻　　　　　　　①朝鮮総督府警務局編 ②朝鮮総督府警務局 ③京城 ④1920 ⑤한국국회도서관, 연세대도서관

朝鮮警察法令聚, 中巻1, 中巻2, 中巻3　①朝鮮警察協会編纂 ②朝鮮警察協会 ③京城 ④1920, 1921 ⑤연세대도서관

朝鮮警察法令聚, 下巻　　　　　　　①朝鮮警察協会編纂 ②朝鮮警察協会 ③京城 ④1921 ⑤연세대도서관

朝鮮警察法令聚兵事追録, 第14回　　①朝鮮警察協会編纂 ②朝鮮警察協会 ③京城 ④1943 ⑤연세대도서관

朝鮮警察法令聚兵事追録　　　　　　①朝鮮警察協会編 ②朝鮮警察協会出版部 ③京城 ④1943 ⑤부산시민도서관

朝鮮警察法論　　　　　　　　　　　①車田篤 ②朝鮮法制研究会 ③京城 ④1932 ⑤고려대도서관, 서울대도서관

朝鮮警察法論　　　　　　　　　　　①車田篤 ②朝鮮地方行政学 ③京城 ④1937 ⑤한국국회도서관, 서울대도서관

朝鮮警察法論　　　　　　　　　　　①車田篤 ②朝鮮法制研究会 ③京城 ④1933 ⑤고려대도서관

朝鮮警察法論　　　　　　　　　　　①車田篤 ②朝鮮法制研究会 ③京城 ④1931 ⑤연세대도서관

朝鮮警察法研究 総論篇　　　　　　①武井秀吉 ②大阪屋号書店号 ③京城 ④1925 ⑤서울대도서관

朝鮮警察法典	①朝鮮総督府警察官講習所編 ②朝鮮印刷株式会社 ③京城 ④1923 ⑤고려대도서관
朝鮮警察実務要書	①境喜明編 ②境喜明 ③京城 ④1911 ⑤국립중앙도서관
朝鮮警察柔道	①岡野幹雄 ②朝鮮警察協会 ③京城 ④1926 ⑤국립중앙도서관, 서울대도서관
朝鮮警察之概要 1-14	①朝鮮総督府警務局編 ②朝鮮総督府 ③京城 ④1925 ⑤국립중앙도서관, 일본국회도서관
朝鮮警察之概要 1, 2	①朝鮮総督府 ②朝鮮総督府 ③京城 ④1925, 1929-1930 ⑤고려대도서관
朝鮮警察之概要, 1925	①朝鮮総督府警務局 ②朝鮮総督府 ③京城 警務局 ④1925 ⑤한국국회도서관
朝鮮警察之概要	①朝鮮総督府警務局編 ②朝鮮総督府警務局 ③京城 ④1925 ⑤고려대도서관, 서울대도서관
朝鮮警察之概要 正14年	②朝鮮総督府警務局 ③京城 ④1925 ⑤연세대도서관
朝鮮警察職員録 1-4	①朝鮮警察新聞社 ②朝鮮警察新聞社 ③京城 ④1930-37 ⑤국립중앙도서관
朝鮮警察職員録	①朝鮮警察新聞社 ②朝鮮警察新聞社 ③京城 ④1930 ⑤일본국회도서관
朝鮮警察行政法論	①内田達孝 ②巌松堂 ③京城 ④1921 ⑤국립중앙도서관
朝鮮古今人物誌	①伊藤卯三郎編 ②朝鮮出版社 ③京城 ④1919 ⑤국립중앙도서관, 고려대도서관, 연세대도서관
朝鮮古代観測記録調査報告	①朝鮮総督府観測所 ②朝鮮総督府観測所 ③京城 ④1917 ⑤한국국회도서관
朝鮮古代観測記録調査報告	①朝鮮総督府観測所編 ②朝鮮総督府観測所 ③仁川 ④1917 ⑤국립중앙도서관, 고려대도서관, 연세대도서관, 서울대도서관, 일본국회도서관
朝鮮高等警察用語辞典	①警務局 ②警務局 ③京城 ④1933 ⑤고려대도서관
朝鮮高等法院 判決録 1-11	①高等法院 ②司法協会 ③京城 ④1916-31 ⑤국립중앙도서관
朝鮮高等法院 判決録	①高等法院蔵 司法協会 ③京城 ④19161-1-1 ⑤국립중앙도서관
朝鮮高等法院 判例要旨類集	①朝鮮高等法院編 ②大成印刷社 ③京城 ④1921, ⑤국립중앙도서관
朝鮮高等法院民事刑事判決録 1-25	①高等法院書記課編 ②司法協会 ③京城 ④1927-43 ⑤국립중앙도서관
朝鮮高等法院判決録, 第18巻昭和6年	②司法協会 ③京城 ④1932 ⑤연세대도서관
朝鮮高等法院判決録	①朝鮮高等法院編 ②司法協会 ③京城 ④1923-43 ⑤한국국회도서관
朝鮮高等法院判例要旨類集	①司法協会編 ②司法協会 ③京城 ④1943 ⑤서울대도서관, 일본국회도서관
朝鮮高等法院判例要旨類集	①司法協会 ②司法協会 ③京城 ④1937 ⑤국립중앙도서관, 연세대도서관, 일본국회도서관, 도호쿠대도서관, 오사카대학, 홋카이도대도서관
朝鮮高等法院判例要旨類集	①帝国地方行政学会朝鮮本部 ②朝鮮高等法院 ③京城 ④1930 ⑤연세대도서관, 서울대도서관, 일본국회도서관

朝鮮高等法院判例要旨類集	① 朝鮮高等法院 ② 朝鮮高等法院 ③ 京城 ④ 1935 ⑤ 서울대도서관
朝鮮高等法院判例要旨類集	① 朝鮮高等法院編 ② 大成印刷社 ③ 京城 ④ 1923 ⑤ 국립중앙도서관, 서울대도서관
朝鮮高等法院判例要旨類集追録	① 高等法院書記課編 ② 帝国地方行政学会 朝鮮本部 ③ 京城 ④ 1927 ⑤ 국립중앙도서관, 연세대도서관
朝鮮高等法院判例要旨類集追録	① 高等法院書記課編纂 ② 帝国地方行政学会朝鮮本部 ③ 京城 ④ 1936 ⑤ 서울대도서관
朝鮮高等法院判例要旨類集	① 司法協会編 ② 司法協会 ③ 京城 ④ 1930, 1943 ⑤ 한국국회도서관
朝鮮高等法院判例要旨類集	① 朝鮮高等法院編 ② 朝鮮高等法院 ③ 京城 ④ 1923 ⑤ 한국국회도서관
朝鮮古墳壁画集	① 李王職編 ③ 京城 ④ 1916 ⑤ 서울대도서관
朝鮮古史の研究	① 今西竜 ② 近沢書店 ③ 京城 ④ 1937 ⑤ 국립중앙도서관, 한국국회도서관, 고려대도서관, 서울대도서관, 일본국회도서관
朝鮮古書目録	① 朝鮮古書刊行会編 ② 朝鮮古書刊行会 ③ 京城 ④ 1911 ⑤ 국립중앙도서관, 한국국회도서관, 부산시민도서관, 고려대도서관, 서울대도서관, 연세대도서관, 일본국회도서관, 교토대도서관, 도쿄대도서관
朝鮮古書小解	① 奥田直毅編 ② 朝鮮総督府図書館 ③ 京城 ④ 1925 ⑤ 국립중앙도서관
朝鮮固有色辞典	① 北川左人編 ② 青壺発行所 ③ 京城 ④ 1933 ⑤ 국립중앙도서관, 고려대도서관, 서울대도서관, 연세대도서관, 일본국회도서관
朝鮮古蹟及遺物	① 藤田亮作述外 ③ 韓国 ⑤ 연세대도서관
朝鮮古蹟図譜 1-7	① 朝鮮総督府編 ② 朝鮮総督府 ③ 京城 ④ 1915-1920 ⑤ 일본국회도서관
朝鮮古蹟図譜 第15冊	① 朝鮮総督府編 ② 朝鮮総督府 ③ 京城 ④ 1935 ⑤ 일본국회도서관
朝鮮古蹟図譜 第1冊-第15冊	① 朝鮮総督府編 ② 朝鮮総督府 ③ 京城 ④ 1915-1935 ⑤ 교토대도서관, 나고야대도서관
朝鮮古蹟図譜 第8至14冊	① 朝鮮総督府編 ② 朝鮮総督府 ③ 京城 ④ 1928-1934 ⑤ 일본국회도서관
朝鮮古蹟図譜	① 朝鮮総督府編 ② 朝鮮総督府 ③ 京城 ④ 1915-1937 ⑤ 서울대도서관, 도쿄대도서관, 도호쿠대도서관, 규슈대도서관, 홋카이도대도서관
朝鮮古蹟図譜解説 1-5	① 朝鮮総督府編 ② 朝鮮総督府 ③ 京城 ④ 1915.3-1917.3 ⑤ 교토대도서관
朝鮮古蹟図譜解説, 一-五	① 朝鮮総督府編 ② 朝鮮総督府 ③ 京城 ④ 1915-1917 ⑤ 한국국회도서관
朝鮮古蹟図譜解説	① 朝鮮総督府編 ② 朝鮮総督府 ③ 京城 ④ 1915-1917 ⑤ 서울대도서관, 도쿄대도서관, 규슈대도서관
朝鮮古蹟図譜解説 1~5	② 朝鮮総督府 ③ 京城 ④ 1915-1917 ⑤ 연세대도서관
朝鮮古蹟研究会古蹟調査概報	① 朝鮮古蹟研究会編 ③ 京城 ④ 1935-36 ⑤ 국립중앙도서관, 서울대도서관
朝鮮古蹟研究会古蹟調査報告 1年度-3年度	① 朝鮮古蹟研究会編 ② 朝鮮総督府 ③ 京城 ④ 1936-1938 ⑤ 고려대도서관
朝鮮古蹟研究会古蹟調査報告 年度 第1冊 鶏竜山麓陶窯址	

① 朝鮮古蹟研究会編 ② 朝鮮総督府 ③ 京城 ④ 1927 ⑤ 고려대도서관

朝鮮古蹟研究会古蹟調査報告 年度 第1冊 求和9年左銘塼出土古墳調査報告
① 朝鮮古蹟研究会編 ② 朝鮮総督府 ③ 京城 ④ 1932 ⑤ 고려대도서관

朝鮮古蹟研究会古蹟調査報告 年度 第1冊 平安南道大同郡大同江面悟野里古蹟調査報告
① 朝鮮古蹟研究会編 ② 朝鮮総督府 ③ 京城 ④ 1930 ⑤ 고려대도서관

朝鮮古蹟研究会古蹟調査報告 年度 第1冊本文 慶州 金鈴塚 飾履塚発堀調査報告
① 朝鮮古蹟研究会編 ② 朝鮮総督府 ③ 京城 ④ 1924 ⑤ 고려대도서관

朝鮮古蹟研究会古蹟調査報告 年度 第2冊 慶州忠孝里 石宝古墳調査報告
① 朝鮮古蹟研究会編 ② 朝鮮総督府 ③ 京城 ④ 1932 ⑤ 고려대도서관

朝鮮古蹟研究会古蹟調査報告 年度
① 朝鮮古蹟研究会編 ② 朝鮮総督府 ③ 京城 ④ 1916 ⑤ 고려대도서관

朝鮮古蹟研究会古蹟調査報告 年度図版 第1冊 慶尚北道 達城郡 遠西面 古蹟調査報告
① 朝鮮古蹟研究会編 ② 朝鮮総督府 ③ 京城 ④ 1923 ⑤ 고려대도서관

朝鮮古蹟研究会古蹟調査報告 年度図版
① 朝鮮古蹟研究会編 ② 朝鮮総督府 ③ 京城 ④ 1918 ⑤ 고려대도서관

朝鮮古蹟研究会古蹟調査報告 大正10年度図版
① 朝鮮古蹟研究会編 ② 朝鮮総督府 ③ 京城 ④ 1921 ⑤ 고려대도서관

朝鮮古蹟研究会古蹟調査報告 大正11年度図版 第1冊 慶尚南北道, 京城忠清南道 古蹟調査報告
① 朝鮮古蹟研究会編 ② 朝鮮総督府 ③ 京城 ④ 1922 ⑤ 고려대도서관

朝鮮古蹟研究会古蹟調査報告 大正6年度
① 朝鮮古蹟研究会編 ② 朝鮮総督府 ③ 京城 ④ 1917 ⑤ 고려대도서관

朝鮮古蹟研究会古蹟調査報告 大正9年度図版 第一冊 金海貝塚発堀調査報告
① 朝鮮古蹟研究会編 ② 朝鮮総督府 ③ 京城 ④ 1920 ⑤ 고려대도서관

朝鮮古蹟研究会古蹟調査報告 昭和11-13年度
① 朝鮮古蹟研究会編 ② 朝鮮羊古蹟研究会 ③ 京城 ④ 1937-40 ⑤ 국립중앙도서관

朝鮮古蹟研究会古蹟調査報告 昭和6年度 第1冊 慶州皇南里 第82号, 第83号古墳調査報告
① 朝鮮古蹟研究会編 ② 朝鮮総督府 ③ 京城 ④ 1931 ⑤ 고려대도서관

朝鮮古蹟研究会古蹟調査報告 昭和9年度 第1冊 慶州皇南里第109号墳 皇吾里第14号墳調査報告
① 朝鮮古蹟研究会編 ② 朝鮮総督府 ③ 京城 ④ 1934 ⑤ 고려대도서관

朝鮮古蹟研究会古蹟調査報告大正8年度図版
① 朝鮮古蹟研究会編 ② 朝鮮総督府 ③ 京城 ④ 919 ⑤ 고려대도서관

朝鮮古蹟調査略報告　① 朝鮮総督府編 ② 朝鮮総督府 ③ 京城 ④ 1914 ⑤ 국립중앙도서관, 도호쿠대도서관, 토대도서관, 규슈대도서관, 도쿄대도서관

朝鮮古蹟調査報告 1927-38　① 朝鮮総督府編 ② 朝鮮総督府 ③ 京城 ④ 1935-1940 ⑤ 서울대도서관

朝鮮古蹟調査報告 大正三年度　① 朝鮮総督府編 ② 彰文閣 ③ 京城 ④ 1914 ⑤ 고려대도서관

朝鮮古蹟調査報告 大正五年度　① 朝鮮総督府編 ② 彰文閣 ③ 京城 ④ 1916 ⑤ 고려대도서관

朝鮮古蹟調査報告 大正六年度　① 朝鮮総督府編 ② 彰文閣 ③ 京城 ④ 1920 ⑤ 고려대도서관

朝鮮古蹟調査報告 大正七年度 第一冊	① 朝鮮総督府編 ② 彰文閣 ③ 京城 ④ 1922 ⑤ 고려대도서관
朝鮮古銭価格図鑑	① 小島庄太郎 ③ 京城 ④ 1921 ⑤ 서울대도서관
朝鮮古典物語	① 金海相徳編 ② 盛文堂書店 ③ 京城 ④ 1944 ⑤ 국립중앙도서관, 한국국회도서관, 연세대도서관
朝鮮古地図展観目録	① 京城帝国大学編 ② 京城帝国大学 ③ 京城 ④ 1932 ⑤ 한국국회도서관, 고려대도서관, 서울대도서관, 교토대도서관, 규슈대도서관
朝鮮古活字版拾葉	① 群書堂書店編 ② 群書堂書店 ③ 京城 ④ 1944 ⑤ 일본국회도서관
朝鮮穀物要覧	① 伊藤大輔編 ② 朝鮮穀物商組合聯合会 ③ 京城 ④ 1934 ⑤ 국립중앙도서관
朝鮮穀物要覧	① 朝鮮穀物商組聯合 ② 大海堂印刷株式会社 ③ 京城 ④ 1927 ⑤ 고려대도서관
朝鮮곡子提要	① 森木巌 ② 십村栄助支店 ③ 京城 ④ 1935 ⑤ 한국국회도서관
朝鮮共同組合論	① 車田篤 ③ 京城 ④ 1932 ⑤ 서울대도서관
朝鮮功労者銘鑑	① 阿部薫編 ② 民衆時論社 ③ 京城 ④ 1935 ⑤ 국립중앙도서관, 부산시민도서관, 연세대도서관
朝鮮功労者銘鑑	① 朝鮮功労者銘鑑刊行会編 ② 民衆時論社 ③ 京城 ④ 1936 ⑤ 국립중앙도서관, 한국국회도서관, 부산시민도서관, 연세대도서관, 일본국회도서관
朝鮮公立小学校教員夏季講習会講演集 1-2	
	① 朝鮮総督府内務部学務局編 ② 朝鮮総督府学務局 ③ 京城 ④ 1912, 1914 ⑤ 국립중앙도서관
朝鮮工務	① 朝鮮総督府 ② 朝鮮総督府 ③ 京城 ④ 1938-1941 ⑤ 고려대도서관
朝鮮工務協会会報 第1-4巻	① 朝鮮工務協会編 ② 朝鮮工務協会 ③ 京城 ④ 1936-39 ⑤ 국립중앙도서관
朝鮮公文起案の実際	① 大宅義一編 ② 朝鮮図書株式会社 ③ 京城 ④ 1938 ⑤ 국립중앙도서관, 서울대도서관
朝鮮公文解釈	① 安達大寿計 ② 大阪屋号書店 ③ 京城 ④ 1917 ⑤ 서울대도서관
朝鮮公民教科書 1-2	① 八束周吉, 後藤長治 共編 ② 公民教育協会 ③ 京城 ④ 1931 ⑤ 국립중앙도서관
朝鮮公民教本 1-2	① 八束周吉 ② 朝鮮公民教育会 ③ 京城 ④ 1941 ⑤ 국립중앙도서관
朝鮮工事用各種労働者実状調	① 朝鮮土木建築協会編 ② 朝鮮土木建築協会 ③ 京城 ④ 1928 ⑤ 국립중앙도서관, 고려대도서관, 서울대도서관, 홋카이도대도서관
朝鮮共産党再建運動等事件判決写	① 京城地方法院刑事部編 ② 京城地方法院刑事部 ③ 京城 ④ 1934 ⑤ 국립중앙도서관
朝鮮工業ノ要素	① 賀田直治 ② 東亜経済会 ③ 京城 ④ 1920 ⑤ 규슈대도서관
朝鮮工業の現段階	① 川合彰武 ② 東洋経済新報社京城支局 ③ 京城 ④ 1943 ⑤ 국립중앙도서관, 한국국회도서관, 고려대도서관, 연세대도서관, 서울대도서관, 일본국회도서관, 교토대도서관, 규슈대도서관, 나고야대도서관, 도쿄대도서관

朝鮮工業の現勢	① 朝鮮総督府殖産局編 ② 朝鮮総督府殖産局 ③ 京城 ④ 1936 ⑤ 国立中央図書館, 규슈대도서관, 연세대도서관, 도쿄대 도서관
朝鮮工業経済読本	① 朝倉昇 ② 朝倉経済研究所 ③ 東京 ④ 1937 ⑤ 도쿄대도서관
朝鮮工業基本調査概要 (附)京城並に附近工業の現在及将来に就て	
	① 京城商工会議所編 ② 京城商工会議所 ③ 京城 ④ 1934 ⑤ 교토대도서관, 나고야대도서관
朝鮮工業基本調査概要	① 京城商工会議所 ② 京城商工会議所 ③ 京城 ④ 1934 ⑤ 국립중앙도서관, 한국국회도서관, 고려대도서관, 연세대도서관, 일본국회도서관, 도쿄대도서관, 규슈대도서관, 홋카이도대도서관
朝鮮工業問題, 続, 朝鮮工業ノ要素	① 賀田直治 ② 東亜経済会 ③ 京城 ④ 1920 ⑤ 연세대도서관
朝鮮工業問題	① 賀田直治 ② 東亜経済会 ③ 京城 ④ 1920 ⑤ 국립중앙도서관
朝鮮工業組合関係法規	① 朝鮮工業組合中央会編 ② 朝鮮工業組合中央会 ③ 京城 ④ 1941 ⑤ 국립중앙도서관, 한국국회도서관
朝鮮工業組合令概要	① 朝鮮総督府殖産局商工課編 ③ 京城 ④ 1939 ⑤ 서울대도서관
朝鮮工業組合令実施と金融機関との関係	① 朝鮮銀行調査課編 ② 朝鮮銀行調査課 ③ 京城 ④ 1938 ⑤ 국립중앙도서관
朝鮮工業組合諸規程例及諸帳簿様式	① 朝鮮総督府殖産局商工課編 ② 朝鮮工業協会 ③ 京城 ④ 1939 ⑤ 국립중앙도서관
朝鮮工業協会パンフレット 第1巻	① 朝鮮工業協会編 ③ 京城 ④ 1936-38 ⑤ 국립중앙도서관
朝鮮工業協会会報	① 朝鮮工業協会編 ② 朝鮮工業協会 ③ 京城 ④ 1930-41 ⑤ 국립중앙도서관
朝鮮工芸の育成と具の輸出方案	① 朝鮮輸出工芸協会編 ② 朝鮮輸出工芸協会 ③ 京城 ④ 1939 ⑤ 국립중앙도서관, 한국국회도서관, 연세대도서관, 서울대도서관
朝鮮公用文の研究	① 帝国地方行政学会朝鮮本部編 ② 帝国地方行政学会朝鮮本部 ③ 京城 ④ 1932 ⑤ 국립중앙도서관, 고려대도서관, 연세대도서관, 교토대도서관
朝鮮公用文の研究	① 帝国地方行政学会朝鮮本部編輯局 ③ 京城 ④ 1933 ⑤ 서울대도서관
朝鮮公用文の研究	① 帝国地方行政学会朝鮮本部編輯局編 ② 帝国地方行政学会朝鮮本部 ③ 京城 ④ 1934 ⑤ 한국국회도서관, 연세대도서관
朝鮮工場名簿 昭和11年版	① 朝鮮総督府殖産局 ② 朝鮮工業協会 ③ 京城 ④ 1936 ⑤ 부산시민도서관
朝鮮工場名簿 昭和18年度版	① 朝鮮総督府殖産局編 ② 朝鮮工業協会 ③ 京城 ④ 1943 ⑤ 일본국회도서관
朝鮮工場名簿 昭和7, 9, 11, 13, 14, 15, 17年版	
	① 朝鮮総督府殖産局編 ② 朝鮮工業協会 ③ 京城 ④ 1932-42 ⑤ 국립중앙도서관
朝鮮工場名簿 昭和9年版	① 朝鮮総督府殖産局編 ② 朝鮮工業協会 ③ 京城 ④ 1934 ⑤ 일본국회도서관, 부산시민도서관
朝鮮工場名簿, 1936, 1937, 1942	① 朝鮮総督府殖産局編 ② 朝鮮工業協会 ③ 京城 ④ 1936, 1937, 1942 ⑤ 한국국회도서관
朝鮮工場名簿 和7年版	① 朝鮮総督府殖産局編纂 ② 朝鮮工業協会 ③ 京城 ④ 1932 ⑤ 연세대도서관

朝鮮公定価格関係官報索引 昭和19年3月末現在	
	① 朝鮮殖産銀行調査部編 ② 朝鮮殖産銀行調査部 ③ 京城 ④ 1944 ⑤ 교토대도서관
朝鮮公定価格索引	① 朝鮮商工会議所 ② 朝鮮商工会議所 ③ 京城 ④ 1942 ⑤ 고려대도서관
造船工学 第2巻	① 野中秀雄 ② 工学全集刊行会 ③ 京城 ④ 1929-36 ⑤ 국립중앙도서관
朝鮮果樹病虫研究会会報 第1-3巻	① 朝鮮果樹登虫研究会編 ② 朝鮮果樹登虫研究会 ③ 水原 ④ 1938-40 ⑤ 국립중앙도서관
朝鮮関係図書論文目録 第24号	① 京城帝国大学 法文学部 経済研究室編 ② 京城帝国大学 法文学部 経済研究室 ③ 京城 ④ 1940 ⑤ 고려대도서관
朝鮮関係文献目録	② 昭和十五年一月号 ② 群書堂書店 ③ 京城 ④ 1930 ⑤ 연세대도서관
朝鮮関係文献抄録	① 桜井義之編 ③ 京城 ④ 1937 ⑤ 서울대도서관
朝鮮関係資料	① 内務省管理局殖産課長 ⑤ 도쿄대도서관
朝鮮関係帝国議会議事経過摘録 第1輯	① 朝鮮総督府編 ② 朝鮮総督府 ③ 京城 ④ 1915 ⑤ 고려대도서관, 연세대도서관
朝鮮関係帝国議会議事経過摘録	① 朝鮮総督府編 ② 朝鮮総督府 ③ 京城 ④ 1915 ⑤ 국립중앙도서관, 서울대도서관
朝鮮関係帝国議会提出検査院検査報告政府答弁両院決議集, 第1輯	
	② 朝鮮総督府 ③ 京城 ④ 1931 ⑤ 연세대도서관
朝鮮官公私立高等普通学校, 師範学校, 実業学校入学試験問題模範解答	
	① 以文堂編 ② 以文堂 ③ 京城 ④ 1924 ⑤ 국립중앙도서관
朝鮮官公署所在地名并ニ管轄区域	① 越智唯七 ② ウツボヤ書籍店出版部 ③ 京城 ④ 1922 ⑤ 고려대도서관, 서울대도서관, 홋카이도대도서관
朝鮮官私鉄道軌道職員録	② 朝鮮鉄道協会 ③ 京城 ④ 1934 ⑤ 연세대도서관
朝鮮関税法規	① 朝鮮総督府財務局編 ② 朝鮮総督府財務局 ③ 京城 ④ 1938 ⑤ 한국국회도서관, 서울대도서관
朝鮮関税定率令並輸 出入税表類別	① 朝鮮総督府編 ② 朝鮮総督府 ③ 京城 ④ 1917 ⑤ 국립중앙도서관, 연세대도서관
朝鮮関税制度ノ改正ニ就テ	① 朝鮮銀行調査局 ③ 京城 ④ 1919 ⑤ 서울대도서관
朝鮮慣習調査報告書	① 朝鮮総督府編 ③ 京城 ④ 1912 ⑤ 서울대도서관
朝鮮官有財産大要	① 矢野哲治 ② 朝鮮財務協会 ③ 京城 ④ 1935 ⑤ 국립중앙도서관, 한국국회도서관, 고려대도서관, 연세대도서관, 일본국회도서관
朝鮮官有財産法規	① 朝鮮総督府財務局税務課編 ② 朝鮮総督府財務局税務課 ③ 京城 ④ 1931 ⑤ 국립중앙도서관
朝鮮官有財産法規集	① 朝鮮総督府財務局編 ② 朝鮮総督府財務局税務課 ③ 京城 ④ 1930 ⑤ 국립중앙도서관
朝鮮官廷秘話国太公の제	① 細井肇 ② 自由討究社 ③ 京城 ④ 1929 ⑤ 연세대도서관

朝鮮鉱区一覧 明治43年末日現在	① 朝鮮総督府農商工部 ② 朝鮮総督府農商工部 ③ 京城 ④ 1911 ⑤ 일본국회도서관
朝鮮鉱区一覧 昭和11-12, 14年	① 朝鮮総督府殖産局鉱山課編 ② 朝鮮鉱業会 ③ 京城 ④ 1936-39 ⑤ 일본국회도서관
朝鮮鉱区一覧 昭和15年7月1日現在	① 朝鮮総督府殖産局鉱山課編 ② 朝鮮鉱業会 ③ 京城 ④ 1940 ⑤ 일본국회도서관
朝鮮鉱区一覧 昭和16年7月1日現在	① 朝鮮総督府殖産局鉱政課編 ② 朝鮮鉱業会 ③ 京城 ④ 1942 ⑤ 일본국회도서관
朝鮮鉱区一覧 昭和2年1月1日現在-昭和10年1月1日現在	① 朝鮮総督府殖産局鉱山課編 ② 朝鮮総督府殖産局鉱山課 ③ 京城 ④ 1927-1935 ⑤ 일본국회도서관
朝鮮鉱区一覧	① 徳野真士編 ② 朝鮮鉱業会 ③ 京城 ④ 1936 ⑤ 부산시민도서관
朝鮮鉱区一覧	① 朝鮮総督府編 ② 発行者不明 ③ 京城 ④ 1915-43 ⑤ 국립중앙도서관, 연세대도서관
朝鮮鉱区一覧	① 朝鮮総督府殖産局 鉱務課編 ② 朝鮮鉱業会 ③ 京城 ④ 1921 ⑤ 고려대도서관
朝鮮鉱区一覧	① 朝鮮総督府殖産局鉱山課編 ② 朝鮮鉱業会 ③ 京城 ④ 1934, 1937, 1938, 1939, 1942, 1943 ⑤ 한국국회도서관
朝鮮鉱物誌	① 朝鮮総督府水産試験場 ② 朝鮮総督府地質調査所 ③ 京城 ④ 1941 ⑤ 부산시민도서관
朝鮮鉱産物	① 川崎繁太郎 ② 朝鮮鉱業会 ③ 京城 ④ 1935 ⑤ 국립중앙도서관, 고려대도서관
朝鮮鉱産地	① 朝鮮総督府商工部編 ② 朝鮮総督府 ③ 京城 ④ 1911 ⑤ 국립중앙도서관, 고려대도서관, 서울대도서관, 홋카이도대도서관
朝鮮鉱産地	③ 韓国 ⑤ 연세대도서관
朝鮮鉱床論	① 土田定次郎 ② 霞ヶ関書房 ③ 京城 ④ 1944 ⑤ 국립중앙도서관, 연세대도서관
朝鮮鉱床論の片鱗	① 中村新太郎 ② 古今書院 ③ 京城 ④ 1928 ⑤ 국립중앙도서관, 연세대도서관
朝鮮鉱床調査報告 黄海道	① 朝鮮総督府地質調査所 ② 朝鮮総督府 ③ 京城 ④ 1917-29 ⑤ 국립중앙도서관
朝鮮鉱床調査報告 7巻 ノ2	① 朝鮮総督府地質調査所編 ② 朝鮮総督府地質調査所 ③ 京城 ④ 1924 ⑤ 고려대도서관
朝鮮鉱床調査報告 第10巻(慶尚北道) 2, 3	① 朝鮮総督府地質調査所編 ② 朝鮮総督府地質調査所 ③ 京城 ④ 1921, 1924 ⑤ 일본국회도서관
朝鮮鉱床調査報告 第10巻ノ3	① 朝鮮総督府地質調査所編 ② 朝鮮総督府地質調査所 ③ 京城 ④ 1924 ⑤ 고려대도서관

朝鮮鉱床調査報告 第11巻(慶尚南道)　　　①朝鮮総督府地質調査所編　②朝鮮総督府地質調査所　③京城

朝鮮鉱床調査報告 第12巻(全羅北道)　　　①朝鮮総督府地質調査所編　②朝鮮総督府地質調査所　③京城　④1923
　　　　　　　　　　　　　　　　　　　　⑤일본국회도서관

朝鮮鉱床調査報告 第13巻(全羅南道)　　　①朝鮮総督府地質調査所編　②朝鮮総督府地質調査所　③京城　④1922
　　　　　　　　　　　　　　　　　　　　⑤일본국회도서관, 고려대도서관

　朝鮮鉱床調査報告 第1巻(平安北道) 2　　①朝鮮総督府地質調査所編　②朝鮮総督府地質調査所　③京城　④1921
　　　　　　　　　　　　　　　　　　　　⑤일본국회도서관

朝鮮鉱床調査報告 第1巻ノ1-第13巻　　　①朝鮮総督府地質調査所編　②朝鮮総督府地質調査所　③京城　④1913-
　　　　　　　　　　　　　　　　　　　　1929　⑤오사카대학

朝鮮鉱床調査報告 第2巻(平安南道) 2　　①朝鮮総督府地質調査所編　②朝鮮総督府地質調査所　③京城　④1917
　　　　　　　　　　　　　　　　　　　　⑤일본국회도서관

朝鮮鉱床調査報告 第3巻(黄海道) 3　　　①朝鮮総督府地質調査所編　②朝鮮総督府地質調査所　③京城　④1921
　　　　　　　　　　　　　　　　　　　　⑤일본국회도서관

朝鮮鉱床調査報告 第6巻(京畿道) 1　　　①朝鮮総督府地質調査所編　②朝鮮総督府地質調査所　③京城　④1917
　　　　　　　　　　　　　　　　　　　　⑤일본국회도서관

朝鮮鉱床調査報告 第6巻(京畿道) 2　　　①朝鮮総督府地質調査所編　②朝鮮総督府　③京城　④1918　⑤일본국회도
　　　　　　　　　　　　　　　　　　　　서관

朝鮮鉱床調査報告 第7巻 第2　　　　　　①朝鮮総督府地質調査所　②朝鮮総督府地質調査所　③京城　④1924
　　　　　　　　　　　　　　　　　　　　⑤일본국회도서관

朝鮮鉱床調査報告 第7巻(江原道) 1　　　①朝鮮総督府地質調査所編　②朝鮮総督府地質調査所　③京城　④1921
　　　　　　　　　　　　　　　　　　　　⑤일본국회도서관

朝鮮鉱床調査報告 第8巻　　　　　　　　①朝鮮総督府地質調査所　②朝鮮総督府地質調査所　③京城　④1923
　　　　　　　　　　　　　　　　　　　　⑤일본국회도서관

朝鮮鉱床調査報告 第9巻(忠清南道)　　　①朝鮮総督府地質調査所編　②朝鮮総督府地質調査所　③京城　④1921
　　　　　　　　　　　　　　　　　　　　⑤일본국회도서관

朝鮮鉱床調査報告, 1, 3, 5, 7　　　　　①朝鮮総督府編　②朝鮮総督府　③京城　④1915-1921　⑤한국국회도서관

朝鮮鉱床調査報告, 第10巻ノ3慶尚北道=Mineral resources of Chosen(Korea)
　　　　　　　　　　　　　　　　　　　　②朝鮮総督府地質調査所　③京城　④1924　⑤연세대도서관

朝鮮鉱床調査報告, 第1巻平安北道ノ1　　②朝鮮総督府　③京城　④1915　⑤연세대도서관

朝鮮鉱床調査報告, 第1巻平安北道ノ1～第3巻黄海道 ノ3
　　　　　　　　　　　　　　　　　　　　②朝鮮総督府　③京城　④1913-1921　⑤연세대도서관

朝鮮鉱床調査報告, 第3巻黄海道ノ2　　　②朝鮮総督府　③京城　④1915　⑤연세대도서관

朝鮮鉱床調査報告, 第3巻黄海道ノ3　　　②朝鮮総督府地質調査所　③京城　④1921　⑤연세대도서관

朝鮮鉱床調査報告, 第5巻咸鏡南道ノ1　　②朝鮮総督府地質調査所　③京城　④1929　⑤연세대도서관

朝鮮鉱床調査報告, 第6巻京畿道ノ2　　　②朝鮮総督府地質調査所　③京城　④192-?

朝鮮鉱床調査報告, 第9巻忠清南道　　　　②朝鮮総督府地質調査所　③京城　④1921　⑤연세대도서관

朝鮮鉱床調査報告　　　　　　　　　　　①朝鮮総督府地質調査所編　②朝鮮総督府地質調査所　③京城　④1916-
　　　　　　　　　　　　　　　　　　　42　⑤국립중앙도서관

朝鮮鉱床調査報告　　　　　　　　　　　①朝鮮総督府編　②朝鮮総督府　③京城　④1918　⑤고려대도서관

朝鮮鉱床調査要報 = Bulletin on the mineral survey of Cho^sen(Korea)
　　　　　　　　　　　　　　　　　　　①朝鮮総督府地質調査所編　②朝鮮総督府地質調査所　③京城　④1912-
　　　　　　　　　　　　　　　　　　　1943　⑤서울대도서관

朝鮮鉱床調査要報 慶尚北道慶州郡珪藻土調査報文, 第4冊
　　　　　　　　　　　　　　　　　　　①朝鮮総督府地質調査所編　②朝鮮総督府地質調査所　③京城　④1930
　　　　　　　　　　　　　　　　　　　⑤한국국회도서관

朝鮮鉱床調査要報 第10巻第1号, 平安南道成川郡大谷面石線鉱床調査報文 平安北道博川郡及平安南道平原郡雲母鉱
　　　　　　　　床調査報文
　　　　　　　　　　　　　　　　　　　①朝鮮総督府地質調査所編　②朝鮮総督府地質調査所　③京城　④1935
　　　　　　　　　　　　　　　　　　　⑤고려대도서관

朝鮮鉱床調査要報 第10巻第2号, 咸鏡南道端川郡南斗日面雲松里ニツケル鉱床調査報文
　　　　　　　　　　　　　　　　　　　①朝鮮総督府地質調査所編　②朝鮮総督府地質調査所　③京城　④1935
　　　　　　　　　　　　　　　　　　　⑤고려대도서관

朝鮮鉱床調査要報 第12巻第1号, 咸鏡南道文川郡雲林面佳銀金山調査報文
　　　　　　　　　　　　　　　　　　　①朝鮮総督府地質調査所編　②朝鮮総督府地質調査所　③京城　④1939
　　　　　　　　　　　　　　　　　　　⑤고려대도서관

朝鮮鉱床調査要報 第12巻第2号, 平安北道身弥島・炭島及가島地質及鉱床調査報文外2個地鉱床調査報文
　　　　　　　　　　　　　　　　　　　①朝鮮総督府地質調査所編　②朝鮮総督府地質調査所　③京城　④1939
　　　　　　　　　　　　　　　　　　　⑤고려대도서관

朝鮮鉱床調査要報 第16巻第1号, 江原道遠南面南屯里菅沼金化鉱山マンガン鉱床調査報文 咸鏡南道豊山郡豊山面梨
　　　　　　　　坡里附近の鉄鉱床(第2報)
　　　　　　　　　　　　　　　　　　　①朝鮮総督府地質調査所編　②朝鮮総督府地質調査所　③京城　④1941
　　　　　　　　　　　　　　　　　　　⑤고려대도서관

朝鮮鉱床調査要報 第16巻第2号, 京畿道楊平郡雪岳面楊平石線鉱山鉱床調査報文 黄海道平山・新渓・新川郡石線鉱
　　　　　　　　床調査報文
　　　　　　　　　　　　　　　　　　　①朝鮮総督府地質調査所編　②朝鮮総督府地質調査所　③京城　④1942
　　　　　　　　　　　　　　　　　　　⑤고려대도서관

朝鮮鉱床調査要報 第3冊ノ2, 石炭風化試験成績報文
　　　　　　　　　　　　　　　　　　　①朝鮮総督府地質調査所編　②朝鮮総督府地質調査所　③京城　④1927
　　　　　　　　　　　　　　　　　　　⑤고려대도서관

朝鮮鉱床調査要報 第3冊ノ3, 鉱山物分析試験成積報告
　　　　　　　　　　　　　　　　　　　①朝鮮総督府地質調査所編　②朝鮮総督府地質調査所　③京城　④1927
　　　　　　　　　　　　　　　　　　　⑤고려대도서관

朝鮮鉱床調査要報 第4冊ノ1, 慶尚南道統営郡光道面竹林里だいあよぽ-あ鉱床調査報文

①朝鮮総督府地質調査所編　②朝鮮総督府地質調査所　③京城　④1928
⑤고려대도서관

朝鮮鉱床調査要報　第4冊ノ2, 慶尚北道慶州郡珪藻土調査報文
①朝鮮総督府地質調査所編　②朝鮮総督府地質調査所　③京城　④1930
⑤고려대도서관

朝鮮鉱床調査要報　第4冊ノ4, 京畿道富川郡(永宗面·)金鉱調査報文　慶尚南道梁山郡勿禁鉄山鉱上調査報文
①朝鮮総督府地質調査所編　②朝鮮総督府地質調査所　③京城　④1932
⑤고려대도서관

朝鮮鉱床調査要報　第7巻第2号, 黄海道載寧·鳳山及平山郡に於ける蛍石鉱床調査報文
①朝鮮総督府地質調査所編　②朝鮮総督府地質調査所　③京城　④1933
⑤고려대도서관

朝鮮鉱床調査要報　第8巻, 慶尚南道金海郡·全羅南道海南·珍島及務安郡明礬石鉱床調査報文
①朝鮮総督府地質調査所編　②朝鮮総督府地質調査所　③京城　④1934
⑤고려대도서관

朝鮮鉱床調査要報　第9巻, 古文献に顕はれたる朝鮮鉱山物
①朝鮮総督府地質調査所編　②朝鮮総督府地質調査所　③京城　④1935
⑤고려대도서관

朝鮮鉱床調査要報　朝鮮鉱物誌, 第2冊　①朝鮮総督府地質調査所編　②朝鮮総督府地質調査所　③京城　④1931
⑤한국국회도서관

朝鮮鉱床調査要報　咸鏡北道富寧郡広長金鉱調査報文, 第4冊
①朝鮮総督府地質調査所編　②朝鮮総督府地質調査所　③京城　④1923
⑤한국국회도서관

朝鮮鉱床調査要報, 第10巻第1号　②朝鮮総督府地質調査所　③京城　④1935　⑤연세대도서관
朝鮮広床調査要報, 第10巻第2号　②朝鮮総督府地質調査所　③京城　④1935　⑤연세대도서관
朝鮮広床調査要報, 第11巻第1号　②朝鮮総督府地質調査所　③京城　④1936　⑤연세대도서관
朝鮮鉱床調査要報, 第12巻第2号　②朝鮮総督府地質調査所　③京城　④1939　⑤연세대도서관
朝鮮鉱床調査要報, 第13巻第1号　②朝鮮総督府地質調査所　③京城　④1939　⑤연세대도서관
朝鮮鉱床調査要報, 第13巻第2号　②朝鮮総督府地質調査所　③京城　④1940　⑤연세대도서관
朝鮮鉱床調査要報, 第14巻第1号　②朝鮮総督府地質調査所　③京城　④1940　⑤연세대도서관
朝鮮鉱床調査要報, 第14巻第2号　②朝鮮総督府地質調査所　③京城　④1941　⑤연세대도서관
朝鮮鉱床調査要報, 第15巻　②朝鮮総督府地質調査所, 三省堂　③京城　④1941　⑤연세대도서관
朝鮮鉱床調査要報, 第16巻第1号　②朝鮮総督府地質調査所　③京城　④1941　⑤연세대도서관
朝鮮鉱床調査要報, 第16巻第2号　②朝鮮総督府地質調査所　③京城　④1942　⑤연세대도서관
朝鮮鉱床調査要報, 第17巻第1号　②朝鮮総督府地質調査所　③京城　④1943　⑤연세대도서관
朝鮮鉱床調査要報, 第1冊ノ1～第3冊ノ3　②京城　②朝鮮総督府, 朝鮮総督府地質調査所　③京城　④1912-1926
⑤연세대도서관

朝鮮鉱床調査要報, 第4冊ノ1～第7巻第1号　②朝鮮総督府地質調査所　③京城　④1928-1932　⑤연세대도서관

朝鮮鉱床調査要報, 第5巻　②朝鮮総督府地質調査所　③京城　④1932　⑤연세대도서관

朝鮮鉱床調査要報, 第7巻第1号　②朝鮮総督府地質調査所　③京城　④1932　⑤연세대도서관

朝鮮鉱床調査要報, 第7巻第2号　②朝鮮総督府地質調査所　③京城　④1933　⑤연세대도서관

朝鮮鉱床調査要報, 第9巻　②朝鮮総督府地質調査所　③京城　④1935　⑤연세대도서관

朝鮮鉱床調査要報, 第9巻～第10巻第2号　②朝鮮総督府地質調査所　③京城　④1935　⑤연세대도서관

朝鮮鉱床調査要報, 第8巻　②朝鮮総督府地質調査所　③京城　④1934　⑤연세대도서관

朝鮮鉱石学及探鉱法　①安蘇善四郎　②ウツホヤ書籍店　③京城　④1917　⑤국립중앙도서관, 서울대도서관, 부산시민도서관, 홋카이도대도서관

朝鮮鉱業の概況　①朝鮮総督府殖産局鉱山課編　②朝鮮鉱業会　③京城　④1933　⑤국립중앙도서관, 고려대도서관, 서울대도서관

朝鮮鉱業の趨勢　①朝鮮総督府殖産局鉱山課編　②朝鮮鉱業会　③京城　④1934　⑤고려대도서관

朝鮮鉱業の趨勢　①朝鮮総督府殖産局鉱山課編　②朝鮮鉱業会　③京城　④1935　⑤한국국회도서관

朝鮮鉱業の趨勢　①朝鮮総督府殖産局編　②朝鮮総督殖産局　③京城　④1928-36　⑤국립중앙도서관, 연세대도서관, 일본국회도서관

朝鮮鉱業関係法規及び出願手続並心得　①佐野福蔵編　②松山房　③京城　④1938　⑤국립중앙도서관

朝鮮鉱業令　①朝鮮総督府編　②朝鮮総督府　③京城　④1918　⑤한국국회도서관

朝鮮鉱業令大意　①能勢幸市　②朝鮮鉱業会　③京城　④1928　⑤국립중앙도서관, 연세대도서관, 규슈대도서관, 도호쿠대도서관, 홋카이도대도서관

朝鮮鉱業法規集　①徳野真士編　②朝鮮鉱業会　③京城　④1932, 1935, 1938　⑤국립중앙도서관

朝鮮鉱業法規集　①朝鮮総督府殖産局鉱山課編　②朝鮮鉱業会　③京城　④1939　⑤국립중앙도서관, 한국국회도서관, 연세대도서관

朝鮮鉱業令大意　①能勢幸市　②朝鮮鉱業会　③京城　④1928　⑤한국국회도서관

朝鮮鉱業要覧　①朝鮮総督府編　②朝鮮総督府　③京城　④1936　⑤고려대도서관

朝鮮鉱業要覧　①佐藤忠義編　②朝鮮鉱業研究会　③京城　④1916　⑤국립중앙도서관

朝鮮鉱業誌　①浅野虎三郎　②京城日報社　③京城　④1913　⑤고려대도서관

朝鮮鉱業出願手続及経営指針　①小杉巌, 寒川俊太郎 共　②厚生閣　③京城　④1939　⑤국립중앙도서관

朝鮮鉱業会パンフレット　①朝鮮鉱業会編　③京城　④1932-34　⑤국립중앙도서관

朝鮮鉱業会臨時鉱業調査委員会決議事項　②朝鮮鉱業会　③京城　④1921　⑤교토대도서관

朝鮮鉱業会臨時鉱業調査委員会第一部調査報告書
　①朝鮮鉱業会編 第1巻　②朝鮮鉱業会　③京城　④1921　⑤고려대도서관, 교토대도서관

朝鮮鉱業会誌　②抜刷　③京城　②朝鮮総督府地質調査所　④1939-1940　⑤연세대도서관

	대도서관
朝鮮教育年鑑	① 朝鮮教育図書出版部編 ② 朝鮮教育図書出版部 ③ 京城 ④ 1936 ⑤ 국립중앙도서관, 연세대도서관
朝鮮教育要覧 大正4年-昭和4年	① 朝鮮総督府学務局編 ② 朝鮮総督府学務局 ③ 京城 ④ 1915 ⑤ 교토대도서관
朝鮮教育要覧	① 朝鮮総督府学務局編 ② 朝鮮総督府 ③ 京城 ④ 1915-26 ⑤ 국립중앙도서관, 부산시민도서관, 일본국회도서관
朝鮮教育要覧	① 朝鮮総督府学務局編 ② 朝鮮総督府学務局 ③ 京城 ④ 1919- ⑤ 도쿄대도서관
朝鮮教育要覧	① 朝鮮総督府学務局編 ② 朝鮮総督府学務局 ③ 京城 ④ 1926 ⑤ 고려대도서관, 연세대도서관
朝鮮教育要覧	① 朝鮮総督府学務局編 ② 朝鮮総督府学務局 ③ 京城 ④ 1928 ⑤ 홋카이도대도서관, 연세대도서관
朝鮮教育者必携	① 朝鮮教育研究会編 ② 朝鮮教育研究会 ③ 京城 ④ 1918 ⑤ 국립중앙도서관
朝鮮教育参考資料	① 朝鮮総督府 ② 総督府 ③ 京城 ④ 1928 ⑤ 고려대도서관
朝鮮教育行政	① 岡久雄 ② 帝国地方行政学会朝鮮本部 ③ 京城 ④ 1940 ⑤ 국립중앙도서관, 부산시민도서관, 고려대도서관, 연세대도서관, 서울대도서관
朝鮮教育会各道支会施設状況	① 朝鮮総督府編 ② 朝鮮総督府 ③ 京城 ④ 1931 ⑤ 국립중앙도서관
朝鮮交際始末	① 奥義制 ③ 京城 ④ 1930 ⑤ 서울대도서관
朝鮮交通及運輸	① 柳川勉編 ② 朝鮮事情社 ③ 京城 ④ 1925 ⑤ 연세대도서관
朝鮮旧慣制度調査事業概要	① 朝鮮総督府中枢院編 ② 朝鮮総督府中枢院 ③ 京城 ④ 1938 ⑤ 국립중앙도서관, 한국국회도서관, 일본국회도서관, 부산시민도서관, 고려대도서관, 서울대도서관, 연세대도서관, 교토대도서관, 규슈대도서관, 도쿄대도서관, 도호쿠대도서관, 오사카대학, 홋카이도대도서관
朝鮮旧時の金融財政慣行	① 朝鮮総督府編 ② 治刑協会 ③ 京城 ④ 1936 ⑤ 한국국회도서관
朝鮮旧時の金融再訂慣行	① 朝鮮金融組合協会編 ② 朝鮮金融組合協会 ③ 京城 ④ 1930 ⑤ 국립중앙도서관, 연세대도서관, 서울대도서관, 도쿄대도서관
朝鮮旧時の刑政	① 中橋政吉 ② 治刑協会 ③ 京城 ④ 1936 ⑤ 국립중앙도서관, 고려대도서관, 연세대도서관, 도쿄대도서관, 나고야대도서관
朝鮮旧時の刑政	① 中橋政吉 ② 金融組合協会 ③ 京城 ④ 1930 ⑤ 한국국회도서관
朝鮮国内工作委員会事件等予審決定書写	① 京城地方法院予審掛編 ② 京城地方法院予審掛 ③ 京城 ④ 1900-45 ⑤ 국립중앙도서관
朝鮮国図	①(朝鮮) 李회(松谷)編 ③ 京城 ④ 1934 ⑤ 서울대도서관
朝鮮国民貯蓄組合令に関する資料	① 朝鮮金融組合聯合会 ② 朝鮮金融組合聯合会 ③ 京城 ④ 1941 ⑤ 서울대도서관
朝鮮国民学校各科教授要義	① 皇国教育研修会編 ② 皇国教育研修会 ③ 公州 ④ 1942 ⑤ 국립중앙도서관

朝鮮国民学校教則の実践	① 人束周吉 ② 日本出版社 ③ 京城 ④ 1941 ⑤ 국립중앙도서관, 한국국회도서관
朝鮮国民学校教則案解説	① 井下田繁雄編 ③ 京城 ④ 1941 ⑤ 서울대도서관
朝鮮国宝大観	① 杉原定吉編 ② 日韓書房 ③ 京城 ④ 1911 ⑤ 서울대도서관, 일본국회도서관, 도호쿠대도서관
朝鮮国宝的遺物及古蹟大全	① 青柳鋼太郎(南冥) ② 朝鮮総督府 ③ 京城 ④ 1927 ⑤ 국립중앙도서관, 한국국회도서관, 고려대도서관, 연세대도서관, 서울대도서관, 부산시민도서관, 규슈대도서관
朝鮮国府鉄道旅客及荷物運送規則並同取扱細則	① 朝鮮総督府鉄道局編 ② 朝鮮総督府鉄道局 ③ 京城 ④ 1932 ⑤ 고려대도서관
朝鮮国勢調査	① 京城府編 ② 京城府 ③ 京城 ④ 1936 ⑤ 국립중앙도서관
朝鮮国勢調査結果要約	① 朝鮮総督官房調査課編 ② 朝鮮総督官房調査課 ③ 京城 ④ 1940 ⑤ 한국국회도서관
朝鮮国勢調査報告 全鮮編 昭和101935	① 朝鮮総督府 ② 朝鮮総督府 ③ 京城 ④ 1939 ⑤ 서울대도서관
朝鮮国勢調査補告 全鮮編	① 朝鮮総督府 ② 朝鮮総督府 ③ 京城 ④ 1935, 1938, 1939 ⑤ 서울대도서관
朝鮮国勢調査報告 1-10 全鮮篇	① 朝鮮総督府編 ② 朝鮮総督府 ③ 京城 ④ 1932-39 ⑤ 국립중앙도서관
朝鮮国勢調査報告 道編 第9巻, 第10巻, 第11巻, 第12巻, 第13巻	① 朝鮮総督府編 ② 朝鮮総督府 ③ 京城 ④ 1930 ⑤ 고려대도서관
朝鮮国勢調査報告 昭和10年	① 朝鮮総督府編 ② 朝鮮総督府 ③ 京城 ④ 1937-39 ⑤ 일본국회도서관
朝鮮国勢調査報告 昭和5年	① 朝鮮総督府編 ② 朝鮮総督府 ③ 京城 ④ 1932-1935 ⑤ 일본국회도서관
朝鮮国税調査報告 全鮮編, 1930, 第1巻	① 朝鮮総督府編 ② 朝鮮総督府 ③ 京城 ④ 1930 ⑤ 한국국회도서관
朝鮮国勢調査報告 全鮮編, 1935	① 朝鮮総督府 ② 朝鮮総督府 ③ 京城 ④ 1939 ⑤ 한국국회도서관
朝鮮国勢調査報告	② 全鮮編 ② 結果表及記述報文 ① 朝鮮総督府編 ② 朝鮮総督府 ③ 京城 ④ 1935 ⑤ 고려대도서관
朝鮮国勢調査報告鮮編 第2巻 記術報告	① 朝鮮総督府 ② 朝鮮総督府 ③ 京城 ④ 1935 ⑤ 한국국회도서관
朝鮮国勢調査速報 昭和10年 世帯及人口	① 朝鮮総督府編 ② 朝鮮総督府 ③ 京城 ④ 1935 ⑤ 국립중앙도서관, 일본국회도서관
朝鮮国勢調査速報 昭和5年 世帯及人口	① 朝鮮総督府編 ② 朝鮮総督府 ③ 京城 ④ 1931 ⑤ 국립중앙도서관
朝鮮国有林施業案規程	② 朝鮮総督府 ③ 京城 ④ 1939 ⑤ 연세대도서관
朝鮮国有林十名山資料目録	① 松岡脩三 ④ 1936 ⑤ 규슈대도서관
朝鮮国有二十年運転之面影	① 朝鮮総督府鉄道局運転課編 ② 朝鮮総督府鉄道局運転課 ③ 京城 ④ 1927 ⑤ 국립중앙도서관
朝鮮国有財産法詳解	① 矢野誓治 ② 朝鮮財務協会 ③ 京城 ④ 1937 ⑤ 국립중앙도서관, 고려대도서관, 연세대도서관, 서울대도서관, 일본국회도서관

朝鮮国有財産評解	①失野誓治 ②朝鮮財務協会 ③京城 ④1940 ⑤고려대도서관, 연세대도서관
朝鮮国有鉄道旅客及荷物通宋規則並同取扱細則	
	①朝鮮総督府鉄道局編 ②朝鮮総督府鉄道局 ③京城 ④1932 ⑤국립중앙도서관, 연세대도서관
朝鮮国有鉄道埠頭営業規則並同補則	①朝鮮総督府鉄道局 ②朝鮮総督府鉄道局 ③京城 ④1942 ⑤일본국회도서관
朝鮮国有鉄道旅客及荷物運送規則運送取扱細則	
	②朝鮮総督府鉄道局 ③京城 ④1930 ⑤연세대도서관
朝鮮国有鉄道貨物運送規則, 同補則 1-5	①朝鮮総督府鉄道局編 ②朝鮮総督府鉄道局 ③京城 ④1936-42 ⑤국립중앙도서관
朝鮮国有鉄道貨物運送規則同補則	①朝鮮総督府鉄道局編 ②朝鮮総督府鉄道局 ③京城 ④1938 ⑤한국국회도서관
朝鮮国有鉄道貨物運送規則運送取扱細則	②朝鮮総督府鉄道局 ③京城 ④1927 ⑤연세대도서관, 도쿄대도서관
朝鮮国有鉄道貨物運賃等級要覧	①朝鮮交通学会編 ②朝鮮交通学会 ③京城 ④1930 ⑤국립중앙도서관, 연세대도서관
朝鮮国有鉄道貨物運賃等級表	①朝鮮総督府鉄道局編 ②朝鮮総督府鉄道局 ③京城 ④1929 ⑤국립중앙도서관
朝鮮国有鉄道貨物特定賃率表	①朝鮮総督府鉄道局編 ②朝鮮総督府鉄道局 ③京城 ④1926 ⑤도쿄대도서관
朝鮮麹子提要	①森本巌 ②십村栄助支店 ③京城 ④1935 ⑤국립중앙도서관, 고려대도서관
朝鮮国際警察論	①田口春二郎 ②秋田屋書店 ③京城 ④1914 ⑤국립중앙도서관, 서울대도서관
朝鮮軍関係書類	⑤도쿄대도서관
朝鮮群山商工会議所統計年報 昭和11年	①群山商工会議所編 ②群山商工会議所 ③群山 ④1937 ⑤국립중앙도서관
朝鮮群書大系(朝鮮美術大観) 第2輯	①朝鮮古書刊行会 ②朝鮮古書刊行会 ③京城 ④1910 ⑤일본국회도서관
朝鮮軍衛生成績大要	①朝鮮軍軍医部編 ②朝鮮軍軍医部 ③京城 ④1922 ⑤국립중앙도서관
朝鮮軍出動記念 昭和6・7年満洲事変	①越智兵一 ②발행지불명 ③京城 ⑤한국국회도서관
朝鮮窮民救済治水工事年報 昭和6, 7, 8年度	
	①朝鮮総督府 ②朝鮮総督府内務局 ③京城 ④1933-1935, 1936 ⑤일본국회도서관
朝鮮窮民救済治水工事年報 昭和6年度	①朝鮮総督府内務局編 ②朝鮮総督府 ③京城 ④1933 ⑤고려대도서관
朝鮮窮民救済治水工事年報	①朝鮮総督府 ②朝鮮総督府 ③京城 ④1935 ⑤고려대도서관
朝鮮窮民救済治水工事年報	①朝鮮総督府内務局編 ②朝鮮総督府内務局 ③京城 ④1933-40 ⑤국립중앙도서관
朝鮮窮民救済治水工事年報, 1931	①朝鮮総督府内務局編 ②朝鮮総督府内務局 ③京城 ④1931 ⑤한국국회도서관

朝鮮窮民救済治水工事年報, 1933	①朝鮮総督府内務局編 ②朝鮮総督府内務局 ③京城 ④1933 ⑤한국국회도서관
朝鮮窮民救済治水工事年報, 1934-1935	①朝鮮総督府内務局編 ②朝鮮総督府内務局 ③京城 ④1934-1935 ⑤한국국회도서관
朝鮮窮民救済治水工事年報, 1934-1936	①朝鮮総督府内務局編 ②朝鮮総督府内務局 ③京城 ④1934-1936 ⑤한국국회도서관
朝鮮窮民救済治水工事年報	②朝鮮総督府内務局 ③京城 ④1936 ⑤연세대도서관
朝鮮勧農株式会社々誌 創立三十周年記念	②朝鮮勧農株式会社 ③京城 ④1937 ⑤홋카이도대도서관
朝鮮勧業模範場木浦支場報告	①朝鮮総督府勧業模範場木浦支場 ③木浦 ④1911, 16 ⑤국립중앙도서관
朝鮮机上便覧	①早田伊己 ②大阪屋号書店 ③京城 ④1928 ⑤국립중앙도서관, 연세대도서관
朝鮮貴族列伝	①大村友之丞編 ②大村友之丞 ③京城 ④1910 ⑤국립중앙도서관, 한국국회도서관, 고려대도서관, 연세대도서관, 서울대도서관
朝鮮貴族願届書式	①朝鮮総督府編 ②朝鮮総督府 ③京城 ④1913 ⑤국립중앙도서관
朝鮮帰化族の発展	①善生永助 ③発行地不明 ④1934 ⑤한국국회도서관
朝鮮近海に於けるサバ漁場の性状	①朝鮮総督府水産試験場 ②朝鮮総督府水産試験場 ③釜山 ④1910 ⑤서울대도서관
朝鮮近海に於けるサバ漁場の性状	①朝鮮総督府水産試験場 ②朝鮮総督府水産試験場 ③釜山 ④1941 ⑤일본국회도서관
朝鮮近海のタラに就いて, c.2	①朝鮮総督府水産試験場編 ②朝鮮総督府水産試験場 ③釜山 ④1942 ⑤한국국회도서관
朝鮮近海のタラに就いて	①朝鮮総督府水産試験場編 ②朝鮮総督府水産試験場 ③釜山 ④1942 ⑤한국국회도서관, 서울대도서관
朝鮮近海の海況並漁況 昭和12年	①朝鮮総督府水産試験場 ②朝鮮総督府水産試験場 ③釜山 ④1940 ⑤일본국회도서관, 규슈대도서관
朝鮮近海の海況並漁況 昭和12年	①朝鮮総督府水産試験場編 ②朝鮮総督府水産試験場 ③釜山 ④1930 ⑤교토대도서관
朝鮮近海の海況並漁況, 1937	①朝鮮総督府水産試験場編 ②朝鮮総督府水産試験場 ③釜山 ④1940 ⑤한국국회도서관
朝鮮近海の海況並漁況	①朝鮮総督府水産試験場編 ②朝鮮総督府水産試験場 ③釜山 ④1940 ⑤한국국회도서관, 서울대도서관
朝鮮近海産有用蝦類	②朝鮮総督府水産試験場 ③釜山 ④1941 ⑤부산시민도서관
朝鮮近海平年海況図, 第1, 8号	①朝鮮総督府水産試験場編 ②朝鮮総督府水産試験場 ③釜山 ④1936-1943
朝鮮近海平年海況図, 第8号	①朝鮮総督府水産試験場編 ②朝鮮総督府水産試験場 ③釜山 ④1943
朝鮮近海平年海況図	①朝鮮総督府水産試験場 ②朝鮮総督府水産試験場 ③釜山 ④1936

⑤ 서울대도서관

| 朝鮮近海平年海況図 | ① 朝鮮総督府水産試験場 ② 朝鮮総督府水産試験場 ③ 釜山 ④ 1943 ⑤ 일본국회도서관, 서울대도서관 |

朝鮮近海平年海況図　　　　　　　① 朝鮮総督府水産試験場 ② 朝鮮総督府水産試験場 ③ 釜山 ④ 1943
　　　　　　　　　　　　　　　　⑤ 일본국회도서관, 서울대도서관

朝鮮近海海洋図 昭和12-13年　　　① 朝鮮総督府水産試験場編 ② 朝鮮総督府水産試験場 ③ 釜山 ④ 1939
　　　　　　　　　　　　　　　　⑤ 일본국회도서관

朝鮮近海海洋図 昭和14-15年　　　① 朝鮮総督府水産試験場編 ② 朝鮮総督府水産試験場 ③ 釜山 ④ 1941
　　　　　　　　　　　　　　　　⑤ 일본국회도서관

朝鮮近海海洋図 昭和14年　　　　① 朝鮮総督府水産試験場 ② 朝鮮総督府水産試験場 ③ 釜山 ④ 1940
　　　　　　　　　　　　　　　　⑤ 일본국회도서관

朝鮮近海海洋図 昭和2年-10年　　① 朝鮮総督府水産試験場　② 朝鮮総督府水産試験場　③ 釜山　④ 1928-
　　　　　　　　　　　　　　　　1936 ⑤ 일본국회도서관

朝鮮近海海洋図 昭和4年 - 昭和16年　② 朝鮮総督府水産試験場 ③ 釜山 ④ 1930 ⑤ 나고야대도서관

朝鮮近海海洋図 昭和5年-昭和4年　② 朝鮮総督府水産試験場 ③ 釜山 ④ 1929 ⑤ 교토대도서관

朝鮮近海海洋図, 1926-1929, 1931-1932, 1934-1935, 1938-1941
　　　　　　　　　　　　　　　　① 朝鮮総督府水産試験場編 ② 海洋調査要報社 ③ 釜山 ④ 1926-1941
　　　　　　　　　　　　　　　　⑤ 한국국회도서관

朝鮮近海海洋図, 1927-1928, 1930, 1933-1934, 1936, 1937
　　　　　　　　　　　　　　　　① 朝鮮総督府水産試験場編 ② 海洋調査要報社 ③ 釜山 ④ 1928-1939
　　　　　　　　　　　　　　　　⑤ 한국국회도서관

朝鮮近海海洋図, 1930　　　　　　① 朝鮮総督府水産試験場編 ② 海洋調査要報社 ③ 京城 ④ 1930 ⑤ 한국
　　　　　　　　　　　　　　　　국회도서관

朝鮮近海海洋図, 1933　　　　　　① 朝鮮総督府水産試験場編 ② 海洋調査要報社 ③ 京城 ④ 1933 ⑤ 한국
　　　　　　　　　　　　　　　　국회도서관

朝鮮近海海洋図, 1936　　　　　　① 朝鮮総督府水産試験場編 ② 海洋調査要報社 ③ 京城 ④ 1936 ⑤ 한국
　　　　　　　　　　　　　　　　국회도서관

朝鮮近海海洋図, 1937　　　　　　① 朝鮮総督府水産試験場編 ② 海洋調査要報社 ③ 京城 ④ 1937 ⑤ 한국
　　　　　　　　　　　　　　　　국회도서관

朝鮮近海海洋図　　　　　　　　　② 朝鮮総督府水産試験場 ③ 釜山 ④ 1930-1939 ⑤ 연세대도서관

朝鮮近海海洋図　　　　　　　　　① 朝鮮総督府水産試験場編 ② 朝鮮総督府水産試験場 ③ 京城 ④ 1930-
　　　　　　　　　　　　　　　　41 ⑤ 국립중앙도서관, 규슈대도서관

朝鮮近海海洋図　　　　　　　　　① 朝鮮総督府水産試験場 ② 朝鮮総督府水産試験場 ③ 釜山 ④ 1934
　　　　　　　　　　　　　　　　⑤ 서울대도서관

朝鮮近海海洋図　　　　　　　　　② 朝鮮総督府水産試験場 ③ 釜山 ④ 1930 ⑤ 홋카이도대도서관

朝鮮近海海潮流調査報告 第1報　　① 朝鮮総督府水産試験場 ② 朝鮮総督府水産試験場 ③ 釜山 ④ 1927 ⑤ 국
　　　　　　　　　　　　　　　　립중앙도서관, 일본국회도서관, 부산시민도서관

朝鮮金剛山 天下無比万二千峰 = Scenery of the Mount Kongo	
	②日之出商行 ③京城 ④1931 ⑤서울대도서관
朝鮮金剛山	①日之出商行編 ②日之出商行 ③京城 ④1939 ⑤고려대도서관
朝鮮金剛山探勝案内	①南満洲鉄道株式会社 京城管理局編 ②南満洲鉄道株式会社 京城管理局 ③京城 ④1919 ⑤고려대도서관
朝鮮金鉱石の研究	①朝鮮総督府燃料選鉱研究所 ②朝鮮鉱業会 ③京城 ④1939 ⑤서울대도서관
朝鮮金鉱業の概況	①徳野真土 ②朝鮮鉱業会 ③京城 ④1931 ⑤고려대도서관
朝鮮金石攷	①葛城末治 ②大阪屋号書店 ③京城 ④1935 ⑤고려대도서관, 서울대도서관, 연세대도서관
朝鮮今昔物語	①井上収 ②極東時報社 ③京城 ④1929 ⑤국립중앙도서관, 한국국회도서관, 고려대도서관, 연세대도서관
朝鮮金石総覧, 上, 下	①朝鮮総督府 ②朝鮮総督府 ③京城 ④1919 ⑤연세대도서관
朝鮮金石総覧	①朝鮮総督府 ②朝鮮総督府 ③京城 ④1919 ⑤서울대도서관
朝鮮金石総覧補遺	①朝鮮総督府編 ③京城 ④1923 ⑤서울대도서관
朝鮮金属鉱業発達史	①志賀融 ②朝鮮鉱業会 ③京城 ④1931 ⑤한국국회도서관 고려대도서관 서울대도서관
朝鮮金融経済研究叢書	①藤戸計太 ②大東学会 ③京城 ④1932 ⑤고려대도서관, 서울대도서관
朝鮮金融経済調査資料 其1	①朝鮮総督府編 ②朝鮮総督府 ③京城 ④1927 ⑤고려대도서관
朝鮮金融経済調査資料, 基2	①朝鮮総督府財務局 ②朝鮮総督府 ③京城 ④1927 ⑤서울대도서관, 연세대도서관
朝鮮金融経済総覧	①朝鮮公論社 ②朝鮮公論社 ③京城 ④1928 ⑤고려대도서관, 서울대도서관
朝鮮金融鉱業発達史	①志賀融編 ②朝鮮鉱業会 ③京城 ④1931 ⑤고려대도서관
朝鮮金融機関発達史	①高杉東峰編 ②実業タイムス社 ③京城 ④1940 ⑤연세대도서관
朝鮮金融機関発達史編	①高杉東峰編 ②実業タイムス社 ③京城 ④1940 ⑤한국국회도서관
朝鮮金融機関法規提要	①地方金融組合会編 ②地方金融組合会 ③京城 ④1915 ⑤국립중앙도서관
朝鮮金融団大会記事	②第二回 ③京城 ④1940 ⑤고려대도서관
朝鮮金融論十講	①鈴木武雄 ②帝国地方行政学会朝鮮本部 ③京城 ④1940 ⑤고려대도서관, 연세대도서관, 서울대도서관
朝鮮金融事情の現勢	①朝鮮金融組合聯合会編 ③京城 ④1937 ⑤서울대도서관
朝鮮金融事項参考書 和4年調	①朝鮮総督府財務局 ②朝鮮金融組合協会 ③京城 ④1929 ⑤연세대도서관
朝鮮金融事項参考書 大正14年調	①朝鮮総督府財務局編 ②朝鮮金融組合協会 ③京城 ④1926 ⑤고려대도서관
朝鮮金融事項参考書 昭和6年調	①朝鮮総督府財務局編 ②朝鮮金融組合協会 ③京城 ④1931 ⑤고려대도서관

朝鮮金融事項参考書	① 朝鮮総督府財務局, 朝鮮金融組合聯合会 ③ 京城 ④ 1937 ⑤ 서울대도서관
朝鮮金融事項参考書	① 朝鮮総督府財務局 ② 朝鮮経済協会 ③ 京城 ④ 1923 ⑤ 고려대도서관, 연세대도서관
朝鮮金融事項参考書	① 朝鮮総督府財務局 ② 朝鮮金融組合協会 ③ 京城 ④ 1931 ⑤ 연세대도서관
朝鮮金融事項参考書	① 朝鮮総督府財務局編 ② 朝鮮金融組合協会 ③ 京城 ④ 1927 ⑤ 고려대도서관
朝鮮金融事項参考書	① 朝鮮総督府財務局編 ② 朝鮮金融組合協会 ③ 京城 ④ 1929 ⑤ 고려대도서관
朝鮮金融事項参考書	① 朝鮮総督府財務局編 ② 朝鮮総督府財務局 ③ 京城 ④ 1933 ⑤ 고려대도서관
朝鮮金融事項参考書　正12年調	② 朝鮮経済協会 ③ 京城 ④ 1923 ⑤ 연세대도서관
朝鮮金融事項参考書　正15年調	② 朝鮮経済協会 ③ 京城 ④ 1927 ⑤ 연세대도서관
朝鮮金融事項参考書　和10年調	② 朝鮮金融組合聯合会 ③ 京城 ④ 1935 ⑤ 연세대도서관
朝鮮金融事項参考書　和12年調	② 朝鮮金融組合聯合会 ③ 京城 ④ 1937 ⑤ 연세대도서관
朝鮮金融事項参考書　和14年調	② 朝鮮金融組合聯合会 ③ 京城 ④ 1939 ⑤ 연세대도서관
朝鮮金融事項参考書　和8年調	① 朝鮮総督府財務局 ② 朝鮮金融組合協会 ③ 京城 ④ 1933 ⑤ 연세대도서관
朝鮮金融年報	① 朝鮮総督府財務局編 ③ 京城 ④ 1942 ⑤ 서울대도서관
朝鮮金融組合と人物	① 藤沢清次郎 ② 大陸民友社 ③ 京城 ④ 1937 ⑤ 한국국회도서관, 고려대도서관
朝鮮金融組合の現勢	① 朝鮮金融組合聯合会編 ② 朝鮮金融組合聯合会 ③ 京城 ④ 1937 ⑤ 한국국회도서관, 고려대도서관, 연세대도서관, 서울대도서관
朝鮮金融組合を語る	① 令成政男, 高杉勝吾 共 ② 生業報国会 ③ 京城 ④ 1938 ⑤ 한국국회도서관, 고려대도서관, 서울대도서관
朝鮮金融組合聯合会論	① 車田篤 ③ 京城 ④ 1934 ⑤ 고려대도서관
朝鮮金融組合聯合会十年史	① 朝鮮金融組合聯合会編 ③ 京城 ④ 1944 ⑤ 서울대도서관
朝鮮金融組合史	① 朝鮮金融組合協会編 ② 朝鮮金融組合協会 ③ 京城 ④ 1933 ⑤ 서울대도서관
朝鮮金融組合史	① 秋田豊 ② 朝鮮金融組合協会 ③ 京城 ④ 1929 ⑤ 고려대도서관, 연세대도서관 서울대도서관
朝鮮金融組合聯合会	① 朝鮮金融組合聯合会編 ② 朝鮮金融組合聯合会 ③ 京城 ④ 1942 ⑤ 서울대도서관
朝鮮金融組合聯合会関係例規集	① 朝鮮金融組合聯合会編 ② 朝鮮金融組合聯合会 ③ 京城 ④ 1944 ⑤ 한국국회도서관
朝鮮金融組合聯合会図書目録	① 朝鮮金融組合聯合会 調査課 ② 朝鮮金融組合聯合会 調査課 ③ 京城 ④ 1941 ⑤ 서울대도서관

朝鮮金融組合聯合会十年史	①鈴木伊勢治 ②朝鮮金聯 ③京城 ④1944 ⑤고려대도서관, 연세대도서관
朝鮮金融組合協会史	①山根誌編 ②朝鮮金融組合協会 ③京城 ④1920 ⑤고려대도서관
朝鮮金融組合協会史	①山根慧 ②朝鮮印刷 ③京城 ④1934 ⑤한국국회도서관, 연세대도서관, 서울대도서관
朝鮮及満蒙叢書 第4, 5輯	①朝鮮及満洲社編 ②朝鮮及満洲社 ③京城 ④1918-1919 ⑤국립중앙도서관
朝鮮及満洲に於ける北陸道人史	①荻野勝重編 ③京城 ④1927 ⑤국립중앙도서관
朝鮮及満洲の研究 第1輯 朝鮮及満洲臨時増刊	
	①朝鮮雑誌社編 ②朝鮮雑誌社 ③京城 ④1914 ⑤고려대도서관
朝鮮及満洲之研究	①釈尾春芿編 ②朝鮮雑誌社 ③京城 ④1914 ⑤국립중앙도서관 서울대도서관
朝鮮及満州叢書	①朝鮮満州社編 ②朝鮮満州社 ③京城 ④1918 ⑤서울대도서관
朝鮮及朝鮮民族 第1集	①伊藤卯三郎 ②朝鮮思想通信社 ③京城 ④1927 ⑤국립중앙도서관, 한국국회도서관, 고려대도서관, 연세대도서관, 일본국회도서관
朝鮮及朝鮮人の経済生活	①服部暢 ②帝国地方行政学会朝鮮本部 ③京城 ④1931 ⑤국립중앙도서관, 한국국회도서관, 연세대도서관, 서울대도서관, 규슈대도서관
朝鮮棋界総覧	①赤岩嘉平, 松本薫 共編 ②西村印刷所 ③京城 ④1940 ⑤한국국회도서관, 부산시민도서관
朝鮮基督教及外交史	①李能和 ②朝鮮基督教彰文社 ③京城 ④1928 ⑤고려대도서관
朝鮮基督教新教伝導団聯合会議に於ける水野政務総監の演説	
	①朝鮮総督府 訳 ③京城 ④1921 ⑤서울대도서관
朝鮮寄留制度の話 寄留届の実例	①朝鮮総督府法務局 ②朝鮮総督府法務局 ③京城 ④1942 ⑤일본국회도서관
朝鮮気象三十年報	①朝鮮総督府観測所 ②朝鮮総督府観測所 ③仁川 ④1936 ⑤국립중앙도서관, 고려대도서관, 연세대도서관, 서울대도서관, 일본국회도서관, 교토대도서관, 도쿄대도서관, 도호쿠대도서관, 홋카이도대도서관
朝鮮気象要覧 昭和8年	①朝鮮総督府観測所編 ②朝鮮総督府観測所 ③仁川 ④1933 ⑤일본국회도서관, 교토대도서관
朝鮮気象要覧	①朝鮮総督府観測所編 ②朝鮮総督府観測所 ③仁川 ④1933 ⑤서울대도서관, 도호쿠대도서관, 홋카이도대도서관
朝鮮気象要報	①朝鮮総督府気象台編 ②朝鮮総督府気象台 ③仁川 ④1940-42 ⑤국립중앙도서관
朝鮮気象要報	②朝鮮総督府気象台 ③仁川 ④1930-1932 ⑤연세대도서관
朝鮮気象学文献目録	①松野満寿己 ②朝鮮総督府気象台 ③京城 ④1945 ⑤한국국회도서관, 연세대도서관
朝鮮技術家名簿	①朝鮮工業協会編 ②朝鮮工業協会 ③京城 ④1939 ⑤국립중앙도서관,

	한국국회도서관, 고려대도서관, 연세대도서관
朝鮮気温表	① 朝鮮総督府観測所 ② 朝鮮総督府観測所 ③ 仁川 ④ 1928 ⑤ 국립중앙도서관, 한국국회도서관, 부산시민도서관, 서울대도서관, 연세대도서관, 일본국회도서관, 교토대도서관, 규슈대도서관, 도호쿠대도서관, 도쿄대도서관, 홋카이도대도서관
朝鮮棋友名鑑	① 新納八郎編 ③ 京城 ④ 1925 ⑤ 부산시민도서관
朝鮮金剛山	① 朝鮮総督府鉄道局 ② 朝鮮総督府鉄道局 ③ 京城 ④ 1935 ⑤ 일본국회도서관
朝鮮金剛山写真帖	① 徳田富次郎 ② 徳田為真館 ③ 元山 ④ 1913 ⑤ 국립중앙도서관
朝鮮金剛山写真帖	① 徳田富次郎 ② 徳田写真館 ③ 元山 ④ 1915 ⑤ 도쿄대도서관
朝鮮金鉱業ノ現状ト将来	② 朝鮮総督府 ③ 京城 ④ 1937 ⑤ 도쿄대도서관
朝鮮金石攷	① 葛成末治 ② 大阪屋号書店 ③ 京城 ④ 1935 ⑤ 국립중앙도서관, 일본국회도서관
朝鮮金石総覧 上, 下, 補遺	① 朝鮮総督府編 ② 朝鮮総督府 ③ 京城 ④ 1919-1923 ⑤ 교토대도서관
朝鮮金石総覧	① 朝鮮総督府編 ② 朝鮮総督府 ③ 京城 ④ 1919-1923 ⑤ 나고야대도서관
朝鮮金石総覧	① 朝鮮総督府編 ② 朝鮮総督府 ③ 京城 ④ 1919 ⑤ 국립중앙도서관, 부산시민도서관, 일본국회도서관
朝鮮金石総覧補遺	① 朝鮮総督府編 ② 朝鮮総督府 ③ 京城 ④ 1919, 23 ⑤ 국립중앙도서관
朝鮮金属鉱業発達史	① 志賀融編 ② 朝鮮鉱業会 ③ 京城 ④ 1931 ⑤ 국립중앙도서관, 규슈대도서관
朝鮮金融経済研究叢書	① 藤戸計太 ② 大東学会 ③ 京城 ④ 1932 ⑤ 국립중앙도서관, 부산시민도서관, 일본국회도서관, 규슈대도서관, 도쿄대도서관
朝鮮金融経済総覧	① 朝鮮公論社編 ② 朝鮮公論社 ③ 京城 ④ 1928 ⑤ 국립중앙도서관, 부산시민도서관
朝鮮金融経済叢書 第1-2輯	① 大同学会編 ② 大同学会 ③ 京城 ④ 1929-30 ⑤ 국립중앙도서관
朝鮮金融及産業政策	① 岡崎遠光 ② 同文館, 日韓書房 ③ 京城 ④ 1910 ⑤ 국립중앙도서관
朝鮮金融機関廃達史	① 高杉東峰編 ② 実業タイムス社 ③ 京城 ④ 1940 ⑤ 일본국회도서관
朝鮮金融年報 1-3	① 朝鮮総督府財務局編 ② 朝鮮金融組合聯合会 ③ 京城 ④ 1941-44 ⑤ 국립중앙도서관
朝鮮金融年報 昭和16〜18年調	① 朝鮮総督府財務局編 ② 朝鮮金融組合聯合会 ③ 京城 ④ 1941-44 ⑤ 일본국회도서관
朝鮮金融年報	① 朝鮮総督府財務局編 ② 朝鮮金融組合聯合会 ③ 京城 ④ 1941 ⑤ 교토대도서관, 도쿄대도서관
朝鮮金融団発会式記事	① 朝鮮金融団編 ③ 京城 ④ 1942 ⑤ 국립중앙도서관
朝鮮金融論十講	① 鈴木武雄 ② 帝国地方行政学会朝鮮本部 ③ 京城 ④ 1940 ⑤ 국립중앙도서관, 일본국회도서관, 부산시민도서관

朝鮮金融事情概観 1-4	① 朝鮮殖産銀行編 ② 朝鮮殖産銀行調査課 ③ 京城 ④ 1928-34 ⑤ 국립중앙도서관
朝鮮金融事情概観 昭和12年上半期	① 朝鮮殖産銀行調査課 ② 朝鮮殖産銀行調査課 ③ 京城 ④ 1937 ⑤ 일본국회도서관
朝鮮金融事情概観 昭和14年上半期	① 朝鮮殖産銀行調査部 ② 朝鮮殖産銀行調査部 ③ 京城 ④ 1939 ⑤ 일본국회도서관
朝鮮金融事情概観 昭和2年上半期-昭和18年上半期	② 朝鮮殖産銀行調査部 ③ 京城 ④ 1927-1943 ⑤ 교토대도서관
朝鮮金融事情概観	① 松村大進編輯 ② 朝鮮殖産銀行調査部 ③ 京城 ④ 1927-1943 ⑤ 홋카이도대도서관
朝鮮金融事情概観	① 朝鮮殖産銀行調査部編 ② 朝鮮殖産銀行 ③ 京城 ④ 1943 ⑤ 규슈대도서관
朝鮮金融事項参考書 1-6	① 朝鮮総督府財務局編 ② 朝鮮金融組合聯合会 ③ 京城 ④ 1929-40 ⑤ 국립중앙도서관
朝鮮金融事項参考書 大正12年-昭和14年調	① 朝鮮総督府財務局編 ② 朝鮮経済協会 ③ 京城 ④ 1923 ⑤ 교토대도서관
朝鮮金融事項参考書 昭和12年調	① 朝鮮総督府財務局編 ② 朝鮮金融組合聯合会 ③ 京城 ④ 1937 ⑤ 일본국회도서관
朝鮮金融事項参考書 昭和14年調	① 朝鮮総督府財務局編 ② 朝鮮金融組合聯合会 ③ 京城 ④ 1940 ⑤ 일본국회도서관
朝鮮金融事項参考書 昭和2, 4, 6, 8, 10年調	① 朝鮮総督府財務局 ② 朝鮮金融組合聯合会 ③ 京城 ④ 1927-1935 ⑤ 일본국회도서관
朝鮮金融事項参考書 昭和8年調	① 朝鮮総督府財務局編 ② 朝鮮金融組合協会 ③ 京城 ④ 1933 ⑤ 일본국회도서관
朝鮮金融事項参考書	① 朝鮮総督府財務局編 ② 朝鮮経済協会 ③ 京城 ④ 1923 ⑤ 국립중앙도서관, 부산시민도서관, 일본국회도서관, 도쿄대도서관, 도호쿠대도서관, 홋카이도대도서관
朝鮮金融事項参考書	① 朝鮮総督府財務局編 ② 朝鮮経済協会 ③ 京城 ④ 1925 ⑤ 국립중앙도서관
朝鮮金融組合と人物	① 藤沢清次郎編 ② 大陸民友社 ③ 京城 ④ 1937 ⑤ 국립중앙도서관
朝鮮金融組合の現勢 金融組合三十周年記念出版	① 朝鮮金融組合聯合会編 ② 朝鮮金融組合聯合会 ③ 京城 ④ 1937 ⑤ 일본국회도서관
朝鮮金融組合の現勢	① 朝鮮金融組合聯合会編 ② 朝鮮金融組合聯合会 ③ 京城 ④ 1937 ⑤ 국립중앙도서관
朝鮮金融組合大観	① 民衆詩論社編 ② 民衆詩論社 ③ 京城 ④ 1935 ⑤ 국립중앙도서관
朝鮮金融組合聯合会の概況	① 朝鮮金融組合聯合会編 ② 朝鮮金融組合聯合会 ③ 京城 ④ 1936 ⑤ 도

쿄대도서관

朝鮮金融組合聯合会関係法規　①朝鮮金融組合聯合会編　②朝鮮金融組合聯合会　③京城　④1936　⑤도쿄대도서관

朝鮮金融組合聯合会論　①車田篤　②朝鮮金融組合聯合会　③京城　④1934　⑤국립중앙도서관, 도쿄대도서관, 규슈대도서관

朝鮮金融組合聯合会十年史　①朝鮮金融組合聯合会編　②朝鮮金融組合聯合会　③京城　④1944　⑤국립중앙도서관, 일본국회도서관, 나고야대도서관, 홋카이도대도서관

朝鮮金融組合聯合会資料目録　①朝鮮金融組合聯合会編　②朝鮮金融組合聯合会　③京城　④1943　⑤국립중앙도서관, 일본국회도서관

朝鮮金融組合聯合会全羅南道支部例規集　①朝鮮金融組合聯合会全羅南道支部編　②朝鮮金融組合聯合会全羅南道支部　③光州　④1935　⑤국립중앙도서관

朝鮮金融組合聯合会調査資料 1, 2, 3, 4, 8, 11-16, 17-22, 23-28
①朝鮮金融組合聯合会編　②朝鮮金融組合聯合会　③京城　④1934-42, 2, 3, 4, 8, 11-16, 17-2223-2　⑤국립중앙도서관

朝鮮金融組合聯合会会員聯絡簿　①朝鮮金融組合聯合会編　②朝鮮金融組合聯合会　③京城　④1938　⑤국립중앙도서관

朝鮮金融組合史　①朝鮮金融組合協会　②朝鮮金融組合協会　③京城　④1929　⑤국립중앙도서관, 일본국회도서관

朝鮮金融祖合中央大会　第2回　①朝鮮金融組合協会編　②朝鮮金融組合協会　③京城　④1932　⑤국립중앙도서관

朝鮮金融組合統計年報　昭和17年度　①朝鮮金融組合聯合会編　②朝鮮金融組合聯合会　③京城　④1944　⑤일본국회도서관

朝鮮金融組合協会史　①朝鮮金融組合協会編　②朝鮮金融組合協会　③京城　④1934　⑤국립중앙도서관, 일본국회도서관, 교토대도서관, 도쿄대도서관, 규슈대도서관

朝鮮癩予防協会事業概要　①朝鮮癩予防協会編　②朝鮮癩予防協会　③京城　④1935　⑤국립중앙도서관

朝鮮南漢山城の開城条件　①篠田治策　④1914　⑤한국국회도서관

朝鮮内国税徴収事務解説　①西野勇一　②朝鮮財務協会　③京城　④1939　⑤한국국회도서관, 연세대도서관

朝鮮内里程図　①朝鮮軍経理部編　②朝鮮軍経理部　③京城　④1931　⑤고려대도서관

朝鮮内発行新聞紙一覧表　①朝鮮総督府警務局編　②朝鮮総督府警務局　③京城　④1939　⑤도호쿠대도서관

朝鮮内発行新聞紙一覧表　①朝鮮総督府警務局編　②朝鮮総督府警務局　③京城　④1940　⑤도호쿠대도서관

朝鮮内地貿易月表　①朝鮮総督府編　②朝鮮総督府　③京城　④1941, 1942, 1943　⑤고려대도서관

朝鮮内地戸籍法令集　①元京城地方法院成達鏞編　②京城戸籍研究会　③京城　④1942　⑤한국국회도서관

朝鮮年鑑 大正15年度	①越智唯七編 ②朝鮮ガイダンス社 ③京城 ④1925 ⑤국립중앙도서관, 일본국회도서관, 교토대도서관
朝鮮年鑑 昭和11年度版, 昭和12年版	①京城日報社, 毎日申報社編 ②京城日報社, 毎日申報社編 ③京城 ④1935, 1936 ⑤일본국회도서관
朝鮮年鑑 昭和16年度版	①京城日報社編 ②京城日報社 ③京城 ④1940 ⑤일본국회도서관
朝鮮年鑑 昭和15年	①京城日報社 ②朝鮮総督府 ③京城 ④1940 ⑤부산시민도서관, 일본국회도서관
朝鮮年鑑 昭和19年度版, 昭和20年版	①京城日報社 ②京城日報社 ③京城 ④1943, 1944 ⑤일본국회도서관
朝鮮年鑑 昭和9年版	①京城日報社, 毎日申報社編 ②京城日報社, 毎日申報社 ③京城 ④1933 ⑤일본국회도서관
朝鮮年鑑 昭和9年版-昭和20年度	①京城日報社, 毎日申報社編纂 ②京城日報社 ③京城 ④1933 ⑤나고야대도서관
朝鮮年鑑	①京城日報社, 毎日申報社 共編 ②京城日報社, 毎日申報社 ③京城 ④1933-44 ⑤국립중앙도서관, 도쿄대도서관, 홋카이도대도서관
朝鮮年鑑	①越智唯七編 ②朝鮮カイダンス社 ③京城 ④1925 ⑤국립중앙도서관, 홋카이도대도서관
朝鮮年鑑	②朝鮮ガイダンス社 ③京城 ④1925 ⑤도쿄대도서관
朝鮮労働技術統計調査提要	①朝鮮総督府編 ②朝鮮総督府 ③京城 ④1934 ⑤한국국회도서관
朝鮮労働技術統計調査提要	①朝鮮総督府編 ②朝鮮総督府 ③京城 ④1941, 1942 ⑤고려대도서관
朝鮮労働技術統計調査解説	①朝鮮総督府国勢調査課編 ②朝鮮図書出版 ③京城 ④1943 ⑤한국국회도서관, 고려대도서관, 연세대도서관
朝鮮鷺峯(平安北道咸鏡南道界)の植物調査書	①中井猛之進 ③京城 ④1917 ⑤국립중앙도서관
朝鮮鷺峯植物調査書 朝鮮漢方薬料植物調査書	①朝鮮総督府編 ②朝鮮総督府 ③京城 ④1935 ⑤한국국회도서관
朝鮮鷺峯植物調査書	①朝鮮総督府編 ②朝鮮総督府 ③京城 ④1917 ⑤한국국회도서관
朝鮮論集 小田先生頌寿記念	①小田先生頌寿記念会編 ②大阪屋号書店 ③京城 ④1934 ⑤서울대도서관
朝鮮農家の副業	①田中誠次郎 ②富国園 ③水原 ④1936 ⑤국립중앙도서관, 한국국회도서관, 연세대도서관
朝鮮農家の副業	①田中誠次郎 ②精農舎 ③水原 ④1934 ⑤국립중앙도서관, 고려대도서관, 서울대도서관
朝鮮農家経済概況調査 昭和八年至一三年	①朝鮮総督府農村振興課編 ③京城 ④1940 ⑤서울대도서관
朝鮮農工銀行支配人会同諮問事項答申書	①朝鮮総督府編 ③京城 ④1915 ⑤서울대도서관
朝鮮農林畜蚕大鑑	①朝鮮及朝鮮人社編 ②朝鮮及朝鮮人社 ③京城 ④1926 ⑤국립중앙도서관, 고려대도서관, 연세대도서관, 도쿄대도서관

朝鮮農務提要 大正10年, 昭和4, 6, 11年	① 朝鮮農会編 ② 朝鮮総督府殖産局 ③ 京城 ④ 1921-36 ⑤ 국립중앙도서관
朝鮮農務提要, 1921, 1929, 1931	① 朝鮮農会編 ② 朝鮮農会 ③ 京城 ④ 1921, 1929, 1931 ⑤ 한국국회도서관
朝鮮農務提要	① 朝鮮農会編 ② 朝鮮農会 ③ 京城 ④ 1936 ⑤ 국립중앙도서관, 한국국회도서관, 서울대도서관, 연세대도서관
朝鮮農務提要	① 朝鮮農会編 ② 朝鮮農会 ③ 京城 ④ 1933 ⑤ 국립중앙도서관, 서울대도서관, 연세대도서관
朝鮮農務提要	① 朝鮮農会編 ② 朝鮮農会 ③ 京城 ④ 1931 ⑤ 서울대도서관, 연세대도서관, 교토대도서관, 도쿄대도서관
朝鮮農務提要	① 朝鮮総督府殖産局校閲 ② 朝鮮農会 ③ 京城 ④ 1929 ⑤ 연세대도서관
朝鮮農務提要	① 朝鮮総督府殖産局編 ② 朝鮮総督府殖産局 ③ 京城 ④ 1921 ⑤ 고려대도서관, 서울대도서관, 연세대도서관, 일본국회도서관, 도쿄대도서관, 홋카이도대도서관
朝鮮農務彙報 第2, 3	① 朝鮮総督府農商工部 ② 朝鮮総督府農商工部 ③ 京城 ④ 1910 ⑤ 일본국회도서관
朝鮮農務彙報 第3	① 朝鮮総督府農商工部農林局農務課編 ② 朝鮮総督府 ③ 京城 ④ 1912 ⑤ 국립중앙도서관
朝鮮農務彙報	① 農商工部農林局農務課編 ② 朝鮮総督府 ③ 京城 ④ 1910 ⑤ 홋카이도대도서관
朝鮮農業 宝鑑 全	① 高山徹 ② 昇文堂 ③ 京城 ④ 1938 ⑤ 한국국회도서관
朝鮮農業の道	① 京城日報社編 ② 京城日報社 ③ 京城 ④ 1941 ⑤ 국립중앙도서관, 한국국회도서관, 고려대도관, 서울대도서관
朝鮮農業発達史 発達編	① 小早川九郎編 ② 朝鮮農会 ③ 京城 ④ 1944 ⑤ 고려대도서관
朝鮮農業発達史 政策篇	① 朝鮮農会編 ② 朝鮮農会 ③ 京城 ④ 1944 ⑤ 한국국회도서관, 고려대도서관
朝鮮農業発達史	① 小早川九郎編 ② 朝鮮農会 ③ 京城 ④ 1944 ⑤ 연세대도서관, 서울대도서관, 교토대도서관, 도쿄대도서관, 홋카이도대도서관
朝鮮農業発達史	① 朝鮮農会編 ② 朝鮮農会 ③ 京城 ④ 1944 ⑤ 국립중앙도서관, 서울대도서관, 연세대도서관, 일본국회도서관, 교토대도서관, 도쿄대도서관, 홋카이도대도서관
朝鮮農業宝鑑	① 高山徹 ② 京城種苗園 ③ 京城 ④ 1931 ⑤ 국립중앙도서관, 연세대도서관
朝鮮農業視察便覧	① 朝鮮農会編 ② 朝鮮農会 ③ 京城 ④ 1938 ⑤ 국립중앙도서관, 서울대도서관
朝鮮農業実習宝典	① 久保庭藤三樹 ② 朝鮮公民教育会 ③ 京城 ④ 1936 ⑤ 국립중앙도서관
朝鮮農業実習必携	① 京城師範学校農業教育研究会編 ② 朝鮮図書出版株式会社 ③ 京城 ④ 1942 ⑤ 국립중앙도서관, 연세대도서관
朝鮮農業要覧	① 式田清三 ② 日韓書房 ③ 京城 ④ 1911 ⑤ 국립중앙도서관, 한국국회도서관, 고려대도서관, 서울대도서관, 연세대도서관, 규슈대도서관, 홋카이도대도서관

朝鮮農業移民論	① 神戸正雄 ② 有斐閣 ③ 京城 ④ 1910 ⑤ 국립중앙도서관
朝鮮農業倉庫関係例規	① 朝鮮農会編 ② 朝鮮農会 ③ 京城 ④ 1931 ⑤ 국립중앙도서관
朝鮮農業統計図表	① 朝鮮銀行調査部 ② 朝鮮銀行調査部 ③ 京城 ④ 1944 ⑤국립중앙도서관, 고려대도서관, 연세대도서관, 서울대도서관, 일본국회도서관, 교토대도서관, 도쿄대도서관, 홋카이도대도서관
朝鮮農業学校長会同聴取事項	① 朝鮮総督府編 ② 朝鮮総督府 ③ 京城 ④ 1916 ⑤ 국립중앙도서관
朝鮮農作物主要害虫と其の防除法	① 中山昌之介 ② 朝鮮農会 ③ 京城 ④ 1941 ⑤ 서울대도서관
朝鮮農作物主要害虫と基の防除法	① 中山昌之介 ② 朝鮮農会 ③ 京城 ④ 1936 ⑤ 국립중앙도서관, 한국국회도서관, 고려대도서관, 연세대도서관
朝鮮農政史考	① 西郷静夫 ② 朝鮮農会 ③ 京城 ④ 1937 ⑤ 한국국회도서관, 부산시민도서관, 연세대도서관, 서울대도서관, 일본국회도서관, 도쿄대도서관
朝鮮農政史考	① 西郷静夫 ② 朝鮮農会 ③ 水原 ④ 1921 ⑤ 고려대도서관, 교토대도서관, 규슈대도서관, 나고야대도서관, 도호쿠대도서관, 홋카이도대도서관
朝鮮農地価格統制便覧	① 朝鮮総督府農務課 ② 朝鮮総督府農務課 ③ 京城 ④ 1934 ⑤ 서울대도서관
朝鮮農地価格統制便覧	① 朝鮮総督府農務課編 ② 朝鮮行政学会 ③ 京城 ④ 1944 ⑤ 한국국회도서관, 일본국회도서관
朝鮮農地開発営団令関係法令及諸規程 類纂 例規集	① 朝鮮農地開発営団 ② 朝鮮農地開発営団 ③ 発行地不明 ④ 1944 ⑤ 한국국회도서관
朝鮮農地関係彙報, 第1輯	① 朝鮮総督府農林局 ② 朝鮮総督府農林局 ③ 京城 ④ 1939 ⑤ 한국국회도서관, 연세대도서관
朝鮮農地年報 第1輯	① 朝鮮総督府農林局編 ② 朝鮮総督府農林局 ③ 京城 ④ 1940 ⑤ 국립중앙도서관
朝鮮農地令・朝鮮小作調停令解説 附・関係法令	① 司法協会編纂 ② 司法協会 ③ 京城 ④ 1935 ⑤ 일본국회도서관
朝鮮農地令朝鮮小作調停令 解説, 1936-1937	① 司法協会 ② 司法協会 ③ 京城 ④ 1937 ⑤ 한국국회도서관
朝鮮農地令朝鮮小作調停令解説	① 司法協会編 ② 司法協会 ③ 京城 ④ 1936 ⑤ 국립중앙도서관, 연세대도서관, 교토대도서관
朝鮮農地令朝鮮小作調停令解説	② 司法協会 ③ 京城 ④ 1935 ⑤ 연세대도서관
朝鮮農地年報, 第1輯	① 朝鮮総督府農林局 ② 朝鮮総督府農林局 ③ 京城 ④ 1940 ⑤ 연세대도서관
朝鮮農村の再編成について	② 朝鮮銀行調査課 ③ 京城 ④ 1932 ⑤ 도쿄대도서관
朝鮮農村救済策	① 趙敏衡 ② 科学世界社 ③ 京城 ④ 1929 ⑤ 고려대도서관
朝鮮農村物語続	① 重松韜修 ② 興亜文化出版 ③ 京城 ④ 1945 ⑤ 일본국회도서관
朝鮮農村物語	① 重松韜修 ② 興亜文化出版 ③ 京城 ④ 1945 ⑤ 일본국회도서관, 도쿄대도서관

朝鮮農村雑記	①印貞植 ②東都書籍 ③京城 ④1943 ⑤국립중앙도서관, 한국국회도서관, 서울대도서관, 일본국회도서관, 도쿄대도서관
朝鮮農村再編成の研究	①印貞植 ②人文社 ③京城 ④1943 ⑤국립중앙도서관, 한국국회도서관, 부산시민도서관, 고려대도서관, 서울대도서관, 교토대도서관
朝鮮農村振興関係例規	①朝鮮総督府農林局農村振興課編 ②帝国地方行政学会朝鮮本部 ③京城 ④1939 ⑤국립중앙도서관, 한국국회도서관, 부산시민도서관, 고려대도서관, 연세대도서관, 일본국회도서관
朝鮮農学関係学術論集	①小野寺二郎編 ②朝鮮総督府農学関係諸学聯合大会 ③京城 ④1931 ⑤한국국회도서관
朝鮮農会の沿革と事業	①朝鮮農会編 ②朝鮮農会 ③京城 ④1935 ⑤국립중앙도서관, 일본국회도서관
朝鮮農会報 第20巻第8号	①朝鮮農会 ②朝鮮農会 ③京城 ④1925 ⑤일본국회도서관
朝鮮畓田売買価格及収益調	①朝鮮殖産銀行編 ②朝鮮殖産銀行 ③京城 ④1929-39 ⑤국립중앙도서관
朝鮮貸家組合令関係資料	①朝鮮総督府厚生局社会課編 ②朝鮮総督府 ③京城 ④1942 ⑤국립중앙도서관
朝鮮大観	①賀田直治, 高稿漢太郎 共 ②朝鮮公論社 ③京城 ④1934 ⑤국립중앙도서관, 한국국회도서관, 서울대도서관, 연세대도서관
朝鮮対満洲貿易の推移と其の将来	①朝鮮銀行調査課編 ③京城 ④1937 ⑤고려대도서관, 서울대도서관, 규슈대도서관, 도쿄대도서관
朝鮮大亜細亜協会ペンフレット	①朝鮮大亜細亜協会編 ②朝鮮大亜細亜協会 ③京城 ④1934 ⑤국립중앙도서관
朝鮮大田発展誌	①及附録 / 田中市之助(麗水)編 ②田中市之助 ③京城 ④1917 ⑤국립중앙도서관, 서울대도서관
朝鮮度量衡関係法規	①朝鮮総督府殖産局商工課編 ②朝鮮総督府殖産局商工課 ③京城 ④1926 ⑤한국국회도서관
朝鮮度量衡通解	①品川舜一 ②朝鮮度量衡協会 ③京城 ④1935 ⑤부산시민도서관, 고려대도서관
朝鮮道立医院概況	①朝鮮総督府編 ②朝鮮総督府 ③京城 ④1930 ⑤국립중앙도서관
朝鮮道立医院要覧, 1937-1938	①朝鮮総督府警務局編 ②朝鮮総督府警務局 ③京城 ④1937-1938 ⑤한국국회도서관
朝鮮道立医院要覧	①朝鮮総督府警務局衛生課 ②朝鮮総督府警務局衛生課 ③京城 ④1937 ⑤고려대도서관, 서울대도서관
朝鮮道立医院要覧	①朝鮮総督府医務局衛生課編 ②朝鮮総督府医務局衛生課 ③京城 ④1937-41 ⑤국립중앙도서관
朝鮮道府郡面町改正区域表	①金翼熙編 ②新文館 ③京城 ④1914 ⑤연세대도서관
朝鮮道府郡面町洞里改正区域表	①李鍾楨編 ②光東書局 ③京城 ④1917 ⑤고려대도서관

朝鮮図書解題大正4, 8年	① 朝鮮総督府編 ② 朝鮮総督府 ③ 京城 ④ 1915-1919 ⑤ 일본국회도서관
朝鮮図書解題	① 朝鮮語研究会編 ② 民衆時論社 ③ 京城 ④ 1944 ⑤ 한국국회도서관, 고려대도서관, 서울대도서관
朝鮮図書解題	① 朝鮮語研究会編 ② 民衆詩論社 ③ 京城 ④ 1932 ⑤ 국립중앙도서관, 고려대도서관, 서울대도서관, 연세대도서관, 일본국회도서관, 교토대도서관, 도호쿠대도서관, 오사카대도서관
朝鮮図書解題	① 朝鮮総督府編 ② 朝鮮総督府 ③ 京城 ④ 1915 ⑤ 국립중앙도서관, 교토대도서관, 규슈대도서관, 도쿄대도서관, 도호쿠대도서관, 홋카이도대도서관
朝鮮図書解題	① 朝鮮総督府編 ② 朝鮮総督府 ③ 京城 ④ 1919 ⑤ 국립중앙도서관, 한국국회도서관, 서울대도서관, 연세대도서관, 일본국회도서관, 교토대도서관, 규슈대도서관, 나고야대도서관, 도쿄대도서관, 홋카이도대도서관
朝鮮都市の衛生事情に関する若干研究	③ 京城 ④ 1938 ⑤ 서울대도서관
朝鮮都市問題会議録1-2	① 京城都市計劃研究会編 ② 京城都市計劃研究会 ③ 京城 ④ 1936 ⑤ 국립중앙도서관, 부산시민도서관
朝鮮都市問題会議録	① 京城都市計劃研究会編 ③ 京城 ④ 1936 ⑤ 한국국회도서관, 고려대도서관, 서울대도서관, 연세대도서관
朝鮮都邑大観	① 民衆時論社編 ② 民衆時論社 ③ 京城 ④ 1937 ⑤ 국립중앙도서관, 한국국회도서관, 부산시민도서관, 고려대도서관, 서울대도서관, 연세대도서관, 도쿄대도서관
朝鮮都邑大観	① 民衆時論社編 ② 民衆時論社 ③ 京城 ④ 1931 ⑤ 고려대도서관
朝鮮陶磁	① 釜山考古会編 ② 釜山孝古会 ③ 釜山 ④ 1932 ⑤ 국립중앙도서관
朝鮮陶磁器の変遷	① 山田万吉郎 ② 朝鮮印刷株式会社印刷 ③ 京城 ④ 1939 ⑤ 연세대도서관
朝鮮陶磁業	① 北村弥一郎 ② 日本窯業協会 ③ 京城 ④ 1929 ⑤ 국립중앙도서관
朝鮮稲品種一覧	① 朝鮮総督府勧業模範場編 ② 朝鮮総督府勧業模範場 ③ 京城 ④ 1913 ⑤ 홋카이도대도서관
朝鮮独立思想運動の変遷 犯罪事件判決	① 朝鮮総督府法務局編 ② 朝鮮総督府法務局 ③ 京城 ④ 1931 ⑤ 교토대도서관, 도쿄대도서관
朝鮮独立思想運動の変遷	① 朝鮮総督府法務局 ② 朝鮮総督府法務局 ③ 京城 ④ 1931 ⑤ 한국국회도서관, 고려대도서관, 연세대도서관
朝鮮独立騒擾史論	① 青柳綱太郎 ② 朝鮮研究会 ③ 京城 ④ 1921 ⑤ 국립중앙도서관, 한국국회도서관, 고려대도서관, 서울대도서관, 연세대도서관, 일본국회도서관, 교토대도서관, 나고야대도서관
朝鮮独立運動ニ関スル調査報告	① 朝鮮総督官房庶務部調査課 ② 朝鮮総督府 ③ 京城 ④ 1924 ⑤ 서울대도서관
朝鮮独立運動秘話	① 千葉了 ② 帝国地方行政学会 ③ 京城 ④ 1925 ⑤ 국립중앙도서관, 고려대도서관, 연세대도서관

朝鮮読本	① 菊池謙譲編 ② 朝鮮読本刊行会 ③ 京城 ④ 1925 ⑤ 국립중앙도서관
朝鮮東近海測深成績	② 朝鮮総督府水産試験場 ③ 釜山 ④ 1937 ⑤ 국립중앙도서관, 부산시민도서관
朝鮮東岸サバ漁業連絡試験成績	① 朝鮮総督府水産試験場編 ② 朝鮮総督府水産試験場 ③ 釜山 ④ 1940 ⑤ 국립중앙도서관, 한국국회도서관, 부산시민도서관, 서울대도서관, 연세대도서관, 일본국회도서관, 규슈대도서관, 교토대도서관
朝鮮同胞に告ぐ	① 白山青樹編 ② 大東亜社 ③ 京城 ④ 1944 ⑤ 국립중앙도서관, 한국국회도서관, 서울대도서관, 연세대도서관
朝鮮同胞ニ対スル教訓	① 朴栄喆編 ③ 京城 ④ 1935 ⑤ 서울대도서관, 연세대도서관
朝鮮同胞に対する内地人反省資録	① 朝鮮憲兵隊司令部編 ② 朝鮮憲兵隊司令部 ③ 京城 ④ 1934 ⑤ 국립중앙도서관, 고려대도서관 도쿄대도서관
朝鮮同胞の光	① 熊平源蔵編 ② 熊平商店 ③ 京城 ④ 1934 ⑤ 국립중앙도서관, 부산시민도서관, 고려대도서관, 연세대도서관, 일본국회도서관, 교토대도서관, 규슈대도서관, 도쿄대도서관, 오사카대학, 홋카이도대도서관
朝鮮童話集	① 朝鮮総督府編 ② 大陸屋号 ③ 京城 ④ 1924 ⑤ 국립중앙도서관, 고려대도서관, 서울대도서관, 일본국회도서관
朝鮮童話集	① 中村亮平編 ② 富山房 ③ 京城 ④ 1926 ⑤ 국립중앙도서관, 한국국회도서관
朝鮮登記関係法令全集附例規輯録	① 朝鮮登記学会 ② 朝鮮登記学会 ③ 京城 ④ 1938 ⑤ 서울대도서관
朝鮮登記関係法令全集	① 朝鮮登記学会編 ② 朝鮮登記学会 ③ 京城 ④ 1938 ⑤ 국립중앙도서관, 한국국회도서관
朝鮮登記関係法令集	① 渡邊栄太郎編, 二宮丘一校閲 ② 大阪屋号書店 ③ 京城 ④ 1939 ⑤ 연세대도서관, 일본국회도서관
朝鮮登記関係法令集	① 朝鮮総督府法務局編纂 ② 司法協会 ③ 京城 ④ 1941 ⑤ 연세대도서관
朝鮮登記法令集	① 朝鮮総督府法務局 ② 司法協会 ③ 京城 ④ 1941 ⑤ 한국국회도서관, 서울대도서관
朝鮮登記事例	① 南雲幸吉, 早川保次 共編 ② 大阪屋号書店 ③ 京城 ④ 1931 ⑤ 한국국회도서관, 연세대도서관
朝鮮登記事例	① 早川保次, 南雲幸吉編 ② 大海堂 ③ 京城 ④ 1926 ⑤ 서울대도서관
朝鮮良善叢書 第1編	① 朝鮮総督府図書館編 ② 朝鮮総督府図書館 ③ 京城 ④ 1944 ⑤ 일본국회도서관
朝鮮旅行案内	① 京城鉄道局 ② 京城鉄道局 ③ 京城 ④ 1924 ⑤ 도쿄대도서관
朝鮮旅行案内	① 朝鮮総督府鉄道局 ② 朝鮮総督府鉄道局 ③ 京城 ④ 1938 ⑤ 일본국회도서관
朝鮮旅行案内記	① 朝鮮総督府鉄道局編 ② 朝鮮総督府鉄道局 ③ 京城 ④ 1934 ⑤ 국립중앙도서관, 일본국회도서관
朝鮮歴代実録一覧	① 末松保和編 ② 京城帝国大学 ③ 京城 ④ 1941 ⑤ 일본국회도서관, 교토대

	도서관, 도쿄대도서관, 규슈대도서관, 도호쿠대도서관
朝鮮歴史地理 第1巻	① 南満洲鉄道株式会社編 ② 南満洲鉄道株式会社 ③ 京城 ④ 1913 ⑤ 국립중앙도서관
朝鮮猟友会二十五周年記念誌	① 諸岡源吉編 ② 諸岡源吉 ③ 京城 ④ 1936 ⑤ 국립중앙도서관
朝鮮労働技術統計調査結課報告1-2	① 朝鮮総督府編 ② 朝鮮総督府 ③ 京城 ④ 1942-44 ⑤ 국립중앙도서관
朝鮮労働技術統計調査解説	① 朝鮮総督府総務局国勢調査課編 ② 朝鮮図書出版 ③ 京城 ④ 1943 ⑤ 도쿄대도서관
朝鮮六法新輯	① 日本法曹会編 ② 聖文社 ③ 京城 ④ 1939 ⑤ 일본국회도서관
朝鮮陸上運送統制概要	① 大平多女助 ② 鉄道図書出版協会 ③ 京城 ④ 1940 ⑤ 국립중앙도서관
朝鮮俚諺集	① 朝鮮総督府編 ② 朝鮮総督府 ③ 京城 ④ 1926 ⑤ 한국국회도서관, 울대도서관
朝鮮俚諺集	② 朝鮮総督府 ③ 京城 ④ 1926 ⑤ 교토대도서관
朝鮮林務提要, 1930	① 朝鮮山林会編 ② 朝鮮山林会 ③ 京城 ④ 1930 ⑤ 한국국회도서관
朝鮮林務提要, 1935	① 朝鮮山林会編 ② 朝鮮山林会 ③ 京城 ④ 1935 ⑤ 한국국회도서관
朝鮮林務提要	① 朝鮮山林会編 ② 朝鮮山林会 ③ 京城 ④ 1930 ⑤ 홋카이도대도서관
朝鮮林務提要	① 後藤積編輯 ② 谷岡商店出版 ③ 京城 ④ 1923 ⑤ 교토대도서관, 홋카이도대도서관
朝鮮臨時輸出入許可規則解説並に手続方法	
	① 朝鮮貿易協会編 ② 朝鮮貿易協会 ③ 京城 ④ 1939 ⑤ 국립중앙도서관
朝鮮臨時恩賜金授産事業写真帖	① 朝鮮総督府編 ② 朝鮮総督府 ③ 京城 ④ 1913 ⑤ 서울대도서관
朝鮮臨時電力調査会総会議事録	① 朝鮮総督府殖産局編 ② 朝鮮総督府殖産局 ③ 京城 ④ 1942 ⑤ 국립중앙도서관
朝鮮林野分布図	① 朝鮮総督府農商工部編 ② 朝鮮総督府農商工部 ③ 京城 ④ 1910 ⑤ 규슈대도서관, 홋카이도대도서관
朝鮮林野調査事業報告	① 朝鮮総督府農林局 ② 朝鮮総督府 ③ 京城 ④ 1938 ⑤ 부산시민도서관, 홋카이도대도서관
朝鮮林業年中行事	① 朝鮮総督府編 ② 朝鮮総督府 ③ 京城 ④ 1916 ⑤ 국립중앙도서관
朝鮮林業逸志	① 朝鮮山林会編 ② 朝鮮山林会 ③ 京城 ④ 1933 ⑤ 국립중앙도서관, 일본국회도서관
朝鮮林業投資の有望	① 斎藤音作 ② 斎藤音作 ③ 京城 ④ 1930 ⑤ 국립중앙도서관
朝鮮林政計画書	① 朝鮮総督府 ② 朝鮮総督府 ③ 京城 ④ 1927 ⑤ 일본국회도서관
朝鮮林政計畫書	② 朝鮮総督府 ③ 京城 ④ 1929 ⑤ 도쿄대도서관
朝鮮漫談	① 今村鞆 ③ 京城 ④ 1930 ⑤ 서울대도서관
朝鮮漫録	① 松田甲(学鴎)編 ② 朝鮮総督府 ③ 京城 ④ 1928 ⑤ 국립중앙도서관, 서울대도서관, 규슈대도서관, 홋카이도대도서관

朝鮮満蒙大観	① 朝鮮満蒙大観発行所編 ③ 奉天 ④ 1928 ⑤ 국립중앙도서관, 서울대도서관
朝鮮満蒙大観奥附	① 青山天同編 ② 大観発行所 ③ 奉天 ④ 1928 ⑤ 연세대도서관
朝鮮満洲台湾実状要覧	① 高橋邦周 ② 東洋時報社 ③ 京城 ④ 1924 ⑤ 국립중앙도서관, 서울대도서관, 연세대도서관
朝鮮満洲案内(朝鮮と満洲案内)	① 朝鮮及満洲社編纂 ② 朝鮮及満洲社 ③ 京城 ④ 1935 ⑤ 서울대도서관
朝鮮満洲案内	① 朝鮮及満洲社編纂 ② 朝鮮及満洲社 ③ 京城 ④ 1935 ⑤ 서울대도서관
朝鮮満洲陸海総覧	① 交通評論社編 ② 交通評論社 ③ 京城 ④ 1933 ⑤ 국립중앙도서관
朝鮮満洲支那のぞ記	① 小野賢一郎 ② 東京刊行社, 大阪屋号書店 ③ 京城 ④ 1922 ⑤ 국립중앙도서관, 홋카이도대도서관
朝鮮満洲支那本土紙況調査書	① 河東田経清 ② 河東田経清 ③ 京城 ④ 1911 ⑤ 국립중앙도서관
朝鮮満洲台湾実状要覧	① 高橋邦周 ② 東洋時報 ③ 京城社 ④ 1924 ⑤ 교토대도서관, 슈대도서관, 홋카이도대도서관
朝鮮漫画	① 鳥越静岐, 薄田斬雲 共 ② 日韓書房 ③ 京城 ④ 1909 ⑤ 국립중앙도서관
朝鮮売薬	① 朝鮮売薬株式会社編 ② 朝鮮売薬 ③ 京城 ⑤ 한국국회도서관
朝鮮盲唖者統計要覧1-2	① 朝鮮総督府済生院編 ② 朝鮮総督府済生院 ③ 京城 ④ 1922, 1927 ⑤ 국립중앙도서관, 일본국회도서관
朝鮮盲唖者統計要覧	② 朝鮮総督府済生院 ③ 京城 ④ 1922 ⑤ 교토대도서관
朝鮮盲唖者統計要覧	② 朝鮮総督府済生院 ③ 京城 ④ 1927 ⑤ 연세대도서관
朝鮮綿業史	① 朝鮮綿糸布商聯合会編 ② 朝鮮綿糸布商聯合会 ③ 京城 ④ 1929 ⑤ 국립중앙도서관, 한국국회도서관, 고려대도서관, 서울대도서관, 연세대도서관, 일본국회도서관, 규슈대도서관, 도쿄대도서관, 오사카대학
朝鮮棉作綿業の生性と発展	① 沢村東 ② 朝鮮繊組協会 ③ 京城 ④ 1941 ⑤ 한국국회도서관, 연세대도서관
朝鮮棉作綿業の生成と発展	① 沢村東平 ② 朝鮮繊維協会 ③ 京城 ④ 1941 ⑤ 교토대도서관
朝鮮棉花株式会社三十年史	① 朝鮮棉花株式会社編 ② 朝鮮棉花株式会社 ③ 木浦 ④ 1943 ⑤ 국립중앙도서관
朝鮮棉花増産計劃	① 朝鮮総督府農林局編 ② 朝鮮総督府農林局 ③ 京城 ④ 1933 ⑤ 국립중앙도서관, 도쿄대도서관
朝鮮名道府邑面問里程表	① 朝鮮総督府司計課編 ② 朝鮮財務協会 ③ 京城 ④ 1942 ⑤ 서울대도서관
朝鮮名宝展覧会図録	② 書画編 ① 主催:朝鮮美術館, 後援:毎日申報社 ② 朝鮮美術館 ③ 京城 ④ 1938 ⑤ 연세대도서관
朝鮮名婦伝	① 張道斌 ② 高麗館 ③ 京城 ④ 1925 ⑤ 고려대도서관
朝鮮名所風俗集	① 川井昌一編 ② 川井昌一 ③ 京城 ④ 1927 ⑤ 국립중앙도서관
朝鮮名数	① 上田万年 ③ 京城 ④ 1904 ⑤ 국립중앙도서관
朝鮮名勝記	① 渡邊天倪, 二宮琶汀 共 ② 朝鮮名勝記編纂所 ③ 京城 ④ 1910 ⑤ 한국국회도서관, 연세대도서관

朝鮮名勝詩選	① 成島鷺村編 ② 衍文社 ③ 京城 ④ 1915 ⑤ 국립중앙도서관, 한국국회도서관, 서울대도서관
朝鮮名種調停法令及通牒集	① 朝鮮総督府法務局編 ② 朝鮮総督府法務局 ③ 京城 ④ 1944
朝鮮明太魚	① 鄭文基 ② 朝鮮総督府 ③ 京城 ④ 1936 ⑤ 한국국회도서관, 연세대도서관
朝鮮名賢肖像画帖	① 西村友雄 ② 西村治版所 ③ 京城 ④ 1926 ⑤ 서울대도서관
朝鮮名画展覧会目録	① 石井満吉(柏亭)編 ② 国民美術協会 ③ 京城 ④ 1931 ⑤ 국립중앙도서관
朝鮮木林関税特例廃止反対意見	① 満洲安東居留民大会編 ③ 京城 ④ 1927 ⑤ 국립중앙도서관
朝鮮木材の識別	① 山林暹 ② 朝鮮総督府林業試験場 ③ 京城 ④ 1938 ⑤ 서울대도서관, 교토대도서관, 규슈대도서관, 나고야대도서관, 홋카이도대도서관
朝鮮木材統制概要	① 朝鮮総督府編 ② 朝鮮総督府 ③ 京城 ④ 1942 ⑤ 고려대도서관
朝鮮木材統制令並ニ其ノ関係法規	① 朝鮮木材株式会社編 ② 朝鮮木材株式会社 ③ 京城 ④ 1942 ⑤ 고려대도서관
朝鮮墓制一斑	① 青野義雄, 金性烈 ③ 京城 ④ 1924 ⑤ 고려대도서관, 서울대도서관, 일본국회도서관, 도쿄대도서관
朝鮮墓地及墓地規則研究	① 青野義雄, 金性烈 ③ 光州 ④ 1923 ⑤ 고려대도서관
朝鮮武士英雄伝	① 安自山 ② 明星 ③ 京城 ④ 1940 ⑤ 한국국회도서관
朝鮮無産階級の研究, 影印本	① 藤井忠治郎 ③ 京城 ④ 1926 ⑤ 고려대도서관
朝鮮無産階級の研究	① 藤井忠治郎 ② 帝国地方行政学会朝鮮本部 ③ 京城 ④ 1926 ⑤ 국립중앙도서관
朝鮮巫俗の研究 上巻	① 赤松智城, 秋葉隆編 ② 大阪屋号書店 ③ 京城 ④ 1938 ⑤ 일본국회도서관
朝鮮巫俗の研究 下巻	① 赤松智城, 秋葉隆共 ② 大阪屋号書店 ③ 京城 ④ 1938 ⑤ 연세대도서관
朝鮮貿易の概況	① 朝鮮総督府編 ③ 京城 ④ 1925 ⑤ 서울대도서관
朝鮮貿易の将来	① 朝鮮貿易協会編 ② 朝鮮貿易協会 ③ 京城 ④ 1938-20 ⑤ 국립중앙도서관
朝鮮貿易の振興問題と中・北支経済の動向	① 朝鮮貿易協会編 ② 朝鮮貿易協会 ③ 京城 ④ 1938 ⑤ 한국국회도서관, 연세대도서관
朝鮮貿易の振興問題と中北支経済の動向1-2	① 朝鮮貿易協会編 ② 朝鮮貿易協会 ③ 京城 ④ 1938 ⑤ 국립중앙도서관
朝鮮貿易の現勢と其の将来1-2	① 朝鮮貿易協会編 ② 朝鮮貿易協会 ③ 京城 ④ 1936 ⑤ 국립중앙도서관
朝鮮貿易の現勢と其将来	① 朝鮮貿易協会編 ② 朝鮮貿易協会 ③ 京城 ④ 1936 ⑤ 고려대도서관, 연세대도서관
朝鮮貿易年表 大正1年	② 朝鮮総督府 ③ 京城 ④ 1912 ⑤ 부산시민도서관
朝鮮貿易年表 大正1年版	② 朝鮮総督府 ③ 京城 ④ 1913 ⑤ 부산시민도서관
朝鮮貿易年表 大正7-8年	① 朝鮮総督府編 ② 朝鮮総督府 ③ 京城 ④ 1919-20 ⑤ 국립중앙도서관
朝鮮貿易年表 明治43, 大正3-13, 15, 昭和1-14年	① 朝鮮総督府編 ② 朝鮮総督府 ③ 京城 ④ 1911-39 ⑤ 국립중앙도서관

朝鮮貿易年表 昭和11年, 昭和12年, 和13年, 昭和14年

　　① 朝鮮総督府 ② 朝鮮総督府 ③ 京城 ④ 1937, 1938, 1939, 1941 ⑤ 일본국회도서관

朝鮮貿易年表 昭和9年　　① 朝鮮総督府 ② 朝鮮総督府 ③ 京城 ④ 1935 ⑤ 일본국회도서관

朝鮮貿易年表　　① 朝鮮総督府編 ② 朝鮮総督府 ③ 京城 ④ 1911, 1913, 1914, 1915, 1916, 1917, 1921, 1923, 1928, 1931 ⑤ 고려대도서관

朝鮮貿易史　　① 朝鮮貿易協会編 ② 東洋経済新報京城支局 ③ 京城 ④ 1943 ⑤ 국립중앙도서관, 한국국회도서관, 서울대도서관, 연세대도서관, 일본국회도서관, 교토대도서관, 규슈대도서관, 나고야대도서관, 도쿄대도서관, 도호쿠대도서관, 오사카대학, 홋카이도대도서관

朝鮮貿易年表, 1918, 1927　　① 朝鮮総督府編 ② 朝鮮総督府 ③ 京城 ④ 1918 ⑤ 한국국회도서관

朝鮮貿易年表=Chosen　　② tableoftradeandshipping ② 朝鮮総督府 ③ 京城 ④ 1923-1937 ⑤ 연세대도서관

朝鮮貿易要覧 1-18　　① 朝鮮総督府編 ② 朝鮮総督府 ③ 京城 ④ 1916-33 ⑤ 국립중앙도서관

朝鮮貿易要覧 大正15年-昭和元年　　① 朝鮮総督府 ② 朝鮮総督府 ③ 京城 ④ 1927 ⑤ 일본국회도서관

朝鮮貿易要覧 明治44年版　　② 朝鮮総督府 ③ 京城 ④ 1911 ⑤ 부산시민도서관

朝鮮貿易要覧, 1930　　① 朝鮮総督府編 ② 朝鮮総督府 ③ 京城 ④ 1932 ⑤ 한국국회도서관

朝鮮貿易要覧　　① 仁川税関 ② 仁川税関 ③ 仁川 ④ 1935 ⑤ 고려대도서관

朝鮮貿易要覧　　① 朝鮮総督府 ② 朝鮮総督府 ③ 京城 ④ 1926, 1928, 1932, 1933 ⑤ 고려대도서관

朝鮮貿易要覧　　② 朝鮮総督府 ③ 京城 ④ 1913-1932 ⑤ 연세대도서관

朝鮮貿易月表　　① 朝鮮総督府編 ② 朝鮮総督府 ③ 京城 ④ 1-昭和1908-413 ⑤ 국립중앙도서관

朝鮮貿易振興展覧会報告書1-2　　① 朝鮮貿易協会編 ② 朝鮮貿易協会 ③ 京城 ④ 1937 ⑤ 국립중앙도서관

朝鮮貿易振興展覧会報告書　　① 朝鮮貿易協会, 工藤三次郎編 ③ 京城 ④ 1937 ⑤ 서울대도서관

朝鮮貿易振興座談会1-8　　① 朝鮮貿易協会編 ② 朝鮮貿易協会 ③ 京城 ④ 1937 ⑤ 국립중앙도서관

朝鮮貿易促進展覧会報告　　① 京城商工会議所 ② 京城商工会議所 ③ 京城 ④ 1933 ⑤ 고려대도서관, 연세대도서관

朝鮮貿易協会事業報告書昭和9-13年度　　① 朝鮮貿易協会編 ② 朝鮮貿易協会 ③ 京城 ④ 1935-39 ⑤ 국립중앙도서관

朝鮮貿易協会巡廻貿易振興座談会記　　① 朝鮮貿易協会編 ② 朝鮮貿易協会 ③ 京城 ④ 1938-39 ⑤ 국립중앙도서관

朝鮮貿易協会支部出張所事業概況　　① 朝鮮貿易協会編 ② 朝鮮貿易協会 ③ 京城 ④ 1935 ⑤ 국립중앙도서관

朝鮮無尽業令講義　　① 朝鮮無尽協会編 ② 朝鮮無尽協会 ③ 京城 ④ 1931 ⑤ 국립중앙도서관

朝鮮無尽業法規集　　① 佐藤芳弥編 ② 朝鮮中央無尽株式会社 ③ 京城 ④ 1941 ⑤ 연세대도서관

朝鮮無尽沿革史　　① 尾崎閑太郎編 ② 朝鮮無尽協会 ③ 京城 ④ 1934 ⑤ 국립중앙도서관, 고려대도서관, 연세대도서관, 교토대도서관, 도쿄대도서관

朝鮮文明史, 一名, 朝鮮政治史	① 安自山 ② 匯東書館 ③ 京城 ④ 1913 ⑤ 한국국회도서관
朝鮮文明史 京城一名 京城朝鮮政治史	① 安自山 ② 匯東書店 ③ 京城 ④ 1922 ⑤ 고려대도서관
朝鮮文廟及陞廡儒賢 附朝鮮儒学年表, 朝鮮儒学淵源譜	
	① 小田省吾, 魚允迪合 ② 朝鮮史学会 ③ 京城 ④ 1924 ⑤ 교토대도서관
朝鮮文廟及陞廡儒賢	① 小田省吾, 魚久油 共 ② 朝鮮史学会 ③ 京城 ④ 1924 ⑤ 국립중앙도서관, 부산시민도서관, 고려대도서관 본국회도서관
朝鮮文物理学講義	① 李丁玉 ② 医学専門講義院 ③ 京城 ④ 1933 ⑤ 국립중앙도서관
朝鮮文薬理学講義録	① 李丁玉 ② 朝鮮文通信医学講習所 ③ 京城 ④ 1932 ⑤ 국립중앙도서관
朝鮮文有機化学講義	① 李丁玉 ② 医学専門講義院 ③ 京城 ④ 1933 ⑤ 국립중앙도서관
朝鮮問題の真相	① フランク・ハーロン・スミス, 岡与一 訳 ② セウルプレス社 ③ 京城 ④ 1920 ⑤ 국립중앙도서관, 서울대도서관
朝鮮問題の側面観	① エフエチスミス ③ 京城 ④ 1900-45 ⑤ 국립중앙도서관
朝鮮問題の側面観	① 岡与一編 ③ 京城 ④ 1920 ⑤ 서울대도서관
朝鮮問題を通して見たる満蒙問題附其提案	① 崔棟 ③ 京城 ④ 1932 ⑤ 고려대도서관, 일본국회도서관
朝鮮問題を通して見たる満蒙問題	① 崔棟 ② 京城 ② 金相㫖発行, 大海堂印刷株式会社印刷 ③ 京城 ④ 1932 ⑤ 고려대도서관, 연세대도서관
朝鮮問題論集	① 阿部薫 ② 民衆時論出版部 ③ 京城 ④ 1932 ⑤ 국립중앙도서관, 한국국회도서관, 부산시민도서관, 고려대도서관, 서울대도서관, 연세대도서관, 교토대도서관
朝鮮文朝鮮語講義録 巻上, 巻中	② 朝鮮語研究会 ③ 京城 ⑤ 부산시민도서관
朝鮮文朝鮮語講義録合本	① 朝鮮語研究会編 ② 朝鮮語研究会 ③ 京城 ④ 1932 ⑤ 오사카대학
朝鮮文学傑作集	① 細井肇編 ② 奉公会 ③ 京城 ④ 1924 ⑤ 국립중앙도서관
朝鮮文学全集 第1巻 時調集	① 申明均編 ② 中央印書館 ③ 京城 ④ 1941 ⑤ 고려대도서관
朝鮮文学全集 第6巻 小説集	① 申明均編 ② 中央印書館 ③ 京城 ④ 1937 ⑤ 고려대도서관
朝鮮文化と警察	① 神坂退蔵 ② 朝鮮警察新聞社 ③ 京城 ④ 1930 ⑤ 국립중앙도서관, 고려대도서관, 서울대도서관, 나고야대도서관
朝鮮文化の研究	① 京城帝国大学文学会編 ② 朝鮮公民教育会京城 ③ 京城 ④ 1937 ⑤ 한국국회도서관, 려대도서관, 서울대도서관, 연세대도서관, 나고야대도서관
朝鮮文化の研究	① 横井誠応編 ② 仏教朝鮮協会 ③ 京城 ④ 1922 ⑤ 국립중앙도서관
朝鮮文化の遺蹟 其2-3	① 関野貞 ② 朝鮮総督府 ③ 京城 ④ 1914 ⑤ 국립중앙도서관
朝鮮文化史	① 青柳南冥編 ② 朝鮮研究会 ③ 京城 ④ 1924 ⑤ 한국국회도서관, 서울대도서관
朝鮮文化史大全	① 青柳綱太郎編 ② 朝鮮研究会 ③ 京城 ② 京城新聞社 ④ 1924 ⑤ 국립중앙도서관, 부산시민도서관, 고려대도서관, 서울대도서관, 교토대도서관, 규슈대도서관, 나고야대도서관, 도쿄대도서관, 도호쿠대도서관, 오사카대학, 홋카

	이도대도서관
朝鮮文化史論	① 細井肇 ② 朝鮮研究会 ③ 京城 ④ 1911 ⑤ 국립중앙도서관, 고려대도서관, 서울대도서관, 연세대도서관, 교토대도서관, 도쿄대도서관
朝鮮文化史上より見たる忠南	① 小田省吾 ② 忠清南道教育会 ③ 大田 ④ 1933 ⑤ 한국국회도서관
朝鮮文化叢書 第1, 2冊	① 近沢書店 ② 近沢書店 ③ 京城 ④ 1943-44 ⑤ 국립중앙도서관
朝鮮物価関係法規	② 朝鮮行政学会 ③ 京城 ⑤ 부산시민도서관
朝鮮物価関係法規集	① 朝鮮総督府物価調整課編 ② 朝鮮統制経済研究会 ③ 京城 ④ 1942 ⑤ 한국국회도서관
朝鮮物価関係諸法令と解説	① 平壌商工会議所編 ② 平壌商工会議所 ③ 平壌 ④ 1941 ⑤ 국립중앙도서관
朝鮮物産案内, 1935, 1938, 1940	① 朝鮮及満洲社編 ② 朝鮮及満洲社 ③ 京城 ④ 1935-1940 ⑤ 한국국회도서관
朝鮮物産案内	① 釈尾春芿 ② 朝鮮及満洲社 ③ 京城 ④ 1938 ⑤ 고려대도서관, 도쿄대도서관
朝鮮物産案内	① 釈尾春芿 ② 朝鮮及満洲社 ③ 京城 ④ 1940 ⑤ 고려대도서관
朝鮮物産案内	① 朝鮮及満洲社編 ② 朝鮮及満洲社 ③ 京城 ④ 1935-38 ⑤ 국립중앙도서관
朝鮮物産案内	① 平井千乗編 ② 朝鮮及溝洲社 ③ 京城 ④ 1935 ⑤ 고려대도서관
朝鮮物産案内	② 朝鮮及満洲社 ③ 京城 ④ 1935-1940 ⑤ 연세대도서관
造船物語	① 神馬新七郎 ② 高山書院 ③ 京城 ④ 1942 ⑤ 국립중앙도서관
朝鮮米の増産と移出問題	② 京城総裁席調査課 ③ 京城 ④ 1931 ⑤ 연세대도서관
朝鮮米の進展	① 鮮米協会編 ② 鮮米協会 ③ 京城 ④ 1935 ⑤ 국립중앙도서관
朝鮮米穀関係例規	① 朝鮮総督府農林局米穀課編 ② 朝鮮地方行政学会 ③ 京城 ④ 1937 ⑤ 국립중앙도서관, 한국국회도서관, 고려대도서관, 서울대도서관, 연세대도서관
朝鮮米穀年鑑 第1輯	① 岡本音和編 ② 米の朝鮮社 ③ 京城 ④ 1926 ⑤ 국립중앙도서관
朝鮮米穀事情	① 石塚峻述 ② 朝鮮総督府穀物検査所 ③ 京城 ④ 1938 ⑤ 서울대도서관, 규슈대도서관, 홋카이도대도서관
朝鮮米穀事情上編	① 石塚峻 ② 朝鮮総督府穀物検査所 ③ 京城 ④ 1937 ⑤ 한국국회도서관
朝鮮米穀倉庫計劃関係書類	⑤ 도쿄대도서관
朝鮮米穀倉庫要覧	① 朝鮮総督府農林局編 ② 朝鮮総督府農局 ③ 京城 ④ 1939 ⑤ 국립중앙도서관, 도쿄대도서관, 홋카이도대도서관
朝鮮米関係資料	① 農林省米穀局編 ② 農林省米穀局 ③ 京城 ④ 1937 ⑤ 국립중앙도서관, 한국국회도서관, 부산시민도서관, 연세대도서관
朝鮮米輸移出の飛躍的発展とその特異性	① 朝鮮穀物協会編 ② 朝鮮穀物協会 ③ 京城 ④ 1938 ⑤ 국립중앙도서관, 연세대도서관
朝鮮美術大観全	① 釈尾春芿編 ② 朝鮮古書刊行会 ③ 京城 ④ 1910 ⑤ 도쿄대도서관
朝鮮美術大観	① 朝鮮古書刊行会編 ② 朝鮮古書刊行会 ③ 京城 ④ 1910 ⑤ 국립중앙도서관, 부산시민도서관, 고려대도서관, 연세대도서관, 교토대도서관, 규슈대도서관

朝鮮美術史	①関野貞 ②朝鮮史学会 ③京城 ④1932 ⑤고려대도서관, 서울대도서관, 연세대도서관, 일본국회도서관, 교토대도서관, 규슈대도서관, 나고야대도서관, 도쿄대도서관, 오사카대학
朝鮮美術展覧会図録 1, 4, 5, 14-17, 19	①朝鮮総督府朝鮮美術展覧会編 ②朝鮮総督府朝鮮美術展覧会 ③京城 ④1935 ⑤한국국회도서관
朝鮮美術展覧会図録 第10回	①朝鮮美術展覧会編 ②朝鮮総督府朝鮮美術展覧会 ③京城 ④1931 ⑤한국국회도서관, 부산시민도서관, 고려대도서관, 서울대도서관
朝鮮美術展覧会図録 第12会	①朝鮮総督府朝鮮美術展覧会編 ②朝鮮総督府朝鮮美術展覧会 ③京城 ④1933 ⑤한국국회도서관
朝鮮美術展覧会図録 第2回	①朝鮮美術展覧会編 ②朝鮮美術展覧会 ③京城 ④1923 ⑤고려대도서관, 일본국회도서관
朝鮮美術展覧会図録 第5回	①朝鮮美術展覧会編 ②朝鮮美術展覧会 ③京城 ④1926 ⑤고려대도서관
朝鮮美術展覧会図録 第18回	①朝鮮写真通信社編 ②朝鮮写真通信社 ③京城 ④1939 ⑤일본국회도서관, 부산시민도서관
朝鮮美術展覧会図録 第19回	①朝鮮写真通信社編 ②朝鮮写真通信社 ③京城 ④1940 ⑤일본국회도서관
朝鮮美術展覧会図録 第6-17回	①朝鮮総督府朝鮮美術展覧会編 ②朝鮮総督府朝鮮美術展覧会 ③京城 ④1927-38 ⑤일본국회도서관
朝鮮美術展覧会図録 第1, 3, 4, 11, 13回	①朝鮮写真通信社編 ②朝鮮写真通信社 ③京城 ④1922-1934 ⑤부산시민도서관
朝鮮美術展覧会図録 第1回-第19回	①朝鮮写真通信社 ②朝鮮写真通信社 ③京城 ④1922 ⑤일본국회도서관, 교토대도서관
朝鮮美術展覧会図録	①朝鮮写真通信社 ②朝鮮写真通信社 ③京城 ④1922-1934 ⑤연세대도서관, 도호쿠대도서관, 홋카이도대도서관
朝鮮美術展覧会図録	①朝鮮写真通信社 ②朝鮮写真通信社 ③京城 ④1922 ⑤도쿄대도서관
朝鮮民暦	①朝鮮総督府編 ②朝鮮総督府 ③京城 ④1914, 1917 ⑤고려대도서관
朝鮮民暦	①朝鮮総督府編 ②朝鮮総督府 ③京城 ④1930 ⑤교토대도서관, 도쿄대도서관
朝鮮民事令朝鮮刑事令	①朝鮮総督府編 ②朝鮮総督府 ③京城 ④1911 ⑤국립중앙도서관
朝鮮民事争訟調停要義	①田口春二郎 ②秋田屋書店 ③京城 ④1913 ⑤국립중앙도서관
朝鮮民俗資料 第1編 朝鮮の謎	①朝鮮総督府編 ②朝鮮総督府 ③京城 ④1925 ⑤고려대도서관
朝鮮民俗資料 第3編 朝鮮俚諺集	①朝鮮総督府編 ②朝鮮総督府 ③京城 ④1926 ⑤고려대도서관
朝鮮民俗資料	①朝鮮総督府編 ②大阪屋号書店 ③京城 ④1924-26 ⑤국립중앙도서관
朝鮮民謡の研究	①市山盛雄編 ⑤한국국회도서관
朝鮮民謡集	①金教煥(素雲)訳 ②泰文館 ③京城 ④1929 ⑤국립중앙도서관
朝鮮民政資料 契に関する調査	①朝鮮総督府編 ②朝鮮総督府 ③京城 ④1923 ⑤국립중앙도서관

朝鮮民政資料牧民篇	①内藤吉之助編 ②内藤吉之助 ③京城 ④1942 ⑤국립중앙도서관, 고려대도서관, 서울대도서관, 세대도서관, 일본국회도서관
朝鮮民政資料洪耳綬の事蹟	①松田甲 ②朝鮮総督府 ③京城 ④1928 ⑤한국국회도서관
朝鮮民政資料	①内藤吉之助編 ②朝鮮印刷株式会社 ③京城 ④1942 ⑤고려대도서관
朝鮮民政資料洪耳綬の史蹟	①朝鮮総督府編 ②朝鮮総督府編 ③京城 ④1924 ⑤국립중앙도서관
朝鮮民族史	①稲葉岩吉述 ③韓国 ⑤연세대도서관
朝鮮民族史第1回	①稲葉岩吉述外 ③韓国 ⑤연세대도서관
朝鮮民族要覧	①細谷定 ②斯道館 ③京城 ④1942 ⑤서울대도서관
朝鮮民族運動年鑑 大正8年～昭和7年	②在上海日本総領事館 ③京城 ④1932 ⑤부산시민도서관
朝鮮民刑事令	①野村調太郎編 ②松山房, 巖松堂京城支店 ③京城 ④1929 ⑤국립중앙도서관, 연세대도서관
朝鮮民刑事令	①野村調太郎編 ②松山房 ③京城 ④1932 ⑤국립중앙도서관
朝鮮博覧会京城協賛会報告書	①朝鮮博覧会京城協賛会編 ②朝鮮博覧会京城協賛会 ③京城 ④1930 ⑤국립중앙도서관, 한국국회도서관, 고려대도서관, 연세대도서관
朝鮮博覧会記念写真	①門田房太郎撮影 ②朝鮮博覧会京城協賛会 ③京城 ④1929 ⑤국립중앙도서관, 한국국회도서관, 고려대도서관, 일본국회도서관
朝鮮博覧会記念写真帖	①極東時報社編 ②極東時報社, 大陸通信社 ③京城 ④1929 ⑤국립중앙도서관, 한국국회도서관
朝鮮博覧会記念写真帖	①朝鮮総督府編 ③京城 ④1930 ⑤서울대도서관, 연세대도서관, 일본국회도서관, 교토대도서관, 규슈대도서관, 나고야대도서관, 도쿄대도서관, 오사카대학, 홋카이도대도서관
朝鮮博覧会宣伝絵葉書	②京城協賛会 ③京城 ④1929 ⑤일본국회도서관
朝鮮博覧会出品牛写真	①朝鮮畜産協会編 ②朝鮮畜産協会 ③京城 ④1930 ⑤국립중앙도서관, 홋카이도대도서관
朝鮮博物誌	①朝鮮研究会編 ②朝鮮研究会 ③京城 ④1917 ⑤한국국회도서관
朝鮮博物誌(全)山林経済	①丁若鏞 ②朝鮮研究会 ③京城 ④1914 ⑤서울대도서관, 부산시민도서관
朝鮮博物志	①丁若鏞, 青柳綱太郎編 ②朝鮮研究会 ③京城 ④1916 ⑤고려대도서관, 연세대도서관, 일본국회도서관
朝鮮博物学標本展覧会出品目録	①朝鮮博物学会編 ③京城 ④1923 ⑤국립중앙도서관, 한국국회도서관, 서울대도서관
朝鮮博物学会講演集 1, 2輯	①朝鮮博物学会編 ②朝鮮博物学会 ③京城 ④1924, ⑤국립중앙도서관, 한국국회도서관, 규슈대도서관
朝鮮博物学会会誌	①朝鮮博物学会編 ②朝鮮博物学会 ③京城 ④1925-38 ⑤국립중앙도서관
朝鮮半島	①山道襄一 ②日韓書房 ③京城 ④1911 ⑤국립중앙도서관, 한국국회도서관, 고려대도서관, 서울대도서관, 일본국회도서관, 교토대도서관, 규슈대도서

	관, 도쿄대도서관
朝鮮半島の天然と人	① 兵事雑誌社編 ② 兵事雑誌社 ③ 京城 ④ 1900 ⑤ 국립중앙도서관, 홋카이도대도서관
朝鮮半島史編成ノ要旨及順序	① 朝鮮総督府編 ② 朝鮮総督府 ③ 京城 ④ 1916 ⑤ 국립중앙도서관, 규슈대도서관
朝鮮発明調査書	① 京城商工会議所 ② 京城商工会議所 ③ 京城 ④ 1936 ⑤ 한국국회도서관, 고려대도서관, 서울대도서관, 연세대도서관, 교토대도서관, 규슈대도서관, 도쿄대도서관
朝鮮防空展覧会記録	① 朝鮮総督府警務局防護課編 ② 朝鮮総督府警務局防護課 ③ 京城 ④ 1939 ⑤ 국립중앙도서관, 한국국회도서관, 고려대도서관
朝鮮放送協会ラヂオ講演講座	① 朝鮮放送協会編 ② 朝鮮放送協会 ③ 京城 ④ 1938-41 ⑤ 국립중앙도서관
朝鮮方言学試攷「鋏」語考	① 河野六郎 ② 東都書籍 ③ 京城 ④ 1945 ⑤ 한국국회도서관, 고려대도서관, 서울대도서관, 연세대도서관, 교토대도서관, 도쿄대도서관, 오사카대학
朝鮮方言学試攷 京大文学会論纂11輯	① 河野六郎 ② 東都書籍株式会社京城支店 ③ 京城 ④ 1927 ⑤ 고려대도서관
朝鮮方言学試攷	① 河野六郎 ② 東都書籍 ③ 京城 ④ 1935-45 ⑤ 국립중앙도서관, 일본국회도서관
朝鮮防疫統計	① 朝鮮総督府警務局 ② 朝鮮総督府 ③ 京城 ④ 1941 ⑤ 고려대도서관
朝鮮防疫統計	① 朝鮮総督府警務局編 ② 朝鮮総督府警務局 ③ 京城 ④ 1935-43 ⑤ 국립중앙도서관
朝鮮俳句選集	① 北川左人編 ② 青壺発行所 ③ 京城 ④ 1930 ⑤ 국립중앙도서관, 서울대도서관, 일본국회도서관
朝鮮俳句一万集	① 戸田定喜編 ② 朝鮮俳句同好会 ③ 京城 ④ 1926 ⑤ 국립중앙도서관, 고려대도서관, 도쿄대도서관
朝鮮配給機関ニ関スル調査	① 京城府編 ② 京城府 ③ 京城 ⑤ 한국국회도서관
朝鮮百業百種	① 京城日報編輯局編 ② 日韓書房 ③ 京城 ④ 1912 ⑤ 고려대도서관
朝鮮犯罪即決の理論と実際	① 野村薫 ② 野村薫 ③ 京城 ④ 1927 ⑤ 국립중앙도서관
朝鮮犯罪即決綱要	① 平山利治 ② 巌松堂 ③ 京城 ④ 1920 ⑤ 국립중앙도서관, 고려대도서관
朝鮮法規類纂	① 帝国地方行政学会編纂, 朝鮮総督府参事官室校閲 ② 帝国地方行政学会 ③ 京城 ④ 1922 ⑤ 연세대도서관
朝鮮法規提要	① 朝鮮法制研究会編 ② 朝鮮法制研究会 ③ 京城 ④ 1918 ⑤ 서울대도서관
朝鮮法規提要	① 朝鮮総督府内研究会 ② 日韓書房 ③ 京城 ④ 1913 ⑤ 서울대도서관
朝鮮法令輯覧 1-4	① 朝鮮総督府編 ② 朝鮮総督府 ③ 京城 ④ 1916-1922 ⑤ 국립중앙도서관
朝鮮法令輯覧, 1922, 1926, 1928, 1932, 1940, 1942	① 朝鮮総督府編 ② 帝国地方行政学会 ③ 京城 ④ 1922, 1926, 1928, 1932, 1940, 1942 ⑤ 한국국회도서관

朝鮮法令輯覧追録 昭和2, 4, 6, 8, 10, 12, 14年版	① 朝鮮総督府編 ② 帝国地方行政学会朝鮮本部 ③ 京城 ④ 1927-39 ⑤ 일본국회도서관
朝鮮法令輯覧追録, 1939	① 朝鮮総督府編 ② 朝鮮行政学会 ③ 京城 ④ 1939 ⑤ 한국국회도서관, 일본국회도서관
朝鮮法律判例決議総覧	① 置鮎敏宏編 ② 大阪屋号書店 ③ 京城 ④ 1927 ⑤ 국립중앙도서관, 한국국회도서관, 연세대도서관, 일본국회도서관
朝鮮法典考	① 朝鮮総督府中枢院調査課編 ② 朝鮮印刷 ③ 京城 ④ 1936 ⑤ 고려대도서관
朝鮮法制史稿 上巻	① 浅見倫太郎 ③ 京城 ④ 1936 ⑤ 고려대도서관
朝鮮法制集, 上 李朝法典考	① 朝鮮総督府 中枢院調査課編 ② 朝鮮総督府 中枢院 ③ 京城 ④ 1936 ⑤ 한국국회도서관
朝鮮法制集	① 朝鮮総督府中枢院調査課編 ② 朝鮮総督府中枢院調査課 ③ 京城 ④ 1936 ⑤ 서울대도서관
朝鮮辯護士試験ニ関スル法規及問題集	① 司法協会編 ② 司法協会 ③ 京城 ④ 1931, 1933 ⑤ 국립중앙도서관
朝鮮辯護士試験問題解題全集	① 文燮善 ② 正光社 ③ 京城 ④ 1939 ⑤ 서울대도서관
朝鮮辯護士試験問題解題全集	① 文燮善 ② 正光社 ③ 京城 ④ 1925 ⑤ 국립중앙도서관
朝鮮並に附近工場の現在及将来	① 賀田直治 ② 京城商工会議所 ③ 京城 ⑤ 부산시민도서관
朝鮮併合史, 一名, 朝鮮最近史	① 釈尾春芿 ② 朝鮮及満洲社 ③ 京城 ④ 1926 ⑤ 한국국회도서관, 연세대도서관, 일본국회도서관
朝鮮併合史	① 釈尾東邦 ② 朝鮮及満州社 ③ 京城 ④ 1926 ⑤ 고려대도서관, 서울대도서관, 교토대도서관, 규슈대도서관, 도쿄대도서관, 홋카이도대도서관, 오사카대학
朝鮮併合史	① 釈尾春編 ② 朝鮮及満州社 ③ 京城 ④ 1930 ⑤ 규슈대도서관
朝鮮併合十年史附朝鮮独立問題の真相	① 朝鮮出版協会編 ② 朝鮮出版協会 ③ 京城 ④ 1921 ⑤ 고려대도서관
朝鮮併合十年史	① 大東出版協会編纂 ② 大東出版協会 ③ 京城 ④ 1924 ⑤ 고려대도서관
朝鮮併合十年史	① 岩瀬健三郎 ② 朝鮮出版協会 ③ 京城 ④ 1922 ⑤ 국립중앙도서관
朝鮮宝庫全羅北道発展史	① 宇津木初三郎 ② 文化商会 ③ 京城 ④ 1928 ⑤ 국립중앙도서관
朝鮮宝物古蹟図録第1, 2	① 朝鮮総督府古蹟名勝天然記念物保存会編 ② 朝鮮総督府 ③ 京城 ④ 1938-40 ⑤ 일본국회도서관
朝鮮宝物古蹟図録	① 朝鮮総督府編 ③ 京城 ④ 1938, 1940 ⑤ 국립중앙도서관
朝鮮宝物古蹟名勝天然記念物保存要覧	① 朝鮮総督府社会教育課編 ② 朝鮮総督府 ③ 京城 ④ 1937 ⑤ 국립중앙도서관, 연세대도서관
朝鮮宝物古蹟名勝天然記念物保存要目	① 朝鮮総督府編 ② 朝鮮総督府 ③ 京城 ④ 1935 ⑤ 국립중앙도서관, 연세대도서관
朝鮮宝物古蹟名勝天然記念物保存要目	① 朝鮮総督府編 ② 朝鮮総督府 ③ 京城 ④ 1934 ⑤ 국립중앙도서관, 부산시민도서관, 고려대도서관

朝鮮宝物古蹟名勝天然記念物保存要目	①朝鮮総督府編 ②朝鮮総督府 ③京城 ④1935 ⑤국립중앙도서관, 고려대도서관
朝鮮宝物古蹟名勝天然記念物保存要目	①朝鮮総督府編 ②朝鮮総督府 ③京城 ④1937 ⑤한국국회도서관, 고려대도서관, 서울대도서관, 도쿄대도서관, 홋카이도대도서관
朝鮮宝物古蹟名勝天然記念物要覧	①朝鮮総督府編 ②朝鮮総督府 ③京城 ④1937 ⑤고려대도서관 、
朝鮮宝物古蹟名勝天然紀念物一覧	①朝鮮総督府編 ②朝鮮総督府 ③京城 ④1940 ⑤한국국회도서관, 서울대도서, 연세대도서관
朝鮮宝物古蹟調査資料	①朝鮮総督府編 ②朝鮮総督府 ③京城 ④1942 ⑤한국국회도서관, 고려대도서관, 서울대도서관, 연세대도서
朝鮮奉祝写真帖	①朝鮮新聞社編 ②朝鮮新聞社 ③京城 ④1928 ⑤한국국회도서관
朝鮮府郡道面町洞里名称一覧	①金田松圭 ②広韓書林 ③京城 ④1943 ⑤고려대도서관
朝鮮不動産 登記書式並実例	②朝鮮図書出版 ③京城 ④1939 ⑤연세대도서관
朝鮮不動産登記 商業登記 申請書式並心得 完	①早川保次 ②巖松堂京城店 ③京城 ④1924 ⑤고려대도서관
朝鮮不動産登記ノ沿革 並査定ト証明 京城登記トノ関係 京城大正三年制令第十六号ノ研究	①早川保次 ②大成印刷 ③京城 ④1921 ⑤고려대도서관, 서울대도서관
朝鮮不動産登記ノ沿革	①早川保次 ②大成印刷社出版部 ③京城1921 ⑤고려대도서관, 도호쿠대도서관, 홋카이도대도서관
朝鮮不動産登記書式並実例	①福田清吉 ③京城 ④1940 ⑤서울대도서관
朝鮮不動産用語略解	①朝鮮総督府編 ②日韓印刷社 ③京城 ④1913 ⑤고려대도서관
朝鮮不動産証明令大意	①太田輝次 ④1914 ⑤고려대도서관
朝鮮部落の一形態副業の盛なる道也味里	①左左木忠右衛門 ②朝鮮総督府 ③京城 ④1924 ⑤국립중앙도서관
朝鮮部落調査の過程	①小田内通敏 ④1922 ⑤서울대도서관
朝鮮部落調査報告 第1冊, 火田民・来住支那人	①朝鮮総督府編 ②朝鮮総督府 ③京城 ④1923 ⑤서울대도서관
朝鮮部落調査報告 第1冊	①小田内通敏, 朝鮮総督府編 ②朝鮮総督府 ③京城 ④1924 ⑤국립중앙도서관, 연세대도서관 교토대도서관
朝鮮部落調査報告 火田民来住支那人	①朝鮮総督府編 ②朝鮮総督府 ③京城 ④1924 ⑤한국국회도서관
朝鮮部落調査報告	②朝鮮総督府 ③京城 ④1924 ⑤도쿄대도서관, 도호쿠대도서관, 홋카이도대도서관
朝鮮部落調査予察報告 第1冊	②朝鮮総督府 ③京城 ④1923 ⑤한국국회도서관, 교토대도서관
朝鮮部落調査予察報告	①小田内通敏, 朝鮮総督府編 ②朝鮮総督府 ③京城 ④1923 ⑤국립중앙도서관, 일본국회도서관, 규슈대도서관, 도쿄대도서관, 도호쿠대도서관, 홋카이도대도서관
朝鮮部落調査特別報告 第1冊, 民家	①朝鮮総督府編 ②朝鮮総督府 ③京城 ④1923 ⑤서울대도서관

朝鮮部落調査特別報告, 第1冊	①朝鮮総督府 ②朝鮮総督府 ③京城 ④1924 ⑤한국국회도서관, 연세대도서관
朝鮮部落調査特別報告	①今和次郎 朝鮮総督府編 ②発行者不明 ③京城 ④1924 ⑤국립중앙도서관, 고려대도서관, 일본국회도서관, 교토대도서관, 도쿄대도서관, 도호쿠대도서관
朝鮮専売史 第1巻至3巻	①朝鮮総督府専売局編 ②朝鮮総督府専売局 ③京城 ④1936-38 ⑤일본국회도서관, 부산시민도서관
朝鮮賦附録	①朝鮮史編修会編 ③京城 ④1938 ⑤고려대도서관
朝鮮賦附録	①朝鮮総督府 ②朝鮮総督府 ③京城 ④1937 ⑤일본국회도서관
朝鮮副業宝鑑	①金載衛 ②東亜産業社 ③義州 ④1927 ⑤국립중앙도서관
朝鮮副業全書	①朝鮮副業奨励会編 ②朝鮮副業奨励会 ③京城 ④1924 ⑤국립중앙도서관, 부산시민도서관, 서울대도서관
朝鮮副業指針 朝鮮副業品共進会総覧	①足立丈次郎編 ②東光社 ③京城 ④1924 ⑤한국국회도서관, 서울대도서관
朝鮮副業指針	①朝鮮副業品共進会 総覧, 丈次郎編纂 ②東光社 ③京城 ④1923 ⑤국립중앙도서관, 부산시민도서관
朝鮮副業指針	①足立丈次郎編纂 ②東光社 ③京城 ④1914 ⑤연세대도서관
朝鮮副業品共進会事務報告	①朝鮮副業品共進会編 ③京城 ④1924 ⑤고려대도서관
朝鮮婦人に就て	①田中徳太郎 ③京城 ④1924 ⑤고려대도서관
朝鮮婦人に就て	①田中徳太郎 ②京城帝国大学 ③京城 ④1936 ⑤국립중앙도서관
朝鮮北支事件特別税令 朝鮮北支事件特別税令施行規則	
	②朝鮮総督府財務局 ③京城 ④1937
朝鮮仏教 第34-44号	②朝鮮仏教社 ③京城 ④1927 ⑤서울대도서관
朝鮮仏教 第45-55号	①中村健太郎編 ②朝鮮仏教社 ③京城 ④1928 ⑤서울대도서관
朝鮮仏教 1-5	①朝鮮仏教社編 ②朝鮮仏教社 ③京城 ④1926-33 ⑤국립중앙도서관
朝鮮仏教大会紀要	①朝鮮仏教団編 ②朝鮮仏教団 ③京城 ④1930 ⑤국립중앙도서관, 서울대도서관, 연세대도서관
朝鮮仏教通史	①李能和 ②新文館 ③京城 ④1918 ⑤한국국회도서관, 국립중앙도서관, 서울대도서관
朝鮮不動産競売手続 完	①堤末彦 ②大阪屋号書店 ③京城 ④1938 ⑤한국국회도서관
朝鮮不動産登記ノ沿革	①早川保次編 ②早川保次 ③京城 ④1921 ⑤국립중앙도서관
朝鮮不動産登記商業登記申請書式並心得	①早川保次 ②巌松堂京城支店 ③京城 ④1921 ⑤국립중앙도서관
朝鮮不動産登記書式並実例	①福田清吉 ②朝鮮図書出版株式会社 ③京城 ④1940 ⑤국립중앙도서관, 한국국회도서관
朝鮮不動産用語略解	①朝鮮総督官房土木局編 ②朝鮮総督府 ③京城 ④1912 ⑤국립중앙도서관
朝鮮不動産証命令義解	①神尾太治平 ②日韓書房 ③京城 ④1912 ⑤국립중앙도서관

朝鮮肥料界之実状	① 朝鮮肥料日報社編 ② 朝鮮肥料日報社 ③ 京城 ④ 1933 ⑤ 국립중앙도서관
朝鮮碑全文	② 朝鮮碑全文目文学院 ③ 韓国 ④ 1932 ⑤ 연세대도서관

朝鮮史 太祖元年-太祖10年 第4編(第1巻) 太祖元年-太祖10年
　　　　　　　① 朝鮮史編修会編 ② 朝鮮総督府 ③ 京城 ④ 1932 ⑤ 서울대도서관

朝鮮史 巻首総目録　　① 朝鮮総督府朝鮮史編修会 ② 朝鮮総督府 ③ 京城 ④ 1938 ⑤ 고려대도서관, 서울대도서관, 연세대도서관

朝鮮史 13支那史料　　① 朝鮮史編修会編 ② 朝鮮総督府 ③ 京城 ④ 1933 ⑤ 고려대도서관

朝鮮史 2 自己巳新羅文武王九年 至乙未高麗太祖十八年
　　　　　　　① 朝鮮史編修会編 ② 朝鮮総督府 ③ 京城 ④ 1933 ⑤ 고려대도서관

朝鮮史 32 自甲子高麗宣宗二年 至丙寅高麗毅宗元年
　　　　　　　① 朝鮮史編修会編 ② 朝鮮総督府 ③ 京城 ④ 1933 ⑤ 고려대도서관

朝鮮史 33 自丁卯高麗毅宗二年 至壬午高麗高宗十年
　　　　　　　① 朝鮮史編修会編 ② 朝鮮総督府 ③ 京城 ④ 1933 ⑤ 고려대도서관

朝鮮史 34 自癸未高麗高宗十一年 至戊寅高麗忠烈王五年
　　　　　　　① 朝鮮史編修会編 ② 朝鮮総督府 ③ 京城 ④ 1933 ⑤ 고려대도서관

朝鮮史 35 自己卯高麗忠烈王六年 至庚午高麗忠恵王元年
　　　　　　　① 朝鮮史編修会編 ② 朝鮮総督府 ③ 京城 ④ 1933 ⑤ 고려대도서관

朝鮮史 36 自辛未高麗忠恵王二年 至甲寅高麗廃王元年
　　　　　　　① 朝鮮史編修会編 ② 朝鮮総督府 ③ 京城 ④ 1933 ⑤ 고려대도서관

朝鮮史 37 乙卯高麗廃王二年 至壬申高麗恭譲王四年
　　　　　　　① 朝鮮史編修会編 ② 朝鮮総督府 ③ 京城 ④ 1933 ⑤ 고려대도서관

朝鮮史 41 壬申朝鮮太祖元年 至庚寅朝鮮太宗十年
　　　　　　　① 朝鮮史編修会編 ② 朝鮮総督府 ③ 京城 ④ 1933 ⑤ 고려대도서관

朝鮮史 410 癸巳朝鮮宣祖廿六年 至戊申朝鮮宣祖四十一年
　　　　　　　① 朝鮮史編修会編 ② 朝鮮総督府 ③ 京城 ④ 1933 ⑤ 고려대도서관

朝鮮史 42 辛卯朝鮮太宗十一年 至癸卯朝鮮世宗五年
　　　　　　　① 朝鮮史編修会編 ② 朝鮮総督府 ③ 京城 ④ 1933 ⑤ 고려대도서관

朝鮮史 43 申辰朝鮮世宗六年 至壬戌朝鮮世宗廿四年
　　　　　　　① 朝鮮史編修会編 ② 朝鮮総督府 ③ 京城 ④ 1933 ⑤ 고려대도서관

朝鮮史 44 癸亥朝鮮世宗廿五年 至丙戌朝鮮世祖十二年
　　　　　　　① 朝鮮史編修会編 ② 朝鮮総督府 ③ 京城 ④ 1933 ⑤ 고려대도서관

朝鮮史 45 丁亥朝鮮世祖十三年 至丁巳朝鮮燕山君三年
　　　　　　　① 朝鮮史編修会編 ② 朝鮮総督府 ③ 京城 ④ 1933 ⑤ 고려대도서관

朝鮮史 46 戊午朝鮮燕山君四年 至乙亥朝鮮中宗十年
　　　　　　　① 朝鮮史編修会編 ② 朝鮮総督府 ③ 京城 ④ 1933 ⑤ 고려대도서관

朝鮮史 第4編2巻 辛卯朝鮮太宗11年至癸卯朝鮮世宗5年

① 朝鮮総督府朝鮮史編修会編 ② 朝鮮総督府 ③ 京城 ④ 1933 ⑤ 고려대도
서관

朝鮮史 第4編3巻 甲辰朝鮮世宗6年至壬戌朝鮮世宗24年

① 朝鮮総督府朝鮮史編修会編 ② 朝鮮総督府 ③ 京城 ④ 1935 ⑤ 고려대도
서관

朝鮮史 第4編4巻 癸亥朝鮮世宗25年至丙戌朝鮮世祖12年

① 朝鮮総督府朝鮮史編修会編 ② 朝鮮総督府 ③ 京城 ④ 1936 ⑤ 고려대도
서관

朝鮮史 第4編5巻 丁亥朝鮮世祖13年至丁巳朝鮮燕山君3年

① 朝鮮総督府朝鮮史編修会編 ② 朝鮮総督府 ③ 京城 ④ 1937 ⑤ 고려대도
서관

朝鮮史 第4編6巻 戊午朝鮮燕山君4年至乙亥朝鮮中宗10年

① 朝鮮総督府朝鮮史編修会編 ② 朝鮮総督府 ③ 京城 ④ 1935 ⑤ 고려대도
서관

朝鮮史 第4編7巻 丙子朝鮮中宗11年至朝鮮中宗35年

① 朝鮮総督府朝鮮史編修会編 ② 朝鮮総督府 ③ 京城 ④ 1936 ⑤ 고려대도
서관

朝鮮史 第4編8巻 辛丑朝鮮中宗35年至辛未朝鮮宣祖4年

① 朝鮮総督府朝鮮史編修会編 ② 朝鮮総督府 ③ 京城 ④ 1937 ⑤ 고려대도
서관

朝鮮史 第4編9巻 壬申朝鮮宣祖5年至壬辰朝鮮宣祖25年

① 朝鮮総督府朝鮮史編修会編 ② 朝鮮総督府 ③ 京城 ④ 1937 ⑤ 고려대도
서관

朝鮮史 第5編10巻 丙申朝鮮英祖52年至庚申朝鮮正祖24年

① 朝鮮総督府朝鮮史編修会編 ② 朝鮮総督府 ③ 京城 ④ 1937 ⑤ 고려대도
서관

朝鮮史 第5編1巻 戊申朝鮮光海君即位年至乙丑朝鮮仁祖3年

① 朝鮮総督府朝鮮史編修会編 ② 朝鮮総督府 ③ 京城 ④ 1933 ⑤ 고려대도
서관

朝鮮史 第5編2巻 丙寅朝鮮仁祖4年至丁丑朝鮮仁祖15年

① 朝鮮総督府朝鮮史編修会編 ② 朝鮮総督府 ③ 京城 ④ 1933 ⑤ 고려대도
서관

朝鮮史 第5編3巻 戊寅朝鮮仁祖16年至丁酉朝鮮孝宗8年

① 朝鮮総督府朝鮮史編修会編 ② 朝鮮総督府 ③ 京城 ④ 1938 ⑤ 고려대도
서관

朝鮮史 第5編4巻 戊戌朝鮮孝宗9年至癸丑朝鮮顕宗14年

① 朝鮮総督府朝鮮史編修会編 ② 朝鮮総督府 ③ 京城 ④ 1938 ⑤ 고려대도서관

朝鮮史 第5編5巻 甲寅朝鮮顕宗15年至己巳朝鮮粛宗15年

① 朝鮮総督府朝鮮史編修会編 ② 朝鮮総督府 ③ 京城 ④ 1935 ⑤ 고려대도서관

朝鮮史 第5編6巻 庚午朝鮮粛宗16年至庚寅朝鮮粛宗36年

① 朝鮮総督府朝鮮史編修会編 ② 朝鮮総督府 ③ 京城 ④ 1936 ⑤ 고려대도서관

朝鮮史 第5編7巻 辛卯朝鮮粛宗37年至丙午朝鮮英祖2年

① 朝鮮総督府朝鮮史編修会編 ② 朝鮮総督府 ③ 京城 ④ 1936 ⑤ 고려대도서관

朝鮮史 第5編8巻 丁未朝鮮英祖3年至己巳朝鮮英祖25年

① 朝鮮総督府朝鮮史編修会編 ② 朝鮮総督府 ③ 京城 ④ 1937 ⑤ 고려대도서관

朝鮮史 第5編9巻 庚午朝鮮英祖26年至乙未朝鮮英祖51年

① 朝鮮総督府朝鮮史編修会編 ② 朝鮮総督府 ③ 京城 ④ 1937 ⑤ 고려대도서관

朝鮮史 第6編1巻 庚申朝鮮純祖即位年至庚辰朝鮮純祖20年

① 朝鮮総督府朝鮮史編修会編 ② 朝鮮総督府 ③ 京城 ④ 1934 ⑤ 고려대도서관

朝鮮史 第6編2巻 辛巳朝鮮純祖21年至庚子朝鮮憲宗6年

① 朝鮮総督府朝鮮史編修会編 ② 朝鮮総督府 ③ 京城 ④ 1935 ⑤ 고려대도서관

朝鮮史 第6編4巻 癸亥朝鮮李太王即位年甲午朝鮮李太王31年

① 朝鮮総督府朝鮮史編修編 ② 朝鮮総督府 ③ 京城 ④ 1938 ⑤ 고려대도서관

朝鮮史 総索引　① 朝鮮史編修会編 ② 朝鮮総督府 ③ 京城 ④ 1940 ⑤ 고려대도서관, 서울대도서관, 연세대도서관, 일본국회도서관

朝鮮史, 巻首, 第1-3編　① 朝鮮史編修会編 ② 朝鮮印刷 ③ 京城 ④ 1932-1938 ⑤ 한국국회도서관

朝鮮史, 第4編, 第1-10巻　① 朝鮮史編修会編 ② 朝鮮印刷 ③ 京城 ④ 1932-1938 ⑤ 한국국회도서관

朝鮮史, 第5編, 第1-10編　① 朝鮮史編修会編 ② 朝鮮印刷 ③ 京城 ④ 1932-1937 ⑤ 한국국회도서관

朝鮮史, 第6編, 総索引　① 朝鮮史編修会編 ② 朝鮮印刷 ③ 京城 ④ 1934-1940 ⑤ 한국국회도서관

朝鮮史, 第6編, 第4巻　① 朝鮮史編修会編 ② 朝鮮印刷 ③ 京城 ④ 1938 ⑤ 한국국회도서관

朝鮮史, 第1編第1巻　① 朝鮮史編修会編 ② 京城 ③ 京城 ② 朝鮮総督府, 朝鮮印刷株式会社 ④ 1932 ⑤ 연세대도서관

朝鮮史, 第1編第2巻　① 朝鮮史編修会編 ② 京城 ② 朝鮮総督府, 朝鮮印刷株式会社 ③ 京城 ④

	1932 ⑤ 연세대도서관
朝鮮史, 第1編第3巻	① 朝鮮史編修会編 ② 京城 ② 朝鮮総督府, 朝鮮印刷株式会社 ③ 京城 ④ 1933 ⑤ 연세대도서관
朝鮮史, 第2編	① 朝鮮史編修会編 ② 京城 ② 朝鮮総督府, 朝鮮印刷株式会社 ③ 京城 ④ 1932 ⑤ 연세대도서관
朝鮮史, 第3編第1巻	① 朝鮮史編修会編 ② 京城 ② 朝鮮総督府, 朝鮮印刷株式会社 ③ 京城 ④ 1932 ⑤ 연세대도서관
朝鮮史, 第3編第2巻	① 朝鮮史編修会編 ② 京城 ② 朝鮮総督府, 朝鮮印刷株式会社 ③ 京城 ④ 1932 ⑤ 연세대도서관
朝鮮史, 第3編第3巻	① 朝鮮史編修会編 ② 京城 ② 朝鮮総督府, 朝鮮印刷株式会社 ③ 京城 ④ 1933 ⑤ 연세대도서관
朝鮮史, 第3編第4巻	① 朝鮮史編修会編 ② 京城 ② 朝鮮総督府, 朝鮮印刷株式会社 ③ 京城 ④ 1933 ⑤ 연세대도서관
朝鮮史, 第3編第5巻	① 朝鮮史編修会編 ② 京城 ② 朝鮮総督府, 朝鮮印刷株式会社 ③ 京城 ④ 1934 ⑤ 연세대도서관
朝鮮史, 第3編第6巻	① 朝鮮史編修会編 ② 京城 ② 朝鮮総督府, 朝鮮印刷株式会社 ③ 京城 ④ 1935 ⑤ 연세대도서관
朝鮮史, 第3編第7巻	① 朝鮮史編修会編 ② 京城 ② 朝鮮総督府, 朝鮮印刷株式会社 ③ 京城 ④ 1935 ⑤ 연세대도서관
朝鮮史, 第4編第10巻	① 朝鮮史編修会編 ② 京城 ② 朝鮮総督府, 朝鮮印刷株式会社 ③ 京城 ④ 1937 ⑤ 연세대도서관
朝鮮史, 第4編第1巻	① 朝鮮史編修会編 ② 京城 ② 朝鮮総督府, 朝鮮印刷株式会社 ③ 京城 ④ 1932 ⑤ 연세대도서관
朝鮮史, 第4編第2巻	① 朝鮮史編修会編 ② 京城 ② 朝鮮総督府, 朝鮮印刷株式会社 ③ 京城 ④ 1933 ⑤ 연세대도서관
朝鮮史, 第4編第3巻	① 朝鮮史編修会編 ② 京城 ② 朝鮮総督府, 朝鮮印刷株式会社 ③ 京城 ④ 1935 ⑤ 연세대도서관
朝鮮史, 第4編第4巻	① 朝鮮史編修会編 ② 京城 ② 朝鮮総督府, 朝鮮印刷株式会社 ③ 京城 ④ 1936 ⑤ 연세대도서관
朝鮮史, 第4編第5巻	① 朝鮮史編修会編 ② 京城 ② 朝鮮総督府, 朝鮮印刷株式会社 ③ 京城 ④ 1937 ⑤ 연세대도서관
朝鮮史, 第4編第5巻	① 朝鮮史編修会編 ② 朝鮮総督府 ③ 京城 ④ 1940 ⑤ 연세대도서관
朝鮮史, 第4編第6巻	① 朝鮮史編修会編 ② 京城 ② 朝鮮総督府, 朝鮮印刷株式会社 ③ 京城 ④ 1935 ⑤ 연세대도서관
朝鮮史, 第4編第7巻	① 朝鮮史編修会編 ② 京城 ② 朝鮮総督府, 朝鮮印刷株式会社 ③ 京城 ④ 1936 ⑤ 연세대도서관

朝鮮史, 第4編第8巻	①朝鮮史編修会編 ②京城 ②朝鮮総督府, 朝鮮印刷株式会社 ③京城 ④1937 ⑤연세대도서관
朝鮮史, 第4編第9巻	①朝鮮史編修会編 ②京城 ②朝鮮総督府, 朝鮮印刷株式会社 ③京城 ④1937 ⑤연세대도서관
朝鮮史, 第5編第10巻	①朝鮮史編修会編 ②京城 ②朝鮮総督府, 朝鮮印刷株式会社 ③京城 ④1937 ⑤연세대도서관
朝鮮史, 第5編第1巻	①朝鮮史編修会編 ②京城 ②朝鮮総督府, 朝鮮印刷株式会社 ③京城 ④1933 ⑤연세대도서관
朝鮮史, 第5編第2巻	①朝鮮史編修会編 ②京城 ②朝鮮総督府, 朝鮮印刷株式会社 ③京城 ④1933 ⑤연세대도서관
朝鮮史, 第5編第3巻	①朝鮮史編修会編 ②京城 ②朝鮮総督府, 朝鮮印刷株式会社 ③京城 ④1934 ⑤연세대도서관
朝鮮史, 第5編第4巻	①朝鮮史編修会編 ②京城 ②朝鮮総督府, 朝鮮印刷株式会社 ③京城 ④1934 ⑤연세대도서관
朝鮮史, 第5編第5巻	①朝鮮史編修会編 ②京城 ②朝鮮総督府, 朝鮮印刷株式会社 ③京城 ④1935 ⑤연세대도서관
朝鮮史, 第5編第6巻	①朝鮮史編修会編 ②京城 ②朝鮮総督府, 朝鮮印刷株式会社 ③京城 ④1936 ⑤연세대도서관
朝鮮史, 第5編第7巻	①朝鮮史編修会編, 朝鮮総督府 ②朝鮮印刷株式会社 ③京城 ④1936 ⑤연세대도서관
朝鮮史, 第5編第8巻	①朝鮮史編修会編 ②朝鮮総督府 ③京城 ④1936 ⑤연세대도서관
朝鮮史, 第5編第9巻	①朝鮮史編修会編 ②京城 ②朝鮮総督府, 朝鮮印刷株式会社 ③京城 ④1937 ⑤연세대도서관
朝鮮史, 第6編第1巻	①朝鮮総督府 ②京城 ②朝鮮総督府, 朝鮮印刷株式会社 ③京城 ④1934 ⑤연세대도서관
朝鮮史, 第6編第2巻	①朝鮮史編修会編 ②京城 ②朝鮮総督府, 朝鮮印刷株式会社 ③京城 ④1935 ⑤연세대도서관
朝鮮史, 第6編第3巻	①朝鮮総督府 ②京城 ②朝鮮総督府, 朝鮮印刷株式会社 ③京城 ④1936 ⑤연세대도서관
朝鮮史, 第6編第4巻	①朝鮮総督府 ②京城 ②朝鮮総督府, 朝鮮印刷株式会社 ③京城 ④1938 ⑤연세대도서관
朝鮮史	①久保得二(大随) ②博文館 ③京城 ④1910 ⑤국립중앙도서관
朝鮮史	①朝鮮史編修会編 ②朝鮮総督府 ③京城 ④1932-1942 ⑤서울대도서관
朝鮮史	①朝鮮史編修会編 ②朝鮮印刷株式会社 ③京城 ④1932-1940 ⑤국립중앙도서관, 연세대도서관, 교토대도서관, 규슈대도서관, 나고야대도서관, 도쿄대도서관, 도호쿠대도서관, 홋카이도대도서관

朝鮮史	① 朝鮮史編修会編 ② 朝鮮総督府 ③ 京城 ④ 1940 ⑤ 일본국회도서관
朝鮮史のしるべ	① 朝鮮総督府 ② 朝鮮総督府 ③ 京城 ④ 1939 ⑤ 일본국회도서관
朝鮮史のしるべ	① 朝鮮総督府編 ② 朝鮮総督府 ③ 京城 ④ 1936 ⑤ 서울대도서관, 연세대도서관 교토대도서관 규슈대도서관, 도쿄대도서관, 홋카이도대도서관
朝鮮史のしるべ	① 朝鮮総督府編 ② 朝鮮総督府 ③ 京城 ④ 1937 ⑤ 서울대도서관, 한국국회도서관, 고려대도서관, 연세대도서관
朝鮮史の栞	① 今西竜 ② 近沢書店 ③ 京城 ④ 1935 ⑤ 국립중앙도서관, 고려대도서관 일본국회도서관
朝鮮史の栞	① 今西竜 ② 近沢書店 ③ 京城 ④ 1936 ⑤ 일본국회도서관
朝鮮史の栞	① 今西竜 ② 近沢書店 ③ 京城 ④ 1943 ⑤ 국립중앙도서관, 부산시민도서관
朝鮮史の刊	① 今西竜遺 ② 近沢書店 ③ 京城 ④ 1935 ⑤ 서울대도서관, 연세대도서관
朝鮮史の栞	① 今西龍 ② 近沢書店 ③ 京城 ④ 1943 ⑤ 고려대도서관
朝鮮史家の記せる 豊太閤朝鮮役	① 青柳南冥編 ② 京城新聞社 ③ 京城 ④ 1930 ⑤ 연세대도서관
朝鮮史家の記せる豊太閤朝鮮役 1 文禄の巻, 2 慶長の巻	① 青柳綱太郎 ② 京城新聞社 ③ 京城 ④ 1929 ⑤ 고려대도서관
朝鮮史家の記せる豊太閤朝鮮役者の註釈と修正並批判	① 青柳南冥編 ② 京城新聞社 ③ 京城 ④ 1929-1930 ⑤ 도쿄대도서관
朝鮮史講座 1 一般史	① 朝鮮史学会編 ② 朝鮮史学会 ③ 京城 ④ 1926 ⑤ 고려대도서관
朝鮮史講座 1	① 朝鮮史学会編 ② 朝鮮史学会 ③ 京城 ④ 1923-24 ⑤ 국립중앙도서관, 일본국회도서관 도쿄대도서관
朝鮮史講座 2 分類史	① 朝鮮史学会編 ② 朝鮮史学会 ③ 京城 ④ 1926 ⑤ 국립중앙도서관, 고려대도서관, 도쿄대도서관
朝鮮史講座 2	① 朝鮮史学会編 ② 朝鮮史学会 ③ 京城 ④ 1923-24 ⑤ 국립중앙도서관, 일본국회도서관
朝鮮史講座 3特別講義	① 朝鮮史学会編 ② 朝鮮史学会 ③ 京城 ④ 1926 ⑤ 고려대도서관
朝鮮史講座 3	① 朝鮮史学会編 ② 朝鮮史学会 ③ 京城 ④ 1923-24 ⑤ 국립중앙도서관, 도쿄대도서관, 일본국회도서관
朝鮮史講座 第1号-第15号	① 朝鮮史学会編 ② 朝鮮史学会 ③ 京城 ④ 1923 ⑤ 교토대도서관
朝鮮史講座	① 朝鮮史学会編 ② 朝鮮史学会 ③ 京城 ④ 1923 ⑤ 규슈대도서관, 나고야대도서관, 홋카이도대도서관
朝鮮史講座分類史	② 朝鮮史学会 ③ 京城 ④ 1923 ⑤ 연세대도서관
朝鮮史講座要項号	② 朝鮮史学会 ③ 京城 ④ 1923 ⑤ 연세대도서관
朝鮮史講座一般史	② 朝鮮史学会 ③ 京城 ④ 1923 ⑤ 연세대도서관
朝鮮史講座特別講義	② 朝鮮史学会 ③ 京城 ④ 1923 ⑤ 연세대도서관
朝鮮師団創設記念号	① 朝鮮写真通信社編 ③ 京城 ④ 1916 ⑤ 국립중앙도서관

朝鮮史大系 年表	① 大原利武 ② 朝鮮史学会 ③ 京城 ④ 1927 ⑤ 서울대도서관
朝鮮史大系 1 京城上世史	① 小田省吾 ② 朝鮮史学会 ③ 京城 ④ 1927 ⑤ 고려대도서관, 연세대도서관
朝鮮史大系 1 朝鮮史大系年表	① 朝鮮史学会編 ② 朝鮮史学会 ③ 京城 ④ 1927 ⑤ 고려대도서관
朝鮮史大系 1-5	① 朝鮮史学会編 ② 朝鮮史学会 ③ 京城 ④ 1927 ⑤ 국립중앙도서관, 일본국회도서관, 규슈대도서관, 부산시민도서관, 도쿄대도서관, 홋카이도대도서관
朝鮮史大系 2中世史	① 瀬野馬熊 ② 朝鮮史学会 ③ 京城 ④ 1927 ⑤ 고려대도서관, 연세대도서관
朝鮮史大系 3京城近世史	① 瀬野馬熊 ② 朝鮮史学会 ③ 京城 ④ 1927 ⑤ 고려대도서관
朝鮮史大系 4最近世史	① 杉本正介, 小田省呉① 朝鮮史学会編 ② 朝鮮史学会 ③ 京城 ④ 1927 ⑤ 고려대도서관, 연세대도서관, 나고야대도서관
朝鮮史大系 5京城年表	① 大原利武 ② 朝鮮史学会 ③ 京城 ④ 1927 ⑤ 고려대도서관, 연세대도서관
朝鮮史大系	① 朝鮮史学会編 ② 朝鮮史学会 ③ 京城 ④ 1927 ⑤ 국립중앙도서관, 서울대도서관, 교토대도서관
朝鮮史料及朝鮮活字図書陳列目録	① 京城帝国大学附属図書館編 ② 京城帝国大学附属図書館 ③ 京城 ④ 1932 ⑤ 홋카이도대도서관
朝鮮史料展観目録	① 朝鮮総督府朝鮮史編修会編 ② 朝鮮総督府 ③ 京城 ④ 1927 ⑤ 규슈대도서관, 일본국회도서관, 도쿄대도서관
朝鮮史料展観目録	① 朝鮮総督府朝鮮史編修会編 ② 朝鮮総督府 ③ 京城 ④ 1929 ⑤ 연세대도서관, 도쿄대도서관, 규슈대도서관
朝鮮史料展覧目録	② 朝鮮総督府 ③ 京城 ④ 1930 ⑤ 홋카이도대도서관
朝鮮史料集真 上, 下	① 朝鮮史編修会編 ② 朝鮮総督府 ③ 京城 ④ 1935 ⑤ 서울대도서관, 일본국회도서관
朝鮮史料集真 解説	① 朝鮮史編修会編 ② 朝鮮総督府 ③ 京城 ④ 1935-1936 ⑤ 서울대도서관
朝鮮史料集真 上, 下, 続	① 朝鮮史編修会編 ② 朝鮮総督府 ③ 京城 ④ 1935-38 ⑤ 일본국회도서관
朝鮮史料集真 続(第1輯~第3輯)	① 朝鮮総督府朝鮮史編修会編 ② 朝鮮総督府 ③ 京城 ④ 1937 ⑤ 한국국회도서관, 고려대도서관, 서울대도서관
朝鮮史料集真 下(第4輯~第6輯)	① 朝鮮総督府朝鮮史編修会編 ② 朝鮮総督府 ③ 京城 ④ 1936 ⑤ 고려대도서관
朝鮮史料集真 上, 下	① 朝鮮史編修会編 ② 朝鮮総督府 ④ 1935-1936 ⑤ 한국국회도서관
朝鮮史料集真	① 朝鮮史編修会編 ② 朝鮮総督府 ③ 京城 ④ 1935-1937 ⑤ 서울대도서관, 일본국회도서관, 교토대도서관, 규슈대도서관
朝鮮史料集真続解説 1輯-3	① 朝鮮史編修会編 ② 輯朝鮮印刷株式会社 ③ 京城 ④ 1937 ⑤ 고려대도서관, 연세대도서관
朝鮮史料集真解説 上1輯-3輯	① 朝鮮史編修会 ② 編朝鮮印刷株式会社 ③ 京城 ④ 1935 ⑤ 고려대도서관, 연세대도서관
朝鮮史料集真解説 下4輯-6輯	① 朝鮮史編修会編 ② 朝鮮印刷株式会社 ③ 京城 ④ 1936 ⑤ 고려대도서관,

연세대도서관

朝鮮史料集真解説	① 朝鮮総督府 ② 朝鮮総督府 ③ 京城 ④ 1935-1936 ⑤ 서울대도서관
朝鮮史料叢刊 第6	① 朝鮮史編修会編 ② 朝鮮総督府 ③ 京城 ④ 1935 ⑤ 국립중앙도서관
朝鮮史料叢刊 6, 8	① 朝鮮史編修会編 ② 朝鮮総督府 ③ 京城 ④ 1935 ⑤ 한국국회도서관
朝鮮史料叢刊 第八	① 朝鮮総督府 ② 朝鮮総督府 ③ 京城 ④ 1938 ⑤ 서울대도서관
朝鮮史料叢刊第八 尾巌日記草1	① 朝鮮史編修会編 ② 朝鮮総督府 ③ 京城 ④ 1936 ⑤ 고려대도서관
朝鮮史料総覧続解説, 第3輯	② 朝鮮総督府 ③ 京城 ④ 1935 ⑤ 연세대도서관
朝鮮史料総覧解説	② 朝鮮総督府 ③ 京城 ④ 1935 ⑤ 연세대도서관
朝鮮司法ニ関スル新法令集	① 高等法院書記課編 ② 高等法院 ③ 京城 ④ 1912 ⑤ 국립중앙도서관
朝鮮司法警察法論	① 内田達孝 ② 巌松堂京城支店 ③ 京城 ④ 1922 ⑤ 고려대도서관
朝鮮司法大観	① 司法協会編 ② 司法協会 ③ 京城 ④ 1936 ⑤ 한국국회도서관
朝鮮司法例規	① 朝鮮総督府法務局編 ② 司法協会 ③ 京城 ④ 1922 ⑤ 서울대도서관, 규슈대도서관, 홋카이도대도서관
朝鮮司法例規	① 朝鮮総督府法務局編 ② 朝鮮総督府法務局 ③ 京城 ④ 1936 ⑤ 고려대도서관
朝鮮司法法規	① 酒井与三吉 ② 帝国地方行政学会朝鮮本部 ③ 京城 ④ 1925 ⑤ 국립중앙도서관
朝鮮司法保護 1-2	① 朝鮮司法保護協会編 ② 朝鮮司法保護協会 ③ 京城 ④ 1942 ⑤ 국립중앙도서관
朝鮮司法保護事業関係規則	① 朝鮮総督府法務局編 ② 朝鮮総督府法務国 ③ 京城 ④ 1943 ⑤ 한국국회도서관
朝鮮司法保護事業関係法規, 其ノ1	② 朝鮮総督府法務局保護課 ③ 京城 ④ 1943 ⑤ 연세대도서관
朝鮮司法部の栞 司法官試補を志す人々の為に	② 朝鮮総督府法務局 ③ 京城 ④ 1942 ⑤ 도쿄대도서관
朝鮮司法例規	① 朝鮮総督府法務局編 ② 朝鮮司法協会 ③ 京城 ④ 1928 ⑤ 국립중앙도서관, 연세대도서관
朝鮮司法例規	① 朝鮮総督府司法部法務課編 ② 朝鮮総督府 ③ 京城 ④ 1916 ⑤ 한국국회도서관
朝鮮司法例規秘文書集	① 京城司法書士会編 ② 京城司法書士会 ③ 京城 ④ 1935 ⑤ 한국국회도서관
朝鮮司法一覧 昭和17年版	① 朝鮮総督府法務局 ② 朝鮮総督府法務局 ③ 京城 ④ 1942 ⑤ 일본국회도서관
朝鮮司法一覧	① 朝鮮朝鮮事業論①柴田長雄 ② 資源研究所 ③ 京城 ④ 1928 ⑤ 규슈대도서관
朝鮮司法一覧	① 朝鮮総督府法務局 ② 朝鮮総督府法務局 ③ 京城 ④ 1942 ⑤ 고려대도서관
朝鮮司法一覧	① 朝鮮総督府法務局編 ② 朝鮮総 ③ 京城督府法務局 ④ 1943 ⑤ 도쿄대도

	서관, 규슈대도서관
朝鮮司法一覧	① 朝鮮総督府法務局編 ② 朝鮮総督府法務局 ③ 京城 ④ 1939 ⑤ 국립중앙도서관
朝鮮司法一覧	② 朝鮮総督府 ③ 京城 ④ 1932 ⑤ 홋카이도대도서관
朝鮮司法提要 1-2	① 高等法院書記課編 ② 巌松堂 ③ 京城 ④ 1923 ⑤ 국립중앙도서관, 도쿄대도서관
朝鮮司法提要 昭和19年3月1日現在	① 司法協会編纂 ② 司法協会 ③ 京城 ④ 1944 ⑤ 일본국회도서관
朝鮮司法提要 全	① 朝鮮高等法院書記課編 ② 帝国地方行政学会朝鮮本部 ③ 京城 ④ 1930 ⑤ 고려대도서관
朝鮮司法提要	① 高等法院書記課編 ② 巌松堂京城店 ③ 京城 ④ 1923 ⑤ 국립중앙도서관, 고려대도서관, 서울대도서관, 연세대도서관
朝鮮司法提要	① 司法協会編纂 ② 司法協会 ③ 京城 ④ 1944 ⑤ 연세대도서관
朝鮮司法提要	① 朝鮮高等法院書記課編 ② 朝鮮高等法院 ③ 京城 ④ 1920 ⑤ 고려대도서관
朝鮮司法提要	① 朝鮮高等法院編 ② 帝国地方行政学会朝鮮本部 ③ 京城 ④ 1930 ⑤ 한국국회도서관
朝鮮思想界概観	① 緑旗日本文化研究所編 ② 緑旗聯盟 ③ 京城 ④ 1939 ⑤ 고려대도서관, 서울대도서관, 연세대도서관, 도쿄대도서관, 홋카이도대도서관
朝鮮私設鉄道補助法中改正律案参考書	① 朝鮮総督府鉄道局 ② 朝鮮総督府鉄道局 ③ 京城 ④ 1934 ⑤ 일본국회도서관
朝鮮四十年史	① 青柳南冥 ② 朝鮮研究所 ③ 京城 ④ 1917 ⑤ 서울대도서관
朝鮮事業卜郷人, 第1輯	① 高橋三七 ② 実業タイムス社 ③ 京城 ④ 1939 ⑤ 한국국회도서관
朝鮮事業公債法中改正法律案参考書	⑤ 도쿄대도서관
朝鮮事業大観	① 中村玄涛 ② 大陸之日本人社 ③ 京城 ④ 1925 ⑤ 한국국회도서관
朝鮮事業論	① 柴田長雄 ② 資源研究社 ③ 京城 ④ 1928 ⑤ 한국국회도서관, 부산시민도서관, 고려대도서관, 서울대도서관, 연세대도서관, 일본국회도서관
朝鮮事業成績 附分析比率	① 朝鮮殖産銀行調査部編 ② 朝鮮殖産銀行調査部 ③ 京城 ④ 1941 ⑤ 한국국회도서관
朝鮮事業成績 附分析比率昭和14年-昭和17年	② 朝鮮殖産銀行調査部 ③ 京城 ④ 1941-1943 ⑤ 교토대도서관, 도쿄대도서관, 홋카이도대도서관
朝鮮事業成績 昭和16年	① 朝鮮殖産銀行調査部 ② 朝鮮殖産銀行調査部 ③ 京城 ④ 1942 ⑤ 일본국회도서관
朝鮮事業成績	① 朝鮮殖産銀行調査部 ② 出版社不明 ③ 京城 ④ 1943 ⑤ 고려대도서관
朝鮮史要	① 大原利武 ② 朝鮮史学会 ③ 京城 ④ 1929 ⑤ 부산시민도서관, 고려대도서관

朝鮮史節用補刊 附録(朝鮮資料叢刊 第18)　①朝鮮史編修会編 ②朝鮮総督府 ③京城 ⑤부산시민도서관

朝鮮事情 :欝陵島記事	②南山吟社 ③京城 ④1930 ⑤한국국회도서관
朝鮮事情 ほか5点 大正9年8月上半-12下半	②朝鮮銀行調査部 ③京城 ④1920-1921 ⑤오사카대학
朝鮮事情 大正10年	①朝鮮銀行調査部編 ②朝鮮銀行調査部 ③京城 ④1921 ⑤오사카대학
朝鮮事情 昭和10年版, 昭和11年版	①朝鮮総督府編 ②朝鮮総督府 ③京城 ④1935 ⑤부산시민도서관
朝鮮事情 昭和11至15年版	①朝鮮総督府編 ②朝鮮総督府 ③京城 ④1935-39 ⑤일본국회도서관
朝鮮事情 昭和13年版	①朝鮮総督府編 ②朝鮮総督府 ③京城 ④1937 ⑤부산시민도서관
朝鮮事情 昭和16-19年版	①朝鮮総督府編 ②朝鮮総督府 ③京城 ④1940-43 ⑤일본국회도서관, 부산시민도서관
朝鮮事情 昭和9, 10年版	①朝鮮総督府編 ②朝鮮総督府 ③京城 ④1933-1935 ⑤일본국회도서관
朝鮮事情 昭和9年版	①朝鮮総督府編 ②朝鮮総督府 ③京城 ④1935 ⑤부산시민도서관
朝鮮事情, 1922, 1934-1944	①朝鮮総督府編 ②朝鮮総督府 ③京城 ④1922, 1934-1944 ⑤한국국회도서관
朝鮮事情	①朝鮮銀行調査部編 ②朝鮮銀行調査部 ③京城 ④1920-23 ⑤국립중앙도서관, 서울대도서관
朝鮮事情	①朝鮮総督府編 ②朝鮮総督府 ③京城 ④1922-41 ⑤국립중앙도서관
朝鮮事情	①朝鮮総督府編 ②朝鮮総督府 ③京城 ④1922, 1934, 1935, 1936, 1937, 1938 ⑤고려대도서관
朝鮮事情	②朝鮮総督府 ③京城 ④1922-1943 ⑤연세대도서관
朝鮮事情写真帖	①朝鮮公論社編 ②朝鮮公論社 ③京城 ④1922 ⑤한국국회도서관
朝鮮事情資料	①朝鮮総督府情報課編 ②朝鮮総督府情報課 ③京城 ④1944 ⑤서울대도서관
朝鮮史中国史料	①朝鮮総督府朝鮮史編修会編 ②朝鮮印刷株 ③京城 ④1933 ⑤서울대도서관
朝鮮写真帳	①朝鮮総督府編 ②朝鮮総督府 ③京城 ④1921 ⑤국립중앙도서관, 일본국회도서관, 도쿄대도서관, 홋카이도대도서관
朝鮮写真帖 併合記念	①杉市郎平 ②新半島社 ③京城 ④1910 ⑤일본국회도서관
朝鮮寺刹史料 上·下	①朝鮮総督府内務部地方局編 ②朝鮮総督府内務部地方局 ③京城 ④1911 ⑤국립중앙도서관, 한국국회도서관 서울대도서관, 일본국회도서관, 교토대도서관
朝鮮寺刹史料	①朝鮮総督府内務部地方局編 ②朝鮮総督府 ③京城 ④1911 ⑤서울대도서관
朝鮮寺刹三十一本山写真帖	①朝鮮仏教中央教務院編 ②朝鮮仏教中央教務院 ③京城 ④1929 ⑤한국국회도서관

朝鮮四千年秘史	① 青柳綱太郎 ③ 京城 ④ 1922 ⑤ 서울대도서관, 홋카이도대도서관
朝鮮四千年史	① 青柳綱太郎(南冥) ② 朝鮮研究会 ③ 京城 ④ 1917 ⑤ 국립중앙도서관, 부산시민도서관, 고려대도서관, 일본국회도서관, 교토대도서관, 도쿄대도서관, 도호쿠대도서관, 규슈대도서관
朝鮮史総索引	① 朝鮮史編修会編 ② 朝鮮総督府 ③ 京城 ④ 1940 ⑤ 서울대도서관
朝鮮史編修会事業概要	① 朝鮮総督府 ② 朝鮮総督府朝鮮史編修会 ③ 京城 ④ 1938 ⑤ 도쿄대도서관
朝鮮史編修会事業概要	① 朝鮮総督府朝鮮史編修会編 ② 朝鮮総督府朝鮮史編修会 ③ 京城 ④ 1938 ⑤ 한국국회도서관, 부산시민도서관, 고려대도서관서, 서울대도서관, 연세대도서관 일본국회도서관, 교토대도서관, 도호쿠대도서관, 규슈대도서관, 홋카이도대도서관
朝鮮史編修会研究彙纂	② 朝鮮総督府 ③ 京城 ④ 1944 ⑤ 나고야대도서관
朝鮮史編修会要覧	① 朝鮮総督府朝鮮史編修会編 ② 朝鮮総督府朝鮮史編修会 ③ 京城 ④ 1930 ⑤ 고려대도서관, 규슈대도서관
朝鮮史学	① 朝鮮史学同攷会編 ② 朝鮮史学同攷会 ③ 京城 ④ 1926 ⑤ 국립중앙도서관
朝鮮史話と史蹟	① 青柳綱太郎, 青柳南冥 ② 朝鮮研究会 ③ 京城 ④ 1926 ⑤ 고려대도서관, 연세대도서관, 교토대도서관, 규슈대도서관, 나고야대도서관, 오사카대학, 홋카이도대도서관
朝鮮史話と史蹟	① 青柳綱太郎(南冥) ② 朝鮮研究会 ③ 京城 ④ 1927 ⑤ 국립중앙도서관, 부산시민도서관, 도쿄대도서관, 오사카대학
朝鮮社会経済史研究	① 京城帝国大学法文学会, 三宅鹿之助編 ② 刀江書院 ③ 京城 ④ 1933 ⑤ 국립중앙도서관, 연세대도서관, 고려대도서관
朝鮮社会考 京城全	① 朝鮮駐箚憲兵隊司令部編 ② 文星社 ③ 京城 ④ 1912 ⑤ 부산시민도서관, 고려대도서관, 연세대도서관
朝鮮社会教育要覧	① 朝鮮総督府学務局社会教育課編 ② 朝鮮総督府学務局社会教育課 ③ 京城 ④ 1941 ⑤ 국립중앙도서관, 부산시민도서관
朝鮮社会教化要覧	① 朝鮮総督府学務局社会教育課 ② 朝鮮総督府学務局 ③ 京城 ④ 1937 ⑤ 국립중앙도서관, 한국국회도서관, 일본국회도서관
朝鮮社会教化要覧	① 朝鮮総督府学務局社会教育課 ② 朝鮮総督府学務局社会教育課 ③ 京城 ④ 1938 ⑤ 고려대도서관
朝鮮社会事業要覧	① 朝鮮総督府内務局社会課 ② 朝鮮総督府 ③ 京城 ④ 1924 ⑤ 고려대도서관, 연세대도서관, 일본국회도서관
朝鮮社会事業要覧	① 朝鮮総督府内務局社会課 ② 朝鮮総督府 ③ 京城 ④ 1927 ⑤ 고려대도서관, 연세대도서관, 일본국회도서관
朝鮮社会事業要覧	① 朝鮮総督府内務局社会課編 ② 朝鮮総督府 ③ 京城 ④ 1923-36 ⑤ 국립중앙도서관
朝鮮社会事業要覧	① 朝鮮総督府編 ② 朝鮮総督府 ③ 京城 ④ 1929 ⑤ 고려대도서관, 연세대도

서관

朝鮮社会事業要覧	① 朝鮮総督府編 ② 朝鮮総督府 ③ 京城 ④ 1933 ⑤ 국립중앙도서관, 고려대도서관, 일본국회도서관
朝鮮社会事業要覧	① 朝鮮総督府編 ② 朝鮮総督府 ③ 京城 ④ 1936 ⑤ 고려대도서관, 서울대도서관, 도쿄대도서관, 도호쿠대도서관, 규슈대도서관, 홋카이도대도서관
朝鮮社会史外講演録	① 朝鮮社会事業協会編 ② 朝鮮社会事業協会 ③ 京城 ④ 1934 ⑤ 한국국회도서관
朝鮮社会史 · 朝鮮会社業其他	① 朝鮮社会事業協会編 ② 朝鮮社会事業協会 ③ 京城 ④ 1934 ⑤ 고려대도서관
朝鮮社会運動取締法要義	① 中川利吉 ② 帝国地方行政学会朝鮮本部 ③ 京城 ④ 1933 ⑤ 고려대도서관
朝鮮社会運動取締要義	① 中川利吉 ② 帝国地方行政学会朝鮮本部 ③ 京城 ④ 1933 ⑤ 국립중앙도서관, 연세대도서관
朝鮮社会制度史	① 村山智順述 ③ 韓国 ⑤ 연세대도서관
朝鮮産マイワシを原料とする「フイツシユミール」の性状に就て	① 朝鮮総督府水産試験場 ② 朝鮮総督府水産試験場 ③ 釜山 ④ 1935 ⑤ 규슈대도서관
朝鮮産褐炭の低温乾暝と低温タールの試験成績	① 朝鮮総督府中央試験所編 ② 総督府中央試験所 ③ 京城 ④ 1924 ⑤ 국립중앙도서관
朝鮮産甲殻十脚類の研究 第1報 蟹類	① 上田常一 ② 朝鮮水産会 ③ 京城 ④ 1942 ⑤ 국립중앙도서관, 부산시민도서관, 고려대도서관, 일본국회도서관
朝鮮産鉱物に就て	① 朝鮮総督府地質調査所編 ② 朝鮮総督府地質調査所 ③ 京城 ④ 1941 ⑤ 고려대도서관
朝鮮産鉱物雑記1-10 目録及索引	① 朝鮮総督府地質調査所編 ② 朝鮮総督府地質調査所 ③ 京城 ④ 1940 ⑤ 고려대도서관
朝鮮産菌심図譜	① 高木五六 ② 東都書籍 ③ 京城 ④ 1945 ⑤ 한국국회도서관
朝鮮産金増加計劃草安	① 徳野真士 ② 朝鮮鉱業会 ③ 京城昭和6 ④ 1931 ⑤ 고려대도서관
朝鮮山林文化展覧会誌	① 朝鮮山林文化展覧会編 ② 朝鮮山林文化展覧会 ③ 京城 ④ 1935 ⑤ 한국국회도서관
朝鮮山林史料	① 朝鮮総督府編纂 第一輯 ② 朝鮮山林会 ③ 京城 ④ 1934 ⑤ 한국국회도서관, 고려대도서관, 서울대도서관
朝鮮産木材ノ識別 殻斗科	① 朝鮮総督府林業試験場編 ② 朝鮮総督府林業試験場 ③ 京城 ④ 1933 ⑤ 교토대도서관
朝鮮産木材ノ識別法	① 朝鮮総督府林業試験場編 ② 朝鮮総督府林業試験場 ③ 京城 ④ 1928 ⑤ 국립중앙도서관
朝鮮産米増収計劃	① 朝鮮事情社 ② 朝鮮事情社 ③ 京城 ④ 1925 ⑤ 고려대도서관

朝鮮産米増殖計画案	① 柳川勉編 ② 朝鮮事情社 ③ 京城 ④ 1926 ⑤ 국립중앙도서관
朝鮮産米増殖計画要綱	① 朝鮮総督府 ② 朝鮮総督府 ③ 京城 ④ 1926 ⑤ 국립중앙도서관 일본국회도서관, 도쿄대도서관
朝鮮産米増殖計畫要綱	① 朝鮮総督府編 ② 朝鮮総督府 ③ 京城 ④ 1929 ⑤ 도쿄대도서관
朝鮮産米増殖計画要領	① 朝鮮総督府 ② 朝鮮総督府 ③ 京城 ④ 1922 ⑤ 일본국회도서관
朝鮮産米増殖計劃の実積 昭和十年末現在	① 朝鮮総督府農林局編 ③ 京城 ④ 1937 ⑤ 서울대도서관
朝鮮産米増殖計劃の実績	① 朝鮮総督府農林局 ② 朝鮮総督府農林局 ③ 京城 ④ 1933 ⑤ 국립중앙도서관, 고려대도서관, 일본국회도서관
朝鮮産米増殖計劃の実績	① 朝鮮総督府農林局編 ② 朝鮮総督府農林局 ③ 京城 ④ 1936 ⑤ 고려대도서관
朝鮮産米増殖計劃要綱	① 朝鮮総督府編 ③ 京城 ④ 1926 ⑤ 서울대도서관
朝鮮産小麦ノ品質調査	① 上杉綱雄, 権錫圭 共 ② 朝鮮総督府中央試験所 ③ 京城 ④ 1915 ⑤ 국립중앙도서관
朝鮮産樹木の種類及基の分布	① 植木秀幹編 ② 朝鮮総督府水原高等農林学校 ③ 水原 ④ 1940 ⑤ 국립중앙도서관
朝鮮産蛾類の研究, 第1報	① 石宙明 ③ 京城 ④ 1938 ⑤ 연세대도서관
朝鮮山岳 1-2	① 朝鮮山岳会編 ② 朝鮮山岳会 ③ 京城 ④ 1932-37 ⑤ 국립중앙도서관
朝鮮産野生食用植物	① 朝鮮総督府林業試験場編 ② 朝鮮総督府林業試験場 ③ 京城 ④ 1943 ⑤ 서울대도서관
朝鮮産野生食用植物	① 朝鮮総督府林業試験場編 ② 朝鮮総督府 ③ 京城 ④ 1942 ⑤ 한국국회도서관
朝鮮産業の決戦再編成	① 東洋経済新報社編 ② 東洋経済新報社 京城支局 ③ 京城 ④ 1943 ⑤ 고려대도서관
朝鮮産業の決戦再編成	① 東洋経済新報社編 ② 東洋経済新報社京城支局 ③ 京城 ④ 1942 ⑤ 국립중앙도서관
朝鮮産業の動向と資源	① 時局研究会 ② 時局研究会 ③ 京城 ④ 1938 ⑤ 고려대도서관, 서울대도서관, 일본국회도서관, 도쿄대도서관
朝鮮産業開発	① 朝鮮総督府編 ② 朝鮮総督府 ③ 京城 ④ 1922 ⑤ 고려대도서관
朝鮮産業経済便覧	① 京城商工会議所編 ② 京城商工会議所 ③ 京城 ④ 1939 ⑤ 서울대도서관
朝鮮産業経済調査会答申事項処理概要	② 朝鮮総督府 ③ 京城 ④ 1938 ⑤ 도쿄대도서관
朝鮮産業経済調査会議事要綱	① 朝鮮産業経済調査会編 ② 朝鮮教育図書出版部 ③ 京城 ④ 1936 ⑤ 국립중앙도서관
朝鮮産業経済調査会諮問答申書	① 朝鮮産業経済調査会編 ② 朝鮮産業経済調査会 ③ 京城 ④ 1936 ⑤ 국립중앙도서관, 도쿄대도서관

朝鮮産業経済調査会諮問答申案試案参考書

	① 朝鮮総督府編 ② 朝鮮総督府 ③ 京城 ④ 1936 ⑤ 한국국회도서관, 고려대 도서관
朝鮮産業経済便覧 昭和16年版	① 京城商工会議所編 ② 京城商工会議所 ③ 京城 ④ 1941 ⑤ 서울대도서관
朝鮮産業経済現勢	① 伊藤正慤編 ② 朝鮮商工会議所 ③ 京城 ④ 1937 ⑤ 한국국회도서관, 고 려대도서관
朝鮮産業大鑑	① 朝鮮中央経済会編 ② 朝鮮中央経済会出版部 ③ 京城 ④ 1922 ⑤ 고려 대도서관, 서울대도서관, 연세대도서관
朝鮮産業要覧	① 東亜経済会編 ② 東亜経済会 ③ 京城 ④ 1919 ⑤ 도쿄대도서관
朝鮮産業政策研究要綱	① 賀田直治 ② 発行社不明 ③ 京城 ④ 1927 ⑤ 한국국회도서관, 서울대도서관
朝鮮産業地図	① 巌松堂書店 ② 巌松堂京城店 ③ 京城 ④ 1915 ⑤ 일본국회도서관
朝鮮産業指針	① 大橋清三郎 等編 ② 開発社 ③ 京城 ④ 1915 ⑤ 국립중앙도서관, 고려대 도서관, 서울대도서관
朝鮮産業指針	① 大橋清三郎 等編 ③ 京城 ④ 1918 ⑤ 서울대도서관
朝鮮山林文化展覧会誌	① 朝鮮山林文化展覧会編 ② 朝鮮山林文化展覧会 ③ 京城 ④ 1935 ⑤ 한 국국회도서관
朝鮮産蚕蛆詳蝿の研究	① 朝鮮総督府勧業模範場龍山支場編 ② 朝鮮総督府 ③ 京城 ④ 1913 ⑤ 국립중앙도서관
朝鮮産蚕蛆蝿の研究 附. 駆除予防法	② 朝鮮総督府勧業模範場竜山支場 ③ 京城 ④ 1913 ⑤ 교토대도서관
朝鮮産赤松ノ樹相及ビ是力改良ニ関スル造林上ノ処理ニ就イテ	
	① 植木秀幹, 水原高等農林学校編 ② 朝鮮総督府水原高等農林学校 ③ 水 原 ④ 1928 ⑤ 국립중앙도서관, 일본국회도서관
朝鮮産蝶類の研究, 第1報	① 石宙明 ③ 京城? ④ 1934 ⑤ 연세대도서관
朝鮮産鳥類目録 李王家博物館所蔵	① 李王家博物館編 ② 李王職 ③ 京城 ④ 1918 ⑤ 한국국회도서관
朝鮮産主要林木の播造林試験	① 林泰治 ② 朝鮮総督府林業試験場 ③ 京城 ④ 1935 ⑤ 국립중앙도서관
朝鮮産特殊鉱物の選鉱法 1, 鉛・亜鉛	① 朝鮮総督府燃料選鉱研究所 ② 朝鮮総督府燃料選鉱研究所 ③ 京城 ④ 1943 ⑤ 서울대도서관
朝鮮産特殊鉱物の選鉱試験報告, 36-38	① 朝鮮総督府燃料選鉱研究所編 ② 朝鮮総督府燃料選鉱研究所 ③ 京城 ④ 1941 ⑤ 한국국회도서관
朝鮮産婆及看護婦試験問題正解答集	① 帝国地方行政学会朝鮮本部編 ② 帝国地方行政学会朝鮮本部 ③ 京城 ④ 1935 ⑤ 국립중앙도서관
朝鮮産品充用に関する調書	① 朝鮮総督府編 ③ 京城 ④ 1925 ⑤ 국립중앙도서관, 서울대도서관
朝鮮三綱録	① 青榴綱太郎編 ② 朝鮮三綱録出版所 ③ 京城 ④ 1921 ⑤ 국립중앙도서관
朝鮮森林図鑑	① 河本台鉉 ④ 1941 ⑤ 한국국회도서관
朝鮮森林山野所有権ニ関スル指針	① 朝鮮総督府編 ② 朝鮮総督府 ③ 京城 ④ 1913 ⑤ 국립중앙도서관, 부산시

민도서관, 서울대도서관

朝鮮森林樹鑑要	① 石戸谷勉, 鄭台鉉 共編 ② 朝鮮総督府林業試験場 ③ 京城 ④ 1923 ⑤ 국립중앙도서관, 연세대도서관, 홋카이도대도서관
朝鮮森林樹木鑑要	① 石戸谷勉, 鄭台鉉編 ② 朝鮮総督府林業試験場 ③ 京城 ④ 1923 ⑤ 일본국회도서관, 서울대도서관
朝鮮森林植物図説	① 鄭台鉉 ② 朝鮮博物研究 ③ 京城 ④ 1943 ⑤ 한국국회도서관, 서울대도서관, 연세대도서관
朝鮮森林植物編 第10집	① 朝鮮総督府林業試験場編 ② 林業試験場 ③ 京城 ④ 1921 ⑤ 고려대도서관, 연세대도서관
朝鮮森林植物編 第11집	① 朝鮮総督府林業試験場編 ② 林業試験場 ③ 京城 ④ 1921 ⑤ 고려대도서관, 연세대도서관
朝鮮森林植物編 第12집	① 朝鮮総督府林業試験場編 ② 林業試験場 ③ 京城 ④ 1922 ⑤ 고려대도서관, 연세대도서관
朝鮮森林植物編 第13집	① 朝鮮総督府林業試験場編 ② 林業試験場 ③ 京城 ④ 1923 ⑤ 고려대도서관, 연세대도서관
朝鮮森林植物編 第14집	① 朝鮮総督府林業試験場編 ② 林業試験場 ③ 京城 ④ 1923 ⑤ 고려대도서관, 연세대도서관
朝鮮森林植物編 第15집	① 朝鮮総督府林業試験場編 ② 林業試験場 ③ 京城 ④ 1926 ⑤ 고려대도서관, 연세대도서관
朝鮮森林植物編 第16집	① 朝鮮総督府林業試験場編 ② 林業試験場 ③ 京城 ④ 1927 ⑤ 고려대도서관, 연세대도서관
朝鮮森林植物編 第17집	① 朝鮮総督府林業試験場編 ② 林業試験場 ③ 京城 ④ 1928 ⑤ 고려대도서관, 연세대도서관
朝鮮森林植物編 第18집	① 朝鮮総督府林業試験場編 ② 林業試験場 ③ 京城 ④ 1930 ⑤ 고려대도서관
朝鮮森林植物編 第19집, 第20집	① 朝鮮総督府林業試験場編 ② 林業試験場 ③ 京城 ④ 1932-1933 ⑤ 고려대도서관
朝鮮森林植物編 第21집	① 朝鮮総督府林業試験場編 ② 林業試験場 ③ 京城 ④ 1936 ⑤ 고려대도서관, 연세대도서관
朝鮮森林植物編 第22집	① 朝鮮総督府林業試験場編 ② 林業試験場 ③ 京城 ④ 1939 ⑤ 고려대도서관, 연세대도서관
朝鮮森林植物編 第3집, 第6집	① 朝鮮総督府林業試験場編 ② 林業試験場 ③ 京城 ④ 1917 ⑤ 고려대도서관
朝鮮森林植物編 第7집, 第8집, 第9집	① 朝鮮総督府林業試験場編 ② 林業試験場 ③ 京城 ④ 1918-1920 ⑤ 고려대도서관, 연세대도서관
朝鮮森林植物編, 第1輯, 樹科	① 中井猛之進編 ② 朝鮮総督府 ③ 京城 ④ 1915 ⑤ 연세대도서관
朝鮮森林植物編, 第3輯, 殻斗科	① 中井猛之進編 ② 朝鮮総督府 ③ 京城 ④ 1917 ⑤ 연세대도서관
朝鮮森林植物編, 第4輯, 繡線菊科	① 中井猛之進編 ② 朝鮮総督府 ③ 京城 ④ 1916 ⑤ 연세대도서관

朝鮮森林植物編, 第5輯, 桜桃科	①中井猛之進編 ②朝鮮総督府 ③京城 ④1916 ⑤연세대도서관
朝鮮森林植物編, 第6輯, 梨科	①中井猛之進編 ②朝鮮総督府 ③京城 ④1916 ⑤연세대도서관
朝鮮森林植物編	①朝鮮総督府林業試験場編 ②朝鮮総督府 ③京城 ④1915-36 ⑤국립중앙도서관, 일본국회도서관, 도쿄대도서관, 도호쿠대도서관, 홋카이도대도서관
朝鮮森林調査書	②朝鮮総督府 ③京城 ⑤연세대도서관
朝鮮三十六本山現任住持法系図譜 大正7年10月31日現在	①渡辺彰編 ②渡辺彰 ③京城 ④1918 ⑤일본국회도서관
朝鮮商工関係例規	①朝鮮総督府商工課編 ②諸国地方行政学会朝鮮本部 ③京城 ④1935 ⑤국립중앙도서관, 고려대도서관, 서울대도서관, 연세대도서관
朝鮮商工大鑑	①朝鮮商工研究会編 ②朝鮮商工研究会 ③京城 ④1929 ⑤국립중앙도서관, 고려대도서관, 서울대도서관
朝鮮商工大鑑	②朝鮮商工研究会 ③京城 ④1917 ⑤부산시민도서관
朝鮮商工名鑑	①小島庄次郎編 ②朝鮮新聞社代理部 ③京城 ④1923 ⑤국립중앙도서관, 고려대도서관
朝鮮商工業の変遷と其の将来	①賀田直治 ②京城商工会議所 ③京城 ④1934 ⑤국립중앙도서관
朝鮮商工人名録, 1	①朝鮮商工社編 ②朝鮮商工社 ③釜山 ④1923 ⑤한국국회도서관
朝鮮商工奨励館報 1-4	①朝鮮商品調査研究会 ②朝鮮商品調査研究会 ③京城 ④1940, 1934, 1935, 1939 ⑤고려대도서관
朝鮮商工奨励館報	①朝鮮商品調査研究会編 ②朝鮮商品調査研究会 ③京城 ④1934-39 ⑤국립중앙도서관
朝鮮商工取引便覧	①朝鮮総督府商工奨励館編 ②朝鮮総督府商工奨励館 ③京城 ④1935 ⑤한국국회도서관, 고려대도서관
朝鮮商工会議所一覧 昭和13年度	①朝鮮商工会議所編 ②朝鮮商工会議所 ③京城 ④1938 ⑤국립중앙도서관
朝鮮商工会議所第1回定期総会議事録	①朝鮮商工会議所編 ②朝鮮商工会議所 ③京城 ④1932 ⑤서울대도서관
朝鮮商工会議所主催の工業振興懇談会概況	②京城商工会議所 ③京城 ④1933 ⑤연세대도서관
朝鮮上世史第2回	①小田省吾述外 ③韓国 ⑤연세대도서관
朝鮮相続税令	①村山道雄, 朝鮮財務協会編 ②朝鮮財務協会 ③京城 ④1934 ⑤국립중앙도서관, 연세대도서관
朝鮮相続税令	①村山道雄 ②朝鮮財務協会 ③京城 ④1936 ⑤한국국회도서관, 고려대도서관
朝鮮相続税令講義	①高橋英夫 ②朝鮮財務協会 ③京城 ④1941 ⑤한국국회도서관, 고려대도서관
朝鮮商業提要	①切田太郎, 古館市太郎 共 ②ウスボヤ書籍店 ③京城 ④1914 ⑤국립중앙도서관서울대도서관

朝鮮商業提要	① 切田太郎, 古館市太郎 ② ウツボヤ書籍店 ③ 京城 ④ 1917 ⑤ 고려대도서관
朝鮮商業提要	① 切田太郎, 古館市太郎 共 ② ウツボヤ書籍店 ③ 京城 ④ 1920 ⑤ 연세대도서관
朝鮮商業組合関係法規	① 朝鮮総督府殖産局商工課編 ② 朝鮮総督府殖産局商工課 ③ 発行地不明 ⑤ 한국국회도서관
朝鮮商業組合令概説	① 松本源造 ② 忠南繊維雑貨사売商業組合 ③ 京城 ④ 1942 ⑤ 국립중앙도서관
朝鮮商業総覧	① 内外商品新報社編輯部編纂 ② 内外商品新報社 ③ 京城 ④ 1915 ⑤ 연세대도서관
朝鮮商業会議所聯合会議事録 第12回	② 朝鮮商業会議所聯合会 ③ 京城 ④ 1929 ⑤ 고려대도서관
朝鮮商業会議所聯合会議事速記録 第5回	① 朝鮮商業会議所聯合会編 ② 朝鮮商業会議所 ③ 京城 ④ 1922 ⑤ 국립중앙도서관
朝鮮商業会議所議事録 第12回	① 朝鮮商業会議所聯合会 ② 朝鮮商業会議所 ③ 京城 ④ 1929 ⑤ 서울대도서관
朝鮮商品と地理 京城全	① 納富由三 ② 日本電報通信社京城支局 ④ 1912 ⑤ 고려대도서관
朝鮮商品と地理	① 納富由三編 ② 日本電報通信社京城支局 ③ 京城 ④ 1912 ⑤ 국립중앙도서관, 한국국회도서관, 서울대도서관, 연세대도서관, 규슈대도서관
朝鮮商品と地理	① 納富由三編 ③ 京城 ④ 1911 ⑤ 서울대도서관
朝鮮商品誌 1-4	① 朝鮮殖産銀行調査課編 ② 朝鮮殖産銀行調査課 ③ 京城 ④ 1924-29 ⑤ 국립중앙도서관
朝鮮商品誌 第1篇	① 朝鮮殖産銀行調査課編 ② 朝鮮殖産銀行調査課 ③ 京城 ④ 1928 ⑤ 국립중앙도서관
朝鮮商品誌	① 朝鮮殖産銀行調査課編 ② 朝鮮殖産銀行調査課 ③ 京城 ④ 1927 ⑤ 국립중앙도서관
朝鮮商品取扱便覧	① 朝鮮総督府商工装励館編 ② 大海産印刷株式会社 ③ 京城 ④ 1936 ⑤ 고려대도서관
朝鮮商品取引便覧	① 朝鮮総督府編 ② 朝鮮総督府 ③ 京城 ④ 1935 ⑤ 국립중앙도서관, 한국국회도서관, 서울대도서관, 일본국회도서관
朝鮮商品取引便覧	① 朝鮮総督府商工奨励館編 ② 朝鮮総督府商工奨励館 ③ 京城 ④ 1935-1937 ⑤ 홋카이도대도서관
朝鮮書式大全	① 京城日報社編 ② 京城日報社 ③ 京城 ④ 1924 ⑤ 한국국회도서관
朝鮮書式大全	① 内藤定一郎 ② 大阪屋号書店 ③ 京城 ④ 1928 ⑤ 고려대도서관
朝鮮書式宝鑑	① 朝鮮実業学会編纂部編纂 ② 金剛堂書店 ③ 京城 ④ 1936 ⑤ 연세대도서관
朝鮮書式宝鑑	① 片山元敬 ② 金剛堂書店 ③ 京城 ④ 1937 ⑤ 고려대도서관
朝鮮書籍目録	① 金沢庄三郎 ④ 1911 ⑤ 서울대도서관

朝鮮書画家列伝	① 古田英三郎 ② ウツボヤ ③ 京城 ④ 1920 ⑤ 서울대도서관
朝鮮書画家列伝	① 吉田英三郎 ② 京城日報社 ③ 京城 ④ 1915 ⑤ 한국국회도서관, 서울대도서관
朝鮮石工芸品展観	③ 京城 ④ 1935 ⑤ 고려대도서관
朝鮮石油専売関係法規集	① 朝鮮総督府編 ② 朝鮮総督府 ③ 京城 ④ 1943 ⑤ 고려대도서관
朝鮮石炭分析表	① 朝鮮総督府殖産局燃料選鉱研究所編 ③ 京城 ④ 1936 ⑤ 서울대도서관
朝鮮石炭需給状況	① 朝鮮総督府殖産局編 ② 朝鮮総督府殖産局 ③ 京城 ④ 1926 ⑤ 국립중앙도서관, 연세대도서관, 홋카이도대도서관
朝鮮選挙取締規則詳解	① 晋直鉉 ② 同人法律事務所 ③ 京城 ④ 1931 ⑤ 고려대도서관
朝鮮船尸籍令義解	① 車田篤 ② 朝鮮地方行政学会 ③ 京城 ④ 1937 ⑤ 고려대도서관
朝鮮繊維要覧 昭和18年版	① 朝鮮織物協会編 ② 朝鮮織物協会 ③ 京城 ④ 1943 ⑤ 국립중앙도서관, 한국국회도서관, 서울대도서관, 연세대도서관, 일본국회도서관
朝鮮性慾犯罪判決集	① 伊藤憲郎編 ② 秀美堂印刷所印刷 ③ 京城 ④ 1931 ⑤ 서울대도서관, 연세대도서관
朝鮮税務法規提要 昭和十四年五月二十日現在	① 朝鮮総督府財務局編纂 ② 朝鮮財務協会 ③ 京城 ④ 1939 ⑤ 일본국회도서관
朝鮮税務法規提要, 1938-1940	① 朝鮮総督府財務局編 ② 朝鮮財務協会 ③ 京城 ④ 1938-1940 ⑤ 한국국회도서관
朝鮮税務法規提要	① 朝鮮総督府財務局編 ② 朝鮮財務協会 ③ 京城 ④ 1925 ⑤ 서울대도서관, 연세대도서관
朝鮮税務法規提要	① 朝鮮総督府財務局編 ② 朝鮮財務協会 ③ 京城 ④ 1935 ⑤ 국립중앙도서관, 연세대도서관
朝鮮税務法規提要	① 朝鮮総督府財務局編 ② 朝鮮財務協会 ③ 京城 ④ 1936 ⑤ 서울대도서관
朝鮮税務法規提要	① 朝鮮総督府財務局編 ② 朝鮮財務協会 ③ 京城 ④ 1944 ⑤ 국립중앙도서관, 서울대도서관, 연세대도서관
朝鮮税務法規提要	① 朝鮮総督府財務局編 ② 朝鮮財務協会 ③ 京城 ④ 1940 ⑤ 고려대도서관
朝鮮税務法規提要	① 朝鮮総督府財務局編 ② 朝鮮総督府財務局 ③ 京城 ④ 1931 ⑤ 고려대도서관
朝鮮税務法規提要	① 朝鮮総督府財務局編 ② 朝鮮総督府財務局 ③ 京城 ④ 1938 ⑤ 고려대도서관
朝鮮税務法規提要	① 朝鮮総督府財務局編纂 ② 朝鮮財務協会 ③ 京城 ④ 1942 ⑤ 한국국회도서관, 연세대도서관
朝鮮税務法規捉要	① 朝鮮総督府財務局編 ② 朝鮮財務協会 ③ 京城 ④ 1938 ⑤ 국립중앙도서관
朝鮮税務要覧	① 尹定夏 ② 帝国地方行政学会朝鮮本部 ③ 京城 ④ 1938 ⑤ 국립중앙도서관, 고려대도서관, 서울대도서관, 연세대도서관

朝鮮税務統計書 昭和12年度	① 朝鮮総督府財務局 ② 朝鮮総督府財務局 ③ 京城 ④ 1939 ⑤ 서울대도서관, 국립중앙도서관
朝鮮税務統計書 昭和10	① 朝鮮総督府財務局編 ② 朝鮮総督府財務局 ③ 京城 ④ 1937 ⑤ 국립중앙도서관
朝鮮税務統計書 第1冊, 第2冊	① 朝鮮総督府財務局編 ③ 京城 ④ 1942, 1938 ⑤ 고려대도서관
朝鮮税務統計書	① 朝鮮総督府財務局編 ② 朝鮮総督府財務局 ③ 京城 ④ 1934 ⑤ 고려대도서관
朝鮮税務統計書	① 朝鮮総督府財務局編 ② 朝鮮総督府財務局 ③ 京城 ④ 1935 ⑤ 고려대도서관
朝鮮税務統計書	① 朝鮮総督府財務局編 ② 朝鮮総督府財務局 ③ 京城 ④ 1936 ⑤ 고려대도서관
朝鮮税務統計書	① 朝鮮総督府財務局編 ② 朝鮮総督府財務局 ③ 京城 ④ 1937 ⑤ 고려대도서관
朝鮮税務統計書	① 朝鮮総督府財務局編 ② 朝鮮総督府財務局 ③ 京城 ④ 1938 ⑤ 국립중앙도서관
朝鮮税務統計書 和17年度	② 朝鮮総督府財務局 ③ 京城 ④ 1945 ⑤ 연세대도서관
朝鮮歳時記 広寒楼記	① 細井肇編 ② 由討論社 ③ 京城 ④ 1921 ⑤ 국립중앙도서관, 고려대도서관, 교토대도서관, 도쿄대도서관
朝鮮歳時記 広寒楼記	① 洪錫謨編, 今村鞆訳 ② 自由討究社 ③ 경성 ④ 1945 ⑤ 연세대도서관
朝鮮税政例規 第二篇	① 朝鮮総督府財務局編纂 ② 朝鮮財務協会 ③ 京城 ④ 1936 ⑤ 한국국회도서관
朝鮮税政例規 第2篇	① 朝鮮総督府財務局税務課編纂 ② 朝鮮財務協会 ③ 京城 ④ 1937 ⑤ 연세대도서관
朝鮮税政例規	② 朝鮮財務協会 ③ 京城 ④ 1923 ⑤ 연세대도서관
朝鮮少年令関係法規	① 朝鮮総督府法務局 保護課編 ② 朝鮮総督府法務局 ③ 京城 ④ 1943 ⑤ 한국국회도서관, 고려대도서관
朝鮮所得税令釈義	① 松田金一 ② 朝鮮財務協会京畿道支部 ③ 京城 ④ 1925 ⑤ 국립중앙도서관, 한국국회도서관, 고려대도서관
朝鮮所得税令精義	① 寺山時二 ② 朝鮮財務協会 ③ 京城 ④ 1935 ⑤ 국립중앙도서관, 고려대도서관
朝鮮所得税令精義	① 寺山時二 ② 朝鮮財務懇話会 ③ 京城 ④ 1941 ⑤ 연세대도서관
朝鮮所得税資本利子税事務提要	① 朝鮮総督府財務局編 ② 朝鮮総督府財務局 ③ 京城 ④ 1928 ⑤ 국립중앙도서관
朝鮮消防 1-13	① 朝鮮警防協会編 ② 朝鮮警防協会 ③ 京城 ④ 1935-42 ⑤ 국립중앙도서관
朝鮮消防法規	② 京城消防署 ③ 京城 ④ 1944 ⑤ 한국국회도서관
朝鮮小史	① 小田省吾 ② 魯庵記念財団 ③ 京城 ④ 1931 ⑤ 국립중앙도서관, 연세대도

	서관
朝鮮小史	① 小田省吾 ② 京城大阪屋号書店 ③ 京城 ④ 1937 ⑤ 한국국회도서관, 고려대도서관, 연세대도서관, 규슈대도서관
朝鮮昭十五年国勢調査 京城結集表章二用フベキ産業分類内容例示	
	① 朝鮮総督府国勢調査課 ② 朝鮮総督府国勢調査課 ③ 京城 ④ 1940 ⑤ 고려대도서관
朝鮮騒擾の真相	① 加藤房蔵 ② 京城日報社 ③ 京城 ④ 1920 ⑤ 국립중앙도서관, 고려대도서관, 연세대도서관, 일본국회도서관, 규슈대도서관, 도쿄대도서관, 홋카이도대도서관
朝鮮騒擾の真相	① 加藤房蔵 ③ 京城 ④ 1934 ⑤ 서울대도서관
朝鮮騒擾事件状況	① 朝鮮憲兵隊司令部 ② 朝鮮憲兵隊隊司令部 ③ 京城 ④ 1919 ⑤ 한국국회도서관, 서울대도서관
朝鮮小運送業令及関係令規集	① 朝鮮総督府鉄道局編 ② 朝鮮総督府鉄道局 ③ 京城 ④ 1940 ⑤ 국립중앙도서관
朝鮮小作 上, 下	① 朝鮮総督府 ② 朝鮮総督府 ③ 京城 ④ 1932 ⑤ 고려대도서관
朝鮮小作関係法規集	① 朝鮮総督府農林局編 ② 朝鮮総督府 ③ 京城 ④ 1934 ⑤ 한국국회도서관
朝鮮小作関係諸法規解説及新税令	① 林昌燮 ② 靖菴山房 ③ 全州 ④ 1935 ⑤ 국립중앙도서관
朝鮮小作年報	① 朝鮮総督府農林局編 ② 朝鮮総督府農林局 ③ 京城 ④ 1938-39 ⑤ 국립중앙도서관
朝鮮小作年報, 第2輯	① 朝鮮総督府農林局 ② 朝鮮総督府農林局 ③ 京城 ④ 1938 ⑤ 한국국회도서관, 연세대도서관
朝鮮小作調停法令集	① 司法協会編 ② 司法協会 ③ 京城 ④ 1933 ⑤ 한국국회도서관, 서울대도서관, 연세대도서관
朝鮮小作調停法令集	② 司法協会 ③ 京城 ④ 1934 ⑤ 연세대도서관
朝鮮小作調停法令集及小切手法案設明書	① 司法協会編 ② 司法協会 ③ 京城 ④ 1933 ⑤ 국립중앙도서관
朝鮮焼酎試験醸造成積	① 京畿道財務部編 ② 京畿道 ③ 京城 ④ 1926 ⑤ 한국국회도서관
朝鮮焼酒醸造法	① 黛右馬次, 張淳応 訳 脇坂文鮮堂 ③ 平壌 ④ 1925 ⑤ 국립중앙도서관
朝鮮昭和10年国勢調査	① 京城府 ② 京城府 ③ 京城 ④ 1936 ⑤ 서울대도서관, 연세대도서관
朝鮮昭和15年国勢調査事務概要	① 京城府 ③ 京城 ④ 1941 ⑤ 서울대도서관
朝鮮昭和十五年国勢調査の結果表章二用フベキ産業分類内容例示	
	① 朝鮮総督府房国勢調査課編 ② 朝鮮総督府官房国勢調査課 ③ 京城 ④ 1941 ⑤ 한국국회도서관
朝鮮昭和十五年国勢調査結果要約	① 朝鮮総督府編 ② 朝鮮総督府官房調査課 ③ 京城 ④ 1940 ⑤ 고려대도서관
朝鮮昭和十五年国勢調査事務概要	① 京城府編 ② 京城府 ③ 京城 ④ 1941 ⑤ 홋카이도대도서관
朝鮮昭和十五年国勢調査質疑解答	① 朝鮮総督府 ② 朝鮮総督府 ⑤ 한국국회도서관

朝鮮水道水質之研究	① 朝鮮総督府京畿道庁編 ② 朝鮮総督府京畿道庁 ③ 京城 ④ 1919 ⑤ 한국국회도서관, 고려대도서관, 일본국회도서관
朝鮮水道統計表	① 朝鮮総督府編 ② 朝鮮総督府 ③ 京城 ④ 1937 ⑤ 한국국회도서관
朝鮮水力調査書	① 朝鮮総督府逓信局編 ② 朝鮮総督府逓信局 ③ 京城 ④ 1930 ⑤ 국립중앙도서관, 한국국회도서관, 고려대도서관, 서울대도서관, 연세대도서관, 일본국회도서관, 교토대도서관, 규슈대도서관, 도쿄대도서관, 홋카이도대도서관
朝鮮水力調査書附図	① 朝鮮総督府逓信局 ② 朝鮮総督府逓信局 ③ 京城 ④ 1930 ⑤ 서울대도서관
朝鮮狩猟解説	① 吉田雄次郎 ② 朝鮮畜産協会 ③ 京城 ④ 1925 ⑤ 국립중앙도서관, 부산시민도서관, 서울대도서관
朝鮮樹木竹類分布図 第1部	① 朝鮮総督府林業試験場編 ② 朝鮮総督府林業試験場 ③ 京城 ④ 1929 ⑤ 국립중앙도서관
朝鮮水産共進会事務報告	② 朝鮮水産共進会 同協賛会 ③ 京城 ④ 1925 ⑤ 부산시민도서관
朝鮮水産大要	① 朝鮮水産会編 ② 朝鮮水産会 ③ 京城 ④ 1926 ⑤ 국립중앙도서관, 부산시민도서관
朝鮮水産例規集	① 朝鮮総督府殖産局水産課編 ② 帝国地方行政学会朝鮮本部 ③ 京城 ④ 1931 ⑤ 한국국회도서관, 고려대도서관
朝鮮水産物公定価格便覧	① 朝鮮水産会編 ② 朝鮮水産会 ③ 京城 ④ 1943 ⑤ 고려대도서관
朝鮮水産養殖業の将来	① 朝鮮総督府殖産局編 ② 朝鮮総督府殖産局 ③ 京城 ④ 1922 ⑤ 서울대도서관
朝鮮水産養殖業の将来	① 朝鮮総督府殖産局編 ② 朝鮮総督府殖産局 ③ 京城 ④ 1923 ⑤ 국립중앙도서관, 부산시민도서관, 고려대도서관
朝鮮水産養殖業の将来	② 朝鮮総督府殖産局 ③ 京城 ④ 1921 ⑤ 연세대도서관
朝鮮水産業の現況と将来	① 岩倉守男 ② 民衆時論社出版部 ③ 京城 ④ 1932 ⑤ 국립중앙도서관, 한국국회도서관, 고려대도서관, 서울대도서관, 연세대도서관
朝鮮水産例規集	① 朝鮮水産会, 朝鮮総督府殖産局水産課編 ② 帝国地方行政学会朝鮮本部 ③ 京城 ④ 1931 ⑤ 국립중앙도서관, 서울대도서관
朝鮮水産一斑	① 朝鮮水産組合編 ② 朝鮮水産組合 ③ 釜山 ④ 1915 ⑤ 국립중앙도서관, 교토대도서관
朝鮮水産統計 昭和10-16年	① 朝鮮総督府編 ② 朝鮮総督府 ③ 京城 ④ 1937 ⑤ 국립중앙도서관
朝鮮水産統計 1937, 1938	① 朝鮮総督府編 ② 朝鮮総督府 ③ 京城 ④ 1939, 1940 ⑤ 한국국회도서관
朝鮮水産統計 1940, 1941, 1942	① 朝鮮総督府編 ② 朝鮮総督府 ③ 京城 ④ 1942, 1943, 1944 ⑤ 한국국회도서관
朝鮮水産統計	① 朝鮮総督府編 ② 朝鮮総督府 ③ 京城 ④ 1944 ⑤ 국립중앙도서관, 고려대도서관
朝鮮水産統計	② 朝鮮総督府 ③ 京城 ④ 1937-1941 ⑤ 연세대도서관
朝鮮獣疫予防関係法令例規便覧	① 池内勝太郎編 ② 池内勝太郎 ③ 京城 ④ 1928 ⑤ 국립중앙도서관

朝鮮獣医畜産学会	① 朝鮮獣医畜産学会編 ② 朝鮮獣医畜産学会 ③ 京城 ④ 1936 ⑤ 국립중앙도서관
朝鮮輸移入品五年対照表	① 朝鮮総督府編 ② 朝鮮総督府 ③ 京城 ④ 1916 ⑤ 국립중앙도서관
朝鮮輸移出入品三年対照表 昭和12-14年1937-1939	① 朝鮮総督府財務局 ② 朝鮮総督府財務局 ③ 京城 ④ 1940 ⑤ 서울대도서관, 일본국회도서관
朝鮮輸移出入品三年対照表 1-2	① 朝鮮総督府財務局編 ② 朝鮮総督府財務局 ③ 京城 ④ 1939-40 ⑤ 국립중앙도서관
朝鮮輸移出入品十五年対照表 明治三四至大正四年	① 朝鮮総督府編 ② 朝鮮総督府 ③ 京城 ④ 1916 ⑤ 고려대도서관, 일본국회도서관
朝鮮輸入木材税関特例廃止論	① 朝鮮輸入木材関税特例廃止聯盟編 ② 朝鮮輸入木材関税特例廃止聯盟 ③ 京城 ④ 1927 ⑤ 국립중앙도서관
朝鮮輸出貿易品調査表	① 朝鮮貿易協会編 ② 朝鮮貿易協会 ③ 京城 ④ 1939 ⑤ 한국국회도서관, 국립중앙도서관
朝鮮輸出入品七年対照表 明治三四至四十年	① 朝鮮総督府編 ③ 京城 ④ 1911 ⑤ 국립중앙도서관, 서울대도서관
朝鮮輸出入許可規則解説	① 植木馨, 朝鮮貿易協会編 ② 朝鮮貿易協会 ③ 京城 ④ 1930 ⑤ 국립중앙도서관
朝鮮水害罹災者救済会報告書	① 朝鮮水害罹災者救済会編 ② 朝鮮水害罹災者救済会 ③ 京城 ④ 1926 ⑤ 국립중앙도서관, 한국국회도서관, 서울대도서관
朝鮮水害誌	① 朝鮮総督府 ② 朝鮮総督府 ③ 京城 ④ 1925 ⑤ 서울대도서관
朝鮮水害誌	① 朝鮮総督府内務局調査課編 ② 朝鮮総督府 ③ 京城 ④ 1926 ⑤ 국립중앙도서관, 서울대도서관
朝鮮受験講座	① 朝鮮受験学会編 ② 巌松堂 ③ 京城 ④ 1927 ⑤ 국립중앙도서관
朝鮮熟語解釈	① 山之井麟治 ② 玉林書店 ③ 大邱 ④ 1915 ⑤ 국립중앙도서관, 고려대도서관, 연세대도서관, 서울대도서관
朝鮮僧侶修禅提要	① 朝鮮総督府学務局宗教課編 ② 朝鮮総督府学務局宗教課 ③ 京城 ④ 1928 ⑤ 국립중앙도서관, 서울대도서관, 교토대도서관
朝鮮陞廡儒賢年表	① 大東斯文会 ② 大東斯文会 ③ 京城 ④ 1928 ⑤ 일본국회도서관
朝鮮市街地計劃関係法規集	① 小中勇作編 ② 工学舎 ③ 京城 ④ 1935 ⑤ 국립중앙도서관
朝鮮時局経済関係法令例規集	① 朝鮮総督府法務局編 ② 司法協会 ③ 京城 ④ 1939 ⑤ 국립중앙도서관, 고려대도서관
朝鮮時局経済関係法令例規集	① 朝鮮総督府法務局編 ② 朝鮮総督府法務局 ③ 京城 ④ 1940 ⑤ 한국국회도서관, 고려대도서관
朝鮮時局経済関係法令例規集 上, 中, 下	① 朝鮮総督府法務局編纂 ② 司法協会 ③ 京城 ⑤ 연세대도서관

朝鮮時局関係法規	①大谷仁兵衛 ②帝国地方行政学会朝鮮本部 ③京城 ④1938 ⑤고려대도서관, 서울대도서관
朝鮮時局関係法規	①朝鮮総督府企劃室 ②朝鮮行政学会 ③京城 ④1944 ⑤고려대도서관
朝鮮時局関係法令例規集, 上, 中, 下	①朝鮮総督府法務局編 ②司法協会 ③京城 ④1940 ⑤한국국회도서관
朝鮮施政卜外評	①朝鮮総督府 ②朝鮮総督府 ③京城 ④1911 ⑤서울대도서관, 연세대도서관
朝鮮施政に関する諭告 訓示並演述追録	①朝鮮総督府編 ③京城 ④1922 ⑤서울대도서관
朝鮮施政に関する諭告 訓並演述大正八年八月至同一一年三月	
	①朝鮮総督府編 ③京城 ④1922 ⑤서울대도서관
朝鮮施政に関する諭告 訓示並に演述集	①朝鮮総督府編 ②朝鮮総督府 ③京城 ④1937 ⑤국립중앙도서관, 한국국회도서관, 고려대도서관, 서울대도서관 연세대도서관, 일본국회도서관, 교토대도서관, 도쿄대도서관, 도호쿠대도서관, 오사카대학
朝鮮施政ノ方針及実績	①朝鮮総督府 ②朝鮮総督府 ③京城 ④1915 ⑤국립중앙도서관, 한국국회도서관, 고려대도서관, 서울대도서관, 일본국회도서관, 교토대도서관, 규슈대도서관, 도호쿠대도서관, 홋카이도대도서관
朝鮮施政発達史	①中村進吾 ②朝鮮発展社 ③京城 ④1936 ⑤고려대도서관
朝鮮施政発展史	①中村進吉 ②朝鮮発展社 ③京城 ④1936 ⑤국립중앙도서관, 한국국회도서관, 부산시민도서관, 서울대도서관, 연세대도서관, 도쿄대도서관
朝鮮施政三十年史	①朝鮮総督府編 ②朝鮮総督府 ③京城 ④1940 ⑤한국국회도서관
朝鮮始政十五年史	①田内武編 ②朝鮮毎日新聞社 ③仁川 ④1925 ⑤국립중앙도서관, 부산시민도서관, 고려대도서관, 서울대도서관, 연세대도서관
朝鮮始政二十年史	①紫藤義雄 ②朝鮮商工新聞群山支社 ③群山 ④1930 ⑤한국국회도서관, 고려대도서관
朝鮮視察概要	①広島朝鮮視察団 ②釜山税関 ③釜山 ④1926 ⑤부산시민도서관
朝鮮食糧管理	①朝鮮食糧営団編 ②朝鮮行政学会 ③京城 ④1945 ⑤한국국회도서관, 고려대도서관
朝鮮食糧管理令同施行規則	①朝鮮総督府 ②朝鮮総督府 ③京城 ④1943 ⑤한국국회도서관
朝鮮食糧管理特別会計予算要求書 昭和十九年度内務省所管	
	①朝鮮総督府, 財務局長, 予算前年比較表 ②昭和十九年度内務省所管 ⑤도쿄대도서관
朝鮮食糧品同業発達誌	①鮮満失業調査会編 ②鮮満失業調査会 ③京城 ④1922 ⑤국립중앙도서관, 한국국회도서관
朝鮮殖林事業の有望附世襲財産と殖林事業	
	②黄海社林業部 ③京城 ④1920 ⑤규슈대도서관, 도쿄대도서관
朝鮮食物概論	①豊山泰次 ②生活科学社 ③京城 ④1945 ⑤한국국회도서관
朝鮮植物名彙	①森為三編 ②朝鮮総督府 ③京城 ④1922 ⑤국립중앙도서관, 고려대도서관, 일본국회도서관, 교토대도서관, 도호쿠대도서관

朝鮮植物目録 第1巻 中部朝鮮編	①京城薬専植物同好会編 ②京城薬専植物同好会 ③京城 ④1936 ⑤국립중앙도서관, 고려대도서관, 연세대도서관
朝鮮植物郷名集	①鄭台鉉等編 ②朝鮮博物研究会 ③京城 ④1937 ⑤일본국회도서관
朝鮮植物和鮮名対照表	①安州公立農業学校編 ②安州公立農業学校 ③安州郡 ④1934 ⑤한국국회도서관
朝鮮殖産街史	①中川亀三(紅葉山人) ②朝鮮公論史 ③京城 ④1938 ⑤국립중앙도서관, 고려대도서관
朝鮮殖産銀行図書目録	①朝鮮殖産銀行調査課 ②朝鮮殖産銀行調査課 ③京城1928 ⑤고려대도서관
朝鮮殖産銀行と朝鮮の産業	①朝鮮殖産銀行編 ②朝鮮殖産銀行 ③京城 ④1924 ⑤국립중앙도서관, 고려대도서관, 서울대도서관, 연세대도서관, 일본국회도서관, 교토대도서관, 나고야대도서관, 도쿄대도서관
朝鮮殖産銀行概覧	①朝鮮殖産銀行編 ②朝鮮殖産銀行 ③京城 ④1928 ⑤도쿄대도서관
朝鮮殖産銀行図書目録	①朝鮮殖産銀行調査課編 ②朝鮮殖産銀行調査課 ③京城 ④1931 ⑤국립중앙도서관
朝鮮殖産銀行令 株式会社朝鮮殖産銀行定款	②朝鮮殖産銀行 ③京城 ⑤연세대도서관
朝鮮殖産銀行十年志	①朝鮮殖産銀行編 ②朝鮮殖産銀行 ③京城 ④1928 ⑤국립중앙도서관, 고려대도서관, 연세대도서관, 일본국회도서관, 도쿄대도서관, 도호쿠대도서관, 규슈대도서관
朝鮮殖産銀行二十年史	①朝鮮殖産銀行編 ②凸板印刷社 ③京城 ④1938 ⑤국립중앙도서관, 연세대도서관
朝鮮殖産銀行二十年志	①朝鮮殖産銀行編 ②朝鮮殖産銀行 ③京城 ④1938 ⑤국립중앙도서관, 서울대도서관, 연세대도서관, 일본국회도서관, 교토대도서관, 홋카이도대도서관
朝鮮殖産銀行調査資料索引	①朝鮮殖産銀行調査課編 ②朝鮮殖産銀行 ③京城 ④1928 ⑤국립중앙도서관
朝鮮殖産財団事業報告書	①朝鮮殖産造成財団編 ②朝鮮殖産造成財団 ③京城 ④1933 ⑤국립중앙도서관
朝鮮殖産助成財団と其の事業	①朝鮮殖産助成財団編 ②朝鮮殖産助成財団 ③京城 ④1944 ⑤국립중앙도서관
朝鮮殖産助成財団と其の事業	②朝鮮殖産助成財団 ③京城 ④1942 ⑤교토대도서관
朝鮮神宮紀	①横田康 ②国際情報社 ③京城 ④1926 ⑤국립중앙도서관, 규슈대도서관
朝鮮神宮年報 1-11	①朝鮮神宮事務所編 ②朝鮮神宮事務所 ③京城 ④1933-421 ⑤국립중앙도서관
朝鮮神宮年報 昭和10年	①朝鮮神宮社務所 ②朝鮮神宮社務所 ③京城 ④1936 ⑤일본국회도서관
朝鮮神宮写真図集	①久保実光 ②朝鮮建築会 ③京城 ④1925 ⑤교토대도서관

朝鮮神宮写真帖	① 朝鮮神宮事務所 ② 朝鮮神宮事務所 ③ 京城 ④ 1926 ⑤ 국립중앙도서관
朝鮮神宮御真坐祭紀念写真帖	① 朝鮮警察家庭新聞社編 ② 朝鮮警察家庭新報社 ③ 京城 ④ 1925 ⑤ 국립중앙도서관
朝鮮神宮年報1	① 宮幣大社朝鮮神宮社務所編 ② 宮幣大社朝鮮神宮社務所 ③ 京城 ④ 1937 ⑤ 고려대도서관
朝鮮神宮年報 和12年, 和7年, 和9年	② 官幣大社朝鮮神宮寺務所 ③ 京城 ④ 1937, 1933, 1935 ⑤ 연세대도서관
朝鮮神宮造営誌	① 朝鮮総督府編 ② 朝鮮総督府 ③ 京城 ④ 1927 ⑤ 국립중앙도서관
朝鮮神宮献詠歌 丙子の巻 昭和12年	② 官幣大社朝鮮神宮事務所 ③ 京城 ④ 1937 ⑤ 부산시민도서관
朝鮮神宮献詠歌 昭和11年	② 官幣大社朝鮮神宮事務所 ③ 京城 ④ 1936 ⑤ 부산시민도서관
朝鮮紳士錦附銀行会社要覧	① 有馬純吉 ② 朝鮮紳士錦刊行会 ③ 京城 ④ 1931 ⑤ 고려대도서관
朝鮮紳士大同譜	① 大垣丈夫編 ② 朝鮮紳士大同譜発行事務所 ③ 京城 ④ 1913 ⑤ 한국국회도서관, 연세대도서관
朝鮮紳士録	① 高木久馬太 ② 京城新報社 ③ 京城 ④ 1909 ⑤ 부산시민도서관, 고려대도서관, 규슈대도서관, 도쿄대도서관
朝鮮紳士録	① 有馬純吉編 ② 朝鮮紳士録刊行会 ③ 京城 ④ 1931 ⑤ 국립중앙도서관, 한국국회도서관, 고려대도서관, 도쿄대도서관
朝鮮紳士名鑑	① 牧山耕蔵 ② 日本電報遍信社 ③ 京城 ④ 1911 ⑤ 국립중앙도서관, 부산시민도서관, 고려대도서관, 서울대도서관, 연세대도서관, 일본국회도서관
朝鮮神社法令輯覧	① 朝鮮神職会編 ② 帝国地方行政学会朝鮮本部 ③ 京城 ④ 1937 ⑤ 국립중앙도서관, 연세대도서관
朝鮮紳士宝鑑	① 田中正剛編 ② 朝鮮文友会 ③ 京城 ④ 1913 ⑤ 국립중앙도서관, 일본국회도서관
朝鮮神士宝鑑	① 朝鮮出版協会 ② 朝鮮出版協会 ③ 京城 ④ 1912 ⑤ 서울대도서관
朝鮮新産鉱物雑記 10	① 朝鮮総督府地質調査所編 ② 朝鮮総督府地質調査所 ③ 京城 ④ 1940 ⑤ 고려대도서관
朝鮮新地図 府県廃合	① 朝鮮総督府製 ② 京城日報社 ③ 京城 ④ 1914 ⑤ 일본국회도서관
朝鮮信託の将来と今後の金融動向	① 朝鮮銀行京城総裁調査課編 ② 朝鮮銀行京城総裁調査課 ③ 京城 ④ 1933 ⑤ 국립중앙도서관
朝鮮信託法規	① 朝鮮信託協会編 ② 朝鮮信託協会 ③ 京城 ④ 1932 ⑤ 국립중앙도서관, 서울대도서관, 연세대도서관
朝鮮信託株式会社十年史	① 朝鮮信託株式会社編 ② 朝鮮信託株式会社 ③ 京城 ④ 1943 ⑤ 국립중앙도서관, 서울대도서관, 연세대도서관, 교토대도서관, 도호쿠대도서관, 규슈대도서관, 도쿄대도서관
朝鮮新興工業の展望	① 朝鮮総督府殖産局編 ② 朝鮮総督府殖産局 ③ 京城 ④ 1935 ⑤ 고려대도서관
朝鮮実業公民科提要 1-2	① 松月秀雄, 清宮四郎 共編 ② 朝鮮書籍印刷株式会社 ③ 京城 ④ 1933-1934

	⑤ 국립중앙도서관
朝鮮実業公民科提要 上巻	① 松月秀雄, 清宮四浪 共監修 ② 朝鮮印刷株式会社 ③ 京城 ④ 1933 ⑤ 고려대도서관, 연세대도서관
朝鮮失業信用大鑑 昭和6年	① 日本興信所京城支所編 ② 日本興信所京城支所 ③ 京城 ④ 1931 ⑤ 국립중앙도서관. 고려대도서관
朝鮮実業要録	① 帝国興信所釜山支所編 ② 帝国興信所釜山支所 ③ 釜山 ④ 1935 ⑤ 국립중앙도서관
朝鮮実用林業読本	① 大河賀有為 京畿道森林保護組合聯合会 ③ 京城 ④ 1930 ⑤ 국립중앙도서관
朝鮮十大漁業	① 朝鮮総督府編 ② 朝鮮総督府殖産局 ③ 京城 ④ 1921 ⑤ 고려대도서관
朝鮮十三道誌	① 柳川勉編 ② 内外事情社 ③ 京城 ④ 1934 ⑤ 국립중앙도서관, 연세대도서관, 도쿄대도서관
朝鮮十三道便覧	① 京城日報社編輯 ② 京城日報社 ③ 京城 ④ 1917 ⑤ 연세대도서관
朝鮮氏族統譜	① 尹昌鉉 纂 ③ 京畿道果川 ④ 1924 ⑤ 서울대도서관
朝鮮我観	① 薄田精一編 ② 小坂権太郎 ③ 京城 ④ 1937 ⑤ 국립중앙도서관
朝鮮雅楽器写真帖	① 山田早苗 ③ 京城 ④ 1935 ⑤ 서울대도서관
朝鮮雅楽器解説	① 山田早苗 ③ 京城 ④ 1935 ⑤ 고려대도서관
朝鮮案内	① 始政五年記念朝鮮物産共進会編 ② 始政五年記念朝鮮物産共進会 ③ 京城 ④ 1915 ⑤ 일본국회도서관
朝鮮案内	① 朝鮮総督府 ② 朝鮮総督府 ③ 京城 ④ 1926 ⑤ 일본국회도서관
朝鮮案内	① 朝鮮総督府 ② 朝鮮総督府 ③ 京城 ④ 1929 ⑤ 일본국회도서관
朝鮮野球史	① 大島勝太郎 ② 朝鮮野球史発行所 ③ 京城 ④ 1932 ⑤ 국립중앙도서관, 부산시민도서관, 서울대도서관, 연세대도서관, 일본국회도서관,
朝鮮野談 随筆 伝説	① 森川清人編 ② 京城ロ-カル社 ③ 京城 ④ 1944 ⑤ 고려대도서관, 서울대도서관, 연세대도서관
朝鮮野談集	① 青柳網太郎 ② 朝鮮研究会 ③ 京城 ④ 1912 ⑤ 국립중앙도서관, 부산시민도서관, 교토대도서관, 도쿄대도서관
朝鮮野史全集 第2巻, 第3巻, 第4巻	① 癸酉社編輯部編 ② 癸酉社出版部 ③ 京城 ④ 1934 ⑤ 고려대도서관
朝鮮野史全集	① 癸酉出版社編 ② 癸酉出版社 ③ 京城 ④ 1934 ⑤ 서울대도서관
朝鮮野外植物図鑑	① 宮川類吉, 牧野寿栄 共, 森為三 校 京城桜井公立小学校理科研究部 ③ 京城 ④ 1928 ⑤ 국립중앙도서관, 연세대도서관
朝鮮鰯油肥統制史	① 朝鮮鰯油肥製造業水産組合聯合会 ② 朝鮮鰯油肥製造業水産組合聯合会 ③ 京城 ④ 1943 ⑤ 서울대도서관, 일본국회도서관, 교토대도서관, 나고야대도서관, 도쿄대도서관, 도호쿠대도서관, 규슈대도서관, 홋카이도대도서관
朝鮮鰯油肥統制史	① 咸鏡北道鰯油製造業水産組合 ② 咸鏡北道鰯油製造業水産組合 ③ 咸

	北 ④1942 ⑤고려대도서관
朝鮮薬種商受験講義録	①朝鮮薬業研究社編 ②朝鮮薬業研究社 ③京城 ④1934 ⑤국립중앙도서관
朝鮮薬学会創立30周年第30回総会記念号	①朝鮮薬学会編 ②朝鮮薬学会事務所 ③京城 ④1943 ⑤국립중앙도서관
朝鮮薬学会創立二十年記念号	①朝鮮薬学会編 ②朝鮮薬学会事務所 ③京城 ④1933 ⑤국립중앙도서관
朝鮮醸造法概念	①馬山朝鮮酒酒造組合編 ②馬山朝鮮酒酒造組合 ③馬山 ④1936 ⑤국립중앙도서관
朝鮮語に関する講演筆記	①金沢庄三郎編 ②朝鮮総督府内務部学務局 ③京城 ④1911 ⑤국립중앙도서관
朝鮮語の濃音に就て	①浜田邦雄 ②浜田邦雄 ③京城 ④1934 ⑤일본국회도서관
朝鮮語講義録	①朝鮮語講習会編 ②朝鮮語講習会 ③大邱 ④1917-18 ⑤국립중앙도서관
朝鮮語教科書 上巻	①中等学校用 ②朝鮮語研究会 ③京城 ④1932 ⑤국립중앙도서관
朝鮮語教科書	①朝鮮総督府警察官講習所編 ②無声会 ③京城 ④1933 ⑤국립중앙도서관
朝鮮語及漢文読本 巻1, 巻3-4	①朝鮮総督府 ③京城 ④1935 ⑤국립중앙도서관
朝鮮語読本	①朝鮮総督府編 ②朝鮮総督府 ③京城 ④1937 ⑤국립중앙도서관
朝鮮漁類誌 第1冊 糸顎類 内顎類	①内田恵太郎 ②朝鮮総督府水産試験場 ③京城 ④1939 ⑤국립중앙도서관, 한국국회도서관, 부산시민도서관, 고려대도서관, 연세대도서관, 일본국회도서관
朝鮮語文経緯	①権悳奎 ②広文社 ③京城 ④1923 ⑤일본국회도서관
朝鮮語法及会話書	①朝鮮総督府編 ②朝鮮総督府 ③京城 ④1917 ⑤국립중앙도서관, 한국국회도서관, 교토대도서관
朝鮮語辞典	①朝鮮総督府編 ②発行者不明 ③京城 ④1920 ⑤국립중앙도서관, 한국국회도서관, 고려대도서관, 서울대도서관, 연세대도서관, 일본국회도서관
朝鮮語辞典	①朝鮮総督府編 ②朝鮮総督府 ③京城 ④1932 ⑤서울대도서관
朝鮮語辞典	①朝鮮総督府 ②朝鮮総督府 ③京城 ④1939 ⑤한국국회도서관
朝鮮語辞典	①朝鮮総督府 ②朝鮮総督府 ③京城 ④1928 ⑤일본국회도서관, 교토대도서관
朝鮮語試験問題集	①朝鮮語研究会編 ②朝鮮語研究会 ③京城 ④1936 ⑤국립중앙도서관
朝鮮魚弱油肥統制史	①朝鮮魚弱油肥製造業水産組合聯合会編 ②朝鮮魚弱油肥製造業水産組合聯合会 ③京城 ④1943 ⑤립중앙도서관, 한국국회도서관
朝鮮漁業暦	①朝鮮総督府編 ②朝鮮総督府 ③京城 ④1913 ⑤국립중앙도서관
朝鮮漁業暦	①朝鮮総督府編 ②朝鮮総督府 ③京城 ④1916 ⑤국립중앙도서관
朝鮮漁業法規実務便覧	①庄野義雄 ②帝国地方行政学会朝鮮本部 ③京城 ④1932 ⑤국립중앙도서관
朝鮮漁業法規実務便覧	①帝国地方行政学会 朝鮮本部編 ②帝国地方行政学会 朝鮮本部 ③京城 ④1932 ⑤한국국회도서관

朝鮮漁業令逐条講義稿本 漁業組合職員養成長期講習会用

	① 山下重吉編 ② 朝鮮水産会 ③ 京城 ④ 1936 ⑤ 국립중앙도서관 한국국회도서관
朝鮮漁業制度要論	① 加藤真孝 ② 加藤真孝 ③ 京城 ④ 1932 ⑤ 한국국회도서관, 국립중앙도서관, 고려대도서관, 서울대도서관, 연세대도서관
朝鮮漁業組合規則講義案	① 山下重吉 ② 朝鮮水産会 ③ 京城 ④ 1934 ⑤ 국립중앙도서관
朝鮮漁業組合要覧	① 朝鮮漁業組合中央会編 ② 朝鮮漁業組合中央会 ③ 京城 ④ 1942 ⑤ 국립중앙도서관
朝鮮語奨励試験問題義解	① 石井重次 ② 朝鮮印刷株式会社出版部 ③ 京城 ④ 1925 ⑤ 국립중앙도서관
朝鮮語綴字法統一案	① 朝鮮語学会編 ② 漢城図書 ③ 京城 ④ 1933 ⑤ 일본국회도서관
朝鮮語通訳と時勢	① 島井浩 ② 島井浩雄 ③ 釜山 ④ 1935 ⑤ 국립중앙도서관
朝鮮語学史	① 小倉進平 ② 大阪屋号書店 ③ 京城 ④ 1920 ⑤ 국립중앙도서관, 연세대도서관, 교토대도서관, 규슈대도서관, 일본국회도서관
朝鮮旅行案内記	① 朝鮮総督府鉄道局編 ② 朝鮮総督府鉄道局 ③ 京城 ④ 1929 ⑤ 고려대도서관
朝鮮旅行案内記	① 朝鮮総督府鉄道局編 ② 朝鮮総督府鉄道局 ③ 京城 ④ 1934 ⑤ 고려대도서관, 연세대도서관
朝鮮役と加藤清正	① 小田省吾 ② 京城日報社 ③ 京城 ④ 1935 ⑤ 국립중앙도서관, 서울대도서관
朝鮮役に於ける被擄人の行方	① 山口正之 ③ 京城? ④ 1932 ⑤ 연세대도서관
朝鮮役の梗概と碧蹄の戦	① 長谷川基 ② 朝鮮軍司令部 ③ 京城 ④ 1926 ⑤ 국립중앙도서관, 서울대도서관
朝鮮歴代実録一覧	① 末松保和編 ② 京城帝国大学附属図書館 ③ 京城 ④ 1941 ⑤ 한국국회도서관, 고려대도서관, 서울대도서관
朝鮮年鑑, 1926	② 朝鮮ガイダンス社 ③ 京城 ④ 1925 ⑤ 한국국회도서관, 연세대도서관
朝鮮年鑑, 1934-1938, 1939-1945	② 京城日報社 ③ 京城 ④ 1933-1937, 1939-1945 ⑤ 한국국회도서관
朝鮮年鑑, 1935, 1936, 1938, 1940, 1945	① 高橋猛編 ② 京城日報社 ③ 京城 ④ 1935-1936, 1938-1940, 1945 ⑤ 한국국회도서관
朝鮮年鑑	① 構溝光暉編 ② 京城日報社 ③ 京城 ④ 1944 ⑤ 고려대도서관
朝鮮年鑑	② 京城日報社, 毎日申報社 ③ 京城 ④ 1933-1944 ⑤ 연세대도서관
朝鮮研究会刊行書 第1-4期	① 朝鮮研究会編 ② 朝鮮研究会 ③ 京城 ④ 1911-1918 ⑤ 일본국회도서관
朝鮮研究会古書珍書刊行	① 青柳綱太郎編 ② 朝鮮研究会 ③ 京城 ④ 1914-1917 ⑤ 서울대도서관
朝鮮研究会三週年記念朝鮮	① 朝鮮研究会編 ② 朝鮮研究会 ③ 京城 ④ 1913 ⑤ 국립중앙도서관
朝鮮沿岸のニシンの生態及蕃殖保護に就て	① 朝鮮総督府水産試験場編 ② 朝鮮総督府水産試験場 ③ 釜山 ④ 1942 ⑤ 한국국회도서관
朝鮮沿岸水路誌, 1-2	① 朝鮮総督府編 ② 朝鮮総督府 ③ 京城 ④ 1933-1934 ⑤ 한국국회도서관

朝鮮煙草界の実状と対支発展策	① 広江沢次郎 ② 広江沢次郎 ③ 京城 ④ 1914 ⑤ 일본국회도서관
朝鮮煙草元売捌株式会社誌	① 山口孝太郎編 ② 朝鮮煙草元売捌 ③ 京城 ④ 1931 ⑤ 국립중앙도서관, 고려대도서관, 연세대도서관, 일본국회도서관, 도쿄대도서관,
朝鮮煙草専売令違反者処分標準	① 朝鮮総督府専売局編 ② 朝鮮総督府専売局 ③ 京城 ④ 1928 ⑤ 국립중앙도서관, 한국국회도서관
朝鮮聯合青年団発団式 記念写真帖	① 朝鮮聯合青年団 ② 朝鮮聯合青年団 ③ 京城 ④ 1938 ⑤ 국립중앙도서관
朝鮮営業税の減損更訂と免税手続	① 山浦友吉 ② 朝鮮会計学研究会 ③ 京城 ④ 1934 ⑤ 국립중앙도서관
朝鮮映画統制史	① 高島金次 ② 朝鮮映画文化研究所 ③ 京城 ④ 1943 ⑤ 한국국회도서관, 서울대도서관, 연세대도서관
朝鮮芸文志	② 朝鮮総督府 ③ 京城 ④ 1912 ⑤ 부산시민도서관
朝鮮礼俗の研究 冠婚喪祭を主として, 一, 二	① 金斗憲 ③ 京城 ④ 1935 ⑤ 한국국회도서관
朝鮮芸術之研究 続編	① 朝鮮総督府 ② 朝鮮総督府 ③ 京城 ④ 1911 ⑤ 한국국회도서관, 연세대도서관
朝鮮芸術之研究	② 朝鮮総督府 ③ 京城 ④ 1910 ⑤ 한국국회도서관
朝鮮瓦斯電気株式会社発達史	① 朝鮮瓦斯電気株式会社編 ② 朝鮮瓦斯電気株式会社 ③ 釜山 ④ 1938 ⑤ 국립중앙도서관, 부산시민도서관, 연세대도서관, 일본국회도서관
朝鮮瓦斯電気株式会社発達史	① 倉地哲編 ② 朝鮮瓦斯株式会社 ③ 釜山 ④ 1938 ⑤ 한국국회도서관
朝鮮外交秘話	① 小坂貞雄 ② 朝鮮外交秘話出版会 ③ 京城 ④ 1934 ⑤ 서울대도서관
朝鮮外冦史 原文和訳対照	① 青柳南冥増補 ② 朝鮮研究会 ③ 京城 ④ 1915 ⑤ 교토대도서관
朝鮮外冦史	① 朝鮮研究会編 ② 朝鮮研究会 ③ 京城 ④ 1915 ⑤ 국립중앙도서관, 부산시민도서관, 서울대도서관, 규슈대도서관
朝鮮要覧 1-10	① 朝鮮総督府編 ② 朝鮮総督府 ③ 京城 ④ 1922-32 ⑤ 국립중앙도서관
朝鮮要覧 大正12-15年	① 朝鮮総督府編 ② 朝鮮総督府 ③ 京城 ④ 1922-1926 ⑤ 일본국회도서관
朝鮮要覧 大正12年-昭和8年	① 朝鮮総督府編 ② 朝鮮総督府 ③ 京城 ④ 1924 ⑤ 나고야대도서관
朝鮮要覧 昭和2-8年	① 朝鮮総督府編 ② 朝鮮総督府 ③ 京城 ④ 1926-1932 ⑤ 연세대도서관, 일본국회도서관
朝鮮要覧, 1932	① 朝鮮総督府編 ② 朝鮮総督府 ③ 京城 ④ 1931 ⑤ 한국국회도서관
朝鮮要覧	① 三浦好吉 ② 大邱新聞社 ③ 大邱 ④ 1912 ⑤ 국립중앙도서관
朝鮮要覧	① 朝鮮総督府編 ② 朝鮮印刷株式会社 ③ 京城 ④ 1919 ⑤ 서울대도서관
朝鮮要覧	① 朝鮮総督府編 ② 朝鮮総督府 ③ 京城 ④ 1933 ⑤ 서울대도서관
朝鮮要覧	① 朝鮮総督府農商工部 ② 朝鮮総督府農商工部 ③ 京城 ④ 1910 ⑤ 서울대도서관, 일본국회도서관
朝鮮要覧	① 朝鮮総督府編 ② 朝鮮総督府 ③ 京城 ④ 1924 ⑤ 도쿄대도서관
朝鮮要覧	① 朝鮮総督府編 ② 朝鮮総督府 ③ 京城 ④ 1928 ⑤ 고려대도서관

朝鮮要覧	① 朝鮮総督府編 ② 朝鮮総督府 ③ 京城 ④ 1932 ⑤ 고려대도서관
朝鮮料理	① 伊原圭 ② 京城書房 ③ 京城 ④ 1940 ⑤ 고려대도서관, 연세대도서관
朝鮮料理制法	① 方信栄 ② 漢城図書株式会社 ③ 京城 ④ 1939 ⑤ 고려대도서관
朝鮮牛ノ入地ニ於ケル概況	① 朝鮮総督府勧業模範場編 ② 朝鮮総督府勧業模範場 ③ 京城 ④ 1922 ⑤ 국립중앙도서관
朝鮮牛の体型に関する研究第1報	① 葛野浅太郎 ② 朝鮮総督府農事試験場 ③ 水原 ⑤ 연세대도서관
朝鮮優良部落調	① 朝鮮総督府内務局社会課編 ③ 京城 ④ 1928 ⑤ 서울대도서관
朝鮮雨量表	② 朝鮮総督府観測所 ③ 仁川 ④ 1925 ⑤ 국립중앙도서관, 한국국회도서관, 부산시민도서관, 서울대도서관, 연세대도서관, 일본국회도서관, 교토대도서관, 규슈대도서관, 홋카이도대도서관
朝鮮郵船株式会社弐拾五年史	① 朝鮮郵船株式会社編 ② 朝鮮郵船株式会社 ③ 京城 ④ 1937 ⑤ 국립중앙도서관, 한국국회도서관, 서울대도서관, 연세대도서관, 일본국회도서관
朝鮮牛体型の生物統計学的研究　特に体各部の相関より観たる体型の改良に就て	① 朝鮮農会編 ② 朝鮮農会 ③ 京城 ④ 1940 ⑤ 한국국회도서관
朝鮮郵便官署国庫金事務史	① 朝鮮総督府逓信局編 ② 朝鮮総督府逓信局 ③ 京城 ④ 1915 ⑤ 국립중앙도서관, 한국국회도서관, 부산시민도서관, 서울대도서관, 연세대도서관, 일본국회도서관, 교토대도서관, 도쿄대도서관, 홋카이도대도서관
朝鮮郵便為替金事業概況	① 朝鮮総督府逓信局編 ② 朝鮮総督府逓信局 ③ 京城 ④ 1911 ⑤ 국립중앙도서관
朝鮮郵便為替貯金事業概況	① 京城貯金管理所 ② 京城貯金管理所 ③ 京城 ④ 1935 ⑤ 도쿄대도서관
朝鮮運送株式会社十年史	① 朝鮮運送株式会社編 ② 朝鮮運送株式会社 ③ 京城 ④ 1940 ⑤ 국립중앙도서관, 부산시민도서관, 고려대도서관, 일본국회도서관, 도쿄대도서관
朝鮮運送合同問題に直面して	① 大平多女助(鉄경) ② 朝鮮運送研究会 ③ 京城 ④ 1927 ⑤ 국립중앙도서관
朝鮮運送合同史	① 加藤三次郎 ② 加藤三次郎 ③ 京城 ④ 1930 ⑤ 국립중앙도서관, 서울대도서관, 연세대도서관, 도쿄대도서관
朝鮮芸術之研究	① 関野貞等 ② 度支部建築所 ③ 京城 ④ 1910 ⑤ 국립중앙도서관, 일본국회도서관
朝鮮運合問題と厳正批判	① 石森久弥 ② 朝鮮公論社 ③ 京城 ④ 1930 ⑤ 한국국회도서관, 규슈대도서관
朝鮮園芸害虫編	① 町田貞一, 青山哲四郎 ② 富国園 ③ 水原 ④ 1937 ⑤ 국립중앙도서관, 고려대도서관
朝鮮衛生法規類集	① 白石保成編 ③ 京城 ④ 1920 ⑤ 한국국회도서관, 연세대도서관
朝鮮衛生法規類集	① 朝鮮総督府警務総監部衛生課編 ② 朝鮮総督府警務総監部衛生課 ③ 京城 ④ 1917 ⑤ 고려대도서관, 서울대도서관
朝鮮衛生事情要覧	① 朝鮮総督府編 ③ 京城 ④ 1922 ⑤ 서울대도서관
朝鮮衛生要覧	① 朝鮮総督府 ② 朝鮮総督府 ③ 京城 ④ 1929 ⑤ 고려대도서관서울대도서관

朝鮮衛生要義	①白石保成 ②白石保成 ③京城 ④1918 ⑤국립중앙도서관, 서울대도서관, 연세대도서관
朝鮮衛生風習録	①朝鮮総督府警務総監部編 ②朝鮮総督府警務総監部 ③京城 ④1915 ⑤서울대도서관
朝鮮衛生行政法要論	①小串政治 ②小串政治 ③咸鏡南道 ④1921 ⑤국립중앙도서관, 서울대도서관
朝鮮儒林聖地巡拝記	①朝鮮儒道聯合会編 ②朝鮮儒道聯合会 ③京城 ④1942 ⑤국립중앙도서관, 한국국회도서관
朝鮮六法要論	①安達大寿計 ②大阪屋号書店 ③京城 ④1917 ⑤서울대도서관
朝鮮六法全書	①藤村英校閲 ②朝鮮出版社 ③京城 ④1941 ⑤연세대도서관
朝鮮陸上運送統制概要	①大平鉄経編 ②鉄道図書出版協会 ③京城 ④1940 ⑤한국국회도서관, 고려대도서관
朝鮮陸接国境輸入表類別	①朝鮮総督府編 ③京城 ④1926 ⑤서울대도서관
朝鮮栗に就て	①沢田利農夫 ②朝鮮総督府林業試験場 ③京畿道 ④1933 ⑤국립중앙도서관, 서울대도서관 일본국회도서관
朝鮮恩給法要解	①朝鮮地方行政学会編 ②朝鮮地方行政学会 ③京城 ④1938 ⑤국립중앙도서관
朝鮮銀行の概念と行員生活	①朝鮮銀行調査課 ②朝鮮銀行調査課 ③京城 ④1939 ⑤도쿄대도서관
朝鮮銀行年志	①朝鮮銀行編 ②朝鮮銀行 ③京城 ④1915 ⑤국립중앙도서관
朝鮮銀行発刊パンフレット 其他調査物目録	①京城総裁席調査課 ③京城 ④1933 ⑤서울대도서관
朝鮮銀行法·朝鮮銀行定款	③京城 ④1911 ⑤고려대도서관
朝鮮銀行三十年の回顧	①松原純一 ②朝鮮銀行調査課 ③京城 ④1939 ⑤국립중앙도서관
朝鮮銀行業務概覧	①朝鮮銀行 ③京城 ④1916 ⑤서울대도서관
朝鮮銀行五年志	①高久敏男 ②朝鮮銀行 ③京城 ④1915 ⑤일본국회도서관, 부산시민도서관, 고려대도서관, 연세대도서관, 교토대도서관
朝鮮銀行五年志朝鮮金融組合聯合会十年史	②朝鮮銀行 ③京城 ④1915 ⑤연세대도서관
朝鮮銀行要覧	①朝鮮銀行調査課編輯 ②朝鮮銀行調査課 ③京城 ④1940 ⑤교토대도서관
朝鮮銀行月報 1-8	①朝鮮銀行編 ②朝鮮銀行 ③京城 ④1918-20 ⑤국립중앙도서관
朝鮮銀行二十五年史	①渋谷礼治編 ②朝鮮銀行 ③京城 ④1934 ⑤국립중앙도서관, 부산시민도서관, 고려대도서관, 서울대도서관, 연세대도서관, 일본국회도서관, 교토대도서관, 나고야대도서관, 도쿄대도서관 도호쿠대도서관, 오사카대학, 홋카이도대도서관
朝鮮銀行創業十周年記念鮮満経済十年史	①朝鮮銀行編 ②朝鮮銀行 ③京城 ④1919 ⑤국립중앙도서관, 연세대도서관
朝鮮銀行統計月報 第1-11, 13-17巻	①朝鮮銀行編 ②朝鮮銀行 ③京城 ④1926-41 ⑤국립중앙도서관

朝鮮銀行会社(組合)要録 10, 12, 14, 15, 2, 4, 6, 8	
	①東亜経済時報社編 ②東亜経済時報社 ③京城 ④1921-1940 ⑤고려대도서관
朝鮮銀行会社要覧	①東亜経済時報社 ③京城 ④1923 ⑤국립중앙도서관
朝鮮銀行会社要録 1-3	①東亜経済時報社編 ②東亜経済時報社 ③京城 ④1921, 29 ⑤국립중앙도서관
朝鮮銀行会社要録	①東亜経済時報社編 ②東亜経済時報社 ③京城 ④1921 ⑤한국국회도서관 도쿄대도서관
朝鮮銀行会社組合要録 大正13年, 昭和6年, 昭和8年	
	①中村資郎 ②東亜経済時報社 ③京城 ④1924, 1931, 1933 ⑤부산시민도서관
朝鮮銀行会社組合要録, 1923, 1927, 1931, 1933, 1937, 1939, 1941	
	①東亜経済時報社編 ②東亜経済時報社 ③京城 ④1923-1941 ⑤한국국회도서관
朝鮮銀行会社組合要録	①東亜経済時報社 ②東亜経済時報社 ③京城 ④1940 ⑤일본국회도서관
朝鮮銀行会社組合要録	①東亜経済時報社編 ②東亜経済時報社 ③京城 ④1929 ⑤도쿄대도서관
朝鮮銀行会社組合要録	①安林資良編 ②東亜経済時報社 ③京城 ④1927 ⑤부산시민도서관
朝鮮陰謀事件	①山県五十雄 ②セウルプレッス社 ③京城 ④1912 ⑤한국국회도서관, 연세대도서관
朝鮮陰謀事件	①山県五十雄 ②セウルプレッス社 ③京城 ④1937 ⑤고려대도서관
朝鮮陰謀事件	①山県五十雄 ③京城 ④1911 ⑤서울대도서관
朝鮮の名勝古蹟	①崔演沢編 ②京城文昌社 ③京城 ④1933 ⑤고려대도서관
朝鮮医令集	①京畿道医師会編 ②京畿道医師会 ③京城 ④1944 ⑤한국국회도서관
朝鮮医報	①朝鮮医師協会編 ②朝鮮医師協会 ③京城 ④1930-36 ⑤국립중앙도서관
朝鮮医師試験問題集	①長田栄三編 ②文光堂 ③京城 ④1924 ⑤국립중앙도서관
朝鮮医師歯科医師受験指針	①千葉徳一郎編 ②千葉徳一郎 ③京城 ④1928 ⑤국립중앙도서관
朝鮮医師歯科医師受験指針	①村上武一編 ②村上武一 ③京城 ④1933 ⑤국립중앙도서관
朝鮮医師歯科医師薬剤師試験問題集	①大山湖南編 ②朝鮮之衛生社 ③京城 ④1930 ⑤국립중앙도서관
朝鮮医薬法典	①帝国地方行政学会朝鮮本部編 ②帝国地方行政学会 ③京城 ④1924 ⑤한국국회도서관
朝鮮医籍考	①三木栄 ②三木栄 ③京城 ④1935 ⑤국립중앙도서관, 서울대도서관
朝鮮利益配当税令 朝鮮利益配当税令施行規則	
	①朝鮮総督府財務局 ②朝鮮総督府 ③京城 ④1940 ⑤고려대도서관
朝鮮移住手引草	①東洋拓殖株式会社編 ②東洋拓殖 ③京城 ④1911 ⑤일본국회도서관
朝鮮移住手引草	①東洋拓殖株式会社編 ②東洋拓殖株式会社 ③京城 ④1915 ⑤홋카이도

	대도서관
朝鮮移住案内	① 東洋拓殖株式会社編 ② 東洋拓殖株式会社 ③ 京城 ④ 1917 ⑤ 일본국회도서관
朝鮮人	① 朝鮮総督府学務局 ② 朝鮮総督府学務局 ③ 京城 ④ 1920 ⑤ 한국국회도서관, 도쿄대도서관
朝鮮人の間島	① 長永義正 ② 大阪毎日新聞支局 ③ 京城 ④ 1931 ⑤ 국립중앙도서관, 연세대도서관
朝鮮人の強制移住問題	① 池田林義 ② 発行者不明 ③ 京城 ④ 1900-45 ⑤ 국립중앙도서관
朝鮮人の思想と性格	① 朝鮮総督府 ③ 京城 ④ 1927 ⑤ 한국국회도서관, 고려대도서관, 서울대도서관, 교토대도서관, 규슈대도서관, 도쿄대도서관, 홋카이도대도서관
朝鮮人の商業	① 朝鮮総督府編 ② 朝鮮総督府 ③ 京城 ④ 1925 ⑤ 국립중앙도서관, 부산시민도서관, 고려대도서관, 서울대도서관, 연세대도서관, 일본국회도서관, 규슈대도서관, 도쿄대도서관
朝鮮人の衣食住	① 村上唯吉編 ② 大和商会図書出版部 ③ 京城 ④ 1916 ⑤ 서울대도서관, 홋카이도대도서관
朝鮮人ノ衣食住及其他ノ衛生	③ 京城 ④ 1915緒言 ⑤ 도쿄대도서관
朝鮮人の進むべき道	① 玄永燮 ② 緑旗聯盟 ③ 京城 ④ 1938 ⑤ 부산시민도서관, 고려대도서관, 연세대도서관, 도쿄대도서관
朝鮮人間記	① 柄沢四郎 ② 大陸研究社 ③ 京城 ④ 1928 ⑤ 국립중앙도서관, 부산시민도서관, 고려대도서관, 서울대도서관, 일본국회도서관,
朝鮮人開拓団執務提要	① 岩田基碩 ② 朝鮮総督府 ③ 京城 ④ 1943 ⑤ 고려대도서관
朝鮮燐鉱株式会社設立経過	① 朝鮮燐灰石開発組合并ニ ⑤ 한국국회도서관
朝鮮人教育私立各種学校状況	② 朝鮮総督府学務局 ④ 1920 ⑤ 홋카이도대도서관
朝鮮人教育私立学校統計要覧 1-2	① 朝鮮総督府内務部学務局編 ② 朝鮮総督府 ③ 京城 ④ 1913, 1916 ⑤ 국립중앙도서관
朝鮮人教育実業学校要覧	① 朝鮮総督府内務部学務局編 ② 朝鮮総督府内務部学務局 ③ 京城 ④ 1914 ⑤ 국립중앙도서관
朝鮮人口動態統計 昭和13-15年	① 朝鮮総督府 ② 朝鮮総督府 ③ 京城 ④ 1940-42 ⑤ 일본국회도서관
朝鮮人口動態統計 昭和13-16年	① 朝鮮総督府編 ② 朝鮮総督府 ③ 京城 ④ 1940-43 ⑤ 국립중앙도서관
朝鮮人口動態統計 昭和15年	② 朝鮮総督府 ② 朝鮮総督府 ③ 京城 ④ 1940 ⑤ 부산시민도서관
朝鮮人口動態統計	① 朝鮮総督府編 ② 朝鮮総督府 ③ 京城 ④ 1940 ⑤ 고려대도서관, 연세대도서관
朝鮮人口動態統計	① 朝鮮総督府編 ② 朝鮮総督府 ③ 京城 ④ 1944 ⑤ 고려대도서관
朝鮮人内地視察 明治44-大正3年	① 東洋拓殖株式会社編輯 東洋拓殖株式会社 ③ 京城 1911-15 ⑤ 국립중앙도서관

朝鮮人内地視察記 大正2年 秋期	① 東洋拓殖株式会社編 ② 東洋拓殖 ③ 京城 ④ 1914 ⑤ 일본국회도서관
朝鮮人内地視察記 全	① 東洋拓殖株式会社編輯 ② 東洋拓殖株式会社 ③ 京城 ④ 1912 ⑤ 규슈대도서관, 홋카이도대도서관
朝鮮人名録 昭和15, 16, 17年	① 京城日報社編 ③ 京城 ④ 1939-41 ⑤ 국립중앙도서관, 부산시민도서관, 연세대도서관, 일본국회도서관, 도쿄대도서관
朝鮮人名録 昭和15年度, 昭和16年度	② 京城日報社 ③ 京城 ④ 1939 ⑤ 나고야대도서관
朝鮮人名録 1942	① 京城日報社編 ② 京城日報社 ③ 京城 ④ 1941 ⑤ 한국국회도서관
朝鮮人名録 昭和18年度	① 高宮太乎編 ② 京城日報社 ③ 京城 ④ 1942 ⑤ 서울대도서관
朝鮮人名録	① 京城日報社編 ② 京城日報社 ③ 京城 ④ 1942 ⑤ 국립중앙도서관, 한국국회도서관
朝鮮人名録 和18年度, 和19年度	① 高宮太平編 ② 京城日報社 ③ 京城 ④ 1943 ⑤ 연세대도서관
朝鮮人名辞書 索引	① 朝鮮総督府中枢院編 ② 朝鮮総督府中枢院 ③ 京城 ④ 1939 ⑤ 고려대도서관, 서울대도서관, 연세대도서관
朝鮮人名辞書	① 朝鮮総督府中枢院編 ② 朝鮮総督府中枢院 ③ 京城 ④ 1937 ⑤ 국립중앙도서관, 한국국회도서관, 고려대도서관, 서울대도서관, 연세대도서관, 도호쿠대도서관, 규슈대도서관, 도쿄대도서관
朝鮮人名辞書	① 朝鮮総督府中枢院編 ② 朝鮮印刷 ③ 京城 ④ 1937-1939 ⑤ 교토대도서관, 나고야대도서관, 홋카이도대도서관
朝鮮人名辞典 1	① 朝鮮総督府中枢院編 ② 朝鮮印刷株式会社 ③ 京城 ④ 1926 ⑤ 고려대도서관
朝鮮人名辞典 2 索引	① 朝鮮総督府中枢院編 ② 朝鮮印刷株式会社 ③ 京城 ④ 1926 ⑤ 고려대도서관
朝鮮人名辞典	① 朝鮮総督府中枢院編 ② 朝鮮総督府中枢院 ③ 京城 ④ 1937 ⑤ 고려대도서관
朝鮮人名辞典索引	① 朝鮮朝鮮総中枢院編 ② 朝鮮朝鮮総中枢院 ③ 京城 ④ 1930-39 ⑤ 국립중앙도서관
朝鮮人名辞書	① 朝鮮総督府中枢院編 ② 朝鮮総督府中枢院 ③ 京城 ④ 1937-39 ⑤ 국립중앙도서관, 일본국회도서관
朝鮮人物大系	① 民衆時論社編 ② 民衆時論社 ③ 京城 ④ 1938 ⑤ 고려대도서관
朝鮮人物選集	① 阿部薫 ② 民衆時論社 ③ 京城 ④ 1934 ⑤ 국립중앙도서관, 한국국회도서관, 일본국회도서관
朝鮮人物興信録, 1935	① 貴田忠衛 ② 朝鮮新聞社 ③ 京城 ④ 1935 ⑤ 한국국회도서관
朝鮮人事例規	① 朝鮮総督府官房秘書課編 ③ 京城 ④ 1927 ⑤ 서울대도서관
朝鮮人事例規	① 朝鮮総督府官房秘書課編 ③ 京城 ④ 1933 ⑤ 서울대도서관
朝鮮人士数十名より南総督に呈するの書	① 朝鮮通信社編 ③ 京城 ④ 1937 ⑤ 서울대도서관

朝鮮人事調停令解釈資料集附関係法令	① 朝鮮総督府法務局編 ② 司法協会 ③ 京城 ④ 1939 ⑤ 교토대도서관
朝鮮人事調停令解釈資料集	① 朝鮮総督府法務局編 ② 司法協会 ③ 京城 ④ 1939 ⑤ 국립중앙도서관, 한국국회도서관, 고려대도서관, 서울대도서관, 연세대도서관
朝鮮人事興信録 昭和10年版	① 朝鮮人事興信録編纂部 ② 朝鮮人事興信録編纂部 ③ 京城 ④ 1935 ⑤ 일본국회도서관, 부산시민도서관, 연세대도서관
朝鮮人事興信録	① 貴田忠衛編 ② 朝鮮新聞社 ③ 京城 ④ 1922 ⑤ 국립중앙도서관, 한국국회도서관, 서울대도서관
朝鮮人蔘「エキス」の物理化学的性質 静的表面張力と表面活性に就て	① 佐佐木貞次郎 ③ 京城 ④ 1928 ⑤ 서울대도서관
朝鮮人蔘	① 尹基寧 ② 京城帝国大学医学部薬理学教室 ③ 京城 ④ 1932 ⑤ 고려대도서관
朝鮮人蔘ノ実験研究 其1-4	① 閔丙祺 ② 朝鮮医学会 ③ 京城 ④ 1929-1931 ⑤ 서울대도서관
朝鮮人蔘礼讃	① 杉原徳行述 ② 朝鮮総督府専売局 ③ 京城 ④ 1929 ⑤ 고려대도서관
朝鮮人姓分類調査草稿	① 京城帝国大学法文学部 ③ 京城 ④ 1931 ⑤ 서울대도서관
朝鮮人安全農村建設経過並現場	① 東亜勧業株式会社編 ② 東亜勧業株式会社 ③ 京城 ④ 1935 ⑤ 고려대도서관
朝鮮人移民問題の重大性	① 鎌田沢一郎編 ② 朝鮮総督府 ③ 京城 ④ 1935 ⑤ 국립중앙도서관, 고려대도서관
朝鮮人重要事件 高等法院決定書	① 高等法院刑事部編 ② 高等法院刑事部 ③ 京城 ④ 1940 ⑤ 한국국회도서관
朝鮮人参耕作記	① 田村元雄編, 福山舜調, 中沢養亭校正 ② 朝鮮総督府専売局 ③ 京城 ④ 1938 ⑤ 홋카이도대도서관
朝鮮人参礼讃	① 杉原徳行 ② 朝鮮総督府専売局 ③ 京城 ④ 1929 ⑤ 일본국회도서관
朝鮮人学生騒擾鎮及動静	① 朝鮮総督府 ② 朝鮮総督府 ③ 京城 ④ 1919 ⑤ 고려대도서관
朝鮮一覧	① 宋完植編 ② 東洋大学堂 ③ 京城 ④ 1939 ⑤ 고려대도서관
朝鮮林務提要	① 小林尚古編, 朝鮮総督府農林局校 ② 朝鮮山林会 ③ 京城 ④ 1935 ⑤ 국립중앙도서관, 연세대도서관
朝鮮林務提要	① 朝鮮山林会 ② 朝鮮山林会 ③ 京城 ④ 1930 ⑤ 국립중앙도서관
朝鮮林務提要	① 朝鮮総督府殖産局編 ② 朝鮮印刷株式会社 ③ 京城 ④ 1919 ⑤ 서울대도서관
朝鮮林務提要	① 朝鮮総督府殖産局編 ② 朝鮮総督府殖産局 ③ 京城 ④ 1920 ⑤ 연세대도서관
朝鮮林務提要	① 後藤積編 ② 各岡商店出版部 ③ 京城 ④ 1923 ⑤ 국립중앙도서관, 연세대도서관, 일본국회도서관
朝鮮臨時利得税令 朝鮮臨時利得税令施行規則	② 朝鮮総督府財務局 ③ 京城 ④ 1939 ⑤ 연세대도서관

朝鮮臨時利得税事務提要	② 朝鮮総督府財務局 ③ 京城 ④ 1938 ⑤ 연세대도서관
朝鮮林野保護取締法提要	① 久保悦郎編 ② 川井印刷所 ③ 釜山 ④ 1937 ⑤ 국립중앙도서관
朝鮮林野分布図 南部, 北部, 中部	① 朝鮮総督府農商工部 ② 朝鮮総督府農商工部 ③ 京城 ④ 1910 ⑤ 고려대도서관
朝鮮林野分布図	① 朝鮮総督府農商工部編 ② 朝鮮総督府 ③ 京城 ④ 1912 ⑤ 국립중앙도서관
朝鮮林野分布図	① 朝鮮総督府編 ② 朝鮮総督府 ③ 京城 ④ 1915 ⑤ 국립중앙도서관
朝鮮林野調査報告韓国森林調査書	② 朝鮮総督府農林局 ③ 京城 ④ 1938 ⑤ 연세대도서관
朝鮮林野調査事業報告	① 朝鮮総督府農林局編 ② 朝鮮総督府 ③ 京城 ④ 1938 ⑤ 국립중앙도서관, 한국국회도서관, 고려대도서관, 서울대도서관
朝鮮林業大観	③ 韓国 ⑤ 연세대도서관
朝鮮林業植物図解	① 河本台鉉 ② 朝鮮博物研究会 ③ 京城 ④ 1943 ⑤ 서울대도서관
朝鮮林業逸誌	① 朝鮮山林会編 ② 朝鮮山林会 ③ 京城 ④ 1919 ⑤ 서울대도서관
朝鮮林業逸誌	① 朝鮮山林会編 ② 朝鮮山林会 ③ 京城 ④ 1933 ⑤ 한국국회도서관, 고려대도서관, 서울대도서관, 연세대도서관
朝鮮林政ニ関スル説明書	② 朝鮮総督府 ③ 京城 ④ 1926 ⑤ 연세대도서관
朝鮮林政計劃書	① 朝鮮総督府編 ② 朝鮮総督府 ③ 京城 ④ 1927 ⑤ 서울대도서관
朝鮮林制考	① 本間九介 ⑤ 한국국회도서관
朝鮮自動車路線図	① 朝鮮総督府鉄道局編 ② 朝鮮自動車交通協会 ③ 京城 ④ 1936 ⑤ 국립중앙도서관
朝鮮自動車運輸事業及運送事業申請手続解説	① 大谷留五郎, 平林茂, 佐藤信雄共 ② 朝鮮自動車協会聯合会 ③ 京城 ④ 1935 ⑤ 연세대도서관
朝鮮自動車運転手必携	① 金仁瑞 ② 平北自動車協会平北オート研究会 ③ 新義州 ④ 1938 ⑤ 국립중앙도서관
朝鮮資料写真	① 朝鮮教育会編 ② 朝鮮教育会 ③ 京城 ④ 1929 ⑤ 서울대도서관
朝鮮資料集真続解説 第3輯	① 朝鮮史編修会編 ② 朝鮮総督府 ③ 京城 ④ 1937 ⑤ 부산시민도서관
朝鮮資料集真続解説 第4輯, 第6輯	① 朝鮮史編修会編 ② 朝鮮総督府 ③ 京城 ④ 1936 ⑤ 부산시민도서관
朝鮮自然科学協会北支蒙疆地方学術調査団報告論文集 第1-2輯	① 朝鮮自然科学協会編 ② 朝鮮自然科学協会 ③ 京城 ④ 1939-40 ⑤ 일본국회도서관
朝鮮作作物病害目録	① 中田覚五郎, 滝元浦透 共 ② 朝鮮総督府勧業模範場 ③ 水原 ④ 1928 ⑤ 국립중앙도서관
朝鮮蚕糸業ノ現在及将来ノ論ズ	① 朝鮮蚕糸会等編 ② 朝鮮蚕糸会 ③ 京城 ④ 1932 ⑤ 국립중앙도서관, 연세대도서관
朝鮮蚕糸業ノ現在及将来ヲ論ズ	① 朝鮮蚕糸会編 ② 朝鮮蚕糸会 ③ 京城 ④ 1932 ⑤ 한국국회도서관, 고려대

	도서관, 서울대도서관
朝鮮潜水器魚業沿革史	① 稲井秀左衛門 ② 朝鮮潜水器魚業水産組合 ③ 京城 ④ 1937 ⑤ 국립중앙도서관, 한국국회도서관, 고려대도서관, 서울대도서관
朝鮮蚕蚕業令大意	① 松室重正 ② 松室重正 ③ 清州 ④ 1934 ⑤ 국립중앙도서관
朝鮮雑記 第1-2巻	① 菊池謙譲 ② 鶏鳴社 ③ 京城 ④ 1931 ⑤ 국립중앙도서관, 한국국회도서관, 고려대도서관, 연세대도서관, 교토대도서관
朝鮮雑記	① 菊池謙譲 ② 鶏鳴社 ③ 京城 ④ 1931 ⑤ 서울대도서관, 규슈대도서관
朝鮮雑記	① 松田甲(学鴎) ② 朝鮮総督府 ③ 京城 ④ 1928 ⑤ 국립중앙도서관, 홋카이도대도서관
朝鮮雑記	① 松田甲 ② 朝鮮総督府 ③ 京城 ④ 1926 ⑤ 국립중앙도서관, 연세대도서관
朝鮮雑記	① 松田甲 ② 朝鮮総督府 ③ 京城 ④ 1927 ⑤ 서울대도서관
朝鮮雑記	① 松田甲編 ② 朝鮮総督府 ③ 京城 ④ 1914 ⑤ 고려대도서관
朝鮮雑記	① 松田甲編 ② 朝鮮総督府 ③ 京城 ④ 1929 ⑤ 고려대도서관
朝鮮財界の人口	① 嶋元勧 ② 京城日報社 ③ 京城 ④ 1941 ⑤ 국립중앙도서관
朝鮮財界の人人	① 嶋元勧 ② 京城日報社 ③ 京城 ④ 1941 ⑤ 한국국회도서관
朝鮮財界要覧	① 朝鮮銀行 ② 朝鮮銀行 ③ 京城 ④ 1925 ⑤ 도쿄대도서관
朝鮮在留欧米各国人ニ関スル調査表	① 朝鮮総督府編 ② 朝鮮総督府 ③ 京城 ④ 1912 ⑤ 국립중앙도서관
朝鮮在留欧米人名簿 昭和6年	① 朝鮮総督府編 ② 朝鮮総督府 ③ 京城 ④ 1932 ⑤ 일본국회도서관
朝鮮在留欧米人並領事館員名簿 昭和10年, 昭和11, 12年	
	① 朝鮮総督府編 ② 朝鮮総督府 ③ 京城 ④ 1935, 1936-37 ⑤ 일본국회도서관
朝鮮在留欧米人並領事館員名簿	① 朝鮮総督府編 ② 朝鮮総督府 ③ 発行地不明 ④ 1933 ⑤ 한국국회도서관
朝鮮在留内地人(明治四十三年四月末日調査)及東洋拓殖株式会社所在所有地分布図(明治四十四年三月現在) ③ 地図	
	③ 京城 ② 東洋拓殖 ④ 1911 ⑤ 도쿄대도서관
朝鮮財務 1-27	① 朝鮮財務協会編 ② 朝鮮財務協会 ③ 京城 ④ 1929-422 ⑤ 국립중앙도서관
朝鮮在留欧米各国人ニ関スル調査表	① 朝鮮総督府 ② 朝鮮総督府 ③ 京城 ④ 1911 ⑤ 서울대도서관
朝鮮財政調査委員会規程 朝鮮財政調査委員会附議事項	
	① 朝鮮総督府編 ② 朝鮮総督府 ③ 京城 ④ 1923 ⑤ 서울대도서관
朝鮮財政趨勢調 国予算ノ部	① 朝鮮総督府財務局 ② 朝鮮総督府財務局 ③ 京城 ④ 1926 ⑤ 고려대도서관
朝鮮財政趨勢調	① 朝鮮総督府財務局編 ② 朝鮮総督府財務局 ③ 京城 ④ 1926 ⑤ 국립중앙도서관
朝鮮在住内地人実業家人名士辞	① 川端源太郎編 ② 朝鮮実業新聞社 ③ 京城 ④ 1913 ⑤ 국립중앙도서관
朝鮮在住内地人実業家人名辞典 第一編	① 川端源太郎 ③ 京城 ④ 1913 ⑤ 서울대도서관
朝鮮電気工作物 規程	① 朝鮮電気協会編 ② 朝鮮電気協会 ③ 京城 ④ 1940 ⑤ 국립중앙도서관
朝鮮電気事業令条文要旨	② 逓信部? ③ 한국 ④ 1932-和251950 ⑤ 연세대도서관
朝鮮電気事業法規集	① 朝鮮電気協会 ② 朝鮮電気協会 ③ 京城 ④ 1941 ⑤ 서울대도서관

朝鮮電気事業法規集	①朝鮮電気協会編 ②朝鮮電気協会 ③京城 ④1933 ⑤국립중앙도서관
朝鮮電気事業法規集	①朝鮮電気協会編 ②朝鮮電気協会 ③京城 ④1934 ⑤국립중앙도서관
朝鮮電気事業法規集	①朝鮮電気協会編 ②朝鮮電気協会 ③京城 ④1937 ⑤부산시민도서관
朝鮮電気事業法規集	①朝鮮電気協会編 ②朝鮮電気協会 ③京城 ④1940 ⑤국립중앙도서관
朝鮮電気事業調査書 第1巻	①朝鮮電気事業調査会編 ②朝鮮電気協会 ③京城 ④1925 ⑤국립중앙도서관
朝鮮全道面職員録	①文鎮堂編 ②文鎮堂 ③京城 ④1927 ⑤고려대도서, 연세대도서관
朝鮮全道府郡面里洞名称一覧	①越智唯七編 ③京城 ④1917 ⑤서울대도서관
朝鮮全羅南道道勢要覧	①全羅南道庁編 ②全羅南道庁 ③光州 ④1924 ⑤국립중앙도서관
朝鮮電力株式会社事業概要	①朝鮮電力株式会社編 ②朝鮮電力株式会社 ③京城 ④1937 ⑤국립중앙도서관
朝鮮専売史 正誤表, 第1巻, 第2巻, 第3巻	①朝鮮総督府専売局 ②朝鮮総督府専売局 ③京城 ④1936 ⑤고려대도서관
朝鮮専売史	①朝鮮総督府専売局編 ③京城 ④1936 ⑤고려대도서관, 서울대도서관, 연세대도서관
朝鮮銭史 高麗朝之部	①藤間治郎 ②京城日報社代理部 ③京城 ④1918 ⑤서울대도서관
朝鮮銭史	①藤間治郎 ②京城日報社 ③京城 ④1932 ⑤고려대도서관
朝鮮戦時家庭園芸読本	①佐野美好 ②大洋出版社 ③京城 ④1915 ⑤서울대도서관
朝鮮戦時家庭園芸読本	①佐野美好 ②大洋出版社 ③京城 ④1945 ⑤한국국회도서관, 국립중앙도서관
朝鮮伝染病史	①三木栄 ②三木栄 ③水原 ④1940 ⑤서울대도서관, 국립중앙도서관
朝鮮畑作改良増殖計劃	①朝鮮総督府農林局編 ②朝鮮総督府農林局 ③京城 ④1931 ⑤한국국회도서관
朝鮮田制考	①朝鮮総督府中枢院調査課編 ②朝鮮総督府中枢院 ③京城 ④1940 ⑤국립중앙도서관, 한국국회도서관, 부산시민도서관, 고려대도서관, 서울대도서관, 연세대도서관, 일본국회도서관
朝鮮政治経済史	①中村玄涛 ②大陸之日本社 ③釜山 ④1937 ⑤고려대도서관, 연세대도서관
朝鮮諸官立専門学校入学試験問題集	①道田猶太郎編 ③京城 ④1925 ⑤국립중앙도서관
朝鮮諸国記	①菊地謙譲 ②大陸通信社 ③京城 ④1925 ⑤국립중앙도서관, 한국국회도서관, 서울대도서관, 연세대도서관, 규슈대도서관, 나고야대도서관
朝鮮祭祀相続法論序説	①野村調太郎, 朝鮮総督府中枢院調査課編 ②朝鮮総督府中枢院 ③京城 ④1939 ⑤국립중앙도서관, 한국국회도서관, 부산시민도서관, 고려대도서관, 서울대도서관, 연세대도서관, 일본국회도서관, 교토대도서관, 규슈대도서관, 나고야대도서관, 도쿄대도서관, 도호쿠대도서관, 오사카대학, 홋카이도대도서관
朝鮮祭祀相続法論序説	①朝鮮総督府中枢院調査課編 ②朝鮮総督府中枢院調査課 ③京城 ④1935 ⑤서울대도서관

朝鮮帝王歴代並世界年代比較一覧表	① 朝鮮総督府編 ② 朝鮮総督府 ③ 京城 ④ 1900-1945 ⑤ 国立中央図書館
朝鮮第二区機船底曳網漁業水産組合十年史	
	① 朝鮮第二区機船底曳網漁業水産組合編 ② 朝鮮第二区機船底曳網漁業水産組合 ③ 元山 ④ 1940 ⑤ 国立中央図書館
朝鮮制裁法規	① 山口吸一編纂 ② 朝鮮図書出株式会 ③ 京城 ④ 1939 ⑤ 고려대도서관, 서울대도서관, 연세대도서관
朝鮮制裁法規	① 山口吸一編 ② 大阪屋号書店 ③ 京城 ④ 1930 ⑤ 국립중앙도서관, 고려대도서관, 일본국회도서관
朝鮮諸宗教	① 吉川文太郎 ② 朝鮮興文会 ③ 京城 ④ 1922 ⑤ 국립중앙도서관, 서울대도서관
朝鮮諸学校一見	① 朝鮮総督府学務局 ③ 京城 ④ 1933 ⑤ 국립중앙도서관
朝鮮諸学校一覧 11年度	① 朝鮮総督府編 ② 朝鮮総督府 ③ 京城 ④ 1927 ⑤ 고려대도서관
朝鮮諸学校一覧 15年度(5月末現在), 16年度, 17年度(5月末現在)	
	① 朝鮮総督府学務局編 ② 朝鮮総督府学務局 ③ 京城 ④ 1941, 1942, 1943 ⑤ 고려대도서관
朝鮮諸学校一覧 4年度	① 朝鮮総督府編 ② 朝鮮総督府 ③ 京城 ④ 1930 ⑤ 고려대도서관
朝鮮諸学校一覧 大正13-15年	① 朝鮮総督府学務局 ② 朝鮮総督府学務局 ③ 京城 ④ 1924-1927 ⑤ 일본국회도서관
朝鮮諸学校一覧 大正15年編纂-昭和18年度編纂	
	② 朝鮮総督府学務局 ③ 京城 ④ 1927 ⑤ 교토대도서관
朝鮮諸学校一覧 昭和13年	① 朝鮮総督府学務局編 ② 朝鮮総督府学務局 ③ 京城 ④ 1939 ⑤ 일본국회도서관
朝鮮諸学校一覧 昭和6年度(5月末現在)	① 朝鮮総督府学務局学務課編 ② 朝鮮総督府学務局 ③ 京城 ④ 1932 ⑤ 고려대도서관
朝鮮諸学校一覧 昭和9年度	① 朝鮮総督府編 ② 朝鮮総督府 ③ 京城昭和9 ④ 1934 ⑤ 고려대도서관
朝鮮諸学校一覧, 1922, 1935	① 朝鮮総督府学務局編 ② 朝鮮総督府学務局 ③ 京城 ④ 1922 ⑤ 한국국회도서관
朝鮮諸学校一覧	① 朝鮮総督府学務局編 ② 朝鮮印刷所 ③ 京城 ④ 1918 ⑤ 국립중앙도서관
朝鮮諸学校一覧	① 朝鮮総督府学務局編 ② 朝鮮総督府学務局 ③ 京城 ④ 1928, 1936, 1937, 1940 ⑤ 고려대도서관
朝鮮諸学校一	② 朝鮮総督府学務局 ③ 京城 ④ 1921-1944 ⑤ 연세대도서관
朝鮮諸学校一覧	② 朝鮮総督府学務局 ④ 1923 ⑤ 규슈대도서관
朝鮮諸学校一覧	② 朝鮮総督府学務局 ④ 1927 ⑤ 도호쿠대도서관
朝鮮諸学校一覧	② 朝鮮総督府学務局 ④ 1934 ⑤ 홋카이도대도서관
造船造機鉄工工場須知	① 古館市太郎, 佐橋賢次 共 ② 弘色三松堂 ③ 京城 ④ 1919 ⑤ 국립중앙도서관

朝鮮租税法規提要	① 朝鮮財務協会大邱税務監督局支部編 ② 朝鮮財務協会大邱税務監督局支部 ③ 大邱 ④ 1935 ⑤ 국립중앙도서관
朝鮮租税制度概要	① 村山道雄 ② 朝鮮財務協会 ③ 京城 ④ 1940 ⑤ 고려대도서관
朝鮮早害救済誌	① 朝鮮総督府内務局社会課編 ③ 京城 ④ 1925 ⑤ 서울대도서관
朝鮮宗教史	① 青柳南冥 ② 朝鮮研究会 ③ 京城 ④ 1911 ⑤ 고려대도서관, 연세대도서관, 일본국회도서관, 도쿄대도서관, 교토대도서관, 규슈대도서관, 나고야대도서관, 도호쿠대도서관,
朝鮮宗教史に現はれたる信仰の特色	① 高橋亨述 ② 朝鮮総督府学務局 ③ 京城 ④ 1921 ⑤ 한국국회도서관, 서울대도서관, 도쿄대도서관
朝鮮種痘史	① 三木栄 ③ 京城 ④ 1935 ⑤ 서울대도서관
朝鮮種痘五十年記念会	② 趣旨書規約書発起人氏名実行委員入会申込書, 第1号 ② 朝鮮種痘五十年記念会 ③ 京城 ④ 1928 ⑤ 연세대도서관
朝鮮種煙草ノ起源及分類調査	① 朝鮮総督府専売局編 ② 朝鮮総督府専売局 ③ 京城 ④ 1926 ⑤ 국립중앙도서관, 도쿄대도서관
朝鮮種煙草耕作法	① 朝鮮総督府編 ③ 京城 ④ 1919 ⑤ 서울대도서관
朝鮮種煙草起源及分流調査	① 朝鮮総督府専売局編 ② 専売局 ③ 京城 ④ 1926 ⑤ 고려대도서관
朝鮮酒ニ関スル施設	① 朝鮮総督府財務局編 ③ 京城 ④ 1924 ⑤ 서울대도서관
朝鮮酒に就て	① 朝鮮殖産助成財団編 ② 朝鮮殖産助成財団 ③ 京城 ④ 1938 ⑤ 서울대도서관
朝鮮酒に就て	① 朝鮮総督府殖産局(井上税務課長)編 ③ 京城 ④ 1923 ⑤ 서울대도서관
朝鮮酒改良読本	① 浅井正英, 尹元赫, 鄭楽弼 共訳 십村栄助友店 ③ 京城 ④ 1926 ⑤ 국립중앙도서관
朝鮮住民, 生命表	① 水島治夫 ② 近沢書店 ③ 京城 ④ 1938 ⑤ 국립중앙도서관, 국회도서관, 고려대도서관, 서울대도서관
鮮住民ノ生命表ニ関スル資料	① 朝鮮総督府企劃部 ② 朝鮮総督府企劃部 ③ 京城 ④ 1938 ⑤ 서울대도서관
朝鮮住民の食に関する栄養学的観察	① 高井俊夫 ② 糧友会朝鮮本部 ③ 京城 ④ 1940 ⑤ 국립중앙도서관
朝鮮酒試験醸造成績	① 京畿道焼酎製造組合編 ② 京畿道 ③ 京城 ④ 1927 ⑤ 한국국회도서관, 연세대도서관
朝鮮株式便覧	① 朝取株式研究会編 ② 朝取株式研究会 ③ 京城 ④ 1939 ⑤ 도쿄대도서관
朝鮮酒醸造法 要訣	① 草道常春 ② 십村栄助支店 ③ 京城 ④ 1932 ⑤ 한국국회도서관
朝鮮酒醸造法講本	② 大邱朝鮮酒酒朝組合 ③ 大邱 ④ 1942 ⑤ 연세대도서관
朝鮮主要鉱山概要	① 朝鮮総督府殖産局編 ② 朝鮮総督府殖産局 ③ 京城 ④ 1928 ⑤ 고려대도서관
朝鮮主要鉱山概況	① 朝鮮総督府殖産局編 ② 朝鮮総督府殖産局 ③ 京城 ④ 1928 ⑤ 국립중앙도서관, 고려대도서관, 서울대도서관, 연세대도서관, 교토대도서관, 규슈대도

	서관, 도쿄대도서관, 홋카이도대도서관
朝鮮主要農作物奬励品種特性表	① 朝鮮総督府農事試験場西鮮支場編 ② 朝鮮総督府農事試験場西鮮支場 ③ 京城 ④ 1936 ⑤ 한국국회도서관
朝鮮主要会社表	① 京城商工会議所 ② 京城商工会議所 ③ 京城 ④ 1943 ⑤ 서울대도서관, 교토대도서관, 규슈대도서관
朝鮮主要会社表	① 京城商工会議所編 ② 京城商工会議所 ③ 京城 ④ 1944 ⑤ 국립중앙도서관
朝鮮主要会社表	② 昭和十七年十一月 ③ 京城 ② 京城商工会議所 ④ 1943 ⑤ 연세대도서관
朝鮮疇人考	① 稲葉岩吉 ③ 京城 ④ 1933 ⑤ 서울대도서관
朝鮮酒製造法	① 全羅北道朝鮮酒製造組合聯合会編 ② 全羅北道朝鮮酒製造組合聯合会 ③ 全州 ④ 1929 ⑤ 국립중앙도서관
朝鮮酒造史	① 朝鮮酒造協会編 ② 朝鮮酒造協会 ③ 京城 ④ 1935 ⑤ 국립중앙도서관, 한국국회도서관, 고려대도서관, 서울대도서관, 연세대도서관, 일본국회도서관, 교토대도서관, 나고야대도서관, 도쿄대도서관, 오사카대학
朝鮮酒造要諦	① 朝鮮酒造協会編 ② 朝鮮酒造協会 ③ 京城 ④ 1935 ⑤ 국립중앙도서관
朝鮮酒造組合令朝鮮酒造組合令施行規則酒税令酒税令施行規則	
	② 東プリント社 ③ 京城 ④ 1943? ⑤ 연세대도서관
朝鮮駐箚軍経理部歴史	① 朝鮮駐箚軍司令部 ② 朝鮮駐箚軍司令部経理部 ③ 京城 ④ 1915 ⑤ 일본국회도서관
朝鮮駐箚軍永久兵営官衛及宿舎建築経過概要	
	① 朝鮮駐箚軍経理部編 ② 朝鮮駐箚軍経理部 ③ 京城 ④ 1914 ⑤ 국립중앙도서관
朝鮮住宅営団の概要	① 朝鮮住宅営団編 ② 朝鮮住宅営団 ③ 京城 ④ 1943 ⑤ 국립중앙도서관
朝鮮竹林栽培法	① 山本栄, 大島甚三郎 共 ② 朝鮮山林会 ③ 京城 ④ 1929 ⑤ 국립중앙도서관
朝鮮重大思想事件経過表	① 朝鮮総督府警務局編 ② 朝鮮総督府 ③ 京城 ④ 1940 ⑤ 고려대도서관
朝鮮重大思想事件経過表	② 高等法院検事局思想部 ③ 京城 ④ 1936 ⑤ 연세대도서관
朝鮮中部及南部ニ於ケル近年ノ豪雨	① 朝鮮総督府観測所編 ② 朝鮮総督府観測所 ③ 仁川 ④ 1918 ⑤ 국립중앙도서관
朝鮮重要物産並特産物分布図	① 朝鮮総督府商工奨励館 ② 朝鮮総督府商工奨励館 ③ 京城 ④ 1933 ⑤ 국립중앙도서관, 일본국회도서관
朝鮮重要物資配給統制要覧	① 朝鮮総督府企劃部編 ② 帝国地方行政学会朝鮮本部 ③ 京城 ④ 1940 ⑤ 고려대도서관
朝鮮重要物資営団関係法令集	① 朝鮮重要物資営団編 ② 朝鮮重要物資営団 ③ 京城 ④ 1941 ⑤ 한국국회도서관
朝鮮重要法令索引	① 朝鮮商工会議所編 ② 朝鮮商工会議所 ③ 京城 ④ 1943 ⑤ 국립중앙도서관, 서울대도서관
朝鮮増米計劃耕種法改善実施提要	① 朝鮮総督府農林局編 ② 朝鮮総督府農林局 ③ 京城 ④ 1941 ⑤ 국립중앙

	도서관, 서울대도서관, 규슈대도서관
朝鮮誌	① 吉田英三郎 ② 町田文林堂 ③ 京城 ④ 1911 ⑤ 국립중앙도서관, 부산시민도서관, 한국국회도서관, 연세대도서관, 일본국회도서관, 규슈대도서관
朝鮮紙	① 八木朝久編 ② 平壤商工会議所 ③ 平壤 ④ 1944 ⑤ 국립중앙도서관, 부산시민도서관, 연세대도서관
朝鮮紙に関する調査	① 税田谷五郎, 朝鮮総督府編 ② 朝鮮総督府 ③ 京城 ④ 1922 ⑤ 국립중앙도서관
朝鮮之観光	① 今井晴夫編輯 ② 朝鮮之観光社 ③ 京城 ④ 1939 ⑤ 국립중앙도서관, 한국국회도서관, 고려대도서관, 서울대도서관규장각
朝鮮之金鉱	① 町田長作 ② 黄金印刷所 ③ 京城 ④ 1915 ⑤ 국립중앙도서관, 고려대도서관
朝鮮支那文化の研究	① 京城帝国大学法文学会編 ② 京城帝国大学法文学会 ③ 京城 ④ 1929 ⑤ 서울대도서관
朝鮮支那事変特別税令 朝鮮支那事変特別税令施行規則	
	① 朝鮮総督府財務局 ② 朝鮮総督府財務局 ③ 京城 ④ 1938 ⑤ 한국국회도서관, 고려대도서관
朝鮮地図	② 朝鮮総督府 ③ 京城 ④ 1912 ⑤ 규슈대도서관
朝鮮之図書館 1, 3-4	① 朝鮮図書館研究会編 ② 大阪屋号書店 ③ 京城 ⑤ 국립중앙도서관
朝鮮地理誌 上·下	① 藤戸計太 ② 京城日報社代理部 ③ 京城 ④ 1920 ⑤ 서울대도서관
朝鮮地理風俗図説 1-2	① 仲摩照久編輯 ② 新光社 ③ 京城 ④ 1930 ⑤ 서울대도서관
朝鮮地名の考説	① 中村新太郎 ② 朝鮮総督府 ③ 京城 ④ 1926 ⑤ 한국국회도서관 주둔
朝鮮地名索引	① 朝鮮駐屯軍司令部編 ② 朝鮮駐屯軍司令部 ③ 京城 ④ 1910 ⑤ 국립중앙도서관
朝鮮地方官に対する政務総監演述	① 朝鮮総督府編 ③ 京城 ④ 1921 ⑤ 서울대도서관
朝鮮地方選挙事務提要	① 光石郡治 ② 帝国地方行政学会朝鮮本部 ③ 京城 ④ 1931 ⑤ 서울대도서관, 고려대도서관, 연세대도서관
朝鮮地方選挙事務提要	① 光石群治 ② 帝国地方行政学会朝鮮本部 ③ 京城 ④ 1935 ⑤ 국립중앙도서관
朝鮮地方選挙取締規則詳解	① 井坂圭一良 ② 帝国地方行政学会朝鮮本部 ③ 京城 ④ 1935 ⑤ 국립중앙도서관
朝鮮地方選挙取締規則解説	① 朝鮮総督府編 ③ 京城 ④ 1929 ⑤ 국립중앙도서관, 서울대도서관
朝鮮地方税講話	① 河村雅亮 ② 朝鮮行政学舎 ③ 京城 ④ 1941 ⑤ 부산시민도서관
朝鮮地方自治制度施行記念京城府会議員選挙録	
	① 金子南陽編 ② 金子南陽 ③ 京城 ④ 1931 ⑤ 국립중앙도서관
朝鮮地方自治制要義	① 車田篤 ② 朝鮮金融組合協会 ③ 京城 ④ 1931 ⑤ 국립중앙도서관, 한국국회도서관, 고려대도서관, 서울대도서관

朝鮮地方自治制精義	① 車田篤 ② 朝鮮金融組合協会 ③ 京城 ④ 1933 ⑤ 국립중앙도서관, 한국국회도서관, 고려대도서관, 연세대도서관, 서울대도서관, 일본국회도서관
朝鮮地方財政要覧 昭和3-15年	① 朝鮮総督府編 ② 朝鮮総督府 ③ 京城 ④ 1928-1940 ⑤ 서울대도서관
朝鮮地方財政要覧 1-16	① 朝鮮総督府内務局編 ② 朝鮮総督府内務局 ③ 京城 ④ 1925-41 ⑤ 국립중앙도서관
朝鮮地方財政要覧 12年度	① 朝鮮総督府内務局編 ② 内務局 ③ 京城 ④ 1937 ⑤ 고려대도서관
朝鮮地方財政要覧 13年度	① 朝鮮総督府内務局編 ② 内務局 ③ 京城 ④ 3 ④ 1938 ⑤ 고려대도서관
朝鮮地方財政要覧 15度	① 朝鮮総督府内務局編 ② 朝鮮総督府内務局 ③ 京城 ④ 1940 ⑤ 고려대도서관
朝鮮地方財政要覧 16年度	① 朝鮮総督府内務局編 ② 内務局 ③ 京城 ④ 1941 ⑤ 고려대도서관
朝鮮地方財政要覧 昭和16年度	① 朝鮮総督府司政局編 ② 朝鮮総督府司政局 ③ 京城 ④ 1941 ⑤ 일본국회도서관
朝鮮地方財政要覧 昭和3年度	① 朝鮮総督府内務局編 ② 朝鮮総督府内務局 ③ 京城 ④ 1928 ⑤ 고려대도서관
朝鮮地方財政要覧 昭和6年度	① 朝鮮総督府内務局編 ② 朝鮮総督府内務局 ③ 京城 ④ 1931 ⑤ 고려대도서관
朝鮮地方財政要覧, 1924, 1936, 1939-40	① 朝鮮総督府内務局編 ② 朝鮮総督府内務局 ③ 京城 ④ 1924-1940 ⑤ 한국국회도서관
朝鮮地方財政要覧	① 朝鮮総督府内務局 ② 内務局 ③ 京城 ④ 1929 ⑤ 고려대도서관
朝鮮地方財政要覧	① 朝鮮総督府内務局編 ② 朝鮮総督府内務局 1年度 ③ 京城 ④ 1936 ⑤ 고려대도서관
朝鮮地方財政要覧	① 朝鮮総督府内務局編 ② 朝鮮総督府内務局 ③ 京城 ④ 1924 ⑤ 고려대도서관
朝鮮地方財政要覧	① 朝鮮総督府内務局編 ② 朝鮮総督府内務局 ③ 京城 ④ 1930 ⑤ 고려대도서관
朝鮮地方財政要覧	② 朝鮮総督府内務局 ③ 京城 ④ 1927-1940 ⑤ 연세대도서관
朝鮮地方財政要覧大正13, 14年度	① 朝鮮総督府内務局編 ② 朝鮮総督府内務局 ③ 京城 ④ 1925-1926 ⑤ 일본국회도서관
朝鮮地方財政要覧大正15-昭和8年度	① 朝鮮総督府内務局編 ② 朝鮮総督府内務局 ③ 京城 ④ 1927-1934 ⑤ 일본국회도서관
朝鮮地方財政要覧昭和9-13, 14・15年度	① 朝鮮総督府内務局編 ② 朝鮮総督府内務局 ③ 京城 ④ 1935-40 ⑤ 일본국회도서관
朝鮮地方財政趨勢調 地方費・府・面学校費・学校組合予算ノ部	① 朝鮮総督府財務局 ③ 京城 ④ 1926 ⑤ 서울대도서관
朝鮮地方全図	① 鈴木駿太郎編 ③ 京城 ④ 1932 ⑤ 국립중앙도서관
朝鮮地方制度	① 西岡芳次郎講述 ② 政治教育協会 ③ 京城 ⑤ 연세대도서관

朝鮮地方制度講義	① 古庄逸夫 ② 帝国地方行政学会 朝鮮本部 ③ 京城 ④ 1925 ⑤ 고려대도서관, 서울대도서관
朝鮮地方制度講義	① 古庄逸夫 ② 帝国地方行政学会朝鮮本部 ③ 京城 ④ 1926 ⑤ 국립중앙도서관, 부산시민도서관
朝鮮地方制度改正令	① 朝鮮写真通信社編 ② 朝鮮写真通信社 ③ 京城 ④ 1931 ⑤ 국립중앙도서관
朝鮮地方制度攻正令	① 安藤静 ② 朝鮮写真通信社 ③ 京城 ④ 1931 ⑤ 고려대도서관
朝鮮地方制度実施概要	① 朝鮮総督府編 ② 朝鮮総督府 ③ 京城 ④ 1932 ⑤ 고려대도서관
朝鮮地方制度之栞	① 大野幹平編 ② 糀谷藤郎 ③ 京城 ④ 1921 ⑤ 국립중앙도서관
朝鮮地方制度輯覧 全, 1933, 1936-1937, 1941	① 朝鮮総督府内務局編 ② 帝国地方行政学会朝鮮本部 ③ 京城 ④ 1933-41 ⑤ 한국국회도서관
朝鮮地方制度輯覧 全	① 朝鮮総督府内務局編 ② 帝国地方行政学会朝鮮本部 ③ 京城 ④ 1935 ⑤ 한국국회도서관
朝鮮地方制度輯覧 全	① 朝鮮総督府司正局編 ② 朝鮮行政学会 ③ 京城 ④ 1943 ⑤ 한국국회도서관
朝鮮地方制度輯覧	① 朝鮮総督官房地方課編 ② 朝鮮行政学会 ③ 京城 ④ 1944 ⑤ 한국국회도서관
朝鮮地方制度輯覧	① 朝鮮総督府内務局編纂 ② 帝国地方行政学会朝鮮本部 ③ 京城 ④ 1931 ⑤ 고려대도서관
朝鮮地方制度輯覧	① 朝鮮総督府内務局編纂 ② 朝鮮行政学会 ③ 京城 ④ 1942 ⑤ 연세대도서관
朝鮮地方行政 1-35	① 帝国地方行政学会朝鮮本部編 ② 朝鮮図書出版株式会社 ③ 京城 ④ 1924, 1939 ⑤ 국립중앙도서관
朝鮮地方行政概要	① 朝鮮総督府内務局編 ② 朝鮮総督府内務局 ③ 京城 ④ 1931 ⑤ 도쿄대도서관
朝鮮地方行政大講座	① 東亜法政新聞社編 ② 東亜法政新聞社 ③ 京城 ④ 1931 ⑤ 국립중앙도서관
朝鮮地方行政例規	① 朝鮮総督府内務局地方課編 ② 帝国地方行政学会朝鮮本部 ③ 京城 ④ 1932 ⑤ 일본국회도서관
朝鮮之副業	① 朝鮮副業共進会編 ② 朝鮮総督府商工奨励館 ③ 京城 ④ 1923 ⑤ 국립중앙도서관
朝鮮之事情	① 柳川勉編 ② 朝鮮事情社 ③ 京城 ④ 1926 ⑤ 부산시민도서관 한국국회도서관
朝鮮之事情	① 柳川勉編 ② 朝鮮事情社 ③ 京城 ④ 1927 ⑤ 국립중앙도서관, 부산시민도서관, 고려대도서관
朝鮮之三大港	① 東亜貿易相互会編 ② 巌松堂仁川店 ③ 仁川 ④ 1916 ⑤ 국립중앙도서관, 연세대도서관
朝鮮地税公課金精鑑	① 李種翰 ③ 大邱 ④ 1935 ⑤ 국립중앙도서관
朝鮮之水産	① 朝鮮水産会編 ② 朝鮮水産会 ③ 京城 ④ 1931-36 ⑤ 국립중앙도서관

朝鮮之研究	① 朝鮮及満洲社編 ② 朝鮮及満洲社 ③ 京城 ④ 1930 ⑤ 국립중앙도서관, 한국국회도서관, 고려대도서관, 연세대도서관, 서울대도서관
朝鮮之塩業	② 朝鮮総督府殖産局 ③ 京城 ④ 1923 ⑤ 연세대도서관
朝鮮之銀行界	① 柳川勉 ② 朝鮮事情社 ③ 京城 ④ 1925 ⑤ 국립중앙도서관
朝鮮之印象	① 朝鮮総督府鉄道局 ② 朝鮮総督府鉄道局 ③ 京城 ④ 1938 ⑤ 일본국회도서관
朝鮮支財界彙報 昭和12-17年	① 朝鮮銀行調査課編 ② 朝鮮銀行 ③ 京城 ④ 1937-42 ⑤ 국립중앙도서관
朝鮮地籍協会業務例規	① 朝鮮地籍協会編 ② 朝鮮地籍協会 ③ 京城 ④ 1940, 1942 ⑤ 국립중앙도서관
朝鮮地誌	① 朝鮮及満州社編纂 ② 朝鮮及満州社出版部 ③ 京城 ④ 1918 ⑤ 서울대도서관
朝鮮之地方住家	① 小田内通敏等 ② 朝鮮総督府 ③ 京城 ④ 1922 ⑤ 국립중앙도서관, 서울대도서관, 일본국회도서관, 교토대도서관
朝鮮之地方住家	① 朝鮮総督府編 ② 朝鮮総督府 ③ 京城 ④ 1936 ⑤ 고려대도서관
朝鮮地誌資料	① 臨時土地調査局編纂 ② 朝鮮総督府 ③ 京城 ④ 1919 ⑤ 국립중앙도서관, 고려대도서관, 연세대도서관, 도호쿠대도서관, 교토대도서관, 규슈대도서관, 도쿄대도서관, 홋카이도대도서관
朝鮮地誌資料	① 朝鮮総督府臨時土地調査局 ② 朝鮮総督府臨時土地調査局 ③ 京城 ④ 1919 ⑤ 국립중앙도서관, 한국국회도서관, 고려대도서관, 서울대도서관, 일본국회도서관
朝鮮地質及鉱物文献目録 京城2	① 立岩巌編 ② 朝鮮鉱業会 ③ 京城 ④ 1939 ⑤ 고려대도서관
朝鮮地質及鉱物文献目録, 2	① 立岩巌編 ② 朝鮮鉱業会 ③ 京城 ④ 1939 ⑤ 한국국회도서관, 연세대도서관
朝鮮地質図 10 慶州永川大邱倭館図幅	① 朝鮮総督府地質調査所 ② 朝鮮総督府地質調査所 ③ 京城 ④ 1925 ⑤ 고려대도서관
朝鮮地質図 11 莞島蘆花島青山島及太郎島及所安島図幅	① 朝鮮総督府地質調査所 ② 朝鮮総督府地質調査所 ③ 京城 ④ 1925 ⑤ 고려대도서관
朝鮮地質図 13 青陽大川里扶余及監浦図幅	① 朝鮮総督府地質調査所 ② 朝鮮総督府地質調査所 ③ 京城 ④ 1925 ⑤ 고려대도서관
朝鮮地質図 15 北鎮及牛峴鎮図幅	① 朝鮮総督府地質調査所 ② 朝鮮総督府地質調査所 ③ 京城 ④ 1925 ⑤ 고려대도서관
朝鮮地質図 16 連津及清津図幅	① 朝鮮総督府地質調査所 ② 朝鮮総督府地質調査所 ③ 京城 ④ 1925 ⑤ 고려대도서관
朝鮮地質図 17 清城鎮天摩洞及永山市図幅	① 朝鮮総督府地質調査所 ② 朝鮮総督府地質調査所 ③ 京城 ④ 1925

⑤ 고려대도서관

朝鮮地質図 19 魚坪里古城里-直洞及上農里図幅
　　　　　　　　　　　　　　　① 朝鮮総督府地質調査所 ② 朝鮮総督府地質調査所 ③ 京城 ④ 1925
　　　　　　　　　　　　　　　⑤ 고려대도서관

朝鮮地質図 2 延日九竜浦及朝陽図幅(破本)
　　　　　　　　　　　　　　　① 朝鮮総督府地質調査所 ② 朝鮮総督府地質調査所 ③ 京城 ④ 1925
　　　　　　　　　　　　　　　⑤ 고려대도서관

朝鮮地質図 3 下鷹蜂吉州阜浦及臨溟図幅　朝鮮総督府地質調査所
　　　　　　　　　　　　　　　② 朝鮮総督府地質調査所 ③ 京城 ④ 1925 ⑤ 고려대도서관

朝鮮地質図 7 青山及永同図幅　　　　　① 朝鮮総督府地質調査所 ② 朝鮮総督府地質調査所 ③ 京城 ④ 1925
　　　　　　　　　　　　　　　⑤ 고려대도서관

朝鮮地質図 8 兼二浦沙里院及載寧図幅　① 朝鮮総督府地質調査所 ② 朝鮮総督府地質調査所 ③ 京城 ④ 1925
　　　　　　　　　　　　　　　⑤ 고려대도서관

朝鮮地質図 9 南及右水営図幅　　　　　① 朝鮮総督府地質調査所 ② 朝鮮総督府地質調査所 ③ 京城 ④ 1925
　　　　　　　　　　　　　　　⑤ 고려대도서관

朝鮮地質図 第15区　　　　　　　　　① 朝鮮総督府地質調査所編 ② 朝鮮総督府地質調査所 ③ 京城 ④ 1940
　　　　　　　　　　　　　　　⑤ 일본국회도서관

朝鮮地質図　　　　　　　　　　　　① 朝鮮総督府地質調査所編 ② 朝鮮総督府地質調査所 ③ 京城 ④ 1936
　　　　　　　　　　　　　　　⑤ 홋카이도대도서관

朝鮮地質図　　　　　　　　　　　　① 朝鮮総督府編 ② 朝鮮総督府地質調査所 ③ 京城 ④ 1924 ⑤ 도호쿠대도
　　　　　　　　　　　　　　　서관, 규슈대도서관

朝鮮地質調査要報 第11巻 第1号 朝鮮ニ於ける奥陶紀層序及古生物ノ研究
　　　　　　　　　　　　　　　① 朝鮮総督府地質調査所編 ② 朝鮮総督府地質調査所 ③ 京城 ④ 1931
　　　　　　　　　　　　　　　⑤ 고려대도서관

朝鮮地質調査要報 第12巻 朝鮮東海安咸鏡南道安邊地方に於ける新朝第三紀珪藻(英文)
　　　　　　　　　　　　　　　① 朝鮮総督府地質調査所編 ② 朝鮮総督府地質調査所 ③ 京城 ④ 1936
　　　　　　　　　　　　　　　⑤ 고려대도서관

朝鮮地質調査要報 第4巻 第1号 朝鮮平安南道無焰炭層地質調査報文
　　　　　　　　　　　　　　　① 朝鮮総督府地質調査所編 ② 朝鮮総督府地質調査所 ③ 京城 ④ 1919
　　　　　　　　　　　　　　　⑤ 고려대도서관

朝鮮地質調査要報 第5巻 第2号 慶尚南道咸安郡第二咸安水利組合事業地附近地下水調査復命書
　　　　　　　　　　　　　　　① 朝鮮総督府地質調査所編 ② 朝鮮総督府地質調査所 ③ 京城 ⑤ 고려대
　　　　　　　　　　　　　　　도서관

朝鮮地質調査要報 第6巻 第2号 朝鮮ニ於ケル平安系ノ植物, 二(図譜)
　　　　　　　　　　　　　　　① 朝鮮総督府地質調査所編 ② 朝鮮総督府地質調査所 ③ 京城年 ④ 1931
　　　　　　　　　　　　　　　⑤ 고려대도서관

朝鮮地質調査要報 第6巻 第4号 朝鮮に於ける平安系の植物

    ① 朝鮮総督府地質調査所編 ③ 京城2 本文(英文) ② 朝鮮総督府地質調査所 ③ 京城年 ④ 1934 ⑤ 고려대도서관

朝鮮地質調査要報 第8巻 第1号 忠清南道牙山郡温陽温泉調査報文外3個地域調査報文

    ① 朝鮮総督府地質調査所編 ② 朝鮮総督府地質調査所 ③ 京城 ④ 1928 ⑤ 고려대도서관

朝鮮地質調査要報 第8巻 第3号 金剛山楡岾寺温泉調査報文

    ① 朝鮮総督府地質調査所編 ② 朝鮮総督府地質調査所 ③ 京城 ④ 1930 ⑤ 고려대도서관

朝鮮地質調査要報 第9巻 第1号 慶尚北道八公山山崩調査報文

    ① 朝鮮総督府地質調査所編 ② 朝鮮総督府地質調査所 ③ 京城 ④ 1931 ⑤ 고려대도서관

朝鮮地質調査要報 第9巻 第2号 京城府三清洞及清進洞地下水中クロ-ル含有量測定試験報文

    ① 朝鮮総督府地質調査所編 ② 朝鮮総督府地質調査所 ③ 京城 ④ 1931 ⑤ 고려대도서관 朝鮮執達吏執務提要 ① 土田春松, 小野寺常三郎 ② 帝国地方行政学会朝鮮本部 ③ 京城 ④ 1932 ⑤ 고려대도서관

朝鮮地質調査要報, 第10巻ノ1	② 朝鮮総督府地質調査所 ③ 京城 ④ 1931 ⑤ 연세대도서관
朝鮮地質調査要報, 第11巻ノ1	② 朝鮮総督府地質調査所 ③ 京城 ④ 1931 ⑤ 연세대도서관
朝鮮地質調査要報, 第1巻ノ1~第1巻ノ2	② 朝鮮総督府地質調査所 ③ 京城 ④ 1919-大1923 ⑤ 연세대도서관
朝鮮地質調査要報, 第2巻	② 朝鮮総督府地質調査所 ③ 京城 ④ 1924 ⑤ 연세대도서관
朝鮮地質調査要報, 第3巻	② 朝鮮総督府地質調査所 ③ 京城 ④ 1925 ⑤ 연세대도서관
朝鮮地質調査要報, 第4巻ノ1	② 朝鮮総督府地質調査所 ③ 京城 ④ 1925 ⑤ 연세대도서관
朝鮮地質調査要報, 第4巻ノ2	② 朝鮮総督府地質調査所 ③ 京城 ④ 1927 ⑤ 연세대도서관
朝鮮地質調査要報, 第5巻ノ1~第5巻ノ2	② 朝鮮総督府地質調査所 ③ 京城 ④ 1925-大1926 ⑤ 연세대도서관
朝鮮地質調査要報, 第6巻ノ1	② 朝鮮総督府地質調査所 ③ 京城 ④ 1927 ⑤ 연세대도서관
朝鮮地質調査要報, 第6巻ノ2	② 朝鮮総督府地質調査所 ③ 京城 ④ 1931 ⑤ 연세대도서관
朝鮮地質調査要報, 第7巻	② 朝鮮総督府地質調査所 ③ 京城 ④ 1926 ⑤ 연세대도서관
朝鮮地質調査要報, 第8巻ノ1	② 朝鮮総督府地質調査所 ③ 京城 ④ 1928 ⑤ 연세대도서관
朝鮮地質調査要報, 第8巻ノ2	② 朝鮮総督府地質調査所 ③ 京城 ④ 1929 ⑤ 연세대도서관
朝鮮地質調査要報, 第8巻ノ3	② 朝鮮総督府地質調査所 ③ 京城 ④ 1930 ⑤ 연세대도서관
朝鮮地質調査要報, 第9巻ノ1	② 朝鮮総督府地質調査所 ③ 京城 ④ 1931 ⑤ 연세대도서관
朝鮮地質調査要報, 第9巻ノ2	② 朝鮮総督府地質調査所 ③ 京城 ④ 1931 ⑤ 연세대도서관
朝鮮地質調査要報	① 朝鮮総督府地質調査所編 ③ 京城 ④ 1919-36 ⑤ 국립중앙도서관
朝鮮地質総図 比例尺百万分之一	① 朝鮮総督府編 ③ 京城 ④ 1928 ⑤ 서울대도서관
朝鮮之畜産	① 朝鮮総督府殖産局編 ② 朝鮮総督府 ③ 京城 ④ 10, 1921-23 ⑤ 국립중앙

	도서관
朝鮮之歯界	① 京城帝国大学医学部歯科学校室編 ② 京城帝国大学医学部歯科学校室 ③ 京城 ④ 1930-31 ⑤ 국립중앙도서관
朝鮮之土木建築界	① 柳川勉編 ② 朝鮮事情社 ③ 京城 ④ 1925 ⑤ 국립중앙도서관
朝鮮之特用作物並果樹蔬菜	① 朝鮮総督府殖産局 ② 朝鮮総督府殖産局 ③ 京城 ④ 1921 ⑤ 도쿄대도서관, 규슈대도서관
朝鮮之風光	① 南満洲鉄道株式会社京城管理局編 ② 南満洲鉄道株式会社京城管理局 ③ 東京 ④ 1922 ⑤ 국립중앙도서, 한국국회도서관
朝鮮之風光	① 朝鮮総督府鉄道局編 ③ 京城 ④ 1927 ⑤ 서울대도서관, 일본국회도서관, 도호쿠대도서관, 도쿄대도서관, 홋카이도대도서관
朝鮮之風光	① 朝鮮総督府鉄道局 ② 朝鮮総督府鉄道局 ③ 京城 ④ 1933 ⑤ 일본국회도서관, 도쿄대도서관
朝鮮地下資源と鉄道	① 朝鮮総督府鉄道局建設課編 ② 朝鮮総督府鉄道局 ③ 京城 ④ 1935 ⑤ 국립중앙도서관, 부산시민도서관, 서울대도서관
朝鮮之海運	① 朝鮮総督府逓信局編 ③ 京城 ④ 1925 ⑤ 서울대도서관
朝鮮職業紹介令実施に就て	① 京城職業紹介所編 ② 京城職業紹介所 ③ 京城 ④ 1940 ⑤ 국립중앙도서관, 연세대도서관 국립중앙도서관
朝鮮直轄工事年報 昭和11年度	① 朝鮮総督府内務局編 ② 朝鮮総督府内務局 ③ 京城 ④ 1939 ⑤ 일본국회도서관
朝鮮直轄工事年報 昭和3, 5, 11年度	① 朝鮮総督府 内務局編 ② 朝鮮総督府 ③ 京城 ④ 1930-39 ⑤ 국립중앙도서관
朝鮮直轄工事年報, 1936, 1938, 1939	① 朝鮮総督府内務局編 ② 朝鮮総督府内務局 ③ 京城 ④ 1936, 1938, 1938 ⑤ 한국국회도서관
朝鮮直轄河川工事年報 昭和3年度	① 朝鮮総督府内務局編 ③ 京城 ④ 1930 ⑤ 국립중앙도서관
朝鮮直轄河川工事年報 昭和3至6年度, 昭和7至10年度	
	① 朝鮮総督府内務局 ② 朝鮮総督府内務局 ③ 京城 ④ 1930-1934, 1935-38 ⑤ 일본국회도서관
朝鮮直轄河川工事年報, 1928	① 朝鮮総督府編 ② 朝鮮総督府 ③ 京城 ④ 1928 ⑤ 한국국회도서관
朝鮮直轄河川工事年報, 1930-1935	① 朝鮮総督府編 ② 朝鮮総督府 ③ 京城 ④ 1930-1935 ⑤ 한국국회도서관
朝鮮直轄河川工事年報	① 朝鮮総督府内務局 ② 朝鮮総督府 ③ 京城 ④ 1930-1939 ⑤ 연세대도서관
朝鮮執達吏職務要書	① 前野福蔵 ② 前野福蔵 ③ 京城 ④ 1921 ⑤ 국립중앙도서관
朝鮮徴兵読本	① 杉浦洋 ② 朝鮮図書出版 ③ 京城 ④ 1944 ⑤ 한국국회도서관
朝鮮徴兵読本	① 杉浦津 ② 朝鮮図書出版株式会社 ③ 京城 ④ 1943 ⑤ 국립중앙도서관, 연세대도서관
朝鮮徴兵準備読本	① 朝鮮軍事普及協会編 ② 朝鮮図書出版 ③ 京城 ④ 1942 ⑤ 일본국회도서관, 부산시민도서관

朝鮮徴兵準備読本	① 朝鮮軍事普及協会編 ② 朝鮮図書出版 ③ 京城 ④ 1943 ⑤ 한국국회도서관
朝鮮徴用問答	① 宮孝一 ② 毎日新報社 ③ 京城 ④ 1944 ⑤ 부산시민도서관, 고려대도서관
朝鮮着慣制度調査事業概要	① 朝鮮総督府中枢院編 ② 朝鮮総督府中枢院 ③ 京城 ④ 1938 ⑤ 고려대도서관
朝鮮川柳	① 柳建寺土左衛門選 ② 川柳柳建寺社 ③ 京城 ④ 1922 ⑤ 국립중앙도서관, 일본국회도서관
朝鮮天日製塩操業	① 朝鮮総督府専売局編 ② 朝鮮印刷 ③ 京城 ④ 1938 ⑤ 한국국회도서관 연세대도서관
朝鮮天主教史料展観目録 教区設定百年記念	① 京城区天主教青年会聯合会編 ② 京城天主公教会 ③ 京城 ④ 1931 ⑤ 규슈대도서관, 홋카이도대도서관 도쿄대도서관
朝鮮天主教小史	① 楠田斧三郎 ② 博文堂 ③ 釜山 ④ 1934 ⑤ 국립중앙도서관, 한국국회도서관, 부산시민도서관, 서울대도서관, 연세대도서관, 교토대도서관, 도쿄대도서관, 나고야대도서관, 도호쿠대도서관
朝鮮天主教小史	① 楠田斧三郎 ② 楠田斧三郎 ③ 京城 ④ 1933 ⑤ 국립중앙도서관, 부산시민도서관, 고려대도서관, 연세대도서관, 교토대도서관
朝鮮天主教小史	① 楠田斧三郎 ② 楠田斧三郎 ③ 釜山 ④ 1935 ⑤ 국립중앙도서관, 연세대도서관 부산시민도서관일본국회도서관, 교토대도서관
朝鮮天主教小史	① 楠田斧三郎 ② 楠田斧三郎 ③ 京城 ④ 1927 ⑤ 국립중앙도서관
朝鮮鉄鉱床概説	① 市村毅 ② 朝鮮総督府殖局 ③ 京城 ④ 1929 ⑤ 국립중앙도서관
朝鮮鉄道ノ事業概要 昭和13-14年	① 朝鮮総督府鉄道局編 ② 朝鮮総督府鉄道局 ③ 京城 ④ 1938-39 ⑤ 국립중앙도서관
朝鮮鉄道ノ事業概要	① 朝鮮総督府鉄道局 ③ 京城 ④ 1939 ⑤ 한국국회도서관, 서울대도서관
朝鮮鉄道ノ事業概要	② 朝鮮総督府鉄道局 ③ 京城 ④ 1936 ⑤ 연세대도서관
朝鮮鉄道の研究	① 松村正彦編 ② 鉄道研究会 ③ 京城 ④ 1927 ⑤ 국립중앙도서관
朝鮮鉄道の運転	① 横手真一 ② 三協商会 ③ 京城 ④ 1926 ⑤ 한국국회도서관
朝鮮鉄道概論	① 大谷留五郎 ② 帝国地方行政学会朝鮮本部 ③ 京城 ④ 1929 ⑤ 국립중앙도서관, 한국국회도서관, 연세대도서관,
朝鮮鉄道局貨物輸送概況 昭和10-11年度	① 朝鮮総督府鉄道局営業課編 ② 朝鮮総督府鉄道局 ③ 京城 ④ 1936 ⑤ 국립중앙도서관
朝鮮鉄道論纂 昭和5-12年	① 朝鮮総督府鉄道局 ② 朝鮮総督府鉄道局 ④ 1930-1937 ⑤ 서울대도서관
朝鮮鉄道論纂	① 朝鮮総督府鉄道局編 ② 朝鮮総督府鉄道局 ③ 京城 ④ 1930 ⑤ 고려대도서관, 연세대도서관
朝鮮鉄道旅行案内 附金剛遊覧の栞	① 南満州鉄道株式会社京城管理局編 ② 南満洲鉄道京城管理局 ③ 京城 ④ 1921 ⑤ 도쿄대도서관
朝鮮鉄道旅行案内	① 朝鮮京城監理局編 ② 大阪屋号書店 ③ 京城 ④ 1918 ⑤ 국립중앙도서관

朝鮮鉄道旅行案内	①朝鮮総督府鉄道局編 ②朝鮮総督府鉄道局 ③京城 ④1915 ⑤국립중앙도서관 도쿄대도서관
朝鮮鉄道旅行便覧	①朝鮮総督府編 ②朝鮮総督府 ③京城 ④1923 ⑤국립중앙도서관
朝鮮鉄道旅行便覧	①朝鮮総督府編 ②朝鮮総督府 ③京城 ④1924 ⑤일본국회도서관
朝鮮鉄道論纂 第2編	①朝鮮総督府鉄道局庶務課 ②朝鮮総督府鉄道局庶務課 ③京城 ④1933 ⑤일본국회도서관
朝鮮鉄道論纂 第2編	①朝鮮総督府鉄道局編 ②朝鮮総督府鉄道局庶務課 ③京城 ④1934 ⑤고려대도서관
朝鮮鉄道論纂	①朝鮮総督府鉄道局庶務課編 ②朝鮮総督府鉄道局庶務課 ③京城 ④1930 ⑤국립중앙도서관, 부산시민도서관, 고려대도서관, 일본국회도서관
朝鮮鉄道網略図 朝鮮鉄道協会決定案	②朝鮮鉄道協会 ③京城 ④1927 ⑤도쿄대도서관
朝鮮鉄道史 第1巻 京城創始時代	①朝鮮総督府鉄道局編 ②朝鮮総督府鉄道局 ③京城 ④1937 ⑤고려대도서관
朝鮮鉄道史 第1巻	①朝鮮総督府鉄道局編 ②朝鮮総督府鉄道局 ③京城 ④1929 ⑤고려대도서관 국립중앙도서관, 일본국회도서관 연세대도서관
朝鮮鉄道史 第一巻 創始時代	①朝鮮鉄道史編纂委員会編 ②朝鮮鉄道史編纂委員会 ③京城 ④1937 ⑤서울대도서관 규장각, 한국국회도서관, 연세대도서관
朝鮮鉄道史	①朝鮮鉄道史編委員会編 ②朝鮮総督府鉄道局 ③京城 ④1937 ⑤규슈대도서관 국립중앙도서관, 도호쿠대도서관 일본국회도서관 도쿄대도서관
朝鮮鉄道史	①朝鮮総督府鉄道局編 ②朝鮮総督府鉄道局 ③京城 ④1915 ⑤국립중앙도서관, 한국국회도서관, 부산시민도서관, 고려대도서관, 서울대도서관, 연세대도서관, 일본국회도서관, 도호쿠대도서관, 규슈대도서관, 도쿄대도서관
朝鮮鉄道四十年略史	①朝鮮総督府鉄道局 刊 ②朝鮮総督府鉄道局 ③京城 ④1943 ⑤서울대도서관
朝鮮鉄道四十年略史	①朝鮮総督府鉄道局編 ②朝鮮総督府鉄道局 ③京城 ④1940 ⑤국립중앙도서관, 고려대도서관, 서울대도서관, 연세대도서관, 일본국회도서관, 교토대도서관, 나고야대도서관, 도쿄대도서관, 홋카이도대도서관
朝鮮鉄道史第1巻創始時代	①朝鮮鉄道史編纂委員会 ②朝鮮総督府鉄道局 ③京城 ⑤부산시민도서관
朝鮮鉄道状況 1-14	①朝鮮総督府鉄道局編 ②朝鮮総督府鉄道局 ③京城 ④1901-39 ⑤국립중앙도서관
朝鮮鉄道状況 第17回	①朝鮮総督府 ②朝鮮総督府 ③京城 ④1926 ⑤일본국회도서관
朝鮮鉄道状況 第18-20, 25-29回	①朝鮮総督府鉄道局編 ②朝鮮総督府鉄道局 ③京城 ④1927-38 ⑤일본국회도서관
朝鮮鉄道状況	①朝鮮総督府鉄道局編 ②朝鮮総督府鉄道局 ③京城 ④1913 ⑤국립중앙도서관 도쿄대도서관 홋카이도대도서관
朝鮮鉄道線路案内	①朝鮮総督府鉄道局編 ②朝鮮総督府鉄道局 ③京城 ④1911 ⑤연세대도

	서관, 도호쿠대도서관, 규슈대도서관, 도쿄대도서관, 홋카이도대도서관
朝鮮鉄道線路案内	① 朝鮮総督府鉄道局編 ② 朝鮮総督府鉄道局 ③ 京城 ④ 1912 ⑤ 국립중앙도서관
朝鮮鉄道十二年計劃	① 大平鉄経編 ② 鮮満鉄道新報社 ③ 京城 ④ 1927 ⑤ 국립중앙도서관, 한국국회도서관, 연세대도서관
朝鮮鉄道夜話	① 江口寛治 ② 二水閣 ③ 京城 ④ 1936 ⑤ 국립중앙도서관, 한국국회도서관, 고려대도서관, 서울대도서관
朝鮮鉄道業務教科書 上-下巻	① 真野亀吉 ② 鉄道の友編輯部 ③ 京城 ④ 1933, 34 ⑤ 국립중앙도서관
朝鮮鉄道旅行便覧	① 朝鮮総督府編 ② 朝鮮総督府 ③ 京城 ④ 1926 ⑤ 한국국회도서관
朝鮮鉄道駅勢一斑 上·下巻	① 朝鮮総督府鉄道局編 ② 朝鮮総督府鉄道局 ③ 京城 ④ 1914 ⑤ 국립중앙도서관, 일본국회도서관
朝鮮鉄道駅勢一斑	① 朝鮮総督府鉄道局編 ② 朝鮮総督府鉄道局 ③ 京城 ④ 1914 ⑤ 규슈대도서관, 홋카이도대도서관
朝鮮鉄道沿線市場一斑	① 朝鮮総督府鉄道局編 ② 朝鮮総督府鉄道局 ③ 京城 ④ 1912 ⑤ 국립중앙도서관, 홋카이도대도서관 일본국회도서관
朝鮮鉄道沿線要覧	① 亀岡栄吉 ② 朝鮮拓殖資料調査会 ③ 京城 ④ 1927 ⑤ 국립중앙도서관, 고려대도서관, 서울대도서관, 일본국회도서관, 도쿄대도서관
朝鮮鉄道営業法規講義案	① 大谷留五郎 ② 帝国地方行政学会朝鮮本部 ③ 京城 ④ 1927 ⑤ 국립중앙도서관
朝鮮鉄道一班 昭和7-12	① 朝鮮総督府鉄道局編 ② 朝鮮鉄道協会 ③ 京城 ④ 1932-1937 ⑤ 서울대도서관
朝鮮鉄道一班 昭和9年, 昭和11年	① 朝鮮総督府鉄道局編 ② 朝鮮鉄道協会 ③ 京城 ④ 1934, 1936 ⑤ 일본국회도서관
朝鮮鉄道一斑 昭和2-11年度	① 朝鮮総督府鉄道局編 ② 朝鮮鉄道協会 ③ 京城 ④ 1927-36 ⑤ 국립중앙도서관
朝鮮鉄道一班, v.10, 11	① 朝鮮総督府鉄道局編纂 ② 朝鮮鉄道協会 ③ 京城 ④ 1931 ⑤ 한국국회도서관
朝鮮鉄道一班	① 朝鮮総督府鉄道局編纂 ② 朝鮮鉄道協会 ③ 京城 ④ 1927-1937 ⑤ 연세대도서관
朝鮮鉄道株式会社業務統計書 1-21	① 朝鮮鉄道株式会社編 ② 朝鮮鉄道株式会社 ③ 京城 ④ 1928-40 ⑤ 국립중앙도서관
朝鮮鉄道株式会社要覧 昭和61931	① 朝鮮鉄道株式会社 ② 朝鮮鉄道株式会社 ③ 京城 ④ 1931 ⑤ 서울대도서관
朝鮮鉄道株式会社鉄道業務統計書	① 朝鮮鉄道株式会社編 ② 朝鮮鉄道株式会社 ③ 京城 ④ 1931 ⑤ 국립중앙도서관
朝鮮鉄道協会会誌, 第十巻1931	① 朝鮮鉄道協会 ② 朝鮮鉄道協会 ③ 京城 ④ 1927 ⑤ 한국국회도서관
朝鮮鉄路網図	① 朝鮮総督府編 ② 朝鮮総督府 ③ 京城 ④ 1918 ⑤ 국립중앙도서관

朝鮮青年健田娯楽振興の理念と方策	①吉田光秀 ②菊水隊本部 ③京城 ④1944 ⑤국립중앙도서관
朝鮮青年公民教科書	①後藤長治 ②朝鮮公民教育会 ③京城 ④1937 ⑤국립중앙도서관
朝鮮青年成功録	①朝鮮総督府学務局編 ②朝鮮教育会 ③京城 ④1927 ⑤국립중앙도서관, 한국국회도서관, 부산시민도서관, 서울대도서관
朝鮮清涼飲料税会	①朝鮮総督府編 ④1925 ⑤한국국회도서관
朝鮮請負年鑑 昭和10年	①朝鮮経済日報社編 ②朝鮮経済日報社 ③京城 ④1993 ⑤국립중앙도서관
朝鮮請負年鑑	①小野久太郎 ②朝鮮経済日報社 ③京城 ④1935 ⑤고려대도서관
朝鮮請負年鑑, 1935	①朝鮮経済日報社編 ②朝鮮経済日報社 ③京城 ④1935 ⑤한국국회도서관
朝鮮請負年鑑 和10年	②朝鮮経済日報社 ③京城 ④1935 ⑤국립중앙도서관, 연세대도서관
朝鮮体力命 概説	①武智春義 ②結核予防会 朝鮮地方本部 ③京城 ④1945 ⑤한국국회도서관
朝鮮逓信部内 職員及傭人衛生統計 第1冊	①朝鮮総督府逓信局編 ②朝鮮総督府逓信局 ③京城 ④1933 ⑤고려대도서관
朝鮮逓信部内 職員衛生統計, 1935, 1937	①朝鮮総督府逓信局編 ②朝鮮総督府逓信局 ③京城 ④1935-1937 ⑤한국국회도서관
朝鮮逓信部内職員及傭人衛生統計 昭和6-13年	①朝鮮総督府逓信局編 ②朝鮮総督府逓信局 ③京城 ④1932-39 ⑤국립중앙도서관
朝鮮逓信部内職員及傭人衛生統計 昭和6-9年	①朝鮮総督府逓信局編 ②朝鮮総督府逓信局 ③京城 ④1932-1935 ⑤일본국회도서관
朝鮮逓信部内職員及傭人衛生統計	②朝鮮総督府逓信局 ③京城 ④1932-1937 ⑤연세대도서관
朝鮮逓信部内職員衛生統計 昭和10至12年	①朝鮮総督府逓信局編 ②朝鮮総督府逓信局 ③京城 ④1936-38 ⑤일본국회도서관
朝鮮逓信部内職員衛生統計 昭和11年, 昭和14年	②朝鮮総督府逓信局 ③京城 ④1937-1940 ⑤교토대도서관
朝鮮逓信部内職員衛生統計	②朝鮮総督府逓信局 ③京城 ④1937-1940 ⑤교토대도서관
朝鮮逓信部内職員衛生統計	①朝鮮総督府逓信局編 ②朝鮮総督府逓信局 ③京城 ④1937 ⑤도쿄대도서관
朝鮮逓信事業沿革史	①朝鮮総督府逓信局編 ②朝鮮総督府逓信局 ③京城 ④1938 ⑤국립중앙도서관, 한국국회도서관, 부산시민도서관, 서울대도서관, 연세대도서관, 일본국회도서관, 규슈대도서관, 교토대도서관, 홋카이도대도서관
朝鮮逓信事業沿革史	①朝鮮総督府逓信局編 ②逓信局 ③京城 ⑤고려대도서관
朝鮮逓信巡廻文庫	①朝鮮総督府逓信局編 ②朝鮮総督府逓信局 ③京城 ④1938 ⑤국립중앙도서관
朝鮮逓信地図 1-2	①朝鮮総督府逓信局編 ②逓信局 ③京城 ④1926, 27 ⑤국립중앙도서관

朝鮮逓信地図	① 朝鮮総督府逓信局 ③ 京城 ④ 1927 ⑤ 서울대도서관
朝鮮逓信地図	① 朝鮮総督府逓信局 ③ 京城 ④ 1928 ⑤ 서울대도서관
朝鮮逓信統計要覧 1-18	① 朝鮮総督府逓信局編 ② 朝鮮総督府逓信局 ③ 京城 ④ 1923-43 ⑤ 국립중앙도서관
朝鮮逓信統計要覧, 1938	① 朝鮮総督府逓信局編 ② 朝鮮総督府逓信局 ③ 京城 ④ 1938 ⑤ 한국국회도서관
朝鮮逓信統計要覧	① 朝鮮総督府逓信局編 近沢商店 ③ 京城 ④ 1940 ⑤ 고려대도서관
朝鮮逓信会計	① 森山喜太郎 ② 逓信会計法規研究会 ③ 南原 ④ 1930 ⑤ 한국국회도서관, 연세대도서관
朝鮮初等教育研究会録	① 朝鮮初等教育会編 ② 朝鮮初等教育研究会 ③ 京城 ④ 1926 ⑤ 국립중앙도서관
朝鮮総図	① 朝鮮総督府編 ③ 京城 ④ 1927 ⑤ 서울대도서관
朝鮮総督謨殺未遂事件顛末書	① 朝鮮総督府編 ② 朝鮮総督府 ③ 京城 ④ 1916 ⑤ 한국국회도서관, 연세대도서관
朝鮮総督府 関税調査事業ノ経過	① 朝鮮総督府編 ③ 京城 ④ 1921 ⑤ 서울대도서관
朝鮮総督府 禁止単行本 目録, 1941	① 朝鮮総督府警務局 ② 朝鮮総督府 警務局 ③ 京城 ④ 1941 ⑤ 한국국회도서관
朝鮮総督府 及所属官署 職員録, 1940	① 朝鮮総督府 ② 朝鮮行政学会 ③ 京城 ④ 1940 ⑤ 한국국회도서관
朝鮮総督府 大正九年コレラ病防疫誌	① 朝鮮総督府編 ③ 京城 ④ 1921 ⑤ 서울대도서관
朝鮮総督府 大正一五年ノコレラ防疫ニ関スル記録	① 朝鮮総督府編 ② 朝鮮総督府 ③ 京城 ④ 1921 ⑤ 서울대도서관
朝鮮総督府 道農務課長及農業技術官会同ニ於ケル訓示, 指示及注意事項	① 朝鮮総督府編 ③ 京城 ④ 1922 ⑤ 서울대도서관
朝鮮総督府 道農務課長会同諮問事項答申書	① 朝鮮総督府編 ③ 京城 ④ 1924 ⑤ 서울대도서관
朝鮮総督府 道農務課長会同協定事項	① 朝鮮総督府編 ③ 京城 ④ 1924 ⑤ 서울대도서관
朝鮮総督府 道農業技術官会同ニ於ケル訓示指示及演述	① 朝鮮総督府編 ③ 京城 ④ 1920 ⑤ 서울대도서관
朝鮮総督府 道農業技術官会同ニ於ケル訓示指示事項	① 朝鮮総督府編 ③ 京城 ④ 1927 ⑤ 서울대도서관
朝鮮総督府 臨時恩賜金事業及経理方法	① 朝鮮総督府内務部地方局編 ④ 1914 ⑤ 서울대도서관
朝鮮総督府 試験問題集	② 朝鮮受験学会 ④ 1937 ⑤ 부산시민도서관
朝鮮総督府 実業学校長会議諮問事項答申書	① 朝鮮総督府編 ③ 京城 ④ 1921 ⑤ 서울대도서관
朝鮮総督府 地価課税ニ関スル統計 追録	① 朝鮮総督府編 ③ 京城 ④ 1918 ⑤ 서울대도서관

朝鮮総督府 統計要覧 大正1年　　　　　② 朝鮮総督府 ③ 京城 ④ 1912 ⑤ 부산시민도서관

朝鮮総督府 統計要覧 大正2·3年　　　　② 朝鮮総督府 ③ 京城 ④ 1914 ⑤ 부산시민도서관

朝鮮総督府, 朝鮮鉄道用品資金, 朝鮮簡易生命保険及郵便年金, 朝鮮食糧管理特別会計歳入歳出科目別増減内訳
　　　　　　　　　　　　　　　　② 昭和二十年度 ⑤ 도쿄대도서관

朝鮮総督府, 朝鮮鉄道用品資金, 朝鮮簡易生命保険及郵便年金特別会計歳入歳出予算増減内訳
　　　　　　　　　　　　　　　　① 司計課 ② 昭和十八年度 ⑤ 도쿄대도서관

朝鮮総督府キネマ　　　　　　　　① 朝鮮総督府編 ② 朝鮮総督官房文書課 ③ 京城 ④ 1939 ⑤ 국립중앙도서
　　　　　　　　　　　　　　　　관, 연세대도서관

朝鮮総督府キネマ　　　　　　　　① 朝鮮総督府編 ② 朝鮮総督府 ③ 京城 ④ 1931 ⑤ 국립중앙도서관

朝鮮総督府仮施業案規程　　　　　② 朝鮮総督府 ③ 京城 ⑤ 연세대도서관

朝鮮総督府脚古蹟調査報告　　　　① 朝鮮総督府編 ② 朝鮮総督府 ③ 京城 ④ 1917 ⑤ 국립중앙도서관

朝鮮総督府脚古蹟調査報告　　　　① 朝鮮総督府編 ② 朝鮮総督府 ③ 京城 ④ 1918-37 ⑤ 국립중앙도서관

朝鮮総督府脚古蹟調査報告　　　　① 朝鮮総督府編 ② 朝鮮総督府 ③ 京城 ④ 1924-25 ⑤ 국립중앙도서관

朝鮮総督府各裁判所検事局検事捜査事件表
　　　　　　　　　　　　　　　　① 朝鮮総督府法務局編 ② 朝鮮総督府法務局 ③ 京城 ④ 1911 ⑤ 국립중앙
　　　　　　　　　　　　　　　　도서관

朝鮮総督府江原道統計年報 大正4年　① 朝鮮総督府江原道編 ② 江原道 ③ 春川 ④ 1917 ⑤ 국립중앙도서관

朝鮮総督府検事局監督官協議決定事項　① 朝鮮総督府編 ③ 京城 ④ 1917 ⑤ 서울대도서관

朝鮮総督府京畿道府郡鮮人書記講演集　① 朝鮮総督府京畿道編 ② 京畿道庁 ③ 京畿道 ④ 1913 ⑤ 국립중앙도서관

朝鮮総督府京畿道統計年報 1-3　　① 朝鮮総督府京畿道編 ② 朝鮮総督府京畿道 ③ 京畿道 ④ 1914-18 ⑤ 국
　　　　　　　　　　　　　　　　립중앙도서관

朝鮮総督府京畿道統計年報 大正2年報　① 朝鮮総督府京畿道編 ② 朝鮮総督府京畿道 ③ 京畿道 ④ 1915 ⑤ 부산
　　　　　　　　　　　　　　　　시민도서관, 연세대도서관

朝鮮総督府京畿道統計年報 正3年, 大正5年
　　　　　　　　　　　　　　　　② 朝鮮総督府京畿道 ③ 京城 ④ 1915, 1918 ⑤ 연세대도서관

朝鮮総督府警務局 調査資料 第16輯 ソヴエ-トロシアの赤化策
　　　　　　　　　　　　　　　　① 朝鮮総督府警務局編 ② 朝鮮総督府警務局 ③ 京城 ④ 1930 ⑤ 고려대도
　　　　　　　　　　　　　　　　서관

朝鮮総督府警務局 調査資料 第20輯 諺文新聞の詩歌
　　　　　　　　　　　　　　　　① 朝鮮総督府警務局編 ② 朝鮮総督府警務局 ③ 京城 ④ 1930 ⑤ 고려대도
　　　　　　　　　　　　　　　　서관

朝鮮総督府警務局 調査資料 第21輯 印度の独立運動概観
　　　　　　　　　　　　　　　　① 朝鮮総督府警務局編 ② 朝鮮総督府警務局 ③ 京城 ④ 1930 ⑤ 고려대도
　　　　　　　　　　　　　　　　서관

朝鮮総督府警務局 調査資料 第24輯 愛蘭自由国概観
　　　　　　　　　　　　　　　　① 朝鮮総督府警務局編 ② 朝鮮総督府警務局 ③ 京城 ④ 1930 ⑤ 고려대도

서관

朝鮮総督府警務局 調査資料 第26輯 第六面ソヴエ-ト大会概観
　　　　　　　　　　　　　　①朝鮮総督府警務局編 ②朝鮮総督府警務局 ③京城 ④1930 ⑤고려대도
　　　　　　　　　　　　　　서관
朝鮮総督府警務局 調査資料 第27輯 諷刺漫画に現はれたるソヴエ-ト思想
　　　　　　　　　　　　　　①朝鮮総督府警務局編 ②朝鮮総督府警務局 ③京城 ④1930 ⑤고려대도
　　　　　　　　　　　　　　서관
朝鮮総督府警務局 調査資料 第28輯朝鮮総督府警務局
　　　　　　　　　　　　　　①朝鮮総督府警務局編 ③京城 ④1930 ⑤고려대도서관
朝鮮総督府警務局 調査資料 第33輯朝鮮総督府警務局
　　　　　　　　　　　　　　①朝鮮総督府警務局編 ③京城 ④1930 ⑤고려대도서관
朝鮮総督府警務局 調査資料 第9輯 元山労働争議に関する新聞の論調
　　　　　　　　　　　　　　①朝鮮総督府警務局編 ②朝鮮総督府警務局 ③京城 ④1930 ⑤고려대도
　　　　　　　　　　　　　　서관
朝鮮総督府慶尚南道道勢要覧　　①慶尚南道 ②朝鮮総督府慶尚南道 ③釜山 ④1914 ⑤도쿄대도서관
朝鮮総督府慶尚南道統計年報 1-5　①慶尚南道庁編 ②慶尚南道庁 ③釜山 ④1921－22 ⑤국립중앙도서관
朝鮮総督府慶尚南道統計年報 1-5　①朝鮮総督府慶尚南道庁編 ②朝鮮総督府慶尚南道庁 ③釜山 ④1923,
　　　　　　　　　　　　　　24 ⑤국립중앙도서관
朝鮮総督府慶尚南道統計年報　　①朝鮮総督府慶尚南道 ②朝鮮総督府慶尚南道 ③釜山 ④1925 ⑤규슈
　　　　　　　　　　　　　　대도서관
朝鮮総督府慶尚北道統計年報 1-2　①慶尚北道編 ②慶尚北道 ③大邱 ④1918-28 ⑤국립중앙도서관
朝鮮総督府京城医学専門学校一覧昭和15年
　　　　　　　　　　　　　　①京城医学専門学校 ②京城医学専門学校 ③京城 ④1940 ⑤일본국회도
　　　　　　　　　　　　　　서관
朝鮮総督府京城医学専門学校一覧昭和9年　①京城医学専門学校 ②京城医学専門学校 ③京城 ④1934 ⑤일본국회도
　　　　　　　　　　　　　　서관
朝鮮総督府京城医学専門学校一覧 和9年, 和10年, 和11年, 和13年, 和14年
　　　　　　　　　　　　　　②近沢印刷部印刷 ③京城 ④1935, 1936, 1938, 1939, 1934 ⑤연세대도서관
朝鮮総督府経済概報　　　　　　①朝鮮総督府編 ②朝鮮総督府印刷局 ③京城 ④1912-13 ⑤국립중앙도
　　　　　　　　　　　　　　서관
朝鮮総督府警察官講習所概要　　①朝鮮総督府警察官講習所編 ②朝鮮総督府警察官講習所 ③京城
　　　　　　　　　　　　　　④1938 ⑤국립중앙도서관
朝鮮総督府警察職員録　　　　　①朝鮮警察協会編 ②朝鮮警察協会 ③京城 ④1943 ⑤일본국회도서관
朝鮮総督府古図書目録　　　　　①朝鮮総督府編 ②朝鮮総督府 ③京城 ④1921 ⑤국립중앙도서관, 서울대
　　　　　　　　　　　　　　도서관, 일본국회도서관, 교토대도서관, 규슈대도서관, 나고야대도서관, 도쿄
　　　　　　　　　　　　　　대도서관, 홋카이도대도서관

朝鮮総督府古図書目録補遺	①京城帝国大学附属図書館編 ②京城帝国大学附属図書館 ③京城 ④1934 ⑤国立中央図書館, 奎章閣大図書館 高麗大図書館 京都大図書館 日本国会図書館 東京大図書館
朝鮮総督府古蹟調査報告 第1冊	①朝鮮総督府編 ②朝鮮総督府 ③京城 ④1924 ⑤国立中央図書館
朝鮮総督部古蹟調査報告	①朝鮮総督府編 ②朝鮮総督府 ③京城 ④1917-1934 ⑤ソウル大図書館
朝鮮総督府公立中学校長公立高等普通学校長会議事項	①朝鮮総督府編 ③京城 ④1928 ⑤ソウル大図書館
朝鮮総督府公立実業学校長会議事項	①朝鮮総督府編 ③京城 ④1927 ⑤ソウル大図書館
朝鮮総督府官公立農業学校長会議事項	①朝鮮総督府編 ③京城 ④1923 ⑤ソウル大図書館
朝鮮総督府官報	①朝鮮総督府編 ③京城 ④1912-42 ⑤国立中央図書館
朝鮮総督府関税率調査	①朝鮮総督府編 ③京城 ④1920 ⑤ソウル大図書館 国立中央図書館
朝鮮総督府慣習調査報告書	①朝鮮総督府編 ③京城 ④1913 ⑤ソウル大図書館
朝鮮総督府観測所気象年報 明治42-明治45・大正元年	①朝鮮総督府観測所 ②朝鮮総督府観測所 ③仁川 ④1913 ⑤日本国会図書館
朝鮮総督府観測所気象五年報 自明治39年至同43年-自昭和6年 至昭和10年	①朝鮮総督府観測所編 ②朝鮮総督府観測所 ③仁川 ④1913 ⑤京都大図書館
朝鮮総督府観測所気象年報	①朝鮮総督府観測所編 ②朝鮮総督府観測所 ③仁川 ④1912-14 ⑤国立中央図書館
朝鮮総督府観測所気象五年報	①朝鮮総督府観測所編 ②朝鮮総督府観測所 ③仁川 ④1936 ⑤韓国国会図書館
朝鮮総督府観測所年報	②朝鮮総督府観測所 ③仁川 ④1928-1932 ⑤延世大図書館
朝鮮総督府観測所学術報文 第1, 2巻	①朝鮮総督府観測所編 ②朝鮮総督府観測所 ③仁川 ④1910 ⑤国立中央図書館
朝鮮総督府観測所学術報文 第1, 2巻	①朝鮮総督府観測所編 ②朝鮮総督府観測所 ③仁川 ④1912 ⑤国立中央図書館, 日本国会図書館
朝鮮総督府観測所学術報文, 第2巻	②朝鮮総督府観測所 ③仁川 ④1912 ⑤延世大図書館
朝鮮総督府観測所彙報 第1-3号, 別冊	①朝鮮総督府気象台編 ②朝鮮総督府気象台 ③仁川 ④1940 ⑤国立中央図書館
朝鮮総督府観測所彙報 第2号	①朝鮮総督府観測所編 ②朝鮮総督府観測所 ③仁川 ④1938 ⑤日本国会図書館
朝鮮総督府教科書編輯彙報 1-4	①朝鮮総督府編 ②朝鮮総督府 ③京城 ④1938-42 ⑤国立中央図書館
朝鮮総督府救療機関	①朝鮮総督府編 ②朝鮮総督府 ③京城 ④1912 ⑤国立中央図書館, ソウル大図書館, 延世大図書館, 日本国会図書館
朝鮮総督府救済機関	①朝鮮総督府 ②朝鮮総督府 ③京城 ④1913 ⑤ソウル大図書館

朝鮮総督府勧業模範場 木浦棉作支場成績要覧
　　　　　　　　　　　② 朝鮮総督府勧業模範場木浦棉作支場　③ 木浦　④ 1928　⑤ 연세대도서관

朝鮮総督府勧業模範場欧文報告　　① 朝鮮総督府勧業模範場編　② 朝鮮総督府勧業模範場　③ 京城　④ 1925
　　　　　　　　　　　⑤ 한국국회도서관

朝鮮総督府勧業模範場女子蚕業講習所竜山支場報告第2, 4回
　　　　　　　　　　　① 朝鮮総督府勧業模範場女子蚕業講習所龍山支場編　② 朝鮮総督府勧業
　　　　　　　　　　　模範場女子蚕業講習所龍山支場　③ 京城　④ 1912, 14　⑤ 국립중앙도서관

朝鮮総督府勧業模範場木浦棉作支場成績要覧
　　　　　　　　　　　① 朝鮮総督府勧業模範場　② 朝鮮総督府勧業模範場　③ 木浦　④ 1920　⑤ 일
　　　　　　　　　　　본국회도서관

朝鮮総督府勧業模範場木浦棉作支場成績要覧
　　　　　　　　　　　① 朝鮮総督府勧業模範場木浦棉作支場編　② 朝鮮総督府勧業模範場　③ 木
　　　　　　　　　　　浦　④ 1928-38　⑤ 국립중앙도서관

朝鮮総督府勧業模範場木浦棉作支場成績要覧
　　　　　　　　　　　① 朝鮮総督府勧業模範場編　② 朝鮮総督府勧業模範場木浦棉作支場　③ 木
　　　　　　　　　　　浦　④ 1928　⑤ 일본국회도서관, 규슈대도서관

朝鮮総督府勧業模範場木浦支場報告　第3号① 朝鮮総督府勧業模範場　② 朝鮮総督府勧業模範場木浦支場　③ 木浦
　　　　　　　　　　　④ 1911　⑤ 일본국회도서관

朝鮮総督府勧業模範場木浦支場報告　第3号-第8号　棉花試験成績
　　　　　　　　　　　② 朝鮮総督府勧業模範場木浦支場　③ 木浦　④ 1911　⑤ 교토대도서관

朝鮮総督府勧業模範場木浦支場報告　第4-8号
　　　　　　　　　　　① 朝鮮総督府勧業模範場　② 朝鮮総督府勧業模範場　③ 木浦　④ 1912-16
　　　　　　　　　　　⑤ 일본국회도서관

朝鮮総督府勧業模範場木浦支場報告　② 朝鮮総督府勧業模範場木浦支場　③ 木浦　④ 1911　⑤ 규슈대도서관

朝鮮総督府勧業模範場報告　第2-10号　① 勧業模範場編　② 朝鮮総督府勧業模範場　③ 水原　④ 1908-16　⑤ 국립중
　　　　　　　　　　　앙도서관

朝鮮総督府勧業模範場報告　第2-6号　① 朝鮮総督府勧業模範場　② 朝鮮総督府勧業模範場　③ 水原　④ 1908-12
　　　　　　　　　　　⑤ 일본국회도서관

朝鮮総督府勧業模範場成績要覧　① 朝鮮総督府勧業模範場編　② 朝鮮総督府　③ 水原　④ 1915, 27　⑤ 국립중
　　　　　　　　　　　앙도서관

朝鮮総督府勧業模範場研究報告　① 朝鮮総督府勧業模範場編　② 朝鮮総督府勧業模範場　③ 水原　④ 1917-28
　　　　　　　　　　　⑤ 국립중앙도서관

朝鮮総督府勧業模範場蚕業試験所彙報　① 朝鮮総督府勧業模範場蚕業試験所編　③ 水原　④ 1919, 36　⑤ 국립중앙도
　　　　　　　　　　　서관

朝鮮総督府勧業模範場蚕業試験所報告　第2巻　第1至3号
　　　　　　　　　　　① 朝鮮総督府勧業模範場蚕業試験場　② 朝鮮総督府勧業模範場蚕業試験
　　　　　　　　　　　場　③ 水原　④ 1927-29　⑤ 일본국회도서관

朝鮮総督府勧業試験場特別調査報告集 第2

① 朝鮮総督府勧業模範場編 ② 朝鮮総督府模範場 ③ 京城 ④ 1926 ⑤ 국립중앙도서관

朝鮮総督府禁止単行本目録　① 朝鮮総督府警務局編 ② 朝鮮総督府警務局 ③ 京城 ④ 1941 ⑤ 국립중앙도서관

朝鮮総督府及所属官署 主要刊行図書目録

① 朝鮮総督府編 ② 朝鮮総督府 ③ 京城 ④ 1938 ⑤ 한국국회도서관

朝鮮総督府及所属官署 主要刊行図書目録

② 朝鮮総督府 ③ 京城 ④ 1934 ⑤ 연세대도서관

朝鮮総督府及所属官署 職員録, 1916, 1930, 1935-193

① 朝鮮総督府編 ② 朝鮮総督府 ③ 京城 ④ 1916-1938 ⑤ 한국국회도서관

朝鮮総督府及所属官署 職員録, 1940　① 朝鮮総督府編 ② 朝鮮総督府 ③ 京城 ④ 1940 ⑤ 한국국회도서관

朝鮮総督府及所属官署 職員録　① 朝鮮総督府編纂 ② 朝鮮総督府 ③ 京城 ④ 1914-1941 ⑤ 연세대도서관

朝鮮総督府及所属官署(鉄道局ヲ除ク)高等官並同待遇職員配置

① 朝鮮総督府総務部人事局編 ② 総務部人事局 ③ 京城 ④ 1912 ⑤ 국립중앙도서관

朝鮮総督府及所属官署高等官名簿　① 朝鮮総督府編 ② 朝鮮総督府 ③ 京城 ④ 1925, 1927 ⑤ 국립중앙도서관

朝鮮総督府及所属官署主要刊行図書目録 昭和六年六月

朝鮮総督府 ② 朝鮮総督府 ③ 京城 ④ 1932 ⑤ 고려대도서관

朝鮮総督府及所属官署主要刊行図書目録 昭和七年六月末現在

① 朝鮮総督府編 ② 朝鮮総督府 ③ 京城 ④ 1932 ⑤ 고려대도서관

朝鮮総督府及所属官署主要刊行図書目録 昭和5年7月-昭和13年6月末

① 朝鮮総督府編 ② 朝鮮総督府 ③ 京城 ④ 1930 ⑤ 교토대도서관

朝鮮総督府及所属官署主要刊行図書目録 昭和5至7

① 朝鮮総督府 ② 朝鮮総督府 ③ 京城 ④ 1930-1932 ⑤ 일본국회도서관

朝鮮総督府及所属官署主要刊行図書目録 昭和9年6月末現在, 昭和11年6月末現在, 昭和13年6月末現在

① 朝鮮総督府 ② 朝鮮総督府 ③ 京城 ④ 1934-1938 ⑤ 일본국회도서관

朝鮮総督府及所属官署主要刊行図書目録　① 朝鮮総督府編 ② 朝鮮総督府 ③ 京城 ④ 1930 ⑤ 서울대도서관, 규슈대도서관, 홋카이도대도서관

朝鮮総督府及所属官署主要刊行図書目録　① 朝鮮総督府編 ② 朝鮮総督府 ③ 京城 ④ 1938 ⑤ 서울대도서관

朝鮮総督府及所属官署主要刊行図書目録　① 朝鮮総督府編 ② 朝鮮総督府 ③ 京城 ④ 1932-38 ⑤ 국립중앙도서관 도쿄대도서관

朝鮮総督府及所属官署職員録 4年7月1日現在

① 朝鮮総督府編纂 ② 朝鮮総督府 ③ 京城 ④ 1939 ⑤ 고려대도서관

朝鮮総督府及所属官署職員録 大正十五年五月一日現在

① 朝鮮総督府編 ② 朝鮮総督府 ③ 京城 ④ 1926 ⑤ 고려대도서관

朝鮮総督府及所属官署職員録 昭和十年七月一日現在
　　　　　　　　　　　　　　　　　① 朝鮮総督府編纂　② 朝鮮総督府　③ 京城　④ 1935　⑤ 고려대도서관
朝鮮総督府及所属官署職員録 昭和十二年八月一日現在
　　　　　　　　　　　　　　　　　① 朝鮮総督府編纂　② 朝鮮総督府　③ 京城　④ 1937　⑤ 고려대도서관
朝鮮総督府及所属官署職員録　　　　① 朝鮮総督府編　② 朝鮮総督府　③ 京城　④ 1938, 1940, 1941　⑤ 고려대도서관
朝鮮総督府及所属官署職員録　　　　① 朝鮮総督府編　③ 京城　④ 1911-43　⑤ 국립중앙도서관, 부산시민도서관, 일
　　　　　　　　　　　　　　　　　본국회도서관
朝鮮総督府及所属官署会計事務章程　① 朝鮮総督府編　③ 京城　④ 1920　⑤ 서울대도서관
朝鮮総督府気象台地震年報　　　　　① 朝鮮総督府気象台編　② 朝鮮総督府気象台　③ 仁川　④ 1943　⑤ 국립중앙
　　　　　　　　　　　　　　　　　도서관
朝鮮総督府気象台年報 昭和14年　　① 朝鮮総督府気象台編　② 朝鮮総督府気象台　③ 仁川　④ 1941　⑤ 일본국회
　　　　　　　　　　　　　　　　　도서관
朝鮮総督府農事試験場 木浦棉作支場成績要覧
　　　　　　　　　　　　　　　　　② 朝鮮総督府農事試験場木浦棉作支場　③ 木浦　④ 1939　⑤ 연세대도서관
朝鮮総督府農事試験場 成績要覧, 1932, 1937, 1940
　　　　　　　　　　　　　　　　　① 朝鮮総督府農事試験場編　② 朝鮮総督府農事試験場　③ 水原　④ 1932-
　　　　　　　　　　　　　　　　　1940　⑤ 한국국회도서관
朝鮮総督府農事試験場 二拾五周年紀念誌上巻, 下巻
　　　　　　　　　　　　　　　　　② 朝鮮総督府農事試験場　③ 水原　④ 1931　⑤ 한국국회도서관, 연세대도서관
朝鮮総督府農事試験場各支場要覧　　① 朝鮮総督府農事試験場各支場　② 朝鮮総督府農事試験場各支場　③ 水
　　　　　　　　　　　　　　　　　原　④ 1923-1926　⑤ 서울대도서관
朝鮮総督府農事試験場南鮮支場事業報告 昭和910111314年度
　　　　　　　　　　　　　　　　　① 朝鮮総督府農事試験場南鮮支場編　② 朝鮮総督府農事試験場　③ 京城
　　　　　　　　　　　　　　　　　④ 1935　⑤ 국립중앙도서관
朝鮮総督府農事試験場木浦棉作支場成績要覧
　　　　　　　　　　　　　　　　　② 朝鮮総督府農事試験場木浦棉作支場　③ 木浦　④ 1939　⑤ 서울대도서관,
　　　　　　　　　　　　　　　　　규슈대도서관, 홋카이도대도서관
朝鮮総督府農事試験場事業一覧 1931　① 朝鮮総督府農事試験場編　④ 1931　⑤ 서울대도서관
朝鮮総督府農事試験場事業一覧　　　① 朝鮮総督府農事試験場編　② 朝鮮総督府農事試験場　③ 水原　④ 1931
　　　　　　　　　　　　　　　　　⑤ 국립중앙도서관
朝鮮総督府農事試験場成績要覧　　　① 朝鮮総督府農事試験場　② 朝鮮総督府農事試験場　③ 水原　④ 1932
　　　　　　　　　　　　　　　　　⑤ 일본국회도서관
朝鮮総督府農事試験場成績要覧　　　① 朝鮮総督府農事試験場編　② 朝鮮総督府農事試験場　③ 水原　④ 1940
　　　　　　　　　　　　　　　　　⑤ 국립중앙도서관
朝鮮総督府農事試験場成績要覧　　　② 朝鮮総督府農事試験場　③ 水原　④ 1930-1940　⑤ 연세대도서관
朝鮮総督府農事試験場研究報告, 第19号　② 朝鮮総督府農事試験場　③ 水原　④ 1933　⑤ 연세대도서관

朝鮮総督府農事試験場二拾五周年記念誌 上, 下巻

① 朝鮮総督府農事試験場編　② 朝鮮総督府農事試験場　③ 水原　④ 1931 ⑤ 国立中央図書館, 日本国会図書館. 고려대도서관, 서울대도서관, 교토대도서관, 나고야대도서관

朝鮮総督府農事試験場二十五週年記念誌　① 朝鮮総督府農事試験場編　② 朝鮮農会　③ 水原　④ 1931 ⑤ 国立中央図書관, 규슈대도서관, 홋카이도대도서관 도쿄대도서관

朝鮮総督府農事試験場蚕糸部報告 第2巻 4号, 第3巻 第1至3号

① 朝鮮総督府農事試験場蚕糸部　② 朝鮮総督府農事試験場蚕糸部　③ 水原　④ 1930-34 ⑤ 日本国会図書館

朝鮮総督府農事試験場蚕糸部報告 第3巻 第4-6号, 第4巻 第1号

① 朝鮮総督府農事試験場蚕糸部　② 朝鮮総督府農事試験場蚕糸部　③ 水原　④ 1935-37 ⑤ 日本国会図書館

朝鮮総督府農事試験場蚕糸部彙報 第12, 13号

① 朝鮮総督府農事試験場蚕糸部　② 朝鮮総督府農事試験場蚕糸部　③ 水原　④ 1932 ⑤ 日本国会図書館

朝鮮総督府農事試験場蚕糸部彙報 第14-19号

① 朝鮮総督府農事試験場蚕糸部　② 朝鮮総督府農事試験場蚕糸部　③ 水原　④ 1933-1935 ⑤ 日本国会図書館

朝鮮総督府農事試験場彙報

① 朝鮮総督府農事試験場編　② 朝鮮総督府農事試験場　③ 水原　④ 1926-39 ⑤ 国立中央図書館

朝鮮総督府農業試験場経営部関係事業計画書

① 朝鮮総督府農業試験場編　② 朝鮮総督府農業試場　③ 水原　④ 1944 ⑤ 国立中央図書館

朝鮮総督府農業試験場研究報告 第23号　① 朝鮮総督府農業試験場編　② 朝鮮総督府農業試験場　③ 水原　④ 1944 ⑤ 日本国会図書館

朝鮮総督府農業統計表　① 朝鮮総督府編　② 朝鮮総督府　③ 京城　④ 1928-37 ⑤ 国立中央図書館

朝鮮総督府道警察部長会議ニ於ケル総督政務総監訓示要旨

① 朝鮮総督府警務局編　② 朝鮮総督府　③ 京城　④ 1921 ⑤ 서울대도서관

朝鮮総督府道警察部長会議諮問事項答申書

① 朝鮮総督府警務局編　② 朝鮮総督府　③ 京城　④ 1923 ⑤ 서울대도서관

朝鮮総督府道郡島書記講習会講演集 1-4　① 朝鮮総督府編　② 朝鮮総督府　③ 京城　④ 1911-18 ⑤ 国立中央図書館

朝鮮総督府道郡島書記講習会講演集　① 朝鮮総督府編　② 朝鮮総督府　③ 京城　④ 1918 ⑤ 国立中央図書館

朝鮮総督府道農務課長会同ニ於ケル訓示, 指示及注意事項

① 朝鮮総督府編　② 朝鮮総督府　③ 京城　④ 1924 ⑤ 서울대도서관

朝鮮総督府道農事試験場事業要覧　① 朝鮮総督府農林局編　② 朝鮮総督府農林局　③ 京城　④ 1935 ⑤ 国立中央図書館

朝鮮総督府度量衡器衡器修覆材料計量器価格表
　　　　　　　　　　　　　① 朝鮮度量衡協会編 ② 朝鮮度量衡協会 ③ 京城 ④ 1936 ⑤ 国立中央図書館
朝鮮総督府道府郡書記講習会講演集 1-5　① 朝鮮総督府内務部地方局編 ② 朝鮮総督府内務部地方局 ③ 京城
　　　　　　　　　　　　　④ 1911-18 ⑤ 国立中央図書館
朝鮮総督府図書館新書部分類目録 昭和一二年一月一日 現在
　　　　　　　　　　　　　① 朝鮮総督府図書館編 ② 朝鮮総督府図書館 ③ 京城 ④ 1937-1938 ⑤ 서
　　　　　　　　　　　　　울대도서관
朝鮮総督府図書館新書部分類目録 上, 中, 下
　　　　　　　　　　　　　① 朝鮮総督府図書館編 ② 朝鮮総督府図書館 ③ 京城 ④ 1937-38 ⑤ 国立
　　　　　　　　　　　　　중앙도서관
朝鮮総督府図書目録 昭和2年　　　① 朝鮮総督府 ② 朝鮮総督府 ③ 京城 ④ 1927 ⑤ 일본국회도서관
朝鮮総督府図書目録 昭和2年-第1次追録　② 朝鮮総督府 ③ 京城 ④ 1927 ⑤ 교토대도서관
朝鮮総督府図書目録 第1次追録　　① 朝鮮総督府編 ② 朝鮮総督府 ③ 京城 ④ 1939 ⑤ 한국국회도서관
朝鮮総督府図書目録, 1913　　　　① 朝鮮総督府編 ② 朝鮮総督府 ③ 京城 ④ 1913 ⑤ 한국국회도서관
朝鮮総督府図書目録, 1936　　　　① 朝鮮総督府編 ② 朝鮮総督 ③ 京城府 ④ 1936 ⑤ 한국국회도서관
朝鮮総督府図書目録　　　　　　　① 朝鮮総督府編 ② 朝鮮総督府 ③ 京城 ④ 1913 ⑤ 国立中央도서관, 연세대
　　　　　　　　　　　　　도서관, 일본국회도서관, 교토대도서관, 도쿄대도서관
朝鮮総督府図書目録　　　　　　　① 朝鮮総督府編 ② 朝鮮総督府 ③ 京城 ④ 1920 ⑤ 서울대도서관, 홋카이도
　　　　　　　　　　　　　대도서관
朝鮮総督府図書目録　　　　　　　① 朝鮮総督府編 ② 朝鮮総督府 ③ 京城 ④ 1924-39 ⑤ 国立中央도서관
朝鮮総督府図書目録　　　　　　　① 朝鮮総督府編 ② 朝鮮総督府 ③ 京城 ④ 1924, 1927, 1930 ⑤ 서울대도서관
朝鮮総督府図書目録　　　　　　　① 朝鮮総督府 ② 朝鮮総督府 ③ 京城 ④ 1933 ⑤ 고려대도서관, 일본국회도
　　　　　　　　　　　　　서관
朝鮮総督府図書目録　　　　　　　① 朝鮮総督府編 ② 朝鮮総督府 ③④ 1912 ⑤ 한국국회도서관
朝鮮総督府図書目録　　　　　　　① 朝鮮総督府編 ② 朝鮮総督府 ③ 京城 ④ 1924-39 ⑤ 国立中央도서관
朝鮮総督府図書目録　　　　　　　① 朝鮮総督府編 ② 朝鮮総督府 ③ 京城 ④ 1927 ⑤ 도쿄대도서관
朝鮮総督府道巡査捜験準備書　　　① 安楽兼行 ② 白省堂 ③ 京城 ④ 1927 ⑤ 国立中央도서관
朝鮮総督府道巡査朝鮮総督府看守受験準備書
　　　　　　　　　　　　　① 横山正士 ② 東洋大学堂 ③ 京城 ④ 1926 ⑤ 国立中央도서관
朝鮮総督府道視学官会同諮問事項答申書　① 朝鮮総督府編 ③ 京城 ④ 1923 ⑤ 서울대도서관
朝鮮総督府道長官ニ対スル総督訓示　① 朝鮮総督府編 ② 朝鮮総督府 ③ 京城 ④ 1914 ⑤ 서울대도서관
朝鮮総督府道長官ニ対スル総督訓示　① 朝鮮総督府編 ② 朝鮮総督府 ③ 京城 ④ 1916 ⑤ 서울대도서관
朝鮮総督府道長官提出意見　　　　① 朝鮮総督府編 ② 朝鮮総督府 ③ 京城 ④ 1914 ⑤ 서울대도서관
朝鮮総督府道長官提出意見　　　　① 朝鮮総督府編 ② 朝鮮総督府 ③ 京城 ④ 1916 ⑤ 서울대도서관

朝鮮総督府道長官提出意見ニ対スル総督内示
① 朝鮮総督府編 ② 朝鮮総督府 ③ 京城 ④ 1914 ⑤ 서울대도서관

朝鮮総督府道長官会議速記録
① 朝鮮総督府編 ② 朝鮮総督府 ③ 京城 ④ 1916 ⑤ 서울대도서관

朝鮮総督府道第一部長ニ対スル総督訓示
① 朝鮮総督府編 ② 朝鮮総督府 ③ 京城 ④ 1926 ⑤ 서울대도서관

朝鮮総督府道第一部長会同諮問事項
① 朝鮮総督府編 ② 朝鮮総督府 ③ 京城 ④ 1916 ⑤ 서울대도서관

朝鮮総督府道知事ニ対スル総督指示
① 朝鮮総督府編 ② 朝鮮総督府 ③ 京城 ④ 1925 ⑤ 서울대도서관

朝鮮総督府道知事提出意見
① 朝鮮総督府編 ④ 1920 ⑤ 서울대도서관

朝鮮総督府道知事提出意見
① 朝鮮総督府編 ④ 1921 ⑤ 서울대도서관

朝鮮総督府道知事提出意見ニ対スル処理概要 大正八至十年
① 朝鮮総督府編 ② 朝鮮総督府 ③ 京城 ④ 1921 ⑤ 서울대도서관

朝鮮総督府道知事会議道第一部長会議に於ける政務総監演述
① 朝鮮総督府編 ② 朝鮮総督府 ③ 京城 ④ 1920 ⑤ 서울대도서관

朝鮮総督府道知事会議速記録
① 朝鮮総督府編 ③ 京城 ④ 1920 ⑤ 서울대도서관

朝鮮総督府道知事会議諮問事項答申書
① 朝鮮総督府警務局編 ② 朝鮮総督府 ③ 京城 ④ 1925 ⑤ 서울대도서관

朝鮮総督府道土木課長会議注意事項
① 朝鮮総督府編 ④ 1926 ⑤ 서울대도서관

朝鮮総督府旅費規程集
① 朝鮮総督府編 ② 朝鮮総督府 ③ 京城 ④ 1924 ⑤ 국립중앙도서관

朝鮮総督府臨時土地調査局員公助会規約 臨時土地調査局編
② 臨時土地調査局 ③ 京城 ④ 1913 ⑤ 국립중앙도서관

朝鮮総督府林野調査委員会事務報告
① 朝鮮総督府林野調査委員会編 ② 朝鮮総督府林野調査委員会 ③ 京城
④ 1936 ⑤ 도쿄대도서관

朝鮮総督府林業試験場林業試験要録
① 朝鮮総督府林業試験場編 ② 朝鮮総督府林業試験場 ③ 京城 ④ 1937
⑤ 국립중앙도서관

朝鮮総督府林業試験場報告 第16-23, 30-31号
① 朝鮮総督府林業試験場 ② 朝鮮総督府林業試験場 ③ 京城 ④ 1934-39
⑤ 일본국회도서관

朝鮮総督府林業試験場報告 第2至8, 10至15号
① 朝鮮総督府林業試験場 ② 朝鮮総督府林業試験場 ③ 京城 ④ 1925-
1933 ⑤ 일본국회도서관

朝鮮総督府林業試験場報告 第32-35号
① 朝鮮総督府林業試験場 ② 朝鮮総督府林業試験場 ③ 京城 ④ 1941
⑤ 일본국회도서관

朝鮮総督府林業試験場要覧
② 朝鮮総督府林業試験場 ④ 1935 ⑤ 규슈대도서관

朝鮮総督府林業試験場一覧
① 朝鮮総督府林業試験場編 ② 朝鮮総督府林業試験場 ③ 京城 ④ 1937
⑤ 국립중앙도서관, 일본국회도서관, 규슈대도서관, 도호쿠대도서관

朝鮮総督府林業試験場特報 二三のPrunus 植物の殺虫効果に関する研究 第1報
① 朝鮮総督府林業試験場編 ② 朝鮮総督府林業試験場 ③ 京城 ④ 1945
⑤ 고려대도서관

朝鮮総督府明治四十五年行政整理顛末書	①朝鮮総督府編 ②朝鮮総督府 ③京城 ④1900-1945 ⑤国立中央図書館
朝鮮総督府文書取扱細則	①朝鮮総督府編 ②朝鮮総督府 ③京城 ④1909 ⑤国立中央図書館
朝鮮総督府発行の記念郵便絵葉書	①朝鮮逓信協会編 ②朝鮮逓信協会 ③京城 ④1935 ⑤国立中央図書館
朝鮮総督府並に京畿道 告示公定価格品名一覧表 昭和十七年十二月末現在	②京城商工会議所調査課 ③京城 ④1942 ⑤연세대도서관
朝鮮総督府報告例	①朝鮮総督府編 ②朝鮮総督府 ③京城 ④1913-1933 ⑤서울대도서관
朝鮮総督府報告例	①朝鮮総督府 ②朝鮮総督府 ③京城 ④1915 ⑤고려대도서관
朝鮮総督府報告例	①朝鮮総督府 ②乙号 ③京城 ④1925 ⑤고려대도서관
朝鮮総督府報告例別冊 昭和13 1938	①朝鮮総督府 ②朝鮮総督府 ③京城 ④1937 ⑤서울대도서관
朝鮮総督府報告例別冊甲号	①朝鮮総督府 ②朝鮮総督府 ③京城 ④1933 ⑤고려대도서관
朝鮮総督府報告例別冊乙号ニ依ル月別報告一覧	①朝鮮総督府 ②朝鮮総督府 ③京城 ④1938 ⑤서울대도서관
朝鮮総督府報告例別冊 1-5	①朝鮮総督府編 ②朝鮮総督府警務局 ③京城 ④11-昭和1922-1936 ⑤国立中央図書館
朝鮮総督府報告例別冊, 甲号	②朝鮮総督府 ③京城 ④1937 ⑤연세대도서관
朝鮮総督府報告例別冊, 乙号	②朝鮮総督府 ③京城 ④1938 ⑤연세대도서관
朝鮮総督府報告例別冊甲号	①朝鮮総督府編 ②朝鮮総督府 ③京城 ④1944 ⑤한국국회도서관
朝鮮総督府報告例別冊乙号	①朝鮮総督府編 ②朝鮮総督府 ③京城 ④1945 ⑤한국국회도서관
朝鮮総督府補助事業 各土木計画概要 昭和十八年七月調	⑤도쿄대도서관
朝鮮総督府普通文官警部考試辯護士試験問題集	①朝鮮受験学会編 ②松山房 ③京城 ④1930 ⑤国立中央図書館
朝鮮総督府普通文官辯護士警部考試試験問題解答集	①徳久邦二 ②徳久邦二 ③京城 ④1937 ⑤国立中央図書館
朝鮮総督府普通試験答案内	①帝国地方行政学会朝鮮本部編 ②帝国地方行政学会朝鮮本部 ③京城 ④1934 ⑤国立中央図書館
朝鮮総督府普通試験答案全集	①朝鮮官途専門大家 執筆 松山房 ③京城 ④1933 ⑤国立中央図書館
朝鮮総督府普通試験答案全集	①朝鮮受験学会編 ②巌松堂 ③京城 ④1922 ⑤国立中央図書館
朝鮮総督府普通試験問題全集	①新井武之助編 ②巌松堂 ③京城 ④1921 ⑤国立中央図書館
朝鮮総督府専売局年報 第12-13	①朝鮮総督府専売局 ②朝鮮総督府専売局 ③京城 ④1933-1934 ⑤일본국회도서관
朝鮮総督府専売局年報 第14-1	①朝鮮総督府専売局 ②朝鮮総督府専売局 ③京城 ④1935-1936 ⑤일본국회도서관
朝鮮総督府専売局年報 第15	①朝鮮総督府専売局 ②朝鮮総督府専売局 ③京城 ④1936 ⑤일본국회도서관

朝鮮総督府専売局年報 第16-17	① 朝鮮総督府専売局 ② 朝鮮総督府専売局 ③ 京城 ④ 1937-38 ⑤ 日本国会図書館
朝鮮総督府事故判例集	① 朝鮮総督府鉄道局調査課編 ② 朝鮮総督府鉄道局調査課 ③ 京城 ④ 1940 ⑤ 国立中央図書館
朝鮮総督府私立学校関係法規	① 朝鮮総督府内務部学務課編 ② 朝鮮総督府 ③ 京城 ④ 1914 ⑤ 国立中央図書館
朝鮮総督府事務分掌規程 他六篇	① 朝鮮総督府編 ③ 京城 ④ 1925 ⑤ 서울대도서관
朝鮮総督府事務分掌規程	① 朝鮮総督府編 ③ 京城 ④ 1923 ⑤ 서울대도서관
朝鮮総督府司法官ニ対スル総督訓示他二篇	① 朝鮮総督府編 ③ 京城 ④ 1917 ⑤ 서울대도서관
朝鮮総督府司法官提出意見 ニ対スル総督内示	① 朝鮮総督府編 ③ 京城 ④ 1917 ⑤ 서울대도서관
朝鮮総督府司法統計年報 1-2	① 朝鮮総督府法務局編 ② 朝鮮総督府法務局 ③ 京城 ④ 10, 昭和1921, 1943 ⑤ 国立中央図書館
朝鮮総督府商工奨励館要覧	① 朝鮮総督府商工奨励館編 ② 朝鮮総督府商工奨励館 ③ 京城 ④ 1940 ⑤ 国立中央図書館
朝鮮総督府税関執務提要追録	① 朝鮮総督府編 ③ 京城 ④ 1916 ⑤ 国立中央図書館, 서울대도서관
朝鮮総督府税務法規	① 朝鮮総督府度支部税務課編 ② 朝鮮総督府度支部税務課 ③ 京城 ④ 1916 ⑤ 国立中央図書館
朝鮮総督府歳入歳出科目解疏 1-7	① 朝鮮総督府編 ② 朝鮮総督府 ③ 京城 ④ 1916-39 ⑤ 国立中央図書館
朝鮮総督府所属官署委任事項	① 朝鮮総督府編 ② 朝鮮総督府 ③ 京城 ④ 1910 ⑤ 国立中央図書館
朝鮮総督府所属官署委任事項規程	① 朝鮮総督府 ② 朝鮮総督府 ③ 京城 ④ 1932 ⑤ 고려대도서관
朝鮮総督府所属官署委任事項規程	① 朝鮮総督府編 ② 朝鮮総督府 ③ 京城 ④ 1939 ⑤ 国立中央図書館
朝鮮総督府昭和二十年度歳出基準並追加概計新規要求書: 内務省所管	⑤ 도쿄대도서관
朝鮮総督府水産試験場パンフレット 第10-13	① 朝鮮総督府水産試験場編 ② 朝鮮総督府水産試験場 ③ 釜山 ④ 1942 ⑤ 日本国会図書館
朝鮮総督府水産試験場パンフレット 第9	① 朝鮮総督府水産試験場編 ② 朝鮮総督府水産試験場 ③ 釜山 ④ 1942 ⑤ 日本国会図書館
朝鮮総督府水産試験場年報 第9巻 第1, 3冊	① 朝鮮総督府水産試験場編 ② 朝鮮総督府水産試験場 ③ 釜山 ④ 1938-39 ⑤ 日本国会図書館
朝鮮総督府水産試験場年報昭和8年度事業報告	② 朝鮮総督府水産試験場 ③ 釜山 ⑤ 부산시민도서관
朝鮮総督府水産試験場報告 第1号	① 朝鮮総督府水産試験場編 ② 朝鮮総督府水産試験場 ③ 釜山 ⑤ 国立中央図書館

朝鮮総督府水産試験場報告 第2号	① 朝鮮総督府水産試験場編 ② 朝鮮総督府水産試験場 ③ 釜山 ⑤ 国立中央図書館
朝鮮総督府水産試験場報告 第3号	① 朝鮮総督府水産試験場編 ② 朝鮮総督府水産試験場 ③ 釜山 ⑤ 国立中央図書館
朝鮮総督府水産試験場報告 第4号	① 朝鮮総督府水産試験場編 ② 朝鮮総督府水産試験場 ③ 釜山 ⑤ 国立中央図書館
朝鮮総督府水産試験場報告 第6号	① 朝鮮総督府水産試験場編 ② 朝鮮総督府水産試験場 ③ 釜山 ④ 1939 ⑤ 日本国会図書館
朝鮮総督府水産試験場報告 第7号	① 朝鮮総督府水産試験場編 ② 朝鮮総督府水産試験場 ③ 釜山 ④ 1941 ⑤ 日本国会図書館
朝鮮総督府水産試験場報告 第8号	① 朝鮮総督府水産試験場編 ② 朝鮮総督府水産試験場 ③ 釜山 ④ 1943 ⑤ 日本国会図書館
朝鮮総督府水産試験場報告第1号	② 鮮魚の凍結及び貯蔵に関する試験第1報 ② 朝鮮総督府水産試験場 ③ 釜山 ④ 1925 ⑤ 연세대도서관
朝鮮総督府水産試験場報告第2号	② 明太魚スケトウダラ の化学, 其の栄養的価値並に凍乾明太の改善に関する研究 ② 朝鮮総督府水産試験場 ③ 釜山 ④ 1929 ⑤ 연세대도서관
朝鮮総督府水産試験場報告第7号	② 朝鮮近海産有用蝦類 ② 朝鮮総督府水産試験場 ③ 釜山 ④ 1941 ⑤ 연세대도서관
朝鮮総督府水産試験場報告第8号	② 朝鮮総督府水産試験場 ③ 釜山 ④ 1943 ⑤ 연세대도서관
朝鮮総督府水産試験場事務報告昭和9年度	① 朝鮮総督府水産試験場編 ② 朝鮮総督府水産試験場 ③ 釜山 ④ 1938 ⑤ 日本国会図書館
朝鮮総督府水産試験場事業報告昭和7年度	② 朝鮮総督府水産試験場 ③ 釜山 ④ 1937 ⑤ 부산시민도서관
朝鮮総督府水産試験場案内	① 朝鮮総督府水産試験場 ② 朝鮮総督府水産試験場 ③ 釜山 ④ 1940 ⑤ 서울대도서관
朝鮮総督府水産試験場要覧 昭和10, 12年	① 朝鮮総督府水産試験場編 ② 朝鮮総督府水産試験場 ③ 京城 ④ 1935, 1937 ⑤ 国立中央図書館, 규슈대도서관
朝鮮総督府水産試験場要覧, 1937	① 朝鮮総督府水産試験場編 ② 朝鮮総督府水産試験場 ③ 釜山 ④ 1937 ⑤ 한국국회도서관
朝鮮総督府水産試験場要覧, 1942	① 朝鮮総督府水産試験場編 ② 朝鮮総督府水産試験場 ③ 釜山 ④ 1942 ⑤ 한국국회도서관
朝鮮総督府水産試験場要覧	② 朝鮮総督府水産試験場 ③ 釜山 ⑤ 부산시민도서관
朝鮮総督府水産試験場一覧	① 朝鮮総督府水産試験場編 ② 朝鮮総督府水産試験場 ③ 釜山 ④ 1935 ⑤ 한국국회도서관
朝鮮総督府水産試験場海洋調査報告	① 朝鮮総督府水産試験場編 ② 朝鮮総督府水産試験場 ③ 京城 ④ 1926-

①朝鮮総督府水原高等農林学校創立二十五周年記念祝賀会 ②朝鮮総督府水原高等農林学校創立二十五周年記念祝賀会 ③京城 ④1932 ⑤日本国会図書館

朝鮮総督府輸移入品平均価格表 明治四一年至大正六年
①朝鮮総督府編 ③京城 ④1918 ⑤서울대도서관

朝鮮総督府輸移出入品運賃諸掛費調査表, 大正六年十月現在
①朝鮮総督府編 ③京城 ④1919 ⑤서울대도서관

朝鮮総督府時局対策調査会関連資料 ①朝鮮総督府時局対策調査会 ②朝鮮総督府時局対策調査会 ③京城 ④1938 ⑤일본국회도서관, 서울대도서관

朝鮮総督府時局対策調査会諮問答申書 ①朝鮮総督府編 ②朝鮮総督府 ③京城 ④1938 ⑤한국국회도서관, 서울대도서관

朝鮮総督府時局対策調査会諮問答申安試案
①朝鮮総督府編 ②朝鮮総督府 ③京城 ④1938 ⑤국립중앙도서관, 도쿄대도서관

朝鮮総督府時局対策調査会諮問案参考書 米ノ増産ニ関スル件
①朝鮮総督府 刊 ④1938 ⑤서울대도서관

朝鮮総督府時局対策調査会諮問案参考書 1-2
①朝鮮総督府編 ②朝鮮総督府 ③京城 ④1938 ⑤고려대도서관, 일본국회도서관

朝鮮総督府時局対策調査会諮問案参考書 第3分科会
①朝鮮総督府時局対策調査会 ②朝鮮総督府時局対策調査会 ③京城 ④1938 ⑤일본국회도서관

朝鮮総督府時局対策調査会諮問案参考書 ①朝鮮総督府編 ②朝鮮総督府 ③京城 ④1944 ⑤국립중앙도서관

朝鮮総督府施政年報 1-27 ①朝鮮総督府編 ②朝鮮総督府 ③京城 ④1910-41 ⑤국립중앙도서관

朝鮮総督府施政年報 大正14-昭和5, 昭和6・7年度, 昭和8-9年度
①朝鮮総督府編 ②朝鮮総督府 ③京城 ④1927-1936 ⑤일본국회도서관

朝鮮総督府施政年報 明治43年 ①朝鮮総督府 ②朝鮮総督府 ③京城 ④1912 ⑤일본국회도서관

朝鮮総督府施政年報 明治44-大正6, 7至9, 10-13年度
①朝鮮総督府編 ②朝鮮総督府 ③京城 ④1913-1926 ⑤일본국회도서관

朝鮮総督府施政年報 昭和10至12年度 ①朝鮮総督府編 ②朝鮮総督府 ③京城 ④1937-39 ⑤일본국회도서관

朝鮮総督府施政年報 昭和13-16年度 ①朝鮮総督府編 ②朝鮮総督府 ③京城 ④1940-43 ⑤일본국회도서관

朝鮮総督府施政年報 昭和14年度 ①朝鮮総督府 ②朝鮮総督府 ③京城 ④1941 ⑤일본국회도서관

朝鮮総督府施政年報 昭和15年度 ①朝鮮総督府 ②朝鮮総督府 ③京城 ④1942 ⑤일본국회도서관

朝鮮総督府施政年報 ①朝鮮総督府昭和6-7 ②朝鮮総督府 ③京城 ④1931 ⑤고려대도서관

朝鮮総督府施政三十年史 ①朝鮮総督府編 ③京城 ④1940 ⑤국립중앙도서관, 서울대도서관

朝鮮総督府施政年報明治43-45年 ①朝鮮総督府 ②朝鮮総督府 ③京城 ④1912-1914 ⑤연세대도서관

朝鮮総督府施政年報大正4-5年度　　　　①朝鮮総督府　②朝鮮総督府　③京城　④1917-1918　⑤연세대도서관

朝鮮総督府施政年報, 大正7-10年度　　　①朝鮮総督府　②朝鮮総督府　③京城　④1922　⑤연세대도서관

朝鮮総督府施政年報大正13-14年度　　　①朝鮮総督府　②朝鮮総督府　③京城　④1926-1927　⑤연세대도서관

朝鮮総督府施政年報昭和1-4年度　　　　①朝鮮総督府　②朝鮮総督府　③京城　④1928-1931　⑤연세대도서관

朝鮮総督府施政年報昭和6-9年度　　　　①朝鮮総督府　②朝鮮総督府　③京城　④1934-1936　⑤연세대도서관

朝鮮総督府施政年報　　　　　　　　　　①朝鮮総督府　②朝鮮総督府　③京城　④1912-1925　⑤한국국회도서관

朝鮮総督府始政二十五年記念回顧商工座談会録
　　　　　　　　　　　　　　　　　　　①朝鮮商工会議所編　③京城　④1935　⑤서울대도서관

朝鮮総督府施政二十五年史　　　　　　　①朝鮮総督府編　③京城　④1935　⑤서울대도서관

朝鮮総督府始政二十五周年　記念表彰者名鑑
　　　　　　　　　　　　　　　　　　　①森川清人編　②表彰者名鑑刊行会　③京城　④1935　⑤한국국회도서관

朝鮮総督府施政二十五周年　記念関係記録
　　　　　　　　　　　　　　　　　　　①朝鮮総督府編　②朝鮮総督府　③京城　④1935　⑤국립중앙도서관

朝鮮総督府殖産局燃料選鉱研究所　石炭試験報告第1巻
　　　　　　　　　　　　　　　　　　　②朝鮮総督府殖産局燃料選鉱研究所　③京城　④1926　⑤연세대도서관

朝鮮総督府殖産局燃料選鉱研究所石炭試験報告　第1-4巻
　　　　　　　　　　　　　　　　　　　①朝鮮総督府殖産局燃料選鉱研究所編　②朝鮮総督府殖産局燃料選鉱研究所　③京城　④1926-1930　⑤일본국회도서관

朝鮮総督府殖産局燃料選鉱研究所石炭試験報告　第5巻
　　　　　　　　　　　　　　　　　　　①朝鮮総督府殖産局燃料選鉱研究所　②朝鮮総督府殖産局燃料選鉱研究所　③京城　④1930　⑤일본국회도서관

朝鮮総督府殖産局燃料選鉱研究所石炭試験報告　第6巻
　　　　　　　　　　　　　　　　　　　①朝鮮総督府殖産局燃料選鉱研究所　②朝鮮総督府殖産局燃料選鉱研究所　③京城　④1933　⑤일본국회도서관

朝鮮総督府新庁舎写真図集　　　　　　　①久保実光　村上天紅撮影　②朝鮮建築会　③京城　④1926　⑤교토대도서관

朝鮮総督府営林廠事業報告　　　　　　　①朝鮮総督府営林廠編　②朝鮮総督府営林廠　③新義州　④1923　⑤국립중앙도서관

朝鮮総督府営林廠事業要覧　　　　　　　①朝鮮総督府営林廠編　②朝鮮総督府　③新義州　④1912　⑤국립중앙도서관, 부산시민도서관

朝鮮総督府永興学校一覧　　　　　　　　①朝鮮総督府永興学校編　②朝鮮総督府永興学校　③永興　④1933　⑤국립중앙도서관, 한국국회도서관

朝鮮総督府予算参考書　1-10　　　　　　①朝鮮総督府編　②朝鮮総督府　③京城　④1926-42　⑤국립중앙도서관

朝鮮総督府予算参考書　　　　　　　　　①朝鮮総督府　②朝鮮総督府　③京城　④1929　⑤고려대도서관

朝鮮総督府予算参考書　　　　　　　　　①朝鮮総督府　②朝鮮総督府　③京城　④1930　⑤고려대도서관

朝鮮総督府外国為替管理法規　　　　　　①朝鮮銀行編　③京城　④1936　⑤서울대도서관

朝鮮総督府裁判所及検事局取扱事件表 昭和11年	① 朝鮮総督府法務局 ② 朝鮮総督府法務局 ③ 京城 ④ 1936 ⑤ 일본국회도서관
朝鮮総督府裁判所及検事局取扱事件表	① 朝鮮総督府法務局編 ② 朝鮮総督府法務局 ③ 京城 ④ 1933 ⑤ 도호쿠대도서관
朝鮮総督府裁判所令 朝鮮民事令 朝鮮刑事令	② 朝鮮総督府法務局民事課 ③ 京城 ④ 1940 ⑤ 한국국회도서관, 고려대도서관
朝鮮総督府裁判所統計年報 昭和12-13年	① 朝鮮総督府法務局編 ② 朝鮮総督府法務局 ③ 京城 ④ 1939-40 ⑤ 국립중앙도서관
朝鮮総督府裁判所統計年報 昭和14年	① 朝鮮総督府法務局 ② 朝鮮総督府法務局 ③ 京城 ④ 1941 ⑤ 국립중앙도서관, 일본국회도서관
朝鮮総督府裁判所統計年報 1-2	① 朝鮮総督府法務局編 ② 朝鮮総督府法務局 ③ 京城 ④ 1938-39 ⑤ 국립중앙도서관
朝鮮総督府全羅北道統計年報 1-3	① 朝鮮総督府全羅北道編 ② 朝鮮総督府全羅北道 ③ 全羅北道 ④ 1913-16 ⑤ 국립중앙도서관
朝鮮総督府専売官署職員録	① 朝鮮専売協会編 ② 朝鮮総督府 ③ 京城 ④ 1941 ⑤ 한국국회도서관
朝鮮総督府専売局年報 1-15	① 朝鮮総督府専売局編 ② 朝鮮総督府専売局 ③ 京城 ④ 1923-41 ⑤ 국립중앙도서관
朝鮮総督府専売局年報, 12, 18, 20	① 朝鮮総督府専売局編 ② 朝鮮総督府専売局 ③ 京城 ④ 1933 ⑤ 한국국회도서관
朝鮮総督府専売局事業概要 1-9	① 朝鮮総督府専売局編 ② 朝鮮総督府専売局 ③ 京城 ④ 1927, 29-38 ⑤ 국립중앙도서관
朝鮮総督府専売局第11年報	② 昭和6年度 ② 朝鮮総督府専売局 ③ 京城 ④ 1932 ⑤ 연세대도서관
朝鮮総督府専売局第9年報	② 昭和4年度 ② 朝鮮総督府専売局 ③ 京城 ④ 1930 ⑤ 연세대도서관
朝鮮総督府専売局指針	① 朝鮮総督府専売局編 ② 朝鮮専売協会 ③ 京城 ④ 1935 ⑤ 국립중앙도서관
朝鮮総督府専売局現業共済組合事業成績	① 朝鮮総督府専売局編 ② 朝鮮総督府専売局 ③ 京城 ④ 1939 ⑤ 국립중앙도서관
朝鮮総督府典獄ニ関スル朝鮮総督訓示他二篇	① 朝鮮総督府編 ④ 1914 ⑤ 서울대도서관
朝鮮総督府典獄ニ関スル朝鮮総督訓示他二篇	① 朝鮮総督府編 ④ 1915 ⑤ 서울대도서관
朝鮮総督府典獄提出意見	① 朝鮮総督府編 ④ 1915 ⑤ 서울대도서관
朝鮮総督府典獄提出協議事項	① 朝鮮総督府編 ④ 1913 ⑤ 서울대도서관
朝鮮総督府典獄提出協議事項	① 朝鮮総督府編 ④ 1915 ⑤ 서울대도서관
朝鮮総督府典獄会議諮問事項答申書	① 朝鮮総督府編 ③ 京城 ④ 1915 ⑤ 서울대도서관

朝鮮総督府第三部長警察部長会議に於ける訓示並演述 大正八年九月至同十年四月
① 朝鮮総督府編 ③ 京城 ④ 1921 ⑤ 서울대도서관

朝鮮総督府済生院盲唖部創立二十五年 ① 朝鮮総督府済生院盲唖部編 ② 朝鮮総督府済生院盲唖部 ③ 京城 ④ 1938 ⑤ 국립중앙도서관

朝鮮総督府済生院事業要覧 ① 朝鮮総督府済生院 ② 朝鮮総督府済生院 ③ 京城 ④ 1938 ⑤ 한국국회도서관

朝鮮総督府済生院事業要覧 ② 朝鮮総督府済生院 ③ 京城 ④ 1927 ⑤ 연세대도서관, 도쿄대도서관

朝鮮総督府済生院事業要覧 ④ 和9年 ② 朝鮮総督府済生院 ③ 京城 ④ 1934 ⑤ 연세대도서관

朝鮮総督府調査月報 ① 朝鮮総督府官房文書課編 ② 朝鮮総督府 ③ 京城 ④ 1930-39 ⑤ 국립중앙도서관

朝鮮総督府調査資: 朝鮮総督府度支部 ③ 京城 ④ 1919 ⑤ 서울대도서관

朝鮮総督府調査資料 第12輯 内鮮問題に対する朝鮮人の声
① 朝鮮総督府編 ② 朝鮮総督府 ③ 京城 ④ 1925 ⑤ 고려대도서관

朝鮮総督府調査資料 第14輯 市街地の商圏
① 朝鮮総督府編 ② 朝鮮総督府 ③ 京城 ④ 1923 ⑤ 고려대도서관

朝鮮総督府調査資料 第17輯 朝鮮の契 ① 朝鮮総督府編 ② 朝鮮総督府 ③ 京城 ④ 1923 ⑤ 고려대도서관

朝鮮総督府調査資料 第18輯 朝鮮の写業 ① 朝鮮総督府編 ② 朝鮮総督府 ③ 京城 ④ 1923 ⑤ 고려대도서관

朝鮮総督府調査資料 第19-34, 36-42輯 ① 朝鮮総督府 ② 朝鮮総督府 ③ 京城 ④ 1927-1935 ⑤ 일본국회도서관

朝鮮総督府調査資料 第21輯 朝鮮の言論と世上
① 朝鮮総督府編 ② 朝鮮総督府 ③ 京城 ④ 1923 ⑤ 고려대도서관

朝鮮総督府調査資料 第22輯 朝鮮の人口現象
① 朝鮮総督府編 ② 朝鮮総督府 ③ 京城 ④ 1923 ⑤ 고려대도서관

朝鮮総督府調査資料 第23輯朝鮮の犯罪と環境
① 朝鮮総督府編 ② 朝鮮総督府 ③ 京城 ④ 1923 ⑤ 고려대도서관

朝鮮総督府調査資料 第24輯朝鮮の災害 ① 朝鮮総督府編 ② 朝鮮総督府 ③ 京城 ④ 1923 ⑤ 고려대도서관

朝鮮総督府調査資料 第25輯朝鮮の鬼神 ① 朝鮮総督府編 ② 朝鮮総督府 ③ 京城 ④ 1923 ⑤ 고려대도서관

朝鮮総督府調査資料 第26輯朝鮮の小作慣習
① 朝鮮総督府編 ② 朝鮮総督府 ③ 京城 ④ 1923 ⑤ 고려대도서관

朝鮮総督府調査資料 第27輯朝鮮の市場経済
① 朝鮮総督府編 ② 朝鮮総督府 ③ 京城 ④ 1923 ⑤ 고려대도서관

朝鮮総督府調査資料 第28輯生活状態調査(其一)
① 朝鮮総督府編) ② 朝鮮総督府 ③ 京城 ④ 1923 ⑤ 고려대도서관

朝鮮総督府調査資料 第2輯朝鮮に於ける内地人
① 朝鮮総督府編 ② 朝鮮総督府 ③ 京城 ④ 1923 ⑤ 고려대도서관

朝鮮総督府調査資料 第32輯生活状態調査(其三)
① 朝鮮総督府編 ② 朝鮮総督府 ③ 京城 ④ 1923 ⑤ 고려대도서관

朝鮮総督府調査資料 第34輯生活状態調査(其四)	
	① 朝鮮総督府編 ② 朝鮮総督府 ③ 京城 ④ 1923 ⑤ 고려대도서관

朝鮮総督府調査資料 第35　　　　　　① 朝鮮総督府 ② 朝鮮総督府 ③ 京城 ④ 1932 ⑤ 일본국회도서관

朝鮮総督府調査資料 第37輯朝鮮占卜と予言
　　　　　　　　　　　　　　① 朝鮮総督府編 ② 朝鮮総督府 ③ 京城 ④ 1923 ⑤ 고려대도서관

朝鮮総督府調査資料 第38輯生活状態調査(其五朝鮮の聚落前篇)
　　　　　　　　　　　　　　① 朝鮮総督府編 ② 朝鮮総督府 ③ 京城 ④ 1923 ⑤ 고려대도서관

朝鮮総督府調査資料 第39輯生活状態調査(其六朝鮮の聚落中篇)
　　　　　　　　　　　　　　① 朝鮮総督府編 ② 朝鮮総督府 ③ 京城 ④ 1923 ⑤ 고려대도서관

朝鮮総督府調査資料 第40輯生活状態調査(其七慶州郡)
　　　　　　　　　　　　　　① 朝鮮総督府編 ② 朝鮮総督府 ③ 京城 ④ 1934 ⑤ 고려대도서관

朝鮮総督府調査資料 第41輯生活状態調査(其八朝鮮の聚落後篇)
　　　　　　　　　　　　　　① 朝鮮総督府編 ② 朝鮮総督府 ③ 京城 ④ 1923 ⑤ 고려대도서관

朝鮮総督府調査資料 第42輯朝鮮の類似宗教
　　　　　　　　　　　朝鮮総督府編 ② 朝鮮総督府 ③ 京城 ④ 1923 ⑤ 고려대도서관

朝鮮総督府調査資料 第43-45輯　　① 朝鮮総督府 ② 朝鮮総督府 ③ 京城 ④ 1936-38 ⑤ 일본국회도서관

朝鮮総督府調査資料 第44輯部落祭　　① 朝鮮総督府編 ② 朝鮮総督府 ③ 京城 ④ 1923 ⑤ 고려대도서관

朝鮮総督府調査資料 第45輯釈尊·祈雨·安宅
　　　　　　　　　　　　　　① 朝鮮総督府編 ② 朝鮮総督府 ③ 京城 ④ 1923 ⑤ 고려대도서관

朝鮮総督府調査資料 第47輯　　　① 朝鮮総督府 ② 朝鮮総督府 ③ 京城 ④ 1941 ⑤ 일본국회도서관

朝鮮総督府調査資料 第47輯朝鮮の郷土娯楽
　　　　　　　　　　　　　　① 朝鮮総督府編 ② 朝鮮総督府 ③ 京城 ④ 1923 ⑤ 고려대도서관

朝鮮総督府調査資料 第4輯世界植民地現勢
　　　　　　　　　　　　　　① 朝鮮総督府編 ② 朝鮮総督府 ③ 京城 ④ 1923 ⑤ 고려대도서관

朝鮮総督府調査資料 第7輯朝鮮に於ける支那人
　　　　　　　　　　　　　　① 朝鮮総督府編 ② 朝鮮総督府 ③ 京城 ④ 1923 ⑤ 고려대도서관

朝鮮総督府調査資料 第8輯朝鮮の市場　① 朝鮮総督府編 ② 朝鮮総督府 ③ 京城 ④ 1923 ⑤ 고려대도서관

朝鮮総督府調査資料　　　　　　① 朝鮮総督府編 ② 朝鮮総督府 ③ 京城 ④ 1924-37 ⑤ 국립중앙도서관

朝鮮総督府調査資料目録 昭和十九1934年版
　　　　　　　　① 朝鮮総督府官房調査課 ② 朝鮮総督府 ③ 京城 ④ 1934 ⑤ 서울대도서관

朝鮮総督府調査資料目録　　① 朝鮮総督官調査課編 ③ 京城 ④ 1944 ⑤ 고려대도서관

朝鮮総督府調査輯録 第12-17号　① 朝鮮総督府 ② 朝鮮総督府 ③ 京城 ④ 1937 ⑤ 고려대도서관

朝鮮総督府調査輯録 第18-23号　① 朝鮮総督府 ② 朝鮮総督府 ③ 京城 ④ 1937 ⑤ 고려대도서관

朝鮮総督府調査輯録 第24-28号　① 朝鮮総督府 ② 朝鮮総督府 ③ 京城 ④ 3 ④ 1938 ⑤ 고려대도서관

朝鮮総督府調査輯録 第9-11号　　①朝鮮総督府 ②朝鮮総督府 ③京城 ④1936 ⑤고려대도서관

朝鮮総督府調査輯録　　①朝鮮総督府 ②朝鮮総督府 ③京城 ④1936 ⑤고려대도서관

朝鮮総督府調査彙報　　①朝鮮総督府編 ②朝鮮総督府 ③京城 ④1924-1925 ⑤서울대도서관

朝鮮総督府朝鮮史編修会事業概要　　①朝鮮総督府朝鮮史編修編 ②朝鮮総督府朝鮮史編修会 ③京城 ④1938 ⑤국립중앙도서관

朝鮮総督府朝鮮医院及済生院特別会計歳入歳出予定 1-2

①朝鮮総督府 ②朝鮮総督府 ③京城 ④1900-45 ⑤국립중앙도서관

朝鮮総督府朝鮮鉄道用品資金朝鮮簡易生命保険及郵便年金特別会計歳入歳出予定計算書各目明細書 1-4

①朝鮮総督府編 ②朝鮮総督府 ③京城 ④1932-43 ⑤국립중앙도서관

朝鮮総督府中等漢文読本通解 巻2　　①東京辞書出版社編輯部編 ②東京辞書出版社 ③京城 ④1939 ⑤국립중앙도서관

朝鮮総督府中央試験所年報 昭和5, 7, 8年

①朝鮮総督府中央試験所編 ②朝鮮総督府中央試験所 ③京城 ④1931-1934 ⑤서울대도서관

朝鮮総督府中央試験所年報 昭和6-8, 12年

①朝鮮総督府中央試験所編 ②朝鮮総督府中央試験所 ③京城 ④1933-38 ⑤국립중앙도서관

朝鮮総督府中央試験所報告 螺鈿漆器改良試験

①朝鮮総督府中央試験所編 ②朝鮮総督府中央試験所 ③京城 ④1930 ⑤국립중앙도서관

朝鮮総督府中央試験所報告 分析試験成績表

①朝鮮総督府中央試験所編 ②朝鮮総督府中央試験所 ③京城 ④1937 ⑤한국국회도서관

朝鮮総督府中央試験所報告 第1, 2回　　①朝鮮総督府中央試験所編 ②朝鮮総督府中央試験所 ③京城 ④1917 ⑤일본국회도서관

朝鮮総督府中央試験所報告 第12回　　①朝鮮総督府中央試験所編 ②朝鮮総督府中央試験所 ③京城 ④1915-39 ⑤국립중앙도서관

朝鮮総督府中央試験所報告 第13回　　①朝鮮総督府中央試験所編 ②朝鮮総督府中央試験所 ③京城 ④1915-39 ⑤국립중앙도서관

朝鮮総督府中央試験所報告 第14回第1号-第4号

①朝鮮総督府中央試験所編 ②朝鮮総督府中央試験所 ③京城 ④1915-39 ⑤국립중앙도서관

朝鮮総督府中央試験所報告 第16回　　①朝鮮総督府中央試験所編 ③京城 ④1915-39 ⑤국립중앙도서관

朝鮮総督府中央試験所報告 第17回第1号-第10号

①朝鮮総督府中央試験所編 ②朝鮮総督府中央試験所 ③京城 ④1915-39 ⑤국립중앙도서관

朝鮮総督府中央試験所報告 第18回第4号-第5号
① 朝鮮総督府中央試験所編 ② 朝鮮総督府中央試験所 ③ 京城 ④ 1915-39 ⑤ 국립중앙도서관

朝鮮総督府中央試験所報告 第1回　① 朝鮮総督府中央試験所編 ③ 京城 ④ 1915-39 ⑤ 국립중앙도서관
朝鮮総督府中央試験所報告 第2回　① 朝鮮総督府中央試験所編 ③ 京城 ④ 1915-39 ⑤ 국립중앙도서관
朝鮮総督府中央試験所報告 第3回　① 朝鮮総督府中央試験所編 ③ 京城 ④ 1915-39 ⑤ 국립중앙도서관
朝鮮総督府中央試験所報告 第4回　① 朝鮮総督府中央試験所編 ③ 京城 ④ 1915-39 ⑤ 국립중앙도서관
朝鮮総督府中央試験所報告 第5回　① 朝鮮総督府中央試験所編 ③ 京城 ④ 1915-39 ⑤ 국립중앙도서관
朝鮮総督府中央試験所報告 第6回　① 朝鮮総督府中央試験所編 ③ 京城 ④ 1915-39 ⑤ 국립중앙도서관
朝鮮総督府中央試験所報告 第7回　① 朝鮮総督府中央試験所編 ③ 京城 ④ 1915-39 ⑤ 국립중앙도서관
朝鮮総督府中央試験所報告 第9回　① 朝鮮総督府中央試験所編 ② 朝鮮総督府中央試験所 ③ 京城 ④ 1927 ⑤ 한국국회도서관
朝鮮総督府中央試験所報告 第9回　① 朝鮮総督府中央試験所編 ③ 京城 ④ 1915-39 ⑤ 국립중앙도서관

朝鮮総督府中央試験所報告 第十三回 第一号
① 朝鮮総督府中央試験所 ② 朝鮮総督府中央試験所 ③ 京城 ④ 1932 ⑤ 서울대도서관

朝鮮総督府中央試験所報告, 第16回, 第7号
① 朝鮮総督府中央試験所編 ② 朝鮮総督府中央試験所 ③ 京城 ④ 1937 ⑤ 한국국회도서관

朝鮮総督府中央試験所報告, 第20回, 第1号
① 朝鮮総督府中央試験所編 ② 朝鮮総督府中央試験所 ③ 京城 ④ 1940 ⑤ 한국국회도서관

朝鮮総督府中央試験所報告, 第7回第4号　① 朝鮮総督府 中央試験所編 ② 朝鮮総督府中央試験所 ③ 京城 ④ 1924 ⑤ 한국국회도서관

朝鮮総督府中央試験所報告昭和5年　① 室田武隣近藤達雄 ② 朝鮮総督府中央試験所 ③ 京城 ④ 1930 ⑤ 연세대도서관

朝鮮総督府中央試験所報告第12回第1号昭和6年
② 朝鮮産明紬の品位比較と製織改良標準 ① 室田武隣近藤達雄 ② 朝鮮総督府中央試験所 ③ 京城 ④ 1931 ⑤ 연세대도서관

朝鮮総督府中央試験所報告第2回大正6年　② 朝鮮総督府中央試験所 ③ 京城 ④ 1917 ⑤ 연세대도서관
朝鮮総督府中央試験所所報　② 朝鮮総督府中央試験所 ③ 京城 ⑤ 연세대도서관
朝鮮総督府中央試験所年報　② 朝鮮総督府中央試験所 ③ 京城 ④ 1930-1939 ⑤ 연세대도서관
朝鮮総督府中枢院 会議議事録編 14　① 朝鮮総督府中枢院 ② 朝鮮総督府中枢院 ③ 京城 ④ 1933 ⑤ 고려대도서관
朝鮮総督府中枢院 会議議事録編 15　① 朝鮮総督府中枢院 ② 朝鮮総督府中枢院 ③ 京城 ④ 1934 ⑤ 고려대도서관
朝鮮総督府中枢院官制其ノ他諸規程　① 朝鮮総督府編 ② 朝鮮総督府 ③ 京城 ⑤ 한국국회도서관 ⑤ 한국국회도서관

朝鮮総督府中枢院調査課編	①朝鮮総督府中枢院調査課 ②朝鮮総督府中枢院調査課 ③京城 ④1936 ⑤일본국회도서관
朝鮮総督府中枢院会議議事録 第1-3回	①朝鮮総督府中枢院編 ②朝鮮総督府中枢院 ③京城 ④1933-1935 ⑤국립중앙도서관
朝鮮総督府地方改良講習会講演集 第3回	①朝鮮総督府内務局編 ②朝鮮総督府内務局 ③京城 ④1924 ⑤국립중앙도서관, 부산시민도서관
朝鮮総督附地方改良講習会講演集, 第1回	②朝鮮総督府内務局 ③京城 ④1921 ⑤연세대도서관序
朝鮮総督府地方改良講習会講演集	①朝鮮総督府内務局編 ③京城 ④1922 ⑤서울대도서관
朝鮮総督府地方庁(警察費)予算 各目明細書	
	①総督府 ②総督府 ③京城 ④1933 ⑤고려대도서관
朝鮮総督府地方行政講習会講演集 第9回	①朝鮮総督府編 ②朝鮮総督府 ③京城 ④1921 ⑤국립중앙도서관
朝鮮総督府地方行政区域名称一覧	①朝鮮総督府編 ③京城 ④1918 ⑤서울대도서관
朝鮮総督府地方行政区域名称一覧	①朝鮮総督府編 ③京城 ④1924 ⑤서울대도서관
朝鮮総督府地方行政区域名称一覧	①朝鮮総督府内務局編 ③京城 ④1925 ⑤서울대도서관
朝鮮総督府地方行政職員録	①帝国地方行政学会編 ②帝国地方行政学会 ③京城 ④1927 ⑤국립중앙도서관
朝鮮総督府地質調査所雑報 第1-6号	①朝鮮総督府地質調査所編 ②朝鮮総督府地質調査所 ③京城 ④1936-40 ⑤국립중앙도서관
朝鮮総督府地質調査所雑報 第8-12号	①朝鮮総督府地質調査所編 ②朝鮮総督府地質調査所 ③京城 ④1941-43 ⑤일본국회도서관
朝鮮総督府処務規程	①朝鮮総督府 ②朝鮮総督府 ③京城 ④1932 ⑤고려대도서관
朝鮮総督府処務規程	①朝鮮総督府編 ②朝鮮総督府 ③京城 ④1940 ⑤국립중앙도서관
朝鮮総督府鉄道局工事関係社務規程解説	①中島龍吉 ②京城土木建築業協会 ③京城 ④1939 ⑤국립중앙도서관
朝鮮総督府鉄道局工事請負業務参考書	①中島龍吉 ②京城土木建築業協会 ③京城 ④1939 ⑤국립중앙도서관
朝鮮総督府鉄道局機秘密取扱規程註釈及関係法令規定並ニ通牒	
	①朝鮮総督府鉄道局編 ②同局 ③京城 ④1941 ⑤한국국회도서관
朝鮮総督府鉄道局年報 1-23	①朝鮮総督府鉄道局編 ②朝鮮総督府鉄道局 ③京城 ④1926-39 ⑤국립중앙도서관
朝鮮総督府鉄道局旅客運送関係規則	①朝鮮総督府鉄道局編 ②朝鮮総督府鉄道局 ③京城 ④1938 ⑤국립중앙도서관
朝鮮総督府鉄道局連帯線手小荷物程表	①朝鮮総督府鉄道局編 ②朝鮮総督府鉄道局 ③京城 ④1939 ⑤국립중앙도서관
朝鮮総督府鉄道局運転統計 1-8	①朝鮮総督府鉄道局運転課編 ②朝鮮総督府鉄道局運転課 ③京城 ④1938-40 ⑤국립중앙도서관
朝鮮総督府鉄道局人事統計 第3輯 給額	①朝鮮総督府鉄道局庶務課編 ②朝鮮総督府鉄道局庶務課 ③京城 ④1937

⑤ 국립중앙도서관

朝鮮総督府鉄道局指定工事現場事務　①中島龍吉　③京城　④1939　⑤ 국립중앙도서관, 서울대도서관

朝鮮総督府鉄道局鉄道事業所物品事務概説
①金錫明　②中里勲　③釜山　④1940　⑤ 국립중앙도서관

朝鮮総督府鉄道局鉄道要覧 1-6　①朝鮮総督府鉄道局編　②朝鮮総督府鉄道局　③京城　④1926-39　⑤ 국립중앙도서관

朝鮮総督府鉄道局初任者の栞　①朝鮮総督府鉄道局庶務課編　②朝鮮総督府鉄道局　③京城　④1939
⑤ 국립중앙도서관

朝鮮総督府鉄道局枕木調査委員会紀要　①朝鮮総督府鉄道局枕木調査委員会編　②朝鮮総督府鉄道局　③京城
④1932　⑤ 국립중앙도서관

朝鮮総督府鉄道局現業員共済組合事業概況 昭和3, 7, 8年度
①朝鮮総督府鉄道局庶務課編　②朝鮮総督府鉄道局庶務課　③京城　④1929-
1934　⑤ 일본국회도서관

朝鮮総督府鉄道局現業員共済組合事業概況
①朝鮮総督府鉄道局庶務課編　②朝鮮総督府鉄道局庶務課　③京城
④1939　⑤ 국립중앙도서관

朝鮮総督府鉄道局現業員共済組合事業概況
④和8年度　②朝鮮総督府鉄道局庶務課　③京城　④1934　⑤ 연세대도서관

朝鮮総督府鉄道局貨物輸送手続　①朝鮮総督府鉄道局編　③京城　④1927　⑤ 서울대도서관

朝鮮総督府鉄道局貨物輸送手続　①朝鮮総督府鉄道局編　②朝鮮総督府鉄道局　③京城　④1939　⑤ 국립중앙도서관

朝鮮総督府逓信官署共済組合事業概要 昭和16年度
①朝鮮総督府逓信局編　②朝鮮総督府逓信局　③京城　④1942　⑤ 국립중앙도서관

朝鮮総督府逓信官署職員録 昭和9年10月1日現在
①朝鮮総督府逓信局　②朝鮮総督府逓信局　③京城　④1934　⑤ 일본국회도서관

朝鮮総督府逓信官署現業員共済組合事業概要 昭和8年度
①朝鮮総督府逓信局　②朝鮮総督府逓信局　③京城　④1934　⑤ 일본국회도서관

朝鮮総督府逓信局各種報告類別一覧　①朝鮮総督府逓信局編　②朝鮮総督府逓信局　③京城　④1923　⑤ 국립중앙도서관

朝鮮総督府逓信局発電水力調査書　①朝鮮総督府逓信局編　②朝鮮総督府逓信局　③京城　④1918　⑤ 국립중앙도서관

朝鮮総督府逓信局貯金保険課課員家計調査資料
①朝鮮総督府逓信局貯金保険課　②朝鮮総督府逓信局　③京城　④1943-

	1944　⑤ 서울대도서관
朝鮮総督府逓信局電気事業要覧	① 朝鮮総督府逓信局編　② 朝鮮総督府逓信局　③ 京城　④ 1931　⑤ 국립중앙도서관
朝鮮総督府逓信局電気事業要覧	① 朝鮮総督府逓信局編　② 朝鮮総督府逓信局　③ 京城　④ 1936-40　⑤ 국립중앙도서관
朝鮮総督府逓信年報　1-19	① 朝鮮総督府逓信局編　② 朝鮮総督府逓信局　③ 京城　④ 1916-441　⑤ 국립중앙도서관
朝鮮総督府逓信年報　大正14至昭和9年度	① 朝鮮総督府逓信局編　② 朝鮮総督府逓信局　③ 京城　④ 1927-1935　⑤ 일본국회도서관
朝鮮総督府逓信年報　明治44-大正13年度	① 朝鮮総督府逓信局編　② 朝鮮総督府逓信　③ 京城　④ 1912-1926　⑤ 일본국회도서관
朝鮮総督府逓信年報　昭和10至13年度	① 朝鮮総督府逓信局編　② 朝鮮総督府逓信局　③ 京城　④ 1936-39　⑤ 일본국회도서관
朝鮮総督府逓信法規為替金編加際綴　第1回	① 朝鮮総督府逓信局編　② 朝鮮総督府逓信局　③ 京城　④ 1923　⑤ 국립중앙도서관
朝鮮総督府逓信年報, 1936	① 朝鮮総督府逓信局編　② 朝鮮総督府逓信局　③ 京城　④ 1937　⑤ 한국국회도서관
朝鮮総督府逓信年報	② 朝鮮総督府逓信局　③ 京城　④ 1924-1939　⑤ 연세대도서관
朝鮮総督府逓信統計要覧　1-2	① 朝鮮総督府逓信局編　② 朝鮮総督府逓信局　③ 京城　④ 1923　⑤ 국립중앙도서관
朝鮮総督府逓信統計要覧　大正14至昭和9年度	① 朝鮮総督府逓信局編　② 朝鮮総督府逓信局　③ 京城　④ 1927-1935　⑤ 일본국회도서관
朝鮮総督府逓信統計要覧　昭和10至12年度	① 朝鮮総督府逓信局編　② 朝鮮総督府逓信局　③ 京城　④ 1936-38　⑤ 일본국회도서관
朝鮮総督府逓信統計要覧　昭和13年	① 朝鮮総督府逓信局編　② 朝鮮総督府逓信局　③ 京城　④ 1938　⑤ 국립중앙도서관
朝鮮総督府逓信統計要覧, 1931	① 朝鮮総督府逓信局編　② 朝鮮総督府逓信局　③ 京城　④ 1931　⑤ 한국국회도서관
朝鮮総督府逓信統計要覧	① 朝鮮総督府逓信局　② 朝鮮総督府逓信局　③ 京城　④ 1924　⑤ 서울대도서관
朝鮮総督府逓信統計要覧	② 朝鮮総督府逓信局　③ 京城　④ 1928-1939　⑤ 연세대도서관
朝鮮総督府初等地理書　巻1	① 小川英男　② 古今書院　③ 京城　④ 1934　⑤ 국립중앙도서관
朝鮮総督府出版物解題	① 朝鮮総督府編　③ 京城　④ 1924　⑤ 서울대도서관
朝鮮総督府忠清南道統計年報　大正2年	① 朝鮮総督府忠清南道編　② 忠清南道　③ 公州　④ 1915　⑤ 국립중앙도서관,

서울대도서관

朝鮮総督府統計年報	① 朝鮮総督府 ② 朝鮮総督府 ③ 京城 ④ 1906 ⑤ 규슈대도서관, 도쿄대도서관
朝鮮総督府統計図集	① 朝鮮総督府編 ② 朝鮮総督府 ③ 京城 ④ 1921 ⑤ 국립중앙도서관
朝鮮総督府統計年報, 1908-1911	① 朝鮮総督府 ② 朝鮮総督府 ③ 京城 ④ 1908 ⑤ 한국국회도서관
朝鮮総督府統計年報, 1909-1914	① 朝鮮総督府 ② 朝鮮総督府 ③ 京城 ④ 1909-1913 ⑤ 한국국회도서관
朝鮮総督府統計年報	② 朝鮮総督府 ③ 京城 ④ 1922-1943 ⑤ 연세대도서관
朝鮮総督府統計要覧 大正元, 2年	① 朝鮮総督府編 ② 朝鮮総督府 ③ 京城 ④ 1912-1913 ⑤ 일본국회도서관
朝鮮総督府統計要覧 昭和2年	① 朝鮮総督府 ② 朝鮮総督府 ③ 京城 ④ 1929 ⑤ 일본국회도서관
朝鮮総督府統計要覧 昭和6至8年	① 朝鮮総督府編 ② 朝鮮総督府 ③ 京城 ④ 1933-1935 ⑤ 일본국회도서관
朝鮮総督府統計要覧 昭和9年	① 朝鮮総督府編 ② 朝鮮総督府 ③ 京城 ④ 1936 ⑤ 일본국회도서관
朝鮮総督府統計要覧 第1次	① 朝鮮総督府編 ② 朝鮮総督府 ③ 京城 ④ 1911 ⑤ 국립중앙도서관, 일본국회도서관, 부산시민도서관
朝鮮総督府統計要覧 第1次-昭和9年	② 朝鮮総督府 ② 朝鮮総督府 ③ 京城 ④ 1911-1936 ⑤ 교토대도서관
朝鮮総督府統計要覧	① 朝鮮総督府 ② 朝鮮総督府 ③ 京城 ④ 1911-1936 ⑤ 교토대도서관, 규슈대도서관, 도쿄대도서관
朝鮮総督府統計要覧	① 朝鮮総督府編 ② 朝鮮総督府 ③ 京城 ④ 1935 ⑤ 한국국회도서관
朝鮮総督府統計要覧昭和1年	② 朝鮮総督府 ③ 京城 ④ 1928 ⑤ 연세대도서관
朝鮮総督府統計要覧昭和5年	② 朝鮮総督府 ③ 京城 ④ 1932 ⑤ 연세대도서관
朝鮮総督府統計要覧昭和6年	② 朝鮮総督府 ⑤ 연세대도서관 ④ 1933 ⑤ 연세대도서관
朝鮮総督府統計要覧昭和8年	② 朝鮮総督府 ⑤ 연세대도서관 ④ 1935 ⑤ 연세대도서관
朝鮮総督府特別会計歳入歳出予定計算書: 昭和7年度拓務省所管	
	① 帝国議会 ④ 1932 ⑤ 서울대도서관
朝鮮総督府特別会計歳入歳出追加予算増減内訳昭和十七年度	
	② 司計課 ⑤ 도쿄대도서관
朝鮮総督府編纂教科書概要	① 朝鮮総督府編 ② 朝鮮総督府 ③ 京城 ④ 1917 ⑤ 국립중앙도서관
朝鮮総督府平安南道公定価格表 1-3	① 平壌商工会議所編 ② 平壌商工会議所 ③ 平壌 ④ 1940-41 ⑤ 국립중앙도서관
朝鮮総督府平安南道統計年報	⑤ 도쿄대도서관
朝鮮総督府平安北道公定価格目次集	① 平壌商工会議所編 ② 平壌商工会議所 ③ 京城 ④ 1943 ⑤ 국립중앙도서관
朝鮮総督府学務局既認可教科用図書一覧	① 朝鮮総督府学務局編 ③ 京城 ④ 1927 ⑤ 서울대도서관
朝鮮総督府咸鏡南道 統計年報 大正6年	② 朝鮮総督府 ③ 京城 ④ 1917 ⑤ 부산시민도서관
朝鮮総督府咸鏡南道 統計年報	⑤ 도쿄대도서관
朝鮮総督府行政整理顛末 明治四五年	① 朝鮮総督府編 ④ 1919 ⑤ 서울대도서관
朝鮮総督府黄海道 統計年報	⑤ 도쿄대도서관

朝鮮総督府訓令第二十号朝鮮総督府報告例
　　　　　　　　　　　　① 朝鮮総督府編 ② 朝鮮総督府 ③ 京城 ④ 1927 ⑤ 한국국회도서관

朝鮮総督始政五周年記念写真帖　　① 朝鮮興報社編 ② 朝鮮興報社 ③ 京城 ④ 1926 ⑤ 한국국회도서관

朝鮮総督演述要旨　　　　　　　① 朝鮮総督府編 ④ 1921 ⑤ 서울대도서관

朝鮮総督専売局第十二年誌　　　① 朝鮮総督府 ② 朝鮮総督府 ③ 京城 ④ 1932 ⑤ 고려대도서관

朝鮮総督就任ノ際ニ於ケル諭告, 訓示, 声明書等写
　　　　　　　　　　　　② 朝鮮総督府 ③ 京城 ④ 1929 ⑤ 도쿄대도서관

朝鮮総督訓示　　　　　　　　　④ 1925 ⑤ 서울대도서관

朝鮮総督訓示集　　　　　　　　① 朝鮮総督府編 ③ 京城 ④ 1913 ⑤ 서울대도서관

朝鮮総覧　　　　　　　　　　　① 朝鮮総督府編 ② 朝鮮総督府 ③ 京城 ④ 1933 ⑤ 국립중앙도서관, 한국국회도서관, 서울대도서관, 연세대도서관, 일본국회도서관

朝鮮叢書 1-3　　　　　　　　　① 細井肇編 ② 朝鮮問題研究所 ③ 京城 ④ 1936 ⑤ 국립중앙도서관, 연세대도서관

朝鮮叢話　　　　　　　　　　　① 松田甲(学鴎) ② 朝鮮総督府 ③ 京城 ④ 1929 ⑤ 국립중앙도서관, 서울대도서관, 홋카이도대도서관

朝鮮最近の面影　　　　　　　　① 宇垣一成 ③ 京城 ④ 1933 ⑤ 한국국회도서관, 고려대도서관, 서울대도서관

朝鮮最近外交史 大院君伝 附王妃の一生　① 菊池謙譲 ② 日本書房 ③ 京城 ④ 1910 ⑤ 연세대도서관, 서울대도서관

朝鮮畜産の概要　　　　　　　　① 朝鮮畜産協会 ② 朝鮮畜産協会 ③ 京城 ④ 1927 ⑤ 서울대도서관

朝鮮畜産関係法規　　　　　　　① 朝鮮農会編 ② 朝鮮農会 ③ 京城 ④ 1937 ⑤ 한국국회도서관, 고려대도서관

朝鮮畜産例規　　　　　　　　　① 吉田雄次郎編 ② 帝国地方行政会 ③ 京城 ④ 1933 ⑤ 국립중앙도서관, 한국국회도서관, 일본국회도서관

朝鮮畜産例規　　　　　　　　　① 吉田雄次郎編 ② 朝鮮畜産協会 ③ 京城 ④ 1929 ⑤ 서울대도서관

朝鮮畜産統計 第1冊　　　　　　① 朝鮮総督府 ② 朝鮮総督府 ③ 京城 ④ 1941 ⑤ 고려대도서관

朝鮮畜産統計 第2冊　　　　　　① 朝鮮総督府 ② 朝鮮総督府 ③ 京城1942 ⑤ 고려대도서관

朝鮮畜産統計　　　　　　　　　① 朝鮮獣医畜産学会編 ② 朝鮮獣医畜産学会 ③ 京城 ④ 1939 ⑤ 국립중앙도서관, 서울대도서관, 일본국회도서관

朝鮮出版警察概要 1-5　　　　　① 朝鮮総督府警務局編 ② 朝鮮総督府警務局 ③ 京城 ④ 1934-38 ⑤ 국립중앙도서관

朝鮮取引所改造論　　　　　　　① 三井一三 ② 仁川米豆取引所仲買人組合 ③ 仁川 ④ 1924 ⑤ 일본국회도서관

朝鮮取引所関係法規　　　　　　① 朝鮮取引所編 ② 朝鮮取引所 ③ 京城 ④ 1900-1945 ⑤ 국립중앙도서관

朝鮮取引所年報 昭和11-14年度　① 朝鮮取引所編 ② 朝鮮取引所 ③ 京城 ④ 1937-39 ⑤ 국립중앙도서관

朝鮮取引所年報 昭和8年度　　　② 朝鮮取引所 ③ 京城 ④ 1934 ⑤ 연세대도서관

朝鮮取引所年報 昭和11-14年度　① 朝鮮取引所編 ② 朝鮮取引所 ③ 京城 ④ 1937-39 ⑤국립중앙도서관

朝鮮取引所年報　　　　　　　　② 朝鮮取引所 ③ 京城 ④ 1934 ⑤ 연세대도서관

朝鮮取引所史	①民衆時論社編 ②民衆時論社 ③京城 ④1935 ⑤고려대도서관, 연세대서관
朝鮮取引所年報, 1937	①朝鮮取引所編 ②朝鮮取引所 ③京城 ④1938 ⑤한국국회도서관
朝鮮取引所年報, 1939	①朝鮮取引所編 ②朝鮮取引所 ③京城 ④1940 ⑤한국국회도서관
朝鮮取引所一覧 1-2	①朝鮮総督府殖産局商工課編 ②朝鮮取引所聯合会 ③京城 ④1938-39 ⑤국립중앙도서관
朝鮮歯科医師試験問題答案集	①満鮮之歯界社編 ②朝鮮之歯界社出版部 ③京城 ④1935 ⑤국립중앙도서관
朝鮮歯科医学会雑誌	①朝鮮歯科医学会編 ②朝鮮歯科医学会 ③京城 ④1925-39 ⑤국립중앙도서관
朝鮮治安の現状及将来	①丸山鶴吉, 朝鮮総督府編 ②朝鮮総督府 ③京城 ④1922 ⑤국립중앙도서관, 서울대도서관
朝鮮治安状況 昭和11年版	①朝鮮総督府警務局 ②朝鮮総督府警務局 ③京城 ④1936 ⑤서울대도서관
朝鮮治安状況	①朝鮮総督府警務局 ②朝鮮総督府警務局 ③京城 ④1924 ⑤서울대도서관
朝鮮治安維持法違反事件判決	①高等法院検査局 ②高等法院検査局 ③京城 ④1928 ⑤서울대도서관
朝鮮治刑階梯 1-6	①朝鮮総督府法務局監獄課編 ②朝鮮治刑協会 ③京城 ④1924-26 ⑤국립중앙도서관
朝鮮治刑階梯, 第1編	①朝鮮総督府法務局監獄課編纂 ②朝鮮治刑協会 ③京城 ④1924 ⑤연세대도서관
朝鮮治刑階梯	①朝鮮総督府法務局監獄課編 ②朝鮮総督府法務局監獄課 ③京城 ④1924 ⑤고려대도서관, 서울대도서관
朝鮮治刑大要	①朝鮮治刑協会編 ③京城 ④1924 ⑤국립중앙도서관
朝鮮親族法相続法 主として朝鮮高等法院判例を中心としての考察	①藤田東三 ②大阪屋号書店 ③京城 ④1933 ⑤고려대도서관, 서울대도서관, 일본국회도서관
朝鮮親族法相続法	①藤田東三 ②大阪屋号書店 ③京城 ④1933 ⑤국립중앙도서관
朝鮮親族法相続法	①藤田東三 ②統監府総務府法制課 ③京城 ④1906 ⑤부산시민도서관
朝鮮親族相続慣習類纂	①切山篤太郎, 春沢得一共編 ②巌松堂京城店 ③京城 ④1921 ⑤서울대도서관
朝鮮親族相続慣習法綜攬	①馬場社編纂 ②大阪屋号書店 ③京城 ④1926 ⑤국립중앙도서관, 일본국회도서관
朝鮮親族相続慣習類纂	①切山篤太郎, 春沢得一 共編 ②巌松堂京城店 ③京城 ④1920 ⑤국립중앙도서관, 연세대도서관, 일본국회도서관
朝鮮炭の利用に就て	①朝鮮総督府編 ②朝鮮総督府 ③京城 ④1929 ⑤국립중앙도서관, 연세대도서관
朝鮮炭田調査報告 第1, 3-11巻	①朝鮮総督府燃料選鉱研究所編 ②朝鮮総督府燃料選鉱研究所 ③京城

	④1927-1934 ⑤일본국회도서관
朝鮮炭田調査報告 第11巻 年度試錐作業	①朝鮮総督府燃料選鉱研究所 ②朝鮮総督府燃料選鉱研究所 ③京城 ④1934 ⑤고려대도서관
朝鮮炭田調査報告 第12-14巻	①朝鮮総督府燃料選鉱研究所 ②朝鮮総督府燃料選鉱研究所 ③京城 ④1937-40 ⑤일본국회도서관
朝鮮炭田調査報告 第12巻 昭和五年度至昭和六年度試錐作業	
	①朝鮮総督府燃料選鉱研究所 ②朝鮮総督府燃料選鉱研究所 ③京城 ④1937 ⑤고려대도서관
朝鮮炭田調査報告 第12巻	①朝鮮総督府燃料選鉱研究所編 ③京城 ④1927-40 ⑤국립중앙도서관
朝鮮炭田調査報告 第13巻 平安南道南部無煙炭炭田	
	①朝鮮総督府燃料選鉱研究所 ②朝鮮総督府燃料選鉱研究所 ③京城 ④1938 ⑤고려대도서관
朝鮮炭田調査報告 第1巻	①朝鮮総督府燃料選鉱研究所編 ③京城 ④1927-40 ⑤국립중앙도서관
朝鮮炭田調査報告 第2巻	①朝鮮総督府燃料選鉱研究所編 ②朝鮮総督府燃料選鉱研究所 ③京城 ④1927 ⑤일본국회도서관
朝鮮炭田調査報告 第2巻	①朝鮮総督府燃料選鉱研究所編 ③京城 ④1927-40 ⑤국립중앙도서관
朝鮮炭田調査報告 第4巻	①朝鮮総督府燃料選鉱研究所編 ③京城 ④1927-40 ⑤국립중앙도서관
朝鮮炭田調査報告 第5巻 高原無煙炭炭田	①朝鮮総督府燃料選鉱研究所 ②朝鮮総督府燃料選鉱研究所 ③京城 ④1930 ⑤고려대도서관
朝鮮炭田調査報告 第5巻	①朝鮮総督府燃料選鉱研究所編 ③京城 ④1927-40 ⑤국립중앙도서관
朝鮮炭田調査報告 第6巻	①朝鮮総督府燃料選鉱研究所編 ③京城 ④1927-40 ⑤국립중앙도서관
朝鮮炭田調査報告 第7巻	①朝鮮総督府燃料選鉱研究所編 ③京城 ④1927-40 ⑤국립중앙도서관
朝鮮炭田調査報告 第8巻 文川無燃炭田	①朝鮮総督府燃料選鉱研究所 ②朝鮮総督府燃料選鉱研究所 ③京城 ④1931 ⑤고려대도서관
朝鮮炭田調査報告	①朝鮮総督府燃料選鉱研究所 ②朝鮮総督府燃料選鉱研究所 ③京城 ④1927 ⑤서울대도서관
朝鮮炭田調査報告	①朝鮮総督府燃料選鉱研究所編 ②朝鮮総督府燃料選鉱研究所 ③京城 ④1927-1931 ⑤도쿄대도서관
朝鮮炭田調査報告	①朝鮮総督府燃料選鉱研究所編 ②朝鮮総督府燃料選鉱研究所 ③京城 ④1927-1938 ⑤규슈대도서관
朝鮮炭田調査報告	②朝鮮総督府燃料選鉱研究所 ③京城 ④1928-1940 ⑤연세대도서관
朝鮮炭炭質改良試験成績	①朝鮮総督府中央試験所編 ③京城 ④1924 ⑤국립중앙도서관
朝鮮炭風化試験報告	①朝鮮総督府鉄道局 ②朝鮮総督府鉄道局 ③京城 ④1928 ⑤국립중앙도 서관, 한국국회도서관, 서울대도서관
朝鮮台湾支那豊国人奮闘史	①姫野官一郎 ②豊国人奮闘史編纂社 ③京城 ④1927 ⑤일본국회도서관

朝鮮太平記	①井上収 ②日刊大陸社 ③京城 ④1935 ⑤국립중앙도서관, 한국국회도서관, 고려대도서관, 일본국회도서관, 규슈대도서관
朝鮮土木建築協会請負額明細表 大正――至昭和三年度	
	①朝鮮土木建築協会編 ②朝鮮土木建築協会 ③京城 ④1929 ⑤서울대도서관
朝鮮土木建築協会会報 第1冊	①末奉幹編 ②朝鮮土木建築協会 ③京城 ④1932 ⑤고려대도서관
朝鮮土木建築協会会報 第2冊	①末奉幹編 ②朝鮮土木建築協会 ③京城 ④1920 ⑤고려대도서관
朝鮮土木建築協会会報 第3冊	①末奉幹編 ②朝鮮土木建築協会 ③京城 ④1927 ⑤고려대도서관
朝鮮土木建築協会会報 第4冊	①末奉幹編 ②朝鮮土木建築協会 ③京城 ④1927 ⑤고려대도서관
朝鮮土木建築協会会報 第5冊	①末奉幹編 ②朝鮮土木建築協会 ③京城 ④1928 ⑤고려대도서관
朝鮮土木関係法規	①朝鮮総督府内務局土木課編 ②朝鮮総督府内務局土木課 ③京城 ④1938 ⑤국립중앙도서관, 한국국회도서관, 서울대도서관, 연세대도서관
朝鮮土木関係法規	①朝鮮総督府内務局土木課編 ②朝鮮行政学会 ③京城 ④1941 ⑤한국국회도서관
朝鮮土木関係法規	①平島洋三 ③京城 ④1939 ⑤고려대도서관
朝鮮土木法規	①朝鮮総督府編 ②朝鮮総督府 ③京城 ⑤국립중앙도서관, 한국국회도서관, 일본국회도서관, 연세대도서관
朝鮮土木事業誌	①朝鮮総督府編 ②朝鮮総督府 ③京城 ④1937 ⑤국립중앙도서관, 한국국회도서관, 고려대도서관, 서울대도서관, 연세대도서관, 일본국회도서관
朝鮮土木行政法	①坂本嘉一 ②帝国地方行政学会朝鮮本部 ③京城 ④1939 ⑤한국국회도서관, 고려대도서관, 서울대도서관
朝鮮土木行政側面観	①坂本嘉一 ②政治教育協会 ③京城 ⑤한국국회도서관, 연세대도서관
朝鮮土木会報 第13-14輯	①朝鮮土木会編 ②朝鮮土木会 ③京城 ④1941-42 ⑤국립중앙도서관
朝鮮土地改良関係例規 全	①朝鮮総督府農林局編 ②帝国地方行政学会朝鮮本部 ③京城 ④1935 ⑤한국국회도서관, 부산시민도서관, 고려대도서관, 서울대도서관, 연세대도서관, 도쿄대도서관
朝鮮土地改良関係例規, 1941	①朝鮮総督府農林局編 ②朝鮮行政学会 ③京城 ④1941 ⑤한국국회도서관, 연세대도서관
朝鮮土地改良登記手続	①森尚憲 ②朝鮮戸籍協会 ③京城 ④1944 ⑤한국국회도서관, 연세대도서관
朝鮮土地改良令の要旨	①朝鮮総督府土地改良部編 ②朝鮮総督府 ③京城 ④1928 ⑤국립중앙도서관, 도쿄대도서관
朝鮮土地改良例規	①朝鮮総督府農林局編 ②帝国地方行政学会朝鮮本部 ③京城 ④1935 ⑤고려대도서관
朝鮮土地改良事業要覧 上巻, 影印本	①朝鮮総督府土地改良部, 朝鮮総督府農林局 共編 ②朝鮮総督府土地改良部 ③京城 ④1928 ⑤고려대도서관
朝鮮土地改良事業要覧 下巻, 影印本	①朝鮮総督府土地改良部 朝鮮総督府農林局 共編 ②朝鮮総督府土地改

	良部 ③京城 ④1928 ⑤고려대도서관
朝鮮土地改良事業要覧, 1927	①朝鮮総督府農林局編 ②朝鮮総督府農林局 ③京城 ④1928 ⑤한국국회도서관
朝鮮土地改良事業要覧, 1928	①朝鮮総督府農林局編 ②朝鮮総督府農林局 ③京城 ④1929 ⑤한국국회도서관, 고려대도서관
朝鮮土地改良事業要覧, 1930	①朝鮮総督府農林局編 ②朝鮮総督府農林局 ③京城 ④1931 ⑤한국국회도서관
朝鮮土地改良事業要覧, 1931	①朝鮮総督府農林局編 ②朝鮮総督府農林局 ③京城 ④1932 ⑤한국국회도서관, 고려대도서관
朝鮮土地改良事業要覧, 1932	①朝鮮総督府農林局編 ②朝鮮総督府農林局 ③京城 ④1936 ⑤한국국회도서관
朝鮮土地改良事業要覧, 1934	①朝鮮総督府農林局編 ②朝鮮総督府農林局 ③京城 ④1936 ⑤한국국회도서관
朝鮮土地改良事業要覧, 1937	①朝鮮総督府農林局編 ②朝鮮総督府農林局 ③京城 ④1939 ⑤한국국회도서관
朝鮮土地改良事業要覧, 1938	①朝鮮総督府農林局編 ②朝鮮総督府農林局 ③京城 ④1940 ⑤한국국회도서관
朝鮮土地改良事業要覧, 1939	①朝鮮総督府農林局編 ②朝鮮総督府 ③京城 ④1941 ⑤한국국회도서관
朝鮮土地改良事業要覧, 上-下	①朝鮮総督府 土地改良部 ②朝鮮総督府農林局 ③京城 ④1934-1939 ⑤한국국회도서관
朝鮮土地改良事業要覧, 昭和2-15年度	①朝鮮総督府土地改良部編 ②発行者不明 ③京城 ④1928-42 ⑤국립중앙도서관, 부산시민도서관, 연세대도서관, 일본국회도서관, 도쿄대도서관, 도호쿠대도서관
朝鮮土地改良事業要覧	①朝鮮総督府土地改良部編 ②朝鮮総督府土地改良部 ③京城 ④1930 ⑤고려대도서관
朝鮮土地改良株式会社誌	①朝鮮土地改良株式会社編 ②朝鮮土地改良株式会社 ③京城 ④1936 ⑤국립중앙도서관, 고려대도서관, 서울대도서관, 연세대도서관, 도쿄대도서관
朝鮮土地傾斜区分図	①朝鮮総督府林業試験場編 ③京城 ④1932 ⑤서울대도서관, 일본국회도서관
朝鮮土地賃貸価格調査令	①朝鮮総督府財務局編 ②朝鮮総督府 ③京城 ④1941 ⑤고려대도서관
朝鮮土地調査事業概覧 大正4 1915年度	①朝鮮総督府臨時土地調査局編 ②朝鮮総督府臨時土地調査局 ③京城 ④1916 ⑤국립중앙도서관, 서울대도서관, 교토대도서관
朝鮮土地調査事業報告 1-2	①朝鮮総督府臨時調査局編 ②朝鮮総督府 ③京城 ④1918 ⑤국립중앙도서관
朝鮮土地調査事業報告書追録	①朝鮮総督府臨時土地調査局編 ②朝鮮総督府 ③京城 ④1919 ⑤부산시민도서관, 연세대도서관, 일본국회도서관

朝鮮土地調査事業報告書	① 朝鮮総督府臨時土地調査局編 ② 朝鮮総督府臨時土地調査局 ③ 京城 ④ 1918 ⑤ 고려대도서관, 서울대도서관, 연세대도서관, 일본국회도서관, 교토대도서관
朝鮮土地調査殊ニ地価設定ニ関スル説明書	① 朝鮮総督府 ③ 京城 ④ 1917 ⑤ 고려대도서관
朝鮮土地調査殊ニ地価設定ニ関スル説明書	① 朝鮮総督府編 ② 朝鮮総督府 ③ 京城 ④ 1918 ⑤ 국립중앙도서관
朝鮮統計時報	① 朝鮮統計協会編 ② 朝鮮統計協会 ③ 京城 ④ 1936-39 ⑤ 국립중앙도서관
朝鮮統計要覧 1-2	① 朝鮮総督府編 ② 朝鮮総督府 ③ 京城 ④ 1938 ⑤ 국립중앙도서관
朝鮮統計要覧 昭和10年, 昭和13年	② 朝鮮総督府 ③ 京城 ④ 1937 ⑤ 일본국회도서관, 교토대도서관
朝鮮統計要覧 昭和13年	① 朝鮮総督府 ② 朝鮮総督府 ③ 京城 ④ 1940 ⑤ 일본국회도서관
朝鮮統計要覧 昭和14年	① 朝鮮総督府編 ② 朝鮮総督府 ③ 京城 ④ 1941 ⑤ 일본국회도서관
朝鮮統計要覧	① 朝鮮総督府編 ② 朝鮮総督府 ③ 京城 ④ 1925 ⑤ 국립중앙도서관
朝鮮統計要覧	② 朝鮮総督府 ③ 京城 ④ 1937 ⑤ 규슈대도서관, 도호쿠대도서관
朝鮮統計要覧 昭和10年	① 朝鮮総督府編纂 ② 朝鮮総督府 ③ 京城 ④ 1937 ⑤ 연세대도서관
朝鮮統計要覧 昭和12年	② 朝鮮総督 ③ 京城 ④ 1939 ⑤ 연세대도서관
朝鮮統計要覧 昭和13年	② 朝鮮総督府 ③ 京城 ④ 1940 ⑤ 연세대도서관
朝鮮統計総攬	① 朝鮮経済研究所編 ② 朝鮮経済研究所 ③ 京城 ④ 1931 ⑤ 국립중앙도서관, 한국국회도서관, 서울대도서관, 연세대도서관, 일본국회도서관, 교토대도서관, 규슈대도서관, 나고야대도서관, 도쿄대도서관, 홋카이도대도서관
朝鮮通史	① 林泰輔 ② 岡崎進光社 ③ 京城 ④ 1944 ⑤ 고려대도서관
朝鮮通信法規提要 1-2	① 逓友社編 ② 逓友社 ③ 京城 ④ 1925 ⑤ 국립중앙도서관
朝鮮通信事業監督論	① 堂本敏雄 ② 帝国地方行政学会朝鮮本部 ③ 京城 ④ 1938 ⑤ 국립중앙도서관, 서울대도서관, 연세대도서관
朝鮮通信事業監督論	① 堂本敏雄 ② 帝国地方行政学会朝鮮本部 ③ 京城 ④ 1928 ⑤ 한국국회도서관
朝鮮通信事業沿革小史	① 朝鮮総督府逓信局編 ② 朝鮮総督府逓信局 ③ 京城 ④ 1914 ⑤ 국립중앙도서관, 한국국회도서관, 부산시민도서관, 고려대도서관, 서울대도서관, 연세대도서관, 일본국회도서관, 교토대도서관, 도쿄대도서관, 홋카이도대도서관
朝鮮統治ニ関スル詔書 諭告 訓示其他	① 朝鮮総督府編 ③ 京城 ④ 1920 ⑤ 서울대도서관
朝鮮統治に対する私見	① 蟻生十郎 ④ 1921 ⑤ 서울대도서관
朝鮮統治に就て	① 副島道正 ② 副島道正 ③ 京城 ④ 1926 ⑤ 국립중앙도서관
朝鮮統治の根本大策	① 石森久弥編 ② 朝鮮公論社 ③ 京城 ④ 1928 ⑤ 국립중앙도서관, 고려대도서관
朝鮮統治の目標	① 石森久弥 ② 朝鮮公論社 ③ 京城 ④ 1932 ⑤ 국립중앙도서관, 한국국회도

	서관, 고려대도서관, 서울대도서관, 일본국회도서관, 도쿄대도서관
朝鮮統治の批判	①石森久弥 ②朝鮮公論社 ③京城 ④1926 ⑤국립중앙도서관, 부산시민도서관, 고려대도서관, 서울대도서관, 연세대도서관, 규슈대도서관
朝鮮統治の解剖	①阿部薫 ②民衆時論社 ③京城 ④1927 ⑤국립중앙도서관, 한국국회도서관, 부산시민도서관, 서울대도서관, 교토대도서관, 규슈대도서관
朝鮮統治の解剖	①阿部薫 ②民衆時論社 ③京城 ④1929 ⑤고려대도서관
朝鮮統治の回顧と批判	①貴田忠衛 ②朝鮮新聞社 ③京城 ④1936 ⑤국립중앙도서관, 한국국회도서관, 고려대도서관, 서울대도서관, 연세대도서관, 일본국회도서관, 도쿄대도서관
朝鮮統治改革論	①李膺福 ②李膺福 ③大邱 ④1933 ⑤일본국회도서관, 도쿄대도서관
朝鮮統治論	①上田務 ②上田務 ③京城 ④1920 ⑤국립중앙도서관, 규슈대도서관
朝鮮統治論	①青柳綱太郎 ②朝鮮研究会 ③京城 ④1923 ⑤국립중앙도서관, 한국국회도서관, 부산시민도서관, 고려대도서관, 서울대도서관, 연세대도서관, 일본국회도서관, 교토대도서관, 규슈대도서관, 도쿄대도서관
朝鮮統治問題論文集 第1集	①井本幾次郎 ②井本幾次郎 ③京城 ④1929 ⑤국립중앙도서관, 한국국회도서관, 고려대도서관, 서울대도서관, 연세대도서관, 일본국회도서관
朝鮮統治問題論文集 第1輯	①井本幾次郎編 ②近沢印刷部 ③京城 ④1935 ⑤고려대도서관
朝鮮統治変遷史	②民衆時論社 ③京城 ④1935 ⑤연세대도서관
朝鮮統治秘話	①朝鮮行政編輯総局編 ②帝国地方行政学会 ③京城 ④1937 ⑤한국국회도서관, 연세대도서관
朝鮮統治私見	①上田務 ③京城 ④1919 ⑤규슈대도서관
朝鮮統治私見	①香椎源太郎 ②香椎源太郎 ③釜山 ④1920 ⑤한국국회도서관, 일본국회도서관
朝鮮統治三年間成績	①朝鮮総督府編 ②朝鮮総督府 ③京城 ④1914 ⑤국립중앙도서관, 한국국회도서관, 부산시민도서관, 고려대도서관, 서울대도서관, 연세대도서관, 일본국회도서관, 교토대도서관, 도쿄대도서관, 도호쿠대도서관
朝鮮統治新論	①阿部薫 ②民衆時論社 ③京城 ④1931 ⑤국립중앙도서관, 한국국회도서관, 부산시민도서관, 고려대도서관, 일본국회도서관, 도쿄대도서관
朝鮮統治策に関する学説 第1輯	①李種植編 ②新朝鮮社 ③京城 ④1926 ⑤국립중앙도서관
朝鮮特別犯罪資料 昭和八至一二年度	①不破武夫編 ④1938 ⑤서울대도서관
朝鮮特別法人税令解説 附税制改正に関する総督府当局談	①朝鮮金融組合聯合会 ②朝鮮金融組合聯合会 ③京城 ④1940 ⑤서울대도서관, 교토대도서관, 도쿄대도서관
朝鮮特別法人税総記 1-18	①朝鮮金融組合聯合会調査課編 ②朝鮮総督府組合聯合会調査課 ③京城 ④1940 ⑤국립중앙도서관
朝鮮特殊鉱物	①後藤誠編 ②博文書館 ③京城 ④1944 ⑤국립중앙도서관, 한국국회도서

관, 서울대도서관, 연세대도서관

朝鮮特種鉱物資源調査報告 第1号 水銀鉱
①朝鮮総督府殖産局鉱山課編 ②朝鮮総督府殖産局鉱山課 ③京城 ④1938
⑤고려대도서관, 연세대도서관, 일본국회도서관

朝鮮版刑法講義　①池田良之助 ②文林堂 ③京城 ④1936 ⑤한국국회도서관, 서울대도서관

朝鮮平安南道無焔炭層地質調査報　①矢部長克 ②朝鮮総督府 ③京城 ④1919 ⑤국립중앙도서관, 부산시민도
서관

朝鮮抛徒討伐誌　①朝鮮駐箚軍指令部編 ②朝鮮駐箚軍指令部 ③京城 ④1913 ⑤서울대도
서관, 연세대도서관

朝鮮暴動の原因及其の善後策並将来の統治方針に関する世論の概要
④1920 ⑤국립중앙도서관

朝鮮風物詩集　①中西三郎(九十九) ②中西九十九 ③平壤 ④1932 ⑤국립중앙도서관, 연
세대도서관, 서울대도서관

朝鮮風俗·風景写真帖　①朝鮮風俗研究会編 ②ウツボヤ書籍店 ③京城 ④1920 ⑤고려대도서관

朝鮮風俗資料 妓生物語　①吉川萍水 ②半島自由評論社 ③京城 ④1932 ⑤고려대도서관, 서울대도
서관

朝鮮風俗資料集説扇·左縄·打毬·麭　①今村鞆 ②朝鮮総督府中枢院 ③京城 ④1937 ⑤국립중앙도서관, 한국국
회도서관, 일본국회도서관

朝鮮風俗集　①今村鞆 ②ウツボヤ書籍店 ③京城 ④1919 ⑤고려대도서관, 연세대도서
관, 교토대도서관, 규슈대도서관

朝鮮風俗集　①今村鞆 ②斯道館 ③京城 ④1914 ⑤국립중앙도서관, 한국국회도서관,
부산시민도서관, 고려대도서관, 서울대도서관, 연세대도서관, 교토대도서관,
규슈대도서관, 도쿄대도서관

朝鮮風俗風景写真帖　①朝鮮風俗研究会 ②ウツボや書籍店 ③京城 ④1916 ⑤한국국회도서관

朝鮮風俗風景写真帖　①椎木宇之助 ②日之出商行 ③京城 ④1914 ⑤서울대도서관

朝鮮風俗画譜　①中村金城編纂 ②二書房 ③日本 ④1910 ⑤연세대도서관

朝鮮風水害誌 1-2　①朝鮮総督府編 ②朝鮮総督府 ③京城 ④1930, 33 ⑤국립중앙도서관

朝鮮風水害誌　①朝鮮総督府編 ②朝鮮総督府 ③京城 ④1933 ⑤한국국회도서관

朝鮮風水害誌　②朝鮮総督府 ③京城 ④1931 ⑤연세대도서관

朝鮮風水害誌　①朝鮮総督府編 ②朝鮮総督府 ③京城 ④1930 ⑤고려대도서관

朝鮮風土歌集　①市山盛雄 ②東京真人社 ③京城 ④1935 ⑤국립중앙도서관, 부산시민
도서관, 고려대도서관, 서울대도서관, 연세대도서관, 일본국회도서관

朝鮮風土歌集　①市山盛雄 ②真人社 ③京城 ④1934 ⑤고려대도서관

朝鮮風土記　①難波専太郎 ②大阪屋号書店 ③京城 ④1928 ⑤국립중앙도서관, 한국국
회도서관, 고려대도서관, 서울대도서관

朝鮮風土記	①小野清編 ②民論時代社 ③京城 ④1935 ⑤국립중앙도서관, 연세대도서관
朝鮮皮革関係法令集 附 質疑 回答牒	①朝鮮製革配給会社編 ②朝鮮製革配給会社 ③京城 ④1932 ⑤한국국회도서관
朝鮮皮革株式会社創立二十五周年記念写真帖	
	①朝鮮皮革株式会社編 ②朝鮮皮革株式会社 ③京城 ④1936 ⑤서울대도서관
朝鮮河川及公有水面関係法令	①水理土木研究会編 ②水理土木研究会 ③京城 ④1928 ⑤국립중앙도서관, 서울대도서관
朝鮮河川令釈義	①坂本嘉一 ②帝国地方行政学会 ③京城 ④1927 ⑤국립중앙도서관, 한국국회도서관, 연세대도서관
朝鮮河川調査年報 昭和13, 14・15年度	①朝鮮総督府内務局編 ②朝鮮総督府内務局 ③京城 ④1941-43 ⑤일본국회도서관
朝鮮河川調査年報 昭和3-15年度	①朝鮮総督府編 ③京城 ④1928-43 ⑤국립중앙도서관
朝鮮河川調査年報 昭和3	①朝鮮総督府編 ②朝鮮総督府 ③京城 ④1928 ⑤고려대도서관
朝鮮河川調査年報 昭和3-6年度	①朝鮮総督府 ②朝鮮総督府内務局 ③京城 ④1930-1935 ⑤일본국회도서관
朝鮮河川調査年報 昭和6	①朝鮮総督府編 ②朝鮮総督府 ③京城 ④1931 ⑤고려대도서관
朝鮮河川調査年報 昭和7-11年度	①朝鮮総督府内務局編 ②朝鮮総督府内務局 ③京城 ④1935-39 ⑤일본국회도서관
朝鮮河川調査年報	①朝鮮総督府内務局 ②朝鮮総督府 ③京城 ④1930 ⑤고려대도서관, 도쿄대도서관, 도호쿠대도서관
朝鮮河川調査年報	①朝鮮総督府編 ②朝鮮総督府 ③京城 ④1929 ⑤고려대도서관
朝鮮河川調査書 附図	①朝鮮総督府編 ②朝鮮総督府 ③京城 ④1929 ⑤한국국회도서관, 고려대도서관, 연세대도서관
朝鮮河川調査書 附表	①朝鮮総督府編 ②朝鮮総督府 ③京城 ④1928 ⑤고려대도서관
朝鮮河川調査書 附表	①朝鮮総督府編 ②朝鮮総督府 ③京城 ④1929 ⑤한국국회도서관, 고려대도서관, 연세대도서관
朝鮮河川調査書	①朝鮮総督府 ②朝鮮総督府 ③京城 ④1929 ⑤한국국회도서관, 고려대도서관, 서울대도서관, 연세대도서관, 일본국회도서관
朝鮮河川調査書	①朝鮮総督府編 ②朝鮮総督府 ③京城 ④1928 ⑤고려대도서관
朝鮮河川調査年報	②朝鮮総督府 ③京城 ④1928-1938 ⑤연세대도서관
朝鮮学校管理法	①高橋浜吉 ②日韓書房 ③京城 ④1938 ⑤한국국회도서관, 연세대도서관
朝鮮学校年鑑	①宋沢元編 ②朝鮮教育社 ③京城 ④1938 ⑤연세대도서관
朝鮮学校学級・教科の経営	①朝鮮教育研究会編 ②朝鮮図書出版 ③京城 ④1939 ⑤서울대도서관
朝鮮学事関係職員録	①吉田泰編 ②朝鮮教育出版社 ③京城 ④1924 ⑤국립중앙도서관

朝鮮学事例規	① 朝鮮総督府学校局編 ② 朝鮮教育会 ③ 京城 ④ 1938 ⑤ 한국국회도서관, 고려대도서관, 서울대도서관, 연세대도서관, 일본국회도서관
朝鮮学事例規	① 朝鮮総督府学務局学務課編 ② 朝鮮教育会 ③ 京城 ④ 1935 ⑤ 서울대도서관, 일본국회도서관, 도쿄대도서관
朝鮮学事例規	① 朝鮮総督府学務局学務課編纂 ② 帝国地方行政学会朝鮮本部 ③ 京城 ④ 1932 ⑤ 고려대도서관, 서울대도서관, 연세대도서관
朝鮮学生陸上競技年鑑	① 朝鮮学生陸上競技聯盟編 ② 朝鮮学生陸上競技聯盟 ③ 京城 ④ 1937 ⑤ 국립중앙도서관
朝鮮学生騒擾事件及対策	① 石森久弥 ② 朝鮮公論社 ③ 京城 ④ 1930 ⑤ 서울대도서관
朝鮮学生陸上競技年鑑, 1936	① 朝鮮学生陸上競技聯盟編 ② 朝鮮学生陸上競技聯盟 ③ 京城 ④ 1937 ⑤ 한국국회도서관
朝鮮学叢書, 第1冊	① 今西竜校定 ② 近沢書店 ③ 京城 ④ 1933 ⑤ 연세대도서관
朝鮮漢方薬料植物調査書	① 朝鮮総督府編 ② 朝鮮総督府 ③ 京城 ④ 1917 ⑤ 한국국회도서관, 국립중앙도서관
朝鮮漢英仏独訳教育勅語	① 朝鮮総督府編 ② 朝鮮総督府 ③ 京城 ④ 1916 ⑤ 국립중앙도서관
朝鮮漢子部画索引	① 朝鮮経済研究所編 ② 朝鮮経済研究所 ③ 京城 ④ 1934 ⑤ 한국국회도서관, 나고야대도서관
朝鮮閑題	① 権藤四郎介 ④ 1932 ⑤ 한국국회도서관, 부산시민도서관, 연세대도서관
朝鮮旱害救済誌 大正8年	① 朝鮮総督府編 ② 朝鮮総督府 ③ 京城 ④ 1925 ⑤ 서울대도서관, 연세대도서관, 일본국회도서관
朝鮮咸鏡南道事精	① 咸南新報社編 ② 咸南新報社 ③ 咸興 ④ 1922 ⑤ 국립중앙도서관
朝鮮航路標識便覧表	① 朝鮮総督府逓信局編 ② 朝鮮総督府逓信局 ③ 京城 ④ 1920 ⑤ 교토대도서관
朝鮮港湾関係法規	① 朝鮮総督府内務局土木課編 ② 朝鮮総督府内港湾協会朝鮮之部 ③ 京城 ④ 1933 ⑤ 한국국회도서관, 서울대도서관
朝鮮港湾事情	① 前原一喜編集 ⑤ 서울대도서관
朝鮮港湾要覧	① 朝鮮総督府内務局編 ② 朝鮮総督府内務局 ③ 京城 ④ 1931 ⑤ 고려대도서관, 서울대도서관, 연세대도서관, 일본국회도서관
朝鮮海湾測深成績	① 朝鮮総督府水産試験場編 ② 朝鮮総督府水産試験場 ③ 発行地不明 ④ 1933 ⑤ 한국국회도서관
朝鮮海事大要	① 朝鮮総督府逓信局 ② 朝鮮総督府逓信局 ③ 京城 ④ 1935 ⑤ 서울대도서관
朝鮮海事大要	① 朝鮮総督府逓信局編 ② 朝鮮総督府逓信局 ③ 京城3 ④ 1938 ⑤ 고려대도서관
朝鮮海事法令集, 下巻	① 朝鮮海事会編纂 ② 朝鮮海事会 ③ 発行地不明 ④ 1938 ⑤ 한국국회도서관
朝鮮海洋便覧	① 朝鮮総督府水産試験場編 ② 朝鮮総督府水産試験場 ③ 釜山 ④ 1936 ⑤ 국립중앙도서관, 한국국회도서관, 부산시민도서관, 서울대도서관, 연세대

	도서관
朝鮮海雲台温泉案内	① 海雲台温泉合資会社編 ② 海雲台温泉 ③ 京城 ④ 1936 ⑤ 일본국회도서관
朝鮮害虫編, 前編	① 町田貞一, 青山哲四郎共 ② 三宅琢造本店出版部 ③ 釜山 ④ 1928 ⑤ 연세대도서관, 교토대도서관
朝鮮害虫編, 後編	① 町田貞一, 青山哲四郎共 ② 三宅琢造本店出版部 ③ 釜山 ④ 1930 ⑤ 한국국회도서관, 부산시민도서관, 연세대도서관, 교토대도서관
朝鮮海苔	① 鄭文基 ② 朝鮮総督府 ③ 京城 ④ 1937 ⑤ 한국국회도서관, 연세대도서관
朝鮮海通漁組合聯合会報 第4号	① 朝鮮海通漁組合聯合会本部 ② 朝鮮海通漁組合聯合会本部 ③ 釜山 ④ 1903 ⑤ 일본국회도서관
朝鮮海通漁組合聯合会業務報告 明治33年6-10月	① 朝鮮海通漁組合聯合会本部 ② 朝鮮海通漁組合聯合会本部 ③ 釜山 ④ 1900 ⑤ 일본국회도서관
朝鮮害虫編 前篇	① 町田貞一, 青山哲四郎 ② 三宅琢造本店出版部 ③ 釜山 大倉町 ④ 1928 ⑤ 일본국회도서관, 부산시민도서관
朝鮮行政 区劃便覧	① 朝鮮総督官房地方課編 ② 朝鮮総督府 ③ 京城 ④ 1944 ⑤ 한국국회도서관
朝鮮行政警察法各論	① 児玉魯一 ② 帝国地方行政学会朝鮮本部 ③ 京城 ④ 1925 ⑤ 나고야대도서관
朝鮮行政警察法総論	① 藤沼武男 ③ 京城 ④ 1917 ⑤ 일본국회도서관
朝鮮行政警察法総論	① 児玉魯一 ② 自良印刷所 ③ 京城 ④ 1924 ⑤ 한국국회도서관, 일본국회도서관
朝鮮行政区画便覧 昭和18年10月1日現在	① 朝鮮総督府官房地方課編 ② 朝鮮行政学会 ③ 京城 ④ 1944 ⑤ 일본국회도서관
朝鮮行政区劃便覧	① 朝鮮総督府官房地方課編 ② 朝鮮行政学会 ③ 京城 ④ 1943 ⑤ 서울대도서관
朝鮮行政法 完	① 萩原彦三 ② 巌松堂 ③ 京城 ④ 1921 ⑤ 교토대도서관, 도쿄대도서관
朝鮮行政法 全	① 萩原彦三 ② 巌松堂京城店 ③ 京城 ④ 1933 ⑤ 한국국회도서관
朝鮮行政法	① 萩原彦三 ② 巌松堂京城支店 ③ 京城 ④ 1923 ⑤ 국립중앙도서관, 고려대도서관, 교토대도서관, 규슈대도서관
朝鮮行政法概要	① 内田建孝 ② 近沢書店 ③ 京城 ④ 1933 ⑤ 한국국회도서관, 서울대도서관, 교토대도서관, 도쿄대도서관
朝鮮行政法概要	① 内田達孝 ② 近沢書店 ③ 京城 ④ 1934 ⑤ 연세대도서관
朝鮮行政法概要	① 内田達孝 ② 近沢書店 ③ 京城 ④ 1935 ⑤ 연세대도서관
朝鮮行政法論 1-2	① 車田篤 ② 朝鮮法制研究会 ③ 京城 ④ 1935 ⑤ 국립중앙도서관, 일본국회도서관
朝鮮行政法論 上巻	① 車田篤 ② 朝鮮法制研究会 ③ 京城 ④ 1934 ⑤ 고려대도서관
朝鮮行政法論 下巻	① 車田篤 ② 朝鮮法制研究会 ③ 京城 ④ 1934 ⑤ 고려대도서관

朝鮮行政法論, 上巻	① 車田篤 ② 朝鮮法制研究会 ③ 京城 ④ 1935 ⑤ 연세대도서관
朝鮮行政法論, 下巻	① 車田篤 ② 朝鮮法制研究会 ③ 京城 ④ 1935 ⑤ 연세대도서관
朝鮮行政法論	① 車田篤 ② 朝鮮法制研究会 ③ 京城 ④ 1934 ⑤ 서울대도서관
朝鮮行政法要論 1-2	① 永野清, 田口春二郎 共 ② 巌松堂京城支店 ③ 京城 ④ 1915 ⑤ 국립중앙도서관, 고려대도서관, 일본국회도서관, 규슈대도서관, 도쿄대도서관
朝鮮行政法要論	① 永野清 ② 染田哲三郎 ③ 京城 ④ 1914 ⑤ 서울대도서관
朝鮮行政法要論	① 永野清, 田口春二郎共 ② 巌松堂 ③ 京城 ④ 1915 ⑤ 홋카이도대도서관
朝鮮行政法提要 総論	① 松岡修太郎 ② 東都書籍 ③ 京城 ④ 1944 ⑤ 한국국회도서관, 연세대도서관, 서울대도서관, 도호쿠대도서관
朝鮮行政司法警察例規集 全	① 朝鮮総督府警務総監部保安課編纂 ② 朝鮮総督府警務総監部保安課 ③ 京城 ④ 1915 ⑤ 도쿄대도서관
朝鮮行政要覧	① 任洪淳 ② 朝陽出版社 ③ 京城 ④ 1929 ⑤ 국립중앙도서관, 서울대도서관, 연세대도서관
朝鮮行政質疑応答数集	① 朝鮮行政事務研究会編 ② 朝鮮教育図書出版部 ③ 京城 ④ 1937 ⑤ 고려대도서관, 연세대도서관
朝鮮行政執行令要義	① 田口春二郎 ② 斯道館 ③ 京城 ④ 1915 ⑤ 국립중앙도서관, 연세대도서관
朝鮮行刑実務戒護指要	① 中橋政吉 ② 朝鮮治刑協会 ③ 京城 ④ 1934 ⑤ 국립중앙도서관, 한국국회도서관, 고려대도서관
朝鮮郷土地理	① 豊川善葉 ② 日韓書房 ③ 京城 ④ 1935 ⑤ 국립중앙도서관, 서울대도서관
朝鮮憲兵ノ起源及沿革概要	① 朝鮮憲兵隊司令部 ② 朝鮮憲兵隊司令部 ③ 京城 ④ 1924 ⑤ 일본국회도서관
朝鮮現状に鑑みたる普通教室内に於ける体操教授	
	① 斎洞公立普通学校編 ② 京畿道教育会 ③ 京城 ④ 1932 ⑤ 국립중앙도서관
朝鮮現勢の考察	① 井上蘇人 ② 発行者不明 ③ 京城 ④ 1927 ⑤ 국립중앙도서관, 한국국회도서관, 연세대도서관, 도쿄대도서관
朝鮮現勢の考察	① 井上蘇人編 ② 朝鮮経世時報社 ③ 京城 ④ 1928 ⑤ 고려대도서관, 서울대도서관
朝鮮現勢の考察	① 井上蘇人 ② 朝鮮経世時報社 ③ 京城 ④ 1929 ⑤ 국립중앙도서관, 부산시민도서관, 일본국회도서관
朝鮮現勢便覧 昭和11年版	① 朝鮮総督府 ② 朝鮮総督府 ③ 京城 ④ 1936 ⑤ 일본국회도서관
朝鮮現勢便覧 1-5	① 朝鮮総督府編 ② 朝鮮総督府 ③ 京城 ④ 1935-39 ⑤ 국립중앙도서관, 한국국회도서관
朝鮮現勢便覧	① 朝鮮総督府編 ② 朝鮮総督府 ③ 京城 ④ 1935 ⑤ 고려대도서관
朝鮮現勢便覧	② 朝鮮総督府 ③ 京城 ④ 1938 ⑤ 연세대도서관
朝鮮現行法規大全	① 修文書館編輯 ② 修文書館 ③ 京城 ④ 1911 ⑤ 연세대도서관

朝鮮現行法規便覧	①平井斌夫 ②朝鮮出版協会 ③京城 ④1912 ⑤고려대도서관
朝鮮協同組合読本	①山根 ②朝鮮金融組合聯合会 ③京城 ④1938 ⑤국립중앙도서관, 한국국회도서관
朝鮮協同組合読本	①山根謹 ②朝鮮金融組合聯合会 ③京城 ④1937 ⑤국립중앙도서관, 서울대도서관, 연세대도서관, 도쿄대도서관
朝鮮協同組合論 1-2	①車田篤 ②朝鮮金融組合協会 ③京城 ④1932 ⑤국립중앙도서관, 부산시민도서관, 일본국회도서관
朝鮮協同組合論	①車田篤 ②朝鮮金融組合協会 ③京城 ④1932 ⑤한국국회도서관, 고려대도서관, 서울대도서관
朝鮮協同組合論2金融組合令其他	①朝鮮金融組合協会編 ②朝鮮金融組合協会 ③京城 ④1932 ⑤고려대도서관
朝鮮刑務所写真帖	①朝鮮治刑協会編 ②韓国治刑協会 ③京城 ④1924 ⑤국립중앙도서관, 서울대도서관
朝鮮刑務提要	①朝鮮総督府法務局行政課編 ②朝鮮治刑協会 ③京城 ④1927 ⑤국립중앙도서관
朝鮮刑務提要	①朝鮮総督府法務局行刑課編 ②治刑協会 ③京城 ④1941 ⑤한국국회도서관
朝鮮刑事令釈義	①玉名友彦 ②大洋出版社 ③京城 ④1944 ⑤국립중앙도서관, 한국국회도서관, 연세대도서관, 일본국회도서관
朝鮮刑事法令	①野村調太郎編 ②松山房 ③京城 ④1929 ⑤고려대도서관
朝鮮刑事訴訟法講義	①藤井尚三 ②文林堂 ③京城 ④1936 ⑤국립중앙도서관, 한국국회도서관, 부산시민도서관, 서울대도서관
朝鮮刑事政策資料 昭和12年度版	①高等法院検事国編 ②高等法院検事国 ③京城 ④1938 ⑤서울대도서관
朝鮮刑事政策資料	①高等法院検事局編 ②高等法院検事局 ③京城 ④1939 ⑤한국국회도서관
朝鮮刑事政策資料	①高等法院検事局編 ②高等法院検事局 ③京城 ④1943 ⑤연세대도서관
朝鮮型漁船改良ニ関スル試験	①堀江武夫 等 ②朝鮮総督府水産試験場 ③釜山 ④1929 ⑤국립중앙도서관
朝鮮戸法令釈義	①宮本元 ②朝鮮司法協会 ③京城 ④1924 ⑤국립중앙도서관
朝鮮戸籍届書式並其ノ戸籍記載例全集	①日高寿郎, 成達鏞 共 ②文新社 ③京城 ④1939 ⑤국립중앙도서관, 서울대도서관
朝鮮戸籍届書式並其戸籍記載例全集	①日高寿郎, 成達鏞 共編 ②文新社 ③京城 ④1939 ⑤한국국회도서관
朝鮮戸籍及寄留届書式集	①朝鮮総督府法務局編纂 ②朝鮮戸籍協会 ③京城 ④1944 ⑤한국국회도서관, 서울대도서관, 연세대도서관
朝鮮戸籍及寄留例規	①朝鮮総督府法務局編 ②朝鮮戸籍協会 ③京城 ④1943 ⑤한국국회도서관, 서울대도서관, 연세대도서관, 일본국회도서관
朝鮮戸籍及寄留質疑会答輯録	①朝鮮戸籍協会編 ②朝鮮戸籍協会 ③京城 ④1944 ⑤서울대도서관

朝鮮戸籍令要義	①中田伝平編 ②穹青堂 ③大邱 ④1923 ⑤국립중앙도서관
朝鮮戸籍令義解	①野村謂太郎 ②巌松堂 ③京城 ④1922 ⑤국립중앙도서관
朝鮮戸籍令義解	①野村調太郎 ②巌松堂 ③京城 ④1923 ⑤서울대도서관, 홋카이도대도서관
朝鮮戸籍例規	①朝鮮総督府法務局編 ②司法協会 ③京城 ④1933 ⑤국립중앙도서관, 서울대도서관
朝鮮戸籍例規	①朝鮮総督府法務局編 ③京城 ④1924 ⑤고려대도서관
朝鮮戸籍例規追録	①朝鮮総督府法務局編 ②朝鮮司法協会 ③京城 ④1926 ⑤고려대도서관, 서울대도서관
朝鮮戸籍法規詳解	①近見繁造 ②朝鮮法規研究倶楽部 ③京城 ④1924 ⑤한국국회도서관, 고려대도서관, 서울대도서관, 연세대도서관
朝鮮戸籍法令釈義	①朝鮮総督府法務局編 ②朝鮮総督府法務局 ③京城 ④1924 ⑤서울대도서관, 연세대도서관
朝鮮戸籍法令集 附地方法院同支庁事務取扱区域	
	①朝鮮総督府法務局編纂 ②5版 ②司法協会 ③京城 ④1936 ⑤교토대도서관
朝鮮戸籍法令集	①朝鮮総督府法務局編 ②司法協会 ③京城 ④1932 ⑤한국국회도서관
朝鮮戸籍法令集	①朝鮮総督府法務局編 ②司法協会 ③京城 ④1936 ⑤국립중앙도서관
朝鮮戸籍非訟事件手続	①田邊福太郎 ②菊地一二堂 ③光州 ④1927 ⑤국립중앙도서관
朝鮮戸籍書式大全	①田邊福太郎 ②全南戸籍協会 ③光州 ④1935 ⑤국립중앙도서관
朝鮮戸籍令義解 1-2	①車田篤 ②教育出版社 ③京城 ④1937 ⑤국립중앙도서관
朝鮮戸籍例規	①朝鮮総督府法務局編 ③京城 ④1924-1926 ⑤서울대도서관
朝鮮戸籍例規	①朝鮮総督府法務局編 ②司法協会 ③京城 ④1929 ⑤한국국회도서관
朝鮮戸籍取扱手続	①田邊福太郎 ②全南戸籍協会 ③光州 ④1933 ⑤국립중앙도서관
朝鮮戸籍必携集	①中原茂編 ②川井印刷所 ③釜山 ④1930 ⑤한국국회도서관, 일본국회도서관, 규슈대도서관, 도쿄대도서관
朝鮮鴻儒 宋詩烈の遺蹟「華陽洞」	①松田甲 ②朝鮮総督府 ③京城 ④1923 ⑤국립중앙도서관, 한국국회도서관
朝鮮貨幣考	①柳子厚 ③京城 ④1940 ⑤국립중앙도서관, 규슈대도서관
朝鮮化学会会報 1-11	①朝鮮化学会編 ②工政会朝鮮支部 ③京城 ④1929-41 ⑤국립중앙도서관
朝鮮活字印刷資料展観目録	①京城帝国大学附属図書館編 ②京城帝大附属図書館 ③京城 ④1931 ⑤고려대도서관, 서울대도서관, 규슈대도서관, 도쿄대도서관, 홋카이도대도서관
朝鮮皇室及民族変遷ノ梗要	①平木勘太郎 ②内閣不動産法調査会 ③京城 ④1907 ⑤국립중앙도서관
朝鮮会計例規 追録	①朝鮮総督府財務局司計課編纂 ②谷岡商店 ③京城 ④1926 ⑤서울대도서관
朝鮮会計例規 1-3	①朝鮮総督府財務局司計課編 ②朝鮮財務協会 ③京城 ④1924, 1930

	⑤ 국립중앙도서관
朝鮮会計例規 1-4	① 朝鮮総督府財務部司計課編 ② 谷岡商店 ③ 京城 ④ 1924-30 ⑤ 국립중앙도서관
朝鮮会計法規, 上, 下	① 帝国地方行政学会 朝鮮本部編 ② 帝国地方行政学会 ③ 京城 朝鮮本部 ④ 1930 ⑤ 한국국회도서관
朝鮮会計法規	① 朝鮮総督府財務局編 ② 朝鮮財務協会 ③ 京城 ④ 1929 ⑤ 한국국회도서관
朝鮮会計法規略解	① 大山松造 ② 会計法規研究会 ③ 京城 ④ 1922 ⑤ 국립중앙도서관, 서울대도서관
朝鮮会計法撮要	① 谷助市 ② 会計研究会 ③ 京城 ④ 1928 ⑤ 국립중앙도서관, 연세대도서관
朝鮮会計例規	① 朝鮮財務局司計課編 ② 朝鮮財務協会 ③ 京城 ④ 1930 ⑤ 한국국회도서관, 서울대도서관
朝鮮会計例規	① 朝鮮総督府財務局司計課編 ② 谷岡商店 ③ 京城 ④ 1919 ⑤ 서울대도서관
朝鮮会計例規	① 朝鮮総督府財務局司計課編 ② 谷岡商店 ③ 京城 ④ 1926 ⑤ 서울대도서관
朝鮮会計例規下	① 朝鮮総督府財務局司計課編 ② 谷岡商店 ③ 京城 ④ 1930 ⑤ 연세대도서관
朝鮮会社調	① 朝鮮銀行調査部 ② 朝鮮銀行 ③ 京城 ④ 1921 ⑤ 서울대도서관, 일본국회도서관, 교토대도서관
朝鮮会社表 1-9	① 京城商業会議所編 ② 京城商業会議所 ③ 京城 ④ 1922-39 ⑤ 국립중앙도서관
朝鮮会社表 大正11-12年	① 京城商業会議所編 ② 京城商業会議所 ③ 京城 ④ 1922-23 ⑤ 국립중앙도서관
朝鮮会社表 大正12年, 昭和11年度	① 京城商業会議所編 ② 京城商業会議所 ③ 京城 ④ 1923, 36 ⑤ 국립중앙도서관
朝鮮会社表 昭和6年1月1日現在	① 京城商工会議所編 ② 京城商工会議所 ③ 京城 ④ 1931 ⑤ 일본국회도서관, 고려대도서관
朝鮮会社表	① 京城商工会議所 昭和3 ② 京城商工会議所 ③ 京城 ④ 1928 ⑤ 고려대도서관
朝鮮会社表	① 京城商工会議所 ② 京城商工会議所 ③ 京城 ④ 1929 ⑤ 고려대도서관, 연세대도서관
朝鮮会社表	① 京城商工会議所 ② 京城商工会議所 ③ 京城 ④ 1935 ⑤ 서울대도서관, 연세대도서관
朝鮮会社表	① 京城商工会議所編 ② 京城商業会議所 ③ 京城 ④ 1933 ⑤ 국립중앙도서관, 고려대도서관
朝鮮会社表	① 京城商業会議所編 ② 京城商業会議所 ③ 京城 ④ 1926 ⑤ 서울대도서관, 연세대도서관, 도쿄대도서관
朝鮮会社表	① 京城商業会議所 ② 商工会議所 ③ 京城 ④ 1939 ⑤ 한국국회도서관, 일본국회도서관

朝鮮会社表	①伊藤正愨 ②京城商工会議所 ③京城 ④1937 ⑤고려대도서관, 일본국회도서관
朝鮮会社表	②朝鮮商工会議所 ③京城 ④1931 ⑤연세대도서관
朝鮮後期の田畓文記に関する研究	①周藤吉之 ④1937 ⑤고려대도서관
朝鮮彙報	①朝鮮総督府編 ②朝鮮総督府 ③京城 ④1915-20 ⑤국립중앙도서관, 서울대도서관
朝鮮興業株式会社三十周年記念誌	①朝鮮興業株式会社編 ②朝鮮興業株式会社 ③京城 ④1936 ⑤국립중앙도서관
朝鮮・台湾・満洲 外地統治史	①中村玄寿 ②大陸之日本社 ③釜山 ④1936 ⑤고려대도서관
調乙	②朝鮮銀行調査局 ③京城 ④1918 ⑤나고야대도서관
朝鉄黄海線礼成江架橋工事記録	①朝鮮鉄道株式会社編 ②朝鮮鉄道株式会社 ③京城 ④1933 ⑤국립중앙도서관, 서울대도서관
朝取有価証券所有ニ関スル件	⑤도쿄대도서관
鳥致院発展誌	①酒井俊三郎編 ②朝鮮新聞社忠清総支社 ③忠清南道 ④1915 ⑤국립중앙도서관, 규슈대도서관
組合員は斯くして身を起す	①朝鮮金融組合聯合会調査課編 ②朝鮮金融組合聯合会 ③京城 ④1934 ⑤국립중앙도서관, 서울대도서관
卒業生指導 勤労美談第2輯	②朝鮮公民教育会 ③京城 ④1933 ⑤연세대도서관
卒業生指導の精神と方法	①八束周吉 ②朝鮮公民教育会 ③京城 ④1933 ⑤국립중앙도서관
卒業生指導勤労美談	①京畿道編 ②京畿道 ③京城 ④1930 ⑤홋카이도대도서관
宗家と朝鮮 京城全	①高橋章之助 ②高橋章之助 ③京城 ④1920 ⑤고려대도서관, 서울대도서관, 연세대도서관, 일본국회도서관, 규슈대도서관, 도쿄대도서관
宗家朝鮮陣文書	①朝鮮総督府 ②朝鮮総督府 ③京城 ④1937 ⑤일본국회도서관
種痘施針	①朝鮮総督府全羅北道衛生課編 ②朝鮮総督府全羅北道衛生課 ③公州 ④1934 ⑤국립중앙도서관
種苗場事業報告	①全羅北道種苗場編 ②全羅北道種苗場 ③全羅北道 ④1930 ⑤규슈대도서관, 홋카이도대도서관
種苗場事業報告	①黄海道種苗場 ②黄海道種苗場 ③黄海道 ④1920 ⑤규슈대도서관
種苗場成績報告	①全羅北道種苗場 ②全羅北道種苗場 ④1929 ⑤규슈대도서관
綜合教育教科書 第1巻 心理学・論理学編	②帝国地方行政学会朝鮮本部 ③京城 ④1927 ⑤부산시민도서관
綜合教育教科書 第2巻 教育学・教育史編	②帝国地方行政学会朝鮮本部 ③京城 ④1927 ⑤부산시민도서관
綜合教育教科書 第3巻 各科教授法・学校管理法・教育法規	②帝国地方行政学会朝鮮本部 ③京城 ④1927 ⑤부산시민도서관
佐翁尹致昊先生略伝	①金永義 ②基督教朝鮮監理会総理院 ③京城 ④1934 ⑤고려대도서관
珠算教授税目	①京城公立普通学校教員会編 ②京城公立普通学校教員会 ③京城 ④1934

	⑤국립중앙도서관
珠算書	②朝鮮総督府 ④1917 ⑤부산시민도서관
珠算速習算法書	①田中林助 ②京城共興学舎 ③京城 ④1928 ⑤국립중앙도서관
註釈朝鮮語読本 1-2	①神阪退三 ②朝鮮警察新聞社 ③京城 ④1925 ⑤국립중앙도서관
酒税二関スル統計	①朝鮮総督府財務局 ②朝鮮総督府財務局 ③京城 ④1928 ⑤고려대도서관, 서울대도서관
酒税令の概要	①朝鮮財務協会編 ②朝鮮財務協会 ③京城 ④1928 ⑤국립중앙도서관, 한국국회도서관, 연세대도서관
株式会社京城株式現物取引市長沿革誌	①京城株式現物取引市場編 ②京城株式現物取人市場 ③京城 ④1923
株式会社立石商店廿五年沿革史	①立石商店 ②立石商店 ③釜山 ④1936 ⑤도쿄대도서관
株式会社朝鮮商業銀行沿革史	①朝鮮商業銀行編 ②朝鮮商業銀行 ③京城 ④1942 ⑤국립중앙도서관
珠淵選集(全)	①李熙(高宗) ②珠淵選集出版所 ③京城 ④1919 ⑤부산시민도서관, 규슈대도서관
主要農産物産額価額調	①朝鮮総督府 ②朝鮮総督府 ③京城 ④1913 ⑤도쿄대도서관
主要農作物各道奨励品種特性, 1932	①朝鮮総督府農事試験場編 ②朝鮮総督府農事試験場 ③京城 ④1932 ⑤한국국회도서관
主要樹種造林費調	①朝鮮総督府編 ②朝鮮総督府 ③京城 ④1920 ⑤국립중앙도서관, 서울대도서관
主要食糧ノ検査関係例規	②農商局 ③京城 ④1944 ⑤연세대도서관
主要食糧消費高調	①朝鮮農会編 ②朝鮮農会 ③京城 ④1937 ⑤국립중앙도서관
主要食糧調査	①朝鮮農会編 ②朝鮮農会 ③京城 ④1940 ⑤국립중앙도서관
主要林木種子ノ発芽促進二関スル試験 第1, 2回報告	①戸沢又治次郎 等 ②朝鮮総督府林業試験場 ③京城 ④1924, 26 ⑤국립중앙도서관
主要作物耕種標準	②咸鏡北道種苗場 ③咸鏡北道 ④1930 ⑤규슈대도서관
注意并二字句訂正表	①内務部学務局編 ②朝鮮総督府 ③京城 ④1990-45 ⑤국립중앙도서관
酒造大要	①清水武紀 ②朝鮮財務協会 ③京城 ④1925 ⑤국립중앙도서관
酒造読本	①佐田吉衛編 ②朝鮮酒造協会京城支部 ③京城 ④1938 ⑤국립중앙도서관
酒造二関スル調査	①朝鮮総督府財務局編 ②朝鮮総督府財務局 ③京城 ④1925 ⑤한국국회도서관
株主総会決議録 営業報告書	①鮮満開拓株式会社 ⑤도쿄대도서관
註解 大典会通	①朝鮮総督府中枢院編 ②朝鮮総督府中枢院 ③京城 ④1939 ⑤서울대도서관
竹内鶏竜庵主所蔵品売立目録 第1回	①京城美術倶楽部編 ②京城美術倶楽部 ③京城 ④1937 ⑤고려대도서관
竹内鶏竜庵主所蔵品売立目録 第2回	①京城美術倶楽部編 ②京城美術倶楽部 ③京城 ④1937 ⑤고려대도서관

中堅人物養成施設の概要 農山漁村に於ける

① 朝鮮総督府編 ② 朝鮮総督府 ③ 京城 ④ 1936 ⑤ 한국국회도서관, 서울대도서관

中京誌 江華府誌　① 釈尾春芿編 ② 朝鮮古書刊行会 ③ 京城 ④ 1911 ⑤ 교토대도서관, 규슈대도서관, 도쿄대도서관

中京誌 趙秉變編 江華府誌　① 金魯鎮編 ② 朝鮮古書刊行会刊 ③ 京城 ④ 1907 ⑤ 부산시민도서관

中国建設銀公司と其の国際性　② 朝鮮銀行調査課 ③ 京城 ④ 1934 ⑤ 연세대도서관, 도쿄대도서관

中国共産党の朝鮮内抗日人民戦線結成おすび日支事変後方攪乱事件

① 朝鮮総督府咸鏡南道警察部 ② 朝鮮総督府咸鏡南道警察部 ③ 京城 ④ 1937 ⑤ 고려대도서관

中国共産党事件予審決定書焉　① 京城地方法院編 ② 京城地方法院 ③ 京城 ④ 1932 ⑤ 고려대도서관

中等公民 男子用 上巻　① 朝鮮総督府編 ② 朝鮮総督府 ③ 京城 ④ 1943 ⑤ 고려대도서관

中等公民 男子用 下巻　① 朝鮮総督府編 ② 朝鮮総督府 ③ 京城 ④ 1943 ⑤ 고려대도서관

中等公民 男子用, 上, 下　① 朝鮮総督府 ② 朝鮮教学図書株式会社 ③ 京城 ④ 1942 ⑤ 한국국회도서관

中等公民 上巻　① 朝鮮総督府 ③ 京城 ④ 1942 ⑤ 국립중앙도서관

中等公民　① 朝鮮総督府編 ② 朝鮮教学図書株式会社 ③ 京城 ④ 1943 ⑤ 국립중앙도서관

中等教育 公民科教科書　① 朝鮮総督府編 ② 朝鮮書籍印刷 ③ 京城 ④ 1934 ⑤ 고려대도서관

中等教育 国語読本, 巻3-4　① 朝鮮総督府編 ② 朝鮮書籍印刷 ③ 京城 ④ 1931 ⑤ 한국국회도서관

中等教育 漢文読本 巻2　① 朝鮮総督府 ② 朝鮮書籍印刷株式会社 ③ 京城 ④ 1930 ⑤ 고려대도서관

中等教育 漢文読本 巻4　① 朝鮮総督府 ② 朝鮮書籍印刷株式会社 ③ 京城 ④ 1930 ⑤ 고려대도서관

中等教育 漢文読本, 3, 5　① 朝鮮総督府編 ② 朝鮮総督府 ③ 京城 ④ 1930 ⑤ 한국국회도서관, 고려대도서관

中等教育公民科教科書　① 朝鮮総督府編 ② 朝鮮総督府 ③ 京城 ④ 1934 ⑤ 국립중앙도서관

中等教育公民教科書　① 朝鮮総督府編 ② 朝鮮書籍印刷株式会社 ③ 京城 ④ 1938 ⑤ 국립중앙도서관, 고려대도서관, 연세대도서관

中等教育国文読本 巻10　① 朝鮮総督府 ② 朝鮮書籍印刷株式会社 ③ 京城 ④ 1934 ⑤ 고려대도서관

中等教育国文読本 巻1　① 朝鮮総督府 ② 朝鮮総督府 ③ 京城 ④ 1930 ⑤ 고려대도서관

中等教育国文読本 巻2　① 朝鮮総督府編 ② 朝鮮総督府 ③ 京城 ④ 1930 ⑤ 고려대도서관

中等教育国文読本 巻3　① 朝鮮総督府 ② 朝鮮書籍印刷株式会社 ③ 京城 ④ 1931 ⑤ 고려대도서관

中等教育国文読本　① 朝鮮総督府編 ② 朝鮮書籍印刷株式会社 ③ 京城 ④ 1930-34 ⑤ 국립중앙도서관

中等教育国文読本教授備考　① 朝鮮総督府編 ② 朝鮮書籍印刷株式会社 ③ 京城 ④ 1936 ⑤ 국립중앙도서관

中等教育国文法教科書 1-2　① 朝鮮総督府編 ② 朝鮮書籍印刷株式会社 ③ 京城 ④ 1932-33 ⑤ 국립중

	앙도서관
中等教育女子公民教科書	① 朝鮮総督府編 ② 朝鮮総督府 ③ 京城 ④ 1938 ⑤ 고려대도서관
中等教育女子国文読本 1-8	① 朝鮮総督府編 ② 朝鮮書籍印刷株式会社 ③ 京城 ④ 1932-35 ⑤ 국립중앙도서관
中等教育女子修身書1, 3-4	① 朝鮮総督府編 ② 朝鮮書籍印刷株式会社 ③ 京城 ④ 1938-41 ⑤ 국립중앙도서관
中等教育女子修身書	① 朝鮮総督府編 ② 朝鮮書籍印刷株式会社 ③ 京城 ④ 1939 ⑤ 국립중앙도서관
中等教育女子朝鮮語読本 1-2	① 朝鮮総督府編 ② 朝鮮書籍印刷株式会社 ③ 京城 ④ 1936-37 ⑤ 국립중앙도서관
中等教育修身書 1, 3	① 朝鮮総督府編 ② 朝鮮総督府 ③ 京城 ④ 1937 ⑤ 국립중앙도서관
中等教育修身書 1-2, 4-5	① 朝鮮総督府編 ② 朝鮮書籍印刷株式会社 ③ 京城 ④ 1935-43 ⑤ 국립중앙도서관
中等教育修身書 1-3, 5	① 朝鮮総督府編 ② 朝鮮書籍印刷株式会社 ③ 京城 ④ 1940 ⑤ 국립중앙도서관
中等教育修身書 巻2	① 朝鮮総督府編 ② 朝鮮書籍印刷株式会社 ③ 京城 ④ 1936 ⑤ 고려대도서관
中等教育修身書 巻4	① 朝鮮総督府 作 ② 朝鮮書籍印刷株式会社 ③ 京城 ④ 1938 ⑤ 고려대도서관
中等教育修身書 巻5	① 朝鮮総督府 作 ② 朝鮮書籍印刷株式会社 ③ 京城 ④ 1943 ⑤ 고려대도서관
中等教育修身書, 巻1, 3, 5	① 朝鮮総督府 ③ 京城 ④ 1939 ⑤ 국립중앙도서관
中等教育修身書, 巻1	① 朝鮮総督府 ② 朝鮮教学図書 ③ 京城 ④ 1940 ⑤ 연세대도서관
中等教育修身書, 巻5	① 朝鮮総督府 ② 朝鮮教学図書 ③ 京城 ④ 1943 ⑤ 연세대도서관
中等教育朝鮮語及漢文読本 巻4	① 朝鮮総督府 ② 朝鮮書籍印刷株式会社 ③ 京城 ④ 1936 ⑤ 고려대도서관
中等教育漢文読本 1-5	① 朝鮮総督府編 ② 朝鮮書籍印刷株式会社 ③ 京城 ④ 1930 ⑤ 국립중앙도서관
中等国文法 実業学校用	① 朝鮮総督府編 ② 朝鮮教学図書 ③ 京城 ④ 1944 ⑤ 한국국회도서관
中等国文法	① 朝鮮総督府 ③ 京城 ④ 1942 ⑤ 국립중앙도서관
中等国文法	① 朝鮮総督府 ③ 京城 ④ 1944 ⑤ 국립중앙도서관, 연세대도서관
中等国語 1-2, 5	① 朝鮮総督府編 ② 朝鮮書籍印刷株式会社 ③ 京城 ④ 1941-43 ⑤ 국립중앙도서관
中等国語 巻1男子用	① 朝鮮総督府 ② 朝鮮書籍印刷株式会社 ③ 京城 ④ 1941 ⑤ 고려대도서관
中等国語 女子用 巻2	① 朝鮮総督府 ② 朝鮮教学図書 ③ 京城 ④ 1942 ⑤ 고려대도서관
中等国語	① 朝鮮総督府編 ② 朝鮮教学図書株式会社 ③ 京城 ④ 1943 ⑤ 국립중앙도서관

中等国語 男子用, 巻3	① 朝鮮総督府 ② 朝鮮教学図書 ③ 京城 ④ 1942 ⑤ 연세대도서관
中等国語 男子用, 巻4	① 朝鮮総督府 ② 朝鮮教学図書 ③ 京城 ④ 1942 ⑤ 연세대도서관
中等国語 男子用, 巻6	① 朝鮮総督府 ② 朝鮮教学図書 ③ 京城 ④ 1943 ⑤ 연세대도서관
中等国語 男子用, 巻7	① 朝鮮総督府 ② 朝鮮教学図書 ③ 京城 ④ 1944 ⑤ 연세대도서관
中等国語 男子用, 巻8	① 朝鮮総督府 ② 朝鮮教学図書 ③ 京城 ④ 1944 ⑤ 연세대도서관
中等歴史教科書調査要旨	① 朝鮮総督府臨時歴史教科用図書調査委員会 ② 朝鮮総督府臨時歴史教科用図書調査委員会 ③ 京城 ④ 1935 ⑤ 고려대도서관
中等物象 2	① 文部省 ② 朝鮮教学図書 ③ 京城 ④ 1944 ⑤ 국립중앙도서관
中等時文	① 朝鮮総督府 ② 朝鮮総督府 ③ 京城 ④ 1943 ⑤ 국립중앙도서관
中等時文	① 朝鮮総督府編 ② 朝鮮書籍印刷株式会社 ③ 京城 ④ 1941 ⑤ 국립중앙도서관, 서울대도서관
中等朝鮮語講座 1-2	① 朝鮮語研究会編 ② 朝鮮語研究会 ③ 京城 ④ 1931-33 ⑤ 국립중앙도서관
中等学校改正入学考査の手引	① 朝鮮教育会編 ② 朝鮮教育会 ③ 京城 ④ 1883 ⑤ 국립중앙도서관
中等学校改正入学考査の手引	② 朝鮮教育会 ③ 京城 ④ 1940 ⑤ 연세대도서관
中等学校公民科教授要目	② 朝鮮総督府学務局 ③ 京城 ④ 1937 ⑤ 연세대도서관
中等学校国語漢文教授要目	② 朝鮮総督府学務局 ③ 京城 ④ 1937 ⑤ 연세대도서관
中等学校女子公民教科書	① 朝鮮総督府編 ② 朝鮮総督府 ③ 京城 ④ 1934 ⑤ 국립중앙도서관
中等学校女子公民教科書	① 朝鮮総督府編 ② 朝鮮総督府 ③ 京城 ④ 1938 ⑤ 국립중앙도서관
中等学校長会議事項	① 朝鮮総督府編 ② 朝鮮総督府 ③ 京城 ④ 1928 ⑤ 국립중앙도서관
中等学校朝鮮語教科書 1-2	① 朝鮮語研究会編 ② 朝鮮語研究会 ③ 京城 ④ 1935 ⑤ 국립중앙도서관
中等学校朝鮮語教科書 上巻, 下巻	① 朝鮮語研究会編 ② 朝鮮語研究会 ③ 京城 ④ 1928-1929 ⑤ 교토대도서관
中等漢文 2	① 日本文部省 ② 朝鮮教学図書 ③ 京城 ④ 1944 ⑤ 고려대도서관
中等漢文 巻3	① 朝鮮総督府編 ② 朝鮮教学図書株式会社 ③ 京城 ④ 1942 ⑤ 고려대도서관
中等漢文 巻3	① 朝鮮総督府編 ② 朝鮮総督府 ③ 京城 ④ 1939 ⑤ 고려대도서관
中等漢文 巻5	① 朝鮮総督府編 ② 朝鮮教学図書株式会社 ③ 京城 ④ 1942 ⑤ 고려대도서관
中等漢文, 巻2	① 朝鮮総督府 ② 朝鮮教学図書 ③ 京城 ④ 1938 ⑤ 연세대도서관
中等漢文	① 朝鮮総督府 ③ 京城 ④ 1942 ⑤ 국립중앙도서관
中等漢文読本 1-2, 5	① 朝鮮総督府編 ② 朝鮮書籍印刷株式会社 ③ 京城 ④ 1937, 1941 ⑤ 국립중앙도서관
中等漢文読本 3-4	① 朝鮮総督府編 ② 朝鮮書籍印刷株式会社 ③ 京城 ④ 1939 ⑤ 국립중앙도서관
中等漢文読本 巻2	① 朝鮮総督府編 ② 朝鮮書籍印刷株式会社 ③ 京城 ④ 1938 ⑤ 한국국회도서관, 고려대도서관
中等漢文読本 巻4	① 朝鮮総督府 ② 朝鮮書籍印刷株式会社 ③ 京城 ④ 1940 ⑤ 고려대도서관

中等漢文読本, 5巻	①朝鮮総督府編 ②朝鮮総督府 ③京城 ④1942 ⑤한국국회도서관
中等漢文読本	①朝鮮総督府 刊編 ③京城 ④1937-1941 ⑤서울대도서관
中部地方畑作耕種の改良	②総督府農事試験場 ③水原 ④1934 ⑤연세대도서관
中小商工金融1年編	①朝鮮商業銀行 ②朝鮮商業銀行 ③京城 ④1936 ⑤고려대도서관
中小商工金融	①朝鮮商業銀行編 ②朝鮮商業銀行 ③京城 ④1936 ⑤국립중앙도서관, 한국국회도서관, 연세대도서관, 도쿄대도서관, 홋카이도대도서관
中小商工業者実情調査書 昭和18年(1943)12月	
	①朝鮮金融組合聯合会編 ②朝鮮金融組合協会 ③京城 ④1944 ⑤서울대도서관
中小商工業者実情調査書	②朝鮮金融組合聯合会 ③京城 ④1940 ⑤교토대도서관, 도쿄대도서관
中央より見たる新興朝鮮開発事情	①田中市之助(麗水) ②朝鮮民報社 ③大邱 ④1939 ⑤국립중앙도서관, 고려대도서관, 일본국회도서관
中央気象台年報, 1929-1938	①朝鮮総督府気象台編 ②朝鮮総督府気象台 ③京城 ④1931-1940 ⑤한국국회도서관
中央発行銀行の勢力の減退	①朝鮮銀行調査室 ②朝鮮銀行調査室 ③京城 ④1913例言 ⑤규슈대도서관, 도쿄대도서관
重要農林産物増産界画の概要	①朝鮮総督府農林局農政課編 ②朝鮮総督府農林局農政課 ③京城 ④1943 ⑤국립중앙도서관
重要病害虫原色図説	②朝鮮繊維協会 ③京城 ④1940 ⑤연세대도서관
重要産業統制法の改正と外地施行問題に就て	
	①朝鮮銀行調査課編 ②朝鮮銀行調査課 ③京城 ④1936 ⑤교토대도서관, 도쿄대도서관
重要商品調査 綿布の部	①京城府 ②京城府 ③京城 ④1924 ⑤서울대도서관
重要商品調査 水山食品ノ部	①京城府 ②京城府 ③京城 ④1925 ⑤서울대도서관
重要殖民地関税	①朝鮮総督府編 ②朝鮮総督府 ③京城 ④1918 ⑤국립중앙도서관
重要品物価表	①朝鮮総督府編 ②朝鮮総督府 ③京城 ④1918 ⑤국립중앙도서관
中支より見たる香港金融市場と其の為替管理	
	①朝鮮銀行調査課編 ②朝鮮銀行 ③京城 ④1941 ⑤도쿄대도서관
中川家御所蔵品売立	①京城美術倶楽部編 ②京城美術倶楽部 ③京城 ④1937 ⑤고려대도서관
中枢院通信	①朝鮮総督府中枢院編 ③京城 ④1937, 38 ⑤국립중앙도서관
中枢院会議ニ於ケル訓示・演述・説明及答申要項 昭和7 1932年	
	①朝鮮総督府中枢院 ②朝鮮総督府中枢院 ③京城 ④1932 ⑤서울대도서관, 도쿄대도서관
中枢院会議ニ於ケル訓示埃察及演述	①朝鮮総督府中枢院 ②朝鮮総督府中枢院 ③京城 ④1929 ⑤고려대도서

	관, 서울대도서관
中枢院会議各局部長演述 第19-20回	① 朝鮮総督府編 ② 朝鮮総督府中枢院 ③ 京城 ④ 1928-1939 ⑤ 국립중앙도서관
中枢院会議各局部長演述, 第19-20回	① 朝鮮総督府中枢院編 ② 朝鮮総督府中枢院 ③ 京城 ④ 1938-1940 ⑤ 한국국회도서관
中枢院会議各局長演述	① 朝鮮総督府中枢院 ② 朝鮮総督府中枢院 ③ 京城 ④ 1935 ⑤ 서울대도서관
中枢院会議録, 第22回	① 朝鮮総督府中枢院編 ② 朝鮮総督府 ③ 京城 ④ 1929-1941 ⑤ 한국국회도서관
中枢院会議録, 第9-11, 14-16, 19, 22回	① 朝鮮総督府中枢院編 ② 朝鮮総督府 ③ 京城 ④ 1929-1941 ⑤ 한국국회도서관
中枢院会議議事録	① 朝鮮総督府中枢院 ② 朝鮮総督府中枢院 ③ 京城 ④ 1933 ⑤ 서울대도서관, 도쿄대도서관
中枢院会議議事録, 第16回	① 朝鮮総督府中枢院 ② 朝鮮総督府中枢院 ③ 京城 ④ 1935 ⑤ 연세대도서관
中枢院会議参議答申書:第22回	① 朝鮮総督府中枢院 ② 朝鮮総督府中枢院 ③ 京城 ④ 1941 ⑤ 서울대도서관, 연세대도서관
中学校高等女学校数学及理科教授要目	② 朝鮮総督府 ③ 京城 ④ 1942 ⑤ 연세대도서관
中華民国在留朝鮮人概況	① 朝鮮総督官房外務部編 ② 朝鮮総督官房外務部 ③ 京城 ④ 1939 ⑤ 국립중앙도서관
中華民国革命二十周年記念史	① 逸見十朗 ② 逸見後援会本部 ③ 京城 ④ 1931 ⑤ 일본국회도서관, 도쿄대도서관
即位大礼奉祝記念写真帖	① 朝鮮総督府編 ③ 京城 ④ 1928 ⑤ 서울대도서관, 일본국회도서관
繪と兵隊	① 石谷太三郎 朝鮮軍報道部, 京城師団報道部 共編 ② 朝鮮軍報道部, 京城師団報道部 ③ 京城 ④ 1939 ⑤ 국립중앙도서관
増補 朝鮮風俗集	① 今村鞆 ② ウツボや書籍店 ③ 京城 ④ 1919 ⑤ 한국국회도서관, 서울대도서관
増補改訂朝鮮の税関	① 堂本貞一 ② 堂本貞一 ③ 新義州 ④ 1931 ⑤ 국립중앙도서관
増補文献備考 250巻首1巻	① 朴容大等奉勅纂 ③ 京城 ④ 1908 ⑤ 일본국회도서관
増補文献備考 1巻1-16	① 朝鮮研究会編 ② 朝鮮研究会 ③ 京城 ④ 1917 ⑤ 고려대도서관, 연세대도서관
増補文献備考 2巻17-25	① 朝鮮研究会編 ② 朝鮮研究会 ③ 京城 ④ 1917 ⑤ 고려대도서관, 연세대도서관
増補文献備考 3巻26-38	① 朝鮮研究会編 ② 朝鮮研究会 ③ 京城 ④ 1917 ⑤ 고려대도서관
増補文献備考 4巻39-55	① 朝鮮研究会編 ② 朝鮮研究会 ③ 京城 ④ 1917 ⑤ 고려대도서관, 연세대도서관
増補文献備考 5巻56-84	① 朝鮮研究会編 ② 朝鮮研究会 ③ 京城 ④ 1917 ⑤ 고려대도서관

増補文献備考 6巻85-114	①朝鮮研究会編 ②朝鮮研究会 ③京城 ④1917 ⑤고려대도서관
増補文献備考 7巻115-146	①朝鮮研究会編 ②朝鮮研究会 ③京城 ④1917 ⑤고려대도서관
増補文献備考 8巻147-177	①朝鮮研究会編 ②朝鮮研究会 ③京城 ④1917 ⑤고려대도서관
増補文献備考 9巻178-215	①朝鮮研究会編 ②朝鮮研究会 ③京城 ④1917 ⑤고려대도서관
増補文献備考 10巻216-250	①朝鮮研究会編 ②朝鮮研究会 ③京城 ④1917 ⑤고려대도서관
増補文献備考 学校	①朝鮮総督府学務局 ③京城 ④1920 ⑤고려대도서관
増補文献備考, 5	①弘文館纂輯校正 ②朝鮮研究会 ③京城 ④1918 ⑤연세대도서관
増補文献備考, 6	①弘文館纂輯校正 ②朝鮮研究会 ③京城 ④1918 ⑤연세대도서관
増補文献備考, 7	①弘文館纂輯校正 ②朝鮮研究会 ③京城 ④1918 ⑤연세대도서관
増補文献備考, 8	①弘文館纂輯校正 ②朝鮮研究会 ③京城 ④1918 ⑤연세대도서관
増補文献備考 10	①弘文館纂輯校正 ②朝鮮研究会 ③京城 ④1918 ⑤연세대도서관
増補文献備考 学校考	①朝鮮総督府学務局編 ②朝鮮総督府学務局 ③京城 ④1916 ⑤한국국회도서관
増補文献備考九 原文和訳対照	①青柳綱太郎編 ②朝鮮研究会 ③京城 ④1918 ⑤부산시민도서관
増補文献備考六 原文和訳対照	①青柳綱太郎編 ②朝鮮研究会 ③京城 ④1918 ⑤부산시민도서관
増補文献備考四 原文和訳対照	①青柳綱太郎編 ②朝鮮研究会 ③京城 ④1918 ⑤부산시민도서관
増補文献備考三 原文和訳対照	①青柳綱太郎編 ②朝鮮研究会 ③京城 ④1917 ⑤부산시민도서관
増補文献備考十 原文和訳対照	①青柳綱太郎編 ②朝鮮研究会 ③京城 ④1918 ⑤부산시민도서관
増補文献備考五 原文和訳対照	①青柳綱太郎編 ②朝鮮研究会 ③京城 ④1918 ⑤부산시민도서관
増補文献備考二 原文和訳対照	①青柳綱太郎編 ②朝鮮研究会 ③京城 ④1917 ⑤부산시민도서관
増補文献備考一 原文和訳対照	①青柳綱太郎編 ②朝鮮研究会 ③京城 ④1917 ⑤부산시민도서관
増補文献備考七 原文和訳対照	①青柳綱太郎編 ②朝鮮研究会 ③京城 ④1918 ⑤부산시민도서관
増補文献備考八 原文和訳対照	①青柳綱太郎編 ②朝鮮研究会 ③京城 ④1918 ⑤부산시민도서관
増補文献備考学校考	①朝鮮総督府学務局編 ②朝鮮総督府学務局 ③京城 ④1920 ⑤국립중앙도서관, 서울대도서관, 도쿄대도서관, 홋카이도대도서관
増補朝鮮戸籍書式大全	①田邊福太郎 ②全南戸籍協会 ③光州 ④1933 ⑤국립중앙도서관
増資合併書類綴	⑤도쿄대도서관
増田大吉自伝	①増田大吉述 内藤正人編録 ③京城 ②増田梅子 ④1938 ⑤도쿄대도서관
増訂 朝鮮小史	①小田省吾 ③京城 ④1937 ⑤서울대도서관
増正交隣志 6	①金健瑞 等編, 藤田亮策補 ②京城帝国大学法文学部 ③京 ④1940 ⑤국립중앙도서관, 고려대도서관, 부산시민도서관, 일본국회도서관
増訂弓矢義解	①吉田英三郎 ②朝鮮弓道有段者会 ③京城 ④1933 ⑤국립중앙도서관
増正附図字典釈要 2巻附図1巻	①池錫永 ②匯東書館 ③京城 ④1920 ⑤일본국회도서관
増訂朝鮮農政史考	①西郷静夫 ②朝鮮農会 ③京城 ④1937 ⑤국립중앙도서관

増訂朝鮮司法警察要論	①寺島才二郎 ②斯道館 ③京城 ④1914 ⑤국립중앙도서관
増訂朝鮮小史	①小田省吾 ②京城大阪屋号書店 ③京城 ④1937-오485ㅈ ⑤국립중앙도서관
地価課税ニ関スル統計	①朝鮮総督府 ②朝鮮総督府 ③京城 ④1918 ⑤서울대도서관
地価算出表	①朝鮮総督府臨時土地調査局編 ②朝鮮総督官房総務局印刷所 ③京城 ④1914 ⑤도쿄대도서관
指果の縮果病に関する研究	①中田覚五郎, 滝元清透 共 ③水原 ④1919 ⑤국립중앙도서관
支那に於ける列強の勢力	①朝鮮銀行調査課編 ②朝鮮銀行調査課 ③京城 ④1934 ⑤도쿄대도서관
支那ニ於ケル麻布及絹布並ノ原料ニ関スル調査	①朝鮮総督府編 ②朝鮮総督府 ③京城 ④1923 ⑤국립중앙도서관, 고려대도서관, 연세대도서관
支那ニ於ケル外国銀行	①朝鮮銀行調査局編 ②朝鮮銀行調査局 ③京城 ④1913 ⑤국립중앙도서관, 일본국회도서관
支那ニ於ケル鉄道並外人所有鉱山概覧	①朝鮮銀行調査室編 ②朝鮮銀行調査室 ③京城 ④1915 ⑤일본국회도서관, 규슈대도서관
支那に於ける通貨問題に関する論策集	①朝鮮銀行京城総裁席調査課編 ②朝鮮銀行調査課 ③京城 ④1942 ⑤도쿄대도서관
支那の小学教科書	②朝鮮総督府内務部学務局 ③京城 ④1917 ⑤부산시민도서관
支那の幣制と法幣に就て	①時局研究会編 ②時局研究会 ③京城 ④1939 ⑤도쿄대도서관
支那の幣制改革に就て	①朝鮮銀行調査課編 ②朝鮮銀行調査課 ④1936 ⑤고려대도서관, 연세대도서관, 도쿄대도서관
支那を一巡して	①守屋栄夫 ②朝鮮総督府 ③京城 ④1923 ⑤연세대도서관
支那教育状況一斑	①田中広吉 ②朝鮮総督府 ③京城 ④1919 ⑤국립중앙도서관, 고려대도서관, 서울대도서관, 일본국회도서관
支那及び満洲に於ける回教徒	①那珂次郎 ②京城帝国大学大陸文化研究会 ③京城 ④1944 ⑤서울대도서관
支那東三省通貨一班	①中国銀行長春支店編, 朝鮮銀行東京調査部訳 ②朝鮮銀行東京調査部 ③京城 ④1921 ⑤일본국회도서관
支那事変と半島同胞	①朝鮮総督府編 ②朝鮮総督府 ③京城 ④1938 ⑤국립중앙도서관, 고려대도서관, 서울대도서관
支那事変に現れたる朝鮮同胞の赤誠	①朝鮮教化団体聯合会 ②朝鮮教化団体聯合会 ③京城 ④19370 ⑤규슈대도서관
支那事変経過日誌	①朝鮮総督府編 ②朝鮮総督府 ③京城 ④1920 ⑤고려대도서관
支那事変記念写真帖	①朝鮮第二十三部隊編 ②朝鮮第二十三部隊 ③京城 ④1940 ⑤국립중앙도서관
支那事変以来の対支通貨金融工作年表	①朝鮮銀行調査部 ②朝鮮銀行調査部 ③京城 ④1943 ⑤일본국회도서관

支那事変銃後美談朝鮮に於ける国民の赤誠

                      ①深沢部部本部, 調査軍事記録編纂会編 ②日本工業新聞・中外商業新聞京城支局 ③京城 ④1938 ⑤국립중앙도서관

支那西수出土の契　①玉井是博 ②京城帝国大学 ③京城 ④1936 ⑤고려대도서관

支那新式銀行の現勢　①朝鮮銀行調査課 ③京城 ④1934 ⑤국립중앙도서관, 서울대도서관, 일본국회도서관, 도쿄대도서관

支那研究資料史, 第1巻　①橘撲, 上石丸甫 ②支那研究会朝鮮総支部 ③京城 ④1930 ⑤부산시민도서관, 연세대도서관, 일본국회도서관, 도쿄대도서관

支那二於ケル鉄道 並外人所有鉱山概覧　①朝鮮銀行調査室編 ②朝鮮銀行調査室 ④1915 ⑤고려대도서관

支那地図　①朝鮮総督府編 ②朝鮮総督府 ③京城 ④1938 ⑤국립중앙도서관

支那幣制改革後に於ける外国為替に就て　①朝鮮銀行調査課編 ②朝鮮銀行調査課 ③京城 ④1936 ⑤고려대도서관, 도쿄대도서관

支那抗日運動の分析　①朝鮮銀行調査課編 ②朝鮮銀行調査課 ③京城 ④1936 ⑤국립중앙도서관, 규슈대도서관, 도쿄대도서관

地代家賃統制令関係資料　①朝鮮総督府厚生局社会課編 ②朝鮮総督府 ③京城 ④1942 ⑤한국국회도서관

地理歴史朝鮮里町旅行案内　①朝鮮商工世界社, 地理歴史研究会 共 ②京城広文書市 ③京城 ④1926 ⑤고려대도서관, 서울대도서관

智異山植物調査報告書　①朝鮮総督府編 ②朝鮮総督府 ③京城 ④1915 ⑤국립중앙도서관, 한국국회도서관, 연세대도서관

指紋法　①朝鮮総督府警察官講習所編 ②朝鮮総督府警察官講習所 無声会 ③京城 ④1935 ⑤국립중앙도서관

地文学教科書　①朝鮮総督府編 ②朝鮮総督府 ③京城 ④1922 ⑤국립중앙도서관

地文学教科書　②朝鮮総督府 ③京城 ④1914 ⑤연세대도서관

地方経済状況調査報告　①朝鮮殖産銀行調査部編 ②朝鮮殖産銀行調査部 ③発行処不明 ④1940 ⑤한국국회도서관

地方官に対する政務総監演述　①朝鮮総督府編 ②朝鮮総督府 ③京城 ④1921 ⑤국립중앙도서관, 서울대도서관

地方金融組合業務概況　①朝鮮総督府編 ②朝鮮総督府 ③京城 ④1916, 17 ⑤국립중앙도서관

地方金融組合執務便覧　①朝鮮総督府編 ②朝鮮総督府 ③京城 ④1911 ⑤국립중앙도서관

地方費各会計並臨時恩賜金歳入歳出決算書 昭和6年度

                      ①全羅北道 ②全羅北道 ③全州 ④1932 ⑤일본국회도서관

地方費予算及事業概要 1-2　①朝鮮総督府内務部編 ②朝鮮総督府内務部 ③京城 ④1912-1920 ⑤국립중앙도서관

地方費予算及事業概要　①朝鮮総督府内務部編 ②朝鮮総督府 ③京城 ④1917-19 ⑤국립중앙도서관

地方税ニ関スル調査 隆熙3年版	②度支部司税局 ③1909 ⑤부산시민도서관
地方税講座	①朝鮮財務協会平安南道支部編 ②朝鮮財務協会平安南道支部 ③平壤 ④1930 ⑤국립중앙도서관
地方制度沿革	①朝鮮総督府 ②朝鮮総督府 ③京城 ④1911 ⑤도쿄대도서관
地方中堅青年講習会講演録 1-3	①朝鮮総督府学務局社会科編 ②朝鮮総督府 学務局社会科 ③京城 ④1933-38 ⑤국립중앙도서관
地方中堅青年講習会講演録	①朝鮮総督府学務局社会教育科 ②朝鮮総督府学務局社会教育科 ③京城 ④1935 ⑤부산시민도서관
地方中堅青年講習会講演録 昭和8年度	①朝鮮総督府学務局社会教育科 ②朝鮮総督府学務局社会教育科 ③京城 ④1933 ⑤일본국회도서관
地方庁及一般経費関係書類	⑤도쿄대도서관
地方行政区域名称一覧 1-3	①朝鮮総督府編 ②朝鮮総督府 ③京城 ④1912-29 ⑤국립중앙도서관
地方行政区域名称一覧, 1924	①朝鮮総督府編 ②朝鮮総督府 ③京城 ④1935 ⑤한국국회도서관
地方行政区域名称一覧	①朝鮮警察協会編 ②朝鮮警察協会 ③京城 ④1934 ⑤국립중앙도서관
地方行政区域名称一覧	①朝鮮総督府編 ②大阪屋号書店 ③京城 ④1918 ⑤서울대도서관
地方行政区域名称一覧	①朝鮮総督府内務局編 ②帝国地方行政学会朝鮮本部 ③京城 ④1932 ⑤국립중앙도서관, 고려대도서관, 서울대도서관, 교토대도서관
地方行政区域名称一覧	①朝鮮総督府内務局編 ②帝国地方行政学会朝鮮本部 ③京城 ④1929 ⑤일본국회도서관
地方行政区域名称一覧	①朝鮮総督府編 ②朝鮮総督府 ③京城 ④1924 ⑤한국국회도서관, 고려대도서관
地方行政例規	①朝鮮総督府内務部編 ②朝鮮総督府内務部 ③京城 ④1925 ⑤서울대도서관
地方行政例規	①朝鮮総督府内務局編 ②朝鮮総督府 ③京城 ④1921 ⑤한국국회도서관, 고려대도서관, 연세대도서관
地方行政例規	①朝鮮総督府内務部地方局地方果 ②朝鮮総督府 ③京城 ④1911 ⑤한국국회도서관
芝峰類説 上 原文和訳対照	②朝鮮研究会 ③京城 ④1916 ⑤부산시민도서관
芝峰類説 中 原文和訳対照	②朝鮮研究会 ③京城 ④1916 ⑤부산시민도서관
芝峰類説 下 原文和訳対照	②朝鮮研究会 ③京城 ④1916 ⑤부산시민도서관
芝峰類説	①朝鮮古書刊行会編 ②朝鮮古書刊行会 ③京城 ④1915 ⑤규슈대도서관
芝峰類説	②原文和訳対照, 上 ①李수光 ②朝鮮研究会 ③京城 ④1916 ⑤연세대도서관
芝峰類説	②原文和訳対照, 下 ①李수光 ②朝鮮研究会 ③京城 ④1917 ⑤연세대도서관

池上政務総監ノ朝鮮総督府及所属官署職員ニ対スレ訓示	
	①朝鮮総督府編 ③京城 ④1928 ⑤서울대도서관
地税及市街地税 関係法規	①朝鮮総督府臨時土地調査局編 ②朝鮮総督府臨時土地調査局 ③京城 ④1918 ⑤고려대도서관
地税及市街地税関係例規	①朝鮮総督府度支部司税局編 ②朝鮮総督府 ③京城 ④1914 ⑤국립중앙도서관
地税及市街地税網要	①朝鮮総督府編 ②朝鮮総督府 ③京城 ④1916 ⑤국립중앙도서관, 한국국회도서관
地税令・地税令施行規則・市街地税令・市街地税令施行規則	
	①朝鮮総督府臨時土地調査局編 ②朝鮮総督府臨時土地調査局 ③京城 ④1913 ⑤서울대도서관
持円福永政治郎翁伝	①車田篤 ②高瀬合名 ③京城 ④1943 ⑤일본국회도서관
地域別農業立地条件並ニ農業ノ概要	①朝鮮総督府 ②朝鮮総督府 ③京城 ④1942 ⑤고려대도서관
志願兵制度の現状と将来への展望	①海田要 ③京城 ④1939 ⑤서울대도서관, 도쿄대도서관
地籍調査規程地籍調査施行心得	①朝鮮総督府臨時土地調査局編 ②朝鮮総督府臨時土地調査局 ③京城 ④1917 ⑤국립중앙도서관
地主小作関係改善要項	①慶尚北道農会 ②慶尚北道農会 ③慶尚北道 ④1923 ⑤규슈대도서관
直税事務提要	①朝鮮総督府財務局編 ②朝鮮総督府財務局 ③京城 ④1942 ⑤한국국회도서관
直税事務提要	②朝鮮総督府財務局 ③京城 ④1940 ⑤연세대도서관
職業科の本質と基の実際	①朝鮮初等教育研究会編 ②朝鮮初等教育研究会 ③京城 ④1931 ⑤국립중앙도서관
職業科教授書	①朝鮮総督府編 ②朝鮮総督府 ③京城 ④1936 ⑤국립중앙도서관, 한국국회도서관
職業教授要目	①慶南教育会編 ②三重社 ③釜山 ④1931 ⑤부산시민도서관
職業教育の実際	①指慎三 ②朝鮮教育実際社 ③京城 ④1931 ⑤부산시민도서관
職業紹介事業成績	①朝鮮総督府編 ②朝鮮総督府 ③京城 ④1939 ⑤서울대도서관
職業学習書 巻三	①筱原実 ②三重出版社 ③釜山 ④1932 ⑤부산시민도서관
職業学習書 巻二	①筱原実 ②三重出版社 ③釜山 ④1932 ⑤부산시민도서관
職員及庸人衛生統計昭和6年～昭和10年	①朝鮮総督府逓信局編 ②朝鮮総督府逓信局 ③京城 ④1936 ⑤부산시민도서관
職員録 昭和12年7月1日現在-昭和13年9月1日現在	
	①咸鏡北道 ②咸鏡北道 ③羅南 ④1937-38 ⑤일본국회도서관
職員録 昭和15年4月10日現在	①朝鮮総督府鉄道局 ②朝鮮総督府鉄道局 ③京城 ④1940 ⑤일본국회도서관

職員録	① 朝鮮総督部 帝国地方行政学会朝鮮本部 ③ 京城 ④ 1936 ⑤ 国립중앙도서관
職員録	① 朝鮮総督府 帝国地方行政学会朝鮮本部 ③ 京城 ④ 1938 ⑤ 国립중앙도서관
職員録追録 大正12年6月号	② 朝鮮総督府 ③ 京城 ④ 1923 ⑤ 부산시민도서관
織田信長	① 朝鮮国民教育研究所編 ② 朝鮮国民教育研究所 ③ 京城 ④ 1945 ⑤ 国립중앙도서관
直接税増徴案要綱	⑤ 도쿄대도서관
進め少国民	① 京城放送コドモ会編 ② 東都書籍株式会社京城支部 ③ 京城 ④ 1944 ⑤ 国립중앙도서관
鎮管官兵編伍冊 残巻 1, 2	① 朝鮮総督府 ② 朝鮮総督府 ③ 京城 ④ 1936 ⑤ 일본국회도서관, 교토대도서관
鎮南浦府歳入歳出予算, 1929	④ 1929 ⑤ 한국국회도서관
鎮南浦水道工事誌	① 朝鮮総督府官房土木局編 ② 朝鮮総督府 ③ 京城 ④ 1915 ⑤ 国립중앙도서관, 규슈대도서관
鎮南浦案内記	① 鎮南浦新報社編 ② 鎮南浦新報社 ③ 鎮南浦 ④ 1910 ⑤ 규슈대도서관
鎮南浦築港工事誌	① 朝鮮総督府編 ② 朝鮮総督府 ③ 京城 ④ 1916 ⑤ 国립중앙도서관, 고려대도서관, 서울대도서관
鎮南浦港貿易概況	① 鎮南浦商工会議所 ② 鎮南浦商工会議所 ③ 平壌 ④ 1937 ⑤ 도쿄대도서
鎮南浦港修築工事写真帖	① 朝鮮総督府内務局土木課編 ② 朝鮮総督府 ③ 京城 ④ 1936 ⑤ 国립중앙도서관, 규슈대도서관, 홋카이도대도서관
鎮南浦港案内	② 昭和十二年貿易状況(附沿岸貿易) ② 鎮南浦商工会議所 ③ 鎮南浦 ④ 1938 ⑤ 홋카이도대도서관
陳列品目録 昭和4年12月現在	② 恩賜記念科学館 ③ 京城 ④ 1929 ⑤ 일본국회도서관, 홋카이도대도서관
陳列品目録	① 朝鮮京城府倭城台編 ② 朝鮮総督府 ③ 京城 ⑤ 国립중앙도서관
真物贋贋物	① 有馬純吉 ② 朝鮮公論社 ③ 京城 ④ 1917 ⑤ 国립중앙도서관, 부산시민도서관
真実の力	① 朝鮮総督府逓信局 ② 朝鮮総督府逓信局 ③ 京城 ④ 1933 ⑤ 연세대도서관
陣営の蔭	① 梶原重道 ② 朝鮮民報社 ③ 大邱 ④ 1940 ⑤ 일본국회도서관
震災美談	① 中島司 ② 朝鮮印刷株式会社 ③ 京城 ④ 1938 ⑤ 国립중앙도서관, 일본국회도서관
震災社務報告	① 朝鮮総督府編 ② 朝鮮総督府 ③ 京城 ④ 1923 ⑤ 国립중앙도서관
津田鐘紡社長の児た産業朝鮮の姿	① 平壌商工会議所編 ② 平壌商工会議所 ③ 平壌 ⑤ 한국국회도서관
真宗信仰の精髄	① 青森徳英 ② 朝鮮治刑協会 ③ 京城 ④ 1928 ⑤ 国립중앙도서관
晋州概史	① 晋州郡教育会編 ② 晋州郡教育会 ③ 晋州 ④ 1931 ⑤ 도쿄대도서관

晋州概史及名勝古蹟	① 晋州郡観光協会編 ② 晋州郡観光協会 ③ 晋州 ④ 1937 ⑤ 규슈대도서관
晋州大観	① 勝田伊助 ② 晋州大観社 ③ 晋州 ④ 1940 ⑤ 교토대도서관, 도쿄대도서관
晋州府・晋陽郡植物小誌	② 野生高等植物 ② 晋州公立中学校 ③ 晋州 ③ 予報, 朝鮮 ④ 1941 ⑤ 홋카이도대도서관
晋州府歳入出予算, 1942	④ 1942 ⑤ 한국국회도서관
真興王の戊子巡境碑と新羅の東北境	① 池内宏, 朝鮮総督府編 ② 朝鮮総督府 ③ 京城 ④ 1929 ⑤ 국립중앙도서관, 서울대도서관, 연세대도서관
質屋及典当鋪之研究	① 藤戸計太 ② 大同学会 ③ 京城 ④ 1930 ⑤ 국립중앙도서관, 부산시민도서관, 서울대도서관, 연세대도서관, 규슈대도서관, 도쿄대도서관, 도호쿠대도서관
執達吏執務提要	① 土田春松共 ② 帝国地方行政学会朝鮮本部 ③ 京城 ④ 1936 ⑤ 부산시민도서관
執達吏執行提要	① 土田春松, 小野寺常三 共 ② 帝国地方行政学会朝鮮本部 ③ 京城 ④ 1933 ⑤ 한국국회도서관
徴兵事務摘要	① 朝鮮軍司令部編 ② 朝鮮行政学会 ③ 京城 ④ 1944 ⑤ 한국국회도서관
懲毖録	① 柳成竜, 細井肇共編 ② 自由討究社 ③ 京城 ④ 1921 ⑤ 부산시민도서관
懲毖録	① 柳成竜 ② 朝鮮古書研究会 ③ 京城 ④ 1913 ⑤ 부산시민도서관, 도쿄대도서관
懲瑟録, 瀋陽日記	① 細井肇編 ② 自由討究社 ③ 京城 ④ 1926 ⑤ 연세대도서관, 도쿄대도서관

車輛型式図	① 朝鮮総督府鉄道局編 ② 朝鮮総督府内務局 ③ 京城 ④ 1929 ⑤ 국립중앙도서관
昌徳宮李王実記	① 小田省吾編 近沢印刷所 ② 李王職 ③ 京城府 ④ 1943 ⑤ 도쿄대도서관
滄浪遺稿	① 伊藤博文 雀晶圭 ③ 京城 ④ 1926 ⑤ 일본국회도서관
創立25周年記念咸鏡北道農事試験場業績	② 咸鏡北道農事試験場 ④ 1936 ⑤ 규슈대도서관, 홋카이도대도서관
創立三十周年記念咸鏡南道農事試験場業績	① 咸鏡南道農事試験場 ② 咸鏡南道農事試験場 ③ 京城府南米倉 ④ 1939 ⑤ 규슈대도서관, 홋카이도대도서관
創立二十五周年記念論文集 昭和7年	① 水原高等農林学校創立二十五周年記念祝賀会 ② 水原高等農林学校創立二十五周年記念祝賀会 ③ 水原 ④ 1932 ⑤ 연세대도서관, 일본국회도서관
創立二十周年記念 特別展覧会陳列図書目録	② 朝鮮総督府図書館 ③ 京城 ④ 1944 ⑤ 연세대도서관
創立二十周年記念写真帖	① 朝鮮殖産銀行編 ② 朝鮮殖産銀行 ③ 京城 ④ 1939 ⑤ 일본국회도서관
創立一週年を迎えたる本会の情勢一般	① 朝鮮金融組合聯合会編 ② 朝鮮金融組合聯合会 ③ 京城 ④ 1934 ⑤ 한국국회도서관, 도쿄대도서관
創氏名鑑 昭和15年8月10日現在	① 朝鮮新聞社 ② 朝鮮新聞社 ③ 京城 ④ 1941 ⑤ 일본국회도서관
創造的相対性原理	① 高山穣 ② 聚英庵出版部 ③ 京城 ④ 1940 ⑤ 일본국회도서관
菜果の優良品種と品位	① 中谷長次郎 ③ 慶北 ④ 1937 ⑤ 부산시민도서관
採訪史料展観目録 第一回	① 朝鮮総督府朝鮮史編纂委員会編 ② 朝鮮総督府 ③ 京城 ④ 1924 ⑤ 서울대도서관
採訪史料展観目録 第2回	① 朝鮮総督府朝鮮史編纂委員会編 ② 朝鮮総督府朝鮮史編纂委員会 ③ 京城 ④ 1925 ⑤ 일본국회도서관
採訪史料展観目録 第1回	① 朝鮮総督府朝鮮史編纂委員会編 ② 総督府朝鮮史編纂委員会 ③ 京城 ④ 1924 ⑤ 국립중앙도서관, 교토대도서관, 도쿄대도서관, 홋카이도대도서관
採訪史料地方別分類一覧表	① 朝鮮史編修会 ② 朝鮮史編修会 ③ 京城 ④ 1928 ⑤ 도쿄대도서관
採訪借入史料目録並借入史料ノ整理状況	① 朝鮮史編修会 ② 朝鮮総督府朝鮮史編修会 ③ 京城 ④ 1928 ⑤ 도쿄대도서관
菜細菌性斑点病ニ関スル研究	② 朝鮮総督府勧業模範場 ③ 水原 ④ 1928 ⑤ 규슈대도서관
菜害虫シロオビノメイガに関する研究	① 江口貢 ③ 水原 ④ 1926 ⑤ 국립중앙도서관
処務規程	① 朝鮮信託編 ② 朝鮮信託 ③ 京城 ④ 1944 ⑤ 국립중앙도서관
千九百十七年度世界金銀産額及其ノ移動	① 朝鮮銀行調査局編 ② 朝鮮銀行調査局 ③ 京城 ④ 1918 ⑤ 일본국회도서관
天道教と侍天教	① 渡辺彰 ② 渡辺彰 ③ 京城 ④ 1919 ⑤ 일본국회도서관

天涅猛威	① 広岡誠三編 ② 大陸社 ③ 京城 ④ 1925 ⑤ 부산시민도서관
天民先生帰東録	① 李輔相編 ② 李輔相 ③ 京城 ④ 1931 ⑤ 일본국회도서관
天然記念物 및 旅行調査報告類	① 京城帝国大学 予科学友会等 ③ 京城 ④ 1928-1941 ⑤ 고려대도서관
天津に於ける金融機関に就て	① 朝鮮銀行 ③ 京城 ④ 1935 ⑤ 국립중앙도서관
天下之絶景朝鮮金剛山写真帖	① 徳田富次郎 ② 徳田写真館 ③ 元山 ④ 1916 ⑤ 오사카대학
天涅猛威 京城附近水害写真画報	① 広岡誠三 ② 大陸社 ③ 京城 ④ 1925 ⑤ 한국국회도서관
鉄工業ニ関スル調査	① 京城府産業調査会編 ② 京城府産業調査会 ③ 京城 ④ 1936 ⑤ 규슈대도서관, 도쿄대도서관
鉄筋混凝土造橋梁其他標準図	① 朝鮮総督府愛尚南道庁土木課道路係編 ② 慶尚南道土木課 ③ 京城 ④ 1930 ⑤ 국립중앙도서관
鉄道工事現場ことば	① 大上信一 ② 朝鮮鉄道協会 ③ 京城 ④ 1938 ⑤ 국립중앙도서관
鉄道関係雑誌記事目録 昭和10-12年, 昭和13-14年	① 鉄道図書館 ② 鉄道図書館 ③ 京城 ④ 1938-40 ⑤ 일본국회도서관
鉄道図書館蔵書目録 第一巻	① 鉄道図書館編 ② 鉄道図書館 ③ 京城 ④ 1929 ⑤ 서울대도서관
鉄道図書館蔵書目録 技術関係之部 昭和十五年三月末現在	① 朝鮮総督附鉄道局鉄道図書館編 ② 鉄道図書館 ③ 京城 ④ 1941 ⑤ 서울대도서관
鉄道図書館蔵書目録 昭和4年	① 朝鮮総督府鉄道局鉄道図書館 ② 朝鮮総督府鉄道局鉄道図書館 ③ 京城 ④ 1929 ⑤ 부산시민도서관
鉄道図書館蔵書目録昭和12年	① 朝鮮総督府鉄道局鉄道図書館 ② 朝鮮総督府鉄道局鉄道図書館 ③ 京城 ④ 1937 ⑤ 부산시민도서관, 서울대도서관 일본국회도서관
鉄道図書館蔵書目録昭和15年3月末現在	① 朝鮮総督府鉄道局鉄道図書館 ② 朝鮮総督府鉄道局鉄道図書館 ③ 京城 ④ 1941 ⑤ 일본국회도서관
鉄道法規	① 南満洲鉄道株式会社京城管理局編 ② 南満洲鉄道株式会社京城管理局 ③ 京城 ④ 1920 ⑤ 한국국회도서관
鉄道業務統計書	④ 和4年上期 ② 朝鮮鉄道株式会社 ③ 京城 ④ 1930 ⑤ 연세대도서관
鉄道要覧	① 朝鮮総督府鉄道局編 ② 朝鮮総督府 ③ 京城 ④ 1937 ⑤ 한국국회도서관
鉄道要覧	① 朝鮮総督府鉄道局編 ② 朝鮮総督府鉄道局 ③ 京城 ④ 1939 ⑤ 한국국회도서관
鉄道要覧	② 朝鮮鉄道株式会社 ③ 京城 ④ 1937-1940 ⑤ 연세대도서관
鉄道要覧	② 朝鮮総督府鉄道局 ③ 京城 ④ 1930 ⑤ 연세대도서관
鉄道電化の経済的考察	① 吉原重成 ② 朝鮮鉄道協会 ③ 京城 ④ 1928 ⑤ 국립중앙도서관, 서울대도서관
鉄道土木読本	① 朝鮮総督府鉄道局編 ② 朝鮮総督府鉄道局 ③ 京城 ④ 1940 ⑤ 국립중앙도서관, 서울대도서관, 연세대도서관

哲学論叢	①京城帝国大学文学会編 ③京城 ④1935 ⑤서울대도서관
哲学論叢 第3輯	①松月秀雄編 ②大阪屋号書店 ③京城 ④1935-45 ⑤국립중앙도서관
甜菜の病害に関する研究	①中田覚五郎, 中島友輔, 滝元清透 ③水原 ②朝鮮総督府勧業模範場 ④1922 ⑤규슈대도서관
甜菜の病害に関する特別報告	①平安南道種苗場 ②平安南道種苗場 ④1923 ⑤홋카이도대도서관
甜菜細菌性斑点病に関する研究	①平田栄吉 ②朝鮮総督府勧業模範場 ③水原 ④1928 ⑤국립중앙도서관
甜菜害虫シロオビノメイガに関する研究	①江口貢 ②朝鮮総督府農事試験場 ③水原 ④1926 ⑤국립중앙도서관
捷解新語 10巻	①康遇聖編, 崔鶴齢訂 ②古典刊行会 ③京城 ④1934 ⑤일본국회도서관
青丘詩鈔	①朝鮮総督府編 ②朝鮮総督府 ③京城 ④1915 ⑤일본국회도서관
青丘永言	①京城帝国大学編 ②京城帝国大学 ③京城 ④1930 ⑤일본국회도서관
青邱逸存書影	①稲葉博士還暦記念 ②稲葉博士還暦記念 ③写真製版画 ③京城 ④1937 ⑤도쿄대도서관
清国暴動ノ朝鮮貿易経済ニ及ホス影響	①朝鮮総督府 ②朝鮮総督府度支部 ③京城 ④1911 ⑤일본국회도서관
青年と仏教	①出淵輝子, 白菊 ②朝鮮仏教団 ③京城 ④1927 ⑤국립중앙도서관
青年教本, 1, 3	①朝鮮総督府編 ③京城, 朝鮮総督府 ④1943 ⑤한국국회도서관
青年輔導講習会講演録 昭和7年10月	①朝鮮総督府 ②朝鮮総督府 ③京城 ④1933 ⑤일본국회도서관
青年輔導講習会講演録	①朝鮮総督府学務局社会課編 ②朝鮮総督府 ③京城 ④1931, 1932 ⑤국립중앙도서관
青年指導講演録	①朝鮮総督府学務局編 ②朝鮮総督府 ③京城 ④1938 ⑤한국국회도서관
青年会指導方針	①全羅南道内務部編 ②朝鮮総督府 ③京城 ④1923 ⑤국립중앙도서관
青年訓練所幹部講習会講演集	①朝鮮総督府学務局 ③京城 ④1930 ⑤국립중앙도서관
青島の饯荘業に就て	①朝鮮銀行調査課 ②朝鮮銀行調査課 ③京城 ④1940 ⑤교토대도서관, 도쿄대도서관
青島取引所年報	①星野米蔵編 ②青島取引所年報刊行所 ③青島 ④1922 ⑤도쿄대도서관
清涼(詩歌号)	①京城帝国大学予科学友会編 ②京城帝国大学予科学友会 ③京城 ④1941 ⑤고려대도서관
清涼里界 外	①鄭人沢 ②朝鮮図書出版株式会社 ③京城 ④1944 ⑤국립중앙도서관, 연세대도서관
青少年雇入制限関係綴	⑤도쿄대도서관
青少年雇入制限令関係例規綴	⑤도쿄대도서관
青埜謾輯 原文和訳対照 上, 下	①青柳綱太郎編 ②朝鮮研究会 ③京城 ④1916 ⑤교토대도서관, 규슈대도서관, 도쿄대도서관
青野漫集	①李喜謙編 ②朝鮮研究会 ③京城 ④1916 ⑤서울대도서관, 연세대도서관, 규슈대도서관
青田貸ニ関スル仏国ノ法制	①朝鮮銀行調査室編 ②朝鮮銀行 ③京城 ④1912 ⑤교토대도서관

清州沿革誌	①大熊春峰 ②大熊弥三郎 ③清州 ④1923 ⑤교토대도서관
清津と羅南	②会寧印刷所 ③会寧 ⑤서울대도서관
清津府歳入歳出予算, 193	④1931 ⑤한국국회도서관
清津商工会議所史	①清津商工会議所編 ②清津商工会議所 ③清津 ④1944 ⑤도쿄대도서관, 도호쿠대도서관, 규슈대도서관
清香録	①高木清之助, 高木市之助 共編 ②朝鮮印刷 ③京城 ④1936 ⑤국립중앙도서관
逓信年報	①朝鮮総督府逓信局編 ②朝鮮総督府逓信局 ③京城 ④1928 ⑤고려대도서관
逓信年報	①朝鮮総督府逓信局編 ②朝鮮総督府逓信局 ③京城 ④1932 ⑤고려대도서관
逓信六十年史	②逓信六十年史刊行会 ④1930 ⑤부산시민도서관
逓信保健叢書 第1輯	①朝鮮総督府逓信局 ②朝鮮総督府逓信局 ③京城 ④1933 ⑤일본국회도서관
逓信保健叢書 第2輯	①朝鮮総督府逓信局 ②朝鮮総督府逓信局 ③京城 ④1934 ⑤일본국회도서관
逓信分掌局長会議議事録	②朝鮮総督府逓信局 ③京城 ④1938 ⑤연세대도서관
逓信拾遺	①朝鮮総督府逓信局編 ②朝鮮総督府逓信局 ③京城 ④1936 ⑤국립중앙도서관, 한국국회도서관, 부산시민도서관, 고려대도서관, 서울대도서관, 일본국회도서관, 교토대도서관, 도쿄대도서관, 도호쿠대도서관, 홋카이도대도서관
逓信地図	①朝鮮総督府逓信局 ②朝鮮印刷株式会社 ③京城 ④1926 ⑤국립중앙도서관
逓信統計要覧	①朝鮮総督府逓信局編 ②朝鮮総督府逓信局 ③京城 ④1928 ⑤고려대도서관
逓信統計要覧	①朝鮮総督府逓信局編 ②朝鮮総督府逓信局 ③京城 ④1931 ⑤고려대도서관
逓信統計要覧	①朝鮮総督府逓信局編 ②朝鮮総督府逓信局 ③京城 ④1934 ⑤고려대도서관
初等工作 3-6	①朝鮮総督府編 ②朝鮮書籍印刷株式会社 ③京城 ④1943-44 ⑤국립중앙도서관
初等工作, 第4学年 男子用	①朝鮮総督府 ②朝鮮総督府 ③京城 ⑤한국국회도서관
初等科図書	①文部省編 ②朝鮮総督府 ③京城 ④1943 ⑤국립중앙도서관
初等科図書	①朝鮮総督府編 ②朝鮮書籍印刷株式会社 ③京城 ④1944 ⑤국립중앙도서관
初等科図画 第五学年(教師用)	①朝鮮総督府編 ②朝鮮総督府 ③京城 ④1944 ⑤국립중앙도서관
初等科算数 1, 3	①朝鮮総督府編 ②朝鮮書籍印刷株式会社 ③京城 ④1943 ⑤국립중앙도

서관

初等科算数 1-3	① 文部省, 朝鮮総督府編 ② 朝鮮総督府 ③ 京城 ④ 1942 ⑤ 국립중앙도서관
初等科算数 第3学年 上	① 文部省作 ② 朝鮮総督府 ③ 京城 ④ 1942 ⑤ 고려대도서관
初等科算数, 第六学年 上, 下	① 日本文部省 ② 朝鮮総督府 ③ 京城 ④ 1943 ⑤ 한국국회도서관
初等教育修身書 児童用 巻4	① 朝鮮総督府 ② 朝鮮書籍印刷株式会社 ③ 京城 ④ 1938 ⑤ 고려대도서관
初等国史 2, 5-6	① 朝鮮総督府編 ② 朝鮮書籍印刷株式会社 ③ 京城 ④ 1938-41 ⑤ 국립중앙도서관
初等国史 5-6	① 朝鮮総督府編 ② 朝鮮書籍印刷株式会社 ③ 京城 ④ 1941-43 ⑤ 국립중앙도서관
初等国史 巻1-2, 第5学年	① 朝鮮総督府 ③ 京城 ④ 1937 ⑤ 국립중앙도서관
初等国史 巻2	① 朝鮮総督府 ② 朝鮮書籍印刷株式会社 ③ 京城 ④ 1938 ⑤ 고려대도서관, 연세대도서관
初等国史, 1巻	① 朝鮮総督府編 ② 朝鮮総督府 ③ 京城 ④ 1937 ⑤ 한국국회도서관
初等国史, 2, 5, 6巻	① 朝鮮総督府編 ② 朝鮮総督府 ③ 京城 ④ 1942 ⑤ 한국국회도서관
初等国史	① 朝鮮総督府編 ③ 京城 ④ 1937-1939 ⑤ 서울대도서관
初等国史	① 朝鮮総督府編 ② 朝鮮書籍印刷株式会社 ③ 京城 ④ 1939 ⑤ 국립중앙도서관
初等国史	① 朝鮮総督府編 ② 朝鮮総督府 ③ 京城 ④ 1944 ⑤ 국립중앙도서관
初等国史編纂趣意書 第六学年	① 朝鮮総督府 ② 朝鮮書籍印刷 ③ 京城 ④ 1941 ⑤ 서울대도서관
初等国史編纂趣意書	① 朝鮮総督府編 ② 朝鮮書籍印刷株式会社 ③ 京城 ④ 1940 ⑤ 국립중앙도서관, 연세대도서관
初等国語 1-6	① 朝鮮総督府編 ② 朝鮮書籍印刷株式会社 ③ 京城 ④ 1943-44 ⑤ 국립중앙도서관
初等国語 3, 5-6	① 朝鮮総督府編 ② 朝鮮総督府 ③ 京城 ④ 1943-44 ⑤ 국립중앙도서관
初等国語 第5学年 下	① 朝鮮総督府 ③ 京城 ④ 1944 ⑤ 국립중앙도서관
初等国語, 第五学年, 上, 下	① 朝鮮総督府 ② 朝鮮書籍 ③ 京城 ④ 1943 ⑤ 한국국회도서관
初等国語読本 1-6	① 朝鮮総督府編 ② 朝鮮書籍印刷株式会社 ③ 京城 ④ 1939-41 ⑤ 국립중앙도서관
初等国語読本 3	① 朝鮮総督府編 ② 朝鮮総督府 ③ 京城 ④ 1940 ⑤ 국립중앙도서관
初等国語読本 3-4	① 朝鮮総督府編 ② 朝鮮総督府 ③ 京城 ④ 1940 ⑤ 국립중앙도서관
初等国語読本	① 朝鮮総督府編 ② 朝鮮書籍印刷株式会社 ③ 京城 ④ 1942 ⑤ 국립중앙도서관
初等農業書 2	① 朝鮮総督府編 ② 朝鮮総督府 ③ 京城 ④ 1923 ⑤ 국립중앙도서관
初等農業書 巻1	① 朝鮮総督府 ③ 京城 ④ 1923 ⑤ 국립중앙도서관, 고려대도서관
初等農業書	① 朝鮮総督府 ② 朝鮮総督府 ③ 京城 ④ 1923-1924 ⑤ 서울대도서관

初等理科 第6学年	① 朝鮮総督府編 ② 朝鮮総督府 ③ 京城 ④ 1944 ⑤ 한국국회도서관
初等理科	① 朝鮮総督府編 ② 朝鮮書籍印刷株式会社 ③ 京城 ④ 1939 ⑤ 국립중앙도서관
初等理科書 1-3	① 朝鮮総督府編 ② 朝鮮総督府 ③ 京城 ④ 1931-33 ⑤ 국립중앙도서관, 연세대도서관
初等理科書	① 朝鮮総督府編 ② 朝鮮総督府 ③ 京城 ④ 1934 ⑤ 국립중앙도서관
初等裁縫 4-5	① 朝鮮総督府編 ② 朝鮮書籍印刷株式会社 ③ 京城 ④ 1943-44 ⑤ 국립중앙도서관
初等裁縫 4-6	① 朝鮮総督府編 ② 朝鮮書籍印刷株式会社 ③ 京城 ④ 1943-44 ⑤ 국립중앙도서관
初等朝鮮語読本 全(簡易学校用)編纂趣意書	① 朝鮮総督府 ② 朝鮮書籍 ③ 京城 ④ 1939 ⑤ 서울대도서관
初等中等教科書中日鮮関係事項調査書	① 朝鮮総督府臨時歴史教科用図書調査委員会 ② 朝鮮総督府臨時歴史教科用図書調査委員会 ③ 京城 ④ 1935 ⑤ 고려대도서관
初等地図	① 朝鮮総督府 ② 朝鮮書籍印刷 ③ 京城 ④ 1943 ⑤ 고려대도서관
初等地図	① 朝鮮総督府編 ② 朝鮮総督府 ③ 京城 ④ 1942 ⑤ 국립중앙도서관
初等地理 1, 5-6	① 朝鮮総督府編 ② 朝鮮書籍印刷株式会社 ③ 京城 ④ 1942-44 ⑤ 국립중앙도서관
初等地理 1	① 朝鮮総督府編 ② 朝鮮総督府 ③ 京城 ④ 1940 ⑤ 국립중앙도서관
初等地理 1-2	① 朝鮮総督府編 ② 朝鮮総督府 ③ 京城 ④ 1937 ⑤ 국립중앙도서관
初等地理, 1, 2巻	① 朝鮮総督府編 ② 朝鮮総督府 ③ 京城 ④ 1943 ⑤ 한국국회도서관
初等地理, 巻1-2	① 朝鮮総督府 ③ 京城 ④ 1931 ⑤ 국립중앙도서관
初等地理, 巻2	① 朝鮮総督府 ② 朝鮮総督府 ③ 発行地不明 ⑤ 한국국회도서관
初等地理	① 朝鮮総督府編 ② 朝鮮書籍印刷株式会社 ③ 京城 ④ 1942 ⑤ 국립중앙도서관
初等地理	① 朝鮮総督府編 ② 朝鮮書籍印刷株式会社 ③ 京城 ④ 1943 ⑤ 국립중앙도서관
初等地理書 1-3	① 朝鮮総督府編 ② 朝鮮書籍印刷株式会社 ③ 京城 ④ 1932-34 ⑤ 국립중앙도서관
初等地理書, 巻1	① 朝鮮総督府 ② 朝鮮書籍印刷株式会社 ③ 京城 ④ 1932 ⑤ 연세대도서관
初等地理書, 巻2	① 朝鮮総督府 ② 朝鮮書籍印刷株式会社 ③ 京城 ④ 1933 ⑤ 고려대도서관, 연세대도서관
初等地理書挿画取扱の実際	① 大石運平 ② 朝鮮公民教育会 ③ 京城 ④ 1935 ⑤ 국립중앙도서관
初等地理書解説	① 平田康太, 大石運平 共 ② 朝鮮公民教育会 ③ 京城 ④ 1932 ⑤ 국립중앙도서관, 연세대도서관

初等職業 4-5	① 朝鮮総督府編 ② 朝鮮書籍印刷株式会社 ③ 京城 ④ 1943-44 ⑤ 국립중앙도서관
初等職業 第5学年	① 朝鮮総督府 ② 朝鮮書籍印刷株式会社 ③ 京城 ④ 1934 ⑤ 고려대도서관
初等職業	① 朝鮮総督府編 ② 朝鮮総督府 ③ 京城 ④ 1944 ⑤ 국립중앙도서관
初等唱歌 5-6	① 朝鮮総督府編 ② 朝鮮書籍印刷株式会社 ③ 京城 ④ 1941 ⑤ 국립중앙도서관
初等唱歌 第二学年用 1-2	① 朝鮮総督府編 ② 朝鮮総督府 ③ 京城 ④ 1939 ⑤ 국립중앙도서관
初等唱歌	① 朝鮮総督部編 ② 朝鮮地方行政学会 ③ 京城 ④ 1939 ⑤ 국립중앙도서관
初等唱歌解説書	① 京城師範学校音楽教育研究会編 ② 朝鮮地方行政学会発行 ③ 京城 ④ 1937-39 ⑤ 국립중앙도서관
草本懲毖録	① 柳成竜 ② 朝鮮総督府 ③ 京城 ④ 1936 ⑤ 일본국회도서관
初任者の간	① 朝鮮総督府鉄道局編 ② 朝鮮総督府鉄道局 ③ 京城 ④ 1941 ⑤ 한국국회도서관
総督府二対スル予算及物動ラ伴フ施設ノ要望事項	① 朝鮮軍司令部編 ② 朝鮮軍司令部 ③ 京城 ④ 1944 ⑤ 고려대도서관
総督政治	① 青柳網太郎(南冥) ② 朝鮮研究会 ③ 京城 ④ 1920 ⑤ 국립중앙도서관
総督政治	① 青柳南冥 ② 朝鮮研究会 ③ 京城 ④ 1918 ⑤ 한국국회도서관, 부산시민도서관, 고려대도서관, 일본국회도서관, 교토대도서관, 규슈대도서관, 도쿄대도서관
総督政治史論	① 青柳網太郎 ② 京城新聞社 ③ 京城 ④ 1928 ⑤ 한국국회도서관, 부산시민도서관, 일본국회도서관
総督訓示及農林局長演示集 昭和八年一二年	① 朝鮮総督府編 ③ 京城 ④ 1937 ⑤ 서울대도서관
総督訓示法務局長注意事項	① 朝鮮総督府編 ② 朝鮮総督府 ③ 京城 ④ 1933 ⑤ 국립중앙도서관
総督訓示集 大正二年十月	① 朝鮮総督府 ③ 京城 ④ 1913 ⑤ 국립중앙도서관, 고려대도서관
総督訓示集, 第2輯追録	② 朝鮮総督府 ③ 京城 ④ 1917 ⑤ 연세대도서관
総督訓示集	① 朝鮮総督府編 ② 朝鮮総督府 ③ 京城 ④ 1916 ⑤ 국립중앙도서관
銃猟秘術狩猟は此の呼吸で行け	① 菅谷景一 ② 朝鮮公論社 ③ 京城 ④ 1928 ⑤ 국립중앙도서관
銃砲火薬類関係法規集	① 朝鮮警察協会編 ② 朝鮮警察協会出版部 ③ 京城 ④ 1932 ⑤ 한국국회도서관
銃砲火薬類関係法規集	① 朝鮮警察協会編 ② 朝鮮警察協会 ③ 京城 ④ 1937 ⑤ 국립중앙도서관
銃後赤心録	① 朝鮮総督府法務局編 ② 朝鮮総督府法務局 ③ 京城 ④ 1937 ⑤ 국립중앙도서관, 서울대도서관
最近に於ける満商側商業資本の移動に就て	③ 京城 ② 朝鮮銀行調査課 ④ 1935 ⑤ 연세대도서관, 규슈대도서관, 도쿄대도서관

最近に於ける満洲経済の動向	①安住康夫編 ②朝鮮商工会議所 ③京城 ④1943 ⑤고려대도서관
最近に於ける外国新聞雑誌に現はれたる対日論調	①朝鮮総督府警務局編 ②朝鮮総督府警務局 ③京城 ④1941 ⑤도쿄대도서관
最近に於ける朝鮮工業の展望	①朝鮮工業協会編 ②朝鮮工業協会 ③京城 ④1940 ⑤국립중앙도서관, 한국국회도서관
最近ニ於ケル朝鮮地方財政趨勢調, 地方費 `府 `面 `学校費 `学校組合予算ノ部	①朝鮮総督府 ②朝鮮総督府 ③京城 ④1924 ⑤홋카이도대도서관
最近に於ける朝鮮治安状況	①朝鮮総督府警務局編 ②朝鮮総督府 ③京城 ④1934 ⑤국립중앙도서관
最近の鉱業界 第1-3編	①朝鮮鉱業会編 ②朝鮮鉱業会 ③京城 ④1930 ⑤국립중앙도서관
最近の金融経済研究	①堀江帰一, 河津暹, 福田徳三 ②朝鮮協会 ③京城 ④1923 ⑤국립중앙도서관, 고려대도서관
最近の南方関係図書目録	①京城商工会議所編 ③京城 ④1942 ⑤서울대도서관, 일본국회도서관, 규슈대도서관, 도쿄대도서관
最近の銀高と支那経済	①朝鮮銀行調査課編 ②朝鮮銀行調査課 ③京城 ④1934 ⑤도쿄대도서관
最近の仁川	①目黒幸太郎編 ②満鮮実業社 ③京城 ④1912 ⑤부산시민도서관
最近の朝鮮	①朝鮮総督府編 ②朝鮮総督府 ③京城 ④1934 ⑤국립중앙도서관, 연세대도서관, 일본국회도서관, 홋카이도대도서관
最近の朝鮮	①朝鮮総督府 ②朝鮮総督府 ③京城 ④1933 ⑤고려대도서관, 서울대도서관, 도호쿠대도서관
最近の朝鮮	①朝鮮総督府編 ②朝鮮総督府 ③京城 ④1932 ⑤한국국회도서관
最近の朝鮮貿易と貿易計畫実行の組織	①朝鮮東亜貿易株式会社編 ②朝鮮東亜貿易 ③京城 ④1942 ⑤도쿄대도서관
最近の支那及満洲を観て	①釈尾東邦講述 ②釜山府 ③釜山 ④1932 ⑤일본국회도서관
最近加奈陀管見	①朝鮮銀行調査局 ③京城 ④1918 ⑤서울대도서관
最近間嶋事情	①牛丸潤亮, 村田懋磨 共編 ②朝鮮及朝鮮人社 ③京城 ④1927 ⑤국립중앙도서관, 한국국회도서관, 고려대도서관, 연세대도서관, 일본국회도서관, 부산시민도서관
最近検定市町村名 1943	①文録社編, 石渡猪太郎 校 文録社 ③京城 ④1942 ⑤국립중앙도서관
最近京城案内記	①青柳綱太郎 ②朝鮮研究会 ③京城 ④1915 ⑤국립중앙도서관
最近山東に於ける日支経済活動状況	①朝鮮銀行 調査課編 ②朝鮮銀行 調査課 ③京城 ④1937 ⑤고려대도서관
最近植民地問題研究	①板橋菊松 ②巖松堂京城店 ③京城 ④1921 ⑤일본국회도서관, 규슈대도서관
最近実査朝鮮通誌	①宋鎮禹 第1集의 1 ③京城 ④1927 ⑤고려대도서관
最近二ケ年入学試験問題書	①嶺乾一編 ②活文社 ③京城 ④1931 ⑤국립중앙도서관

最近朝鮮に於ける大工業の躍進と其の資本系統
　　　　　　　　　　　　　　　②朝鮮銀行調査課　③京城　④1935　⑤도쿄대도서관

最近朝鮮ニ於テ勃興シツツアル重要事業調
　　　　　　　　　　　　　　　①朝鮮銀行調査課編　②朝鮮銀行調査課　③京城　④1937　⑤규슈대도서관,
　　　　　　　　　　　　　　　도쿄대도서관

最近朝鮮事情要覧 1　　　　　①朝鮮総督府編　②朝鮮総督府　③京城　④1919　⑤고려대도서관

最近朝鮮事情要覧 1-2　　　　①朝鮮総督府編　②朝鮮総督府　③京城　④1918　⑤국립중앙도서관

最近朝鮮事情要覧 2　　　　　①朝鮮総督府編　②朝鮮総督府　③京城　④1920　⑤고려대도서관

最近朝鮮事情要覧 3　　　　　①朝鮮総督府編　②朝鮮総督府　③京城　④1922　⑤고려대도서관

最近朝鮮事情要覧 4　　　　　①朝鮮総督府編　②朝鮮総督府　③京城　④1926　⑤고려대도서관

最近朝鮮事情要覧 5　　　　　①朝鮮総督府編　②朝鮮総督府　③京城　④1917　⑤고려대도서관

最近朝鮮事情要覧 6　　　　　①朝鮮総督府編　②朝鮮総督府　③京城　④1911　⑤고려대도서관

最近朝鮮事情要覧 団体・会議名標目　①朝鮮総督府編纂　②朝鮮総督府　③京城　④1912　⑤일본국회도서관

最近朝鮮事情要覧 大正11年　　①朝鮮総督府　②朝鮮総督府　③京城　④1922　⑤일본국회도서관, 부산시민
　　　　　　　　　　　　　　　도서관

最近朝鮮事情要覧 大正2年　　①朝鮮総督府編　②朝鮮総督府　③京城　④1913　⑤부산시민도서관

最近朝鮮事情要覧 大正3年　　①朝鮮総督府編　②朝鮮総督府　③京城　④1914　⑤부산시민도서관

最近朝鮮事情要覧 大正4年　　①朝鮮総督府編　②朝鮮総督府　③京城　④1915　⑤부산시민도서관, 서울대
　　　　　　　　　　　　　　　도서관

最近朝鮮事情要覧 大正5年　　①朝鮮総督府編　②朝鮮総督府　③京城　④1913　⑤부산시민도서관

最近朝鮮事情要覧 大正8年　　①朝鮮総督府　②朝鮮総督府　③京城　④1919　⑤부산시민도서관, 일본국회
　　　　　　　　　　　　　　　도서관

最近朝鮮事情要覧 大正9年　　①朝鮮総督府　②朝鮮総督府　③京城　④1920　⑤부산시민도서관, 서울대도
　　　　　　　　　　　　　　　서관, 일본국회도서관

最近朝鮮事情要覧 明治45年　　①朝鮮総督府編　②朝鮮総督府　③京城　④1912　⑤부산시민도서관

最近朝鮮事情要覧 明治45-大正11年　①朝鮮総督府編　②朝鮮総督府　③京城　④1912-1922　⑤일본국회도서관

最近朝鮮事情要覧, 1918, 1919, 1921　①朝鮮総督府編　②朝鮮総督府　③京城　④1918-1922　⑤한국국회도서관

最近朝鮮事情要覧　　　　　　①朝鮮総督府編　③京城　④1918　⑤서울대도서관

最近朝鮮事情要覧　　　　　　①朝鮮総督府編　③京城　④1922　⑤서울대도서관, 연세대도서관

最近朝鮮事情要覧　　　　　　①朝鮮総督府編　②大海堂　③京城　④1921　⑤고려대도서관

最近朝鮮事情要覧　　　　　　①朝鮮総督府編纂　②朝鮮総督府　③京城　④1913　⑤교토대도서관

最近朝鮮事情要覧　　　　　　①朝鮮総督府編纂　②朝鮮総督府　③京城　④1920　⑤연세대도서관

最近朝鮮要覧　　　　　　　　①朝鮮雑誌社編　③京城　④1910　⑤국립중앙도서관, 고려대도서관, 서울대
　　　　　　　　　　　　　　　도서관, 교토대도서관

最近朝鮮要覧　　　　　　　　①朝鮮雑誌社編纂　②日韓書房　③京城　④1911　⑤규슈대도서관

最近通俗衛生大鑑	①中央衛生協会編 ②中央衛生協会朝鮮本部 ③京城 ④1912 ⑤고려대도서관
最近韓国事情要覧	①統監府 ②統監府 ③京城 ④1909 ⑤부산시민도서관, 일본국회도서관
最近韓国事情要覧	①統監府 ②統監府 ③京城 ④1910 ⑤일본국회도서관
最近韓国要覧	①朝鮮雑誌社編 ②日韓書房 ③京城 ④1909 ⑤국립중앙도서관, 부산시민도서관
最新朝鮮分道地図	①玄公廉 ②書籍及帽子製造所 ③京城 ④1911 ⑤고려대도서관
最新朝鮮語会話辞典	①山本正誠 ②朝鮮印刷 ③京城 ④1925 ⑤한국국회도서관
最新朝鮮地理 上・下	①藤戸計太 ②京城日報社代理部 ③京城 ④1920 ⑤서울대도서관
最新朝鮮地誌	①上田駿一郎 校閲, 日韓書房編輯部 ③京城 ④1929-1930 ⑤서울대도서관
最新朝鮮地誌	①日韓書房編輯部編 ②日韓書房 ③京城 ④1912 ⑤한국국회도서관, 서울대도서관
最新朝鮮地誌	①朝鮮及満州社 ②朝鮮及満州社 ③京城 ④1918 ⑤서울대도서관
最新の朝鮮	①朝鮮総督府 ②朝鮮総督府 ③京城 ④1934 ⑤서울대도서관
最新各科学習指導要諦	①朝鮮初等教育研究会編 ②朝鮮公民教育会 ③京城 ④1932 ⑤국립중앙도서관
最新京城案内	①大東成文社編 ②大東成文社 ③京城 ④1923 ⑤고려대도서관
最新南洋読本	①上野寅洙 ②朝鮮春秋社 ③京城 ④1943 ⑤고려대도서관
最新満洲地誌 上編, 下編	①朝鮮及満洲社編 ②朝鮮及満洲社出版部 ③京城 ④1918.12-1919.5 ⑤국립중앙도서관, 연세대도서관, 교토대도서관, 도쿄대도서관
最新実用 朝鮮百科大全	①新文社編 ②新文社 ③京城 ④1916 ⑤한국국회도서관, 고려대도서관
最新朝鮮警察官刑務官受験便覧	①朝鮮受験研究社編輯部編 ②朝鮮受験研究社 ③京城 ④1936 ⑤부산시민도서관
最新朝鮮宮衛公署執務提要	①降旗清三編 ②東亜法政新聞社 ③京城 ④1920 ⑤고려대도서관
最新朝鮮大法典 巻1	①朝鮮総督府 ②朝鮮総督府 ③京城 ④1923 ⑤고려대도서관
最新朝鮮大法典 巻3	①朝鮮総督府 ②朝鮮総督府 ③京城 ④1923 ⑤고려대도서관
最新朝鮮大地図	①財藤勝蔵製 ②大阪屋号書店 ③京城 ④1910 ⑤일본국회도서관
最新朝鮮大地図	①朝鮮土地調査会編 ②日韓書房 ③京城 ④1911 ⑤국립중앙도서관
最新朝鮮歴史地理辞典	①佐藤種治編 ②佐藤種治 ③京城 ④1933 ⑤국립중앙도서관
最新朝鮮満洲支那案内	①小西栄三郎編 ②聖山閣 ③京城 ④1930 ⑤국립중앙도서관
最新朝鮮民刑事法令	①文林堂編輯部編 ②文林堂 ③京城 ④1936 ⑤국립중앙도서관, 한국국회도서관, 부산시민도서관
最新朝鮮事情要覧 1-8	①朝鮮総督府編 ②朝鮮総督府 ③京城 ④1911-22 ⑤국립중앙도서관
最新朝鮮産業交通大地図	①後藤銅版所編 ③京城 ④1941 ⑤서울대도서관
最新朝鮮書式大全	①大阪屋号書店 ②大阪屋号書店 ③京城 ④1928 ⑤국립중앙도서관, 서

	울대도서관, 연세대도서관
最新朝鮮書式大全追補	① 大阪屋号書店 ② 大阪屋号書店 ③ 京城 ④ 1928 ⑤ 고려대도서관
最新朝鮮一斑	① 田口春二郎 ② 森山美夫 ③ 京城 ④ 1911 ⑤ 국립중앙도서관, 서울대도서관, 연세대도서관, 규슈대도서관
最新朝鮮全図	② 至誠堂 ③ 京城 ④ 1940 ⑤ 규슈대도서관
最新朝鮮地理	① 藤戸計太 ② 京城月報社 ③ 京城 ④ 1918 ⑤ 고려대도서관, 부산시민도서관, 연세대도서관, 일본국회도서관, 홋카이도대도서관
最新朝鮮地誌 前編	② 朝鮮及満洲社出版部 ③ 京城 ④ 1918 ⑤ 부산시민도서관
最新朝鮮地誌 上編	① 朝鮮及満洲社編纂 ② 朝鮮及満洲社 ③ 京城 ④ 1918 ⑤ 연세대도서관, 교토대도서관
最新朝鮮地誌 中編	① 朝鮮及満洲社編纂 ② 朝鮮及満洲社 ③ 京城 ④ 1918 ⑤ 부산시민도서관, 연세대도서관, 교토대도서관
最新朝鮮地誌 下編	① 朝鮮及満洲社編纂 ② 朝鮮及満洲社 ③ 京城 ④ 1918 ⑤ 연세대도서관, 교토대도서관
最新朝鮮地誌	① 日韓書房編輯部編 ② 日韓書房 ③ 京城 ④ 1912 ⑤ 국립중앙도서관, 연세대도서관, 도쿄대도서관
最新朝鮮地誌	① 朝鮮及満洲社編 ② 朝鮮及満洲社 ③ 京城 ④ 1918 ⑤ 국립중앙도서관, 도쿄대도서관
最新朝鮮地誌	① 朝鮮及満洲社編 ② 朝鮮及満洲社出版部 ③ 京城 ④ 1918 ⑤ 규슈대도서관
最新朝鮮行政法講義	① 山名酒喜男 ② 文林堂 ③ 京城 ④ 1936 ⑤ 나고야대도서관, 도쿄대도서관
最新朝鮮行政法講義	① 山名酒喜男 ② 文林堂 ③ 京城 ④ 1938 ⑤ 고려대도서관
秋官志 5編	① 朝鮮総督府中枢院編 ② 朝鮮総督府中枢院 ③ 京城 ④ 1938 ⑤ 일본국회도서관
秋官志	① 朝鮮総督府中枢院編 ② 朝鮮総督府中枢院 ③ 京城 ④ 1939 ⑤ 국립중앙도서관, 부산시민도서관, 서울대도서관, 일본국회도서관, 교토대도서관, 나고야대도서관
萩類ノ研究	② 朝鮮総督府林業試験場 ③ 京城 ④ 1927 ⑤ 연세대도서관
楸子島港測量調査書	① 朝鮮総督府編 ② 朝鮮総督府 ③ 京城 ④ 1932 ⑤ 한국국회도서관
秋作篤鈴署の新研究	① 久次米邦蔵 等編 ② 久次米邦蔵等 ③ 京城 ④ 1932 ⑤ 국립중앙도서관
推定祭祀相続人の廃除に就て	① 中枢院調査課編 ③ 京城 ② 中枢院調査課 ④ 1934 ⑤ 한국국회도서관
畜産教科書	① 朝鮮総督府編 ② 朝鮮総督府 ③ 京城 ④ 1921 ⑤ 국립중앙도서관
畜産教科書	① 朝鮮総督府編纂 ② 朝鮮総督府 ③ 京城 ④ 1914 ⑤ 고려대도서관, 연세대도서관
畜産書類 自大正5年 至大正6年	② 朝鮮総督府釜山府 ③ 釜山 ④ 1917 ⑤ 부산시민도서관
畜産奨励指針	① 咸鏡北道編 ② 咸鏡北道 ③ 羅南 ④ 1938 ⑤ 홋카이도대도서관

畜産統計	③慶尚北道 ④1925 ⑤규슈대도서관
逐次刊行物目録 欧文	②京城帝国大学附属図書館 ③京城 ④1942 ⑤부산시민도서관
縮冊朝鮮会計法規	①朝鮮総督府財務局司計課編 ③京城 ④1929 ⑤서울대도서관
春川風土記	①河野万世(蘇山) ②朝鮮日日新聞社江原支 ③春川 ④1935 ⑤국립중앙도서관, 도쿄대도서관
出版物より観たろ朝鮮人学生の思想的傾向	①朝鮮総督府警務局 図書課編 ②朝鮮総督府警務局図書課 ③京城 ④1931 ⑤고려대도서관, 서울대도서관
出品説明書 尊都50年記念博覧会	①朝鮮総督府中枢院 ②朝鮮総督府中枢院 ③京城 ⑤서울대도서관
忠南農事試験成績要覧	①忠清南道農会編 ②忠清南道農会 ③発行地不明 ④1937 ⑤한국국회도서관
忠武公李舜臣の遺宝	①中村栄孝 ②朝鮮総督府 ③京城 ④1928 ⑤규슈대도서관
忠州観察誌	①奥土居天外 ②奥土居天外 ③忠州 ④1931 ⑤도쿄대도서관
忠州発展史	①李英 ②忠州発展史刊行所 ③忠州 ④1933 ⑤도쿄대도서관
忠清南道 道勢一斑 昭和13年	①忠清南道編 ②忠清南道 ④1939 ⑤부산시민도서관
忠清南道発展史	①安斎霞堂, 湖南日報社編 ②湖南日報社 ③大田 ④1932 ⑤일본국회도서관, 도쿄대도서관
忠清南道史蹟年表	①忠清南道編 ②忠清南道 ③大田 ④1918 ⑤규슈대도서관
忠清南道歳入出予算 昭和2-19年度	①忠清南道 ②忠清南道 ③大田 ④1928-1945 ⑤일본국회도서관
忠清南道牙山郡温陽温泉調査報文 外3	②朝鮮総督府地質調査所 ③京城 ④1928 ⑤부산시민도서관
忠清南道案内	②忠清南道庁 ③大田 ④1915 ⑤부산시민도서관
忠清南道一般会計及特別会計歳入歳出決算書 附忠清南道臨時恩賜金歳入歳出決算 昭和8年度	①忠清南道 ②忠清南道 ③大田 ④1934 ⑤일본국회도서관
忠清南道一般会計及特別会計歳入出決算書 附忠清南道臨時恩賜金歳入出決算 昭和10年度	①忠清南道 ②忠清南道 ③大田 ④1936 ⑤일본국회도서관
忠清南道一般会計及特別会計歳入出決算書 附忠清南道臨時恩賜金歳入出決算 昭和11年度	①忠清南道 ②忠清南道 ③大田 ④1937 ⑤일본국회도서관
忠清南道一般会計及特別会計歳入出決算書 附忠清南道臨時恩賜金歳入出決算 昭和12年度	①忠清南道 ②忠清南道 ③大田 ④1938 ⑤일본국회도서관
忠清南道一般会計及特別会計歳入出決算書 附忠清南道臨時恩賜金歳入出決算 昭和13年度	①忠清南道 ②忠清南道 ③大田 ④1939 ⑤일본국회도서관
忠清南道一般会計及特別会計歳入出決算書 附忠清南道臨時恩賜金歳入出決算 昭和14年度	①忠清南道 ②忠清南道 ③大田 ④1940 ⑤일본국회도서관
忠清南道一般会計及特別会計歳入出決算書 附忠清南道臨時恩賜金歳入出決算 昭和15年度	①忠清南道 ②忠清南道 ③大田 ④1941 ⑤일본국회도서관

忠清南道一般会計及特別会計歳入出決算書 附忠清南道臨時恩賜金歳入出決算 昭和16年度
　　　　　　　　　　①忠清南道 ②忠清南道 ③大田 ④1942 ⑤일본국회도서관

忠清南道一般会計及特別会計歳入出決算書 附忠清南道臨時恩賜金歳入出決算 昭和17年度
　　　　　　　　　　①忠清南道 ②忠清南道 ③大田 ④1943 ⑤일본국회도서관

忠清南道一般会計及特別会計歳入出決算書 附忠清南道臨時恩賜金歳入出決算 昭和9年度
　　　　　　　　　　①忠清南道 ②忠清南道 ③大田 ④1935 ⑤일본국회도서관

忠清南道地方費及同恩給特別会計並児童奨学資金特別会計歳入歳出決算 大正14年度
　　　　　　　　　　①忠清南道 ②忠清南道 ③大田 ④1926 ⑤일본국회도서관

忠清南道地方費及同恩給特別会計並児童奨学資金特別会計歳入歳出決算 大正15・昭和元年度
　　　　　　　　　　①忠清南道 ②忠清南道 ③大田 ④1927 ⑤일본국회도서관

忠清南道蚕業指針　　　①忠清南道内務部農務課 ②忠清南道内務部農務課 ③公州 ④1927
　　　　　　　　　　⑤일본국회도서관

忠清南道庁移転に関し朝鮮総督府内務局長の正式声明に対する検討異見
　　　　　　　　　　①忠清南道公州地方民編 ③公州 ④1931 ⑤서울대도서관

忠清北道歳入出決算・忠清北道臨時恩賜金歳入出決算・忠清北道地方費児童・学資金特別会計歳入出決算・忠清
　　　　　　　　　　北道罹災救助基金特別会計歳入出決算・忠清北道朝鮮簡易生命保険積
　　　　　　　　　　立金預入ニ依ル預金部資金転貸資金特別会計歳入出決算 昭和13年度
　　　　　　　　　　①忠清北道 ②忠清北道 ③清州 ④1939 ⑤일본국회도서관

忠清北道歳入出決算・忠清北道臨時恩賜金歳入出決算・忠清北道地方費児童・学資金特別会計歳入出決算・忠清
　　　　　　　　　　北道罹災救助基金特別会計歳入出決算・忠清北道朝鮮簡易生命保険積
　　　　　　　　　　立金預入ニ依ル預金部資金転貸資金特別会計歳入出決算 昭和14年度
　　　　　　　　　　①忠清北道 ②忠清北道 ③清州 ④1940 ⑤일본국회도서관

忠清北道歳入出決算・忠清北道臨時恩賜金歳入出決算・忠清北道地方費児童・学資金特別会計歳入出決算・忠清
　　　　　　　　　　北道罹災救助基金特別会計歳入出決算・忠清北道朝鮮簡易生命保険積
　　　　　　　　　　立金預入ニ依ル預金部資金転貸資金特別会計歳入出決算 昭和15年度
　　　　　　　　　　①忠清北道 ②忠清北道 ③清州 ④1941 ⑤일본국회도서관

忠清北道歳入出決算・忠清北道臨時恩賜金歳入出決算・忠清北道地方費児童・学資金特別会計歳入出決算・忠清
　　　　　　　　　　北道罹災救助基金特別会計歳入出決算・忠清北道朝鮮簡易生命保険積
　　　　　　　　　　立金預入ニ依ル預金部資金転貸資金特別会計歳入出決算 昭和16年度
　　　　　　　　　　①忠清北道 ②忠清北道 ③清州 ④1942 ⑤일본국회도서관

忠清北道歳入出決算・忠清北道臨時恩賜金歳入出決算・忠清北道地方費児童・学資金特別会計歳入出決算・忠清
　　　　　　　　　　北道罹災救助基金特別会計歳入出決算・忠清北道朝鮮簡易生命保険積
　　　　　　　　　　立金預入ニ依ル預金部資金転貸資金特別会計歳入出決算 昭和17年度
　　　　　　　　　　①忠清北道 ②忠清北道 ③清州 ④1943 ⑤일본국회도서관

忠清北道歳入出予算 昭和2-19年度　　①忠清北道 ②忠清北道 ③清州 ④1928-1945 ⑤일본국회도서관

忠清北道地方費歳入歳出決算書・忠清北道地方費児童・学資金特別会計歳入歳出決算書 大正14年度
　　　　　　　　　　①忠清北道 ②忠清北道 ③清州 ④1926 ⑤일본국회도서관

忠清北道地方費歳入歳出決算書・忠清北道地方費児童・学資金特別会計歳入歳出決算書・忠清北道臨時恩賜金歳
入歳出決算書 昭和11年度
① 忠清北道 ② 忠清北道 ③ 清州 ④ 1937 ⑤ 일본국회도서관

忠清北道地方費歳入歳出決算書・忠清北道地方費児童・学資金特別会計歳入歳出決算書・忠清北道臨時恩賜金歳
入歳出決算書 昭和12年度
① 忠清北道 ② 忠清北道 ③ 清州 ④ 1938 ⑤ 일본국회도서관

忠清北道地方費歳入歳出決算書・忠清北道地方費児童・学資金特別会計歳入歳出決算書・忠清北道臨時恩賜金歳
入歳出決算書 昭和4年度
① 忠清北道 ② 忠清北道 ③ 清州 ④ 1930 ⑤ 일본국회도서관

忠清北道地方費歳入歳出決算書・忠清北道地方費児童・学資金特別会計歳入歳出決算書・忠清北道臨時恩賜金歳
入歳出決算書 昭和5年度
① 忠清北道 ② 忠清北道 ③ 清州 ④ 1931 ⑤ 일본국회도서관

忠清北道地方費歳入歳出決算書・忠清北道地方費児童・学資金特別会計歳入歳出決算書・忠清北道臨時恩賜金歳
入歳出決算書 昭和6年度
① 忠清北道 ② 忠清北道 ③ 清州 ④ 1932 ⑤ 일본국회도서관

忠清北道地方費歳入歳出決算書・忠清北道地方費児童・学資金特別会計歳入歳出決算書・忠清北道臨時恩賜金歳
入歳出決算書 昭和7年度
① 忠清北道 ② 忠清北道 ③ 清州 ④ 1933 ⑤ 일본국회도서관

沖合漁船設計範例　　　　　　　① 朝鮮総督府水産試験場編 ② 朝鮮総督府水産試験場 ③ 釜山 ④ 1929
　　　　　　　　　　　　　　　⑤ 국립중앙도서관, 서울대도서관, 연세대도서관

沖合漁船設計範例附図　　　　　① 朝鮮総督府水産試験場 ② 朝鮮総督府水産試験場 ③ 釜山 ④ 1929
　　　　　　　　　　　　　　　⑤ 서울대도서관, 규슈대도서관

趣味の慶州　　　　　　　　　　① 大坂六村 ② 慶州古蹟保存会 ③ 慶州 ④ 1931 ⑤ 규슈대도서관, 도쿄대도
　　　　　　　　　　　　　　　서관

趣味の朝鮮の旅　　　　　　　　① 大木春三 ② 朝鮮印刷株式会社 ③ 京城 ④ 1927 ⑤ 국립중앙도서관, 서
　　　　　　　　　　　　　　　울대도서관, 연세대도서관

取引所関係事項の概要　　　　　① 朝鮮総督府殖産局編 ② 朝鮮総督府殖産局 ③ 京城 ④ 1930 ⑤ 국립중앙
　　　　　　　　　　　　　　　도서관

取締役会総会関係　　　　　　　⑤ 도쿄대도서관

測量教科書　　　　　　　　　　① 朝鮮総督府編 ② 朝鮮総督府 ③ 京城 ④ 1914 ⑤ 고려대도서관, 연세대도
　　　　　　　　　　　　　　　서관, 규슈대도서관

測量教科書　　　　　　　　　　① 朝鮮総督府編 ② 朝鮮総督府 ③ 京城 ④ 1922 ⑤ 국립중앙도서관

測量学教科書 経緯儀編　　　　① 京城工科学院編 ② 京城工科学院 ③ 京城 ④ 1942 ⑤ 국립중앙도서관

測地外業処務規程　　　　　　　① 朝鮮総督府臨時土地調査局編 ② 朝鮮総督府臨時土地調査局 ③ 京城
　　　　　　　　　　　　　　　④ 1914 ⑤ 한국국회도서관, 연세대도서관

歯科臨床家ニ必要ナル炎症性口腔疾患ノ一般療法

①広瀬清 ②満鮮之歯界社出版部 ③京城 ④1934 ⑤홋카이도대도서관

治水及水利踏報告査書 ①朝鮮総督府編 ②朝鮮総督府 ③京城 ④1920 ⑤국립중앙도서관, 서울대
도서관, 연세대도서관, 일본국회도서관

治安維持法提案討議 帝国議会に於ける質疑応答議事

①高等法院検事局思想部編纂 ②高等法院検事局思想部 ③京城 ④1928
⑤연세대도서관

親族会・限定相続会社倹査役選任の解説と書式集

①田重雄 ②大阪屋号書店 ③京城 ④1933 ⑤부산시민도서관

漆樹増殖に関する調査書 ①朝鮮総督府編 ②朝鮮総督府 ③京城 ④1930 ⑤국립중앙도서관

漆液採取試験 ①野崎伸三, 尾石元興 共 ②朝鮮総督府林業試験場 ③京城 ④1939
⑤국립중앙도서관

太古に於ける韓土関係の伝説	① 松本重彦 ② 京城帝国大学文学会 ③ 京城 ④ 1935 ⑤ 고려대도서관
泰西名作短篇集	① 朝鮮図書株式会社編 ② 朝鮮図書株式会社 ③ 京城 ④ 1924 ⑤ 고려대도서관
土橋教授退職記念論文集	① 京城帝国大学医学部小児科学教室編 ③ 京城 ④ 1941 ⑤ 서울대도서관
土幕民の生活・衛生	① 京城帝国大学衛生調査部 ② 岩波書店 ③ 京城 ⑤ 부산시민도서관, 고려대도서관
土木建築界の改革を叫ぶ	① 柳川勉編 ② 朝鮮辛情社 ③ 京城 ④ 1927 ⑤ 국립중앙도서관
土木建築関系労務者賃金事務解説	① 中島龍吉 ② 朝鮮土木建築業協会 ③ 京城 ④ 1941 ⑤ 한국국회도서관
土木工事ニ関スル例規	① 朝鮮総督府内務部地方局編 ② 朝鮮総督府 ③ 京城 ④ 1911 ⑤ 한국국회도서관
土木談合事件第一審公判調書	① 京城地方法院編 ② 京城地方法院 ③ 京城 ④ 1934 ⑤ 국립중앙도서관
土木事業新規計劃ニ関スル参考書	② 朝鮮総督府 ③ 京城 ④ 1926 ⑤ 연세대도서관
土木材料学	① 京城工科学院 ③ 京城 ④ 1932 ⑤ 고려대도서관
土状黒鉛選鉱試験	① 朝鮮総督府燃料選鉱研究所編 ② 朝鮮総督府燃料選鉱研究所 ③ 京城 ④ 1927 ⑤ 국립중앙도서관
土性調査法に就いて	① 川村一水 ② 朝鮮農会 ③ 京城 ④ 1937 ⑤ 국립중앙도서관
土性調査報告	② 忠清南道農事試験場 ③ 忠清南道 ④ 1942 ⑤ 규슈대도서관
土壌及農具教科書	① 朝鮮総督府編 ② 朝鮮総督府 ③ 京城 ④ 1919 ⑤ 국립중앙도서관
土壌及農具教科書	① 朝鮮総督府編纂 ② 朝鮮総督府 ③ 京城 ④ 1914 ⑤ 고려대도서관, 연세대도서관, 규슈대도서관
土壌及農具教科書	① 朝鮮総督府編纂 ② 朝鮮総督府 ③ 京城 ④ 1914
土壌肥料講習講義録	① 朝鮮農会編 ② 朝鮮農会 ③ 京城 ④ 1936 ⑤ 국립중앙도서관, 연세대도서관
土墻に描く朝鮮詩集	① 内野健児 ② 耕人社 ③ 大田 ④ 1923 ⑤ 일본국회도서관
土地改良	① 朝鮮水利組合聯合会編 ② 朝鮮水利組合聯合会 ③ 京城 ④ 1940-42 ⑤ 국립중앙도서관
土地改良に関する事業概要	① 朝鮮総督府農事試験場編 ② 朝鮮総督府 ③ 京城 ④ 1931 ⑤ 한국국회도서관
土地改良基本調査書, 1-11	① 朝鮮総督府編 ② 朝鮮総督府 ③ 京城 ④ 1921-1927 ⑤ 한국국회도서관
土地改良基本調査提要	① 朝鮮総督府編 ② 朝鮮総督府 ③ 京城 ④ 1923 ⑤ 한국국회도서관
土地改良事業の概要	① 朝鮮総督府 ② 行政学会印刷所 ③ 京城 ④ 1929 ⑤ 한국국회도서관
土地改良事業の概況	① 朝鮮総督府編 ② 朝鮮総督府 ③ 京城 ④ 1932 ⑤ 국립중앙도서관, 홋카이도대도서관

土地改良事業の概況	① 朝鮮総督府編 ② 朝鮮総督府 ③ 京城 ④ 1932 ⑤ 국립중앙도서관, 부산시민도서관, 고려대도서관, 서울대도서관, 연세대도서관, 일본국회도서관, 도쿄대도서관
土地改良事業の実績	① 朝鮮総督府土地改良部編 ② 朝鮮総督府 ③ 京城 ④ 1934 ⑤ 국립중앙도서관
土地改良事業基本調査地区一覧 第1-4回	① 朝鮮総督府 ② 朝鮮総督府 ③ 京城 ④ 1927 ⑤ 일본국회도서관
土地改良事業基本調査地区一覧, 2回	① 朝鮮総督府編 ② 朝鮮総督府 ③ 京城 ④ 1926 ⑤ 한국국회도서관
土地改良事業基本調査地区一覧	① 朝鮮総督府 ② 朝鮮総督府 ③ 京城 ④ 1931 ⑤ 도쿄대도서관
土地改良事業基本調査地区一覧第6回	② 朝鮮総督府 ③ 京城 ④ 1928 ⑤ 연세대도서관
土地改良地区計劃書, 1-10, 52	① 朝鮮総督府編 ② 朝鮮総督府 ③ 京城 ⑤ 한국국회도서관
土地改良地区計劃書, 11-21	① 朝鮮総督府編 ② 朝鮮総督府 ③ 京城 ⑤ 한국국회도서관
土地改良地区計劃書, 22-30	① 朝鮮総督府編 ② 朝鮮総督府 ③ 京城 ⑤ 한국국회도서관
土地改良地区計劃書, 31-41	① 朝鮮総督府編 ② 朝鮮総督府 ③ 京城 ⑤ 한국국회도서관
土地改良地区計劃書, 42-51	① 朝鮮総督府編 ② 朝鮮総督府 ③ 京城 ⑤ 한국국회도서관
土地改良地区計劃書, 第5号	① 朝鮮総督府編 ② 朝鮮総督府 ③ 京城 ⑤ 한국국회도서관
土地傾斜区分図附表	① 朝鮮総督府林業試験場編 ② 朝鮮総督府林業試験場 ③ 京城 ④ 1932 ⑤ 국립중앙도서관
土地細部測図要義	① 朝鮮総督府編 ② 朝鮮総督府 ③ 京城 ④ 1914 ⑤ 국립중앙도서관
土地賃貸価格調査のあらまし	① 朝鮮総督府財務局編 ② 朝鮮総督府 ③ 京城 ④ 1941 ⑤ 고려대도서관
土地制度 地税制度調査報告書	① 朝鮮総督府編 ② 朝鮮総督府 ③ 京城 ④ 1920 ⑤ 고려대도서관
土地制度地税制度調査報告書	② 朝鮮総督府 ③ 京城 ④ 1920 ⑤ 연세대도서관
土地調査卜地主	① 田中定平 ② 巌松堂京城店 ③ 京城 ④ 1910 ⑤ 일본국회도서관
土地調査卜地主	① 田中定平 ② 巌松堂京城店 ③ 京城 ④ 1915 ⑤ 부산시민도서관, 도쿄대도서관
土地調査例規 第2輯 会計	① 朝鮮総督府臨時土地調査局編 ② 朝鮮総督府 ③ 京城 ④ 1915 ⑤ 국립중앙도서관, 도쿄대도서관
土地調査法規	① 朝鮮総督府臨時土地調査局編 ② 朝鮮総督府 ③ 京城 ④ 1916 ⑤ 고려대도서관, 규슈대도서관
土地調査事業現況報告書	① 朝鮮総督府臨時土地調査局編 ③ 京城 ④ 1911 ⑤ 국립중앙도서관
土地調査参考書 1-2	① 朝鮮総督府土地調査局編 ② 朝鮮総督府土地調査局 ③ 京城 ④ 1909, 1911 ⑤ 국립중앙도서관
土地測量 図根篇	① 朝鮮財務協会編 ② 朝鮮財務協会 ③ 京城 ④ 1933 ⑤ 한국국회도서관
土地測量規程	① 朝鮮総督府財務局編 ③ 京城 ④ 1923 ⑤ 서울대도서관
統監府臨時間島派出所紀要	① 統監府 ② 統監府臨時間島派出所残務整理所 ③ 京城 ④ 1910 ⑤ 일본국회도서관

統監府法規提要	① 統監府編 ② 統監府 ③ 京城 ④ 1968 ⑤ 서울대도서관
統監府法規提要	① 統監府 ② 統監府 ③ 京城 ④ 1910 ⑤ 일본국회도서관, 부산시민도서관
統監部時代に於ける間島韓民保護に関する施設	① 朝鮮総督府官房 ② 朝鮮総督府官房 ③ 京城 ④ 1930 ⑤ 한국국회도서관, 고려대도서관, 서울대도서관
統監府時代に於ける間島韓民保護に関する施設	① 朝鮮総督府官房文書課編 ② 朝鮮総督府総督官文書課 ③ 京城 ④ 1931 ⑤ 국립중앙도서관, 일본국회도서관
統監府施政一斑	① 統監府 ② 統監府 ③ 京城 ④ 1907 ⑤ 일본국회도서관, 도쿄대도서관
統監府鉄道管理局年報 明治39年度	① 統監府鉄道管理局 ② 統監府鉄道管理局 ③ 京城 ④ 1907 ⑤ 일본국회도서관, 홋카이도대도서관
統監府統計年報 第1-4次(明治39-42年)	① 統監府 ② 統監府 ③ 京城 ④ 1908-1911 ⑤ 일본국회도서관
統監府統計年報, 第1次	① 朝鮮統監官房 文書課 ② 朝鮮統監府 ③ 京城 ④ 1907 ⑤ 한국국회도서관
統監府通信事業年報明治39-41年度	① 統監府通信管理局 ② 統監府通信管理局 ③ 京城 ④ 1906-1909 ⑤ 일본국회도서관
統監府通信事業報告	① 統監府通信管理局編 ② 統監府通信管理局 ③ 京城 ⑤ 오사카대학
統監府特許局法規類集	① 統監府特許局 ② 統監府特許局 ③ 京城 ④ 1909 ⑤ 일본국회도서관
統計年報 昭和14年	① 木浦商工会議所 ② 木浦商工会議所 ③ 木浦 ④ 1940 ⑤ 일본국회도서관
統計年報 昭和2年	① 木浦商業会議所 ② 木浦商業会議所 ③ 木浦 ④ 1929 ⑤ 일본국회도서관
統計年報 昭和5年-12年	① 京城商工会議所 ② 京城商工会議所 ③ 京城 ④ 1931-38 ⑤ 일본국회도서관
統計年報	① 京城商業会議所編 ② 京城商業会議所 ③ 京城 ④ 1929 ⑤ 홋카이도대도서관
統計年報	① 南満洲鉄道株式会社京城管理局編 ② 南満洲鉄道株式会社京城管理局 ③ 京城 ④ 1921 ⑤ 홋카이도대도서관
統計年報	① 大邱商工会議所編 ② 大邱商工会議所 ③ 大邱 ④ 1938 ⑤ 도쿄대도서관
統計年報	① 木浦商業会議所編 ② 木浦商業会議所 ③ 木浦 ④ 1921 ⑤ 홋카이도대도서관
統計年報	① 上田耕一郎編輯 ② 釜山商工会議所 ③ 釜山 ④ 1931 ⑤ 홋카이도대도서관
統計年報	① 上田耕一郎編輯 ② 釜山商工会議所 ③ 釜山 ④ 1939 ⑤ 도쿄대도서관
統計年報	① 元山商工会議所編 ② 元山商工会議所 ③ 元山 ④ 1928 ⑤ 홋카이도대도서관
統計年報	① 元山商工会議所編 ② 元山商工会議所 ③ 元山 ④ 1937 ⑤ 도쿄대도서관
統計図集	① 朝鮮総督府編 ② 朝鮮総督府 ③ 京城 ④ 1923 ⑤ 부산시민도서관, 일본국회도서관

統計事務取扱規程	①朝鮮総督府臨時土地調査局編 ②朝鮮総督府臨時土地調査局 ③京城 ④1916 ⑤한국국회도서관
統計実務提要	①林元竜 ②大谷仁兵衛 ③京城 ④1928 ⑤부산시민도서관
統計年報, 1941	①京城商工会議所 ②京城商工会議所 ③京城 ④1941 ⑤한국국회도서관
統計年報, 1944	①京城商工会議所 ②京城商工会議所 ③京城 ④1944 ⑤한국국회도서관
統計摘要 昭和14年	①朝鮮総督府編 ②朝鮮総督府 ③京城 ④1941 ⑤일본국회도서관, 교토대도서관, 도쿄대도서관, 도호쿠대도서관
統計指針	①京畿道編 ②京畿道 ④1922 ⑤부산시민도서관
統計便覧 大正10年	①朝鮮総督府 ②朝鮮総督府 ③京城 ④1921 ⑤일본국회도서관
統計便覧 大正11, 14	①朝鮮総督府編 ②朝鮮総督府 ③京城 ④1922-1925 ⑤일본국회도서관
統計学大意	①後藤市蔵 朝鮮総督府編 ②大阪屋号書店 ③京城 ④1924 ⑤한국국회도서관
通文館志	①朝鮮古書刊行会 ②朝鮮古書刊行会 ③京城 ④1913 ⑤서울대도서관, 규슈대도서관, 도쿄대도서관
通報編 1 9年8月-至0年2月	①朝鮮総督府情報課 ②朝鮮総督府情報課 ③京城 ④1944 ⑤고려대도서관
通俗 朝鮮鉄道講話	①亀岡栄吉 ②朝鮮拓殖資料調査会発行 ③京城 ④1928 ⑤서울대도서관
通俗鉱山測量	①志村久次郎 ②朝鮮鉱業会 ③京城 ④1934 ⑤국립중앙도서관, 규슈대학교
通俗鉱山測量学	①志村久次郎 ②朝鮮鉱業会 ③京城 ④1939 ⑤국립중앙도서관
通俗大東亜戦争史	①中村岡次郎 ②朝鮮思想国防協会 ③京城 ④1943 ⑤국립중앙도서관
通俗朝鮮文庫 第2輯(荘陵誌/謝氏南征記)	①自由討究社編 ②自由討究社 ③京城 ④1921 ⑤일본국회도서관
通俗朝鮮文庫 第3輯(朋党士禍の検討/九雲夢)	①自由討究社編 ②自由討究社 ③京城 ④1921 ⑤일본국회도서관
通俗朝鮮文庫 第4輯(朝鮮歳時記/広寒楼記)	①自由討究社編 ②自由討究社 ③京城 ④1921 ⑤일본국회도서관
通俗朝鮮鉄道講話. 第1巻	①亀岡栄吉 ②朝鮮拓植資料調査会 ③京城 ④1928 ⑤국립중앙도서관, 한국국회도서관, 연세대도서관
通信年報 明治42・43年度	①朝鮮総督府通信局 ②朝鮮総督府通信局 ③京城 ④1909 ⑤일본국회도서관
通信社務概況 1-10	①朝鮮総督府逓信局編 ②朝鮮総督府逓信局 ③京城 ④1918-30 ⑤국립중앙도서관
通信事務概況	④和3年 ②朝鮮総督府逓信局度 ③京城 ④1930 ⑤연세대도서관
通信線路施設心得	①朝鮮総督府鉄道局電気課編 ②朝鮮総督府鉄道局電気課 ③京城 ④1939 ⑤국립중앙도서관
通州棉事情	①朝鮮銀行調査課編 ②朝鮮銀行調査課 ③京城 ④1941 ⑤도쿄대도서관
退渓集 1-4	①釈尾春芿編 ②朝鮮古書刊行会 ③京城 ④1915.12-1916.3 ⑤교토대도

	서관
退渓集	① 釈尾春仍編 ② 朝鮮古書刊行会 ③ 京城 ④ 1916 ⑤ 규슈대도서관, 도쿄대도서관
退渓集	① 李滉 ② 朝鮮古書刊行会 ③ 京城 ④ 1915 ⑤ 한국국회도서관, 규슈대도서관, 도쿄대도서관
投機に基づく外国為替の騰貴に就て	① 朝鮮銀行東京総裁席調査課編 ② 朝鮮銀行東京経載席調査課 ③ 京城 ④ 1926 ⑤ 국립중앙도서관, 도쿄대도서관
特別講義	② 朝鮮総督府 ③ 京城 ④ 1924 ⑤ 부산시민도서관
特別展覧会陳列図書目録	① 朝鮮総督府図書館編 ② 朝鮮総督府図書館 ③ 京城 ④ 1944 ⑤ 국립중앙도서관, 서울대도서관, 일본국회도서관
特別調査報告集 第2	② 朝鮮総督府勧業模範場 ③ 水原 ④ 1914 ⑤ 교토대도서관
特別調査報告集 第1	① 朝鮮総督府勧業模範場 ② 朝鮮総督府勧業模範場 ③ 水原 ④ 1914 ⑤ 고려대도서관, 연세대도서관, 교토대도서관, 도쿄대도서관
特別調査報告集 第2	① 朝鮮総督府勧業模範場 ② 朝鮮総督府勧業模範場 ③ 水原 ④ 1916 ⑤ 고려대도서관, 연세대도서관
特別調査報告集	② 朝鮮総督府勧業模範場 ③ 水原 ④ 1914 ⑤ 규슈대도서관, 홋카이도대도서관
特別会計歳入歳出予定計算書各目明細書, 1909	① 朝鮮総督府編 ② 朝鮮総督府 ③ 京城 ④ 1909 ⑤ 한국국회도서관
特殊単級小学校教育法調査書	① 朝鮮総督府編 ② 朝鮮総督府 ③ 京城 ④ 1915 ⑤ 국립중앙도서관
特用作物教科書	① 朝鮮総督府編 ② 朝鮮総督府 ③ 京城 ④ 1924 ⑤ 국립중앙도서관
特輯 青年教本	① 朝鮮総督府 ③ 京城 ④ 1944 ⑤ 서울대도서관

把翠軒遺稿	②京城帝国大学法文学部 ③京城 ④1937 ⑤일본국회도서관
判決	①京城地方法院編 ③京城 ④1932-1933 ⑤서울대도서관
阪神京浜地方の朝鮮人労働者	①朝鮮総督府編 ②朝鮮総督府 ③京城 ④1924 ⑤국립중앙도서관, 고려대도서관, 서울대도서관, 일본국회도서관, 교토대도서관
八域誌 荘陵誌	①細井肇編 ②自由討究社 ③京城 ④1926 ⑤부산시민도서관, 도쿄대도서관
八域誌	①李重煥, 清水鍵吉訳 ②自由討究社 ③京城 ④1921 ⑤연세대도서관
八域誌外	①朝鮮古書刊行会 ②朝鮮古書刊行会 ③京城 ④1910 ⑤서울대도서관
貝の棲む干潟, 第13号	①朝鮮総督府水産試験場編 ②朝鮮総督府水産試験場 ③釜山 ④1944 ⑤한국국회도서관, 서울대도서관, 일본국회도서관
苹果の病虫害防除法	①朝鮮農会編 ②朝鮮農会 ③京城 ④1933 ⑤국립중앙도서관, 규슈대도서관
苹果の縮果病に関する研究	①朝鮮総督府勧業模範場編 ②朝鮮総督府勧業模範場 ③水原 ④1919 ⑤교토대도서관, 규슈대도서관, 홋카이도대도서관
平壌の発展策	①森幸次郎編纂 ②平壌毎日新聞社 ③平壌 ④1932 ⑤홋카이도대도서관
平北の米	①内務部農務課 ②内務部農務課 ④1931 ⑤도쿄대도서관
平安南道 中和郡 楓洞面の重晶石·蛍石鉱床	①朝鮮総督府地質調査所編 ②朝鮮総督府地質調査所 ③京城 ④1940 ⑤고려대도서관
平安南道に於ける乾デン	①朝鮮総督府農事試験場 ②朝鮮総督府農事試験場 ③水原 ④1935 ⑤일본국회도서관
平安南道に於ける乾畓	①朝鮮総督府勧業模範場編 ②朝鮮総督府勧業模範場 ③水原 ④1928 ⑤국립중앙도서관
平安南道に於ける大豆品種の調査	①平安南道種苗場 ②平安南道種苗場 ③平壌 ④1927 ⑤규슈대도서관
平安南道ニ於ケル小作慣行調査書 謄写版	①平安南道 ②平安南道 ③平壌 ④1930 ⑤도쿄대도서관
平安南道ノ 農業	①平安南道内務部 農務課編 ②平安南道内務部 農務課 ③平壌 ④1935 ⑤한국국회도서관
平安南道の教育と宗教	①平安南道教育会 ②平安南道教育会 ③平壌 ④1939 ⑤도쿄대도서관
平安南道ノ農業	①平安南道内務部農務課編 ②平安南道内務部農務課 ④1931 ⑤도쿄대도서관
平安南道ノ農業	①平安南道内務部農務課編 ②平安南道内務部農務課 ④1929 ⑤규슈대도서관
平安南道農会主催	②郡農会事績品評会報告書 ②平安南道農会 ④1929 ⑤규슈대도서관, 홋카이도대도서관

平安南道大同郡大同江面梧野里古墳調査報告	
	① 朝鮮総督府編 ② 朝鮮総督府 ③ 京城 ④ 1935 ⑤ 서울대도서관
平安南道北部無煙炭炭田徳川区域	① 素木卓二 等 ③ 京城 ④ 1931 ⑤ 국립중앙도서관
平安南道北部無煙炭々田地質図 五万分ノ一	
	① 朝鮮総督府燃料選鉱研究所編纂 ② 朝鮮総督府燃料選鉱研究所 ③ 京城 ④ 1927 ⑤ 국립중앙도서관, 교토대도서관, 규슈대도서관, 도쿄대도서관
平安南道事情要覧	① 平安南道 ② 平安南道 ③ 平壤 ④ 1940 ⑤ 일본국회도서관
平安南道勢一斑	① 平安南道 ② 平安南道 ④ 1922 ⑤ 규슈대도서관
平安南道歳入出決算 大正14年度	① 平安南道 ② 平安南道 ③ 平壤 ④ 1926 ⑤ 일본국회도서관
平安南道歳入出決算 昭和10年度	① 平安南道 ② 平安南道 ③ 平壤 ④ 1936 ⑤ 일본국회도서관
平安南道歳入出決算 昭和11年度	① 平安南道 ② 平安南道 ③ 平壤 ④ 1937 ⑤ 일본국회도서관
平安南道歳入出決算 昭和12年度	① 平安南道 ② 平安南道 ③ 平壤 ④ 1938 ⑤ 일본국회도서관
平安南道歳入出決算 昭和15年度	① 平安南道 ② 平安南道 ③ 平壤 ④ 1941 ⑤ 일본국회도서관
平安南道歳入出決算 昭和16年度	① 平安南道 ② 平安南道 ③ 平壤 ④ 1942 ⑤ 일본국회도서관
平安南道歳入出決算 昭和4年度	① 平安南道 ② 平安南道 ③ 平壤 ④ 1930 ⑤ 일본국회도서관
平安南道歳入出決算 昭和6年度	① 平安南道 ② 平安南道 ③ 平壤 ④ 1932 ⑤ 일본국회도서관
平安南道歳入出決算 昭和7年度	① 平安南道 ② 平安南道 ③ 平壤 ④ 1933 ⑤ 일본국회도서관
平安南道歳入出決算 昭和8年度	① 平安南道 ② 平安南道 ③ 平壤 ④ 1934 ⑤ 일본국회도서관
平安南道歳入出決算 昭和9年度	① 平安南道 ② 平安南道 ③ 平壤 ④ 1935 ⑤ 일본국회도서관
平安南道歳入出予算 昭和2-18年度	① 平安南道 ② 平安南道 ③ 平壤 ④ 1928-1944 ⑤ 일본국회도서관
平安南道要覧 昭和5年	① 平安南道 ② 平安南道 ③ 平壤 ④ 1930 ⑤ 일본국회도서관
平安南道要覧, 1937	① 平安南道編 ② 平安南道庁 ③ 平壤 ④ 1937 ⑤ 한국국회도서관
平安南道種苗場成績概要	① 平安南道種苗場 ② 平安南道種苗場 ③ 平壤 ④ 1928 ⑤ 규슈대도서관
平安南道統計年報 昭和10年	① 平安南道編纂 ② 平安南道 ③ 平壤 ④ 1937 ⑤ 일본국회도서관
平安南道統計表	① 農業統計 ② 平安南道 ③ 平壤 ④ 1925 ⑤ 도쿄대도서관
平安南北道ニ於ケル鉱業	① 朝鮮銀行調査局編 ② 朝鮮銀行調査局 ③ 京城 ④ 1917 ⑤ 일본국회도서관
平安南北道の方言	① 京城帝国大学編 ② 京城帝国大学 ③ 京城 ④ 1929 ⑤ 한국국회도서관, 고려대도서관, 서울대도서관, 교토대도서관, 규슈대도서관, 도쿄대도서관, 도호쿠대도서관, 오사카대학
平安北道 水産試験場 要覧, 1941	① 平安北道 水産試験場編 ② 平安北道 水産試験場 ③ 鉄山 ④ 1941 ⑤ 한국국회도서관
平安北道 慈城郡 砂金鉱床調査報文	① 朝鮮総督府地質調査所編 ② 朝鮮総督府地質調査所 ③ 京城 ④ 1940 ⑤ 고려대도서관
平安北道ニ於ケル水稲在来品種ノ名称統一	
	① 平安北道種苗場 ② 平安北道種苗場 ③ 平安北道 ④ 1923 ⑤ 규슈대도서관

平安北道ノ概勢	③平安北道 ④1922 ⑤규슈대도서관
平安北道金融概況 附, 金融組合統計表	①平安北道理財課 ②平安北道理財課 ③新義州 ④1940 ⑤도쿄대도서관
平安北道史	①稲葉岩吉編 ②平安北道道庁 ③新義州 ④1938 ⑤한국국회도서관, 일본국회도서관, 규슈대도서관, 도쿄대도서관, 도호쿠대도서관, 홋카이도대도서관
平安北道歳入出決算 大正14年度	①平安北道 ②平安北道 ③新義州 ④1926 ⑤일본국회도서관
平安北道歳入出決算 大正15年度・昭和元年度	①平安北道 ②平安北道 ③新義州 ④1927 ⑤일본국회도서관
平安北道歳入出決算 昭和10年度	①平安北道 ②平安北道 ③新義州 ④1936 ⑤일본국회도서관
平安北道歳入出決算 昭和11年度	①平安北道 ②平安北道 ③新義州 ④1937 ⑤일본국회도서관
平安北道歳入出決算 昭和12年度	①平安北道 ②平安北道 ③新義州 ④1938 ⑤일본국회도서관
平安北道歳入出決算 昭和14年度	①平安北道 ②平安北道 ③新義州 ④1940 ⑤일본국회도서관
平安北道歳入出決算 昭和3年度	①平安北道 ②平安北道 ③新義州 ④1929 ⑤일본국회도서관
平安北道歳入出決算 昭和5年度	①平安北道 ②平安北道 ③新義州 ④1931 ⑤일본국회도서관
平安北道歳入出決算 昭和7年度	①平安北道 ②平安北道 ③新義州 ④1933 ⑤일본국회도서관
平安北道歳入出予算 昭和2-14年度	①平安北道 ②平安北道 ③新義州 ④1928-1940 ⑤일본국회도서관
平安北道種苗場報告	②平安北道種苗場 ④1922 ⑤규슈대도서관
平安北道統計年報 昭和10年	①平安北道 ②平安北道 ③新義州 ④1937 ⑤일본국회도서관
平安北道統計年報 昭和2年	①平安北道 ②平安北道 ③新義州 ④1929 ⑤일본국회도서관
平安北道郷土誌	②平安北道教育会 ③京城 ④1938 ⑤부산시민도서관
平壌 鎮南浦・兼二浦・新義州・安東 昭和11年版	①朝鮮総督府鉄道局 ②朝鮮総督府鉄道局 ③京城 ④1936 ⑤일본국회도서관
平壌の古跡	①平壌名勝旧跡保存会編 ②平壌名勝旧跡保存会 ③平壌 ④1914 ⑤국립중앙도서관
平壌都市計劃書	①朝鮮総督府内務局編 ③京城 ④1930 ⑤고려대도서관
平壌府	①朝鮮総督府編 ②朝鮮総督府 ③京城 ④1932 ⑤국립중앙도서관, 한국국회도서관, 부산시민도서관, 서울대도서관, 연세대도서관, 규슈대도서관, 홋카이도대도서관
平壌附近に於ける楽浪時代の墳墓 北満洲及び東部西伯利亜調査報告	①朝鮮総督府 ②朝鮮総督府 ③京城 ④1922 ⑤서울대도서관
平壌附近に於ける楽浪時代の墳墓	①関野正 等 ②朝鮮総督府 ③京城 ④1919 ⑤국립중앙도서관, 서울대도서관, 연세대도서관
平壌府立図書館一覧	①平壌府立図書館編 ②平壌府立図書館 ③平壌 ④1937 ⑤일본국회도서관
平壌府立図書館増加図書目録 昭和10, 11, 13年度中	①平壌府立図書館編 ②平壌府立図書館 ③平壌 ④1936-39 ⑤일본국회

도서관

平壤府勢一斑 昭和13年	② 平壤府 ③ 平壤 ④ 1938 ⑤ 부산시민도서관
平壤府歳入出決算 昭和10年度	① 平壤府 ② 平壤府 ③ 平壤 ④ 1936 ⑤ 일본국회도서관
平壤府歳入出決算 昭和11年度	① 平壤府 ② 平壤府 ③ 平壤 ④ 1937 ⑤ 일본국회도서관
平壤府歳入出決算 昭和12年度	① 平壤府 ② 平壤府 ③ 平壤 ④ 1938 ⑤ 일본국회도서관
平壤府歳入出決算 昭和14年度	① 平壤府 ② 平壤府 ③ 平壤 ④ 1940 ⑤ 일본국회도서관
平壤府歳入出決算 昭和15年度	① 平壤府 ② 平壤府 ③ 平壤 ④ 1941 ⑤ 일본국회도서관
平壤府歳入出決算 昭和16年度	① 平壤府 ② 平壤府 ③ 平壤 ④ 1942 ⑤ 일본국회도서관
平壤府歳入出決算 昭和17年度	① 平壤府 ② 平壤府 ③ 平壤 ④ 1943 ⑤ 일본국회도서관
平壤府歳入出決算 昭和4年度	① 平壤府 ② 平壤府 ③ 平壤 ④ 1930 ⑤ 일본국회도서관
平壤府歳入出決算 昭和7年度	① 平壤府 ② 平壤府 ③ 平壤 ④ 1933 ⑤ 일본국회도서관
平壤府歳入出決算 昭和8年度	① 平壤府 ② 平壤府 ③ 平壤 ④ 1934 ⑤ 일본국회도서관
平壤府歳入出決算 昭和9年度	① 平壤府 ② 平壤府 ③ 平壤 ④ 1935 ⑤ 일본국회도서관
平壤府歳入出予算 昭和6-19年度	① 平壤府 ② 平壤府 ③ 平壤 ④ 1932-1945 ⑤ 일본국회도서관
平壤商工人名録	① 松本源作編 ② 平壤商業会議所 ③ 平壤 ④ 1921 ⑤ 일본국회도서관
平壤小誌, 1933	① 平安南道編 ② 平安南道 ③ 京城 ④ 1933 ⑤ 한국국회도서관, 일본국회도서관
平壤小誌, 1934	① 平安南道編 ② 平壤府 ③ 京城 ④ 1934 ⑤ 한국국회도서관
平壤小誌, 1936	① 平安南道編 ② 平安南道 ③ 平壤 ④ 1936 ⑤ 한국국회도서관
平壤詩話会作品集 第1輯	① 佐藤信重編 ② 朝鮮文人報国会 ③ 京城 ④ 1944 ⑤ 국립중앙도서관
平壤案内記	① 増谷安治 ② 北韓実業興振社 ③ 平壤 ④ 1906 ⑤ 일본국회도서관
平壤要覧	① 平壤実業新報社 ② 平壤実業新報社 ③ 平壤 ④ 1909 ⑤ 부산시민도서관, 일본국회도서관, 규슈대도서관, 도쿄대도서관
平壤医学専門学校一覧 昭和8年	① 平壤医学専門学校 ② 平壤医学専門学校 ③ 平壤 ④ 1933 ⑤ 일본국회도서관
平壤医学専門学校一覧 昭和9年	① 平壤医学専門学校編 ② 平壤医学専門学校 ③ 平壤 ④ 1935 ⑤ 일본국회도서관
平壤電気府営誌	① 平壤府 ② 平壤府 ③ 平壤 ④ 1927 ⑤ 도쿄대도서관
平壤全誌	① 平壤商業会議所 ② 平壤商業会議所 ③ 平壤 ④ 1927 ⑤ 일본국회도서관
平壤風景論	① 小田原正人(万里) ② 朝鮮研究会 ③ 京城 ④ 1917 ⑤ 국립중앙도서관, 고려대도서관, 연세대도서관
平和記念東京博覧会朝鮮協賛会事務報告	① 朝鮮協賛会編 ② 朝鮮協賛会 ③ 京城 ④ 1922 ⑤ 국립중앙도서관, 한국국회도서관, 연세대도서관
肺ヂストマ調査概況	① 朝鮮総督府警務局 ② 朝鮮総督府 ③ 京城 ④ 1923 ⑤ 서울대도서관

幣制改革以降(自一八九七年至一九一〇年)ノ露西亜中央銀行
    ① パウル・スタイベルグ, 狩野昇松訳 ② 朝鮮銀行調査局 ③ 京城 ④ 1918
    ⑤ 일본국회도서관, 교토대도서관, 규슈대도서관, 나고야대도서관

浦藍斯徳及その背後地
    ① 朝鮮銀行調査部編 ② 朝鮮銀行調査部 ③ 京城 ④ 1943 ⑤ 국립중앙도서관

葡萄栽培及果実酒醸造試験成績
    ① 朝鮮総督府中央試験所編 ② 朝鮮総督府中央試験所 ③ 京城 ④ 1924
    ⑤ 국립중앙도서관

葡萄酒醸造業及農産工業ニ関スル報告書
    ① 朝鮮総督府中央試験所編 ② 朝鮮総督府中央試験所 ③ 京城 ④ 1923
    ⑤ 국립중앙도서관, 서울대도서관, 일본국회도서관

浦潮斯徳経済状況
    ① 阿部秀太郎, 朝鮮銀行調査局編 ② 朝鮮銀行 ③ 京城 ④ 1912 ⑤ 국립중앙도서관

浦潮以北ノ西伯利亜諸港
    ① 朝鮮銀行調査局編 ② 朝鮮銀行調査局 ③ 京城 ④ 1919 ⑤ 일본국회도서관, 교토대도서관, 도쿄대도서관

爆薬カーリット製造事業 昭和17年度物動計畫需要調書
    ⑤ 도쿄대도서관

表解朝鮮地理
    ① 朴玄煥 ② 漢城図書 ③ 京城 ④ 1937 ⑤ 한국국회도서관

風俗関係資料撮要 李朝各種文献
    ① 朝鮮総督府中枢院編 ② 朝鮮総督府 ③ 京城 ④ 1944 ⑤ 한국국회도서관, 서울대도서관

風水に就て
    ① 村山智順述 ② 朝鮮総督府 ③ 京城 ④ 1910-1945사이 ⑤ 연세대도서관

風水害誌
    ② 朝鮮総督府社会事業協会 ③ 京城 ④ 1938 ⑤ 부산시민도서관

豊太閤征韓戦記 鮮人の記せる
    ① 青柳綱太郎 ② 朝鮮研究会 ③ 京城 ④ 1912 ⑤ 부산시민도서관

豊太閤朝鮮役
    ① 青柳綱太郎 ② 京城新聞社 ③ 京城 ④ 1930 ⑤ 한국국회도서관, 부산시민도서관

避暑地旅行案内 震災踏査
    ① 野球界社編 ② 野球界社 ④ 1924 ⑤ 부산시민도서관

夏季講習会講演録	① 京城府教育会編 ② 京城府教育会 ③ 京城 ④ 1925 ⑤ 국립중앙도서관
河南省彰徳県事情	① 志波正男 ② 朝鮮銀行調査課 ③ 京城 ④ 1938 ⑤ 국립중앙도서관, 도쿄대 도서관
河越風骨遺句集	① 河越朝弥編 ② 草の実吟社 ③ 京城 ④ 1933 ⑤ 일본국회도서관
河底の砂粒	① 市村毅 ② 朝鮮印刷株式会社 ③ 京城 ④ 1928 ⑤ 국립중앙도서관
下朱乙温泉調査報文	① 駒田亥久雄 ② 朝鮮総督府地質調査所 ③ 京城 ④ 1926 ⑤ 국립중앙도서관
河川及公有水面関係法令	② 朝鮮総督府内務局 ③ 京城 ④ 1927 ⑤ 연세대도서관
下層階級に於ける生活及思想状態調査	① 平壌府編 ② 平壌府 ③ 平壌 ④ 1933 ⑤ 규슈대도서관
学校・学級・教科の経営 新教育令に拠る	① 京城女子師範学校 朝鮮教育研究会編 ② 朝鮮図書出版 ③ 京城 ④ 1939 ⑤ 한국국회도서관
学校を中心とする社会教育状況	① 朝鮮総督府学務局編 ② 朝鮮総督府 学務局 ③ 京城 ④ 1922 ⑤ 국립중앙도서관, 한국국회도서관, 서울대도서관, 연세대도서관
学校経営の理論と実際	① 及川民次郎 ② 古田博文堂 ③ 釜山 ④ 1941 ⑤ 부산시민도서관
学校経営の実際 理論の統合·経験の結晶	① 群山公立尋常高等小学校 ② 群山公立尋常高等小学校 ③ 群山 ④ 1934 ⑤ 일본국회도서관
学校経営案	① 池田喜六 ② 釜山第六公立尋常学教 ③ 釜山 ④ 1931 ⑤ 부산시민도서관
学校諸儀式の作業と施設	① 八重 達郎 ② 造鮮地方行政学会 ③ 京城 ④ 1937-8 ⑤ 국립중앙도서관
学校組合財政状況要覧	① 朝鮮総督府内務局編 ② 朝鮮総督府内務局 ③ 京城 ④ 1923 ⑤ 국립중앙도서관
学校卒業生指導に関する講習会並協議会集録	① 朝鮮総督府学務局編 ② 朝鮮総督府 学務局 ③ 京城 ④ 1931 ⑤ 국립중앙도서관
学校卒業者の使用制限に関する法令に就て	① 帝国地方行政学会朝鮮本部編, 朝鮮総督府資源課 校 帝国地方行政学会朝鮮本部 ③ 京城 ④ 1939 ⑤ 국립중앙도서관, 서울대도서관, 연세대도서관
学校体育	① 朝鮮初等教育研究会編 ② 朝鮮地方行政学会 ③ 京城 ④ 1937 ⑤ 국립중앙도서관
学校学級教科の経営	① 朝鮮教育研究会編 ③ 京城 ④ 1939 ⑤ 서울대도서관
学校訓育の実際	① 大塚忠衛 ② 教育普成 ③ 京城 ④ 1924 ⑤ 일본국회도서관
学童校外生活ニ関係アル法規抜萃	① 京城保導聯盟 ③ 京城 ④ 1939 ⑤ 서울대도서관
学林小辯, 続理気辯	① 薛元植 ② 小梧山房 ③ 京城 ④ 1939 ⑤ 부산시민도서관
学事雑件 昭和11年	② 釜山府 ③ 釜山 ④ 1929 ⑤ 부산시민도서관
学事統計	① 朝鮮総督府編 ② 朝鮮総督府 ③ 京城 ④ 1910 ⑤ 국립중앙도서관, 고려대

	도서관, 도호쿠대도서관
学生思想問題参考資料	① 朝鮮教育会調査部 ② 朝鮮教育会 ④ 1932 ⑤ 한국국회도서관
学習問題の理論化と各教科への具体化	① 京城師範学校附属小学校編 ② 京城師範学校附属小学校 ③ 京城 ④ 1927 ⑤ 국립중앙도서관
学制改革と義務教育の問題	① 八木信雄 ② 緑旗聯盟 ③ 京城 ④ 1939 ⑤ 부산시민도서관, 고려대도서관, 서울대도서관, 연세대도서관, 홋카이도대도서관
学窓 第23号	② 釜山公立商業専修学校校友会 ③ 釜山 ⑤ 부산시민도서관
学窓 第24-30号	② 釜山公立商業専修学校校友会 ③ 釜山 ④ 1936 ⑤ 부산시민도서관
学窓 第9号	② 釜山公立商業専修学校校友会 ③ 釜山 ④ 1919 ⑤ 부산시민도서관
学海	① 京城帝国大学文科助手会編 ② 京城帝国大学文科助手会 ③ 京城 ④ 1935 ⑤ 국립중앙도서관
漢京一年	① 松本武正(永楽町人) ② 朝鮮新聞社 ③ 仁川 ④ 1918 ⑤ 국립중앙도서관
韓国ニ関スル条約及法令	① 統監府編 ② 統監府 ③ 京城 ④ 1906 ⑤ 일본국회도서관, 부산시민도서관
韓国ニ於ケル農業ノ経営	① 統監府農商工務部農林課編 ② 韓国統監府 ③ 京城 ④ 1907 ⑤ 도쿄대도서관
韓国警備電話建設部 事業概要報告	② 警備電話建設部 ⑤ 부산시민도서관
韓国京城日本人商業会議所年報 明40-42年	
	① 京城日本人商業会議所 ② 京城日本人商業会議所 ③ 京城 ④ 1908-1910 ⑤ 일본국회도서관
韓国経済史資料大系	① 朝鮮金融組合協会編 ② 朝鮮金融組合協会 ③ 京城 ④ 1929-1939 ⑤ 서울대도서관
韓国警察一斑	① 韓国内部警務局 ② 韓国内部警務局 ③ 京城 ④ 1910 ⑤ 한국국회도서관, 부산시민도서관, 규슈대도서관
韓国教育	③ 京城 ④ 1909 ⑤ 규슈대도서관
韓国近代史資料叢書	① 国学資料院編 7 ② 国学資料院 ③ 京城 ④ 1999 ⑤ 서울대도서관
韓国気象年表 隆熙2年	① 韓国観測所編 ② 農商工部観測所 ③ 仁川 ④ 1910 ⑤ 일본국회도서관
韓国気象月表	① 朝鮮総督府測測所 等編 ② 朝鮮総督府測測所 ③ 仁川 ④ 1908-11 ⑤ 국립중앙도서관
韓国金融事項参考書	① 度支部理財局編 ② 度支部理財局 ④ 1908 ⑤ 도호쿠대도서관, 홋카이도대도서관
韓国年表	① 度支部司税局 ② 統監府度支部 ③ 京城 ④ 隆熙3 ⑤ 일본국회도서관
韓国大邱案内	① 野田正編 ② 大邱実業新報社 ③ 大邱 ④ 1906 ⑤ 부산시민도서관
韓国貿易品ノ取引順序及運賃等ニ関スル調査	
	① 大蔵省関税局 ② 朝鮮総督府度支部 ③ 京城 ④ 1910 ⑤ 일본국회도서관
韓国防疫記事	① 韓国統監府 ② 統監府 ③ 京城 ④ 1908 ⑤ 일본국회도서관

韓国併合顛末書	① 統監府 ② 統監府 ③ 京城 ④ 1910 ⑤ 부산시민도서관, 일본국회도서관, 규슈대도서관, 도쿄대도서관, 도호쿠대도서관, 홋카이도대도서관
韓国釜山港勢一斑	① 相沢仁助編 ② 日韓昌文社 ③ 釜山 ④ 1905 ⑤ 일본국회도서관
韓国事情要覧 第1, 2輯	① 統監府総務部編 ② 京城日報社 ③ 京城 ④ 1906, 1907 ⑤ 일본국회도서관
韓国写真帖	① 統監府 ② 統監府 ③ 京城 ④ 1910 ⑤ 일본국회도서관
韓国社会略説	① 韓国駐箚憲兵隊司令部 ② 韓国駐箚憲兵隊司令部 ③ 京城 ④ 1910 ⑤ 일본국회도서관
韓国水産誌, 第2輯	① 朝鮮総督府農商工部水産局編 ② 農商工部水産局, 隆熙4 ④ 1910 ③ 京城 ⑤ 한국국회도서관, 연세대도서관
韓国水産誌, 第3輯	① 朝鮮総督府農商工部編 ② 朝鮮総督府農商工部 ③ 京城 ④ 1910 ⑤ 한국국회도서관, 연세대도서관
韓国水産誌	① 韓国農商工部水産局, 朝鮮総督府農商工部 共編 ② 日韓印刷株式会社 ③ 京城 ④ 1908-11 ⑤ 국립중앙도서관, 한국국회도서관, 서울대도서관, 일본국회도서관, 교토대도서관, 규슈대도서관, 도쿄대도서관, 도호쿠대도서관, 홋카이도대도서관
韓国水産誌第4輯	① 朝鮮総督府農商工部編纂 ② 朝鮮総督府印刷局印刷 ③ 京城 ④ 1911 ⑤ 연세대도서관
韓国時代の露西亜活躍史	① 広江沢次郎 ② 朝鮮公論社 ③ 京城 ④ 1933 ⑤ 한국국회도서관, 고려대도서관, 연세대도서관
韓国時代の露西亜活躍史 附 白禍と最近の鮮満展望	
	① 広江沢次郎 ② 朝鮮公論社 ③ 京城 ④ 1932 ⑤ 일본국회도서관, 도쿄대도서관, 도호쿠대도서관, 홋카이도대도서관
韓国施政年報 明治39-42年	① 統監府 ② 統監府 ③ 京城 ④ 1908-1911 ⑤ 일본국회도서관
韓国施政年報 第2次 明治41年	② 統監府 ③ 京城 ④ 1910 ⑤ 부산시민도서관
韓国植民策	① 青柳綱太郎 ② 輝文舘 ③ 京城 ④ 1908 ⑤ 부산시민도서관
韓国研究会談話録	① 韓国研究会編 ② 韓国研究会 ③ 京城 ④ 1905 ⑤ 도호쿠대도서관
韓国煙草調査書	② 度支部臨時財源調査局 ④ 1910 ⑤ 부산시민도서관
韓国郵便電信電話案内	① 統監府通信管理局 ② 統監府通信管理局 ③ 京城 ④ 1906 ⑤ 일본국회도서관
韓国二大港実勢	② 日韓昌文社 ③ 釜山 ④ 1905 ⑤ 부산시민도서관
韓国移住農業の奨励	① 韓国農業奨励組合編 ④ 1910 ⑤ 부산시민도서관
韓国財務経過報告 第1-5回	① 朝鮮総督府度支部 ② 朝鮮総督府 ③ 京城 ④ 1909-1911 ⑤ 일본국회도서관, 교토대도서관
韓国財務経過報告, 第3回	① 度支部 ② 度支部 ③ 漢城 ④ 1910 ⑤ 한국국회도서관
韓国財務経過報告	① 度支部 ② 度支部 ④ 1908-1910 ⑤ 도쿄대도서관, 홋카이도대도서관

韓国財務要覧	②韓国政府財政顧問本部 ③仁川 ④1906 ⑤부산시민도서관, 교토대도서관
韓国財務統計要覧 隆熙2, 3年度	①度支部大臣官房統計課 ②統監府度支部 ③京城 ④1908 ⑤일본국회도서관
韓国財政概況	①統監府度支部 ②統監府度支部 ③京城 ④1909 ⑤일본국회도서관
韓国財政施設綱要	①統監府度支部 ②統監府度支部 ③京城 ④1910 ⑤부산시민도서관, 고려대도서관, 연세대도서관, 일본국회도서관
韓国財政整理報告 第1回	①韓国政府財務顧問部 ②韓国政府財務顧問部 ③京城 ④1905 ⑤일본국회도서관, 도쿄대도서관
韓国丁未政変史	②日韓書房 ③京城 ④1907 ⑤부산시민도서관, 도쿄대도서관
韓国条約類纂 附·各国関税対照表	①統監府 ②統監府 ③京城 ④1908 ⑤일본국회도서관
韓国酒造業調査報告	①統監府財政監査庁 ②統監府 ③京城 ④1907 ⑤서울대도서관
韓国鉄道線路案内	①統監府鉄道管理局 ②統監府鉄道管理局 ③京城 ④1908 ⑤한국국회도서관, 부산시민도서관, 일본국회도서관
韓国土木事業調査所附図 1	①中原貞三郎 ⑤부산시민도서관
韓国土木事業調査所附図 2	①中原貞三郎 ⑤부산시민도서관
韓国通覧	①統監府農商工部 ②統監府農商工部 ③京城 ④1910 ⑤부산시민도서관, 일본국회도서관
韓国通信線路図	①韓国統監府通信管理局 ②朝鮮総督府逓信局 ③京城 ④1906 ⑤고려대도서관, 서울대도서관, 일본국회도서관
韓国平壌名所風俗写真帖	②脇坂商店 ③平壌 ④1907 ⑤규슈대도서관
韓国幣制改革ニ関スル請願書	①大韓国京城商業会議所陳情委員編 ②京城商業会議所 ③京城 ④1905 ⑤국립중앙도서관
韓国風俗風景写真帖	①森山美夫 ②日韓書房 ③京城 ④1910 ⑤규슈대도서관, 도쿄대도서관
韓国学生抗日闘争史	①朝鮮総督府警務局編 ②朝鮮総督府警務局 ③京城 ④1929 ⑤한국국회도서관, 서울대도서관, 연세대도서관
韓国戸口表	①政府財政顧問本部 ②政府財政顧問本部 ③京城 ④1907 ⑤일본국회도서관
韓国貨幣整理報告書	④1907 ⑤한국국회도서관
韓国貨幣整理報告書	①第一銀行編 ④1909 ⑤부산시민도서관
韓国貨幣整理報告書	①韓国銀行 ②韓国銀行 ③京城 ④1910 ⑤일본국회도서관
漢唐遺事	①朝鮮研究会編 ②朝鮮研究会 ③京城 ④1915 ⑤한국국회도서관, 연세대도서관, 일본국회도서관
韓末を語る	①三城景明 ②朝鮮研究社 ③京城 ④1930 ⑤한국국회도서관, 고려대도서관
漢文読本 巻2	①朝鮮総督府 ③京城 ④1911 ⑤국립중앙도서관
漢氾勝之の農業文化に就いて	①片山隆三 ③京城 ④1942 ⑤서울대도서관

韓相竜君を語る	① 韓相竜氏還暦記念会 ② 韓相竜氏還暦記念会 ③ 京城 ④ 1941 ⑤ 한국국회도서관, 부산시민도서관, 일본국회도서관
韓英大字典	① James Scarth Gale編 ② 朝鮮耶蘇教書会 ③ 京城 ④ 1931 ⑤ 일본국회도서관
旱地農業	① ウキッドソ-, 石承峻 訳 ② 朝鮮農会 ③ 京城 ④ 1932 ⑤ 국립중앙도서관, 연세대도서관
旱害ト施設事項	① 朝鮮総督府農林局編 ② 朝鮮総督府農林局 ③ 京城 ④ 1940 ⑤ 국립중앙도서관
旱害を語る	① 山崎延吉(我農生) ② 朝鮮図書出版株式会社 ③ 京城 ④ 1939 ⑤ 국립중앙도서관
旱害誌 昭和14年	② 朝鮮総督府司政局社会課 ③ 京城 ④ 1943 ⑤ 부산시민도서관, 서울대도서관
韓紅葉	① 谷井済一他 ② 度支部建築所 ③ 京城 ④ 1909 ⑤ 일본국회도서관
咸鏡南道 新興郡 永高面 永高黒鉛鉱山調査報文	① 朝鮮総督府地質調査所編 ② 朝鮮総督府地質調査所 ③ 京城 ④ 1940 ⑤ 고려대도서관
咸鏡南道及び黄海道の方言	① 小倉進平, 京城帝国大学編 ② 京城帝国大学 ③ 京城 ④ 1930 ⑤ 고려대도서관, 서울대도서관, 교토대도서관, 규슈대도서관, 나고야대도서관, 도호쿠대도서관, 오사카대학, 홋카이도대도서관
咸鏡南道端川郡南斗日面新豊燐山鉱床調査報文	① 朝鮮総督府地質調査所編 ② 国立中央図書館 ③ 서울 ④ 2002 ⑤ 국립중앙도서관
咸鏡南道文川郡雲林面佳銀金山調査報文	① 朝鮮総督府地質調査所編 ② 国立中央図書館 ③ 서울 ④ 2002 ⑤ 국립중앙도서관
咸鏡南道北青郡北青邑附近の鉄鉱床調査報文	① 宮沢俊弥 ③ 京城 ④ 1939 ⑤ 서울대도서관
咸鏡南道歳入出予算 昭和2-19年度	① 咸鏡南道 ② 咸鏡南道 ③ 咸興 ④ 1928-1945 ⑤ 일본국회도서관
咸鏡南道人口統計	① 咸鏡南道 ② 咸鏡南道 ③ 咸鏡南道 ④ 1934 ⑤ 도쿄대도서관
咸鏡南道人口統計書 昭和7年	① 咸鏡南道 ② 咸鏡南道 ③ 咸興 ④ 1932 ⑤ 일본국회도서관
咸鏡南道種苗場成績報告	① 咸鏡南道種苗場 ② 咸鏡南道種苗場 ③ 咸鏡南道 ④ 1922 ⑤ 규슈대도서관
咸鏡南道誌	① 咸鏡南道庁編 ② 咸鏡南道 ④ 1930 ⑤ 도쿄대도서관, 홋카이도대도서관
咸鏡南道土性調査報告	① 咸鏡南道農事試験場編 ② 咸鏡南道農事試験場 ③ 京城府 ④ 1942 ⑤ 규슈대도서관, 홋카이도서관
咸鏡南道咸興 郡に於ける高麗時代の古城址	① 池内宏 ② 朝鮮総督府 ③ 京城 ④ 1922 ⑤ 국립중앙도서관, 고려대도서관, 서울대도서관

咸鏡南道会計関係書類	⑤도쿄대도서관
咸鏡録	①亀岡栄吉, 砂田長一 ②朝鮮拓殖資料調査会 ③京城 ④1927 ⑤고려대도서관
咸鏡北道 金融組合関係例規集	①朝鮮金融組合聯合会咸鏡北道支部編 ②朝鮮金融組合聯合会咸鏡北道支部 ③京城 ④1942 ⑤한국국회도서관
咸鏡北道 北青郡 泥谷面 鉄鉱床調査報文	①朝鮮総督府地質調査所編 ②朝鮮総督府地質調査所 ③京城 ④1940 ⑤고려대도서관
咸鏡北道 城津郡 鶴西面 青鶴洞 附近 鉱床調査報文	①朝鮮総督府地質調査所編 ②朝鮮総督府地質調査所 ③京城 ④1940 ⑤고려대도서관
咸鏡北道ニ於ケル経済状況	①高坂松男 ②朝鮮銀行 ③京城 ④1913 ⑤국립중앙도서관
咸鏡北道産粘土調査報告	①朝鮮総督府中央試験所編 ②朝鮮総督府中央試験所 ③京城 ④1917 ⑤국립중앙도서관
咸鏡北道勢一斑 昭和11年	①咸鏡北道 ②咸鏡北道 ③羅南 ④1937 ⑤일본국회도서관
咸鏡北道勢一班	①咸鏡北道 ②咸鏡北道 ③羅南 ④1938 ⑤일본국회도서관
咸鏡北道歳入出決算 昭和11年度	①咸鏡北道 ②咸鏡北道 ③羅南1937 ⑤일본국회도서관
咸鏡北道歳入出決算 昭和12年度	①咸鏡北道 ②咸鏡北道 ③羅南 ④1938 ⑤일본국회도서관
咸鏡北道歳入出決算 昭和14年度	①咸鏡北道 ②咸鏡北道 ③羅南 ④1940 ⑤일본국회도서관
咸鏡北道歳入出決算 昭和2年度	①咸鏡北道 ②咸鏡北道 ③羅南 ④1928 ⑤일본국회도서관
咸鏡北道歳入出決算 昭和4年度	①咸鏡北道 ②咸鏡北道 ③羅南 ④1930 ⑤일본국회도서관
咸鏡北道歳入出決算 昭和5年度	①咸鏡北道 ②咸鏡北道 ③羅南 ④1931 ⑤일본국회도서관
咸鏡北道歳入出決算 昭和6年度	①咸鏡北道 ②咸鏡北道 ③羅南 ④1932 ⑤일본국회도서관
咸鏡北道歳入出決算 昭和7年度	①咸鏡北道 ②咸鏡北道 ③羅南 ④1933 ⑤일본국회도서관
咸鏡北道歳入出決算 昭和8年度	①咸鏡北道 ②咸鏡北道 ③羅南 ④1934 ⑤일본국회도서관
咸鏡北道歳入出決算 昭和9年度	①咸鏡北道 ②咸鏡北道 ③羅南 ④1935 ⑤일본국회도서관
咸鏡北道原蚕種製造所弐拾五年記念報告	②咸鏡北道原蚕種製造所 ③羅南 ④1935 ⑤홋카이도대도서관
咸鏡北道地方財政要覧 昭和12年度	①咸鏡北道 ②咸鏡北道 ③羅南 ④1938 ⑤일본국회도서관
咸鏡北道地方財政要覧	①内務部地方課 ②内務部地方課 ③羅南 ④1935 ⑤서울대도서관
咸鏡北道地方財政要覧	②咸鏡北道 ③羅南 ④1939 ⑤홋카이도대도서관
咸鏡線	①亀岡栄吉, 砂田辰一 共 ②朝鮮拓殖資料調査会 ③京城 ④1927 ⑤국립중앙도서관, 고려대도서관
咸南ノ明太魚製品ニ就テ	②朝鮮総督府水産製品検査所 ③京城 ④1942 ⑤연세대도서관
咸南名鑑 皇紀二千六百年記念	①土屋幹夫 ②元山毎日新聞社 ③元山 ④1940 ⑤한국국회도서관

咸南豊山郡 豊山面 梨坡里 附近の塊緑泥石を主とする鉄鉱層

　　　　　　　　　　　　① 朝鮮総督府地質調査所編　② 朝鮮総督府地質調査所　③ 京城　④ 1939
　　　　　　　　　　　　⑤ 고려대도서관, 서울대도서관

咸北の農業事情　　　　② 咸鏡北道農務課　③ 咸鏡北道　④ 1940　⑤ 규슈대도서관

咸北の林業　　　　　　① 咸鏡北道　② 咸鏡北道　③ 羅南　④ 1937　⑤ 일본국회도서관

咸北ノ明太魚製品ニ就テ　② 朝鮮総督府水産製品検査所　③ 京城　④ 1943　⑤ 연세대도서관

咸北無尽株式会社沿革史　① 咸北無尽　② 咸北無尽　③ 咸北　④ 1942　⑤ 도쿄대도서관

咸北小史　　　　　　　① 咸鏡北道　② 咸鏡北道　③ 京城　④ 1935　⑤ 한국국회도서관

咸北要覧　間島흐春　　① 咸鏡北道編　② 咸鏡北道　③ 京城　④ 1929　⑤ 한국국회도서관

咸北雑俎　　　　　　　① 川口卯橋　② 京城済世協会　③ 京城　④ 1924　⑤ 국립중앙도서관, 도쿄대
　　　　　　　　　　　　서관

咸陽郡々勢一斑　　　　③ 慶尚南道咸陽郡　④ 19342　⑤ 규슈대도서관

咸興府歳入出決算 昭和11年度　① 咸興府　② 咸興府　③ 咸興　④ 1937　⑤ 일본국회도서관

咸興府歳入出決算 昭和15年度　① 咸興府　② 咸興府　③ 咸興　④ 1941　⑤ 일본국회도서관

咸興府歳入出決算 昭和16年度　① 咸興府　② 咸興府　③ 咸興　④ 1942　⑤ 일본국회도서관

咸興府歳入出決算 昭和17年度　① 咸興府　② 咸興府　③ 咸興　④ 1943　⑤ 일본국회도서관

咸興府歳入出決算 昭和8年度　① 咸興府　② 咸興府　③ 咸興　④ 1934　⑤ 일본국회도서관

咸興府歳入出決算 昭和9年度　① 咸興府　② 咸興府　③ 咸興　④ 1935　⑤ 일본국회도서관

咸興府歳入出決算書 昭和12年度　① 咸興府　② 咸興府　③ 咸興　④ 1938　⑤ 일본국회도서관

咸興府歳入出決算書 昭和13年度　① 咸興府　② 咸興府　③ 咸興　④ 1939　⑤ 일본국회도서관

咸興府歳入出決算書 昭和14年度　① 咸興府　② 咸興府　③ 咸興　④ 1940　⑤ 일본국회도서관

咸興府歳入出予算 昭和6-19年度　① 咸興府　② 咸興府　③ 咸興　④ 1932-45　⑤ 일본국회도서관

咸興府一般経済歳入歳出決算 昭和6年度　① 咸鏡府　② 咸鏡府　③ 咸興　④ 1932　⑤ 일본국회도서관

咸興府一般経済歳入歳出決算 昭和7年度　① 咸興府　② 咸興府　③ 咸興　④ 1933　⑤ 일본국회도서관

咸興市街地計画区域街路網土地区劃整理地区決定理由書

　　　　　　　　　　　　① 朝鮮総督府内務局編　② 朝鮮総督府内務局　③ 京城　④ 1937　⑤ 국립중앙
　　　　　　　　　　　　도서관

咸興市街地計劃(区域, 街路網, 土地区劃整理地区)決定理由書

　　　　　　　　　　　　① 朝鮮総督府　② 朝鮮総督府　③ 京城　④ 1927　⑤ 서울대도서관

港仁川ノ再認識ト京仁一体ノ指導原理　① 仁川府勢振興会　② 仁川府勢振興会　③ 仁川　④ 1938　⑤ 도쿄대도서관

海考　　　　　　　　　① 釈尾春芿　② 朝鮮古書刊行会　③ 京城　④ 1911　⑤ 고려대도서관

海南及右水営図幅　　　① 朝鮮総督府地質調査所編　② 朝鮮総督府地質調査所　③ 京城　④ 1929
　　　　　　　　　　　　⑤ 국립중앙도서관

海東歌謡　　　　　　　① 京城帝国大学編　② 京城帝国大学　③ 京城　④ 1930　⑤ 일본국회도서관

海東名臣録　　　　　　① 朝鮮古書刊行会編　② 朝鮮古書刊行会　③ 京城　④ 1914　⑤ 도쿄대도서관

海東諸国紀	①申叔舟撰 ②朝鮮総督府 ③京城 ④1933 ⑤일본국회도서관
海拉爾事情	①朝鮮銀行京城総裁席調査課編 ②朝鮮銀行京城総裁席調査課 ③京城 ④1943 ⑤국립중앙도서관
蟹類	①上田常一 ②朝鮮水産会 ③京城 ④1942 ⑤교토대도서관, 규슈대도서관, 도쿄대도서관, 도호쿠대도서관, 홋카이도대도서관
海洋観測成績 大正15年-昭和9年	①朝鮮総督府水産試験場 ②朝鮮総督府水産試験場 ③釜山 ④1928-42 ⑤일본국회도서관
海洋調査報告, 第1号	①朝鮮総督府水産試験場編 ②朝鮮総督府水産試験場 ③釜山 ④1926 ⑤한국국회도서관, 연세대도서관
海洋調査報告, 第2号	①朝鮮総督府水産試験場編 ②朝鮮総督府水産試験場 ③釜山 ④1927 ⑤한국국회도서관, 연세대도서관
海洋調査成績図	①朝鮮総督府水産試験場編 ②朝鮮総督府水産試験場 ④1935 ⑤한국국회도서관
海洋調査要報 第8号	①朝鮮総督府水産試験場編 ②朝鮮総督府水産試験場 ③釜山 ④1938 ⑤일본국회도서관
海洋調査要報, 第1-4, 7, 53-54, 70-74号	①朝鮮総督府水産試験場編 ②朝鮮総督府水産試験場 ③釜山 ④1926-1968 ⑤한국국회도서관
海洋調査要報, 第4-9号	①朝鮮総督府水産試験場編 ②朝鮮総督府水産試験場 ③釜山 ④1930-1942 ⑤한국국회도서관
海洋調査要報, 第5-6, 8-9号	①朝鮮総督府水産試験場編 ②朝鮮総督府水産試験場 ③釜山 ④1942 ⑤한국국회도서관
海洋調査要報, 第2・3号	④和二年海洋観測成績昭和三年海洋観測成績 ②朝鮮総督府水産試験場 ③釜山 ④1930 ⑤연세대도서관
海洋調査要報	①朝鮮総督府水産試験場編 ②朝鮮総督府水産試験場 ③釜山 ④1936 ⑤국립중앙도서관
海外各地在留本邦人 職業別人口表 昭和1年	①外務省通商局 ②朝鮮総督府 ④1926 ⑤부산시민도서관
海外各地在留本邦人 職業別人口表大正14年	①外務省通商局 ②朝鮮総督府 ④1925 ⑤부산시민도서관
海外銀行一斑	①朝鮮銀行編 ②朝鮮銀行 ③京城 ④1915 ⑤국립중앙도서관, 교토대도서관, 도쿄대도서관, 홋카이도대도서관
海外銀行現勢	①朝鮮銀行調査課編 ②大阪屋号 ③京城 ④1936 ⑤고려대도서관, 서울대도서관, 연세대도서관, 일본국회도서관, 교토대도서관, 도쿄대도서관, 도호쿠대도서관, 홋카이도대도서관
海外出張員報告	①朝鮮銀行調査局 ②朝鮮銀行調査局 ③京城 ⑤교토대도서관, 홋카이도대도서관

海外協同組合事情	① 朝鮮金融組合協会編 ② 朝鮮金融組合協会 ③ 京城 ④ 1930 ⑤ 한국국회도서관, 서울대도서관, 연세대도서관
海雲台·儒城 (新) ·温陽·信川·安岳及竜岡温泉調査報文	① 駒田亥久雄 ② 朝鮮総督府地質調査所 ③ 京城 ④ 1925 ⑤ 부산시민도서관
海員実用 造船学	① 松崎嘉雄 ② 近沢出版部 ③ 京城 ④ 1927 ⑤ 규슈대도서관
海遊録 原文和訳対照	① 申菁川維翰, 青柳綱太郎編 ② 朝鮮研究会 ③ 京城 ④ 1915 ⑤ 서울대도서관
海游録	① 申菁川維翰 細井肇抄訳 ② 自由討究社 ③ 京城 ④ 1926 ⑤ 부산시민도서관, 서울대도서관, 교토대도서관, 도쿄대도서관
海遊録 原文和訳対照	① 申維翰 ② 朝鮮研究会 ③ 京城 ④ 1915 ⑤ 부산시민도서관
海游録	① 申維翰(菁川), 細井肇抄 訳 ② 朝鮮問題研究所 ③ 京城 ④ 1936 ⑤ 국립중앙도서관
海遊録	① 申菁川維翰, 細井肇 抄訳 ② 自由討究社 ③ 京城 ④ 1922 ⑤ 한국국회도서관
海印寺雑板及同寺保管集類板ニテ印刷図書目録索引	① 朝鮮総督府学務局学務課分室編 ② 朝鮮総督府 ③ 京城 ④ 1934 ⑤ 서울대도서관
海州	① 佐藤秀助編輯 ② 海州保勝会 ③ 海州 ④ 1929 ⑤ 서울대도서관
海州府勢一班	① 海州府編 ② 黄海道海州府 ③ 海州 ④ 1939 ⑤ 한국국회도서관, 부산시민도서관
害虫に関する調査	① 朝鮮総督府勧業模範場編 ② 朝鮮総督府勧業模範場 ③ 水原 ④ 1919 ⑤ 교토대도서관, 규슈대도서관, 홋카이도대도서관
害虫駆除と鳥類保護	① 鈴木徳二 等 ② 朝鮮総督府林業試験場 ③ 水原 ④ 1933-34 ⑤ 국립중앙도서관
害虫図解	① 朝鮮総督府権業模範場編 ② 雅業模範場 ③ 水原 ④ 1913 ⑤ 국립중앙도서관, 부산시민도서관
害虫飼育に関する研究並に調査	① 村松茂, 朝鮮総督府権業模範場編 ② 朝鮮総督府権業模範場 ③ 水原 ④ 1925 ⑤ 국립중앙도서관
海行揚載	① 朝鮮古書刊行会編 ② 朝鮮古書刊行会 ③ 京城 ④ 1914 ⑤ 교토대도서관, 규슈대도서관, 도쿄대도서관
杏仁水製造試験成績	① 朝鮮総督府中央試験所編 ② 朝鮮総督府中央試験所 ③ 京城 ④ 1924 ⑤ 국립중앙도서관
行政及財政整理ニ関スル訓令並道知事会議ニ於ケル総督及政務総監訓示	① 朝鮮総督府編 ② 朝鮮総督府 ③ 京城 ④ 1924 ⑤ 국립중앙도서관, 서울대도서관
行政法原論 朝鮮行政法規を基準とせる	① 園部敏 ② 帝国地方行政学会朝鮮本部 ③ 京城 ④ 1933 ⑤ 고려대도서관,

	일본국회도서관
行政法原論	① 園部敏 ② 帝国地方行政学会 ③ 京城 ④ 1935 ⑤ 국립중앙도서관
行政法原論	① 園部敏 ② 帝国地方行政学会京城本部 ③ 京城 ④ 1936 ⑤ 국립중앙도서관
行政法原論	① 園部敏 ② 帝国地方行政学会朝鮮本部 ③ 京城 ④ 1933 ⑤ 국립중앙도서관
行刑教科書	① 朝鮮総督府法務局行刑課編 ② 治形協会 ③ 京城 ④ 1938 ⑤ 국립중앙도서관
行刑教科書	① 朝鮮総督府法務局行刑課編 ② 治刑協会 ③ 京城 ④ 1939 ⑤ 국립중앙도서관
郷歌及吏読の研究 第1	① 小倉進平 ② 京城帝国大学 ③ 京城 ④ 1929 ⑤ 국립중앙도서관, 한국국회도서관, 고려대도서관, 서울대도서관, 교토대도서관, 나고야대도서관
郷歌及吏読の研究	① 小倉進平 ② 京城帝国大学 ③ 京城 ④ 1931 ⑤ 일본국회도서관
郷校財産ニ関スル事項調査書	① 朝鮮総督府編 ② 朝鮮総督府 ③ 京城大正元 ④ 1912 ⑤ 고려대도서관
郷約	① 咸興郷校儒林会編 ② 朝鮮総督府 ③ 咸興 ④ 1933 ⑤ 국립중앙도서관
郷約の一斑 往時の朝鮮に於ける自治の萌芽	① 朝鮮総督府編 ② 朝鮮総督府 ③ 京城 ④ 1923 ⑤ 한국국회도서관
郷薬集成方 解説	① 三木栄 ② 杏林書院 ③ 京城 ④ 1942 ⑤ 고려대도서관
郷薬集成方	① 三木栄 ② 杏林書院 ③ 京城 ④ 1942 ⑤ 규슈대도서관
郷土資料京城五百年	① 京城府公立普通学校教員会編 ② 新開明雄 ③ 京城 ④ 1940 ⑤ 서울대도서관
郷土資料京城五百年	① 京城府公立普通学校教員会編 ② 新開明雄 ③ 京城 ④ 1926 ⑤ 국립중앙도서관
郷土資料京城五百年	① 京城府公立普通学校教員会編 ② 新開明雄 ③ 京城 ④ 1926 ⑤ 국립중앙도서관, 한국국회도서관, 연세대도서관, 홋카이도대도서관
郷土調査	① 京城府公小学校編 ② 発行者不明 ③ 京城 ④ 1932 ⑤ 국립중앙도서관
許可認可事務	① 朝鮮総督府 扁 ② 朝鮮総督府 ③ 京城 ④ 1941 ⑤ 국립중앙도서관
憲兵警察配置図	① 朝鮮駐箚憲兵隊司令部編 ② 朝鮮駐箚憲兵隊司令部 ③ 京城 ④ 1914 ⑤ 국립중앙도서관, 서울대도서관
赫土に描く	① 三木弘 ② 緑旗聯盟, 興亜文化出版 ③ 京城 ④ 1941 ⑤ 일본국회도서관
現代 朝鮮文芸読本	① 鄭烈模 ② 殊芳閣 ③ 京城 ④ 1929 ⑤ 서울대도서관
現代の朝鮮	① 内藤倫政 ② 朝鮮事業及経済社 ③ 京城 ④ 1925 ⑤ 서울대도서관
現代朝鮮の生活とその改善	① 孫貞圭 외 3人 공저 ② 緑旗聯盟 ③ 京城 ④ 1939 ⑤ 고려대도서관, 서울대도서관, 연세대도서관, 도쿄대도서관, 홋카이도대도서관
県洞鉱山のタングステン鉱床	① 波多江信広 ③ 京城 ④ 1939 ⑤ 서울대도서관
現時の朝鮮	① 内藤八十八(倫政) ② 朝鮮事業及経済社 ③ 京城 ④ 1925 ⑤ 국립중앙도서관, 한국국회도서관, 부산시민도서관, 고려대도서관, 서울대도서관, 연세대

	도서관, 교토대도서관
現時不況財界打開策	① 朝鮮経済通信社編 ③ 京城 ④ 1930 ⑤ 서울대도서관
現在実施中ノ研究・試験併調査事項	① 朝鮮総督府水産試験場編 ② 朝鮮総督府水産試験場 ④ 1938 ⑤ 한국국회도서관
現朝鮮之研究 第1巻	① 阿部辰之助編 ② 大陸調査会 ③ 京城 ④ 1922 ⑤ 부산시민도서관, 연세대도서관
現行 京城府例規類集	① 京城府編 ② 朝鮮図書 ③ 京城 ④ 1943 ⑤ 한국국회도서관
現行 朝鮮教育法規	① 朝鮮総督府学務局学務課編 ② 朝鮮行政学会 ③ 京城 ④ 1942 ⑤ 한국국회도서관
現行 朝鮮法令集覧, 6	① 朝鮮総督府編 ② 朝鮮行政学会 ③ 京城 ④ 1942 ⑤ 한국국회도서관
現行 朝鮮府郡島面洞里名称一覧	① 広韓書林編 ② 広韓書林 ③ 京城 ④ 1925 ⑤ 한국국회도서관
現行 朝鮮府郡島面町洞里名称一覧	① 広韓書林編輯部編 ② 広韓書林匯東書館 ③ 京城 ④ 1928 ⑤ 고려대도서관
現行 朝鮮人事例規	① 朝鮮総督府官房人事課編纂 ② 帝国地方行政学会朝鮮本部 ③ 京城 ④ 1937 ⑤ 한국국회도서관
現行 朝鮮租税法規集	① 朝鮮財務懇話会編 ② 朝鮮財務懇話会 ③ 京城 ④ 1944 ⑤ 한국국회도서관
現行 朝鮮親族·相続法類集	① 南雲幸吉編纂 ② 大阪屋号書店 ③ 京城 ④ 1935 ⑤ 고려대도서관
現行 朝鮮戸籍法令集	① 朝鮮総督府法務局 ② 朝鮮戸籍協会 ③ 京城 ④ 1942 ⑤ 한국국회도서관, 고려대도서관, 서울대도서관
現行京畿道例規集, 第1巻	① 京畿道編纂 ② 朝鮮地方行政学会 ③ 京城 ④ 1937 ⑤ 연세대도서관
現行京畿道例規集, 第2巻	① 京畿道編纂 ② 朝鮮地方行政学会 ③ 京城 ④ 1937 ⑤ 연세대도서관
現行京畿道例規集, 第3巻	① 京畿道編纂 ② 朝鮮地方行政学会 ③ 京城 ④ 1937 ⑤ 연세대도서관
現行京城居留民団規則類集	① 京城居留民団役所編 ② 京城居留民団役所 ③ 京城 ④ 1911 ⑤ 국립중앙도서관
現行京城府例規類集	① 京城府編纂 ② 朝鮮地方行政学会 ③ 京城 ④ 1938 ⑤ 서울대도서관, 일본국회도서관
現行朝鮮警察法令釈義 上巻	① 日韓印刷株式会社内編纂部編 ② 日韓印刷印刷 ③ 京城 ④ 1911 ⑤ 연세대도서관
現行朝鮮警察法令釈義 下巻	① 日韓印刷株式会社内編纂部編 ② 日韓印刷印刷 ③ 京城 ④ 1911 ⑤ 연세대도서관
現行朝鮮教育令並関係法規	② 朝鮮総督府学務局 ④ 1920 ⑤ 홋카이도대도서관
現行朝鮮教育法規(抄)	① 朝鮮総督府学務局編 ③ 京城 ④ 1921 ⑤ 서울대도서관
現行朝鮮教育法規	① 朝鮮総督府学務局学務課編纂 ② 朝鮮行政学会 ③ 京城 ④ 1942 ⑤ 연세대도서관
現行朝鮮国税制度概要	① 朝鮮財務協会編 ② 朝鮮財務協会 ③ 京城 ④ 1926 ⑤ 국립중앙도서관
現行朝鮮法規類纂 第1-10巻	① 帝国地方行政学会朝鮮本部編纂, 朝鮮総督官房審議室 校閲 ② 帝国地

	方行政学会朝鮮本部 ③京城 ④1937 ⑤서울대도서관
現行朝鮮法規類纂 3-6, 9-10	①朝鮮総督官房審議室校閲編 ②제국지방행정학회조선본부 ③京城 ④1937 ⑤국립중앙도서관
現行朝鮮法規類纂 第1巻	②帝国地方行政学会朝鮮本部 ③京城 ⑤부산시민도서관
現行朝鮮法規類纂 第3巻 財務	②帝国地方行政学会朝鮮本部 ③京城 ⑤부산시민도서관
現行朝鮮法規類纂 第4巻 会計	②帝国地方行政学会朝鮮本部 ③京城 ⑤부산시민도서관
現行朝鮮法規類纂 第6巻 法務	②帝国地方行政学会朝鮮本部 ③京城 ⑤부산시민도서관
現行朝鮮法規類纂 第7巻 学事·宗教·社会	
	②帝国地方行政学会朝鮮本部 ③京城 ⑤부산시민도서관
現行朝鮮法規類纂 第9巻 逓信	②帝国地方行政学会朝鮮本部 ③京城 ⑤부산시민도서관
現行朝鮮法規類纂	①帝国地方行政学会朝鮮本部編纂, 朝鮮総督官房審議室校閲 ②帝国地方行政学会朝鮮本部 ③京城 ④1935 ⑤연세대도서관
現行朝鮮法令輯覧, 第4巻	①朝鮮総督府編纂 ②朝鮮行政学会 ③京城 ④1945 ⑤연세대도서관
現行朝鮮法令輯覧, 第5巻	①朝鮮総督府編纂 ②朝鮮行政学会 ③京城 ④1942 ⑤연세대도서관
現行朝鮮法令輯覧, 第6巻	①朝鮮総督府編纂 ②朝鮮行政学 ③京城会 ④1942 ⑤연세대도서관
現行朝鮮府郡島面町洞里名称一覧	①松園書斎編輯部 ②松園書斎 ③京城 ④1918 ⑤연세대도서관
現行朝鮮税制法規集	①朝鮮財務懇話会 ②朝鮮財務懇話会 ③京城 ④1944 ⑤고려대도서관
現行朝鮮人事例規	①朝鮮総督府官房人事課編 ③京城 ④1937 ⑤서울대도서관
現行朝鮮総督府法令輯覧	①朝鮮総督府総務局総務課編纂 ②日韓書房 ③京城 ④1914 ⑤한국국회도서관, 도쿄대도서관
現行朝鮮親族·相続法類集	①南雲幸吉編 ③京城 ④1939 ⑤서울대도서관
現行朝鮮親族法·相続法類集	①南雲幸吉 ③京城 ④1935 ⑤서울대도서관
現行朝鮮親族相続法類集	①南雲幸吉編纂 ②大阪屋号書店 ③京城 ④1935 ⑤국립중앙도서관, 연세대도서관, 일본국회도서관
現行朝鮮親族相続法類集	①南雲幸吉編纂 ②登記と戸籍研究会 ③京城 ②大阪屋号書店 ④1939 ⑤국립중앙도서관, 도쿄대도서관
現行朝鮮土木法規集	①朝鮮総督府内務局土木課編 ②朝鮮総督府 ③京城 ④1938 ⑤국립중앙도서관, 홋카이도대도서관
現行朝鮮戸籍法令集	①朝鮮総督府法務局編 ②朝鮮戸籍協会 ③京城 ④1942 ⑤일본국회도서관
血の従軍	①高木花穂 ②朝鮮教育新聞社 ③京城 ④1940 ⑤국립중앙도서관
血液型検査準備調査並ニ法医学上ノ調査概況	
	①佐藤武雄 ②京城帝国大学大陸文化研究会 ③京城 ④1942 ⑤서울대도서관
刑法講義	①池田良之助 ②文林堂 ③京城 ④1936 ⑤국립중앙도서관
刑事法実習	①京城地方法院刑事部員編 ②巌松堂京城店 ③京城 ④1922 ⑤국립중앙

	도서관, 한국국회도서관, 서울대도서관
刑事訴訟法講義	① 増永正一 ② 朝鮮図書出版株式会社 ③ 京城 ④ 1942 ⑤ 고려대도서관
刑事訴訟法講義案	① 増永正一 ② 朝鮮地方行政学会 ③ 京城 ④ 1936 ⑤ 고려대도서관
刑事第一審訴訟記録 第3冊	① 京城地方法院 ② 京城地方法院 ③ 京城 ④ 1926 ⑤ 고려대도서관
湖南線建設概要	① 朝鮮総督府鉄道局編 ② 朝鮮総督府 ③ 京城 ④ 1914 ⑤ 국립중앙도서관, 서울대도서관
湖南線線路案内	① 朝鮮総督府鉄道局編 ② 朝鮮総督府鉄道局 ③ 京城 ④ 1914 ⑤ 국립중앙도서관
湖南吟草	① 全羅南道儒道彰明会編 ③ 京城 ④ 1922 ⑤ 서울대도서관
湖南地方之産業	① 朝鮮事情社編 ② 朝鮮事情社 ③ 京城 ④ 1926 ⑤ 국립중앙도서관
湖南鉄道と群山	① 群山南韓鉄道期成同盟会編纂 ② 群山南韓鉄道期成同盟会 ③ 群山 ④ 1910 ⑤ 서울대도서관
虎列刺病防疫誌 大正8年	① 朝鮮総督府編 ② 朝鮮総督府 ③ 京城 ④ 1920 ⑤ 일본국회도서관
呼倫貝爾概観	① 谷田部時次 ② 朝鮮銀行調査課 ③ 京城 ④ 1936 ⑤ 국립중앙도서관, 도쿄대도서관
護謨充填剤として朝鮮産粘土の利用試験	① 石井市重郎 ② 朝鮮総督府中央試験所 ③ 京城 ④ 1931 ⑤ 도쿄대도서관
戸別税賦課額調書 第31号	① 京城府 ③ 京城 ④ 1933 ⑤ 고려대도서관
戸籍	① 朝鮮戸籍協会編 ② 朝鮮戸籍協会 ③ 京城 ④ 1943 ⑤ 한국국회도서관
戸籍二関スル届出申請等書式	① 朝鮮総督府法務局編纂 ② 司法協会 ③ 京城 ④ 1936 ⑤ 서울대도서관
戸籍届書式	① 山口吸一 ② 帝国地方行政学会朝鮮本部 ③ 京城 ④ 1923 ⑤ 연세대도서관
琿春地方二於ケル経済状況	① 朝鮮銀行調査局編 ② 朝鮮銀行調査局 ③ 京城 ④ 1918 ⑤ 일본국회도서관, 도호쿠대도서관
紅蔘専売法実施以後ノ蔘政施設要領	① 朝鮮総督府編 ② 朝鮮総督府 ③ 京城 ④ 1915 ⑤ 국립중앙도서관, 고려대도서관, 규슈대도서관
貨物輸送概況 昭和10-11年度	① 朝鮮総督府鉄道局 ② 朝鮮総督府鉄道局 ③ 京城 ④ 1936-1937 ⑤ 일본국회도서관
貨物輸送便覧	① 朝鮮総督府鉄道局 ② 朝鮮総督府鉄道局 ③ 京城 ④ 1936 ⑤ 서울대도서관, 교토대도서관
貨物運送等級表	① 朝鮮鉄道協会編 ② 朝鮮鉄道協会 ③ 京城 ④ 1932 ⑤ 국립중앙도서관
貨物運賃等級表 1-5	① 朝鮮総督府鉄道局編 ② 朝鮮鉄道協会 ③ 京城 ④ 1930-42 ⑤ 국립중앙도서관
貨物運賃等級表	① 朝鮮総督府鉄道局 ② 朝鮮総督府鉄道局 ③ 京城 ④ 1942 ⑤ 서울대도서관
貨物運賃等級表	② 朝鮮総督府鉄道局 ③ 京城 ④ 1930 ⑤ 연세대도서관
花房公使朝鮮関係記録 巻1-9	④ 1934 ⑤ 서울대도서관

華北緊急物価対策の各地経済界に及ぼせる影響	
	①朝鮮銀行京城調査部編 ②朝鮮銀行京城調査部 ③京城 ④1943 ⑤국립중앙도서관, 도쿄대도서관
花奔教科書	①朝鮮総督府編 ②朝鮮書籍印刷株式会社 ③京城 ④1932 ⑤국립중앙도서관
火薬講演集	②朝鮮警察協会 ③京城 ④1936 ⑤연세대도서관
火薬類の取扱及其選択と危害予防	①寺井俊治, 朝鮮火薬銃砲株式会社編 ②朝鮮火薬銃砲株式会社 ③京城 ④1928 ⑤국립중앙도서관
華人ノ観タル日本人	①南満洲鉄道地方部学務課編 ②南満州鉄道地方部学務課 ③大連 ④1923 ⑤규슈대도서관
火田の現状	①朝鮮総督府編 ②朝鮮総督府 ③京城 ④1926 ⑤한국국회도서관, 부산시민도서관, 고려대도서관, 서울대도서관, 연세대도서관, 일본국회도서관
火田民・来住支那人	①小田内通敏, 朝鮮総督府編 ③京城 ④1924 ⑤서울대도서관
火田民指導及森林保護施設の概要	①朝鮮総督府農林局林政課編 ②朝鮮総督府農林局林政課 ③京城 ④1932 ⑤국립중앙도서관
火田整理ニ関スル参考書	①朝鮮総督府山林部 ②朝鮮総督府山林部 ③京城 ④1929 ⑤연세대도서관, 도쿄대도서관
火田調査報告書	①葛西貴一 等 ②朝鮮総督府 ③京城 ④1928 ⑤국립중앙도서관, 고려대도서관, 연세대도서관
和漢古方農書展覧会目録	①朝鮮総督府図書館 ③京城 ④1941 ⑤서울대도서관
和漢書書名目録 1輯	①京城帝国大学附属図書館編 ②京城帝国大学附属図書館 ③京城 ④1936 ⑤고려대도서관
和漢書書名目録 2輯	①京城帝国大学附属図書館編 ②京城帝国大学附属図書館 ③京城 ④1936 ⑤고려대도서관
和漢書書名目録 3輯	①京城帝国大学附属図書館編 ②京城帝国大学附属図書館 ③京城 ④1936 ⑤고려대도서관
和漢書書名目録 第1輯	①京城帝国大学附属図書館編 ②京城帝国大学附属図書館 ③京城 ④1935 ⑤고려대도서관
和漢書書名目録 第1·2·3輯	①京城帝国大学 図書館 篇 ②京城帝国大学附属図書館 ③京城 ④1933 ⑤고려대도서관
和漢書書名目録 第4-6輯	①京城帝国大学附属図書館編 ②京城帝国大学附属図書館 ③京城 ④1936 ⑤고려대도서관
和漢書書名目録	①京城帝国大学附属図書館編 ②京城帝国大学附属図書 ③京城 ④1933 ⑤서울대도서관
和漢人参考	②朝鮮総督府専売局 ③京城 ④1938 ⑤한국국회도서관, 홋카이도대도서관
環境の観察	①朝鮮総督府編 ②朝鮮書籍印刷株式会社 ③京城 ④1942 ⑤국립중앙도

	서관
活る力我等の覚悟	①原田龍芳, 朝鮮保健協会編 ②朝鮮保健協会 ③京城 ④1928 ⑤국립중앙도서관
活動写真 フイルム検閲概要	①朝鮮総督府警務局編 ②朝鮮総督府警務局 ③京城 ④1931 ⑤국립중앙도서관
皇国史大観	①朝鮮新聞社編 ③京城 ④1936 ⑤서울대도서관
皇国臣民教育の原理と実践	①朝鮮初等教育研究会編 ②朝鮮公民教育会 ③京城 ④1938 ⑤국립중앙도서관, 서울대도서관
皇国臣民教育を基調とせる初等修身指導書	①山本勝大 ②朝鮮公民教育会 ③京城 ④1938 ⑤국립중앙도서관
皇国臣民体操精義	①坂東藤太郎 ②日韓書房 ④1938 ⑤부산시민도서관
皇国女性の鑑	①京城第二公立高等女学校編 ②京城第二公立高等女学校 ③京城 ④1942 ⑤국립중앙도서관
皇国女性の鑑	①京城第二共立高等女学校編 ②朝鮮図書出版株式会社 ③京城 ④1943 ⑤연세대도서관
皇国魂	①朝鮮総督府学務局編輯果編 ②朝鮮教育会 ③京城 ④1940 ⑤국립중앙도서관
皇紀2600年記念朝鮮鉱物誌 上, 中, 下	①朝鮮総督府地質調査所編 ②国立中央図書館 ③서울 ④2002 ⑤국립중앙도서관
皇農への道 朝鮮農業報国青年隊記	①朝鮮総督府農政課編 ②朝鮮行政学会 ③京城 ④1943 ⑤국립중앙도서관
皇道世界観に基づく半島文化の再編成	①国民総力朝鮮聯盟 ②国民総力朝鮮聯盟 ③京城 ④1943 ⑤서울대도서관
皇道楽土を朝鮮に建てよ	①古庄逸夫 述 ③京城 ④1935 ⑤서울대도서관, 도쿄대도서관
皇民の生ぎる道	①寺尾元志 ②朝鮮国書出版社 ③京城 ④1943 ⑤고려대도서관
皇民日新	①京城日報社編 ②京城日報社 ③京城 ④1942 ⑤국립중앙도서관
黄色葉煙草耕作事業報告 第124号	①朝鮮総督府編 ②朝鮮総督府 ③京城 ④1913-17 ⑤국립중앙도서관
黄色葉煙草耕作事業報告 第5号	①朝鮮総督部 ②度支部専売課 忠州出張所 ②朝鮮総督府 ③京城 ④1918 ⑤고려대도서관
黄色葉煙草耕作事業報告	①朝鮮総督府編 ②朝鮮総督府 ③京城 ④1913-1918 ⑤규슈대도서관
黄色種煙草耕作法	②朝鮮総督府専売局 ③京城 ⑤연세대도서관
黄色種煙草耕作沿革史	①酒井修一編 ③忠州邑 ②酒井修一 ③京城 ②朝鮮印刷 ④1936 ⑤도쿄대도서관
皇恩に浴しつゝある朝鮮の青年 朝鮮の高等普通教育	
	①和田英正 ②京城第一公立高等普通学校 ③京城 ④1937 ⑤일본국회도서관
皇太子殿下	①加瀬和三郎編 ②朝鮮タイムス社 ③京城 ④1912 ⑤국립중앙도서관
荒廃 止の成因	①田中八百八 ②朝鮮総督府山林部 ③京城 ④1927 ⑤국립중앙도서관

皇漢鮮古方医籍展覧会目録 読書普及運動記念
　　①朝鮮総督府図書館編 ②朝鮮総督府図書館 ③京城 ④1939 ⑤고려대도서관, 서울대도서관, 일본국회도서관

黄海警友百号記念 警備の姿
　　①赤田正雄編 ②朝鮮警察協会黄海道支部後援会 ③海州 ④1937 ⑤국립중앙도서관

黄海道 延白郡 菊根鉱山フエルグソン石コルンプ石重砂鉱床調査報文
　　①朝鮮総督府朝鮮重要鉱物緊急開発調査団編 ②朝鮮総督府朝鮮重要鉱物緊急開発調査団 ③京城 ④1944 ⑤고려대도서관

黄海道の現状　　①柳川勉 ②朝鮮華情社 ③京城 ④1926 ⑤국립중앙도서관

黄海道道勢一班, 1936　　①黄海道編 ②黄海道 ③黄海道 ④1936 ⑤한국국회도서관

黄海道産大豆品種ノ特性調査　　①藤黒与三郎編 ②黄海道種苗場 ③仁川 ④1926 ⑤규슈대도서관

黄海道勢一覧　　②黄海道 ④1938 ⑤부산시민도서관

黄海道安岳, 載寧, 信川, 経済状況調査書　①鎮南浦商業会議所編 ②鎮南浦商業会議所 ③鎮南浦 ④1929 ⑤도쿄대도서관

黄海道安岳鉱業所附近鉱毒被害水田調査　①鈴木真吉 ②朝鮮総督府勧業模範場 ③水原 ④1923 ⑤규슈대도서관, 홋카이도대도서관

黄海道要覧, 大正十四年　　①黄海道要覧編纂委員会 ②朝鮮総督府黄海道 ③京城 ④1925 ⑤한국국회도서관

黄海道統計年報 1-2　　①黄海道編 ②朝鮮総督府黄海道 ③海州 ④1918, 1932 ⑤국립중앙도서관

黄海道学事及宗教　　①黄海道編 ②黄海道 ③京城 ④1939 ⑤도호쿠대도서관

黄海道海州信川松禾段栗載寧鳳山瑞与及新渓八郡鉄鉱床調査報文
　　①木野崎吉郎, 朝鮮総督府地質調査所編 ②朝鮮総督府地質調査所 ③京城 ④1932 ⑤국립중앙도서관

黄海道郷土誌　　①黄海道教育会 ②帝国地方行政学会朝鮮本部 ③京城 ④1937 ⑤한국국회도서관, 연세대도서관, 도쿄대도서관

会計法規　　①朝鮮総督府通信局編 ②朝鮮総督府通信局 ③京城 ④1911 ⑤국립중앙도서관

会計法釈義　　①筋瀬徳松 ②筋瀬徳松 ③京城 ④1918 ⑤일본국회도서관

会計例規　　①京城府編 ②京城府 ③京城 ④1939 ⑤한국국회도서관

会寧と間島　　①永井勝三編輯 ②会寧印刷所 ③会寧 ④1923 ⑤서울대도서관

会寧案内　　①永井勝三編輯 ②会寧印刷所出版部 ③会寧 ④1929 ⑤서울대도서관

会社の所得の計算と其の申告方法　　①京城府編 ②京城府 ③京城 ④1926 ⑤국립중앙도서관

会社経理統制領概要 附質疑応答例関係法令集
　　①岡村峻 ②朝鮮財務協会 ③京城 ④1940 ⑤한국국회도서관

会社及工場に於ける労働者の調査　　①朝鮮総督府 内務局 社会課編 ②朝鮮総督府 ③京城 ④1923 ⑤국립중앙도서관, 서울대도서관, 연세대도서관, 도쿄대도서관, 오사카대학

会社及工場に於ける労働者の調査	① 朝鮮総督府内務局社会課編 ② 朝鮮総督府 ③ 京城 ④ 1925 ⑤ 규슈대도서관
会員名簿	① 明治大学校友会京城支部編 ② 明治大学校友会京城支部 ③ 京城 ④ 1932 ⑤ 고려대도서관
会員名簿	② 釜山商工会議所 ③ 釜山 ④ 1928 ⑤ 부산시민도서관
会議録	① 朝鮮産業経済調査会 ② 朝鮮総督府 ③ 京城 ④ 1936 ⑤ 서울대도서관
会則諸規程	① 修養団朝鮮聯合会本部 ④ 1930 ⑤ 서울대도서관
横田家御所蔵品入札 11月25·6日下見入札	① 京城美術倶楽部編 ② 京城美術倶楽部 ③ 京城 ④ 1937 ⑤ 고려대도서관
横田家御所蔵品入札 5月6·7日 下見入札	① 京城美術倶楽部編 ② 京城美術倶楽部 ③ 京城 ④ 1937 ⑤ 고려대도서관
後人供養	① 井上収 ② 極東時報社 ③ 京城 ④ 1931 ⑤ 부산시민도서관
訓読吏文 吏文輯覧附	① 前間恭作遺稿 末松保和編纂 ② 京城帝国大学法文学部朝鮮史研究室 ③ 京城 ④ 1942 ⑤ 고려대도서관, 교토대도서관, 도쿄대도서관
訓蒙字会	① 崔南善編 ② 朝鮮光文会 ③ 京城 ④ 1913 ⑤ 일본국회도서관
訓示, 埃擦, 演述及答申要項	① 朝鮮総督府中枢院編 ② 朝鮮総督府中枢院 ③ 京城 ④ 1930 ⑤ 국립중앙도서관, 서울대도서관
暉春及び間島地方巡廻診療記	① 杉原徳行編 ② 京城帝国大学医学 ③ 京城 ④ 1933 ⑤ 국립중앙도서관
欽定満洲源流考	① 朝鮮古書刊行会編 ② 朝鮮古書刊行会 ③ 京城 ④ 1916 ⑤ 국립중앙도서관, 부산시민도서관, 고려대도서관
興亜期に於ける京城の都市計劃	① 石川栄耀 ③ 京城 ④ 1939 ⑤ 서울대도서관
興亜産業大鑑 昭和15年	② 朝鮮毎日新聞社 ③ 仁川 ④ 1936 ⑤ 부산시민도서관
興亜維新と神社教育	① 八重 達郎 ② 朝鮮図書出版株式会社 ③ 京城 ④ 1941 ⑤ 국립중앙도서관
興亜日本建国史	① 伽藍康裕編 ② 日本同盟通信社 ③ 京城 ④ 1941 ⑤ 국립중앙도서관
興亜貯蓄保険講演集	① 生命徴兵保険会社朝鮮協会編 ③ 京城 ④ 1941 ⑤ 서울대도서관

1919年の埃及大暴動	① 朝鮮総督府官房庶務部編 ③ 京城 ④ 1923 ⑤ 한국국회도서관
Album京城	② 朝鮮舘 ③ 京城 ④ 1929 ⑤ 규슈대도서관
An Enumeration of plants	① 森為三 ② 朝鮮総督府学務局 ③ 京城 ④ 1922 ⑤ 서울대도서관
JODKラヂオ大学講座論説集	① 京城放送局編 ② 京城放送局 ③ 京城 ④ 1930 ⑤ 국립중앙도서관
JODK講演集	① 京城放送局編 ② 京城放送局 ③ 京城 ④ 1928 ⑤ 국립중앙도서관, 서울대도서관
London acceptance credits	① 水間美継編 ② 朝鮮銀行総務部 ③ 京城 ④ 1920 ⑤ 한국국회도서관
The customs tariff of Chosen	② Government General of Chosen ③ 京城 ④ 1912 ⑤ 교토대도서관
Timbres-poste de l'ancienne Coree, Cartes postales commemoratives et timbres a date speciaux	① 朝鮮総督府逓信局編 ② 朝鮮総督府逓信局 ③ 京城 ④ 1935 ⑤ 일본국회도서관
「カーン」式鉄筋「コンクリート」工事心得	① 朝鮮総督府土木局編 ② 朝鮮総督府 ③ 京城 ④ 1917 ⑤ 국립중앙도서관
「クレアチン」「クレアチニン」ノ生成ニ関スル尿素及ビ「アミノ」酸ノ反応的機転「グリコチアミヂン」合成	① 佐佐木貞次郎 ② 朝鮮医学雑誌 ③ 京城 ④ 1930 ⑤ 서울대도서관
「ヒンヒドロン」電極ニ及ボス尿素ノ影響	① 佐佐木貞次郎 ② 朝鮮医学雑誌 ③ 京城 ④ 1931 ⑤ 서울대도서관
「間島問題」の回顧	① 篠田治策 ② 中日文化教会 ③ 大連 ④ 1930 ⑤ 규슈대도서관
「講演集」伸び行く朝鮮	① 宇垣一成 ③ 京城 ④ 1935 ⑤ 고려대도서관
「老開拓士が贈る」半島裏面史	① 大阪毎日新聞社・東京日日新聞社京城支局編 ② 大阪毎日新聞社 東京日日新聞社京城支局 ③ 京城 ④ 1940 ⑤ 도쿄대도서관
「朝鮮彙報」分類総目録	① 京城帝国大学 法文学部 経済研究室編 ② 京城帝国大学 ③ 京城 ④ 1935 ⑤ 서울대도서관
アメリカ及アメリカ人の正体	① 朝鮮総督府情報課 ② 朝鮮総督府情報課 ③ 京城 ④ 1943 ⑤ 고려대도서관
アルコール原料農作物ニ関スル調査 第1-2輯	① 朝鮮総督府農林局 ② 朝鮮総督府農林局 ③ 京城 ④ 1938 ⑤ 고려대도서관, 일본국회도서관
アルジェリー銀行ノ発達及其現況	② 朝鮮銀行 ③ 京城 ④ 1915 ⑤ 교토대도서관
うき草の半生	① 馬野精一 ② 朝鮮警察協会京城支部 ③ 京城 ④ 1925 ⑤ 국립중앙도서관
ウスキイロユガネの習性並経過に関する研究	① 村山醸造 ② 朝鮮総督府林業試験場 ③ 京城 ④ 1936 ⑤ 국립중앙도서관
エルザスロートリンゲン州国語教育に関する調査報告	① 保科孝一 ② 朝鮮総督府 ③ 京城 ④ 1913 ⑤ 국립중앙도서관, 도쿄대도서관
オリンピツク行	① 梅沢慶三郎 ② 朝鮮公民教育会 ③ 京城 ④ 1933 ⑤ 국립중앙도서관
かつをぶし	① 山本高一 ② 朝鮮魚堅節問屋組合 ③ 京城 ④ 1938 ⑤ 국립중앙도서관
カールマルクス死後五十年祭に際して	① エルペルチック, 朝鮮総督府警務局 ② 朝鮮総督府警務局図書課 ③ 京

	城 ④1933 ⑤국립중앙도서관, 고려대도서관
コバルト鉱床	①中村慶三郎 ②東都書籍京城支店 ③京城 ④1945 ⑤일본국회도서관
ゴルフ規則解説	①ゴルフアー社編 ②ゴルフアー社 ③京城 ④1929 ⑤일본국회도서관
さきもり	①神尾春 ③京城 ④1928 ⑤부산시민도서관
シベリヤを廻る	①小野淡路 ②朝鮮事業及経済社 ③京城 ④1929 ⑤부산시민도서관
セブランス聯合医学専門学校一覧 昭和9年	①セブランス聯合医学専門学校編 ②セブランス聯合医学専門学校 ③京城 ④1934 ⑤일본국회도서관
ソヴェート聯邦五ケ年計画の検討	①朝鮮総督府警務局 ②朝鮮総督府警務局 ③京城 ④1933 ⑤국립중앙도서관
たらちねのうた	①金鐘漢 ②人文社 ③京城 ④1943 ⑤일본국회도서관
テウセンソウトクフヨイコドモ ニネン	①朝鮮総督府編 ②朝鮮総督府 ③京城 ④1942 ⑤국립중앙도서관
テクノクラシーと朝鮮資源の飛躍	①鎌田沢一郎述 ⑤도쿄대도서관
トマトサーヂン文献集	①朝鮮総督府水産試験場編 ②朝鮮総督府水産試験場 ③釜山 ④1932 ⑤국립중앙도서관, 한국국회도서관
ナチス独逸に於ける政治経済	①朝鮮銀行調査課 ②朝鮮銀行調査課 ③京城 ④1935 ⑤연세대도서관, 교토대도서관, 도쿄대도서관
パンフレット 第1-3冊	①京城帝国満蒙文化研究会編 ②京城帝国大学満蒙文化研究会 ③京城 ④1938-39
ビクターレコード 朝鮮盤 昭和10年2月新譜	②日本ビクター蓄音器 ③京城 ④1935 ⑤일본국회도서관
ポケット日鮮語会話	①藤戸計太, 村上唯吉 ②大和商会 ③京城 ④1918 ⑤일본국회도서관
ホテル営業手続	①朝鮮総督府鉄道局 ②朝鮮総督府鉄道局 ④1928 ⑤서울대도서관
みくにのうた	①朝鮮総督府編 ②朝鮮書籍印刷株式会社 ③京城 ④1939 ⑤국립중앙도서관
めんたいぐちべにまつさあすんからまつに就イテ	
	①上田常一稿 ③京城 ④1932 ⑤연세대도서관
モーリスク-ラン朝鮮書誌序論	①モ-リスク-ラン, 小倉親雄 訳 小倉親雄 ③京城 ④1941 ⑤국립중앙도서관
モロツコ問題の観察	①朝鮮総督府編 ②朝鮮総督府 ③京城 ④1926 ⑤서울대도서관
ヨミカタ	①朝鮮総督府編 ②朝鮮総督府 ③京城 ④1942 ⑤규슈대도서관
ラヂオ・テキスト 支那語講座	①李相殷 講議 ②朝鮮放送協会 ③京城 ④1940 ⑤고려대도서관
ラヂオと朝鮮	①朝鮮放送協会編 ②朝鮮放送協会 ③京城 ④1938 ⑤서울대도서관
リギダマツの一般	①植木秀幹 ②近沢出版部 ③京城 ④1932 ⑤도쿄대도서관
わかり易い朝鮮語会話	①朝鮮語研究会編 ②朝鮮語研究会 ③京城 ④1934 ⑤국립중앙도서관

▌정병호(鄭炳浩)

고려대학교 일어일문학과 졸업
일본 쓰쿠바(筑波)대학 문예·언어연구과 박사과정 졸업
전남대학교 일어일문학과 전임강사
현재 고려대학교 일어일문학과 조교수

〈주요 저서〉
『植民地主義とアジアの表象』(筑波大學文化批評研究會, 1999), 공저
『多文化社會における〈飜譯〉』(筑波大學文化批評研究會, 2000), 공저
『한국과 일본의 근대언문일치체 형성과정』(보고사, 2002), 공저
『실용주의 문화사조와 일본 근대문예론의 탄생』(보고사, 2003), 단독
『일제강점기 일본어 잡지 자료집-목록과 목차-』(보고사, 2004), 공편
『일본 초등학교 수신서』제1권-제5권(도서출판 제이앤씨, 2005), 공역

일제강점기 일본어 단행본 목록집

초판발행 2007년 6월 15일

편 자_ 정병호
발행인_ 김흥국

발행처_ 도서출판 보고사
주 소_ 서울시 성북구 보문동 7가 11번지 2층
등 록_ 6-0429(1990.12)
전 화_ 922-5120~1(편집부) / 922-2246(영업부)
팩 스_ 922-6990
메 일_ kanapub3@chol.com
정 가_ 25,000원
ISBN_ 978-89-8433-568-4 (93010)

www.bogosabooks.co.kr

* 잘못된 책은 바꾸어 드립니다.
* 저자와의 협의에 의하여 인지는 생략합니다.

"본서는 2004년도 한국학술진흥재단의 지원에 의하여 연구되었음"(KRF-2004-003-A00146)